中央高校基本科研业务费资助

The Rise of China and The Global Governance

中国崛起与全球治理

主　编：陶　坚　林宏宇
副主编：罗英杰

世界知识出版社

本书出版得到中央高校基本科研业务费的资助

中国梦，为人类作出更大贡献之梦（代序）

陶坚（国际关系学院校长、教授）

近年来，随着中国经济的高速增长和全球影响力的快速提升，国际社会不禁在问，一个强大了的中国对世界究竟意味着什么，一个发展了的中国能为世界做些什么？自从中国领导人提出“中国梦”以来，“中国梦”一词引起了国际上的广泛关注和热议，“中国梦”对世界又意味着什么呢？

从中华民族在人类历史上的地位和作用，从众多先贤领袖的一贯立场和行动来看，我们可以这样大声地回答：“中国梦”不仅仅是中国老百姓的生活富足安居乐业之梦，中国综合国力鼎盛世界强国之梦，而且是中华民族为全人类作出更大贡献之梦。

中华民族曾长期居于世界进步之前列，为人类文明进步作出过不可替代的杰出贡献。根据英国著名经济史学家安格斯·麦迪森的研究，中国“一直就是世界上最大的政治实体。早在公元10世纪时，中国在人均产出上就已经是世界经济中的领先国家，而且这个地位一直延续至15世纪”。当时，中国的人均产出水平要高于欧洲和印度，经济规模相当于30个西欧国家总和的3倍。除了“四大发明”之外，“在技术水平上，在对自然资源的开发利用上，以及对辽阔疆域的管理能力上，中国都超过了欧洲”。

不幸的是，15世纪以后，中国前进的脚步开始落后于欧洲。从15世纪至19世纪初，中国的人均产出水平徘徊不前，而西欧国家人均产出却接近翻番。随着资本主义生产方式的兴起和近代工业革命步伐的加快，闭关锁国、固步自封的中国很快被世界潮流所抛弃。1840年鸦片战争爆发，大英帝国用“坚船利炮”击碎了“天朝上国”的迷梦。之后，西方国家人均产出高歌猛进，中国人均产出却一路下滑，甚至不及印度的水平。这一期间，留给中国的是内忧外患、积贫积弱，以及与列强签订的900多个丧权辱国的不平等条约。

然而，在经受百年屈辱的中国，无数仁人志士在苦苦求索、孜孜探寻“拯斯民于水火，扶大厦之将倾”之道的同时，依然念念不忘世界大同之理想，造福人类之抱负。其中，最有代表性的一段话，就是1956年11月12日毛泽东主席在《纪念孙中山先生》一文中所说的，“中国是一个具有九百六十万平方公里土地和六万万人口的国家，中国应当对于人类有较大的贡献。而这种贡献，在过去一个长时期内，则是太少了。这使我们感到惭愧。”[①] 正是怀有如此强烈的情感，在他亲自主持制定的中华人民共和国第一部宪法中，就规定我国外交政策的目的是“维护世界和平和促进人类进步”。

为人类作出应有的更大的贡献，一直是我党一代又一代领导人所竭力倡导、努力追求的。1984年5月，邓小平同志向外国友人郑重表示，中国争取到本世纪末国民生产总值达到1万亿美元，“到那个时候，中国就会对人类有大一点的贡献”。[②] 2001年10月21日，江泽民主席在亚太经济合作组织第九次领导人非正式会议上重申，“一个稳定、发展、进步的中国，将为促进世界和地区的和平与发展作出更大贡献”。[③] 2005年9月3日，胡锦涛同志在纪念中国人民抗日战争暨世界反法西斯战争胜利60周年大会的讲话中，就把“坚持正义、自觉为人类和平进步事业贡献力量的民族奉献精神”，列为中华民族以爱国主义为核心的伟大民族精神的鲜明特点之一。2013年3月25日，习近平主席在坦桑尼亚尼雷尔国际会议中心发表演讲时庄严承诺，中国要同国际社会一道，推动实现持久和平、共同繁荣的世界梦，为人类和平与发展的崇高事业作出新的更大贡献。[④] 2013年底，习主席进一步明确，“中国梦意味着中国人民和中华民族的价值体认和价值追求，意味着全面建成小康社会、实现中华民族伟大复兴，意味着每一个人都能在为中国梦的奋斗中实现自己的梦想，意味着中华民族团结奋斗的最大公约数，意味着中华民族为人类和平

---

① 《毛泽东著作选读》(下册)，人民出版社1986年版，第691页。

② 《邓小平文选》(第3卷)，人民出版社1993年版，第57页。

③ 《江泽民文选》(第3卷)，人民出版社2006年版，第351页。

④ http://news.xinhuanet.com/2013-03/25/c_124501703_3.htm.

和发展作出更大贡献的真诚意愿”。[①]

可以说从一开始，“中国梦”就是一个“世界梦”，不仅要造福中国人民，而且要造福世界各国人民。

中国人民怀有为全人类作贡献的深厚情结，同时清醒地认识到，造福世界的前提是脚踏实地，先把中国自己的事办好。1987年，邓小平同志指出，到下一个世纪中叶，我们可以达到中等发达国家的水平。如果达到这一步，是完成了一项非常艰巨的很不容易的任务，“是真正对人类作出了贡献”。[②] 1998年12月18日，江泽民同志告诫全党，“坚持按照冷静观察、沉着应付、绝不当头、有所作为的战略方针处理国际事务，以利抓住时机发展自己，把国内的事情办好，争取对人类进步与和平事业作出更大贡献”。[③] 2004年1月，胡锦涛同志强调，“集中力量发展经济，使我国形成发达的生产力，这是中国特色社会主义事业兴旺发达的物质基础，是我们在日益激烈的国际竞争中掌握主动的物质基础，也是国家繁荣富强、人民安居乐业和社会长治久安的物质基础。”[④] 只有经济不断发展，物质基础不断巩固，社会和谐不断改善，中国对世界的贡献力才能持续并充分发挥出来。

建设“四化”和“新四化”，就是中国办好自己的事、搞好自身能力建设的支点。1964年12月，周恩来总理在政府工作报告中首次提出，在20世纪内将中国建设成为一个具有现代农业、现代工业、现代国防和现代科学技术的社会主义强国。1979年12月，邓小平同志在会见日本首相大平正芳时，把“四化”量化为“到20世纪末，争取国民生产总值达到人均1000美元，实现小康水平”。党的十六大以来，我国国内生产总值由世界第六位上升至第二位，2011年人均国内生产总值达5432美元，远远超过了当年设定的“四化”目标。当今中国已成为制造业的世界中心，2010年我国的制造业增加值占世界总量的19.8%，超过了美国的19.4%，取代了美国自1890年以来长达120年的“世界第一工业大国”地位。在这个“世界工厂”里，中国产业工人为全世界的消费者生产了大量质优价廉的商品，为各国人民的生活带来实实在在的好

① http://news.xinhuanet.com/politics/2013-12/31/c_118788013.htm.

② 《邓小平文选》（第3卷），人民出版社1993年版，第224页。

③ 《江泽民文选》（第2卷），人民出版社2006年版，第261页。

④ 胡锦涛：《用三个代表重要思想武装头脑指导实践推动工作》，《求是》，2004年第1期。

处。在国家“走出去”战略的指引下，我国各类企业结合自身实际，积极地走出国门。2011年，我国非金融类对外直接投资超过了600亿美元，约有1.8万家中国企业在境外投资，足迹遍布世界各个角落。

当前，中国正在推进更高水平的“四化”，即新型工业化、信息化、城镇化和农业现代化的“新四化”建设。按照国务院发展研究中心在《中国经济增长十年展望》中的预测，到本世纪中叶，我国经济总规模将有可能达到美国届时的2倍，人均收入水平将达到发达国家的中上等水平。可以想见，到那时，中国造福世界的能力将极大增强。由此将真正实现毛泽东主席在新中国成立之初的愿望，“我们的民族将从此列入爱好和平自由的世界各民族的大家庭，以勇敢而勤劳的姿态工作着，创造自己的文明和幸福，同时也促进世界的和平和自由”。①

中国的发展，世界的机遇，贯穿于中国现代化的全过程之中。拿我国周边地区为例，新世纪以来，周边国家同中国的贸易额由1000多亿美元增至1.3万亿美元，中国已成为众多周边国家的最大贸易伙伴、最大出口市场、重要投资来源地。据测算，今后5年，中国将进口10万亿美元左右的商品，对外投资规模将达到5000亿美元，出境旅游超过4亿人次。② 事实已经证明而且将继续证明，中国越发展，越能给亚太地区特别是亚洲邻国带来实惠和机遇，更何况中国始终坚持与邻为善、以邻为伴的政策，“努力使自身发展更好惠及周边国家”。

在谈论“中国贡献”时，不能不提及中国在地区和国际经济金融危机中发挥过的重要作用和由此产生的深远影响。无论是1997年的亚洲金融危机，还是近年的欧债危机，中国都没有落井下石，不为一己私利而损害他国利益，而是以“同舟共济”的主张和真金白银的付出给世界送去温暖，或是坚持人民币不贬值，承担着沉重压力，或是伸出援手，积极参加多边救助。当美欧日等发达经济体相继陷入金融泥淖时，中国又全力稳定金融体系，保持经济年均8%以上的增速，扩大进口和对外投资，成为世界经济增长的主要贡献者。中国正是以实际的行动，让世界既体会到一个负责任大国的担当、泱

① 《毛泽东著作选读》（下册），人民出版社1986年版，第691页。

② http://politics.people.com.cn/n/2013/0407/c1001-21043909.html.

泱大国的气度，又看到一个崛起中大国的实力、潜力和影响力。这个世界越来越需要中国作出更多的贡献，中国也越来越有为这个世界作出更大贡献的底气。

随着综合国力的提升，中国为全球发展贡献的领域和范围都在扩大。在党的十八大报告中，确定中国要做好“和平发展的实践者、共同发展的推动者、多边贸易体制的维护者、全球经济治理的参与者”。2013年3月27日，习近平主席在与金砖国家领导人会晤时表示，“不管全球治理体系如何变革，我们都要积极参与，发挥建设性作用，推动国际秩序朝着更加公正合理的方向发展，为世界和平提供制度保障。”[①] 在2013年6月访问墨西哥时，习主席呼吁两国“积极参与全球经济治理，共同推动世界经济复苏增长和国际力量均衡发展。”[②] 在博鳌亚洲论坛2013年会题为《共同创造亚洲和世界的美好未来》的主旨演讲中，他还提出了许多更为具体的办法，包括加快同周边国家的互联互通建设，搭建地区性融资平台，促进区域内经济融合；积极参与亚洲区域合作进程，推进同亚洲之外其他地区和国家的区域次区域合作；继续倡导并推动贸易和投资自由化便利化，加强同各国的双向投资，打造合作新亮点；致力于缩小南北差距，支持发展中国家增强自主发展能力，等等。更值得重视的是，在《中共中央关于全面深化改革若干重大问题的决定》中，多处涉及相关内容，比如“扩大企业及个人对外投资”，“坚持世界贸易体制规则，坚持双边、多边、区域次区域开放合作，扩大同各国各地区利益汇合点”，“加快同周边国家和区域基础设施互联互通建设，推进丝绸之路经济带、海上丝绸之路建设，形成全方位开放新格局。”胸怀天下的中国人民，在有效利用国际和平环境和经济全球化带来的机遇发展自己的同时，正以自身的繁荣和稳定回馈着世界。

作为世界大国，中国只有站在全球共同发展和人类共同利益的高度，方能找准自己的定位和方向。2012年中国消费了世界一半的钢材、水泥和煤炭，造成二氧化碳和二氧化硫的排放世界最大，而中国当年的GDP只占世界总量

① 习近平：《携手合作　共同发展——在金砖国家领导人第五次会晤时的主旨讲话》，《人民日报》，2013年3月8日。

② 习近平：《促进共同发展　共创美好未来——在墨西哥参议院的演讲》，《人民日报》，2013年6月7日。

的不到12%，人口只占世界的19%。2013年，中国出现了大面积的雾霾天气，令世人侧目。这就形成了一种强烈的反差，产生了强大的倒逼压力。由此，中国越来越深刻地认识到，“一个国家要谋求自身发展，必须也让别人发展；要谋求自身安全，必须也让别人安全；要谋求自身过得好，必须也让别人过得好”[①]，唯有开放、包容、共享、多赢，尊重各地区和各国人民的愿望和选择，比如非洲梦、拉美梦甚至“太平洋梦”，中国人才能在世界上得到发自内心的尊重，中国的全球影响力和领导力才能得到确立，“中国梦”才能牢固构筑、坚实以行。为全人类作更大贡献，是“中国梦”在国际上的生命力和号召力所在。

正因为中国是一个世界大国，“中国梦”不论如何定义，其内在属性必然是世界性的，其影响必然是超越国界的。作为世界上唯一的社会主义大国，中国只有立足于贡献人类，才有可能营造良好的外部环境，减少大国崛起过程中的重重阻力，才会得到世界广泛的认可和接受。在中国人民理解、接受、追求“中国梦”的同时，让世界人民特别是邻国人民同步了解、认可“中国梦”，在对外解释“中国梦”的时候，把贡献世界、造福人类的深刻内涵彰显出来、宣扬出去，是一项从一开始就必须高度重视和认真去做的工作。在建构“中国梦”的同时建构中国的“世界梦”，既有理论上的价值，也是国际政治的现实需要。

正因为中国是一个世界大国，中国贡献的内涵应当也必然是丰富多彩的，不光是对人类的物质文明贡献，还有精神文明的贡献。这就要求中国将巨大的消费力和生产力，转化为世界政治影响力，将中华传统文化和社会主义核心价值体系，转化为能“走出去”的软实力。中国在实现“中国梦”的过程中，若能为国际社会提供核心价值，大幅提升中国的感召力、亲和力，那么，我们就真是把“中国梦”的实现之路与“世界梦”的实现之路合二为一了。

需要指出的是，为全人类作贡献，不等于勒紧裤带甚至超越自身的承受能力。考虑到社会主义初级阶段的具体国情，中国将坚持在自身能力所及的范围之内，对全人类的共同事业作出积极的、应有的贡献，并对一些发展中国家提供力所能及的帮助，外界不应对中国抱有不切实际的期望。江泽民同

① http://www.gov.cn/ldhd/2012-07/07/content_2178506.htm.

志曾说过，“一个国家不搞好经济，不致力于改善人民生活，是难以稳定的。一个国家过高估计自己的经济实力，从事过多的超越本身承受能力的事情，也会捉襟见肘、力不从心”。[①] 中国基本国情仍然是人口多、底子薄、发展不平衡，经济总量虽大，但除以13亿多人口，人均国内生产总值还排在世界第九十位左右。根据联合国标准，中国还有1.28亿人生活在贫困线以下。让13亿多人民都过上富裕的日子，仍然还有很长的路要走，还需要付出长期的艰苦努力。[②] 此外，为人类作贡献，不等于单向的付出。正如邓小平同志所言，“帮助是相互的，贡献也是相互的”。[③] 江泽民同志说过，在当今世界上，我们提倡“和”，也就是说，各国应当在政治上互相尊重，经济上互相促进，文化上互相借鉴。[④] 中国与世界的内在互动关系在于，集中精力把自己的事情办好，使国家更加富强、人民更加富裕，综合实力不断壮大，中国对世界贡献的能力就越强、作用就越大；中国充分地发挥世界大国的影响力和领导力，更加积极地参与国际事务和全球治理，提供更多的国际公共产品，建设性地塑造国际体系，反过来有利于自己的更大发展和更快崛起。

综上所述，从毛泽东主席的经典名言，邓小平同志的“与所有人交朋友”，江泽民同志的“和而不同”，到胡锦涛同志的“和谐世界”，再到习近平同志的“中国梦”，所有这些提法都贯穿着一条“中国为全人类作出更大贡献”的清晰主线，其原则一脉相承，内容不断充实，办法更加多样。我们看到，在改革开放的伟大实践中，中国人民已经创造了无数辉煌，而且，必将创造出新的辉煌；[⑤] 我们期待，“中国梦”如同一曲为了全人类的大合唱，把13亿多中国人民的奋斗融入浩荡的时代潮流；我们坚信，伟大复兴之中的中华民族，将为这个动荡不安的世界注入新希望和正能量，为人类文明进步作出令华夏儿女世世代代感到骄傲自豪的、无与伦比的贡献！

① 《江泽民文选》（第1卷），人民出版社2006年版，第332页。

② http://news.xinhuanet.com/2013-03/25/c_124501703_3.htm.

③ 《邓小平文选》（第3卷），人民出版社1993年版，第78—79页。

④ 《江泽民文选》（第3卷），人民出版社2006年版，第524页。

⑤ 习近平：《2014年新年贺词》，新华社北京2013年12月31日电。

目 录

前　言

中国崛起是30多年来国际社会最重要的事件，它对国际格局与国际秩序都产生了重大影响，也就不可避免地面临着重大的国际体系压力。尤其是近几年来，受国际金融危机的影响，中国崛起的节奏“被加快”了。中国经济社会的发展模式吸引了国际社会的目光，无论是“中国特色的社会主义”，还是“北京共识”、“中国模式”等概念，都反映出国际社会对中国发展模式的关注与重视，国内外学界对中国崛起的研究也空前关注。中国能否实现和平崛起，关系到国际社会的未来与大国关系的命运。

同时，我们国家近年来对全球治理问题越来越予以重视。2013年党的十八大报告中首次明确提出中国要积极参加“全球治理”。这里所提的“全球治理”是全面的治理，而不仅仅是原来我们常提的“全球经济治理”。2014年2月17日，习近平总书记在中央党校省部级领导干部研修班上再次强调“提高治理水平和完善治理体系”的重要性。我认为总书记这里所强调的“治理”既立足于国内，也着眼于世界，因为在全球化的大背景下，“中国梦”的实现，一定离不开全球治理。这也正如他在世界和平论坛开幕式上的讲话中所指出的:“中国已成为国际治理的积极参与者、建设者和贡献者，中国持续快速发展得益于世界和平与发展，同时中国发展也为世界各国提供了共同发展的宝贵机遇和广阔空间。”①

实际上，自2008年国际金融危机以来，有关全球治理问题的研究就越来

① 《习近平在世界和平论坛开幕式上的致辞》http://www.fmprc.gov.cn/mfa_chn/ziliao_611306/zyjh_611308/t948833.shtml。

越受到学界的重视，目前已成为学界研究的热点方向之一。《2013年国家社科基金科研项目指南》中就有4个选题都提及“全球治理”，《2014年国家社科基金重大项目招标指南》中也有数个选题方向与全球治理有关，从此亦可窥见本课题重要的现实意义与学术价值。

2012年我们完成了一项中央高校基本科研业务费资助课题——《中国崛起与国际体系》，初步回答了中国崛起与国际体系之间的内在关系问题，并概略评估了中国崛起对国际体系的影响。该课题成果已经由世界知识出版社正式出版，收到了较好的学术反响。在此基础上，我们想进一步梳理中国崛起与全球化背景下国际社会的互动关系问题。而全球治理问题可谓全球化背景下国际社会面临的最重要问题，为此，2013年我们继续申请了本课题（《中国崛起与全球治理》）。本课题尝试把上述这两个热点研究领域有机整合在一起，从中探讨中国崛起与全球治理之间的内在关联和相互影响，并在此基础上提出我们的政策建议，意在为我们国家未来的战略发展与和平崛起提供学理与现实的参考路径。

一、有效的全球治理是国际社会的未来发展方向

从某个角度来说，1648年威斯特伐利亚体系的建立可视为国际社会全球治理的萌芽，但由于生产力水平的低下以及国际关系理论的匮乏，当时世界各国的联系是松散和断续的，国际社会基本上还是有名无实，全球治理更是可望不可及。而且，18—19世纪相当长的一段时间里，全球化进程发展非常缓慢，基本上是一种低水平的重复，世界各国之间缺乏联系的“敏感性”，相互依存的“脆弱性”更是无从谈起。例如，1853年欧亚大陆两端发生了两起对地区局势走向有巨大影响的事件——“克里米亚战争”和“太平天国攻占南京”，然而，没有任何证据说明这两起重大事件之间有直接影响，因此，如此低水平的全球化是无法催生全球治理的。

这种情况一直持续到19世纪末20世纪初，随着资本主义全球体系的建立，国际社会才逐渐名副其实，全球治理的真正实践也才逐渐显现。其中，第一次世界大战在人类全球治理历史上有着“里程碑”式的意义。“一战”的发生无疑是全人类的灾难，但“一战”也给后来的全球治理留下了很多宝贵

的历史遗产：其一，“一战”的影响面非常广，其“烈度”（指短时间内被人感知）和“深度”（指社会面的波及度）是空前的。即使像中国和印度这样当时处于国际体系边缘地带的国家，也能在短时间内感受到“一战”的冲击和影响。在这样的烈度和深度的背景下，才会产生全球治理的需要。其二，“一战”悲惨的结局，使得世界各国第一次开始怀疑战争作为国家外交选项的合法性和有效性。“一战”之前，战争始终是国家外交选项之一，当时盛行的均势理论不仅不排斥战争，反而将“有限”战争当作调节国际体系运转必不可少的“外交手段”。然而“一战”结局表明任何工业国家或集团之间的军事冲突，都有可能在极短时间里演变为波及全世界的总体战，而战争结果即使不是同归于尽，也是不值得期待的。战争合法性和有效性的销蚀，使得全球治理开始进入人们的视野，人们开始倾向于采取和平的全球治理手段而非战争手段来解决问题。其三，当时主要国家的领导人已经意识到如果要想避免战争悲剧重演，就需要国际社会充分的沟通和协调，所以希望通过召开巴黎和会这样的国际会议来规划全球的未来。虽然当时主权国家依然是主角，巴黎和会的讨论议题也仍集中于政治领域，而且各个国家之间地位也极不平等，但巴黎和会毕竟是人类历史上第一次各国代表齐聚一堂，就全人类所面临的共同危机问题——战争与和平问题，展开商讨，研究对策，进而做出相应安排，会后建立了人类历史上第一个全球性政府间国际组织——国际联盟，以作为全球安全治理的平台。因此，巴黎和会可以视为国际社会第一次真正意义上的全球治理实践。尽管后来国际联盟的实践不很成功，然而它却是国际社会为解决重大国际关系危机而采取的可贵的现实探索，为后来的全球治理实践摸索了路子，积累了宝贵的经验。

尽管巴黎和会可以被视作全球治理的实践起点，但当代意义上的全球治理理论提出却远远晚于全球治理实践。直到1990年，“全球治理”这一概念才由联邦德国前总理勃兰特提出。1995年，瑞典政治家卡尔松和时任全球治理委员会主席兰法尔在联合国成立50周年之际发表的《天涯若比邻》（Our Global Neighborhood）中对全球治理的相关阐述，是目前为止全球治理概念最为权威的定义。但不得不承认，至今全球治理尚未形成一套清晰完整的理论框架，关于其定义和内涵仍有很多争议。这虽然不利于我们从概念上清晰地把握全球治理，但在一定程度上却也赋予全球治理理论更大的包容性，以适应这个不断变化、全球问题日益增多的国际社会。

冷战结束以来，“全球治理”日益呈现四大特征：第一，治理主体多元化。《威斯特伐利亚条约》之后建立的民族国家体系，虽然仍在全球治理中发挥着至关重要的作用，但民族国家已经丧失了对国际事务的垄断，大量非政府间国际组织、跨国公司，甚至个人都参与到全球治理这一进程中。第二，治理机制民主化。非政府间国际组织在全球治理中的作用不断提高，这些组织大都依照民主原则构成，它们加入全球治理进程本身就在增加全球治理的民主成分。同时，传统形态的全球治理平台（如联合国），其民主成分也在不断加强，很难再出现原先美国“一手遮天”的情况。第三，治理客体多元化。政治、军事、安全等传统议题已经不再是唯一关注点，治理客体日益“经济社会化”，且多为已经影响或者即将影响全人类且很难依靠单个国家解决的跨国性议题。这些议题包括全球跨国生产、贸易发展、国际经济、生态环境、气候变化、公共卫生、能源安全、基本人权、对外援助、非法移民、跨国犯罪、恐怖主义等等。第四，治理理念普世化。全球治理目标不再局限于某一国的国家利益，而是超越了意识形态、民族、宗教和短期经济利益考量，其最终目标是全人类的共同利益和长远利益。

社会科学研究领域曾长期存在着两分法思维方式：即市场与计划、公共部门与私人部门、政治国家与公民社会、民族国家与国际社会之分。全球治理的出现则打破了这种传统的分野，强调有效的管理应是有机的合作，它试图通过发展一套管理国内和国际公共事务的新规制和新机制来实现有效的管理。另外，全球治理强调国际关系的公平和公正，这在客观上有利于消解和制约强权政治和霸权主义。随着全球化进程的日益深入，国家主权客观上受到严重削弱，而人类所面临的经济、政治、社会、生态等问题则越来越具有全球性，需要国际社会的共同努力。全球治理顺应了世界历史发展的这一内在要求，有利于在全球化时代确立新的国际政治经济秩序。

可以断言，随着世界各国的联系日益紧密，人类社会将面临越来越多共同的问题，亟需一种共同的治理。从国际社会发展的趋势来看，有效的全球治理是必然的选择。

二、和平崛起的中国是全球善治的重要推手

随着全球治理时代的来临，人类社会的政治生活正在发生重大的变化，其中最引人注目的便是政治的重心正在从“统治”（government）走向“治理”（governance），从“善政”（good government）走向“善治”（good governance）。概括地说，所谓的“善治”就是使公共利益最大化的管理过程。全球治理的终极目标就应该是“善治”，而和平崛起的中国则是全球善治的重要推动力量。

和平崛起的中国对全球治理的推进，主要体现为以下两个方面。

第一，和平崛起的中国的积极参与，极大增强了现有全球治理机制的合法性与有效性。

首先是合法性问题。所谓的合法性是指某个权威得到广泛认同、信仰、忠诚和服从，它是保持一个体系有效性和稳定性的基础。现存的全球治理机制诞生于西方。冷战时期，不仅苏东集团对全球治理机制持排斥态度，广大第三世界国家同样也对全球治理机制持怀疑态度，全球治理机制的合法性得不到充分的保障和体现。和平崛起的中国作为全球最大的发展中国家，迅速融入现存的全球治理体系，这客观上极大加强了现有的全球治理机制的代表性与合法性，对全球治理产生了极大的推动作用，甚至可以在一定程度上说，正是中国的加入才使得现有的全球治理具有了“全球性质”。

其次是有效性问题。所谓的有效性是指某个机制能否吸纳最重要行为主体，是否可以在机制内部解决主要挑战。从这一点来看，和平崛起中国的加入，无疑大大增强了全球治理机制的有效性。中国无疑是当今世界最重要的国际关系行为主体之一。仅以经济指标为例，中国GDP总量不仅在2010年超过日本位居世界第二，同年更从美国手中接过了其占据120年的世界制造业产值第一的“交椅”，2013年中国外贸总量也超过美国成为世界第一，时至今日，中国已经成为128个国家的最大贸易伙伴国，还是世界上增长最快的主要出口市场、最被看好的主要投资目的地，以及能源资源产品的主要进口国[①]。

① 《王毅部长在第二届世界和平论坛午餐会上讲话》http://www.fmprc.gov.cn/mfa_chn/zyxw_602251/t1053901.shtml。

任何一个国际机制如果不能吸纳中国的参与，其全球色彩无疑将遭到极大削弱。中国加入全球治理机制后，积极作为，努力贡献，尤其是近年来的贡献更为明显。例如，2008年国际金融危机爆发后，中国积极推进内部经济结构调整改革，率先走出衰退的泥潭，与新兴市场国家一道，支撑起全球经济复苏的希望。同时，积极帮助国际社会应对危机，参与G20机制，向国际货币基金组织投入资金，向面临困难的国家伸出援手，2012年，中国对亚洲经济增长的贡献率已经超过50%，已成为推动世界经济增长的主要引擎之一[①]。此外，中国还在各大热点问题和地区事务中表现出明显的影响力：在国际贸易治理领域，大力抵制贸易保护主义，坚持开放全球市场；在全球安全治理领域，大力坚持劝和促谈，反对动辄武力，并积极参与国际维和行动，累计向联合国30项维和行动派出各类人员约2.1万人次，是派出维和人员最多的联合国安理会常任理事国。[②] 中国还与国际社会共同努力，积极应对恐怖主义、大规模杀伤性武器扩散。中国还积极参与气候变化谈判、粮食和能源安全问题磋商。众多实践证明，缺少中国的全球治理将难以获得任何实质性进展。

第二，中国是个超大型国家，其巨大的“体量”会对全球治理产生很大的影响，改革开放30多年来，中国正不断“以改变自身来改变世界”的方式，客观上推动了全球治理机制的改进。

中国改革开放的总设计师邓小平同志曾指出“中国是维护世界和平与稳定的力量，要对人类进步事业作出更大的贡献”[③]。我认为，这句话可理解为小平同志对参与有中国特色的全球治理的期望。中国是个不同于西方大国的所谓“异质”大国，拥有悠久的历史与丰富的文化遗产，中国要有自信，就像习总书记所指出的那样，要有“道路自信、制度自信、理论自信”，“中国梦是中国人的梦，也是世界各国人民的梦”。中国要有责任感和使命感，要有为推动全球治理向更加公正与和谐方向转变的责任感与使命感。

博大精深的中华文明为中国主动参与全球治理价值观的建构提供了丰厚

① 《王毅部长在第二届世界和平论坛午餐会上讲话》http://www.fmprc.gov.cn/mfa_chn/zyxw_602251/t1053901.shtml。

② 《习近平在世界和平论坛开幕式上的致辞》http://www.fmprc.gov.cn/mfa_chn/ziliao_611306/zyjh_611308/t948833.shtml。

③ 《邓小平文选》(第3卷)，人民出版社2001年4月版，第122页。

的土壤。"中华民族在五千年的历史长河中，形成了民胞物与、仁者爱人的人本精神，为政以德、执两用中的政治思想，兼爱非攻、亲仁善邻的和平志向，以和为贵、和而不同的和谐理念，推己及人、立己达人的待人之道"[①]。这些独具特色的东方传统价值观，正源源不断地为中国参与全球治理提供着宝贵精神财富。

此外，"新型大国关系"、"和谐世界"、"义利观"、"命运共同体"等概念也是富有中国特色和中国元素的全球治理理念。"新型大国关系"是中国政府提出的全新的全球安全治理理念，它打破了西方传统的"大国必霸、大国必战"的历史宿命，为国际社会探索构建相互尊重、合作共赢的国际关系奠定了很好的理论基础。另外，"和谐世界"和"义利观"并不是否认利益，而是摆脱西方主流政治理论中过多强调"利"（国家利益），而忽视"义"（国家责任）的局限，习近平总书记所提出的"义利观"要求正确对待和处理"义"与"利"的关系，重视道义与责任，重义轻利、先义后利、取利有道。这是中华民族数千年来一以贯之的道德准则和行为规范，必将在全球治理领域的引发巨大反响。2013年3月习近平总书记访问非洲时，曾用用"真、实、亲、诚"四个字概括中国对非政策，就引起非洲领导人和民众的强烈共鸣，这同样也是中国长期以来坚持的对广大发展中国家的政策。正是在这一政策指导下，中国始终站在发展中国家一边，构建与发展中国家的"命运共同体"，坚持与发展中国家真诚友好、平等相待，进一步密切双方高层往来，加强不同层次的对话和磋商，推动双方传统友谊"贯四时而不衰，历夷险而益固"[②]。

中国希望通过"新型大国关系"、"和谐世界"和"义利观"等根植于中国传统文化的理念，在思想层面将全球治理推向一个更富有中国特色，更能反映发展中国家和全球公民社会诉求的和谐方向。当然，中国对全球治理机制的推进是为了其能更好地应对全球挑战，而非出于一己私利。而且，中国这种在机制外围的改进更多是一种"增量改革"，它同现行全球治理制度形成一种优势互补，而非零和替代关系。这也正如王毅外长所指出的："中国将继

① 王毅部长在第二届世界和平论坛午餐会上讲话。http://www.fmprc.gov.cn/mfa_chn/zyxw_602251/t1053901.shtml。

② 《坚持正确义利观 积极发挥负责任大国作用——深刻领会习近平同志关于外交工作的重要讲话精神》王毅 http://www.gov.cn/jrzg/2013-09/10/content_2484898.htm。

续做当代国际秩序和公认国际关系准则的维护者”①，杨洁篪国务委员也指出“我们将把本国人民的利益同世界各国人民的共同利益结合起来，在实现本国利益的同时，充分照顾他国正当关切和合法权益，绝不做损人利己、以邻为壑的事情”②。这表明中国接受全球治理的现存机制，这点也正是现存的全球治理机制得以顺利运行的重要支撑。

三、本书框架结构

本书的主题是全球治理与中国崛起之间的相互关系，全书分为上、下篇两大部分。上篇主要阐述有关全球治理的基本概念、理论，全球治理与中国传统文化的关系，中国参与全球治理的历史进程，以及中国崛起与全球治理之间的相互影响。下篇主要阐述目前全球治理领域各个具体议题的出现背景、发展现状，以及对中国崛起的机遇与挑战。

我们深知，本书仅是对中国崛起与全球治理之间非常丰富的关系做了一个非常初步的探究，粗浅谬误之处在所难免，权充引玉之砖，还恳请同行专家学者不吝赐教，多提宝贵意见。

林宏宇

2014年2月21日于京西坡上村

---

① 《探索中国特色大国外交之路》（王毅部长在第二届世界和平论坛午餐会上的演讲）http://www.fmprc.gov.cn/mfa_chn/zyxw_602251/t1053901.shtml。

② 《站在历史新起点上的中国外交》（杨洁篪在21世纪理事会北京会议上的演讲）http://www.fmprc.gov.cn/mfa_chn/ziliao_611306/zyjh_611308/t1095281.shtml。

上 篇

理 论 篇

第一章　全球治理概念

正如奥兰·杨在其经典之作《世界事务中的治理》开篇中所提到的，当今的国际事务从来没有像今天这样需要治理过。[1] 出于同样的逻辑，远在1648年建立的威斯特伐利亚体系中，所谓的治理就已经存在。随着全球化的发展，超国家行为体的不断出现与繁盛，国家间的相互依存程度不断提高，国际事务跨国、跨领域的特性不断增加，公民、公民组织和政府等一系列国内政治因素越来越受到国际形势的影响，最终也成为影响国际环境的重要因素。人和国家越来越难以置身于发生在世界的某个遥远角落的事务之外，不管他们可能多么希望事实并非如此。例如，美国的金融危机影响到全球经济的复苏与发展；中东地区的局势不可避免地影响到世界其他地区，而不仅仅是通过电视中的血腥镜头对人们造成的视觉冲击；各国排放的温室气体影响到全球气候的变化。这些只是反映了类似国际事务的普遍存在，从一个方面也证实了国际事务对于任何国家和各种行为体乃至公民个人而言，都是无法逃避的重要影响因素。

人类原有的知识和经验都不足以解决这些国际事务所带来的复杂问题，人们在与“新事物”的斗争中也不断发现，单纯依靠某一个国家或某一个国际组织的解决模式已经不能应对广泛而复杂的全球性问题所带来的影响，因此开始寻求各种层次、不同角度的合作。这种新兴的合作模式并非是一种无病乱投医的状态，而是事实使然的结果，进而形成了复杂交错的国际合作网

---

① ［美］奥兰·杨:《世界事务中的治理》，陈玉刚、薄燕译，上海世纪出版集团，2007年版，第1页。

络，即多元的治理网络。人们逐渐开始用治理的视角看待、分析和研究人类社会的这种发展，国际关系领域的一种新理论——全球治理理论随之形成。面对棘手的全球问题时，人们开始利用全球治理理论解决这些国际事务及其带来的问题。那么什么是治理和全球治理？人们是如何进行治理的？治理中有哪些参与者或（治理）行为体呢？这些治理行为体的功用如何？本章将针对这些问题进行阐述和讨论。

一、治理的概念与起源

到了20世纪90年代，治理逐渐成为社会科学领域中的流行词汇。在科学技术发展和人类文明程度提高的影响下，人们对于政治的看法和实践开始从原有的统治转向了治理，从善政转向了善治，从单纯依靠政府统治逐渐转向了不再单一依靠政府甚至完全抛弃政府的“没有政府的治理”（governance without government），从民族国家的政府统治逐渐发展为全球治理。“治理”一词源于何处？它对人类社会影响如何？治理的概念作为治理理论的逻辑起点，成为了治理和全球治理研究者们普遍关心的重要问题。

（一）治理的概念

在日常用语中，治理指的是“统治、管理，处理、整修”。[①] 在英语语言环境中，治理（governance）指的是统治国家、管理公司、治理机构的行为或其方式。[②] 从语言学角度来看，治理有两层含义，一种指的是治理的行为本身，另一种指的是治理的具体方法选择。

在古代，治理与统治一词具有相似的含义，主要指的是君主对属域的管制。英语中的“治理”（governance）最早可以追溯到古拉丁语和古希腊语的“操舵”一词，其原意主要是指控制、指导或操纵，常与政府（government）

① 中国社会科学院语言研究所词典编辑室编:《现代汉语词典》(修订版)，商务印书馆，1997年修订第3版，第1623页。

② 《牛津高阶英汉双解词典》，商务印书馆，第6版（缩印版），第759页。governance: the activity of governing a country or controlling a company or an organization; the way in which a country is governed or a company or a institution is controlled。

交叉使用。西方对于“治理”概念的使用开始于14世纪，其含义主要是引导和领导。在民族国家产生和形成之后，“治理”概念长期以来主要用于国家公共事务相关的管理活动和政治活动中。

20世纪80年代以来，在西方民主国家普遍出现了一种“治理转换”的趋势，即从统治到治理（from government to governance）的转移。英国学者罗兹就认为，治理意味着“统治”的含义有了变化，意味着一种新的统治过程，意味着有序统治的条件已经不同于以前，或是以新的方法来统治社会。自从世界银行在1989年世界发展报告中首次使用了“治理危机”之后，许多国际组织和机构开始在其各种报告和文件中频频使用它，政治学、经济学、管理学等学科纷纷引入治理的概念，赋予了治理以丰富的含义。概括起来，治理大致包含如下几层含义：作为最小国家管理活动的治理，作为善治的治理，作为社会——控制体系的治理，作为自组织网络的管理。

虽然治理一词如同政治和政府一样古老，但随着时代的发展却增加了新的内涵。在全球化的影响下，国家的角色发生了转变，政府的职能受到挑战，公民社会不断繁荣，非政治组织开始崛起。这些事实改变了传统政治管理的格局，使得公共事务的管理出现了日益多元、复杂交织、相互影响的特点。研究者们采用“治理”更好地描述这一政治现象，“治理”也逐渐成为诸多社会科学领域中争相使用和讨论的焦点，其含义也不断丰富和发展。分权与授权、合作与协商、多元与互动等词语一时间都成为同治理紧密联系的术语。治理的概念也变得宽泛难以统一，使用的场合也更加灵活。正如治理问题研究专家鲍勃·杰索普在1999年《国际社会科学杂志》的文章中写到，“治理只是晚近方才进入社会科学的标准英语词汇之内，并且在不同的外行圈子里成为‘时髦词汇’的。即便现在，它在社会科学界的用法仍然常常是‘前理论式’的，而且莫衷一是；外行的用法同样是多种多样，互相矛盾。”①

虽然治理的含义被不断扩大，看似有被泛化的危险，但实际上，治理却有着极其重要的现实含义。诸多学者从国际社会中不同行为体的角度，在不同层面上提出了关于“治理”的概念。归结起来，可以分为以下几类。有的

① ［英］鲍勃·杰索普:《治理的兴起及其失败的风险：以经济发展为例的论述》，漆芜译，《国际社会科学杂志（中文版）》1999年第01期，第31页。

学者比较务实，他们从国家内部管理的角度出发，将治理归纳为一种改革国家能力、改进国家与社会关系的新途径；有的学者从国际组织的影响力与存在价值角度出发，将治理定义为国际组织以“善治”为目标，为改变发展中国家落后穷苦的现状，而进行的大规模的改革计划。从宏观层面讲，治理构建的是政府、市场和社会相互联系、相互影响的横向框架，构建以横向连接为条件的公共选择机制。从微观层面讲，治理搭建的是政府内部政治-行政行为的桥梁，是政府行政权力及行为如何运行、如何分配、如何组织的政治-行政过程。[①]

如果确切地探讨治理的概念和定义，就要将其同统治进行联系和区别。治理与统治从词面上对比，差别并不大，但其内涵却有着极其明显的差别。许多学者都曾指出区分治理与统治两个概念是理解治理的前提条件。罗茨认为，治理意味着“统治的含义有了变化，意味着有序统治的条件已经不同于以前，意味着一种新的统治过程，或是以新的方法来统治社会。”[②] 随即他详细列举了关于治理的不同定义，进而区分治理与统治的含义，确定治理定义的内涵。他指出的六种定义是：（1）作为最小国家的管理活动的治理，它指的是国家削减公共开支，以最小的成本取得最大的效益；（2）作为公司管理的治理，它指的是指导、控制和监督企业运行的组织体制；（3）作为新公共管理的治理，它指的是将市场的激励机制和私人部门的管理手段引入政府的公共服务；（4）作为善治的治理，它指的是强调效率、法治、责任的公共服务体系；（5）作为社会-控制体系的治理，它指的是政府与民间、公共部门与私人部门之间的合作与互动；（6）作为自组织网络的治理，它指的是建立在信任与互利基础上的社会协调网络。[③]

罗西瑙在《没有政府统治的治理》和《21世纪的治理》等论著中则将治理定义为一系列活动领域的管理机制，并与统治进行了区分。他进一步指这些管理机制虽然没有得到正式授权，却能有效地发挥作用。他认为治理是一

① 包国宪，郎玫：《治理、政府治理概念的演变和发展》，《兰州大学学报（社会科学版）》，2009年第3期，第3页。

② ［英］罗伯特·罗茨：《新的治理》，《政治研究》，1996年第154期。转引自俞可平主编：《治理与善治》，社会科学文献出版社，2009年版，第3页。

③ 同上，第3页。

种由共同的目标支持的活动，这些管理活动的主体未必是政府，也无需依靠国家的强制来实现。[①] 罗西瑙阐述的治理是一种远比统治内涵更为丰富的现象，它既包括政府机制，同时也包含非正式、非政府机制，随着治理范围的扩大，各色人等和各类组织得以借助这些机制满足各自的需要、并实现自己的愿望。罗西瑙认为治理是一种规则体系，其生效的条件是被多数人接受或者至少被那些最有权势的人接受。因此，治理在维护体系延续上始终发挥着有效作用，否则治理就不会存在。因为当治理无效时，人们只能称其为无政府状态或者混乱。在治理所代表的规则体系中，政府即使不被忽略，政府的功能也被认为是低效的。治理的特点就是未被赋予正式的权力，但它却能够有效地发挥作用。

库伊曼和范·弗里埃特则从治理体系内行为体的关系角度定义治理，“治理所要创造的结构或结构和秩序不能由外部强加；它之发挥作用，是要依靠多种进行统治的以及相互发生影响的行为者的互动。”[②]

格里·斯托克则通过对前人研究治理的概念进行总结，归纳了五种主要观点：（1）治理意味着一系列来自政府但又不限于政府的社会公共机构和行为者。它对传统的国家和政府权威提出挑战，它认为政府并不是国家唯一的权力中心。各种公共的和私人的机构只要其行使的权力得到了公众的认可，就都可能成为在各个不同层面上的权力中心。（2）治理意味着在为社会和经济问题寻求解决方案的过程中存在着界限和责任方面的模糊性。它表明，在现代社会国家正在把原先由它独自承担的责任转给公民社会，即各种私人部门和公民自愿性团体，后者正在承担越来越多的原先由国家承担的责任。这样，国家与社会之间、公共部门与私人部门之间的界限和责任便日益变得模糊不清。（3）治理明确肯定了在涉及集体行为的各个公共机构之间存在着权力依赖。进一步说，致力于集体行动组织必须依靠其他组织；为达到目的，各个组织必须交换资源、谈判共同的目标；交换的结果不仅取决于各参与者的资源，而且也取决于游戏规则以及进行交换的环境。（4）治理意味着参与者最

① ［美］罗西瑙主编：《没有政府的治理》，张胜军、刘晓林等译，江西人民出版社，2001年版，第5页。

② ［美］库伊曼和范·弗里埃特：《治理与公共治理》，见库伊曼等编《管理公共组织》，等萨吉出版公司，1993。转引自俞可平主编：《治理与善治》，社会科学文献出版社，2009年版，第3页。

终将形成一个自主的网络。这一自主网络在某一特定的领域中拥有发号施令的权威，它与政府在特定的领域中进行合作，分担政府的行政管理责任。（5）治理意味着办好事情的能力并不仅限于政府的权力，不限于政府的发号施令或运用权威。在公共事务的管理中，还存在着其他的管理方法和技术，政府有责任使用这些新的方法和技术来更好地对公共事务进行控制和引导。①

联合国作为国际性权威机构对治理进行了定义。联合国下属的全球治理委员会在1995年发表的《我们的全球伙伴关系》的报告中指出，所谓治理就是各种公共的和私人机构管理有共同事务的诸多方式的总和。治理是使冲突的不同的利益集团、相互冲突的或不同的利益得以调和并且采取联合行动的持续的过程。这既包括有权迫使人们服从的正式制度和规则，也包括各种人们同意或以为符合其利益的非正式的制度安排。它有四个特征：治理不是一整套规则，也不是一种活动，而是一个过程；治理过程的基础不是控制而是协调；治理既涉及公共部门，也包括私人部门；治理不是一种正式的制度，而是持续的互动。②

总之，治理的含义就是在一个既定范围内运用权威维持秩序以满足公众需要的活动。治理需要在各种不同的制度关系中运用权力去引导、控制和规范公民的各种活动，以最大限度地增进公共利益。这一点是传统的统治和行政管理所无法完成的，是对它们的补充与替代。因此治理概念的提出与发展是在人类社会发展到一定阶段的产物，满足了人们解决实际问题的需求。

（二）治理的目标与手段

治理作为原有统治和行政管理的补充与发展，其目标就是要达到社会资源的最优化配置。治理方式的目标正如罗斯德所描述的，通过处于相互依存境况中的行为者之间源源不断而且愈来愈多的互动，国家有可能终而成为“由政府和社会上的人员参与组成，而没有某个行为者掌握主动权充当领导这样

① ［英］格里·斯托克：《作为理论的治理：五个论点》，《国际社会科学》（中文版），华夏风译，1999年第2期。

② 全球治理委员会：《我们的全球伙伴关系》，天津大学出版社，1995年版，第23页。

的一种组织网络”。[①] 这种组织网络，就是多重的社会和政治的网络，它是在政府的管理和公民的参与中不断形成起来的，反复被人们谈论、研究与分析，并成为现代治理的经验性基础。

治理网络是逐渐形成并不断扩大的。在这一网络中，人们共同控制、共同领导、共同生产、共同经营管理。治理所依托的最为主要的管理手段正是依托这一组织网络开展的。治理网络的形成让人们看到了国家运作民主化的前景，从而打开了社会主动性和新的公民动员道路。治理的手段挑战着几十年来所继承的由国家控制和进行干预的社会管理和经济管理。治理的行动也由原有的政府单一管理模式转变为多级的、多方参与者运作的、共同协调行动的管理手段与实践。在治理网络内部，相互协调行动意味着信息广泛流通和人们对规范的讨论畅所欲言。治理的结果与可取之处并非是对原有管理的全盘扬弃，而是依靠于原有多种形式的协调，及时做出特定的调整以期最终达到某种必要的全面的管理。治理中的协调也可以看成是人们的一种认知互动模式，是立场与意向的组合配置。人们就其交流信息、互相影响、共同学习，而此类种种过程在治理中的实现并非有意为之，与政治中的谈判和控制等行为有着本质的差别。

治理作为一种政治管理的过程，同政府统治一样也需要权威和权力，也是为了维护社会秩序的正常运转而实施的。但治理同统治却有着基本的区别。

一方面，治理权威的来源远比统治权威的来源要广泛。统治的权威一定来源于政府，统治的主体是社会公共机构。在这一点上治理则不尽然。治理的主体具有多元化的特点。治理是对整个公共管理部门的重新认识。在治理中，形成了对公共部门的有效管理，也使得不同实施主体各自的定位、分工及角色得以实现，而不是单纯地依靠政府的统治与行政管理。换句话说，参与治理的主体已经不只是政府部门，还包括全球层面、国家层面和地方层面的非政府非营利组织、政府间和非政府间国际组织、社会团体、甚至私人部门在内的多元主体，共同整合在一起形成了一种特有的分层管理模式。

另一方面，管理过程中权力运行的方式不同。政府统治的权力运行一般

① ［法］让·皮埃尔·戈丹:《现代治理，昨天和今天：借助法国政府政策得以明确的几点认识》。转引自转引自俞可平主编:《治理与善治》，社会科学文献出版社，2009年版，第280页。

是自上而下的，它运用政府政治权威，通过发号施令、制定政策和实施政策对社会公共事务实行单一向度的管理。治理则是一个上下互动的管理过程。各国通过合作、协商和伙伴关系，确立认同和共同的目标等方式实施对事务的管理。治理的实质在于建立在市场原则、公共利益和认同之上的合作。治理所运用的管理机制的权威来自合作网络的权威，而不只是单方面依靠政府的权威。治理所产生权力的向度也是多元的、相互的，而不是单一的和自上而下的。

西方政治学家和管理学家之所以提出治理的概念，主要就是通过治理来取代统治。他们在社会资源的配置中既看到了市场的失效，又看到了国家的失效。人们仅仅依靠市场的手段无法达到经济学中的帕累托最优的状态，因为市场在限制垄断、提供公共物品、约束个人和企业的极端自私行为、克服生产的无政府状态等上存在的天生不足与局限——市场手段不可能实现社会资源的最佳配置。另一个依靠国家计划和命令的手段，也存在滞后性和局限性，不能促进和保障人民的政治利益和经济利益。在生产和消费的活动中，市场的失灵与国家的失效，使得人们开始寻求新的解决手段以应对市场、国家及二者之间协调的失败，由此治理开始逐渐走入人们的视野。

治理并不是万能的，它也只能在具体条件下弥补国家和市场在调控和协调过程中的某些不足。它自身也存在着无法避免的局限与缺点。它不能代替国家而享有合法的政治暴力，它也不能代替市场自发地对大多数资源进行有效的配置。治理在国内管理等方面，它的有效性要依托于国家和市场功能的发挥，它的出现就是对国家和市场的管理和调控手段的补充。

（三）治理与善治

治理存在着失效的可能。如何克服治理的失效，如何使治理更加有效等问题也随之成为学者们关注的热点与焦点。不少学者和国际组织提出了“元治理”“健全的治理”“有效的治理”和“善治”等概念，作为对上述问题的回答。其中“良好的治理”或“善治”的理论影响最为深远，发展得也最为完善。

对与传统的统治而言，在国家与政府的管理方面，善政是人们希望达到的理想政治管理模式。我国古代就有“善政”一词，相当于英语中的“good governance”，即“良好的政府”或“良好的统治”。在中国传统政治文化中，百姓们怀揣着对“善政”的期待。因为善政能给官员带来清明和威严的公道和廉洁，各级官员也将百姓作为父母一样热爱和对待，在具体事务上没有私心，没有偏爱。善政无论在中国还是在其他国家，无论在古代和现代都具有相似的含义。俞可平总结的善政应具有以下几个要素：严明的法度、清廉的官员、很高的行政效率，良好的行政服务。[①]人们对政府期许的最高目标就是对善政的渴求与期待。

然而自上世纪90年代以后，世界各国政府管理模式日益遭受更加复杂而又严重的挑战，善政的这一表达与阐述无法解决新出现的各种问题。“善治”的出现形成了对“善政”的挑战。中国学者俞可平总结出善治具有合法性（legitimacy）、法治（rule of law），透明性（transparency）、责任性（accountability）、回应性（responsiveness）、有效性（effectiveness）、参与（civic participation & engagement）、稳定（stability）、廉洁（cleanness）、公正（justice）10个基本要素。[②]

善治就是为了使公共利益达到最大化而进行的社会管理过程。在善治的过程中，政府与公民摆脱了二者旧有的单向的、从属的关系，是实现了共同管理的模式，是一种政治国家与公民社会的一种新型关系，是能够发挥二者主动性和各自优势的最佳状态。在善治中，公民安全得到了更好的保障，法律得到尊重，特别是这一切都需要通过司法独立的法治形式得以实现。政治领导人在话语和行为上都需要向人民负责，严格实行职责和责任制。全体公民有了解情况的权力，并能够方便地获取各方面的信息。

善治实质上就是国家权力向社会的回归，其实现过程就是还政于民。善治从全社会范围的宏观角度来看，既离不开政府也离不开公民，它是国家、政府与公民之间的良好合作。从社群的微观角度来看，可以没有政府的统治，但不能没有公共的管理。善治依赖于公民的自愿合作和对权威的自觉认同，没有公民的积极参与和合作至多只能称其为善政。善治就是要提高公民参与社会管理的积极性，促进公民积极参与社会管理。善治形成的关键不在于政府和国家，而需要依靠公民和整个公民社会的行动。公民社会是善治实现的

① 俞可平主编：《治理与善治》，社会科学文献出版社，2009年版，第8页。

② 同上，第9页。

基础，没有一个健全、发达的公民社会就无法实现真正的治理。

上世纪末，善治的理论与实践产生与发展的现实基础是公民社会与民间社会的日益壮大。公民社会包括了除国家和市场之外的公民形成的各种组织和关系。公民社会包含了大量的第三方组织，即公民社会组织，它们以民间的组织形式出现，不代表任何政府或国家的立场。它们独立于官方政府，拥有着自己的组织机制和管理机构，有着独立的经济来源，因此在政治、财政、管理上都完全独立于政府而存在。公民社会组织的成员自愿加入组织，没有强迫的方式。这些公民社会组织在社会管理中的地位也越来越重要，它们有时甚至能够独自承担起社会的某些管理职能，或者同政府合作，共同行使社会管理，使得原有单一的统治变成了多元的治理。

善治是政府与公民之间形成的积极而有效的合作形式，这种局面形成的关键是公民参与政治管理的权力。公民只有掌握了足够的政治权力参与选举、决策、管理和监督才能使政府同自己一起形成公共权威，进而实现公共秩序。公民享有充分自由和平等的政治权力只能依靠民主政治的途径，因此善治与民主便有机地结合在了一起。专制政治在其最佳状态可以实现善政，但是不会有善治的出现。善治只有在民主政治的环境中才能真正实现。没有民主，善治就无从谈起。

二、全球治理的概念与发展

20世纪80年代，“治理”的概念以毫无章法的形式在国际关系中出现。人们希望“治理”一词能够像在公共管理学中一样，能给国际关系领域解决新的问题。然而事实却是这一概念非但没有清晰，反而成了一个含义广泛、无所不包的术语，有时同政权的概念一起使用，有时又同世界秩序联系在了一起。与此同时国际金融机构也在使用这一术语，用它来向那些被认为不能正确管理所获贷款的国家强加政治条件进行辩护。治理一词便加上了一个修饰词，成了“有效的”治理，进而又被赋予新的名称“全球治理”。那么什么是全球治理呢？它与治理有着怎么的差别与联系？全球治理在现实中是如何实现的呢？

（一）全球治理的定义与发展

治理概念的提出与社会现实紧密相连。西方政治学家和管理学家发现在原有统治方式下，依靠单一的国家手段或单一的市场手段都不能完成对社会资源的最佳配置，国家的失效和市场的失灵使得学者们寻求新机制与新路径，在这一需求下治理的理论与实践应运而生。人类社会的政治过程也开始由传统的统治模式发展成为新生的治理机制。治理的手段可以在一定程度上弥补国家看得见的手和市场看不见的手的缺陷。但这并不是说治理是万能的，它也存在诸多的局限。例如治理不具备国家的强制力，也不具备市场自发的有效配置资源的能力。治理的实现仍然需要建立在原有传统统治的基础上，实现对国家和市场两种手段的补充，从而达到管理的最佳状态。

随着对治理研究的深入和发展，人们逐渐发现国家现在已经不可能通过自己的行动解决所有的问题，从政府的统治走向没有政府的治理是政治发展的必然。与此同时，国际社会上单纯依靠政府的统治开始走向没有政府的治理，换言之就是从民族国家的统治走向全球治理的实践。虽然治理理论是针对传统的政府统治理论提出的，但是它有着更为广泛的适用范围，远远超越了国家的界限，在超国家层面同样适用。因此治理理论就同全球治理实践联系起来，成为全球治理理论发展的前提与基础。

冷战的结束与全球化的发展都在深刻影响和改变着原有的国际政治架构。例如，世界经济中跨国公司势力的增长、生产方式的变革、国际贸易的迅速扩张、信息与通讯系统的进步以及金融与财政市场的失控都无不影响到国家关系的演变，使得发达国家间得联系日益紧密。有学者称“当时”为昨日的世界与明日的世界之间的一种过渡状态，人们不再能从过去传承下来的理论框架得到哪怕只是大致的指导。① 按照原有的国际关系传统的地缘政治观念对东方与西方及北方与南方的划分方法已经不能符合世界发展的实际。与

① ［瑞士］皮埃尔·德·塞纳克伦斯:《治理国际调节机制的危机》，俞可平主编:《治理与善治》，社会科学文献出版社，2009年版，第239页。

这些变化同时发生的是区域性一体化运动的加速以及一些国家的垮台。[①] 这些变化凸显了一个共同点就是国家主权的不断衰落。

在这一背景下，治理的概念逐渐走入了国际关系的视野。世界银行开始使用治理这一概念来指导和影响非洲国家的发展。经济合作与发展组织也将这一概念引用到它的工作中。治理并没有被赋予确切的国际关系领域的定义，而是由于远比政府的含义丰富而被广泛用于有关国际秩序的计划项目，并作为有助于和平与发展的规章和惯例等含义的表达而使用。治理在国际关系的使用反映了一种观念，各国政府并不完全垄断一切合法的权力，除了政府之外，社会上还有一些其他机构和单位负责维持秩序、参加经济和社会调节。这种管理和控制公共事务的机制，在地方、国家和区域的层次上，包括了一套复杂的科层结构、具有不同程度等级制的政治权力、企业单位、私人压力集团以及各种社会运动。指挥和仲裁职能不再由各国政府垄断，而是由多种多样的政府性和非政府性组织、私人企业和社会运动等合在一起构成国际的某种政治、经济和社会调节方式。

关于全球治理问题的争论最初起源于对国家与市场之间的界定，或者更广泛地来源于政治当局与市民社会之间的关系。冷战后对国家、对其预算赤字、对其社会保障政策的负面效应以及其经济影响力的批判分析对于全球治理的出现具有重大意义。20世纪80年代，经合组织成员国福利国家模式危机不断。布雷顿森林体系崩溃和金融市场失控破坏了这一制度。国家负债累累，迫使政府需要少花钱多办事，学习私人部门、公司那种有效的管理方式。经合组织成员国中出现了国有企业非国有化、甚至私有化的过程。拉丁美洲和非洲发展中国家政局动荡，政府无法偿还国外的贷款，经济运行出现重大问题。在经济大国的支持下，国际货币基金组织和世界银行按照自由主义路线设计相应的解决方案。由于政府间组织的迟钝滞后、缺乏效率以及难以管理造成难以为继的局面推动了对于新的解决措施的研究——即全球治理的雏形。西方国家的政府特别是欧盟成员国，将更多的官方援助中投入到人道主义援助中，更频繁地通过非政府组织完成这些援助，通过非政府组织承担了

① O.R. Young,“The Effectiveness of International Institutions: Hard Cases and Critical Variables”. In J.N.Rousenau and E.O. Czempel ,*Governance without Government: order and change in world politics*, Cambridge: Cambridge University Press, 1992, p.160.

若干发展的项目，这使得一些全球性问题的解决出现转机。在这一过程中“没有政府的治理”开始出现。人们逐渐发现，规章制度的机制和决策程序要适应社会的需要，否则就将被其他的制度所取代。“没有政府的治理”的出现表明了这种演变。在这一过程中，政府的作用并没有被真正废除，但其他组织机制正相继成形，并在某些特定情形下接管政府当局看来不能重复履行的某些职能。国际政治领域的全球治理体现了一种趋向整合的功能。国际政治的得失已经不如以往那么重要，政治关系已经为经济交流活动所包含，各种问题领域的合作网络相互交织。外交与策略分析问题的意义与价值早已不如从前，因为权力和影响的关系变得如此散乱，包含在了十分复杂的谈判及决策程序中，不能够被任何身份明确的政治权力所一一支配。国际社会中，政治体系的构建不再只由政府来决定，也需要依靠一个密集而复杂的网络系统和功能合作系统来完成。

全球治理在国际关系领域中是逐渐形成并不断延伸的。它既是对国际关系现实存在的客观描述，也是人们在面对复杂全球性事务时所构想的应对方案与解决路径。经合组织扩展了世界银行的观点，认为治理就是“运用权威，管理和控制国家资源以求经济和社会的发展”。[①] 经合组织有意在贫穷国家中提倡尊重法律、健全行政管理和廉洁负责的政府。它认为发展就必须包括保障人权、改善穷人的教育与健康，其成员国有责任将它们的发展援助与提倡和推行这种自由主义模式联系在一起。全球治理委员会在其1995年的报告中将全球治理定义为“各种各样的个人、团体——公共的或者个人的——处理共同事务的总和。它是一个持续的过程，通过这一过程，各种互相冲突和不同的利益可望得到调和，并采取合作行动。”[②] 这样的全球治理有助于解决冲突、促进合作、减少机体行动“给这个各种行为者相互依存的世界”造成的问题。罗西瑙认为全球治理是指一个规范的系统，没有政府的治理指的是任

① OECD, “Development Assistance Committee Orientation on Participatory Development and Good Governance”, Paris, OECD/GD(93)191, p.14, 1993.

② ［瑞典］英瓦尔·卡尔松、［圭］什里达特·蓝法尔主编:《天涯成比邻：全球治理委员会报告》，赵仲强等译，中国对外翻译出版公司，1995年版，第2页。

何社会系统都应承担政府没有管起来的那些职能。[①] 国际社会的规章制度水平日益提高，包含无数个控制机制，但却缺乏任何超国家的权威当局。全球治理就体现这种“没有政府的治理”，需要有一个共同的价值观和公共的问题事务来引导管理体系的形成。全球治理因此需要通过共识建立权威，不一定需要强制的手段。

罗伯特·基欧汉认为：“即使民族国家仍然保有当前的诸多职能，如果要在一部分全球化的世界中实现有效的治理，就必须扩展国际制度。如果要使全球化不受阻断或不可逆转，就必须发展治理安排以促进合作和缓解冲突”；而他的合作者约瑟夫·奈则把治理定义为“正式和非正式的指导并限制一个团体集体行动的程序和机制”。[②]

詹姆斯·罗西瑙在《全球治理》创刊号上对于全球治理定义的界定具有较高的权威性：全球治理被认为是包括所有层次的人类活动——从家庭到国际组织——的规则系统，在这些活动中，通过施加控制而追求的目标具有跨国影响。[③] 全球治理甚至包括卷入到更加相互依赖的世界中急剧增加的网络的大量规则系统。他认为，“全球治理是一个针对世界上所有采取权威作出努力的概括性短语。它既没有一个最高层次的权威，也不期望事务可能最终走向发展。相反，它指出一个不可逆转的进程正在进行，权威在其中日益分解，产生了一个由处于世界上每一个角落和共同体每一个层级中的、越来越多的权威中心组成的全球治理体系。”[④] 罗西瑙在其书中指出了治理的实质，“治理是这样一种规则体系，依赖主体间重要性的程度不亚于对正式颁布的宪法和宪章的依赖。更明确地说，治理是只有被多数人接受（或者至少被它所影响

---

① J.N.Rousenau, “ Governance and Order, and Change in World Politics”. I In J.N.Rousenau and E.O. Czempel ,*Governance without Government*: *order and change in world politics*, Cambridge: Cambridge University Press, 1992, p.3-4.

② ［美］约瑟夫·奈，约翰·唐纳胡主编：《全球化世界的治理》，王勇、门洪华等译，世界知识出版社，2003年版，第10页。

③ James N. Rosenau, “ Governance in the Twenty-first Century”, *Global Governance*, Vol. 1, No. 1, Winter 1995, pp.13-14

④ ［英］戴维·赫尔德等编：《治理全球化：权力、权威与世界治理》，曹荣湘等译，社会科学出版社，2003年版，第73页。

的那些最有权势的人接受）才会生效的规则体系。”[①]

芬克尔斯坦对于罗西瑙的概念表示不认同。他认为罗西瑙的概念过于宽泛。他认为全球治理不是一套规则系统，而是一种活动；他进一步指出国家关系理论中的机制理论已经规定了所谓的规则系统。因此他认为全球治理是“对超越国界的关系进行没有主权权威的治理”，“全球治理就是在国际上做政府在国内做的事情。”[②] 虽然芬克尔斯坦解决了全球治理与国际机制两者概念不清的问题，但是仍有给人以同义反复之嫌，此外他的观点与理想主义“建立世界政府”的想法有些相似。

西方学者对于全球治理的定义隐藏着一些不容忽视的危险因素，主要在于他们的全球治理概念过分弱化了主权和主权政府在国内和国际治理中的作用，存在着为强国和跨国公司干涉别国内政、推行霸权主义政策提供理论支持的可能。某些国家和跨国公司在实际上也利用了全球治理理论掩饰其干预别国内政，谋求国际霸权的事实。俞可平在其文章中对这一危险进行了论证。俞可平指出由西方强国控制的世界银行和国际货币基金组织在20世纪90年代对善治进行了专门的研究，并将其确立为考量受援国的主要标准，进而干涉别国的内政。

西方强国将“善治”作为考量受援国的主要标准，是为了提高援助效益的标准，确保它们的贷款能够及时收回。但是确保“善治”就需要受援国实行自由主义的市场经济体制，消除贸易壁垒。市场经济的推行需要依赖特定社会政治结构基础，西方强国就以推行“善治”和“全球治理”的名义使受援国进行“国家改革”和“社会政治改革”，这就是干预主权国家的内部政治事务。

综上所述，西方学者的全球治理理论认为政府并不是国家唯一的权力中心，传统国家和政府的权威已经受到来自其他方面的挑战。除了政府之外，社会上的其他机构和组织也发挥着维持秩序、调节社会和经济活动的职能。政府不再垄断指挥和管理的职能，其他行为体也在分担着国家的管理责任与职能。这就在一定程度上强调了国际行为体多元性与多样性的现实与发展趋

① ［美］詹姆斯·罗西瑙：《没有政府的治理》，张胜军译，江西人民出版社，2001年版，第5页。

② Lawrence Finkelstein: “What is Global Governance?” *Global Governance*, Vol. 1, No.3, Sept. Dec. 1995, p.369.

势，主张将多个行为体都纳入治理网络，通过治理网络协调国际关系，使各方共同受益，即处理危机、协调行动、增进各方的收益。目前全球治理的实践过程已经从原有的经济领域扩展到政治安全领域及广泛的如环境环保、难民救济等全球问题领域。大量的政府间国际组织、非政府组织和国家共同参与应对人类社会面临各种问题的全球治理行动中。

近年来，中国学术界对于“全球治理”理论的介绍、讨论与研究工作也广泛的开展起来。蔡拓教授和俞可平教授均就全球治理的定义问题进行了讨论。蔡拓教授认为：“所谓全球治理是以人类整体论和共同利益为价值导向的，多元行为体平等对话、协商合作，共同应对全球变革和全球问题挑战的一种新的管理人类公共事务的规则、机制、方法和活动。”①

俞可平教授认为：“全球治理指的是通过具有约束力的国际规制（regimes）解决全球性的冲突、生态、人权、移民、毒品、走私、传染病等问题，以维持正常的国际政治经济秩序。”②“全球治理是各国政府、国际组织、各国公民为最大限度地增加共同利益而进行的民主协商与合作，其核心内容应当是健全和发展一整套维护全人类安全、和平、发展、福利、平等和人权的新的国际政治经济秩序，包括处理国际政治经济问题的全球规则和制度。”③

总之，在国际关系领域，全球治理可以被理解为国家之间、特别是大国之间的协议与惯例的产物。这涵盖政府的规章制度，也包括非政府机制，后者谋求以它们自己的手段实现它们的愿望、达到它们的目标。治理被视为由多数协议形成的一种规范系统。它可以在没有政府正式授权和具体批准的情况下贯彻实施某些集体项目。各种政府间组织以及有非政府组织或跨国公司所推动的非正式调节程序也都包括在这种治理之内。所以，全球治理既是各国参加的国际谈判的产物，也是由个人、国内压力集团和政府间组织和非政府组织形成的混杂联合的结果。

（二）全球治理行为体与全球治理参与者

全球治理是通过一个复杂的网络体系完成的实践活动，全球治理网络的

① 蔡拓：《全球治理的中国视角与实践》，《中国社会科学》，2004年第1期，第95—96页。

② 俞可平：《全球治理引论》，参见《马克思主义与现实（双月刊）》，2002年第1期，第31页。

③ 同上，第30页。

形成是多元化治理行为体不断互动的结果。全球治理行为体是全球治理网络的基本单元，是全球治理发挥作用的基础性因素。全球治理网络是由多元的治理行为体构成的，既包括国家、地方政府、政府间国际组织，也包括非政府组织、跨国公司、非知识社团、公民运动以及由他们组成的松散的联盟等。新出现的治理行为体种类繁多，从正规政府到多级政府，从正式批准的实体如仲裁委员会到非正式的权威场域，从新兴的超国家实体如欧洲联盟到问题紧急处理机制，从区域性主体到政府间组织（IGOS），从跨国公司到邻里协会，从人道主义团体到特定同盟，从鉴定机构到社会运动等等——人们很难想象全球舞台变得有多么拥挤。[①] 这些治理行为体使国际关系产生了新的变化：一方面新的治理行为体如政府间国际组织、非政府组织等补充着单一的、传统的治理行为体——国家的不足，使国家的权威不断消减；另一方面治理行为体的数量不断激增使全球治理网络的规模越来越大。

现有的全球治理行为体在当前的国际合作中扮演怎样的角色，如何应对各种问题与困境，在全球治理中有着怎么样的地位与作用，这将是本部分探讨的主要问题。目前学界普遍把全球治理行为体分为三类：第一类是国家治理行为体，包括主权国家内部的各国政府、政府部门及次国家的政府当局；第二类是国际组织或机制；第三类是全球公民社会。下文即按这一分类对全球治理行为体的特征逐一加以介绍。

1. 国家

国家是实现全球治理最重要的治理行为体。国家在全球治理中的重要地位是由全球普遍认可的主权概念所决定的。国家在其领土范围内具有最高的权威，国家间相互尊重主权的原则是国际社会存在的首要条件。无论国家的领土面积、人口数量、经济发达程度存在多大差距，各国在国际法律体系中基于主权概念都具有平等的地位。

主权的实现源于主权概念，即使国家拥有支配国内各种资源的绝对权力。主权国家对于国界之内的领土、领空、领海及其附属的各种自然资源拥有排外的所有权。即便当今跨国公司和科研机构在技术方面拥有较多的自主

① ［英］戴维·赫尔德等编:《治理全球化：权力、权威与全球治理》，曹荣湘等译，社会科学出版社，2003年版，第83页。

权和支配权，国家仍然在技术领域享有绝对的数量和质量优势。由于垄断着国内税务征收等财政权力，国家拥有着最稳定的资金来源。这些优势都使得国家成为最有行动力和影响力的治理行为体。

国家在全球化中遭遇着诸多挑战，使其作为全球治理行为体的效能不断降低。主权概念的实现赋予了国家国界范围内的治理职能，同时也导致了世界被割裂成为诸多“碎片”。这些“碎片”使得全球化带来的跨国问题无法也不能交由一个国家解决，使得国内外边界间的空隙越来越大，产生了治理的真空。国家不得不放弃部分权威，这为全球治理的实现提供可能。大量政府间国际组织和非政府国家组织纷纷建立，同原有的国家构成全球治理网络，共同应对跨国界、跨领域的国际事务。但是，这并不意味着国家在全球治理中的权威和地位在急剧下降，国家仍然是全球治理网络中最重要行为体，国家仍然是整个全球治理网络的核心和基础。

国家的重要地位在于全球治理本身就是治理在国内范围实践基础上的国际领域的延伸与扩展。全球治理是由多数协议形成的一种规范系统。这里的规范既包括政府的规章制度也包括非政府组织和机制为实现其愿望而形成的协议，还包括政府间组织以及非政府组织和跨国公司推动的非正式调节程序。这些规范的很大一部分是在国际谈判中产生的。另一些协议虽然是由个人、压力集团、政府间组织和非政府组织互动形成的产物，不受国家主导，但是这些协议仍然需要依靠主权国家才能得以推行。国家作为治理行为体的影响力贯穿于整个全球治理实践过程。

20世纪末，现代民族国家体系得到了充分的发展，国家作为全球治理行为体进行着越来越多的新多边形式的国际协作与合作，充分利用像联合国这样的国际组织推动着治理实践，凸显了国家作为治理行为的重要性。特别是在“9·11”事件之后美国所展现的军事力量，更表明了国家对于全球治理的巨大影响与冲击。在政治、经济和军事问题的治理上，国家仍然是国际社会上最主要的参与者。如果说其他行为体对全球政治和经济治理有所影响，那么它们也仍需依靠由国家组成和支配的体系框架才能得以实现。强国和大国仍然左右着国际关系的发展，有时甚至起着决定性的作用。这并非否定了全球化改变政治权力的本质和形式，但全球治理的出现充分表明全球化对国家权力的侵蚀或削弱，这才使其他治理行为体的出现与功能发挥成为可能。

总之，国家自出现以来，就扮演着政治活动的中心角色。从国际法角度来看，国家拥有着主权，是世界秩序中最基本和最重要的行为主体。全球治理本身也是国家间互动的一种表现形式，因此国家自然成为重要的治理行为体，在治理中具有重要的地位，成为实现全球治理的重要基础。

2. 政府间国际组织

全球治理行为体的多元性和多层次已经成为了一个显著的特征。除了国家行为体之外，非国家行为体也逐渐成为全球治理中不可或缺的重要力量。非国家行为体主要包括政府间国际组织、非政府组织、跨国公司等等。其中政府间国际组织（机制）能够有效地影响国家行为体的行为，促进国家间合作，也能够独立地参与国际事务并发挥职能作用，在全球治理中具有举足轻重的地位。

政府间国际组织能够发挥治理作用的重要原因是传统的、单纯依靠国家的治理模式出现了失灵的情况。过去民族国家是主要的治理行为体，他们基于国家理性，通过外交互动解决它们有关边界事务的争端。这种地缘政治的逻辑可以解决“旧世界”的矛盾和问题，但是面对“新世界”——从经济管制的市场整合、到资源衰竭引发的能源困境、再到环境破坏带来的生存危机等一系列复杂的问题——就再也无法发挥原有的效力。

各国政府在不知不觉中卷入了区域化、全球化的进程，这给他们带来了更多的需要跨边界进行协调和控制的问题。各国政府不能完全从自身利益出发制定对其国民正确或合适的政策，他们也需要依靠参与政府间合作，同其他国家一道共同处理全球性问题。在全球性问题不断激增的今天，寻求进一步加强政府间合作并使之在国际层次上制度化的压力越来越大。这种复杂局面需要在各个层面上，当然既包括政治层面也包括在经济、环境等其他层面上建立起有效的管制机制，这样就形成了诸多全球性的或区域性的、综合性的或专门领域的国际组织（机制）。人们期望通过多边谈判和技术共享等方式解决全球化带来的问题，减轻全球化对原有国际体系和国际秩序的冲击。人们也需要依靠区域的或全球性的法律、条约约束和规定国家、组织、企业、个人的行为，而国际组织（机制）就是推进和实现这些治理政策的主要施行者。

随着全球性问题的不断增加，正式国际组织（机制）的数量在不断增加。

在20世纪初时，仅仅有37个政府间组织，但到了1996年就有1830个政府间国际组织。[①] 国际协议的数量以及在国际体制的数量方面都有了实质性的增长，国家所处的现实环境发生了改变。早在一个世纪之前，每年有2-3次国家间的会谈或机会，今天这个数字已经达到了几千次之多。在这一背景下，国家不再是唯一的治理行为体，政府间的国际组织数量的增加使其管辖范围不断扩大、管辖能力不断增长。国际组织的活动已经深深地影响到各国的国内和国际事务的处理与解决。例如大多数的国际海洋法是在伦敦的国际海事组织（IMO）中拟定的，空气安全法是在蒙特利尔的国际民用航空组织（ICAO）中拟定的，食品标准是在罗马的粮食及农业组织（FAO）中拟定的。[②] 政府间国际组织和机制已经成为全球治理的重要一环，其治理作用不可小觑。

3. 全球公民社会

全球公民社会即是全球性的民间社会，它主要由国际性的非政府组织、全球公民网络和公民运动组成。[③] 其中国际性非政府组织的表现最为抢眼，是构成这类治理行为体的主体。这些国际性的非政府组织主要产生于工业化国家。随着经济全球化的发展，其数量不断增加，对国际事务的影响上也在不断上升。据《国际组织年鉴》的统计，在1981年全球有13309个国际非政府组织，1991年上升到23635个，2001年上升到47098个，到2011年这个数目高达54813个。[④] 作为全球治理行为体的非政府组织主要是针对某些特殊的原则和问题进行游说，例如大赦国际（Amnesty International）、世界自然基金（Worldwide Fund for Nature）、和牛津饥荒救济委员会（Oxfam）。非政府组织通常声称不寻求国家利益或地缘意义上的群体利益，也不追求商业利益，但实际上它们存在着特定的阶级立场。它们在全球治理中扮演着监督者的角色，它们统计、分析和汇报诸如化学武器公约、全球气候变化谈判、世界贸易、世界银行运行中产生的各种信息。但是批评人士也提出了非政府组织对谁负

① ［英］戴维·赫尔德等编:《治理全球化：权力、权威与全球治理》，曹荣湘等译，社会科学出版社，2003年版，第10页。

② 同上，第45页。

③ 俞可平，《全球治理引论》，《马克思主义与现实（双月刊）》，2002年第1期，第30页。

④ Union of International Associations eds., Yearbook of International Organizations 2010-2011, http://www.uia.be/yearbook.

责的问题，指其在很大程度上只会对其付费成员负责。[①]

尽管全球公民社会是否是一种客观现实在理论界还存在疑问，但是很多学者还是对全球公民社会抱有很大的期望。那些重视规范的国际政治学者认为，全球公民社会代表了一种超越国家体系和市场作用的局限性、有利于推动全球层次上的充满希望的选择。[②] 在全球治理方面，全球公民社会能够更及时地发现全球性问题，进而引起全球的普遍关注。全球公民社会还有利于建构全球治理的价值规范。它通过对国家施加压力推动和监督国家在公共领域中的行为，影响全球治理的进程；它有时也直接参与国际公共问题的治理。虽然全球公民社会在全球治理中的作用无法和主权国家和国家间组织（机制）相提并论，但它的作用正在逐渐扩大，在全球治理中发挥着难以替代的独特作用。

三、全球治理理论的发展

随着全球化的进一步推进，人们的全球意识不断增强，国际关系理论研究者们也相继提出了各自的理论解释。肯尼迪·沃尔兹从现实主义的角度解释这一现象，认为全球化变革仍然还局限于国家间政治的范畴，罗伯特·吉尔平提出了霸权稳定的解释；弗朗西斯·福山借用民主解释了和平与战争的起源；罗伯特·基欧汉和约瑟夫·奈倡导一种包括超国家、国家和次国家层次的多层治理；詹姆斯·罗西瑙创建了“多中心世界”和“国家中心世界”并存的“两极世界政治理论”，维普纳提出了世界公民政治模式等。[③]

治理的渊源可以追溯到西方古代哲学。从但丁的“世界帝国论”和马基雅维利的君主论，到不丹的国家主权论、霍布斯的自然状态说和卢梭的社会契约论，再到康德的永久和评论都在一定程度上体现出治理的相关内容，为全球治理理论的发展状态提供了宝贵的思想资料。

---

① ［英］戴维·赫尔德等编:《治理全球化：权力、权威与全球治理》，曹荣湘等译，社会科学出版社，2003年版，第7页。

② 王杰等主编:《全球治理中的非政府组织》，北京大学出版社，2004年版，第111页。

③ 参见郭树勇编:《呼唤中国理论：2004·上海·国际关系理论研讨会》，天津人民出版社，2005年版，第231—235页。

无政府状态是国际社会的最基本特征，也是国际关系学者研究的前提和逻辑起点。从整个人类社会发展历史来看，虽然曾出现过一些地区性帝国，但是还从未产生过一个全球性的世界政府。目前国际社会仍以民族国家为基础，而并非是一个超国家的体系。现实主义学派强调无政府状态的规约性以及不可变更性，理想主义学派强调无政府状态有可能向世界政府转变，对无政府的规约性并不分重视。他们的共同点都在于把握了国际社会是同国内社会有着显著区别的特征。国际社会这种没有一个拥有合法强制力的世界政府来规范所有国家行为体的活动，这种状态又正好同“在政府或统治缺失或不起作用的地方治理兴起”这一内涵相切合。针对全球化带来的新的变革，人们意识到需要一个更具有解释力的概念，更需要新的解决路径。全球治理理论就是为应对全球化现实引发的全球联系日益密切、全球生活不断拓展而产生的一种新观念。全球治理是国家层面的治理和善治在国际层面的延伸。[①] 从“治理”概念到“全球治理”概念的转变，尽管概念的内涵与外延还存在相当程度的模糊性与不确定性，学术界至今还没有形成关于全球治理的确切定义，但是全球治理反映了致力于理解并掌握人类社会政治性活动的变化及其规律，对于全球化背景下建立更具有解释力的新的概念体系有着积极而重要的意义。目前，全球治理也被称为“世界政治的治理”“世界范围的治理”“国际秩序的治理”和“国际治理”等。“全球治理”是冷战后西方正在兴起的国际关系理念，是对全球性问题管理和调节的规则、制度和组织的总和，是国际社会建立新秩序的方向和目标。

目前学术界对于全球治理理论还没有定论，主要形成了三大主要流派。中国学者根据中国迅速发展、更深层地融入国际社会的现实也提出了对全球治理的看法和观点。三大主要流派中，首先就是自由主义的国际主义阐述。这一派的倡导者是全球治理委员会，创始人是德国前总理维利·勃朗特和瑞典前首相卡尔松等人。在继承了自由民主理论传统，奉行多元主义、保护性民主和改良主义等上，这一派人试图把一个国内自由民主形式转化为一个民主的世界秩序模式。他们认为要避免管理危机、更好地管理全球化导致的社

① 俞可平:《全球治理引论》,《马克思主义与现实（双月刊）》, 2002年第1期，第20页。善治指国内的治理，是使公共利益最大化的社会管理过程，针对的主要是国内的公民。

会、经济、政治相互交织的问题，就需要在协商、透明、负责任的原则基础上，利用集体的力量进行合作，建立起由人民通过政府、负责的国际组织及国际机制共同实施的全球治理。全球治理的形式就是多头政治、多元主义的分类体系，全球人民在此拥有共同的权力和共同的责任。安东尼·麦克格鲁指出全球治理对于自由主义理论具有重要的意义，“全球治理的存在和生命力构成了自由主义的国际主义理论在21世纪保持繁荣和持续重要性的关键因素”[①]。

自由主义在某种程度上在现实主义和世界主义之间提供了一条中间道路，它的重要贡献就在于其将治理和政治拓展到国家之外。它认为全球治理的含义，既是打破全球不公正的工具，又是实现全球再分配的工具。这种思想意味着担负一种真正的责任，即把人类从专制权力和各种各样的不公正当中解放出来。

当代自由主义的复兴洞察到了全球治理的起源、形式、逻辑和缺陷，对全球治理理论的构建与发展也产生了积极的推动作用。作为一种全球变革理论，自由主义为全球治理的可能性提供了一种规范性的解释，并弥补这种解释的两个明显缺陷，一是它可以解决这种解释与其规范性目标之间的明显矛盾。二是可以减少道德上的激进主义与道德上的保守主义之间的分离，或者说减少道德上的激进主义与不可知论之间的分离。潘恩、康德以及霍布斯等人都试图通过道德和制度的激进主义来解决专制的权力，他们都不愿意直接致力于为更加公正、更加民主的世界秩序进行全球性的制度设计，这可以从自由主义范畴内世界主义的拥护者那里找到证据，这正是全球治理理论发展的主要依据。

第二个主要流派是激进的共和主义。激进的共和主义是许多发达国家和发展中国家中社会运动和非政府组织的共同理论支柱，其基础是存在多样性的命运共同体和社会运动，代表着人道治理而非个人主义和理性的自利。这一派的思想基础有着很强的实用性，它的理论主张在一些社会运动的代表著作、行动纲领和其他文献中都有体现。这一派提倡的治理模式是一种从上至下实行全球秩序民主化和文明化的理论，以期实现没有主权国家的功能性民

---

① ［英］戴维·赫尔德等编:《治理全球化》曹荣湘等译，社会科学出版社,2003年版，第387页。

主治理。它强调依据某些共和主义原则，创造性地替代全球社会、经济和政治组织的机制，即突出共同体自治，并将公共的善居于主要的位置，由人民通过自治的共同体实行民主政治。

第三个主要流派是世界主义民主理论。其思想的传统来源于自由主义民主理论、多元主义、发展型民主、参与民主以及公民共和主义等。罗西瑙、吉登斯和麦克格鲁等人设想对那些超出了民主控制的权利做出规定，以负责的原则和制度安排来重建全球治理。这一流派提出了一个美好愿景，即在21世纪每一个国家的公民都必须学会成为世界公民，能够协调民族传统、命运共同体以及其他生活形式；在未来的民主政治中，公民将拥有自己共同体的成员和更广泛的地区以及更广阔的世界秩序中的成员多种重叠的身份；人民将通过共同体、社团、国家和国际组织等——分割的权威体系，服从世界主义的民主法律；民主自主、宪政和制度的重建、加强全球化和区域化等是政治权威和治理的合法形式，要通过一个递增的、增量的变革过程逐渐地将地缘政治力量社会化为民主的机构和惯例。

国内学者虽然逐渐形成了全球治理理论的中国视角，超越了“国家中心主义”的范畴，但是他们仍然认为国家在全球治理中具有重要地位，例如俞可平曾指出，“全球治理是各国政府、国际组织、各国公民最大限度地增加共同收益而进行的民主协商与合作，其核心内容应当是健全和发展一套维护人类安全、和平、发展、福利、平等和人权的新的国际政治经济秩序，包括处理国际政治经济问题的全球规则和制度。”[①] 他提出新的全球规则和制度就是以国家为基础的，承认了国家作为治理行为体在全球治理中的重要地位。笔者也比较倾向于这一观点，认为国家是全球治理网络的核心和基础，是影响全球治理成败的关键因素。

四、结语

全球治理概念的提出是以全球化背景下全球性问题的大量出现为前提的，在这一过程中，传统国家在全球性问题的解决上略显乏力。国家通过建立国

---

① 俞可平:《全球治理引论》,《马克思主义与现实（双月刊）》，2002年第1期，第25页。

际组织、加强合作积极应对全球化带来的挑战。各国民众也自发成立了大量的非政府组织关注和促进全球性问题的解决。除了国家作为重要的治理行为体之外，大量的国际组织和非政府组织都对全球治理产生着影响，使全球治理呈现了多层次、多角度治理的局面。政府间组织和公民社会（非政府组织）也同国家一道构成了治理全球性问题的网络体系。虽然国家的权威被其他治理行为体所分散，但国家仍然是关乎全球治理成败最为关键的因素。全球治理有着深厚的理论思想渊源，特别是自由主义的思想体系为全球治理的发展提供了最为主要的智力支撑。全球治理是一个值得依靠的理论路径，即只有打破旧的、不公正的国际秩序与国际事务的管理模式进而才能够打破不公正的全球秩序，实现全球的利益再分配。全球治理的主要目标是依据某些共和主义原则推进治理，创造性地替代全球社会、经济和政治组织的机制，突出共同体自治，并将公共的善居于主要位置，由人民通过自治的共同体实行民主政治。全球治理承认和尊重公民多种重叠的身份及分割的权威体系，依靠公民的力量实现治理，推进全球性的民主化进程，最终实现公民对全球事务管理的充分性与主动性。总之，全球治理概念的提出与全球治理理论的发展与完善为解决全球性国际问题提供了有效路径，促进了全球秩序公正性与公平性的发展。

第二章　全球治理机制

全球治理的实践先于全球治理的概念和理论，并随着人类社会的发展，不断增加新的内涵。这一客观事实导致了全球治理概念难以界定，同时也促进了全球治理理论的不断发展。本章将从全球治理的实践入手，探讨全球治理的内在需求与治理的动力，分析全球治理机制的发展与演化，探讨正式机制和非正式机制在全球治理中的角色、治理的手段及治理的优势与缺陷。

一、全球治理实践的产生与发展

全球化的推进与世界性问题的增多，越来越迫切需要扩展原有的国际合作形式。那么，是什么推进了全球治理实践的出现？换句话说，全球治理实践产生的内在动力是什么呢？

（一）全球治理实践产生的背景与动力

全球化是同全球治理联系最紧密的词语。全球化的进程给世界带来惊喜也带来了诸多的烦恼与困惑。简单来说，全球化指的是社会交往的跨洲流动和模式在规模上的扩大、在广度上的增加、在速度上的递增、以及影响力的深入。[①] 全球化使人类组织在规模上产生变化或变革，这些组织把相距遥远的社会联结起来，并扩大了权力关系在世界各地的影响。令人略感失望的是，

---

① ［英］戴维·赫尔德，安东尼·麦克格鲁：《全球化与反全球化》，陈志刚译，社会科学文献出版社，2004年版，第1页。

全球化并没有预示着一个和谐的全球社会的到来，它的发展进程也并非是普遍的全球一体化进程，各种文化和文明并没有日益趋同。日趋增强的内在联系产生了新的敌意和冲突，有时甚至还激起了反动的政治和根深蒂固的排外主义。究其原因主要在于全球化是一个深刻分化并充满激烈斗争的过程，全球化的不均衡性使得它远不像整个世界体会到的那样是一个日趋一致的过程。全球化给决策者们带来了诱人的机遇和巨大的风险，随着数以亿万计的美元被用于投资，资本开始流动，商品和劳务在世界范围内广泛交换，人口、观念、消费时尚和反全球化活动也在不同的国度间相互交流。20世纪80年代以来，经济自由化的速度加快，由于经常面临双边援助国和国际机构的压力，越来越多的国家采取将其经济同世界经济更加紧密地联系在一起的政策。冷战后，政治自由化开始加速发展，国际社会增加了对人权的关注，人道主义干预也越来越多。信息技术的发展所带来的技术和通信革命进一步加深了经济和政治社会共同体之间的联系，使得市场、公司、难民、非政府组织、宗教团体的跨国活动更为便捷，也使得跨国犯罪更加容易。全球化带来的新挑战首先发生在国际金融体系。自由化和全球资本市场一体化加剧了各国在跨境资本活动中的脆弱性。例如1997年泰国经济危机带来了东亚地区的金融海啸——国际货币基金组织称之为“货币危机”导致了俄罗斯卢布在1998年的币值暴跌。俄国的危机又波及到美国的银行。此外，世界各地的生态系统随着全球化的发展也都汇合到一起。一个国家的环境恶化，很快就会影响扩散到另一个国家。各种工业废品和污染品在全球范围内运输和扩散，有的甚至产生了跨边界的污染和风险，海洋、气候等全球公共物品的污染和退化十分严重，直接影响到一部分国家的生存与发展。

全球治理的出现与全球化的发展紧密相连。如果我们把全球化和全球治理理解成两个相关的概念，那么二者的出现早在20世纪之前就已经产生了。如果单纯地把全球化理解为横跨国际边界的相互依存网络密度的不断增强的过程，这一过程伴随着信息、观念、商品、资本、疾病和人员的跨国界流动的不断加快，那么几个世纪以来这一过程一直在持续地进行。[①]20世纪后半期，人们更加关注全球化是因为国家之间相互依赖程度不断加深、速度不断

① 杨雪冬著:《全球化：西方理论前沿》，社会科学文献出版社，2002年版，第3页。

加快。对于全球治理的理解，按照其治理结果的角度来看，19世纪欧洲的“大国协调”也是治理的一种重要形式，[①] 国家不再是唯一的全球治理行为体。这一现象是全球治理发展的必然结果，相关的史实进一步证明了这一问题，例如在废奴运动和争取妇女权利运动等具有上百年历史的跨国行动中，非政府组织和公民社会联盟在行动中起到了重要的作用，推动了具体治理决策的制定和治理实践的开展。全球治理的过程就是在全球化背景下不断解决新出现的诸多问题的实践过程。全球化是全球治理发展所依赖的前提条件，全球化带来的问题为全球治理提供了治理对象。正如有人提出:“全球治理的所有讨论都必须以理解国际社会的结构变动为出发点。织入这一结构的，就是被称作全球化的复杂过程”。[②] 那么全球化是如何催生出全球治理实践的呢？我们就要从全球化的特点说起。

全球化是一种历史进程，可以分为若干不同的阶段，包括世界宗教的发展、地理大发现时代、帝国的扩张及新自由主义全球经济规划所造就的当今时代。在几百年前，随着欧洲国家向世界的迅速扩张，许多隔绝的地区被联系到了一起。这一时期全球化不仅仅带来了新工艺和经济技术，也带来了政治的压迫、剥削甚至战争；在赋予世界新机遇的同时，也带来威胁与危险。时至今日，这段让人不堪回首的全球化经历，仍然给当今世界的发展造成了理解和推进的障碍。随着时间的发展，全球化的广度、强度、速度和力度都发生着变化，全球化使得国际流动性不断增强，国际网络交织越来越复杂，国际社会制度化程度越来越高。全球化本身就是一个充满矛盾的过程，其引发问题的领域在扩大，引发问题的复杂性在不断加强。这些问题与矛盾不可能在一国范围内得以解决的，为全球治理的出现提供了条件。例如二战结束后，为了重建战后和平和恢复世界经济繁荣，各国需要携手共同努力。各国达成的一系列协议就都是全球治理实践的成果，大量新成立的国际组织和国际机制与主权国家一道组成了全球治理网络。

近几十年，经济全球化步伐不断加快，引领着全球化的发展，是全球化推进的主要动力。经济全球化给西方发达国家带来了巨大的经济利益和社会

① 王杰等主编:《全球治理中的非政府组织》，北京大学出版社，2004年版，第79页。

② ［英］戴维·赫尔德等编:《治理全球化：权力、权威与全球治理》，曹荣湘等译，社会科学出版社，2003年版，第2页。

利益，这些大国也乐于推动这一进程的发展。全球化从经济领域的扩展也使得现代社会组织发生了深刻的结构变革。这样的变革及发展体现在世界贸易的增长、现代通信系统的出现、国际法规的完善以及全球环境的变化等各个方面。全球化引发的全球性问题涉及范围越来越广，问题之间的交织也越来越复杂。如何解决这些全球性问题已超出人们原有的知识与能力。在这一时期，全球化的过程中各种各样相互对立的力量被释放出来，罗西瑙将其归结为处于一方的全球化、集权化和一体化同处于另一方的地方化、分权化和分裂化之间的冲突。他将全球化中各种力量之间的冲突称为“分合并存（fragmentation）”。[①]

在“分合并存”背后的是全球化带来的问题都超越了原有的国家边界，更多的是发生在诸多国家甚至是全球范围之内。一个区域的生产生活直接影响着另一个地区的气候变化和生态平衡，一个国家内部的骚乱或邻近两个国家之间的局部冲突直接影响了其他周边国家甚至是全球的安全。虽然有的人说某些问题可能是区域性或局部的，但是在全球化背景下，其影响力就不可能局限在某一区域了。全球化使得国际政治的生态环境发生了深刻的改变。正如日本学者星野昭吉所指出的：“现今的国际政治正在以摧古拉朽之势改变着以往的旧格局，并拉开了新序幕。”[②] 旧有的国际政治体系受到重大冲击，多元行为体走上全球政治舞台，全球性问题的解决、全球共同利益的形成、全球价值的萌发都催生和推动着全球治理的出现与发展。在全球化过程中，民族国家不再是国际社会中唯一重要的行为体，国际政治议程不在局限于“高级政治”领域，军事力量在国际政治中的地位降低，国际合作增加，国际政治与国内政治之间的界限越来越不明显。

对全球治理需求最大的仍然是原有的国际关系中的主角——国家。国家是以不同政治权威组织模式之间长期竞争的获胜者面目出现的。主权国家逐渐战胜了其他的制度，如封建主义、神权政治、王国、城邦、部落。它成功地垄断了国内几乎所有的合法使用暴力的权力，并将其活动扩展到大多数的

① ［英］戴维·赫尔德等编：《治理全球化：权力、权威与全球治理》，曹荣湘等译，社会科学出版社，2003年版，第72页。

② ［日］星野昭吉：《全球政治学——全球化进程中的变动、冲突、治理与和平》，刘小林等译，新华出版社，2000年版，“序言”第1页。

社会领域。国家从过去到现在都是社会治理和公共服务的主要提供者。国家的活动范围的扩大是随着人们对其期望具备功能的增加而增大的。当今世界人们期望国家能够承担为民众提供福利、保障利益的一系列职能。一旦国家无法满足民众的需要，其合法性和权威性就相应受到质疑。一般来说，国家的核心职能包括了制止公民之间的肢体暴力，防范外部的局势威胁，减轻和免受自然的或非人为的威胁（比如流行病、地震和洪涝灾害），提供大众教育，救助贫困，兴建基础设施促进经济繁荣，保护财产权及其他权利。国家在开展这些活动时要尊重人权。[①]

国家及政府的核心任务被写入国际宣言和公约。无论人们如何期待，政府却时常不能履行这些职责，特别是在全球化影响的国际政治环境中。国家职能失效的原因主要有以下三种：首先是外部效应。由于产生于国家权限之外的因素的干扰，一国政府无法充分履行其职责。因为在许多情形中，外部效应是相互作用的，即使彼此之间并不对称。因此国家需要通过国家间的合作才能实现其职能，这就凸显了国家间的相互依赖。其次是资源匮乏。国家或政府职能的失效是因为其物质、组织和认知资源不足以充分履行某些特定职能。再次是国家不情愿担负职能。民众可能非常看重某些职能，而政府对民众或重要部门要求政府履行的某项职能不感兴趣，或无法察觉问题的存在。分析这三种原因，相互依赖和资源缺乏是能力问题，是客观条件，而不情愿则是动力问题，是主观原因。国家失效的原因正是源于各种原因的组合。

人们发现在国际社会中并不存在一个制约所有国家行为与国家间关系的权威统治体制，而且国家也并非完全意义上的自律性主权实体。但是，在全球化中，各大国如欧洲各国、中国、俄罗斯、日本，甚至是作为超级大国的美国都毫不例外地受到其他国家或国际因素的影响，而过去任何时候这种影响都是微乎其微的。在过去，国际体系并不是由平等的国家关系所构成的，国际体系实质上是由大国间关系所支配的。而到了全球化时代，国际体系仍由一个不平等、非对称性的国家间关系所支配。但国家之间权力争斗的过程已经慢慢转变为寻求共同利益的合作过程。在这里我们对于全球化进程

① ［英］戴维·赫尔德等编：《治理全球化：权力、权威与全球治理》，曹荣湘等译，社会科学出版社，2003年版，第37页。

中国家概念的改变不做进一步的讨论。但我们要指出国家在国内的权威也受到全球化的影响，国家在国内的治理权威越来越受到来自国内和国际因素的挑战，公民团体、跨国组织、国家集团等都成为影响因素。国家在现实中，并非作为单一和统一的行为主体。在国际关系研究中，国家看似并没有受到国内社会的存在状态所影响和制约，一般情况下它做出单一的政策决策和采取合理的行为方式。国家被作为外向的主体或唯一的对外行为单位来定义时，很难反映出主体内部社会不统一和非理性以及多元性利益诉求。而在实际过程中国家政策也是由国内社会各种各样的集团和利益团体相互作用及市民社会的政治活动以及他们同政府相互影响的结果。国家在国际上形成决策和行为的背后是国内社会这个充满分裂与冲突的非统一体内部形成的各种各样关系网相互交织、相互影响结果的最终体现。这同全球治理的形成如出一辙。而国内社会的诸多因素在全球化过程中，受到了更多的外来因素的制约，进而又对国家的行为和决策产生影响，最终为全球治理产生和实现创造了条件。

国家在国内受到了各种因素的制约，在国际上也同样受到了其他多种因素的挑战。在全球性问题上，国家不能成为解决的唯一路径，人们需要解决国家在全球性问题中越发感到的双重困境，即全球化引发的国内政治的多元化使得国内的权威（主要是来自于政府的治理权威）遭受多方的压力与挑战及国家主权在国际社会中也遭受多方挑战的困境。此时全球治理为解决这些问题提供了方法和路径。全球治理的内涵不断增加，外延不断扩展，全球治理实践也需要依靠纵横交错的治理网络的运转才能得以实现。正如詹姆斯·罗西瑙所指出的，“世界事务可以被概念化成通过一个二分体系管理——它可以被称成为世界政治的两个世界（two worlds and two politics）——其一是长期以来支配事件进程的国家及国家政府间体系；其二是由作为用主体竞争性权威源泉出现的各种类型的其他集团组成的多元中心体系。后者同国家为中心的体系时而合作，时而竞争，且不断相互作用。从权威的扩散中心角度来考察，全球舞台聚集了各种实体，规模大的和规模小的，正式的和非正式的，经济的和社会的，政治的和文化的，国家的和跨国的，国际的和次国家的，侵略的和和平的，自由的和独裁的，不一而论，它们共同组成了一个高度复杂的全球治理体系。”①

（二）公民与市民社会推动了全球治理实践的发展

国家作为世界政治主体地位的权力组织在全球化的进程中受到民主社会、文化社会以及经济社会存在方式的影响与制约，同时还受到了公民社会或政治性共同体存在方式的影响。公民存在方式与国家对外行为方式之间关系的影响要远大于其他几个因素，这主要体现在公民和国家权力上相互依存、相互制约。从本质上来看，公民与国家并非是相互对抗而是相互补充。从民主主义的原则来看，公民既是国家实施统治的客体，又是这一权力机构的构成要素和主体。在全球化影响下，二者相互补充、相互制约的关系体现得尤为明显。在国际关系进程中，表面上来看，作为外向型主体的国家与国内民主主义的存在方式，、即国家与公民权力存在方式无关，在对外政策上通常明显地采用一种暗箱操作的方式。事实则并非如此，现代国家不得不积极满足公民要求，国际体系的结构会直接或间接地渗透到国内社会及国家政策决策过程并发挥影响力。随着国际体系到全球政治体系形成过程的推进，国内条件与国际条件进一步互动制约着国家与公民权力关系的存在方式，国家需要在更大程度上接受国内民众的要求，倾听国内民众的声音。全球化在一定程度上促进了全球政治体系的民主化。民主化就是全球化正在扩展的重要证据之一，全球化是民主化扩展的重要源泉。随着全球化的发展，其影响力越来越直接对国内社会和公民发挥作用，公民对参与国家政策决策过程的要求也越来越高。推动全球化进一步深化的技术革命又使公民的政策决策能力日益受到重视。权力越来越受到民主主义的制约并必须对此做出回应。如果国家不能回应公民对民主的要求，公民就会与作为权力机关的国家进行对抗，对这一权力提出挑战，并按照自己的利益和价值采取行动。

公民另外一个重要身份是市民——既形成了公民社会，更重要的是形成了市民社会。公民既是国家权力的参与者，更是同国家权力相对抗的固有权力的掌握者。他们既在国内对国家具有影响力，又成为超越国界的对外权力

① ［英］戴维·赫尔德等编：《治理全球化：权力、权威与全球治理》，曹荣湘等译，社会科学出版社，2003年版，第23页。

的直接所有者和行使者。这一事实催生了全球公民社会。

全球治理的实现在一定程度上体现着公民参与作用的变化过程。公民政治性参与和政治性作用的存在方式在全球化的影响下发生了深刻变化。世界范围内的全球化使得“主权正在失去其统一性，国家的传统职能也在降低，全球性要素对政府决策产生越来越大的影响，共同意识形态正在变得更加复杂，虽然仍然有人主张对地域的忠诚，但全球性的价值及生活方式也正在形成。所谓对外政策与国内政策之间的传统区别已难以维持。而且，我们正在拥有共同历史的自觉性也在提高。”① 国际体系正在被改变为主权国家地位遭到削弱的全球体系。全球性的相互结合与国家间相互作用的进一步密切，促进和提高了全球性要素对每个国家政策决策过程的影响力，甚至会深深地渗透到这一过程。任何国家都难以充分限制、反对和控制这一全球性力量。国家与社会已很难维持其国境范围内自律性政策决策过程。任何国家都难以避免地受到其他国家政策决策过程及政策活动的影响。当然，本国政策决策也会渗透和影响到他国。全球体系中存在着各种全球规模的问题，如南北问题、核扩散问题、环境破坏问题、人口问题、能源问题等等。面对这些全球规模的问题，几乎所有的国家都必须同其他国家进行合作与协作，否则就难以控制有关全球价值分配的政策决策过程。正因如此，非国家主体或超国家主体参与这一过程的机会也在增加。

全球化的进程并非仅仅促进了经济、政策、文化、安全保障和环境等问题的全球化，也促进了思想、政治制度和民主主义的全球化。特别是民主主义全球化已成为形成和改变全球体系的重要原因。解决全球性问题的共同目标及必须为此建立合作机制的共同认知促进了全球性民主主义的形成。全球民主主义又影响着全球社会价值分配的决策过程，并迫使各国民主主义体制的存在方式发生相应的变化。

所有国家都难以维持国内自律性的框架，即使是民主国家也无法逃避全球性经济、政治、社会文化、生态环境、能源、人口以及各种民主主义力量的影响。各种各样全球性力量自由地渗透到了国家与社会内部，改变国家或

① Booth, Ken, “Security in Anarchy: Utopian Realism in Theory and Practice,” *International Affairs*, Vol.27, No.3 1991, p. 542.

公民社会的存在方式。国家和公民社会也会对全球体系形成一种反作用力，影响着国际社会秩序的变迁。

罗西瑙认为，在全球政治中，公民的作用正在成为一个重要的因素，其理由有:（1）国家和政府权力的被侵蚀和被分散以及其他社会体制的逐渐弱化，促使个人通过社会运动、选举、舆论、组织等集体性行动来发挥各种潜在性作用;（2）电视、计算机、旅行、移民、资金等因素影响范围与作用的扩大;（3）出现了环境破坏、金融危机、日常性贸易、艾滋病、恐怖主义等一些新的全球性相互依存问题;（4）由于信息技术革命，市民或政治家们就有可能实现微观活动与宏观结果的统一;（5）市民的新作用改变了人们对有领导和有组织的公众性动员的态度和认识，市民行为主体本身也正在意识到会带来重大结果。强大的力量产生了市民，并且改变了环境。宏观变数似乎是改变国家或公民存在方式以及国家与公民社会关系存在方式的主要原因。在这一变化中，人们的技能在提高和扩大，可以更好地通过集体性领导来展开活动，可以更有效地展开各种市民运动。[①]

全球化具有改变国家统治和公民参与这对民主关系的强大力量。这种力量削弱了国家统治权力，改变了公民意识结构、利益结构、运动结构，最终影响了公民政治参与并使其发挥更大的政治作用。国家具有的价值分配决策能力也在这一过程中不断降低。在国际政治层面，为解决诸多全球性问题和为此构筑相应的多边协调体制，国家与全球政策决策过程的联系进一步密切，二者具有了更高的依存程度。公民不断希望将以国家为中心的政策决策过程转变为以公民为中心的政策决策过程，并参与或部分参与政策决策。与国家统治权力的衰落相对照的是公民参与权力不断扩大。迄今为止，自由民主主义的存在方式正在自上而下的全球势力和自下而上的国内势力的影响下不断改变。

公民权力同原有的国家统治权力形成了一定程度的对抗，但是也成为国家权力的有益补充。在全球化的影响下，国家行使权力正在部分地向其他非政府行为主体转移。在国家政府权力所不及的一些问题上，非国家行为体可

---

① Rosenau James N., " Citizenship in a Changing Global", in J.N. Rosenau and E.O.Cesmpiel, (eds.), *Governance without Government:Order and Change in World Politics,* Cambridge: Cambridge University Press, 1992, pp. 272-294.

能行使权力，而公民正是这些非国家行为体中的重要一支。非国家行为体的兴起表明在国家行使权力的政治空间之外还有可能存在行使其他权力的特定空间。这一空间并非独立于国家权力统治外的公共空间，也不是公民参与权力与国家权力之间零和博弈的产物，而是以现存国家统治权力结构为媒介的统治权力与参与权力的存在方式改变的结果。公民权力的兴起证明了全球化影响下国家统治权力强度和数量在缩减，正当性和权威性在降低。但公民政治性参与和政治性作用的增大不是对国家权力的否定，而是对其有益的补充。

市民社会是公民社会的一部分，也可以说是一种独立于国家统治权力之外的自立性公共空间。相对于有可能增大公民政治参与或作用增强的公民社会，与国家权力相对并独立于国家权力为目标的市民社会也正在形成。市民社会不受国家权力的支配，而是以形成独立于权力之外的政治空间为目标，明显具有非国家性社会的性质。也就是说，市民社会是“立足于相互承认人类尊严与平等权力的社会关系所创造的公共空间。”[①]

市民社会以独立于国家而谋求自立或非国家化为目标，具有很强的非国家性全球公民社会倾向。全球国际社会逐渐形成，和平、安全、环境保护、经济发展、福利、人权保障等问题的出现，并且直接渗透到了公民社会内部并对其产生巨大影响。在这一背景下，市民社会就会超越一国的范围而与其他国家的市民社会产生互动关系。在市民社会的全球性网络组织中，市民社会往往表现为一种非国家的全球性存在。全球公民社会的形成与民主化问题紧密相连，因为市民社会与民主化都与国家权力以及国家间权力关系处于一种对抗关系，对权力提出挑战和批评，为谋求自立而展开各种运动。

全球层次市民社会的构成主体是非国家主体、超国家主体和市民社会团体。这些主体保持和促进国内社会与国际社会之间的关系，抵制和改变二者之间的非对称性和不一贯性。全球公民社会虽然应该承认国家的存在，但并不是以国家为中心的，全球公民社会必须与国际社会相互作用，但从本质上来看这一社会是否认国家的优越地位或主权性的。“这一市民社会不但在跨越国界的所谓全球性地区内部发挥联系作用，而且全球公民社会的成员在活动方式上也作为全球意识增大要素的结果而具有所谓的全球性。”

① ［日］坂本义和：《相对化的时代》，岩波书店，1997年版，第41页。

非国家主体和市民社会构成了全球公民社会，包括社会下层的集团，主要有准国家主体、个人和超国家主体三种形态的非国家主体。它们虽然在形式上不同，实质上却是一样的。这些主体具有两项功能，即直接或间接参与和影响国家政府价值分配决策过程的准国家主体功能，以及参与和影响全球价值分配决策过程的超国家主体功能。

虽然政府或统治者将市民运动视为危险运动而无视市民的主张，但一个不可回避的事实是，在今天的生活中，这些主张已非常普遍。由于人们交流和情报信息数量的增大，人权实体受到了全球性的监控与批评，违背民主主义和镇压批评或反体制运动的权威主义或军事政权也受到了来自其他国家政府、国际机构和非国家主体的各种压力。①

任何一个政府都会在制定对内和对外政策过程中考虑获得舆论的承认与支持。政治体制的民主化程度越深入，这一倾向就表现得越强烈。任何国家的政府都不能够无视舆论。个人可以通过实际活动、舆论、社会运动和社会集团的压力对政府内外政策决策实施影响力。超国家主体参与全球性价值分配决策过程中发挥影响力并构成了各种超国家关系。“国家与超国家主体网络不但相互需要，而且可以相互改变能力。对国家而言，允许或支持超国家行为就意味着控制力的丧失。”②

全球公民社会的形成并不意味国家权力和国家主体地位已退出历史舞台，国家权力仍然在世界政治权力中拥有最大的影响力。但是国家越来越成为一个空洞化或破绽百出的机构，对于结果的控制和履行约定的能力不断下降。国家内部的非国家主体、准国家主体、非政府组织、社会运动等不仅对国家及其统治力产生了影响力，同时也直接作为国际政治主体发挥作用，积极地参与和影响着全球治理进程。

二、全球治理中的国际机制概念

20世纪70年代，国际机制这一术语开始应用于国际政治学的研究领域。

① ［日］星野昭吉:《全球化时代的世界政治——世界政治的行为主体与结构》，刘小林、梁云辉译，社会科学文献出版社，2004年版，第178页。

② 同上，第179页。

从70年代中期到80年代中后期的10余年间，国际机制逐渐发展成为国际政治研究中最重要的概念之一。国际机制的产生与发展一方面体现了国际政治学者的追求和才智，另一方面也反映出国际政治现实状况与发展特征。国际机制的概念一直处于争议之中，其理论基础的建构工作不完善。美国国际政治理论家斯蒂芬·哈格德与贝斯·西蒙斯概括了三种国际机制的定义。① 第一种是"模式化的行为"。唐纳德·普查拉和雷蒙德·霍普金斯认为："在国际关系每一个独立的问题领域中都存在机制——只要是存在着对行为进行调节的地方就一定存在一些原则、规范和规则来对此做出解释。"② 按照这种定义，国际机制几乎存在于国际关系的每一个角落。第二种定义认为，机制等同于"明确的指令"，更具体地说，国际机制被定义为国家间旨在一定问题领域中调节国家行为的多边协议，"机制通过概括指出明确的指令来规定国家行为所被允许的范围。"③ 这种看法在很大程度上被视为回应了对国际机制含糊性的批评。

最被广泛接受的是第三种定义，即"汇聚的规范和预期"④。1981年，在美国加利福尼亚州帕尔姆斯普林斯召开的以国际机制为主题的国际会议上，斯蒂芬·克拉斯纳为国际机制做出了一个集体的定义："机制可定义为特定国际关系领域的一整套明示或默示的原则、规范、规则以及决策程序，行为体的预期以之为核心汇聚在一起。"其中，"原则是关于实施、原因和公正的信念；规范是以权利和义务定义的行为标准；规则是对行动特别的指示；决策程序是做出和应用集体选择的普遍实践。"⑤ 这个概念被认为是前两个定义的调和。

① ［瑞士］皮埃尔·德·塞纳尔克朗，陈思：《规制理论与国际组织研究》，《国际社会科学（中文版）》，1994年第4期，第18页。

② Donald Puchala and Raymond Hopkins, "International Regimes: Lessons from Inductive Analysis", *International Organizations*, Vol. 41, No.3, 1987, p.492.

③ Stephan Haggard and Beth A. Simmons, "Theories of International Regimes", *International Organization*, Vol. 41, No.3, 1987, p. 495.

④ ［瑞士］皮埃尔·德·塞纳尔克朗，陈思：《规制理论与国际组织研究》，《国际社会科学（中文版）》，1994年第4期，第18页。

⑤ Stephen D. Krasner,"Structure Cause and Regime Consequences: Regimes As Intervening Variables", *International Organization*, Vol. 36, 1986, p.186.

在20世纪80年代后期及90年代初期，理论界又出现了集中界定国际机制概念的不同思路。根据德国学者哈斯克里夫等人的研究，这其中主要包括三种确定国际机制的途径：即"强调行为的途径（Behavioral Approach）""强调认知的途径（Cognitive Approach）"和"强调正式的途径（Formal Approach）"。[①] 强调行为的途径就是指从规则的客观功用方面来判断一种机制是否存在。换言之，没有一种规则，不管其存在基础如何，可以被称为机制的一部分，假如它不能至少在一定程度上约束其对象的行为。强调认知的途径则把重点从明显的行为，转移到互主性意义和共享的理解上来，也就是说判断一个机制是否存在的主要依据在于主观层面的因素。比违反某一规则更为重要的是这一事件如何被联合体中其他的行为体所解释以及由此导致的沟通性行为（如谴责、赦免、辩护等等）。而"强调正式的途径"与这两种强烈关注本质的定义相反，主要以得到政府的同意适用于国家关系的特定问题领域、明确规则等措词来定义国际机制。

国际制度的概念与国际机制的概念有着紧密的联系。很多学者认为这两者根本就是一回事。美国现实主义学者约翰·米尔斯海默就明确提出"机制和制度在本文中被视为完全统一的概念"。[②] 而自由制度主义学者罗伯特·基欧汉也在一定意义上混用这两个概念，他曾说："我们说联合国和世界银行（联合国体系的一部分），国际商用公司和埃克森公司都是制度，可是我们也认为'国际货币机制'和'国际贸易机制'也是制度。"[③]

基欧汉指出："我将制度定义为'持续作用而相互关联的规则集合（正式或非正式的），它们规定行为的角色，限制行动，塑造期望。'我们可以按照这样的定义思考国际制度。其中包含着三种主要的形式：首先是正式的政府间或跨国的非政府组织。这些组织能够监督行动并对其做出反应，是由国家深思熟虑地予以设计并设置。作为科层化的官僚组织，它们具有明确的规则

① Andreas Hasenclever, Peter Mayer and Volker Rittberger (eds.), *Theories of International Regimes*, Cambridge: Cambridge University, 2000, p. 14.

② John J. Mearsheimer,“ The False Promise of International Institutions”, *International Security*, Vol.19, No.3, Winter 1994/1995, p.337.

③ Robert Keohane,“International Institutions: Two Approaches”, *International Studies Quarterly*, Vol. 32, No.4, 1998, p. 384.

以及对个人和团体特定的规则安排。其次是国际机制，即那些具有明确规则，得到政府同意并适用于国际关系的特定领域的制度。再次是国际惯例，在哲学和社会理论中，惯例是具有隐含规则与理解的非正式制度，塑造行为体的预期。国际惯例使得行为体能够彼此理解，并在没有明确规则的情况下，协调它们的行为。在基欧汉看来，国际机制的形成意味着相关问题领域的规则，是建立在惯例基础上的，并得到扩展。国际组织则是国际机制形成、发展的重要条件之一。机制不能自我适应与转变。没有国际组织，国际机制成为了参与国单方的利益表达。一个具备清晰规则的机制比一个只具有模糊规则和几乎没有主动性的组织制度化程度更高。即使规则不发生改变，国际组织的出现也表明了一种制度化水平的提高。因此，惯例、国际机制和国际组织三者是相互作用的一个整体，正如基欧汉所说："惯例、机制和组织之间的区别在实际上不像这种程式化的描述所暗示的那么明显。谈判所得的协议中总是包括一些处于惯例性理解边缘的明确规则，它们或多或少都有一些含糊的地方。而也许没有任何例外，国际组织总是隐含在国际机制之中。国际机制所做的主要事情就是监督、管理以及调整机制的运作。组织和机制在理论分析中可以分开，但在实践中它们却是同一事物的不同表现而已。"① 这三方面的汇合在 一起构成了基欧汉所定义的国际制度。

基欧汉对国际制度的分析可以说是迄今为止有关国际机制、国际制度、国际组织以及国际惯例最为系统全面的论述。国际机制被认为是具有明确规则得到政府同意适用于国际关系特定领域的制度。正如某位学者指出的："机制必须与更宽泛的'制度'概念相区别，制度的实质性特征是'一致的期望'和行为、实践模式的汇聚，机制可以通过调节期望来支持部分国际生活的'制度化'，但一些国际制度，例如势力均衡并不受制于明确的权利和规则。一致的期望可能与明确的协议联系在一起，但也可以不这样——事实上，他们可以从一个以实质性冲突为特征的社会环境中成长出来。"②

在分析全球治理的治理模式中，我们将国际机制视为主要概念，国际制

① Robert Keohane, *International Institutions and State Power: Essays in International Relations Theory*, Boulder: Westview Press, 1989, p.5.

② Stephan Haggard and Beth A. Simmons,"Theories of International Regimes", *International Organization*, Vol. 41, No.3, 1987, p. 496.

度则被认为是一个较为宽泛的甚至可以包含国际机制的概念。制度的实质性特征是一致性的期望和行为实践模式的汇聚，国际机制可以通过调节期望来支持部分国际生活的'制度化'，这一特征很好地对应了全球治理的实质，进而排除那些如不受制于明确的权力和规则的势力均衡等相类似的国际性制度安排。

在基欧汉理论阐述的基础上，我们还要进一步厘清国际组织与国际机制的关系。国际组织一般包含于某一国际机制之中，是该机制发展成熟的标志，同时也是机制得以维护、巩固和进一步发展的重要条件。在国际关系相互依存程度不断提高的今天，国际机制的规范性水平也在不断提升，国际组织的地位和作用也随之显著提高。一般情况下某一国际机制包含了诸多的国际组织，全球治理机制也是如此。例如联合国治理机制就是由诸多的联合国体系下的国际组织组成的。有时全球治理机制可能只包含一个国际组织，或者某一个国际组织分属于不同的全球治理机制。

有时国际机制并不依赖国际组织而存在，不少国际机制可以在没有相应国际组织支持的情况下发挥作用，但由于国际组织提供了议事的程序、场合与召集人，将国际机制的各种规范予以明晰化。例如，国际组织的秘书处负责人充当召集人，国际组织的文件直接成为有关治理的规定、决定和实施。国际机制这种明晰化的效应又由于国际组织作为信息平台和信息中心的功能而得以扩散和传播，由此使得共同预期更容易形成，因而为许多国际机制的实现、强化乃至发展提供重要的支持。随着国际政治生活的复杂化，国际组织的上述作用也日益明显。

国际组织平衡大国的代表垄断，推动全球治理实现。虽然多数原则和加权表决等方式有助于大国发挥作用，但是上述的表决方式在国际组织中只占少数。即使存在一些不平等的因素，发展中国家通过这些国际组织获得了更多表达自己意见的机会。这种机会产生了相应的鼓动和鼓励，促进了更多的国家参与全球治理机制，推动了治理民主化进程，促进了全球治理的实现。

国际机制也包含了诸多非政府组织，或国家间个人和团体结成的团体，它们整合在一起共同促进了机制的运转与功能的实现。诸多的国际机制相互作用，共同构成了全球治理网络，或针对某一个全球性问题或区域性问题，或针对某一方面全球性问题群发挥治理的作用。

三、全球治理国际机制的主要特征

国际机制在全球治理和国际政治中的体现和特征受到了诸多学者的关注和研究。如何看待国际机制充当的角色和主要特征，学者们有着诸多不同的看法。归纳起来，主要有如下几点：

首先，国际机制具有主观性。主观性即国际机制建立在参与者主观认同的基础之上，其基本存在方式首先是主观的。国际机制的主观性并非否认国际机制存在的各种客观形式，它主要强调国际机制客观形式背后的主观基础。国际机制首先是作为参与者对合法、适当或道德的行为的理解、期望或确信而存在。

我们可以这样理解国际机制的主观性，一方面国际机制的表现形式具有"一种互主性特征（an intersubjective quality）"[①]。奥兰·杨也曾指出："与其他社会制度相比，某一种机制得到系统、完整表达的可能性可以大一些，也可以小一些，它们可以伴以明确的组织化安排，也可以不这么做。"[②]国际机制从表现形式上来看可以完全不需要系统、完整、明确的组织机构、条约规章等为保证。这些因素的客观存在，可能是一种国际机制的体现，也可能与国际机制完全无关，关键的问题在于该国际机制在涉及具体问题时，治理行为体是否存在主观上的共识。这些主体既包括主权国家，也包括各类国际组织、民间团体和个人的观点。另一方面，国际机制的主观性又表现为国际机制形成动力中必须包括主观认同的因素。恩斯特·汉斯的论断比较具有代表性和说服力，他特别强调知识在国际机制形成中的作用。他认为，所谓"知识"就是："技术性信息以及有关这些信息的理论的总和，这些信息在特定的时间里在感兴趣的行为体之间激发出足够的共识，用以作为实现一些社会目标的

---

① John Gerard Ruggie," International Regimes: Transactions, and Change: Embedded Liberalism in the Postwar Economic Order," *International Organization*, Vol.36, 1982, p.380.

② Oran R. Young,"Regimes Dynamic: the Rise and Fall of International Regimes", *International Organization*, Vol. 36, 1982, p. 277.

公共政策的向导。”[①]克拉斯纳提出自私的利益、政治权力、规范与原则、惯例与习俗及知识等国际机制的五大基本生成变量。其中规范与原则、惯例与习俗及知识都是主观性的变量，其存在形式主要是主观认识的方式。而自私的利益和政治权力虽然都是客观存在，实则难以摆脱主观判断的影响。国际机制的生成因素和表现形式都体现出了鲜明主观性特征。主观性也突出反映了全球治理背景下，国际机制运转的实质性特点。

其次，国际机制具有系统性。学者们对于国际机制的“系统性”特点有着较强的共识。基欧汉指出，“机制包含了不同普遍性水平的指令，从原则到规范到高度特殊化的规则和决策程序”。基欧汉提出的“不同普遍性水平的指令”实际上就强调了国际机制内在的层次性及其整体性。“原则”“规范”“规则”和“决策程序”作为国际机制的四种组成要素，它们的区别和联系就集中体现国际机制系统性。例如关贸总协定是在自由原则的基础上运作的。这一原则断言，全球福利将在自由贸易的基础上实现最大化；“而规范是对一般化的行为标准予以说明，并确认国家的权利和义务。所以，在关贸总协定中，基本的规范是所有关税和非关税壁垒都应削弱并逐步消除。规范与原则共同规定了一个机制的本质特征，除非从根本上改变机制，否则这两者就不会改变”；相比之下，“规则在相对于规范和原则而言较低的普遍性水平上会发挥作用。它们经常用于调节规范和原则之间可能存在的冲突。第三世界国家希望制定用于区分发达国家和发展中国家的规则。”最后，“决策程序是用来确定具体的行为规定，例如表决系统的具体设计。它将随着机制的强化和伸展而变化。而关贸总协定的规则和程序在其发展历程中就经历实质性的修正。”[②]

再次，国际机制具有广泛性。学者们对于国际机制的广泛性有着不同的理解，存在一定分歧。美国学者唐纳德·普查拉和雷蒙德·霍普金斯指出一种机制存在于国际关系任何一个实际的问题领域，只要在这一领域中存在可辨识的模式化行为。他们二人对国际机制的定义是“模式化行为”，属于最宽泛的一类。他们对广泛性的认识遭到了较大的争议，其他学者普遍认为他们

---

① Ernst Hass, “Why Collaborate? Issue-Linkage and International Regimes”, *World Politics*, Vol. 32, 1980, pp. 367-368.

② Richard Little,“ International Regimes”, in John Baylis and SteveSmith □eds.), *The Globalization of World Politics: An Introduction to International Politics*, Oxford: Oxford University Press, 1977, p.235.

高估了国际机制作用的范围。

以苏珊·斯特兰奇为代表的观点具有“结构现实主义”趋向，对于国际机制的看法有些极端。这一看法认为国际机制的独立作用空间基本上不存在，所谓国际机制的调节、约束作用其实都是国际政治权力结构的反映。斯特兰奇指出：“对国际机制的研究，首先看来最大程度上是一种时髦，它很容易被解释为对现实世界状况的一种短期反应，但不会对知识的发展做出长远的贡献；其次，这一研究表现的模糊、不精确；第三，这一研究在价值取向上并不中立，有自己的倾向性，因此就像作弊的假骰子一样危险；第四，它过分强调世界政治中的静态而低估动态因素，从而歪曲了事实情况；第五，它非常狭隘，限定于国家中心的范式，限制了对更广阔的实际状况进行观察。”[①]这样的论述几乎从根本上怀疑这一概念的成立。

以克拉斯纳、基欧汉、罗伯特·杰维斯等为代表的一些学者则比较温和，他们观点带有“修正的结构主义取向”。克拉斯纳认为：“机制应该被理解为这样一种东西，它要高于随着政治权力和利益的变化而随时进行调整的临时性安排。”[②]加拿大学者罗伯特·克莱伍福德认为，国际机制应该被视为介于国际政治权力结构与明确的国际协议之间。[③]这些看法都强调国际机制具有自身特定的作用空间，但认为并非所有对国际政治行为体造成影响的国际政治因素都可以归结为国际机制。这一方面对普查拉和霍普金斯观点进行了批评，另一方面也反驳了斯特兰奇等完全否认国际机制作用的观点，更好地指出国际机制的广泛性特征。

最后，国际机制具有权威性和有效性。对于国际机制权威性和有效性特征的认知源于欧洲的国际机制理论研究。国际机制权威性和有效性的判断主要有两个得到普遍共识的标准：其一是国际机制是否具有明确的规则，其二是行为体是否依据这些规则来规范自己的行为并评价他人的行为。

---

① Susan Strange,“ Cave! Hic Dragones: A Critique of Regimes Analysis,” *International Organization*, Vol. 36, 1982, p. 479.

② Steven D. Kransner,“Structural Cause and Regime Consequences: Regimes as Intervening Variables”, *International Organization*, Vol. 36, 1982, p.186.

③ Robert M. A. Crawford, *Regime Theory in the Post-Cold War World: Rethinking Neoliberal Approaches to International Relations*, Dartmouth, Dartmouth Pub Co., 1996, p. 38.

德国学者沃尔夫和朱恩提出，“一种可观察的行为要素应该被加入克拉斯纳的机制定义，从而将机制与那些参与者可以履行但也可以不履行的承诺或契约区别开。”[①] 欧洲学者认为明确的规范与规则如果在实际的治理中不可被操作，就不能体现一种制度的存在，也不可能成为国际机制的一部分。因此，在定义国际机制的概念时，他们认为国际机制的概念不能等同于法律机制的概念，对于国际机制的判定应建立在对社会实践的规范承认之上。因为在国际政治现实中，国际机制的存在并不以一种具有约束力的法律手段的存在为前提。此外他们认为，国际机制必须是有效力的规范性安排，因此政治学中的国际机制的概念也是不正确的。原有的政治学的国际机制概念本质上属于政治科学的范畴，可能会变成“徒有虚名的机制”。[②]

通过强调国际机制的行为要素，他们试图对该研究提供一个有用的限定。一方面，政治科学中的国际机制的概念不能等同于法律机制的概念，因为国际机制的存在并不以一种具有约束力的法律手段的存在为前提；对它的判定如同其他制度一样，建立在对社会实践的规范承认之上。另一方面，政治科学的国际机制概念本质上属于政治科学的范畴，它超越了外交会议及其结果的模式。因为政治科学中的国际机制可能会变成“徒有虚名的机制”。有些学者们指出，国际机制必须是有效力的规范性安排，这种效力并不来自于法律手段的存在与应用，而是来自于国际政治的实践探索以及对这种实践形式的承认。

对于有效性的认识，学者们指出有效性并非简单的“有”“无”判断，而应该被视为一个范围，过于绝对化的探讨和评价一个国际机制是否具有有效性是不恰当的。正确的观点和分析是某一个国际机制在什么时空环境下，在多大程度上有效或无效。对国家而言，某一国际机制是否对其具有有效性，并不只是对国家行为体而言，并且还包括对该国主权范围内的所有组织及个人行为的评价。国家机制的有效性并不是单纯的都等于效率或公平，虽然无论从主观愿望还是实际作为上，国际机制的运作都可能达到这种效果，但是这并不是评价国际机制是否有效的依据。有效性仅指国际机制对国际行为体的行为发生了影

① 王杰主编：《国际机制论》，新华出版社，2002年版，第37页。

② Volker Rittberger (ed.), *Regime Theory and International Relations*, New York: Oxford University Press, 1993, pp. 9-10.

响，使得这些行为体必须依该机制所包含的规则、规范行事。[①]

国际机制是一个层次分明、机构完备的整体。尽管很多国际机制并不具有正规的形式，但这并不能损害其系统性，因为大量原则、规范或规则、决策程序都可以以非正规的方式（如管理、习俗等）存在。主观性、系统性、广泛性、权威性和有效性共同构成了全球治理国际机制的主要特征。

四、国际机制在全球治理中的分类与功能

在国际层次上解决全球性问题有很多困难，因而主权国家和理性的个人通过国际机制进行治理。但是诸多的治理机制也带来了相应的问题，其中最明显就是在无数的国际政府机构之间并没有明确的劳动分工，机制的功能经常重叠，命令也相互冲突，目标经常模糊不清。这一事实给治理带来诸多的困难，但是也为研究全球治理的国际机制提供了新的空间。国际机制的影响无处不在，国际机制的种类千差万别。正如奥兰·杨指出的："有时候，造成国际机制之间差异的原因可能来自深层的哲学倾向。例如，与强调分散化决策和个人自主性的自由竞争机制相比，以社会主义信仰为前提创立的国际机制可能包括更加广泛的规则以及面对目标更加明确的行动指示。在另外的情况下，多样性则来自于机制安排过程中讨价还价的特征和特定制度模式的跨时演化。"[②] 面对繁杂的国际机制，考虑到研究的便利，我们可以按照三种分类方法对参与全球治理的国际机制进行区别研究。

第一种就是按照机制的功能领域划分，即按照治理问题领域划分。我们可以将全球治理国际机制分为国际安全治理机制、国际经济治理机制、国际环境治理机制等等。

国际安全治理机制，指的就是在安全领域发挥治理作用的国际机制。安全机制不仅指在安全领域中促进合作的规范与期望，而且这种合作的形式也

① Oran R. Young,"The effective of international institutions: hard cases and critical variables", in James N. Rosenau & Ernest-Otto Czempiel, (eds.), *Governance without Government: Order and Change in World Politics*, New York: Cambridge University Press, 1992, pp. 160-165.

② Oran R. Young,"International Regimes: Problems of Concept Formation", *World Politics*, Vol.32, 1980, pp. 331-356.

应该超出了对短期自我利益的关注。安全领域作为国际政治冲突最尖锐的领域，现实主义的权力政治理论在其中被广泛应用，各方也较少依靠自由主义的观点。学者们普遍认为“欧洲协调”是国际安全机制的范例，极其重视它的示范效用。现实主义理论大师汉斯·摩根索认为：“在1814年发端到1914年第一次世界大战爆发的一个实际中，欧洲协调在很多场合发挥了作用。很多官方声明提到作为欧洲协调的概念，即欧洲的政治统一或英国政治家卡什尔雷曾指出的‘欧洲的总体系’。——欧洲政治家知道欧洲是一个‘伟大的共和国’，具有相同的文明礼仪，修养水平和共同的艺术、法律和利益体系。基于对这些共同标准的共同认识，通过相互间畏惧和羞耻的作用，使野心受到限制，迫使他们节制行动，并向所有人的肌体中注入某些尊严和正义的意识。于是国际舞台上权力斗争带有‘适度而非决定性的竞争’的性质。”[①] 摩根索承认“欧洲协调”中存在不同权力均衡的因素即为认同了一种安全机制的存在，并在一定方面上承认了国际安全机制的治理作用。

全球安全治理机制重视国家的作用，国际机制理论也强调国际政治行为体中国家的作用，看重国家之间存在的期望，这一点二者是一致的，即承认了国际机制一定要以国家行为体作为重要的基础。此外，国际安全机制作用在于造就了共同认可的各种规则，正是由于国家间共识的作用，国际政治的实际状况不会成为国际政治权力结构的直接推演。

在国际政治生活中，一部分国际安全机制得到了广泛的承认与讨论，发挥着积极的作用，其中既包括国际军备控制机制，也包括国际维护和平的机制。例如1963年的《部分核禁试条约》鼓励了大气层实验的限制，1968年的《核不扩散条约》在控制核国家的数量上发挥了积极的作用。尽管这些条约组成的安全机制有其脆弱性，但这一机制还是获得了广泛的支持，任何破坏该条约的行为都会遭到国际社会的广泛反对，起到了促进世界和平的作用。

国际经济治理机制，主要指为治理经济问题建立的相关机制。国际机制在治理国际经济问题时所发挥的作用是十分明显和突出的。利特尔指出：“普

---

① ［美］汉斯·摩根索：《国家间政治：寻求权力与和平的斗争》，中国公安大学出版社，1990年版，第278页。

遍认为经济领域的机制确立要比其他任何领域都稳固。”[①] 国际经济治理机制的高效性主要原因在于经济运行有其固有的规律，人们对规律的认识易于达成一致；在国际经济机制确立的初期阶段经济利益相对于政治、安全等其他方面的利益对国家的重要性要低很多，国家间合作的风险较小；此外，科学技术的进步和经济组织方式的发展使经济全球化的规模不断加深，国家在观念上和组织上逐渐为适应这一潮流不断做出改变。虽然当前国际关系中政治与经济的结合日益明显，但传统的认为经济利益重要性低于政治、安全利益的习惯思维不会在短期内消失，仍会对国家的决策产生作用，有时候甚至是决定性的，才使得国际经济机制比较容易建立的重要原因。

经过多年的发展，今天的国际经济机制虽然仍然不完整，但已经初步发展成为一个复杂的网络体系，几乎涵盖了人类经济生活的方方面面，构成了一个系统。国际经济治理机制是针对一定的经济领域相联系的。它的表现形式多种多样，有全球性或区域性的国际经济组织、国际经济法律制度、调节国际经济关系的双边或多边国际公约等。诸多国际经济机制的治理作用不同，据此分为以下几个方面:（一）国际贸易治理机制，主要功能是争取更广泛的自由贸易。今天的国际贸易从形式到内容都更加丰富多彩，相应的国家贸易机制多种多样。全球性的国际贸易治理机制主要体现为前身为关贸总协定的世界贸易组织的活动，它在全球范围内解决贸易争端，推动贸易自由的发展。在世界范围内，涉及某种产品例如咖啡、石油、橄榄油或其他初级产品的生产、销售和流通的经济治理机制也越来越多。（二）国际金融治理机制，它针对的是国际范围内的货币、汇率、债务问题，包括国际货币机制、汇率协调机制、国际债务机制。其中具有代表和影响力的全球性国际金融机制有国际货币基金组织、世界银行等。西方八国集团在国际金融方面也是比较重要的机制性安排。（三）国际援助开发机制，主要是促进于南北关系平衡发展。国际货币基金组织、世界银行、联合国经社理事都承担着一定的援助开发职能。随着国际经济领域相互依存程度的提高，越来越多的西方发达国家认识到，完全不顾发展中国家的利益，甚至以损害其利益来换取自身经济发

① Richard Little, “ International Regimes”, in John Baylis and SteveSmith （eds.), *The Globalization of World Politics: An Introduction to International Politics*, London: Oxford University Press, 1977, p.237.

展的模式已经难以为继，对发展中国家的援助开发最终有利于自己的发展。欧共体9国与非洲、加勒比和太平洋地区46个发展中国家签订了贸易和经济协定——洛美协定，为发展中国家进入欧共体市场规定了较为有利的条件，是国际援助开发机制的成功范例。除此而外还有国际监督机制等其他经济治理机制，在全球经济的发展中起到了积极的作用。

国际环境治理机制，指为治理全球性环境问题建立的相关机制。随着全球性环境问题的日益凸显，诸如污染、全球变暖和臭氧层的破坏等问题已经吸引了最广泛的关注，在一个范围宽泛的领域中努力保护全球环境、力图解决各种环境问题的机制逐渐建立起来。其中比较有代表的有1993年10月生效的全面保护生物多样性国际公约，1993年3月签署的《巴塞尔公约》完全禁止发达国家把危险废弃物运送到发展中国家处理，以及1997年联合国环境规划署建立的臭氧层问题的国际合作委员会等等。

由于环境问题的政治敏感性相对比较低，环境问题解决的紧迫性不断提高，所以国际环境治理机制的建立相对比较容易。但是一旦某一环境问题进入到国际政治领域，各国的斗争就不可避免，矛盾就很难被调和。在历届世界环境与发展大会上，发展中国家与发达国家、内陆国家与大洋岛国、大国与小国等之间为了各自的国家利益不断上演着激烈的辩论和讨价还价。1992年6月，里约热内卢世界环境与发展大会中，各方在讨论控制温室气体排放量的问题上出现分歧，最后美国拒绝接受《气候变化框架公约》的相关安排，导致该公约搁浅。

除了上述国际机制之外，国际治理机制还存在于其他的具体问题领域中，针对于不同的全球性事务发挥相应的治理作用。

第二种是按照组织形式划分，可以将全球治理国际机制分为正式机制和非正式机制。在国际机制中，有些国际机制具有相对正规的形式，例如明确的国际协议和目标，完善的组织结构等等，另一部分则完全以国际惯例和约定俗成的习惯习俗等非正式的方式存在。

正式的国际机制（formal regimes）指那些由国际组织通过立法而产生，有理事会、代表会议等实体予以维持，由国际性、科层性的机构予以监督的国际机制。而非正式的机制（informal regimes）则主要依赖参与者之间客观存在的共识来创造和维持，由共同的个人利益或‘君子协定’来强化，依靠相互的监视来监督。[①]形式上的正式与非正式并不能导致不同国际机制效力之间的差别。根据列维的研究，国际机制可分为“心照不宣的机制”（Tacit regimes）、“成熟的机制”（Full-blown regimes）与“徒有虚名的机制”（Dead-leader regimes）。[②]

正式国际机制的代表主要是以联合国为群体的国际组织。世界上大部分国家都参与了联合国治理机制，并签署了相应的条约。联合国治理机制包含诸多的辅助机构和内部机构，在全球范围内具有最普遍的代表性，涉及国际政治的各个领域，具有的效力通常有着较强的约束性。其组织内部机构完善，并具有很强的实际运作能力，在国际法上享有主体资格。联合国的合法性来源于联合国会员国的普遍性和《联合国宪章》的广泛接受性，但是联合国在应对全球性问题是存在着严重的有效性缺陷，凸显了全球治理能力赤字的特点。短期内这种缺陷和赤字很难通过联合国自身的调整和改革得以解决。这就需要非正式国际机制弥补正式国际机制的不足。

非正式机制即论坛型的国际组织。G-x集团是一个典型的代表，如八国集团、二十国集团、七十七国集团。由于参与国在政治、经济的综合实力上具有代表性，因此这一类集团也具有很强的影响力。G-x机制最大的优势在于它的有效性，它的有效性来源于它的非正式性，既没有常设的秘书处和官僚机构，也没有正式的国际条约为基础，而是采取主席轮换制，探讨国际社会亟需解决的热点问题。在各方取得一致意见后通过峰会达成《领导人共同宣言》。虽然这种形式没有国际法意义上的约束力，但却具有软法的约束力。G-x型机制可以进行跨问题领域、跨国际组织、跨国内的统筹治理，而不再囿于正式机制的组织局限。此外，G-x机制还能灵活适应不同时期全球治理议题的变化、权力结构的变动和利益偏好的变化，较少受到正式机制条约基础的限制。因此，非正式机制特殊的组织形式促进了其治理作用的发挥。

第三种划分是按照作用的范围划分，可将全球治理国际机制分为双边机制、区域性机制和全球性机制。双边机制指的是两个国际政治行为体之间形

---

① Donald Puchala and Raymond Hopkins,“International Regimes: Lessons from Inductive Analysis”, *International Organizations*, Vol. 41, No.3, 1987, p.249.

② Richard Little, “ International Regimes”, in John Baylis and SteveSmith □eds.), *The Globalization of World Politics: An Introduction to International Politics*, London: Oxford University Press, 1977, p.235.

成的机制，其他任何第三方与这一机制都没有直接的关系，更谈不上受该机制的约束。地区性机制主要是指在某一区域内的国际行为体，主要是国家行为体共同接受和遵守的国际机制。欧洲共同体（欧盟）的实践就是一个典型的例子。欧盟已经是一个集政治实体和经济实体于一身，在世界上具有举足轻重地位的区域一体化组织。在经济方面，欧盟已经制定了一个单一市场，通过一个标准化的法律制度，适用于所有会员国，保证人、货物、服务和资本的迁徙自由，保持一个共同的贸易政策（包括农业和渔业政策），使用一个共同的货币——欧元。在对外政策上，欧盟代表成员在世界经济贸易组织、在八国集团首脑会议和联合国会议上发言，维护全体成员的利益。全球性机制主要指在全球范围内得到尊重和遵守的原则、规范、规则和程序的集合，例如全球环境机制就是全球性机制的代表，其子机制有的保护生物的多样性、有的保护臭氧层。它们都具有全球性的职能范围。

五、结语

总体来说，全球性问题的大量涌现凸显全球治理的必要性与紧迫性，由于传统国家在此问题的解决上略显乏力，只能通过建立国际组织、加强合作积极应对全球化带来的挑战。各国民众自发成立的非政府组织关注全球性问题的解决。国家组织与市民社会共同推进了全球治理实践的发展，并呈现出多层次、多角度共同治理的局面。在此背景下，全球治理的国际机制应运而生。

不可否认，全球治理机制在解决问题的领域、组织形式、特别是在作用范围上千差万别，其治理的广泛性和有效性也存在差异，但是他们协调了国家行为体和国际组织的行动与利益，形成国际治理网络形成治理的合力，进而推动了全球治理实践的发展。全球治理机制汇聚行为体的功能不断得到强化，越来越多的成员国做出了遵守机制的承诺，并同意接受国际机制关于国际规则实施情况的监督。随着全球治理机制作用的提高，越来越多的非成员国开始加入到治理机制的合作中，寻求通过国际机制参与全球治理的进程。全球治理机制正在全球性问题的治理实践中发挥不可替代的独特作用，并将最终推进国际社会善治的形成。

第三章　全球治理与中国传统文化

随着新技术革命的发展，世界经济一体化趋势达到空前的程度。20世纪90年代初，前联合国秘书长加利宣布，世界已进入全球化时代。人们的沟通联系变得更加便利，相互间依赖程度不断加深，“地球村”的概念深入人心。可以说，全球化作为人类认识世界、治理世界，不同文明冲突与融合的客观历史进程，已涉及到社会生活的方方面面，成为当今最重要的时代特征。全球化的发展和全球性问题的出现，这要求国际社会通力合作，通过全球治理的途径解决问题。对中国而言，想要发展复兴，就必须融入全球化的进程，积极参与全球治理，发挥好传统文化的作用，扩大民族文化国际影响力，建立起一种新的、有别于西方传统模式的中国模式，在文化价值等方面推动全球治理的发展。

一、全球治理中的文化因素

（一）全球治理时代的文化发展

1. 文化及文化价值观

文化作为一个内涵和外延都十分丰富的概念，由于其语意的动态性与变异性，故其定义也一直在发展完善。学界首次从整体性上来界定文化始于1871年英国人类学家泰勒，他在《原始文化》中定义文化为“知识、信仰、艺术、道德、法律、风俗以及作为社会成员的人所具有的其他一切能力与习惯”的综合整体[①]。之后，美国文化学家克鲁伯在《文化：概念和定义的批判性回顾》一书中通过将当时欧美文献中约160个各种学者关于文化的定义收集整理、归纳分析后，将文化定义为“是包括各种外显或内隐的行为模式，它通过符号的运用使人们习得及传授、并构成人类群体的显著成就；文化的基本核心包括传统观念，其中观念尤为重要；文化体系虽可被认为是人类活动的产物，同时也可认为是限制人类作进一步活动的因素。”[②]1982年，联合国教科文组织《世界文化宣言》对文化定义为“构成一个社会或社会集团特点的、具有区别意义的所有精神与物质、理性与感性特征的完整复合体。文化不仅包括艺术和文学，更包括生活方式、基本人权、价值体系、传统和信仰……”[③]

汉语中，文化本意为“文治与教化”。《易经》有云：“刚柔交错，天文也；文明以止，人文也；观乎天文以察时变，观乎人文以化成天下。”此“人文”就是指以礼乐为教化天下之本，以及由此建立起来的一个人伦有序、理想的文明社会。后有学者更进一步提出文化即“人化”，认为“人化”是人按照需求和理想改变外在世界和完善人类自身，这符合文化发展的向外扩展和向内完善两个向度。[④]

综上所述，文化实为主导特定群体生活方式的共同的观念系统，核心就是价值观念。可以说，文化选择和文化创造的过程，就是价值观的实践过程。虽然价值观对个人而言各有不同，但对群体而言，总有一种弥散于文化之中的普遍的价值观念，这就是“文化价值观”。文化价值观具有群体趋同性和时代趋同性。一旦这些趋同性转化为趋向力，就代表某种主流价值观念的形成，即文化的价值取向。[⑤]通常所说的国家、民族认同就是建立在共同价值取向基础上的文化认同。

① [英]爱德华·泰勒：《原始文化》，连树声译，上海文艺出版社，1992年版，第1页。

② 燕生、花伟：《论中西方文化差异》，《江海学刊》，1998年第6期，第103页。

③ 参见联合国教科文组织1982年在墨西哥主持召开世界文化政策大会通过的《世界文化宣言》。

④ 孙美堂、杜中臣：《文化即“人化”——文化概念的一种诠释及其意义》，《中国人民大学学报》，2004年第6期，第41—45页。

⑤ 孙义、杨进：《试论中国传统文化核心价值观及其当代回归》，《合肥工业大学学报（社会科学版）》，2009年第3期，第135页。

2. 全球化对世界文化发展的重要影响

全球化时代，现代信息网络技术带动了通信通讯领域的飞速发展，拉近了人与人之间的距离，开创了社会文化交流的新时代。通过电话、手机、互联网等工具，信息的传播速度迅速提高、传播范围不断扩大。连上互联网，人们可以随时浏览全球各种信息和资讯；打开卫星电视，人们可以随时收看国际各地新闻和各类节目；拧开收音机，人们可以随时收听到世界各频段广播和音乐。可以说，当今没有任何一个国家、地区或者组织能够完全阻挡文化的跨国、跨地域传播和流通。特别是，文化作为一切交流的纽带和核心，无论是经济全球化还是政治全球化，都包含了文化的全球化。

全球化的发展使得世界文化呈现出既融合又分化的趋势。融合表现在：由于现代文化对交流和开放的倡导，使得各层次的交流访问、交换留学、考察会议等文化活动不断，极大地推动国家、民族间文化的交流和融合，全球价值共识增多。分化表现在：由于交流增多，国家、民族文化价值观的差异更为突出，不同文化的分化和冲突也随之变多，世界文化整体呈现出多元化的发展态势。这主要是由其民族性所决定。不同民族，由于生活地区、风俗、习惯、信仰等不同，表现出的文化特点也截然不同。全球化时代，这种差异性将表现得更为明显。

与此同时，世界文化也出现了两派观点。一派西方文化至上论，某些西方理论家从维护自身利益和传统习惯出发，坚持西方中心论，企图将西方价值观强加给其他国家和民族。另一派民族文化至上论，某些取得独立和复兴的国家、民族，从尊重、珍视本土文化出发，坚持反本寻根、固守本土文化、排斥外来文化。这两派观点截然相反。在全球化时代，如何增强不同文化之间的互相理解和宽容，避免因为文化的隔绝和霸权而导致的战争，这将是文化全球化时代全球治理重要问题，将直接影响社会发展和稳定。

3. 全球治理中的价值共识

价值观作为文化中的核心部分，主要是指主体对周围的客观事物（包括人、事、物）的意义、重要性的总评价和总看法。而价值共识是指不同主体对价值达成基本或根本一致的观点和态度。全球治理中关于全球价值共识的争论十分激烈。

（1）全球价值共识

作为支撑全球治理的精神基础，全球治理的价值观被认为是指导治理活动开展的重要基础。对倡导者而言，全球价值共识不仅存在，而且是指全球治理在世界范围内想要达到的理想目标，是超越国家、种族、宗教、意识形态以及经济发展水平之上的全人类共同遵循和追求的普世价值的总和。通过这些共识性的价值准则，不同文化背景的人们得以团结起来，开展协调与合作，实现全球治理。

关于价值共识的内容，全球治理委员会在《我们的全球之家》报告中表达得十分清楚，“要提高全球治理的质量，最为需要的，一是可以在全球之家中指导我们行动的全球公民道德，一是具备这种道德领导阶层。我们呼吁共同信守全体人类都接受的核心价值，包括对生命、自由、正义和公平的尊重，像话的尊重、爱心和正直。”[①] 在全球价值体系下，全体公民在享有安全的生活，公平的待遇，为自己谋生和谋福利的机会，通过和平手段解决人们之间的争端，参与各级治理，为摆脱不公正而进行自由、公平申诉的权利，平等的知情权，平等地分享全球共同利益的权利的同时，也需要承担兼顾个人与他人安全和福利、促进平等、保护共同资源、追求可持续发展，保护人类的文化和知识遗产，积极参与治理，努力消除腐败等义务。[②]

（2）全球治理中价值与事实背离

事实上，全球治理的价值基础从全球化之初就是在悖论状态下形成的。所谓的价值共识基本上都是区域化发展阶段的产物，潜蛰在地方性知识之中。[③] 全球价值所倡导的民主、公平、公正、人权等观念基本都来自于西方的传统文化，是希腊理性传统、罗马民法传统与希伯来宗教传统等历史文化演变的结果。思想来源的地方性、区域性势必影响其普适性，即它不可能天然具有与其他文明体系或文化传统的一致性。对于西方人而言，全球治理的价值陈述是其传统价值在新时代的再现。而在一些非西方文明中，某些思想观念甚至天然就与西方文明或价值体系相冲突。这使得全球治理的价值共识存

① 俞可平:《全球化：全球治理》，北京：社会科学文献出版社，2003年，第334页。

② 同上。

③ 任剑涛:《一致与歧见之间——全球治理的价值共识问题》，《厦门大学学报（哲学社会科学版）》，2004年第4期，第7页。

在表里不一、价值与事实相背离的状况。

随着全球化进程的不断推进，全球治理的价值冲突将表现得更为激烈和明显。对全球价值共识的研究，以及不同文明间价值共识的寻找和建立，将对全球治理的发展具有重大意义。

（二）文化全球化

现阶段全球化呈现出经济全球化、政治国际化和文化全球化的并存趋势，总的说来，是一个错综复杂且充满矛盾的格局。文化全球化作为世界发展的重要趋势，主要指世界上的一切文化以各种方式，在融合和分化的同时作用下，在全球范围内的流动。各种文化相互流通，国家、民族文化受到前所未有的冲击和挑战。一方面带来了世界性的文化融合，全球意识崛起。在此过程中形成的文化共同体可以称为“全球化文化”。另一方面也带来了民族意识的觉醒，体现民族思维方式、价值观念的民族文化也越来越凸显，世界文化呈现多元化特征。

虽然学界对全球化的相关研究已进行得比较深入，但对文化全球化却仍有诸多分歧。有怀疑论者认为不存在文化全球化，只是全球化概念的泛用而已；也有怀疑论者认为不存在全球化文化，“没有共同的全球思维方式，更没有人们生活于其中并借此联合起来的‘普遍历史’。只有多种形式的政治意义和体制，任何新的全球意识都必须在其中为了生存而斗争。”[①] 所谓全球化文化只是暂时的、拼凑的现象。而即便是认同者也分成不同派系。有认为文化全球化就是文化同质化的，即认为多元文化最终都将趋同。也有认为文化全球化实为文化霸权主义，是文化“西方化”甚至“美国化”的过程。“美国的生活方式、政治制度、经济制度和管理方式，甚至意识形态和人文精神都成为许多中国人追求和效仿的对象。”[②] 还有认为文化全球化对民族文化起消融作用，全球化文化将彻底取代民族文化，成为主流文化。

总之，各种观点虽然说法、立场不一，但出发点比较接近，都认为文化全球化与民族文化是零和博弈，即一方的存在是以对方的消亡为前提。但在

① [英]戴维·赫尔德、安东尼·麦克格鲁著:《全球化与反全球化》，陈志刚译，社会科学文献出版社，2004年版，第26页。

② 俞可平:《全球化与政治发展》，社会科学文献出版社，2005年版，第213页。

实际社会生活中，所有文化都是不断变化发展、具有极强生命力的。而全球化进程中的文化全球化更是如此。一方面通过交流沟通，不同文化相互影响融合，民族文化受其它文化的影响，在保留自身独有特色的基础上逐渐发展成为带有其他文化色彩的“新民族文化”。纯粹的民族文化已很难存在，即使是西方文化乃至美国文化，也或多或少吸纳了其他民族文化的内容。另一方面，由各种文化交流融合而成的全球化文化，也不断受到民族文化发展变化的影响，充满了民族文化的烙印。可以说，没有任何一个国家或民族的文化足以概括全球化文化的内涵。① 同时，考虑到文化的相对稳定性，虽然文化全球化中全球化文化与民族文化相互不断影响、建构，但并不意味着两者在短时间内会彻底趋同。一般认为，文化分为主客观两部分，客观部分是文化中深层次、核心的部分，具有稳定和一致性。而主观部分则是对客观部分的不同解读方式，由于时代、政治、经济、科技水平的发展和国际国内环境的变化，同样的文化也存在不同的解读方式。正是由于文化客观部分稳定性的存在，使得文化不容易出现根本性的变化。

没有民族文化，就没有全球化文化存在的基础和来源。从目前看，文化全球化发展的方向不应是试图以某种所谓的全球普适文化取代民族文化，而应是通过交流融合对民族文化发展产生影响，促使其他文化色彩的民族文化出现，在这些新民族文化中孕育出全球化文化。换而言之，任何优秀的民族、国家文化，都将对其他民族文化乃至全球化文化产生巨大且积极的影响。

（三）西方文化及中西方文化差异

近代以来，西方文化在世界文化中占据愈发重要的地位。特别是在全球化的今天，生活中随处可见西方文化的影子。从肯德基、麦当劳快餐到好莱坞大片、迪斯尼动画，再到脸书（facebook）、推特（twitter）盛行，西方文化正不断地影响我们的饮食、娱乐、文化生活等。但究竟西方文化的起源、发展、特征是什么？中西方文化的差异又是什么？对这些问题的研究，有益于了解、吸收西方文化。

① 蔡拓、孙祺：《建构主义视角下的文化全球化——兼论中国传统文化的作用》，《南开学报（哲学社会科学版）》，2009年第6期，第81页。

1. 西方文化

（1）西方文化的起源

西方文化起源于古代的希腊文化和罗马文化。可以说，“没有希腊文化和罗马帝国所奠定的基础，也就没有现代的欧洲。”[①] 古希腊文化成果灿烂辉煌，在文学、艺术、哲学、历史等方面都有杰出成就。而古罗马不仅将古希腊文化发扬光大，更建立了罗马帝国。之所以古希腊、罗马文化能作为西方文化的源头，主要是因为：

首先，奴隶制商品经济发展促使文化的发展。开放的海洋性地理环境使得古希腊、罗马时代社会商品生产较发达，奴隶制商品经济的发展成为文化大发展不可或缺的物质基础；其次，开放吸收的态度为文化发展提供动力和资源。在希腊、罗马民主政治的鼎盛时期，公民思想具有一定自由，学术民主被鼓励。同时，希腊、罗马都重视吸收外部文化的先进成果，为本地文化发展提供资源和动力；最后，希腊、罗马文化虽侧重点不同，但意义深远。希腊文化注重基础科学研究，几乎所有现代基础学科都能在古希腊那里找到根源。而罗马文化则注重实用科学研究，研究的目的是为对外军事远征服务。

古希腊、罗马文化对西方文化产生重要影响，促使西方文化注重实证研究，相信科学，强调个人自由和权利，坚持法治。

（2）西方文化的发展

以人权对抗神权的“文艺复兴”和倡导科学理性的“启蒙运动”为西方文化发展带来第二次高潮。

13世纪末到14世纪初，由于社会生产力的发展和科学技术的进步，欧洲大陆尤其是地中海沿岸的一些城市陆续出现资本主义生产关系的萌芽。社会的转型体现在思想文化领域革新不断。“理性”和“自由”成为新生资产阶级摆脱封建和神学束缚的两面旗帜。从根本内容和实际影响上看，文艺复兴是一场开始于意大利后波及整个西欧，以人权对抗神权，以理性对抗迷信的资产阶级新文化运动。它倡导了科学、文明和理性的进步。

文艺复兴、宗教改革使得封建文化初步瓦解，大大促进了资本主义经济

---

① 中共中央马克思恩格斯列宁斯大林著作编译局编译:《马克思恩格斯选集（第3卷）》，人民出版社，1972年版，第220页。

的发展。17、18世纪，西欧资产阶级为维护自身利益必须推翻封建制度。由此资产阶级和其他劳动阶级的思想代表联合起来，发起反对封建势力的启蒙运动。该运动主要集中在哲学领域以倡导理性与科学为基本内容，不仅为法国大革命做好思想和舆论准备，更对欧洲的思想文化发挥了强大的推动作用，影响了世界近现代史的发展进程。

（3）当代西方文化

西方文化以个人主义为核心的思想文化与社会化的工业大生产存在着严重的内在矛盾，文化危机日益加剧。20世纪上半叶，两次世界大战直接促使人们对西方文化的科学主义、技术理性以及现代国家和技术对人的控制进行反思和反抗。[①] 在此前提下，人本主义、文化多元化和大众化得以发展。工业革命使得西方人误认为科学理性可以解决一切问题，而无视科学主义文化所具有的片面性和局限性。因此，以非理性主义的思想倾向为特征，强调作为生命个体的人的尊严和自由的人本主义思潮迅速发展并产生重要影响。同时，世界大战促使西方人转变观念，开始承认文化发展的多元模式。并且，得益于大众传播媒介的发达和经济的发展，大众文化出现并繁荣起来。

（4）西方文化的特征

西方文化的起源与发展决定了西方文化个体激进和开放吸收两大特征。

第一，个体激进特征。西方经济的快速发展给文化带来了巨大冲击。文艺复兴之后，文化观念不断更新，对个体性问题的关注却始终是热点。在思想上体现在人道主义传统上，在行动上体现在自由竞争上，在文学上体现在对个人情感的抒发和人格价值的肯定上。[②] 同时，古希腊尚武精神使得西方文化天然具有激进特征。古希腊人崇尚武力，追求力量。罗马帝国时期奴隶角斗风靡。中世纪发展出“骑士精神”，宣扬孤注一掷的冒险精神。因此在激进特征的影响下，西方无论是资产阶级大革命还是现代发展都具有足够的勇气和魄力，不断发展创新。

第二，开放吸收特征。西方的地理环境、历史特点以及资本主义发展使得西方文化具有开放吸收的特征。希腊半岛海岸线较长，岛屿众多，航海业

① 轩传树、胡俊：《西方文化发展的周期性特征及其启示》，《中国浦东干部学院学报》，2009年第5期，第43页。

② 白戈：《浅析西方文化的起源和特征》，《科学经济社会》，2000年第3期，第57页。

和商业贸易发展较早，促进了文化交流。同时，欧洲诸国在历史上国界不断变迁，民族频繁迁徙，使得民族间的文化交流不断。并且，资本主义的迅猛发展也为民族、国家间文化交流创造了有利条件。而西方文化的开放吸收主要表现在：一是对其他文化的吸收。西方人在文化方面也自由、理性地选择好的文化。二是自然科学和人文科学的互相吸收。在西方这两种学科相互促进。人文科学为自然科学提供想象力和创造力，而自然科学为人文科学的发展提供研究基础和跳板。

2. 中西方文化的差异

虽然从19世纪中叶以来，近代的工业、科学、民主等先进的西方文化传入中国，对中国文化产生了一定影响，但总的来说，中西方文化差异非常大，主要体现文化载体、思维、道德、精神、性格、世界观等五个方面。

第一，语言符号。语言符号作为最为常见和内容丰富的文化载体，在中西方表现形式差别极大。西方语言由字母构成，以轻重音、长短音作为区别词的语言形式，为形态语，以形统意，即用严密的形态变化来表现语法和语义。而汉语则是由偏旁部首构成，以声调作为区别词的语言形式，为非形态语，以意统形，即通过语言环境和语言的内在关系来表现句子的词法、句法和语义。

第二，思维方式。西方注重思辨理性，将逻辑思维方式和实证分析作为认识世界和掌握真理的基本手段。而中国更注重直观领悟，通过有限事实，凭借已有经验和知识，对客观事物的本质及其规律进行理解和把握。

第三，道德观念。西方强调个体本位，重契约、理智、竞争等，而中国强调群体本位，重人伦、人情、中庸、和谐等。因此在伦理道德方面，西方是以人性恶为出发点，强调个体的道德教育；而中国是从以人性善为出发点，强调个体自身的道德修养。

第四，宗教精神。西方宗教观念重来世、轻今世。基督教宣扬顺从驯服、自甘屈辱和普世“爱”。《圣经》指出，世界上一切人，无论男女老幼，都是上帝的儿女，彼此平等，故应“用爱心互相宽容，用和平彼此联络。”[①] 而中国的宗教观念则重今生、轻来世。无论是道教的现世幸福、得道成仙，还是

① 《圣经》：以弗所书，第四章，第2—3节。

儒家的积极入世，都是通过对本身的肯定来解决一切问题。虽然儒家也宣扬“爱”“仁者爱人”“四海之内皆兄弟”等，但此“爱”仍有等级差异。

第五，民族性格。西方民族的性格是注重个体意识、尚武、外向、激进。而汉民族的性格是注重群体意识，道义、中庸、和谐。民族性格导致行为方式的不同。西方人更倾向强权和竞争，以力量取胜。而中国更倾向和谐和中庸，以德服人。

第六，世界观。作为文化核心体现的世界观，是指人们对世界的总的看法和根本观点的集合，主要涉及精神和物质、思维和存在的关系问题。西方世界观注重实证分析和思辨理性，强调物质与精神的对立与分裂。而中国世界观则相反，注重直观领悟，自古就强调精神与物质的统一与一致。

中西方的巨大文化差异使得两者在认识世界、治理世界具体实践活动中表现出的态度、方式、方法完全不同。特别是在全球治理上，以西方文化为主导的全球治理表现出强权、崇尚力量等特点。而源于中国文化的中国全球治理新理念如“和谐世界”等则表现出和谐、和平、开放、包容的特点。因此，中国文化在当今全球治理中愈发凸显出不可替代的参考意义和指导价值。

二、中国传统文化中的全球治理理念

在全球治理时代，面对纷繁复杂的国际局势和日益严重的全球性问题，中国作为一个负责任的大国，不仅努力承担着经济责任，为世界经济的增长作出贡献，还承担起很多国际责任，主动参与更多的国际事务。除此之外，中国也努力向世界发出自己的声音，在文化价值方面作出自己的相应贡献。“当中国要思考整个世界的问题，要对世界负责任，就不能对世界无话可说，就必须能够给出关于世界的思想，中国的世界观就成了首当其冲的问题。”①

可以说，面对文化全球化的大背景，中国文化要想扩大文化影响力，就必须要重新重视传统文化，坚持民族文化自觉和自信，提高中国文化的认同，将传统文化的精华发扬光大，建立起新的、有别于西方传统模式的中国全球治理价值理念，这就是新时期中国需要担负起的对世界的文化责任，也是中

---

① 赵汀阳:《天下体系——世界制度哲学导论》，江苏教育出版社，2005年版，第2页。

国文化复兴、中国崛起、“中国梦”实现的必要途径。

（一）文化全球化对中国文化的影响

1. 积极方面

文化全球化促进文化交流与中国文化发展。文化全球化拓展了不同文化交流的空间，提供了相互学习的平台，促进了中国文化的发展，提高中国文化的影响力。一方面使得中国更容易接触到先进的文化，有利于民族文化发展，另一方面也使得更多的中国文化产品有机会走出去，有利于对外弘扬中国优秀的传统文化，提高中国国际影响力。

2. 消极方面

文化全球化使得西方价值观对中国文化产生影响，某种程度上降低民族文化认同感。当今文化格局是西方文化占据主导地位。文化全球化使得西方文化价值观中的自由、民主、平等、科学、法治等理念对中国文化产生影响。西方文化利用市场的力量不断传播自身价值观念，弱化中国传统价值观念，使得中国传统文化的认同感不断降低，严重时将引发国家、民族信仰危机。

综上所述，文化全球化对中国文化而言是机遇更是挑战。鉴于已无法置身事外，因此如何在全球化语境下，一方面避免西方文化的同化，发扬中国优秀传统文化，另一方面对优秀传统文化进行发展和整合，使其适应世界文化的发展潮流，这是中国文化亟待解决的重要问题。

（二）中国传统文化的自觉与自信

1. 从文化角度看中国崛起

在技术发展仍无止境的互联网时代，未来全球化拼的是规则，是话语权，是生产内容和传统文化的能力。进一步讲，在文化传播速度基本全球同步的情况下，谁能生产出更好、更具吸引力的引领世界潮流的文化内容，谁就能在文化全球化中占据主动。而中国崛起与其简单说是中国综合国力的提升，不如说是中国试图获得国际话语权以更好融入世界的一种努力。中国崛起从表象看是一种全球化现象，深层次的问题则是中国与世界关系的处理。从文化的角度看，中国需要主动参与全球治理主要源于：

首先，中国文化的历史性。中华民族拥有5000年悠久历史，当代中国的崛起是人类文明史上唯一延绵不断的古老文明的伟大复兴。这种复兴是中国文明的复兴，需要解决内陆文明走向海洋、传统文化走向现代的时代课题。[①]取得中国话语权和解决中国的定位困惑，是新时期理顺中国与周边关系的重要途径。

其次，中国文化的自觉性。历史上，中国虽然近百年来被压迫和欺凌，但仍是少数尚未被西方完全殖民的文明古国。特别是改革开放以来，中国一直坚持走有自己特色的发展模式，通过接轨现代知识体系，解构传统西方知识体系，来建构符合中国文化传统的现代文明。如何更好地将中国传统文化中的精华提炼出来，为全球治理提供可持续发展的资源和价值支持，是中国传统文化发展的目标。

最后，中国文化的独特性。在全球治理时代，一个全新的、超越了复兴与崛起，拥有文化自觉与自信，着眼于全球文化发展的中国，当以文明自觉探寻中国和平发展道路的普世性，以文明自信推动人类文明进步。[②]

2. 提升中国文化的国际影响力

一个国家民族文化的发展与其民族文化在文化全球化中的影响力直接相关。在文化全球化背景下，如果一个国家的民族文化实力不强，国际影响力微弱，不仅影响该国的国际竞争力和综合国力，甚至将直接导致该文化被不断边缘化，严重地可能导致消亡，影响民族国家的发展。因此，发挥、提升、增强民族文化的国际影响力是文化全球化对民族文化提出的新要求。

国际影响力主要是指民族国家对其他民族国家以及整个世界的影响能力。[③]包含权力性、强制性的影响力和非权力性、非强制性的影响力。前者取决于经济、军事、政治等硬实力，曾是西方发达国家敲开别国大门的重要手段和传统方式。后者取决于文化、观念、制度等软实力，靠的是自身的先进与优秀，感召其他行为主体对该影响的自觉自动接受。这在文化全球化时代

① 王义桅：《从文明自觉、文明自信看我们的外交自觉和外交自信》，《国际关系研究》，2013年第1期，第28页。

② 同上。

③ 魏海香：《文化全球化背景下民族文化国际影响力问题研究》，《太平洋学报》，2013年第1期，第53页。

愈加重要。而民族文化国际影响力主要是指对其他民族文化的吸引力、感召力和参考示范作用，以及其他民族对该民族文化的认同感。对中国而言，通过增强自身的先进性、吸引力、竞争力与感召力，中国文化得以走出去从而更好发展自己和影响世界。提升中国民族文化国际影响力是提升中国综合国力和国际竞争力，促进民族文化发展与社会经济发展，改变世界文化格局，推动全球文化和谐多元化发展的必然要求。

3. 中华民族的文化自觉和文化自信

一个民族在前行的过程中，不仅要因应时势，谋而后动，还要不断回顾、总结、反省，向外看。唯此方才能从容应对问题，提升自我，树立、巩固和彰显自信。中华民族能够屹立世界民族之林不倒，主要取决于它拥有源远流长、内涵丰富、包容性极强的中国传统文化。这是中华民族区别于世界其他民族的根本所在。纵观5000年文明史，中华民族之所以未如其他文明古国一样湮灭于治乱擅替之际，而成为世界上唯一的延绵不断的古老文明，主要就是基于这种具有强大生命力、融合力的传统文化。[①] 故此，如何对传统文化进行中肯的评价，对其优秀成分进行总结和提炼，并继承和向世界推广，这是中华民族文化自信的一种直接阐释，也是提升中国民族文化国际影响力的重要途径。

一直以来，我们对传统文化的价值评估都采取简单粗暴的“精华”与“糟粕”两分法，强调“取其精华，去其糟粕”。这种分法在实际操作过程中比较容易执行，但在如何确定区分两者的标准以及由谁来制定标准上容易出现问题。单纯二分法很可能导致博大精深的传统文化简单化、功利化和庸俗化，既损伤传统文化本身的内涵，又造成中华民族对传统文化的自卑。习近平指出，“中国传统文化博大精深，学习和掌握其中的各种思想精华，对树立正确的世界观、人生观、价值观很有益处。古人所说的‘先天下之忧而忧，后天下之乐而乐’的政治抱负，‘位卑未敢忘忧国’、‘苟利国家生死以，岂因祸福避趋之’的报国情怀，‘富贵不能淫，贫贱不能移，威武不能屈’的浩然正气，‘人生自古谁无死，留取丹心照汗青’、‘鞠躬尽瘁，死而后已’的献身精神等，

① 颜德如：《民族自信：“中国梦”的奠基石》，《人民论坛》，2013年6月下，第174页。

都体现了中华民族的优秀传统文化和民族精神，我们都应该继承和发扬。”①这种评价传统文化的方式并没有沿用二分法，而是直接明确指出中国传统文化的优秀成分，直接彰显了中华民族对文化传统的自信，才能真正继承发扬中国传统文化。

中国历史上曾有过几次文化自觉。而今，我们又再次面临文化自觉。所谓文化自觉，是指生活在一定文化传统的人群，对他自身文化的起源、形成的过程以及特点（包括优点和缺点）、发展趋势等能做出认真的思考和反省。文化的自觉必须是以各民族、各国家对自身文化的了解为前提基础的。培养民族文化自觉是形成文化认同的前提。只有形成对中华文化的真正认同，才能更好发挥文化的向心力、凝聚力和感召力，提升中国民族文化国际影响力。现在中华民族正处在伟大文化复兴的前夜,因此，我们必须培养对民族文化的自觉，其中最重要的就是认清文化传统能否为解决当今人类社会存在的最重大问题提供积极有益的资源，以促进人类社会健康和合理发展。我们对待中国传统文化的态度，应该是充分理解其内在精神基础上，在和其它各种文化的交往中取长补短、吸取营养、充实和更新自身，以适应当前人类社会发展的要求。那么，当今人类社会所面临的最关键的问题是什么？那就是全球化时代，面对全球性问题的频发，如何运用中国传统文化里的价值观为解决问题提供方法和参考。

（三）以儒释道为底蕴的中国传统文化

中国传统文化是中华文明演化而汇集成的一种反映民族特质和风貌的民族文化，是民族历史上各种思想文化、观念形态的总体表征，是指居住在中国地域内的中华民族及其祖先所创造的、为中华民族世世代代所继承发展的、具有鲜明民族特色的、历史悠久、内涵博大精深、传统优良的文化。它是中华民族几千年文明的结晶。历史上大约从东晋至隋唐，中国文化逐渐确立了以儒家思想为核心，儒释道三家既独立又合作互补的基本格局。到今天，中国传统文化已发展成为以儒释道三家鼎足而立、互融互补为核心的文化。虽

① 参见《习近平在中央党校建校80周年庆祝大会暨2013年春季学期开学典礼上的讲话》，人民网，2013年3月1日，http://cpc.people.com.cn/n/2013/0303/c64094-20656845.html。

然中国传统文化主要是农业文明的大陆型文化和家国同构的伦理宗法文化的统一，但在这些传统文化中仍有很多优秀理论、价值观念，不论是应用于当前的社会生活，还是应用于全球治理，都意义非凡。

1. 儒家、道家学派及佛教的文化背景

（1）儒家、道家

在诸子百家众多学派中，儒道两家思想最为丰富，影响也最为深远。这不仅是因为两家思想都具备极大的包容性，更是因为它们都具备有自我发展、不断更新的内在机制，逐渐发展成为春秋战国时代众多学派中的佼佼者。而中国文化也在各家学派分合间慢慢发展与丰富起来。

两汉期间，儒道两家广泛吸收其他各家之精华，不断修正和完善理论体系，最终确定了自己做为中国文化代表学派的地位。西汉董仲舒建议武帝“诸不在六艺（六经）之科，孔子之术者，皆绝其道，勿使并进”，为以后武帝“罢黜百家，独尊儒术”打下了基础。到了宋明时期，理学以承继尧、舜、禹、汤、文、武、周公、孔、孟的道统和复兴儒学为己任。这里的儒学，已不完全是先秦的原始儒学了，而是包含佛教、玄学思想的新儒学。新儒学对之后的中国文化产生了巨大的影响。

（2）佛教

与儒道两家根生于中国不同，佛教是在两汉之际由印度传入的外来文化。东晋南北朝以来，随着佛教影响的扩大，人们对佛教教义了解的加深，佛教这一外来文化与当时的以儒道为代表的本土文化之间的差异和矛盾不断显现，双方间的冲突不断激化。佛、儒间的矛盾主要围绕佛教的出世出家是否违背了中国传统的孝道和忠道等儒家提倡的伦理纲常。而佛、道间的矛盾主要集中在神的存灭、因果报应等问题上。最终到了隋唐时期，佛教完成了形式和理论上的自我调整，取得了与中国传统文化的基本协调，形成了一批富有中国特色的佛教宗派。佛教的影响之大，可以毫不夸张地说，要想真正了解和把握东晋南北朝以后，尤其是隋唐以后的中国历史文化，离开了佛教是根本不可能的。

总的说来，中国文化中的儒、释、道三家（或称“三教”），在相互交流和冲突中不断互相吸收和融合，最终形成了三者鼎立，互融互补，共同对中国的国家、社会、生活等产生影响。南宋孝宗皇帝赵昚曾说：“以佛治心，以道治身，以儒治世。”这较好地反映出对三教的定位和认识。

2. **思想核心和思维方式**

儒家强调“仁”“义”“礼”“乐”，核心是有为，以此规范人性。道家强调无为而治，主张顺自然、因物性。佛教在理论上则广泛地吸收了儒家的心性、中庸，道家的自然无为，甚至阴阳五行等各种思想学说。总的来说，儒释道三家各有侧重，但都追求人与人、人与世界、人与自然之间的和谐关系。

儒释道三家在思维方式上突出地体现出整体思维、直观思维和辩证思维等特征。首先整体思维是中国文化最为突出的思维特征。无论儒家的“乾称父，坤称母……民吾同胞，物吾也与”，还是道家的“天地与我并生，而万物与我为一”，都认为天地物我是一个贯通的整体。其次以经验为基础的直观思维也是中国文化的重要思维特征。道家认为“书不尽言，言不尽意。然则圣人之意其不可见乎？”，主张“涤除玄览”“坐忘”，儒家主张“致良知”，都是要扬弃知觉思虑，以经验为基础直观领悟，把握宇宙人生。佛家也强调彻见心性之本源，通过顿悟，而非语言文字、逻辑思维工具等。这类思维活动的过程与结果都是“如人饮水冷暖自知”，只可意会不可言传。最后辩证思维在古代中国就已达到相当高水平。道家“有无相生，难易相成，长短相形，音声相和，前后相随”“万物负阴而抱阳”，儒家“过犹不及”“中庸”都是辩证思维的体现。张载在《正蒙·太和篇》中曰：“有象斯有对,对必反其为;有反斯有仇,仇必和而解”，即万事万物都是普遍联系和对立统一的，并在矛盾和冲突中走向和谐。

3. **个人层面**

儒释道虽然思想理论并不相同，但都充分肯定人的地位、价值，注重人的精神生活，强调道德和礼乐教化，重视人的义务性和责任性，认为在调节个人心理和精神生活方面人不能依靠外在的神，而应通过内在道德来自我约束，注重人心灵的丰盈自足和精神境界的提升，以自我完善来维系社会。儒释道倡导个人自强不息、厚德载物、刚健有为，引导人们主动地超越自我，取得相应的成就。

（1）自强不息、厚德载物

道家《周易·乾》中提出：“天行健，君子以自强不息。地势坤，君子以厚德载物。”意思是君子做人处事，应该像天那样高大、刚毅，自我力求进步，永不停止。并且要像大地一样，以广阔的胸怀包容万事万物。这成为中国文化不断进取、奋发有为精神的最好写照。

儒家《礼记·大学》中提出："古之欲明明德于天下者，先治其国；欲治其国者，先齐其家；欲齐其家者，先修其身；欲修其身者，先正其心；欲正其心者，先诚其意；欲诚其意者，先致其知，致知在格物。物格而后知至，知至而后意诚，意诚而后心正，心正而后身修，身修而后家齐，家齐而后国治，国治而后天下平。"即想要在天下弘扬光明正大品德的人，必须治理好国家、管好家庭和家族、修养好自身品性、端正自己的思想、使自己的意念真诚、学习知识、研究万事万物。这个顺序是层层递进的，要求也是越来越具体的，集中反映了儒家对个人内在修养的要求和对治国、平天下政治抱负的肯定。

（2）尊重他人、关爱他人

在中国古代经典论述中，"和"指和睦、和平、和谐；"合"指结合、融合、合作。"和合"并举，意为和谐、协调与合作。儒家创始人孔子把"和"视为做人处事的重要标准，提出"礼之用，和为贵"，认为礼的作用，和睦是最重要的。他提出"君子和而不同，小人同而不和"，即君子可以与他周围的人保持和谐融洽的关系，但他对待任何事情都必须经过自己大脑的独立思考，从来不愿人云亦云，盲目附和；但小人则没有自己独立的见解，只求与别人完全一致，而不讲求原则，但他却与别人不能保持融洽友好的关系，以及"己所不欲，勿施于人"，即自己不希望他人对待自己的言行，自己也不要以那种言行对待他人，这两个观念深刻阐述了"和"不必一定要"同"，而"同"者也可能"不和"，以及尊重他人、善待他人的道理。在儒家看来，"同"并非"和"的先决条件，能在"不同"中求"和"才是最高的境界。孟子也说，"天时不如地利，地利不如人和"，就是说，要办成任何事情，最重要的是人与人之间的和谐与合作。这为处理人与人之间的关系，最终达到和谐共处提供了文化基础。

同时孔子的"仁爱"思想，教导人们以爱自己的父母为出发点，由己及人，关爱他人的父母、子女，最终达到"老吾老以及人之老，幼吾幼以及人之幼"的目的。这是中国"孝"文化的升华，从对自己父母尽孝，到关爱他人父母。

（3）道义第一、注重诚信

义利问题作为中国传统文化的核心问题，贯穿于先秦儒家的仁政礼治学说和道德修养学说之中，儒家强调要以义制利，或以义节欲、导欲。《论语·里仁》提出“君子喻于义，小人喻于利”，要求人们在道义与物质利益方面要“见利思义”“见得思义”。这并非完全否定对物质利益的追求，而是在肯定正当利益合理性的前提下，主张追求合乎道义的利益，用道义去限制对欲利的追求，并强调私利要服从于公义，正如《论语·里仁》中所说的“富与贵，是人之所欲也，不以其道得之，不处也；贫与贱，是人之所恶也，不以其道得之，不去也”。[①] 在道义出现阻碍时，要舍生取义，保护大义。

对道德的坚守和自觉决定了中国文化中对诚信的要求也非常高。在《说文解字》中以“诚”和“信”互解，“信，诚也”，“诚，信也”。“信”与“诚”相通，说明“信”就是言语诚实可靠。诚信就是指人要诚实无欺，恪守信用，取信于人。孔子提出：“民无信不立。”即人没有信用就无法立足。这从侧面也反映出诚信的重要性。如果你想要在这个世界上得到他人的信赖与支持，就必须以诚待人，以信交友，否则即使个人能力再强，天赋异禀，也会寸步难行。

（4）天人合一

作为中国古典哲学的根本观念之一，“天人合一”的思想概念最早是由庄子阐述，后被汉代思想家、阴阳家董仲舒发展为天人合一的哲学思想体系。《庄子·达生》中提到：“天地者，万物之父母也。”后《易经》中强调三才之道，将天、地、人三者并立起来，并将人放在中心地位，显示了人的重要性。道家认为天有天之道，即“始万物”；地有地之道，即“生万物”；人有人之道，即“成万物”。天地人三者虽各有其道，但又是相互对应、相互联系的。“天人合一”是指人要与自然界和谐相处，在尊重与保护自然中谋生存，求发展。

“天人合一”是中国哲学异于西方的最显著的特征，与“天人之分”相对立。西方哲学通常将精神与物质看做互不相干的独立体。由于西方人坚信人是最强大的，通过高度发展的科学技术，人可以掠夺自然、征服自然、改变

---

① 王易：《中国和平发展战略的传统文化根源探析——从儒家国家关系伦理思想的视角》，《贵州师范大学学报（社会科学版）》，2006年第2期，第13页。

自然，这导致人类对自然的过度开发和无情掠夺，现今已严重威胁到全人类的生存与发展。而中国哲学与此有根本不同。中国朴素的“天人合一”思想告诫我们，人类只是天地万物中的一个部分，人与自然是息息相通的一体。考虑到人和自然存在着一种不可分的内在关系，我们在研究人或者研究自然时，都应该将两者联系到一起，而不能片面、孤立研究。可以说，“天人合一”这个由《易经》发展出来的命题是儒家思想的重要基石，它为解决当今人与自然的关系提供了一条非常有意义的思考路径。

此外道家还特别推崇自然，提出“天地无人推而自行，日月无人燃而自明，星辰无人列而自序，禽兽无人造而自生，此乃自然为之也，何劳人为乎？”即人的力量在大自然面前是很渺小的。人作为自然一部分，不能去违背自然的规律，而应是顺应自然、崇尚自然。

传统文化中的优秀成分为全人类提供了一整套完整的、具有中国特色的修身养性的方法，能够较好地指导人们通过建立在道德哲学基础上的“律己”，有意识地提高自我修养，提高道德的自觉性，从而取得与他人、与世界、与自然的和谐共存。

4. 社会层面

中国传统文化一大特点就是崇尚“礼”，对人伦道德的重视，将个人与国家、家庭的利益融为一体，这极大增强了民族、国家、社会的凝聚力和文化的延续性。同时，中国传统文化对道德自觉与理想人格的强调，对和谐和中庸的追求等，在全球治理时代对治国安邦、促进社会和谐稳定方面具有重要意义。

（1）追求和平

中国传统文化中儒家“以和为贵”的思想，表明了中国人在对待战争与和平问题时，追求和平、反对攻战的态度。中国从很早以前就意识到，和平是社会发展的前提，战争是苦难的代名词。战争作为一种诉诸暴力解决对抗性矛盾的手段，它的爆发必然导致灾难和痛苦。《荀子·王制》提出“不战而胜，不攻而得，甲兵不劳而天下服。”认为采取非流血的和平方式取得胜利，这才是让天下人信服的最佳手段。以春秋战国时期为例，诸侯兼并、争霸战争给人们带来巨大伤害，一方面是对他国利益的侵犯和尊严的践踏，严重妨害了他国的发展和人民的安居，另一方面也给本国带来了巨大的危害，易引发国内政权的不稳。由此，人们愈发认识到和平的可贵。

儒家对和平的追求并不表示它是“偃兵废武”的非战主义者，恰恰相反，儒家认为可以有战争，但战争的前提应当是以“禁残止暴”为目的。[①] 即战争是为了正义，为了最终的和平，而不是为了争夺利益。只有正义的战争，才能获得民众的支持，取得最后的胜利。非正义的战争，不但会使一国众叛亲离，在国际上处于孤立无援的境地，在国内也会失去本国民众的支持。《孟子·公孙丑下》中提到的“得道者多助，失道者寡助”，说的就是这个道理。

（2）反对霸权

儒家思想中有“王道”思想，这种王道并非霸权。王道思想的提出，主要源于前秦时代诸侯纷争、战事不断、人民生活水生火热。为了减少战争、实现天下一统，儒家提出了“发仁施政以王天下”的政治主张，即不诉诸武力，不诉诸权谋，不以事功取胜，而以广大人民的根本利益为立足点，通过行仁政去化解人们彼此斗争、仇恨、残杀的心理，实现社会的安定和平。王道强调“天下归心”“仁德”，反对过度使用暴力、反对称霸。这恰恰表明了王道是以人民安居乐业、天下归服为追求的。中国传统文化对王道的追求，就是对霸权的摒弃。只有符合人民群众的根本利益，实现和平、稳定，才是一个仁君，或者说负责任的大国所应该做的。

同时，老子提倡“自然无为”，少私寡欲，少一点自私，少一点欲望。不要做违背老百姓本性的事，天下才会安宁。他还认为，老百姓希望安居乐业，休养生息，统治者不要老去折腾他们。在一个国家里，对老百姓干涉得越少，社会越安宁；对老百姓干涉得越多，社会越难安宁。引申开去，在国与国之间，对别国干涉得越多，世界就越混乱。因此，必须反对霸权，反对对别国的干涉。

（3）公义为先

儒家强调以义为本，借鉴到对国家间关系的处理上，任何一个国家不应仅“以利为利”，而应“以义为利”。国家要通过追求公义，即大家的共同利益，为政以德，才可以使本国在国际上发挥重要的作用，产生深远的影响，最终实现《论语·子路》中所提到的使“近者悦，远者来”。只有在世界上的

① 王易:《儒家国家关系伦理思想的现代价值与历史使命》,《创新》，2011年第1期，第9页。

影响力提高了，国家才能取得真正的大利，维护好本国的根本利益，实现对外政策的目标。并且，这里的“义”，并不是一己、一国的私利，而是人民的基本利益，是天下的公利，这也是区分仁与不仁、义与不义的重要标准。

（4）和谐稳定

儒家“和而不同”的思想为解决当今不同国家与民族之间的纠纷提供了新的途径。特别是在处理不同国家与不同民族之间，由于文化、宗教信仰、价值观念上的不同而引起的矛盾，“和而不同”可以更好缓和矛盾，促进和平。对国家来说，和而不同指的是一方面要加强与他国的交流与合作，另一方面也要注意保持本国的独立性；既不能采用暴力把自身、本国的意志强加于他人、他国，使他人、他国服从于自己，也不丧失自己的原则立场和独立性，一味去迎合他人、他国，而是在保持自身或本民族个性与特征的基础上，与他人、他国谋求一种内在的平衡，以达到和平共处、和谐发展。

可以说，以儒家“和为贵”为基础的“和而不同”的原则，应成为处理不同文化之间关系的基本原则。推广“和而不同”思想有助于抑制极端个人主义、民族利己主义和国家利己主义。

（5）国家诚信

儒家把诚信看做为人、处事、治国的基本原则。孔子认为“民无信不立”。《荀子·强国》中谈到，荀子认为“强胜，非众之力也，隆在信矣。”即国家的强盛，不是靠兵力，而在于注重信用。古代中国对国家诚信的肯定在春秋时期的“盟”“誓”中有着充分的体现和运用。“盟”“誓”相当于现在的国际条约。据统计，《春秋》记盟105起，《左传》记盟达160多起，而属于国际公约者约为124起。[①] 在“盟”“誓”的订立和发生作用的过程中，对缔约的双方加以诚信之道德约束，其作用远远超过盟誓本身。此外，诚信作为调节国家间关系的一条重要道德原则，也是对外交往中所必须遵守的。任何背信弃义的国家，都会受到国际社会的普遍谴责。

总之，中国传统文化从最简单、最基本的人伦出发，以“仁”“义”“礼”为核心，以“和”为根本，由己及人，层层递进。宣扬“道”，以政为德、交国以礼、以和为贵、协和万邦，正是天下从“无道”走向“有道”，从混乱

① 王易:《儒家国家关系伦理思想的现代价值与历史使命》,《创新》，2011年第1期，第10页。

走向安定和谐的有效途径。即使以现在眼光看，这也闪耀着人本主义的光芒，能够超越地缘和时代的局限，对实现人类和平、促进共同繁荣发展起到重要的启示和示范作用。在新形势下，对中国传统文精华的总结，为增强中国文化的感召力和影响力，提升中国软实力，推动全球治理的发展都起到文化支撑作用。

（四）全球治理的中国主张

和谐世界是中国提出的关于世界秩序的伟大构想，包含了中国对全球治理所提出的创新性理解和阐释。和谐世界理念蕴藏在中国传统文化之中，是几千年来中国历史实践的产物。它既与全球治理理论具有部分一致性，又在某些方面实现了对全球治理理论的超越。

1. 对和谐追求的根源

追求和谐稳定作为中国文化传统，流淌在每个中国人的文化血液中。中国历来就有“协和万邦”“以和为贵”等关于和谐的思想，这些思想并不是凭空而来，而是中华民族数千年历史实践的产物，具有深厚的社会根源。

（1）对和平的追求源自于对战争的深刻反思。世间没有无缘无故的爱，也没有无缘无故的恨。中国人对和平的理性追求是通过对战争残酷后果的深刻反思换来的。在秦实现大一统之前，中华民族经历了无数的战争、伤亡，百姓流离失所。仅以鲁史《春秋》记载为据，春秋242年间，列国间的军事行动多达483次，宣布弭战的朝弭盟会合计450次。[①] 战国时代，战争规模不断扩大。仅长平一战，秦赵双方投入兵力共计百万。为防止赵兵反抗，秦将白起坑杀赵国士兵40万人。战争的残酷可见一斑。与此同时在战争间隙，铁器的使用促使农业发展、经济繁荣。战争带来的苦难与和平创造的安康使得人们普遍反对战争。可以说，中国大一统前的征伐混乱与统一后的富庶安康之间的比较是中国人抑制战乱、追求和平的源动力。

（2）中国特有的地理环境决定了对和平的认同。与“逐水草而居”的游牧部落不同，中国自古就有“中土”的概念。与周遭恶劣的生存环境相比，中土拥有优越的自然环境，有利于农业经济的发展。百姓只需要通过一定的

① 金双秋:《中国民政文化史》，北京大学出版社，2009年版，第49页。

劳作就可以自给自足、丰衣足食，而无需四处漂泊流浪。人民安居乐业、“持盈知足”，国泰民安，也自然就不再对外扩张和掠夺。这样，华夏百姓很容易形成“满足守城、故土难离、叶落归根、不愿漂泊”的小农心态。可以说，中国特殊的地理环境造成的小农社会形态所带来的生活方式是中华民族文化和民族性格产生的根源之一。

（3）中国持续的大一统格局决定了追求和平的可能。自秦朝以来，中国开始了大一统的历史，虽然期间也出现过短暂的分化，但总体上保持了大一统的局面。鉴于中国幅员辽阔、人口众多，故中央对地方的管辖难度之大可想而知。因此，在交通极不便捷、经济极不发达的历朝历代，国家政治的主要目标就是加强统一、防止分裂。处理中央与地方的关系优先于处理中国与他国的关系，一切对外关系要服务于国内政治稳定的需要。除非威胁紧迫，一般中央帝国都无暇也不愿主动出击、征讨周边。因为无论征战成功与否，都可能导致王朝内部动乱、瓦解。因而，大一统政治格局导致中国不太可能走向对外扩张与征服之路。即使是在一些自卫性质的反击战里，中国往往也只是“点到为止”，不过度使用武力。[①]

2. “和谐世界”理念内涵与价值追求

“和谐世界”理念作为中国应对全球性问题而提出的全球治理新范式，主要是指一个各国在承认并尊重不同文明、不同历史文化传统差异，尊重各国、各民族自主选择社会制度和发展道路权利的前提下，以平等开放的精神，共同致力于维护世界和平与发展，维护文明多样性，促进国际关系民主化，实现人与人、人与自然和谐相处的世界。[②] 从内涵分析，和谐世界的价值追求主要体现在：

第一，追求包容开放、文明对话，注重多元文明的协调发展。中国人的“和谐”观，并不是要求普遍性的统一，而是多元性共生共存、和而不同的状态。自亨廷顿提出“文明冲突论”后，世界关于文明的讨论愈发热烈。很多人担心不同文明将发生严重冲突。中国认为“在人类历史上，各种文明都以自己的方式为人类文明进步作出了积极贡献。存在差异，各种文明才能相互

① 曾祥明、何芳:《和谐世界：中国人的世界秩序观》,《辽宁省社会主义学院学报》, 2013年第2期，第89页。

② 张晓敏:《和谐世界：全球治理的中国主张》,《理论视野》, 2013年第5期，第65页。

借鉴、共同提高；强求一律，只会导致人类文明失去动力、僵化衰落。各种文明有历史长短之分，无高低优劣之别。历史文化、社会制度和发展模式的差异不应成为各国交流的障碍，更不应成为相互对抗的理由。”① 和谐世界的提出，强调不同民族、不同国家和不同文明之间应在平等的基础上开展对话和交流，在比较中取长补短，在合作中求同存异，共同推动人类文明走向新的繁荣，这不仅保护了多元文明的共存与发展，还确保了文明多样性这一人类社会基本特征和社会进步重要动力的存在。

第二，追求和平安全、民主合作，建立新型国际关系。和谐社会的首要前提和根本保障是和平与安全，这也是社会发展进步的基础。“没有和平，不仅新的建设无以推进，而且以往的发展成果也会因战乱而毁灭。无论对于小国弱国还是大国强国，战争和冲突都是灾难。”② 因此，各国都应抛弃冷战思维，坚持和平的方式，通过公平、有效的集体安全机制防止冲突和战争，通过平等协商和谈判解决国际争端，建立互信、互利、平等、协作的新安全观，促进世界各国和睦相处。在处理国际关系时，要坚持在沟通中增强了解，在了解中加强合作，在合作中实现共赢。

第三，追求公正互利，共同发展，建立和谐的新秩序。和谐世界意在创造“普遍发展、共同繁荣与持久和平”的世界，这既是对《联合国宪章》的宗旨的继承，也是对联合国精神的丰富与发展。和谐世界从全球治理的角度指出面对全球化挑战、治理全球性问题的思路和方法。以经济为例，和谐世界认为各国应积极推动交流和合作，通过建立健全公开、公正、合理、透明、开放、非歧视的新型经济体制，使世界各国在自由贸易中实现优势互补，互利共赢，共同解决全球经济发展中面临的问题。

“和谐世界”理念作为一种世界秩序理论范式，抛弃了以西方霸权为准则建立的旧秩序，确立了一种以民主、和睦、公正、包容为核心的全新世界秩序价值取向。③ “和谐世界”理念的内涵和追求是相辅相成、不可分割的有机整体。内涵和追求的实现，也是“和谐世界”理念的实现，更是全球治理的

① 参见胡锦涛《努力建设持久和平、共同繁荣的和谐世界——在联合国成立60周年首脑会议上的讲话》，《人民日报》，2005年9月16日。

② 同上。

③ 张晓敏：《和谐世界：全球治理的中国主张》，《理论视野》，2013年第5期，第66页。

具体实践。

3.“和谐世界”理念与传统全球治理

一方面，“和谐世界”理念与传统全球治理理论在价值目标和理论定位上具有一致性。首先，二者的解释范畴都是“全球”，都立足于解决全球性的问题，希望打破地区、民族、文化间的间隔，为人类社会发展创造一个更美好的世界。其次，二者都否定强权在国际合作中的作用。无论是和谐社会理念还是全球治理理论都反对霸权、强权，强调平等、协商。最后，二者都主张通过国际规制来维护世界秩序。和谐社会理念与全球治理理论都认为应当在平等互利的基础上，建立各国普遍认可的国际机制、国际规范以及跨国性的原则、标准、协议等，并以此来建设和维护世界新秩序。

另一方面，“和谐世界”理念是对传统全球治理理论的超越。这主要表现在：

其一，“和谐世界”理念在核心价值方面对传统全球治理理论进行了修正。传统全球治理理论认为必须依靠国家、国际组织等所有行为体的力量，才能够形成治理网络，解决全球性问题。而全球治理网络的建立，则必然导致部分国家主权的削弱和政府作用的弱化。这在客观上为某些强权国家干涉别国内政制造了理论依据和实践可能。然而“和谐世界”理念则很好解决了这些问题，它强调文化的多样性，倡导“和而不同”，反对单一势力操控和主导世界的企图；它强调不同国家、民族、文化、信仰在相互尊重的基础上开展对话与交流的重要性与必要性，主张世界各国应在平等互利的基础上共同发展。这实际上是在倡导一种多样化、求同存异的全球治理。这与广大发展中国家要求建立公平、公正、合理的世界政治经济新秩序，实现全世界的持久和平与共同繁荣的呼声是一致的。

其二，“和谐世界”理念在规制原则方面丰富了传统全球治理理论。目前全球治理理论基本原则主要是在西方国家的主导下确立的，主要反映了西方的价值观念和战略意图。这既限制了其他非西方国家的认同与参与，也导致全球治理的不规范与不包容。而“和谐世界”理念作为中国传统文化“和而不同”思想的升华，将“包容”的精神运用于规制原则设计的方方面面，主张各个国家、各个民族、各种文明之间应相互借鉴、取长补短而不是刻意排斥，推动各国根据本国国情实现振兴和发展，从而使世界更丰富、社会更和睦。[1] 与此同时，“和谐世界”理念还注重发挥国际规制以及公认的国际法和国际关系基本准则的作用，实现“包容”与规范的统一。可以说，“和谐世界”理念所倡导的原则更适合当今多极化的世界和复杂化的国际关系。

因此，与全球治理理论相比，“和谐世界”理念更为丰富完善，也更具现实针对性和操作性。“和谐世界”理念作为中国提出的国际主张，是面对全球化挑战、力图解决全人类面临的共同问题的根本性对策，也是对全球治理的创新性阐释和超越。

三、中国梦：中国文化对全球治理的新贡献

“每个人都有理想和追求，都有自己的梦想。现在，大家都在讨论中国梦，我以为，实现中华民族伟大复兴，就是中华民族近代以来最伟大的梦想。这个梦想，凝聚了几代中国人的夙愿，体现了中华民族和中国人民的整体利益，是每一个中华儿女的期盼。历史告诉我们，每个人的前途命运都与国家和民族的前途命运紧密相连。国家好，民族好，大家才会好。”[2] 习近平在“复兴之路”展览上如是说。

2012年11月中国共产党新一届领导集体上任以来，“中国梦”一词正式进入官方语汇并迅速走红，引发巨大社会反响。实现中华民族伟大复兴的“中国梦”所释放出来的正能量远远超出人们想象，同时却也引起了某些国外媒体和民众的忧虑，部分别有用心人士甚至刻意歪曲、曲解“中国梦”，借机渲染“中国威胁论”。事实上，作为中华民族独特历史文化产物的“中国梦”，它以实现国家富强、人民幸福、民族复兴为根本目标，倡导建设持久和平、共同繁荣的和谐世界，着重体现了中国特色社会主义现代化事业的道路自信、理论自信和制度自信。“中国梦”的实现不仅意味着强大的经济、政治和军事等硬实力的提升，更意味着中国文化和价值吸引力等软实力的提升，这两方面的共同提升即标志着中国真正的崛起。而“中国梦”对世界和谐、和平、合作共赢的倡导和追求，则是全球化时代中国对全球治理的新贡献。

---

① 张晓敏：《和谐世界：全球治理的中国主张》，《理论视野》，2013年第5期，第66页。

② 参见习近平《承前启后、继往开来，继续朝着中华民族伟大复兴目标奋勇前进》，新华网，2012年11月29日，http://news.xinhuanet.com/politics/2012-11/29/c_113852724.htm。

（一）中国梦是中华民族独特历史文化的产物

1. 中国梦的实质

作为十八大报告中的新亮点，“中国梦”一方面是建立在中华民族文化自觉基础之上，是既具超越性又兼顾现实性的当代中国人的奋斗目标，是全体人民的梦，是强国梦、复兴梦和幸福梦的统一；另一方面也是民族精神与时代精神有机统一的科学表达，是中华民族文化自信的直接阐释。它以实现国家富强、民族振兴、人民幸福为根本目标，着重体现了中国特色社会主义现代化事业的道路自信、理论自信和制度自信。

2. 中国梦的由来

如同人有梦想，每个民族也有自己的梦想，而这梦想往往与民族的历史文化相关联。而中国人的梦想——“实现中华民族伟大复兴”，则与中华民族深厚的历史、文化紧密相连。

首先，“中国梦”源自中华民族的辉煌历史。没有经历过辉煌，又怎么谈得上复兴？正是由于中华民族曾经有着灿烂辉煌的文明，曾经长期在世界处于领先的地位，这些昔日荣光激发了中华民族的民族自觉和民族自信，才使得“中国梦”并非空穴来风。

其次，“中国梦”源自中华民族的百年苦难。没有经历过困难，不会坚定对幸福生活的追求。鸦片战争、甲午战争、八国联军入侵、日军侵华等，致使中国沦为半殖民地半封建国家，国家濒临灭亡，民族饱受屈辱，人民生活水生火热，正是由于历经磨难，才更加激发出中华民族的民族自省和民族忧患意识，才使得“中国梦”并非无病呻吟。

再次，“中国梦”源自中华民族的民族性格。历史长河中有很多民族由盛而衰，最终没落消亡。但中华民族却并没有随着苦难而沉沦，复兴的目标和信念一直融入在民族的血液中。依靠着顽强不屈、自强不息的民族精神，中华民族取得了抗日以及解放战争的胜利，最终实现了民族解放和独立。这是民族自强和民族自立的体现，才使得“中国梦”具备实现的可能。

最后，“中国梦”源自中华民族的整体利益。“中国梦”是人民之梦，更是民族之梦、国家之梦，它体现的是国家集体意志。中国人自古就有“天下兴亡匹夫有责”“苟利国家生死以，岂因福祸避趋之”的思想，每个人的命运是同国家、民族的整体命运相关联的。民族利益和国家利益的体现，才使得“中国梦”实现的意义非凡。

（二）中国梦与中国崛起的关系

“中国梦”以中华民族的伟大复兴为实现目标。那到底什么才是复兴呢？复兴的标准、参照以及含义究竟是什么？而复兴与崛起的关系又是什么呢？

首先，中华民族的复兴不能简单以疆域、人口、军事、经济等为界定标准。和平与发展的时代主题、经济全球化趋势、中国现阶段的国情都为中华民族伟大复兴具体标准的界定提供了依据。① 并且，复兴是使原本衰弱的民族再度兴盛起来，故民族复兴的标准还应参照曾有过的辉煌，以及新的时代内涵。② 因此实现中华民族伟大复兴的标准是：一是发展战略的实现，即中国共产党成立100年时全面建成小康社会，新中国成立100年时建成富强民主文明和谐的社会主义现代化国家。二是中华民族的兴盛，即领土的完整、对世界文明的巨大贡献。

其次，中华民族的复兴应该是全面的，是经济实力、军事实力、政治实力、文化影响力等方面都均处于世界前列。具体来说：以经济为主的综合国力得到进一步增强，达到世界中等发达国家的水平，人民生活水平基本达到现代化。社会全面进步和各领域整体协调发展，民主法治更加完善，人民的权益得到切实尊重和保障，社会秩序良好。人与自然协调发展，实现可持续发展，生态环境得到改善。中国实现统一，为世界和平作出更大贡献。

再次，中华民族的复兴应该是文化和文明的复兴。随着“中国梦”的提出，强烈的民族复兴的愿望催生出更多奋斗的动力，而中华文明与文化作为民族复兴的基础，更不容忽视。民族文化的复兴，能让一个具有五千年悠久历史和灿烂辉煌文化、能把自己的价值观与世界共享、能用自己的软实力促进世界共荣共进的中华民族傲然屹立于世界民族之林。③

最后，中华民族的复兴是和平和谐、惠及周边乃至全人类。对周边来说，中国数千年传统文化决定“中国梦”是和谐和平发展之梦，中国发展将更好

① 徐玖平：《以知识报国的信念迈进“中国梦”》，《中国社会科学报》，2013年3月8日。

② 李庆英、张记合整理：《“中国梦”是历史自觉，是责任担当》，《北京日报》，2012年12月3日。

③ 辛鸣：《中国梦，实现每个人自由全面的发展》，《深圳特区报》，2013年3月5日。

惠及周边。对世界来说，"中国梦"的实现，是要使中华民族跻身于先进民族之列，扩大为人类做出贡献的能力。

对美好生活和幸福未来的向往，是全人类共同的价值追求，也是推动人类社会不断进步发展的不竭动力。与其他国家的梦想一致，"中国梦"希望实现中华民族的伟大复兴，希望中国跻身世界先进行列，实现人民幸福生活、民族屹立于世界民族之林、国家繁荣富强和谐发展，这也是中国真正崛起的表现。

（三）中国梦与全球治理的关系

大国的复兴、振兴，或者说崛起，往往会导致地缘政治的巨大变化，更有甚者将引发世界政治格局的重新调整。因此一国的崛起绝不仅仅是国家自己的事，更涉及周围邻国或世界其他大国的利益。从历史上看，很多大国的崛起伴随着的是国家的对外扩张和殖民。因此，由中华民族的复兴或中国崛起所引发的的各种猜测和警惕一直没有停止过。事实上，看一国复兴是和平还是非和平，不是由过往的所谓经验来决定的，而是由它的历史文化以及现实的内外条件所决定的。中华民族崇尚和谐和平的传统，也更珍惜来之不易的和平生活，致力于维护当今世界的和平和谐。

1. 从全球治理看中国梦

"中国梦"提倡和平、开放与包容。世界好，中国才会好，反之亦然。从全球治理角度看，"中国梦"是维护世界和平、促进共同发展、推动合作共赢之梦。[①]

第一，"中国梦"是维护世界和平之梦。坚持走和平发展道路，是中国发展战略的重大抉择。作为"和谐世界"理念的积极倡导者和推动者，中国是世界和平的坚定维护者和捍卫者。中国取得今天的成就，主要得益于和平稳定的国际环境和周边环境。未来，中国要实现中华民族的伟大复兴，仍需要和平稳定的国际环境。因此，中国将更加坚定地维护世界和平与稳定。

第二，"中国梦"是促进共同发展之梦。其核心理念是正向互动，最终诉

---

① 金鑫、王栋、林永亮、张伟杰：《中国梦为世界梦注入正能量》，《人民日报》，2013年10月31日。

求是共同发展。实现“中国梦”，意味着世界至少1/5的人口将得到发展，这本身就是对世界的重大贡献。同时，“中国梦”的实现过程，也是中国进一步扩大开放、与其他国家分享更多发展成果和发展红利的过程。中国经济增长对世界经济的贡献率不断提升，成为带动世界经济复苏的重要引擎。

第三，“中国梦”是推动合作共赢之梦。“中国梦”的实现过程，也是中国积极参与全球性问题治理的过程。“和谐世界”理念中，中国主张各国在追求本国利益的同时也要兼顾其他国家的合理关切，呼吁建立更加平等均衡的新型全球发展伙伴关系。面对全球性问题，中国将以更加积极的姿态参与国际事务，发挥负责任大国作用，为人类社会贡献更多。

2. 中国梦内在世界观

建设持久和平、共同繁荣的和谐世界是“中国梦”的内在世界观。这种世界观来源于中国传统文化，决定了“中国梦”在世界上的影响力和吸引力。因为符合世界发展潮流、顺应历史发展趋势，所以“中国梦”是中华民族的，更是世界的。中国的发展离不开世界，中国与世界的合作只能是开放共赢。同时，文明多样性对于人类的生存与发展非常重要。它是人类群体面对不同的自然环境和生存条件所展现出的多种可能性和适应性，失去了这种适应性，人类将失去应对自然环境变化的生机与活力。有鉴于此，中国应积极与包括美国、欧洲在内的发达国家建立战略互信，发展既竞争又合作的健康关系。总之，“中国梦”和其他国家的梦想应相互借鉴、包容、尊重，在和而不同、求同存异的基础上，共同为人类作出更大贡献。

（四）中国传统文化的意义与发展

中国传统文化是“中国梦”实现的内驱力，也是文化基因。而作为“中国梦”现实形态的中国模式，其深层因素也是中国文化。[①] 在面对国内国际各种困难与危机时，我们历来就善于化危机为机遇。回顾过去，中华民族在历史上曾遇过七次较大的危机，但都凭借民族的智慧与精神成功度过。到今天，无论是儒家“仁爱”“中庸之道”，道家“天人合一”“忧患意识”“阴阳协调”以及佛教“自觉顿悟”“包容”的理念，整体和谐等中国元素仍然对我国内

① 邵龙宝:《中国元素：实现中国梦的文化基因》,《兰州学刊》，2013年第7期，第5页。

政外交等方面都发挥着重要作用。从社会层面上讲，传统文化通过强调道德自律与理想人格，追求人与人、人与世界、人与自然之间的和谐平衡，为促进社会安定和谐作出了极大地贡献。从个人层面上讲，传统文化强调自强不息、厚德载物、刚健有为等思想，引导人们积极主动地超越自我，融入社会，取得相应成就。同时，传统文化有一整套完整的、具有中国特色的修身养性的方法，指导人们有意识地提高自我修养，提升道德的自觉性。对社会理想和人格理想的追求，是中国传统文化中最为鲜明和独具特色的传统之一，具有强大的生命力和感召力。儒释道文化富于理想主义、人文主义和实践理性精神，追求自我完美，通过提升内在修养达到道德的完善，强调人的社会责任。这都与人类理想的大道一致，所以中国传统文化具有当代价值。[①] 中国的智慧，作为中华文化的核心，经由文化传统这根“线”贯通古今，并为当代中国人所继承和弘扬，成为当代中国制度和机制运行的文化依据。

自古中华文化的适应性就非常强，近代中西文化在冲撞中不断融合创新，通过现代转化，中国文化正逐渐剔除宗法专制等封建残余思想，开始倡导人的主体性。虽然目前公民法权人格尚未在我国真正确立，但我们已经通过将“倡导富强、民主、文明、和谐”（国家目标）、“倡导自由平等、公正、法治”（社会进步）和“倡导爱国、敬业、诚信、友善”（个人道德）等写进十八大报告，努力向着现代化全面推进。

四、结语

中国的崛起必然伴随着文化价值影响的扩大。中国要想在世界发出自己的声音，取得国际话语权，需要的不仅是硬实力，还要有软实力的助力。中华民族历史文化悠久，文明成果灿烂辉煌，通过文化自觉，我们更要对传统文化抱有信心，任何闭关锁国、闭门造车或妄自菲薄、抛弃优秀传统文化的做法都是不可取的。真正的大国崛起，必须要有深厚的文化潜力和资源。对中国传统文化中精华的总结、研究和宣传是文化全球化时代塑造中国国际形象、提升民族文化国际影响力、增强中国文化认同感、消除不信任危机、解

① 陈祖波:《以文化为支点共筑中国梦》,《学理论》, 2013年第22期，第29页。

决崛起困境的重要途径。

新时期，在传统文化的基础上中国提出建设“和谐世界”“中国梦”，这不仅是中国的国际新主张，更是面对全球化挑战，力图解决全人类面临的共同问题的根本性对策，也是对全球治理的创新性阐释和超越。同时“中国梦”对世界和谐、和平、合作共赢的倡导和追求，则是全球化时代中国对全球治理的新贡献。

十八大报告指出目前中国的发展仍处于“重要战略机遇期”。中国要发展崛起，要圆“中国梦”，根本在于实现人民的幸福和国家的复兴，而这就必须要融入全球化，主动参与全球治理，以更积极的态度应对来自国际社会的动态变化，在国际上更有作为。一方面中国要使自己的发展成果更好地惠及发展中国家，努力创造双赢局面。另一方面中国要承担更多责任，与国际社会共同应对气候变化、恐怖主义和经济危机等问题。[①] 同时，历史上，古老的中华文明曾为推动世界发展做出了独特贡献。随着中国综合实力的逐步增强与国际地位的不断提高，中国传统文化将以其深厚的底蕴在世界上发挥独特魅力，助力中华民族的伟大复兴，推动“中国梦”的实现。中国传统文化蕴涵的全球治理理念也必将为中国参与全球治理、促进全球治理的发展，促进国际社会构建一个更加安全、和谐、繁荣的新世界发挥重要作用。

---

① 参见胡锦涛《坚定不移沿着中国特色社会主义道路前进、为全面建成小康社会而奋斗--在中国共产党第十八次全国代表大会上的报告》，新华网，2012年11月8日，http://news.xinhuanet.com/18cpcnc/2012-11/08/c_113641526.htm。

第四章　中国参与全球治理历史进程回顾

第一次世界大战之后召开的“巴黎和会”可在一定程度上视为首次真正意义的全球治理实践。中国作为“一战”战胜国出席巴黎和会，从全球治理伊始就参与其中，但由于国内外各种客观原因，中国对全球治理的参与可谓跌宕起伏、一波三折。从1949年之前的初步参与，到1971年的正式参与，再到2001年的全面参与，再到2008年的主动塑造，中国对全球治理产生了富有中国特色的影响，同时，全球治理也对中国的发展产生了持续而深刻的影响。

一、初步参与：中华民国时期（1919—1949年）

“一战”之后到“二战”之前的国际大环境的总体特点可概括为：英国实力衰落，而美国受困于孤立主义传统，较少涉入国际事务，整个国际社会公共产品供给严重不足，国际制度呈现“弱化”，甚至“虚化”状态。其直接体现就是国际联盟极度缺乏执行力，在全球治理舞台上无所作为。全球治理缺乏机制色彩，表现出明显的权力政治特征。国家在全球治理中最为重要，在某些时段甚至是唯一主体。大国协调乃至斗争成为全球治理的主要形式。中国对于全球治理的参与，严重受制于大国之间的博弈。这一时期可称为“近代全球治理时期”。

这个时期是中国初步参与全球治理时期。根据中国在全球治理中的不同地位，这个时期可以明显分为两个阶段：被治理时期（1919—1942年）和被动治理时期（1943—1949年）。

（一）被治理时期（1919—1942年）

第一次世界大战，中国虽然没有直接参加针对同盟国作战，但中国曾支援协约国大量粮食，还派出17.5万名劳工，牺牲了2000多人。凭此贡献，中国最终得以作为战胜国参加了巴黎和会，但国力孱弱的中国根本没有赢得西方尊重，会议过程中只有两名全权代表，地位等同于刚刚独立的波兰。中国不仅在有关如何规划战后秩序等有关全球安全治理重大事项上毫无发言权，即使在有关中国山东主权等问题上，协约国也私自将德国战前在山东的权益"转让"给日本。而1921—1922年召开的华盛顿会议，虽然表面上通过维护中国国家主权问题的《九国公约》，但本质上"又使中国回复到几个帝国主义国家共同支配的局面。"①

1920年国际联盟（简称"国联"）成立，中国虽为国联创始国之一，但不仅毫无发言权，甚至整个国联都沦为英法等帝国主义国家维护自身利益的工具，对于全球治理无所作为。即使日本1931年在中国东北发动了"九一八事变"，这明显是日本法西斯破坏世界和平的侵略挑衅行为，但国联只是在中华民国政府的一再请求下，出台一个《李顿调查团报告》草草了事。

历史学家提出了无数个导致"凡尔赛—华盛顿体系"走向崩溃的原因，但或许根本原因在于"巴黎和会"的主持者没有意识到，他们所处时代已经完全不同于一百年前他们祖先参与"维也纳会议"的那个时代。几个大国代表坐在一起就可以随意划定他国边境的时代已经永远成为过去。但不幸的是，尽管巴黎和会的主持者已经跨入了新时代，但他们的思维依然停留在欧洲均势时代，从大国权力政治的角度思考全球治理。这就注定了巴黎和会不会成为全球治理的良好开端，"凡尔赛—华盛顿体系"之下的全球治理注定失败。可以说，以旧思维指导实践和解决新问题（全球治理），最后导致悲剧性结局是在开幕那一刻就已决定了的。

正是"凡尔赛—华盛顿体系"设计之初本身所具有的不合理性，加之中国自身羸弱的国力，导致中国在这一时期虽参与了有关全球治理几乎所有重大事件和组织，但不仅没有为全球治理作出贡献，反而任人宰割，成为"被

① 《毛泽东著作选读》（上册），人民出版社1986年版，第291页。

治理”对象。

（二）被动治理时期（1943—1949年）

日军偷袭珍珠港后，第二次世界大战扩展至太平洋地区，中国成为远东主战场，国际地位和国际影响大幅度提升，使中国有机会在全球治理领域发挥更为重要作用。这个时期有两大重要事件：第一，蒋介石与丘吉尔和罗斯福一同作为大国领袖参加了1943年11月召开的开罗会议，发表《开罗宣言》，共同就战后秩序作出安排，这既是近代史上中国第一次作为一个大国出现在国际舞台上，也是中国第一次在实质意义上参与全球治理。第二，中国全程参与了联合国创立会议——敦巴顿橡树园会议，并在1945年成为安理会五大常任理事国之一，在有关战争与和平等有关全人类命运等全球治理议题上，取得了至少在名义上同美苏等超级大国同等的发言权，这可以视作整个中国直到1971年参与全球治理的最高峰阶段。

但我们应看到，这一时期中国在全球治理领域地位的上升并不是中国自身原因，更多是美国出于战后远东秩序规划考虑，有意提升中国国际地位，制衡苏联的结果。加之中国在1946年后即陷入国共全面内战，这一时期中国在全球治理中并无太多建树。

二、尴尬参与：中华人民共和国初涉全球治理（1949—1971年）

这一时期中国对全球治理的参与受到内外环境的制约。

外部环境，即冷战。冷战人为地将世界划分为两大阵营——“社会主义阵营”和“资本主义阵营”，1949年—1971年正是冷战不断强化的时期，而新中国成立后选择社会主义道路，导致以美国为首的西方对中国实施封锁。加之两极格局下美苏垄断了国际事务的参与，限制了除美苏之外的其他国家对于全球治理的参与，因此，冷战的外部环境“天然”限制了中国对于全球治理的参与“深度”。

内部因素，即“左”倾错误路线。受“左”倾路线影响，新中国严重高估外部安全压力，具有“输出革命”的冲动，并且随着国内政治进一步“左”倾化，这一趋势不断加剧。使这一时期共和国外交中的“斗争性”和“革命性”

不断加强，呈现出一种自我封闭的状态。教科书通常将这一时期中国对外关系描述为“封闭与自我封闭”，接连不断的国内政治运动限制了新中国对于全球治理的全面参与，但中国依然通过有限的渠道参与了全球治理。

首先，参与社会主义阵营的治理。身处社会主义阵营的中国同资本主义世界的关系，整体呈现“对抗”以及“封锁反封锁”的态势，从西方中心角度考虑，中国在这一时期确实游离于全球治理之外。但社会主义阵营体系的存在却是一个客观事实，而且这个体系也拥有自身的治理机制——经济互助委员会。中国曾在1956—1961年，作为经济互助委员会观察员身份列席委员会例行会议。但中国始终没有成为该组织正式成员，同时由于社会主义阵营始终没有形成堪比西方社会的统一市场，其存在和发展更多体现苏联意志，治理色彩较弱。因此，中国对社会主义治理体系涉入不深，而且参与时间较短，在社会主义体系内部中国对全球治理的参与并没有产生较大影响。

其次，参加国际会议、提出先进理念。这是这一时期中国参与全球治理的主要形式，主要成果可以概括为“两会一原则”。所谓的“两会”就是日内瓦会议和万隆会议，“一原则”就是“和平共处五项原则”。

1954年在瑞士召开日内瓦会议，讨论朝鲜问题和印度支那问题。整个会议虽然集中于地区议题，而且在朝鲜问题上由于美国阻挠没有达成任何决议，美国也没有在会议通过的《日内瓦会议最后宣言》上签字，但不可否认的是，日内瓦会议实现了印度支那停战，结束了法国在这个地区进行多年的殖民战争，确认了印支三国民族权利。同时，这是新中国第一次作为一个大国出现在国际政治舞台上，通过谈判解决国际争端，为祖国安全、世界和平与人类进步的事业作出了重要贡献，是“和平又一次战胜了战争”（周恩来语）。

和平共处五项原则虽然是由时任中国总理的周恩来于1953年底访问印度时提出，并于1954年成为指导中印、中缅关系的基本原则。但和平共处五项原则作为一项重要政治原则，被各国熟悉和接受，并最终成为全球治理重要原则却是在万隆会议。1955年4月在万隆举行有29个亚非拉国家和地区参加的万隆会议，会上发表了《关于促进世界和平与合作的宣言》，其中包括了这五项原则全部内容。中国通过万隆会议这一国际舞台，向世界宣传“和平共处五项原则”，为全球治理输出先进理念。1970年第25届联合国大会通过的《关于各国依联合国宪章建立友好关系及合作的国际法原则宣言》和1974年第六届特别联大的《关于建立新的国际经济秩序宣言》，都明确把“和平共处五项原则”包括在内。这表明不仅广大亚非拉国家，国际社会也越来越认可“和平共处五项原则”在处理不同制度国家之间相互关系和维护世界和平中的作用。中国不仅是和平共处五项原则的倡导者，而且是其忠实的奉行者。

万隆会议本身在全球治理历史上也具有标志性意义。万隆会议是人类历史上第一次没有殖民主义国家参与的有色人种会议，是世界历史的新起点，是国际关系民主化和多极化世界的起点。中国代表团在万隆会议上适时提出“求同存异”原则，为排除帝国主义的干扰，推动会议圆满结束作出突出贡献。和平共处五项原则和万隆会议在推动世界朝着一个更加多元和平等方向前进方面发挥了巨大推动作用，而多元和平等正是成功实施全球治理的基础。

进入20世纪60年代中期后，中国受极“左”思潮影响，正常外事活动被打乱，在客观上导致中国出现自我封闭，即使是少量的外部活动也主要集中在政府双边层面，“两会一原则”成为这一时期中国在全球治理领域的“惊鸿一瞥”。

这一时期中国对于全球治理的直接影响，在“广度”上多为地区事务，在“深度”多为思想层面上的贡献，较少参与机制建设，且时间较短。甚至在一定程度上在实施“反治理”。全球治理的前提是承认，或至少不反对正在运行的全球治理机制。而中国不仅不承认当时全球治理机制的合法性，甚至希望通过输出革命“打倒一切”、“推倒重来”。1965年林彪在《人民日报》上署名发表的《人民战争胜利万岁》，号召以世界的农村包围世界的城市，既是中国在这一特殊时期外交心态真实反映，也是中国对待全球治理态度的真实反映。

因此，客观而言，中国在这一特殊历史时期对于全球治理的参与呈现出断续性和浅层次的特点，可以简单的概括为“名不符实”。

三、正式参与全球治理（1971—2001年）

20世纪七八十年代是国际形势与国际关系特别是大国关系发生大变革、大重组时期，全球局势开始从紧张转向缓和，从对抗转向对话；资本主义世界的生产关系发生了重要调整，获得新的生机；各国经济合作愈趋密切，相互依存加深；全球化不断加速，国际行为体日益多元化。国际体系的对抗性特征不断减弱，渐趋消失，“和平与发展”逐渐取代“战争与革命”成为时代主题。同时，过去被国际体系对抗性特征压抑的全球问题和跨国挑战不断涌现，内战、恐怖主义、经济危机、金融失控、自然灾害、气候变化、流行性疾病等等不一而足[①]。时代的新特征对全球治理提出了新要求，全球治理的三大组成部分：主体、机制和客体，开始在内涵上又有了更多的扩展，愈趋接近当下对全球治理的普遍理解。这一趋势在冷战结束后有进一步加快，国际社会开始跨入“现代全球治理时代”。

中国在这一阶段对全球治理的参与有两条明显主线：一条是“双向社会化”，即通过参与全球治理，不断内化先进理念，又推进自身全球治理实践进一步扩展；另一条是随着中国对全球治理机制的掌握和国力增强，在单边和地区层面，中国对全球的贡献不断加大。但必须强调的是，这两条主线并不是两条在不同时空的“平行线”，它们只是中国参与全球治理同一过程的两种不同表现形式，在时空上有相当部分重合。总的表现形式为，思想上不断纠正“左”倾错误思想对全球治理不合时宜的认识，同时在机制上逐步加入国际社会各个主要的全球治理平台。

（一）双向社会化

1971年10月25日中国恢复在联合国合法席位，开启中国参与全球治理新时代。此后中国逐步建立或改善同各国际组织（无论是政府间组织或非政府间组织）合作关系，中国参与全球治理的平台不断扩展。由于国内外相对稳定的局势，中国对全球治理整个过程呈现出一种连续不断深入态势。这个时期，中国在参与全球治理过程是一个不断“上传”和“下载”的过程，即中国在改变外部环境同时，也与国际社会产生互动。不仅在“上传”自己有关全球治理的实践和理念，同时也“下载”全球治理理论和思想，形成一个相互改变和相互影响的过程，即“双向社会化”。所谓的“双向社会化”就是“实践主体在参与实践的复杂互动中不断学习、借鉴、创新，形成关于国际体系

---

① Bruce Jones,Carols Pascual and Stephen John Stedman,Power and Responsibility:Budilding International Order in an Era of Transantional Threats , Washington, D.C.: Brookings Institution Press, 2009.

及其相互关系的新认知”。[①]

中国在参与全球治理过程中，不断“上传”先进思想，如1974年4月10日，邓小平在联合国大会第六届特别会议上发言，全面阐述了毛泽东关于“三个世界”划分的理论，此理论为将广大的发展中国家联合起来，组成共同的反帝反霸统一战线、为维护世界和平作出了重大贡献。

但由于中国长期在全球治理边缘地带游走，加之国力限制，此阶段中国参与全球治理，以“下载”为主。整个过程表现为通过不断输入新思想，改变自己对全球治理的认识，纠正“左”的错误认知。认识和理念不断主流化，对一些正当的全球治理行为和机制的认识日趋中性，不再动辄将其视为帝国主义实施和平演变和统治世界的工具。通过接受国际社会有关全球治理的主流观念，中国逐渐形成同全球治理的“无缝连接”。“上传”与“下载”形成一种互相促进不断深化发展的过程，通过参与全球治理实践，中国对全球治理的认识不断深化，而认识的深化又为中国更进一步参与全球治理实践提供了认知层面上的支持。中国对自身的调整逐渐由最初操作层面，发展为对政治观念调整，最终演变为对安全观调整，每一个阶段调整都带动中国在不同领域全球治理实践的改变。[②]

这个时期“双向社会化”具体表现在三个方面：对待全球治理的方向、对待非政府间国际组织的态度、对待全球安全治理的态度。

首先，在全球治理的方向方面实现了从“单向”向“双向”的转变。

鉴于那段“被治理”的屈辱历史，新中国成立后，同所有发展中国家一样，异常珍惜来之不易的独立主权。任何外部势力对中国内政的干预都被视为对中国主权的侵犯行为，直接后果就是新中国对待全球治理长期坚持“输出”，排斥“输入”。1971年中国恢复联合国合法席位后相当一段时间，同联合国的合作依然是中国向外输出全球治理。但1980年中国加入世界银行和国际货币基金组织后不仅积极履行自身义务，而且主动输入全球治理，进行自我调整。这不仅仅是一种简单的外事态度调整，更是一个转折点，表明中国开始调整对主权的认识，同时对待全球治理的态度由只接受输出治理，改为

① 朱立群:《中国与国际体系：双向社会化的实践逻辑》,《外交评论》2012年第1期，第14页。

② 同上，第15页。

"治理与被治理"双向进行。这一时期的"被治理"是主动的"被治理"，是中国出于自身发展考虑主动输入全球治理结果，不是任何外在势力强加给中国的。

因此，这一时期对全球治理的输入对中国自身发展产生了极为有益的影响。例如，中国与世界银行在上世纪80年代的合作，堪称全球治理史上最为浓墨重彩的一笔。中国通过引进世界银行机制，成功制定了"第六个五年计划"（以下简称"六五计划"）和稳定转轨改革方案。而"六五计划"则在整个中国发展历史上具有转折性意义：首先，与以往不同的是，除了国民经济发展计划外，该计划还增加了社会发展的内容；其次，从片面追求工业特别是重工业产值产量的增长，转变为提高经济效益为中心，注重农轻重协调发展，注重经济、科技、教育、文化、社会的全面发展；再次，开始从高度集中的计划经济体制，转向适应在公有制基础上有计划发展商品经济；最后，改变对外经济关系，从封闭半封闭经济开始转向积极利用国际交换的开放型经济。稳定转轨改革方案和"六五计划"标志中国整个发展思路的转变，为中国经济此后二十年的高速增长奠定了坚实基础。我们可将世界银行在这一时期对中国的"治理"视为世界银行在全世界最为成功的"援助"行动之一。又例如，中国通过参加1992年联合国环境与发展大会，引进有关环境和发展的先进理念，这也对中国自身发展产生了深远影响。联合国环境与发展大会后不久，国务院决定由原国家计委和原国家科委牵头组织有关部门、社会团体和科研机构编制《中国21世纪议程》。1994年3月25日，国务院第16次常务会议审议通过，并定名为《中国21世纪议程——中国21世纪人口、环境与发展白皮书》，这成为指导我国国民经济和社会发展中长期发展战略的纲领性文件。[①] 中国在遵守对国际社会承诺的同时，将可持续发展理念融入国家发展规划，是世界上第一个制定和实施21世纪议程的国家。在促进转变自身发展模式同时，也为全球环境治理作出表率。

其次，对非政府间国际组织的态度发生很大转变。

随着国际社会日益"扁平化"，非政府间国际组织在全球治理中的作用

① 郭日升:《〈中国21世纪议程〉的制定与实施进展》,《中国人口、资源与环境》，2007年第5期，第10页。

愈发突出。甚至在部分学者看来，非政府间国际组织对全球治理实践的参与，是判断全球治理程度高低的重要标准。可新中国成立后，甚至是改革开放后相当一段时间，中国政府都认为非政府国际组织鱼目混杂，且大都具有反政府，乃至反共反华的背景，因而不具备进行合作的合法性与可信赖性[①]。但随着治理实践的不断深入，中国对非政府间国际组织的态度发生潜移默化的改变。今天，中国遵循的合作理念是：只要有利于人类生存与发展，有利于中国国家利益，有利于促进不同国家与人民间的交流，那么就欢迎非政府国际组织到中国来开展各个领域的跨国合作。目前在国内已经有大量各类非政府间国际组织涉入中国社会各个领域，如：世界自然保护基金、国际鹤类基金、国际渐进组织、全球环境基金、卡内基国际和平捐赠基金和红十字会等，涉及领域从环境保护、人道援助到国际交流等等。甚至在相对敏感的政治领域，中国也同非政府间国际组织展开合作，例如福特基金会就在推进中国基层民主建设过程中发挥了重大作用。在安全领域中国也同非政府间国际组织展开合作，即使是暂时因为某些条件限制而未能展开合作，中国也始终保持对话和沟通。如国际禁止地雷运动，长期以来一直呼吁各国禁止生产和使用人员杀伤地雷，并最终促使相当一部分国家签署以此为目的的《渥太华禁雷公约》。虽然中国目前无法加入《渥太华禁雷公约》，但中国高度赞赏公约所体现的人道主义精神，认同公约的宗旨和目标，主张平衡处理各国正当国防需要和地雷引发的人道主义关切，支持在《特定常规武器公约》框架内妥善处理人员杀伤地雷问题，始终忠实履行《特定常规武器公约》所附经修订的《地雷议定书》各项义务。[②]

再次，对待全球安全治理的态度也发生很大转变。

全球安全治理是一个极为复杂的领域，涉及主权观念、外交理念、时代判断等多个议题，其中以武装力量的使用最为敏感。因此，我们可从中国对其武装力量在全球安全治理中的使用态度，看到中国对全球安全治理态度的转变。可以说，中国对全球安全治理的态度，经历了一个从不接受，到逐步支持，再到积极参与的过程。

---

① 蔡拓:《全球治理与中国公共事务管理的变革》，天津人民出版社，2005年版，第26页。

② “渥太华禁雷公约”，http://news.xinhuanet.com/ziliao/2004-11/30/content_2275479.htm。

联合国维和行动是全球安全治理中的重要组成部分。由于1950—1953年朝鲜战争期间以美国为首的“联合国军”所扮演的不光彩角色，加之整个五六十年代中国被排除在美国控制的联合国之外，直接导致中国在20世纪五六十年代对联合国维和行动持抵触态度，即使1971年中国在联合国合法席位恢复后，中国对待维和的态度也是“不反对、不参与”，根本不考虑派遣自身武装力量参与维和行动。但后来随着国际形势的变化，最终中国改变了对联合国维和行动的认知。从上个世纪80年代末开始，中国逐步参加到联合国维和行动之中。中国于1990年首次向“联合国停战监督组织”派遣了5名军事观察员。1992年4月应联合国秘书长的要求，派遣了由47名军事观察员和一支400人组成的维和工程大队赴柬埔寨，这是中国组建的第一支“蓝盔部队”。之后，参与的范围不断扩大，程度不断加深，支持力度不断加强，中国目前已经成为安理会常任理事国中派出维和人员最多的国家，成为联合国维和行动的中坚力量。[①]

（二）积极参与地区层面主动治理

随着中国国力的增强，中国在全球治理上不断采取主动姿态，尤其是在地区层面，中国的治理作为更为主动。这主要可从两个地理方向上看出来。

首先是中亚地区方向。1996年4月由中国、俄罗斯、哈萨克斯坦、吉尔吉斯斯坦和塔吉克斯坦五国元首在上海举行会晤，签署了《关于在边境地区加强军事领域信任的协定》，奠定了五国合作的基础。正式建立“上海五国”会晤机制，每年举行一次，成为稳定中亚地区局势的重要因素。2001年6月，在中国大力推动下，中国、俄罗斯、哈萨克斯坦、吉尔吉斯斯坦、塔吉克斯坦，在原有“上海五国”机制基础上，成立了“上海合作组织”（简称“上合组织”）。成立之初，“上合组织”就在打击“三股势力”（暴力恐怖势力、民族分裂势力、宗教极端势力），尤其是在打击恐怖主义势力上作出巨大努力。而在“9.11”后“上合组织”更成为国际反恐事业的一个有机组成部分。

其次是东亚地区方向。由于在东亚地区存在美国的双边同盟网，因此中

① 冯继军:《中国参与联合国维和行动机制的之间》，载朱立群等《中国与国际体系：进程与实践》，北京：世界知识出版社，2012年版，第102页。

国在东亚地区的治理精力主要投入在经济机制的建设上。中国在1997年亚洲金融危机中的所作所为，可以视为中国第一次在行动上独自承担全球治理的重担。1997年，在亚洲金融危机冲击下，各国货币竞相贬值提高本国出口行业竞争力，以求尽快摆脱金融危机影响，整个东亚地区出现类似1929年“大萧条”的状况。如任由这一趋势发展，不仅东亚，甚至整个世界都有可能陷入货币战和贸易战的境地。中国出于一个负责任大国立场和为世界经济长远稳定考虑，坚持人民币不贬值，成为这次危机中的“刹车板”和“防波堤”，尽管从短期看坚持人民币不贬值对中国经济运行确实造成巨大压力。东亚国家在1997年亚洲金融危机后，认识到任何国家和地区都很难依靠自身的力量防止类似危机的深化和蔓延。而若想保持金融市场稳定、防止金融危机再度发生，加强地区国家金融合作是唯一可行途径。东亚国家（东盟10国和中国、日本、韩国，以下称“10+3”）开启了史无前例的区域货币金融合作。“10+3”财长于2000年5月6日在泰国清迈市发表了有关区域货币金融合作的联合声明，提出了具有特色的区域双边货币互换，被称为“清迈倡议”（Chiang Mai Initiative，CMI）。[①] 单纯从“清迈倡议”涉及的资金规模（2000年5月成立时仅10亿美元）和借贷条件（80%贷款与IMF贷款挂钩）考虑，“清迈协议”对中国自身经济稳定意义不大，但中国在整个过程中始终持积极和乐见其成的态度。中国对“清迈倡议”的支持更多是从地区经济稳定，向国际社会提供公共产品角度出发，是在地区层面对全球经济治理的支持。

简而言之，1971—2001年这一历史时期，中国对全球治理的参与，呈现出一种与以往不同的特点，即正式性。尽管中国自全球治理伊始就参与其中，但由于受制于各种主客观条件，对全球治理始终没有形成稳定影响。自1971年中国恢复联合国合法席位后，这一态势已经发生改变。中国对待全球治理的态度，逐渐由推倒重来，变为学习、遵约、合作、融入，逐渐接受全球治理的各项指导理念，承认全球治理机制的合法性。中国不仅对全球治理各项实践持积极支持态度，而且谋求加入各主要治理平台。但在这个阶段，中国参与全球治理依然以学习吸收和融入为基本任务。随着中国逐渐嵌入全球治

① 陈凌岚，沈红芳：《东亚货币金融合作的深化：从“清迈倡议”到“清迈倡议多边化”》，《东南亚纵横》，2011年第5期，第36页。

理机制之中，中国参与全球治理的能力也在不断提高，逐渐成为全球治理机制的捍卫者。

四、全面参与全球治理（2001—2008年）

这一时期，国内外形势并没有发生根本改变。就外部环境而言，虽然发生了“9.11”恐怖袭击事件，而且美国利用全球反恐的有利时机，大力推行单边主义政策，但“和平与发展”的时代主题并没有发生改变。就中国内部而言，国内政局稳定，党和国家依然坚定执行改革开放的基本国策。

2001年12月11日中国加入WTO具有里程碑式的意义。过去学界对这一事件的关注，主要集中在经济领域，忽视了加入WTO对中国参与全球治理的意义。加入WTO标志中国至此已经加入所有主要全球治理平台，大致完成对全球治理的融入过程，开启了中国全面参与全球治理的新时代。

客观而言，中国这一时期对全球治理的参与主要特点是对上一阶段的继续，具体表现为对现存各项全球治理机制的维护与发展。但中国在全球治理姿态上表现得更加主动，且更具前瞻性，对全球治理机制的把握也更透彻，能够很好地理解和积极利用，而非简单的应对。

（一）积极主动推动全球经济治理

这个时期中国在经济层面同全球体系联系最为紧密，也更熟知其运行规制。2001年后，中国除继续利用各既有平台参与全球经济治理外，还积极利用自身影响力在地区层面开展活动，采取以地区治理带动全球经济治理的战略。世界经济一体化是这个时期发展潮流和趋势，世界形成真正的统一市场。《关税及贸易总协定》（GATT），以及之后的WTO长期以来一直作为推进世界经济一体化进程最为重要的治理平台，但WTO过于繁琐复杂的多变协议机制在推进世界经济一体化过程中的低效率使其广受诟病。WTO本意通过“多哈回合”谈判促进世贸组织成员削减贸易壁垒，进而通过更公平的贸易环境来促进全球经济发展，特别是较贫穷国家的经济发展。“多哈回合”按计划应在2005年1月1日前结束，但因涉及到各方利益的进退取舍，整个谈判进程一波三折，进展极为缓慢。直至2013年12月，在印尼举行的WTO第九届部长级会议取得了多哈回合谈判首次成果。这是多哈回合谈判启动12年以来首次取得的具体谈判成果。[①] 中国加入WTO后除积极参与“多哈回合”谈判，并在大连举行小型部长会议，推动这一谈判的进程外，还在多个议题上同各方协调立场。当“多哈回合”陷入僵局后，中国采用自由贸易协定（简称“FTA”）方式继续推动世界经济一体化进程。2005年11月中国同智利签订了中国第一份自由贸易协定。这并不是逆世界经济一体化的行为，更不是对全球经济治理的反动，相反，是中国在并不放弃“多哈回合”的基础上，试图通过以局部推动全局，通过地区经济治理带动全球经济治理，是对全球经济治理的有益补充。

（二）深入推动全球安全治理发展

这表现在以下四个方面：第一，对于由于种种原因暂时无法参与的全球治理领域，持更加开放心态。这可从中国对待《渥太华禁雷公约》的态度中得到充分体现。自2004年《渥太华禁雷公约》第一次审议大会以来，中国积极开展国际扫雷援助，先后向16个亚、非、拉发展中国家提供总值约3100万元人民币的人道主义扫雷援助。[②] 第二，积极扩充原有地区安全治理机制。上海合作组织成立后在原有基础上不断发展，积极扩展合作领域。截止2013年，上海合作组织不仅在原有基础上吸纳乌兹别克斯坦成为正式成员国，同时通过使阿富汗、伊朗、印度、蒙古、巴基斯坦成为上合组织-观察员国，白俄罗斯、土耳其、斯里兰卡成为对话伙伴国，[③] 与该地区几乎所有主要政治力量建立了密切联系，这既证明上合组织在地区全球治理中的重要作用，也有助于“上合组织”进一步发挥自身影响。而且随着美军在2014年从中亚撤出，“上合组织”在该地区全球治理活动中的意义将进一步上升。2013年6月20日，吉尔吉斯斯坦议会以多数票通过法案，决定自2014年7月11日起美国将不能继续租用吉首都玛纳斯国际机场。这意味着2014年后中亚将没有美国直接军事存在，进入所谓“后9.11时代”。如何应对美国撤出后留下的“真空”，不

① “农业部副部长谈多哈回合谈判农业议题”，中商情报网，http://www.21food.cn/html/news/35/1156842.htm。

② “渥太华禁雷公约”，http://news.xinhuanet.com/ziliao/2004-11/30/content_2275479.htm。

③ 上述信息来自上合组织官方网站：http://www.sectsco.org/CN11/#。

仅事关阿富汗和中亚的局势稳定，更关乎全球反恐、反毒和能源市场稳定。“上合组织”作为一个成熟的地区组织，无疑为该地区合作维稳提供了一个有效的机制平台，而中国作为“上合组织”重要成员国之一也必将在稳定地区局势、打击恐怖主义的行动中发挥更为重要的作用。第三，加大参与联合国维和行动和投入。截至2012年12月，中国有1842名官兵在9个联合国任务区执行维和任务。不仅如此，中国还是联合国维和行动中派出工兵、运输和医疗等保障分队最多的国家，是缴纳维和摊款最多的发展中国家。[①] 第四，积极主动参加亚丁湾国际护航行动。由于索马里海盗猖獗活动严重干扰正常全球贸易和航运活动。2008年，中央军委根据联合国有关决议，参照有关国家做法，并在征得索马里政府同意后，派遣中国海军从2008年底开始在亚丁湾索马里海盗频发海域进行护航。此行动的主要内容是：保护航行该海域中国船舶人员安全，保护世界粮食计划署等世界组织运送人道主义物资船舶安全。这是中国历史上第一次成建制地直接派遣自身武装力量参与全球治理。

（三）积极主动参与全球环境与气候问题全球治理

随着中国自身发展，中国参与全球治理的领域逐渐突破以往单纯的经济和安全领域，向社会领域扩展，尤其是在环保领域。但中国在参与全球治理过程中始终从自身实际出发，既不推卸全球治理赋予中国的责任，也不屈从于任何一方压力承担过度责任，即坚持“共同但有区别的责任”。虽然这是中国在应对全球气候治理过程中提出的原则，但同样可以概括为中国对待全球治理的原则。如中国在加入WTO前后，作积极的自我调整，同时始终坚持“发展中国家身份”，拒绝承担任何不合理义务。中国对这一原则的坚持，是在全球气候治理领域中表现最为明显。

气候和环境属于全球公共产品，任何国家和民族都无法逃脱气候变化带来的影响，在有关全球气候治理的《京都议定书》和哥本哈根会议上，中国丝毫不推卸自身责任。但中国仍是一个发展中国家，自身依然面临较大的发展压力，从这一实际出发，在全球气候治理领域中国始终坚持“共同但有区

① “中国是常任理事国中派遣维和军事人员最多的国家”，http://www.chinanews.com/mil/2013/04-16/4733684.shtml。

别的责任”，即不推卸在全球气候中应有的责任，但同时绝不为发达国家过去两百年工业化的恶果埋单。

“共同但有区别的责任”并不是中国推卸责任的口号，中国在全球气候治理领域已经作出了自己最大的努力。《京都议定书》通过后，中国就开始承担起自己的责任和履行相关承诺。为达到“GDP能耗下降20%的目标”，“十一五”期间，中国就要关停5000万千瓦的小火电。2009时，中国又向世界承诺：到2020年，单位GDP二氧化碳排放将比2005年下降40%至45%，并作为约束性指标纳入中长期规划。中国为达到上述目标实现并不容易。有人测算，中国要达到单位GDP碳排放强度降低45%的目标，今后10年每年需要为此新增投资300亿美元，相于每个中国家庭每年要承担64美元。“中国人是需要勒紧裤腰带才能完成这个目标的。”①

五、主动塑造全球治理（2008年至今）

2008年爆发的金融危机，是自上世纪30年代以来，世界经历的最为严重的经济危机，但也同时开启了中国参与全球治理的新时代。这一“新”不仅反映在全球治理外部环境的变化，也反映在中国自身对全球治理有了更新的理解和思考。正是这种内外因素的变化和互动，将中国参与全球治理的进程推向一个崭新的时代。

（一）新时期全球治理面临的新挑战

2008年金融危机之后整个世界迟迟不能走出经济危机的阴影，长期在低谷徘徊，呈现“U”字型走势，这引发各界对于全球治理有效性的怀疑，甚至出现了全球治理失灵的声音。实际上，在2008年危机之前，全球治理的主体、机制、客体和理念等四大要素已经发生很大变化，而现行全球治理实践并未做出适当调整，这导致全球治理无法适应这个正在发生剧烈变化的世界。

治理主体的权力分布呈现由集中到流散的态势，“由民族国家流向市民社

① “坚持共同但有区别的责任原则”，http://www.gmw.cn/01gmrb/2009-12/17/content_1023381.htm。

会”，“从原有大国向新兴大国流散”[①]。1999年11月28日至12月4日，世界贸易组织部长会议在美国西雅图举行。会议期间，来自不同国家和地区的数百个非政府组织和5万多抗议者举行了声势浩大游行抗议活动，高喊“关闭WTO”等反全球化口号，整个形势演变为民族国家同市民社会的对立。此次游行通常被认为是“反全球化现象”的开始，也可视为市民社会对全球治理的回应。同时，2008年金融危机之后，新兴市场国家群体崛起，最具代表性的就是以中国、俄罗斯、巴西、印度和南非为代表的“金砖国家集团”，它们形成与老牌大国相抗衡的“相互依存式霸权”。[②]国际格局多极化趋势加速，世界力量重心进一步向新兴市场国家倾斜。但以美国为主导的西方国家，并不愿意放弃在全球治理领域的主导权，这使得全球治理利益和权责分配没能反映最新的力量对比变化，导致全球治理的合法性和有效性被严重削弱。

治理机制老旧退化，无法适应新治理的需要。现有的全球治理机制，主要依靠二战结束前后建立的联合国、世界银行、国际货币基金组织等所谓的“雅尔塔体系”遗产为主体。这些机制都诞生在一个国家占据世界政治舞台绝对中心、安全关切压倒一切的时代。而当今世界已经发生了翻天覆地的变化，它们已无法解决其设计者当初根本没有考虑到的新挑战。现有的全球治理机制（如WTO、IMF等）主要是部门性质和专业性质，呈现高度“碎片化”，无法提供一个整体性解决方案。即使是联合国，由于成员国之间利益分歧多元，以及缺乏强制执行的足够权威，联合国内部同样呈现高度“碎片化”状态。

治理客体进入所谓“后后冷战时代”。世界对于政治安全议题的关注度进一步下降，同时金融、人权、气候、粮食安全等非传统安全议题，正在成为全球治理的重要议题。非传统安全不是由某个国家制造，不是被某一个国家认知，也不能由一个国家应对。[③]这些议题影响往往呈全球分布，是全人类的共同威胁。同时，全球化的高速发展，不断加强世界各地联系，导致全球治

① 参见Suan Strange ,The Retreat of the State: The Diffusion of Power in the World Economy, Cambridge: Cambridge University Press, 1996。

② ［丹麦］李形：《相互依存式霸权：金砖国家与新第二世界的兴起》，《国际安全研究》2014年第1期，第18页。

③ 秦亚青：《全球治理失灵与秩序理念重建》，《世界经济与政治》，2013年第4期，第6页。

理客体变得相互交叉影响，复杂程度超过以往。

治理理念方面，以新自由主义为核心的西方价值观已经无法应对高速全球化下各种全球性问题，在其指导下的全球治理实践一再“失灵”，削弱了自身的合法性，引发人们对现行全球治理理念的怀疑，即所谓的“信心危机”。

面对上述新变化和新挑战，当今全球治理的实践却无及时调整和应对，严重滞后于时代脚步，这就是“全球治理失灵”的根本原因。而在所有这一切深刻变化中，有一种变化尤其需要关注，即民族国家之间权力对比的变化。全球治理不等于全球政府，国际社会无政府状态没有发生改变，民族国家之间的力量对比，仍是决定全球治理走向的决定性因素。以全球网络空间安全治理为例，目前全球公地安全治理的基本呈现“真空状态”，“国际法框架和行为规范目前基本上还处于空白，是全球公地里的‘狂野西部’”。[①] 但美国“棱镜门”表明，网络空间治理困境背后是国家利益的博弈，以此类推，不难得出正是国家利益分歧导致全球治理困境。因此，全球治理主体之间力量转移，以及这种转移所带来的新形势对全球治理未来走向具有重大影响。简言之，如何正确处理西方大国和新兴市场国家之间的关系，已成为决定未来全球治理走向的关键性因素。

（二）中国开启全球治理的新时代

2008年金融危机是对当今全球治理的严峻考验，但“危”中有“机”，客观上它也为中国深度参与全球治理，主动塑造全球治理提供了一个难得的历史契机。中国改革开放后，综合国力不断上升，综合国力的提升为中国在更高层次上参与全球治理奠定了坚实的基础，也提升了整个世界对中国参与全球治理的期待，世界都渴望看到中国在全球治理方面有更大作为。同时，中国自身对全球治理的认识也在继续深化。中国共产党的十八大报告明确指出“全球治理机制正在发生深刻变革”。这是中国第一次在最高官方文件中以“全球治理”取代“全球经济治理”，表明中国对全球治理的认识有了一个质的提高，我们已经认识到整个世界正处在全球治理模式即将发生变化的“十字路口”。中国在新时期全球治理的战略可以概括为改造和利用旧有全球治理

① 张茗：《“全球公地”安全治理与中国的选择》，《现代国际关系》，2012年第5期，第25页。

机制，同创建新机制、提出新理念相结合的"双轨制"战略。"双轨制"战略成为这一时期的中国参与全球治理最为明显的特征。

1. **改造利用旧机制**

这主要表现在地区和全球两个层面。

（1）地区层面的着力点依然集中在中亚和东亚两个方向上，不仅涉及机制层面改革，同时还涉及中国单边全球治理行为的调整。中国在这两个战略方向上继续延续以地区治理带动全球治理的战略。

中亚方向，中国以国际能源治理问题为突破口，充分利用并改良现有的地区治理机制，既有利于中国的国家利益，又造福于该地区国家。"上合组织"成员国是世界能源板块中的一"极"。"2010年，上合组织六国一次能源生产总量约为54亿吨标准煤，占全球的1/3。能源消费总量约为46亿吨标准煤，能源净出口总量约为8亿吨标准煤，是世界重要的能源出口地区之一。"[①] 2010年中国更是成为世界第二大能源消费国，无论是从消费角度，亦或是从供给角度，中国和其他上合组织成员国在能源市场的举动无疑会对世界能源市场形成巨大冲击，客观现实呼吁该地区加能源强机制建设。但不仅包括中国在内的上合组织成员国都不是IEA成员，同时根据IEA的相关规定，短期内上合组织任何一个成员国都不可能加入IEA成员，这对全球能源治理的有效性造成极大影响。中国力促上合"能源俱乐部"建立，正是试图通过利用既有的上合组织框架，搭建一个全球能源治理平台，从而可以为稳定全球能源市场作出贡献。早在2004年9月，时任俄罗斯总理弗拉德科夫就在上合组织成员国政府首脑比什凯克会议上提议："在上海合作组织框架内，能源领域可以成立消费者俱乐部和能源生产者俱乐部，并制定统一的油气和能源运输体系"。[②] 2007年6月，上海合作组织成员国能源部长在俄罗斯会晤，制定了上合组织能源俱乐部章程。但由于当时世界能源价格处于上升渠道，导致能源生产国与能源消费国各成员国之间利益诉求不同，该章程在提交成员国审议时未获通过，此时上合组织各成员国对建立能源俱乐部尚未形成统一意见。

① "欧亚四国发起＜西安倡议＞拟加快启动上合组织能源俱乐部"，人民网，http://www.cnstock.com/index/gdxw/201109/1565925.htm。

② 马振岗：《稳步向前的上海合作组织专家学者总论SCO》，世界知识出版社，2006年版，第45页。

此后，有关在上合组织框架内建立“能源俱乐部”的倡议，逐渐趋于消沉。但2008年金融危机后世界能源价格剧烈波动，对上合组织成员国国内经济平稳运行造成巨大负面影响，各成员国对建立专门机制以稳定能源市场必要性的认识，逐渐趋于一致。中国抓住有利时机积极推动上合组织能源俱乐部建立。2011年9月23日，在中国西安召开的西安欧亚国家能源部长会议上，中国、吉尔吉斯斯坦、俄罗斯、塔吉克斯坦四国共同通过了旨在推动上合组织能源俱乐部启动的《西安倡议》，说明上合组织框架内多边能源合作机制有了重大突破。[①] 2012年9月2日至9月7日，在中国新疆乌鲁木齐举行的第二届中国—亚欧博览会“东北亚及中亚区域能源效率专家组会议”，中国正积极进行相关工作，力促上合组织能源俱乐部组建进入加速阶段。必须强调中国的目的并非建立一个封闭的能源集团，中国的目标是要在上合组织框架之内建立一个“开放式、半官方的多边能源商议平台，面向政府部门、科研机构以及商业团体的代表，遵循“互信、互利、平等、协商、尊重多样文明、谋求共同发展”原则，推动成员开展多领域能源合作。”[②] 这可以概括为为开放的地区主义，以便在全球能源治理机制的“空位期”，通过地区能源机制建设，稳定全球能源市场，为全球能源治理作出贡献。

东亚方向，中国致力于以“清迈倡议”为平台的地区货币金融治理机制建设。最初的“清迈倡议”是东亚各国为防止类似1997年亚洲金融危机灾难重演而发起的一个区域双边货币互换协议，规模较小，且贷款条件苛刻，根本无法满足东亚各国的现实需求。中国出于稳定地区经济考虑，从其建立之初就积极推动“清迈倡议”多边化建设。2003年10月，在“10 +3”领导人会议上，时任中国总理温家宝就已经提出“推动清迈倡议多边化”的建议，得到了其他国家的积极响应，但并未得到真正落实。2008年金融危机的爆发，从外部为“清迈协议”多边化注入新动力。2009年5月在印尼巴厘岛举行的第十二届“10+3”财长会议上，终于就“清迈倡议”多边化的相关安排达成协议。此后，“清迈倡议”多边化建设进入快车道。2010年3月24日，东盟与

① 许勤华:《后金融危机时期上合组织框架内多边能源合作现状及前景》,《俄罗斯中亚东欧研究》，2012年第4期，第56页。

② “中国积极推动上合组织能源俱乐部加速组建”，新华网，http://news.xinhuanet.com/fortune/2012-09/04/c_112953124.htm。

中日韩（10+3）财长和央行行长以及中国香港金融管理局总裁共同宣布，“清迈倡议”多边化协议正式生效，总体规模高达1200亿美元。根据达成协议，中国出资额为384亿美元，在该货币互换协议中所占份额均为32%，而贷款额只为出资额的50%，可见中国对于推动东亚金融机制建设，从而稳定地区经济的决心从未改变。2012年5月3日，在菲律宾马尼拉举行的东盟与中日韩（10+3）财长和央行行长会议，各方同意将“清迈倡议”多边化资金规模提高至2400亿美元，各方出资比例不变，同时增加自身独立性，将同国际货币基金组织贷款条件脱钩比例从20%提高到30%，并延长救助资金使用期限。会议决定将现有危机解决机制命名为“清迈倡议多边化稳定基金”，同时决定新建地区危机预防功能，并将其命名为“清迈倡议多边化预防性贷款工具”。此外，中国还在“清迈倡议”框架之外与部分东亚成员签订了总规模为3600亿元人民币、无附加条件的双边本币互换协议，为这些国家提供流动性支持。[①]

（2）全球层面，中国力促增加新兴市场国家在IMF和世界银行等机构中的投票权，使现有全球治理机制能够更好反映现实力量对比，加强全球治理机制合法性和有效性。2010年4月25日，世界银行发展委员会春季会议上，通过了发达国家向发展中国家转移投票权的改革方案。发达国家向发展中国家共转移了3.13个百分点的投票权，使发展中国家整体投票权从44.06%提高到47.19%，改革后中国在世界银行的投票权从目前2.77%提高到4.42%，成为世界银行第三大股东国。同年11月5日，时任国际货币基金组织总裁卡恩宣布，IMF执行董事会当天通过了份额改革方案，发达经济体将向新兴市场和发展中国家转移6%的份额，中国的份额从3.72%升至6.39%，投票权也从目前3.65%升至6.07%，超越德、法、英，位列美日之后。在享有更多权力的同时，中国也在承担更多义务，在2012年6月召开的G20洛斯卡沃斯首脑峰会上，前中国国家主席胡锦涛正式宣布向国际货币基金组织（IMF）增资430亿美元，为大国参与全球经济治理作出表率。

和世界银行和IMF的改革相比，2008年金融危机之后“二十国集团”（简称“G20”）的变化更引人注目，也更具全局意义，中国在其中的重要作用也

---

① “中国财政部部长就‘10+3’财长会议答记者问”，人民日报海外版，2009年5月6日http//www.news.xinhuanet.com/commonts/2009-05/15/content_11376780.htm。

更加明显。G20的动议最初是由七国集团（简称“G7”）财政部长于1999年6月在德国科隆会议上提出的，目的是防止类似亚洲金融危机重演，让有关国家就国际经济、货币政策举行非正式对话，以利于国际金融和货币体系稳定，2000年9月由八国集团（简称“G8”）的财长在华盛顿宣布成立。G20会议当时只是由各国财长或各国中央银行行长参加，依附于G7/G8，还不具备独立属性。但2008金融危机后世界主要经济体普遍陷入危机，这充分反映出原有的全球经济治理体系已经不能适应新的形势、必须进行结构性调整的现实。改革全球金融体系乃至经济体系成为全球的焦点。原有G20会议改革为各国首脑会议，其地位和作用得到大幅度提升。目前G20在相当程度上已经取代G8成为最重要的全球经济治理平台。自G20成立之初，中国就采取积极参与态度。自1999年始，中国积极参与了所有的G20 会议。2005年10月15—16日，第七届G20 财长和央行行长会议在中国举行，胡锦涛主席明确表示：“20国集团会议机制，涵盖了世界最主要的发达国家、发展中国家和转轨国家，成员国人口占世界总人口的三分之二，国内生产总值占世界国内生产总值的90%以上，对外贸易额占世界贸易额的80%，是一个具有广泛代表性的重要国际经济论坛。”[①] 从2008年到2011年，中国国家主席胡锦涛出席了历次G20领导人会议，并在会上发表了一系列重要讲话，阐明了中国对全球经济治理的思考和立场，这些都大大增强了中国在G20机制中的地位和作用，中国对全球经济治理的参与程度达到空前。

2. 对全球治理的创新

这个时期中国对全球治理创新可分为机制创新和思想理念创新。

（1）机制创新

在推动全球治理机制改革方面，中国除了推动IMF、世界银行和G20等国际机构改革外，就是建立新兴市场国家自己的全球治理机制。2009年6月，作为新兴市场国家代表，中国、俄罗斯、巴西和印度四国领导人在俄罗斯举行首次会晤，并发表《“金砖四国”领导人俄罗斯叶卡捷琳堡会晤联合声明》，标志新兴市场国家第一次以政治力量面貌出现在国际舞台上。2010年12月中

① “胡锦涛：20 国集团应加强与其他经济机构合作”，人民网，2012年4月10日，http://finance.people.com.cn/GB/8215/53986/index.html。

国作为“金砖国家”合作机制轮值主席国，与俄罗斯、印度、巴西一致商定，吸收南非作为正式成员加入“金砖国家”合作机制，“金砖四国”即变成“金砖五国”，并更名为“金砖国家”（BRICS）。此后，金砖国家之间合作不断加速，不断扩展务实合作，强化合作机制，有效维护了新兴国家和发展中国家利益。在全球经济治理领域取得的成绩最为引人注目。2013年3月27日，第五次金砖国家领导人峰会决定建立金砖国家开发银行，金砖国家开发银行的成立将简化金砖国家之间相互结算与贷款业务，减少对美元和欧元的依赖，从而有效保障成员国间的资金流通和贸易往来。金砖国家开发银行不仅向金砖国家提供财经帮助，其他发展中国家在面临经济困难和财政困难时，除了向世界银行和国际货币基金组织求援外，也可以向金砖国家开发银行求助，为广大发展中国家提供了第二种选择。这并不是新兴市场国家对现有全球经济治理体系的颠覆，它是与世界银行和IMF平行运行，同是具有全球影响的金融机构，是对全球经济治理的一个有益补充和创新，使全球治理机制能够更好反映现实力量对比，应对新挑战。这表明以中国为首的新兴市场国家对全球治理改革正逐渐向深层次迈进。

（2）思想理念创新

这主要表现在中国国家领导人胡锦涛、习近平所倡导的“和谐世界”与“新型大国关系”等概念。2005年4月，时任中国国家主席的胡锦涛在参加雅加达亚非峰会时提出，亚非国家应“推动不同文明友好相处、平等对话、发展繁荣，共同构建一个和谐世界”。2012年2月，时任中国国家副主席的习近平在访美期间，提出要构建“前无古人，但后启来者”的新型大国关系倡议。

现行主流全球治理观念大都出自西方，表面强调治理主体行为要以全人类的根本利益为根本出发点，但对于根本利益判断却以西方的价值观和政治理念为标准。现行的全球治理观念在深层次上隐含西方的价值输出，根本无法适应各国民族意识不断增强背景下，国际关系日益民主化和多元化的新形势。而“和谐世界”理念强调求同存异，强调对不同文化和价值观的包容，以多样性、包容性和互补性为核心，不强求统一，更不是一种意识形态和价值观念的强制输出。这是对全球治理理念在国际体系层面的重大理论创新。

同时，在民族国家依然是当今世界最重要的全球治理主体的背景下，如何处理好民族国家之间的关系，尤其是大国关系，事关全球治理的未来走向。笔者认为，习近平主席所提的"新型大国关系"就是处理全球治理问题在国家层面关系的一个理论创新。当下人类面临全球治理困境的原因在于，全球化的发展趋势与民族国家之间存在着结构性冲突。当下的许多重大问题是具有全球性质，但我们依然是从现实主义角度观察这个世界，在全球治理过程中关注的依然是国家之间的相对收益，这必然导致在一些重大问题上会出现"全球治理失灵"现象，联合国哥本哈根气候大会的失败就是一个明证。而"新型大国关系"的提出，就为我们解决这个矛盾提供了一个新的理论视角，它能更好地反映当下全球治理的现实和需求。

"和谐世界"和"新型大国关系"这两大思想虽是由不同中国领导人，在不同时间点提出的，但两者在逻辑上一脉相承，都是中国领导人在思想理念层面对全球治理的回应，期望在全球治理理念上为人类指出一条不同于西方的道路。在全球政府依然只是遥远设想的情况下，这两大思想在全球治理与民族国家之间寻求平衡，前者更侧重国际体系的整体架构，后者主要针对国家之间的关系。

六、结语

从中国参与全球治理的历史不难发现，中国对全球治理参与程度和主要关切点，深受时代背景和中国国力影响，这表明当今全球治理模式并没有摆脱传统国际政治模式。但2008年金融危机同样显示出原先单纯依靠几个主要大国就可以完成全球治理的模式已经失灵。即使像G20这样涵盖全球GDP85%份额的国家集团，也无法使世界迅速走出金融危机的阴影。当下全球治理已经走到一个十字路口，中国在2008年前后提出的"和谐世界"和"新型大国关系"等理论正是中国为适应新形势而作出的一次伟大的理论创新。

必须指出，尽管以中国为代表的新兴市场国家在全球治理中作用不断上升，但远未达到取代西方的程度。西方在议题设置和规则制定等领域仍然拥有不容置疑的主导权，"全球治理=西方治理"的局面也未真正改变。[①] 即使在一些已经发生有利于新兴市场国家发挥作用的全球治理平台，如世界银行、

① 黄仁伟：《新兴大国参与全球治理的利弊》，《现代国际关系》，2009年11期，第22页。

国际货币基金组织和G20等，发达国家的主导作用也十分明显，而且现行全球治理行为依然主要依赖旧有全球治理机制。另外，中国等新兴市场国家推动的全球治理机制更多是危机驱动型，缺乏内在推动力，一旦危机过后整个机制发展就陷于停顿，甚至机制本身都形同虚设，“清迈协议”的诞生和发展之路就是明证。这一切都显示出西方主导的全球治理机制依然拥有强大的适应和自我修复能力。未来相当一段时间内我们都会看到“新”与“旧”的全球治理机制并存的状况，而如何处理好“新”与“旧”的关系则是我们不得不认真思考的问题。

第五章　全球治理对中国崛起的影响

作为全球化最大的受益者，中国的快速崛起一直为世界所关注。中国奇迹的背后，是具体历史情境下中国特色与全球化的耦合。长期战乱之后的巨大内需、权威政府的发展战略、优待资本的政策选择与低保障、低福利的劳动力市场，使得中国在全球化的资本流动中取得了极其明显的比较优势。然而随着全球化的进一步发展，全球化的具体内涵已经不再局限于市场的一体化与资本流动的全球化，事实上全球化逐步展示了5个层面的内涵：资本的自由流动、人员的自由流动、市场与法律的一体化、社会治理结构的一体化、文化价值信念的融合。这5个层面并不是同时发生，而是在全球化的不同阶段展开。在全球化的初期，全球统一市场已经初步建立、资本流动的全球化已经基本实现，人员流动虽然仍然受困于民族国家的政治边界，但是相比于几十年前，无论是快捷性还是频密性都大大提高。与资本、人员的流动相适应，全球市场与法律规则的一体化也已经取得了令人瞩目的进展。进入到21世纪以来，社会治理结构的变革与文化信念的一体化逐步成为新一轮全球化的重点。它不仅要求更适应信息时代的政府变革，而且还提出了全球治理、公民社会时代等超越传统民族国家体系的新命题。对于崛起中的中国，这些新议题既是机遇，因为它意味着现代化对于中国社会的真正深入，同时也是挑战，因为它部分消解并冲击了在全球化初期阶段中国的比较优势。

一、全球化初期中国模式的比较优势

中国模式的耀眼奇迹，既有中国自身历史发展规律的原因，也有全球化浪潮的原因。从中国自身历史发展规律而言，中国的快速增长实际上是传统治乱之道的重现。自清末到上世纪80年代，中国几百年间一直处于外战、内战与内乱的状态之中，自邓小平执政以来，才逐步实现国家的和平与稳定。就中国历史的规律而言，在这由战争转向和平的最初一百年，大多是高速增长的黄金时期。比如文景之治、贞观之治、康乾盛世无不如此。其中的原因，往往在于一方面战争与动乱扫荡了不合理的一些负担，让社会有一个震荡之后的重启；另一方面，中国人在儒家文化熏染之下形成的恭顺与勤勉的性格，也有利于经济在和平时期的快速恢复。今天的中国奇迹在很大程度上是上世纪十一届三中全会的结果。邓小平治国之术的核心就是不折腾、少折腾，这恰恰表明了邓公对于中国传统治乱之道的大彻大悟。从全球化的发展过程来看，中国的崛起无疑是全球化与中国具体现实情境合力而成的结果。其原因主要表现为：

1. 处于现代化、城市化初期的中国需要大量外来资本、技术的进入，而处于城市化、现代化晚期的西方国家出现了大量资本剩余，渴求新的投资环境。前者让中国对外来资本提供了异乎寻常的宽松环境，在改革的初期，各地的招商引资几乎成为了打破政策门槛的降价大竞赛，几乎一切不利于外资的政策监管与法律限制都被或明或暗的规避，几乎一切可能对投资造成不利影响的消极因素都被以改革开放、解放思想的名义坚决清除。后者则让西方国家对于中西方意识形态的差异采取了最大限度的灵活处理。

2. 权威体制的中国政府，通过资源的分配，充分利用了后发优势。革命后的一党执政、多党合作的政治机制，实际上赋予了中国政府以极大的权威地位与动员能力。虽然这种机制容易带来权力的滥用与腐败，但是在制定后发追赶战略的时候，这种强有力的政府机制却有着最大的优势，那就是在短时期内通过政策调整，快速汲取社会资源实现对领先国家的跨越式追赶。尽管中国的改革是以建立完善的市场经济体制为发展方向，但是国有资本与国家经济发展能力的壮大却从来没有被执政者所放弃。事实上自上而下的经济改革有赖于中央强大的经济能力这一基本的改革逻辑，其实始终在改革的过程当中强化着中央政府的经济能力。在经过了改革初期的放权之后，通过财税机制、金融机制等一系列以强化中央财政集权能力的改革，中国政治中引人注目的经济半联邦主义模式迅速向朱镕基时代以来的强中央-弱地方模式转型。这种强大国家的制度选择，不仅让中国可以在部分优势领域内集中资源办大事，而且相比于西方国家应对危机的软弱与迟滞方面，更容易快速地采取经济刺激计划。事实证明，让中国充分利用了两次大规模的世界经济危机，实现了危机中的大国崛起。

3. 单位制解体之后高度离散的社会组织状况，加之改革开放以来长期秉持的优待资本的政策选择，让中国社会面对资本和权力的谈判能力薄弱，也让中国社会的劳工处于绝对的弱势地位。城乡二元结构下进城的农民工不仅缺乏应有的社会福利保障，而且也往往得不到足够的法律保障，从而为中国成为世界工厂提供了最充沛与低廉的劳动力资源。血汗工厂不是什么光彩的现象，但是千万无保障的农民工却是中国崛起的核心力量。相比于西方国家甚至一些第三世界国家，中国的劳工阶层缺乏社会组织，也缺乏制度保护，从而让中国的劳动密集型制造业形成了比较下的低人权优势。这种优势在改革开放的初期阶段成为中国吸引外来投资的最大亮点，尽管它常常被称为人口红利，但实际上它是中国在长期社会运动后社会组织生活真空所形成的制度红利。

中国模式的比较优势总的来说可以归结为："强政府"与"弱社会"。"强政府"可以保证多民族国家的内部稳定，可以实行强有力的追赶战略，可以采取有效的经济干预与刺激计划来完成产业重组与对抗经济危机，可以尽可能地创造出优待资本的投资环境。"弱社会"则意味着社会缺乏自治能力，缺乏对于权力和资本的谈判能力，从而让城市化、现代化初期的资本快速积累成为可能。

二、全球化中期的全球治理变革与中国的转型

在全球资本市场基本形成之后，全球化在经济属性之外的其他属性开始随着全球化的深入而得到展现。虽然全球化萌发于民族国家体系之中，但全球化本身就蕴含着对于主权国家领土内至上治权的挑战。一方面，跨国资本流动对于主权国家的规则制定权构成了极大的压力，各种国际间组织应运而生；另一方面，全球公民社会的兴起则构成了后现代生活的另一道重要图景。它意味着传统民族国家的单极制治理向现代国家的多元化共治的重大调整。

（一）公民社会自治是民族国家主动放权的结果

全球公民社会兴起的原因既有人类社会发展的内在规律，也有民族国家为摆脱现实困境的外在推动。全球公民社会是在市民生活与政治领域日益分离之下的产物。黑格尔认为，市民社会不同于政治领域，这是各个成员作为独立的单个人的联合，因而也就是在抽象普遍性中的联合。这种联合是通过成员的需要，通过保障人身和财产的法律制度和通过维护他们特殊利益和公共利益的外部秩序而建立起来的。随着市场经济和私有产权制度的进化，人从城邦的人、政治的人走向了私人的人、公共的人，人的自由也从古代人的政治自由走向了现代的私人自由。私权利主体之间的联系，尽管具有公共性，但是却越来越与政治生活中的公共事务相分离，成为了一种不同于政治事务的公共事务。哈贝马斯认为在多元化的社会当中，这种公共领域是介于私人领域和政治系统之间的一个领域，是各种公众聚会场所的总称，主要是独立自主的个体及由其所组成的自治社团组织进行自主交往和自由辩论的一种非官方的文化批判领域。公众通过在这一领域的合理交往形成公共意志和公共观点。在实际操作中，这种公共领域暗含着与主权国家的紧张关系，其理由在于：其一，在小沙龙中形成的公共意见与代议制民主政治中的国家意志往往并不统一，而且一个国家同质性越低、多元化越强，这种关系就越紧张；其二，这种公共意见的形成最终会促成社会自发性的治理行为。这种治理行为与国家的统治行为往往存在着冲突，而且一个国家越是依赖精英统治、权威统治，这种冲突就可能越激烈。

二战之后欧美国家的大规模社会运动，从某种意义而言就是正在兴起的公民社会与经过战争强化的民族国家统治结构的冲突，然而这些冲突并没有立刻催生公民社会治理变革的出现。尽管西方国家有着悠久的社会自治的传统，但是作为制度变革而提出的公民社会自治其实是在新公共管理运动之后的产物。通过新公共管理运动的改革，西方国家大幅度下放了权力，并通过改革逐渐将民族国家的统治体系转变为分散化的国家与社会共治的体系。在行政学、管理学的领域内，这个转变被描述为从统治型向服务型政府的转变。这种转变并不是凭空发生的，事实上统治者更愿意以增大权力而非放权的行为来变革，放权的根本原因是不得不放。新公共管理运动的动机在于以公民治理模式来解决西方社会在工业化晚期、后现代时期的三个基本的矛盾：其一，工业化社会的层级制管理体制与后现代社会生产机制的矛盾。针对传统的金字塔式的管理体系所带来的信息失灵、反应迟钝、捕捉反馈信号能力低下的弊端，新公共管理的倡导者试图用引入公民社会治理来创造分权式管理环境以取代高度集中的等级组织结构，从而使资源分配和服务派送更加接近供应本身，由此可以得到更多相关的信息和来自客户及其他利益团体的反馈。其核心理念在于以市场为取向，重塑政府与公众的关系。以市场看待政府运作，则公众如顾客，政府为厂商。政府行政，应奉行“顾客至上”准则。政府不再是发号施令的权威官僚机构，而是以人为本的服务提供者，政府公共行政不再是“管治行政”而是“服务行政”。作为“企业家”的政府并非以赢利为目的，而是把经济资源从生产效率较低的地方转移到效率较高的地方。公民是享受公共服务的“顾客”，可以“用脚投票”自由选择服务机构。这样，新公共管理就建立了以“顾客”的满意度为中心内容的绩效考核机制，成为一种目标导向。定期广泛征求公民意见，评价公共服务。在评价时，注重换位思考，以顾客参与为主体，通过顾客介入，保证公共服务的提供机制符合顾客的偏好，以此产出高效的公共服务[①]；其二，福利国家公共支出失控与税收能力受限的矛盾。为了降低政府赤字，新公共管理的倡导者试图用更为灵活地探索代替直接供应公共产品的方法，从而提供成本节约的政策结果。公民社会自治的高度灵活性不仅让公共服务的费用大幅度下滑，而且还可以更加适应和满足多元社会的多样化需求；其三，代议制民主框架下的现代官僚制与信息技术进步带来的直接民主诉求间的矛盾。为了解决代议制民主国家的合法性危机，新公共管理的倡导者试图用权力下放、社区自治等方式来加强公共政策的合法性。正是基于解决以上三个基本矛盾，现代西方国家才将大量原本由国家和政府管理的事务下放给社会组织管理。

（二）全球治理视野下中国政府转型的特殊性

在现代化转型期间遭遇后现代社会变迁的中国政府同样面临西方国家的

① 黄元龙：“我国政府社会管理的现状及其完善”，《安徽职业技术学院学报》2006年02期；第21—25页。

许多困境。所谓的后现代社会变迁突出表现为三个方面，其一，信息时代尤其是网络时代的来临消解了传统的统治层级，互联网技术的进步让信息的流通打破了权力层级的桎梏，而对于信息的垄断恰恰是作为统治中介的中间层级得以存在的基础。治理中心与治理对象直接沟通的频率大大加强，造成了现代官僚制对社会秩序控制能力的显著下降；其二，社会利益多元分化造成了民族国家同质性消解，从而使得民族国家面临了更广泛的合法性危机；其三，社会流动性的大大加强造成的统治结构控制力下降，从而引起了原有社会秩序的失范。

当中国借助全球化走上崛起之路时，经典单位制的社会控制结构就随之消解，大量离散化的个人虽然为中国发展提供了低保障劳动力资源，但是却同时也成为危险的怨恨群体。一方面，国家力量难以凭借旧有统治方式进入到新成长的公共空间；另一方面，社会自治不仅缺乏有效规范而且经常受到不当打压。这两方面的合力让一些公共领域成为了情绪汹涌却毫无对话、规则与秩序的群氓之所，于建嵘所言的群体性泄愤事件的频发，恰恰是中国新生公共领域民粹化、流氓化的直接后果。自2000年以来，中国的上访、集会、请愿、游行、示威、罢工等群体性事件，呈现出数量多、人数多、规模大的特点，据统计资料显示，从1993年到2003年间，我国群体性事件数量由1万起增加到6万起，参与人数也由约73万人增加到约307万人。2007年已经超过8万起。2008-2009年更是群体性事件频发时期，有学者把这个时期称为“群体性事件发生及引人关注的第一个浪尖”。中国不同地区接连发生严重的警民冲突与群体性事件，而且，涉及面越来越广。2008年最突出的例子是“3·14”拉萨打砸抢烧事件；“6·28”贵州瓮安事件；“7·19”云南孟连事件；“11·3”重庆出租车罢运事件；“11·17”甘肃陇南事件；“12·25”广东东莞劳资纠纷事件等。2009年最突出的是“3·28”海南东方事件；“6·15”江西南康事件；“6·17”湖北石首事件；“7·24”吉林通钢事件；“7·30”湖南浏阳事件；“8·3”福建泉州事件；“10·30”甘肃兰州事件；“11·4”重庆罢工事件；“11·27”贵阳暴力拆迁事件等。这些群体性事件规模都较大，有的一次参与人数达万人以上，严重影响社会稳定，有的冲击、围攻县级以上党政军机关和要害部门，打、砸、抢、烧乡镇以上党、政、军机关。[①] 国务院参事牛文元估计，中国一天的群体性事件可能高达500起。随着社会矛盾的激化，我国的维稳经费也节节攀升。虽然维稳费用高出军费的传言并不严谨，但是许多地方财政已经难以负荷维稳经费的急速上升，却是个不争的事实。

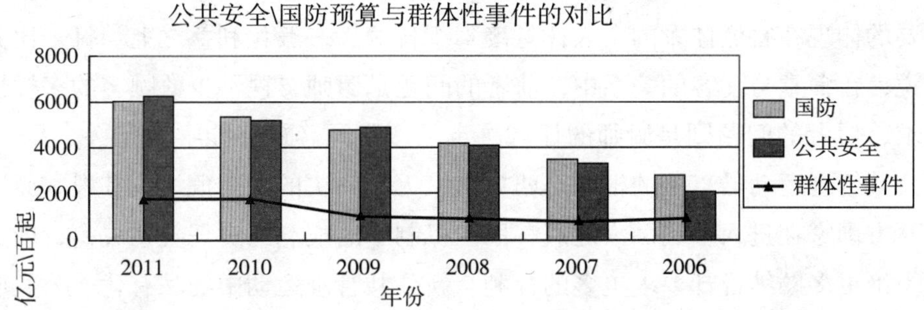

正是在意识到公共领域已经成为危险之域的情况下，中国政府也开始了政府治理转型。这种转型也是以面向服务型政府转型为特征，所以很多观点认为这是新公共管理运动在中国的体现，与此相伴的是，公民社会自治也定将成为中国的制度选择。然而，我国的社会管理变革虽然在改善公共治理的大方向上存在很多重合，但是在改革的内在动力和外部环境上却存在着重大差异。首先就改革的内在动力而言，我国的社会管理改革虽然与新公共管理运动一样也是基于传统政府治理的失灵而激发，但是政府失灵的地方却存在差异：其一，尽管我国政府在汲取政策反馈和信息收集上也存在严重失灵，但是其理由却并不同于西方社会。西方社会的问题主要是因为理性官僚制与后现代社会之间的紧张关系，而我国则往往是官僚层级制理性化尚未得到充分确立。也就是说，同是政府失灵，西方国家的原因是高度理性化的官僚机制在治理信息时代高度多元的社会时的过度理性，而我国则主要是官僚机制在处理日益理性化的社会时的理性不足的问题。这两者虽然都是政府失灵，但其后果完全不同。在高度理性化的官僚体制中，层级制、文档制度、对事不对人等一系列的制度已经成为深入骨髓的惯性，并由此带来了官僚体系将

① 以上内容出自中国社科院谭扬芳先生，来自“网络媒体在群体性事件中的影响与思考——学习《胡锦涛在省部级主要领导干部社会管理及其创新专题研讨班开班式上的讲话》”。

注意力主要集中于一般性、普遍性利益，却对少数、个别群体的权利冷漠忽视的弊病。也正因为此，伴随着新公共管理运动改革的深入，西方国家着重解决的是对同性恋、少数族群与教派、偏远地区的权利保护，这是因为，他们的政府失灵主要集中失灵在这些对象之上。与此不同的是，在理性化程度不足的官僚体系之中，失灵不仅体现于对少数群体的利益保护之上，而且更主要的体现在官僚体系的个人任意凌驾于普遍、一般化利益之上。打个比方来说，在食堂与食客的关系中，前者的问题是厨师忽视了少数顾客的多样性要求，后者的问题则是厨师的任意决定了多数顾客最终能吃到什么。其二，新公共管理运动最直接的根源是西方国家无法解决的财政危机。其根本原因是西方国家在进入福利国家之后，民主机制中的权利与责任关系失衡，即选民拒绝更多的纳税却要求更多的福利。新公共管理运动中的私有化、公共服务外包、政府权力下放，正是政府在赤字压力下无法负荷公共产品之时的必然选择。其中的道理其实很简单，有多大胃口吃多少米饭。政府要加强权力就要回馈以更多的福利，想负担少些福利，就要放弃部分的权力。与西方国家不同，我国政府一方面面临严重的财政压力，一方面则面临公共福利严重欠账的局面。政府一方面需要扩大权力，强化汲取社会资源，一方面却又希望能够减少公共福利的负担。换句话说，我们通过社会管理改革希望达到的效果是多拿钱少办事。其三，新公共管理运动通过借助信息时代的科技成果来增强政治过程中的公民参与，其动因乃是因为在现代化和城市化晚期的西方社会长期面临经济发展的停滞，提升民主程度是西方国家加强自身合法性的唯一选择。相比而言，我国政府的合法性主要来自于经济绩效与民族国家，在这种前提下，民主程度的提升虽然能带来合法性的强化，但也同样可能对强势政府主导的发展战略构成冲击。

在全球治理兴起的当下，中国政府面临着完全不同于西方政府的现实情境。一方面，由权威政府主导的发展战略潜力尚存巨大空间。处于现代化、城市化中期的当代中国，如果沿袭自邓公以来的发展模式，以林毅夫所言至少尚能有30年的增长。其主要理由在于，在1978年时中国的技术水平与发达国家的差距，远大于日本以及亚洲四小龙在上个世纪五六十年代与发达国家的差距。如果他们运用与发达国家的技术差距维持了近40年的快速增长，那么单单利用这个技术差距，中国应该有可能维持近50年的快速增长。在这种情况下，中国的统治精英很难有足够的动力来对目前的发展模式做结构性的调整。因为就政策而言，30年的时间意味着发展模式转型实际是2—3代领导人后才需考虑的问题。由此也就不难理解，全球治理的许多理念与模式往往难以在当前中国受到青睐。尤其是全球治理所秉持的公民社会自治的理念，在中国的权威政府治理模式中，更容易被视为对于现存治理秩序的挑战。另一方面，虽然中国社会目前尚处于现代化和城市化的中期，但是在意识形态、社会组织上却已经随着全球化的浪潮而后现代化。社会多元化的加剧与民权意识的提高，让传统的治理结构，面临着从合法性到绩效的一系列失灵。在这种情势下，全球治理对于中国政府改善治理绩效、缓和社会矛盾、提高政权合法性有着极为现实的积极意义。正是因为中国的特殊性与复杂性，才让全球治理与中国崛起的关系呈现出挑战与机遇共存的特点，而这些特点意味着，中国在崛起的过程中，对于全球治理既不能是全盘抗拒的，也难以做到照单全收。

三、全球治理对中国崛起的挑战与机遇

随着市场经济的进一步发展，原有社会治理的单位制架构逐渐解体。在大量离散的社会原子之中，新的公共空间正在逐渐生长。这种公共空间的增长，为全球治理中最为重要的公民社会自治提供了现实的物质基础。中国政府已经在改革开放和融入全球化的过程中逐渐意识并接受了公共空间与政治领域的差别。从本质上来说，公共空间的治理与阶级国家统治的关系体现着社会与国家的关系。阶级国家的统治是统治阶级的国家及其对于最核心利益的确认与维护，而公共空间的治理是相对于国家统治的一个概念,它是社会组织和公民个人对各种社会事务实施领导、规划、决策、管理、协商、沟通、控制、监督的行为及其过程,是社会组织和公民个人对各种社会事务的自我管理。自近代资本主义商品经济兴起以来，与公共权力行使直接相关的事务（包括立宪、选举、立法、行政、司法、军事、政党等事务）被称为政治事务；而经济、社会（社区和民政）、文化领域的事务则被称为社会事务。由于政治事务自近代以来主要由国家和政府所专有，因此，政治事务被称为国家事务。相比之下，社会组织和公民个人对经济、社会、文化事务的自我管理是

与私人权利行使直接相关的领域和行为[①]。对于曾经长时期地采取全能国家治理模式的中国而言，社会和国家的分化是20世纪90年代之后才开始逐渐展现的现象，而伴随全球化而来的全球治理实质上意味着社会与国家关系的调整，以及伴随这种调整而来的社会治理模式的变革。目前来看，这种变革对中国崛起既构成了挑战也构成了机遇。

（一）全球治理带给我国政权合法性的挑战与机遇

作为历史维度的描述，中国崛起的实质被视为中国共产党领导下的民族复兴。经过了毛泽东、邓小平、江泽民、胡锦涛到习近平数代领导人的创新与丰富，中国共产党的统治合法性主要建筑于四个基本的层面之上，即民族主义、共产主义以及中国特色社会主义、发展绩效、人民利益。实事求是而言，在这四个层面上，民族主义与发展绩效是最被社会大众广泛认同的信念。中国特色社会主义与代表广大人民利益的基础亦与民族主义与良好发展绩效紧密相关。正是因为能够带领中华民族走出近代的耻辱泥潭，走上现代的复兴之路，正是因为被视为中华民族实现民族独立、民族复兴的领路人，中国共产党才具有了一党执政、长期执政的合法性。也正是因为社会主义制度下，中国实现了快速增长，实现了国家崛起，社会主义才被视为正确的道路选择。甚至尽管就目前而言，即便我国的民主建设相对落后，民生矛盾较为尖锐，由于民族复兴总被视为更为重要、更为根本、更为长远的人民利益，中国共产党对于人民利益的代表性也因此能够得到较为普遍地认同。纵观历史，民族主义与民族国家的发展一脉相承，在大多数后发国家的现代化进程当中，尤其是对于曾经沦为西方国家殖民地、半殖民地的发展中国家，民族主义更是其实施发展战略的核心动力。民族主义能够将个人对于家族、地方的忠诚最大限度积聚于对国家的忠诚之下，从而既为民族国家提供合法性基础，也能让社会能够最大限度地忍耐国家对于社会的资源汲取。[②]

与之相对应的是，全球治理作为一种“二战”之后兴起的社会潮流，意味着在公共空间与公共事务中，公民的自由与权利成为了第一性的元素，相

---

① 施雪华：“当前中国社会管理的成就、问题与改革”，《学习与探索》2013年第三期，第27—36页。

② 恩斯特-卡希尔：《国家的神话》，范进译，华夏出版社2003年版，第337页 。

对应的，民族的身份，这个曾经在民族国家被视为第一性的元素则失去了其至上的地位。造成这样的原因主要有三个，其一是两次世界大战之后，人类社会对于民族主义造成的巨大灾难的反思；其二是冷战期间，两大超国家主义意识形态的武装集团的对峙，导致的民族主义的消退；其三是全球化加速带来的全球公民意识的迅速增强。这并不意味着，公民社会成为挑战甚至取代民族国家的对手，而是意味着在一些具体的情境之下，私权利已经超越了公义务。就人类发展的历史而言，人类的历史也是一部人不停地从所依附的共同体之中独立出来的过程，从身份到契约，从义务到权利实际上是人类进化的趋势。全球治理虽然并没有让民族主义失去神圣的色彩，但是它的出现却的确是民族国家同质性消解、社会多元分化的自然结果。公民社会的出现意味着民族、国家等宏大叙述的想象共同体在日常生活中被更为实在的团体、社区所取代，意味着抽象的政治话语逐步让位于具体的利益协调。虽然在紧急状态尤其是战争状态之下，民族和国家始终占据着神圣的祭坛，但在日常生活中，基于共同的兴趣、利益的各种分散的小圈子却逐渐成为社会组织生活最常见的状态①。与此相伴随的则是站在私权视角之上对于统治秩序的重新审视，一切秩序都必须以权利和正当性为基础，而以民族身份为正当性的解释则日益受到质疑。最典型的莫过于“拆迁”这一社会现象的变化，在几十年前征地拆迁的基本原则是“小家服从大家、大家服从国家”，而在今天拆迁征地的基本原则是合法拆迁、合理补偿。

全球治理对于中国，意味着意识形态上的一次重大挑战，它的实质是中国的执政集团如何在民族主义、有中国特色社会主义的基础上，去适应多元化社会的问题。也正因为此，它也为中国的意识形态提供了新的机遇。中国的意识形态建设必须能够整合实现代表民族复兴的国家与个人权利保障的社会。中国梦的提出，正是以习近平主席为核心的新一代领导层对于全球治理趋势的某种回应。中国梦不仅是民族复兴之梦，也是个人成功、社会公正之梦。从某种意义上而言，中国梦的提出实际上是基于民族认同的国家政权对于多元社会的一次整合。这种整合可以解决在多元社会中个性的相异力量与共性的有组织化倾向之间的紧张关系，在社会与国家之间实现宽容、争论之

① 罗伯特-达尔：《多元主义民主的困境》，周华军译，吉林人民出版社2006年版，第132页。

后的相互理解，并最终将具有一定压迫性的民族国家转变为以基本权利为基础的民族共同体。在这个共同体中，对话就是民主过程的本质，它鼓励和尊重个性而不是强化各阶层间的断裂，最终塑造的是一种共同性的政治，而不是敌对性的政治。中国梦的提出，最终将会在意识形态上促成一种哈贝马斯所言的宪法爱国主义①，并体现为中国从民族国家转变为民主法治国家，而中国共产党作为中国现代化的核心推动力，也将在此一过程中完成从革命党向执政党的转变。

（二）全球治理对我国社会管理改革的挑战与机遇

公民社会治权的增长对政府统治秩序的影响。社会管理转型最为重要的方面就是增强社会自治能力。在这个过程当中，政府与社会组织分享在公共基金支出和公共权威运用上的处理权。政府在福利项目提供中更多的是充任管理者的功能，而把相当程度的处理权留给了非政府部门。这样的话，一方面，政府在公共福利提供中的作用得到了增强，既可以提高政府资金的使用效率，也可以整合社会资源为公共福利服务提供更多的资金；另一方面，又可以避免政府机构使用公共资源时的低效率与提供公共服务过程中出现过于庞大的官僚机构②。

在中国的“公民社会”的构架中，社会基本结构发生的最根本变化是，由政府–单位–个人的单向、单维的关系，转变为多元、互动、社会参与和自组织形式的结构。政府不再是一个全能的部门，它行使国家安全、公共政策、宏观调控等有限职能，并主要通过监督、规范、政策优惠等间接手段调控企业和非营利部门的行为。这一改革过程首先从企业行为的独立开始，改革开发以后，企业逐渐扩大了自主权，形成不同于政府下属的“工厂”的“法人”，而整个社会结构的变化最终还要归于社会自组织体系的形成。社会的组织结构以大量的公民自组织形式为基础，个人作为具有公民意识的公民社会的成员，形成广泛的自组织形式，构成与政府和企业之外的第三部门，或称

---

① 哈贝马斯:《在事实与规范之间》，童世骏译，生活·读书·新知三联书店，2003年版，第664页。

② 菲利普-库珀:《合同制治理—公共管理者面临的挑战与机遇》，竺乾威译，复旦大学出版社，2007年版，第18页。

"非营利部门"，是大量具体社会功能的直接履行单位[①]。

我国当前的民间社团基本可以分为以下几类：（1）同业组织，即相同行业的专业性协会，它们对本行业的工作和活动已经不具备法定的管理权力，但仍有着指导性的作用，如各级商会、制造业协会、物资供销协会等；（2）行业管理组织，这类组织是社会转轨时期的特殊产物，它们的前身大多数是政府的行政管理机构或权威的行业管理机构，这些组织还具有很大的行业性管理权力，具备着准行政机构的性质，如中国轻工协会、中国纺织品总会、中国贸易进出口促进会等；（3）慈善性机构，其主要作用是社会救济，如红十字会、慈善总会、残疾人联合会等；（4）学术团体，即学者的同人组织，如中国物理学会、中国化学学会、中国政治学会、中国无神论研究会等；（5）社区组织，其主要特征是从事社区性的管理和服务工作，如村民自治组织、居民自治组织、社区的治安会等；（6）职业性利益团体，即为特定的群体谋取职业利益的组织，如私有企业主协会、教师协会、律师协会等；（7）公民的自助组织，即公民为捍卫自身利益而自愿组成的互助性组织，如城市和农村中的互助会、救助中心、农村的各种农作物研究会等；（8）兴趣组织，即公民的各种业余爱好组织，如各种各样的俱乐部、诗社、剧社等；（9）非盈利性咨询服务组织，大量的民办非企业单位基本上都属于这类民间组织[②]。我国民间组织与政府的关系虽然总的来说仍然是以合作性为主，但是近年来抗争性的或游走于合作与抗争之间的民间社团同样发展迅猛。这些组织以维权、环保等公共议题为切入点，通过激进的行为吸引社会关注，已经在一定程度上构成了对于社会稳定的冲击。令人不安的是，其中有一些组织还大量吸纳海外捐赠，在独立性上存疑。虽然社会管理改革必须依赖社会自治能力的提高已经成为共识，但是在现阶段，中国公民社会如果内部关系和外部关系处理得不顺，就会造成日益增长中的一种破坏性能量，很可能成为反国家、反政府、反执政党的消极势力。

近些年来的"颜色革命"和"阿拉伯之春"切实加重了我国政府对于全

① 李熠煜："当代中国公民社会问题研究评述"，《北京行政学院学报》2004年2期，第92—96页。

② 俞可平：正在兴起的公民社会与治理的变迁，中央编译局网站http://www.chinareform.net/2010/0116/9803.html。

球治理成为颠覆力量的担心。这种担心并非杯弓蛇影，事实上一方面，以美国为首的西方国家确有利用全球治理以输出民主革命的战略构思；另一方面，有组织的社团的确会在某些情境之下挑战政府的治权。因此，如何有效地整合国家与社会的关系就成为中国将全球治理的挑战转化为机遇的关键。中国社会组织尤其是民间社会组织发育不健全，主要有3个原因：其一，民间社会组织难以获得政府资源的支持。在我国，社会组织尤其是民间社会组织往往难以获得政府的支持，为了获得资源，这些组织往往必须寻求海外资金的支持。换句话说，这些组织往往并不是主动西化，而是被动西化。其二，民间社会组织难以获得与政府理性沟通的渠道。许多民间社会组织之所以会采取对抗性姿态，往往是其合理诉求难以在和平状态之下得到有关部门重视的结果。民间社会组织的闹事往往是为了使其利益诉求得以满足的某种公关手段，而这种手段的出现其实也是我国维稳制度的产物。以最为敏感的有组织聚众上访为例，一方面，我国目前的维稳机制以事后控制而非事前预防为主。这导致了矛盾如果不爆发出来很难得到重视；另一方面，之所以“大闹大解决，小闹小解决，不闹不解决”乃是由于上级机关希望从个别的信访中发现普遍性问题，因为上级机关是政策的制定者，制定或改变政策的依据是普遍性问题，而不是具体问题。上级机关并不是具体问题的解决者，具体问题的解决仍然要通过下级政府。现行信访制度的设计者希望，普遍性问题能够通过一种个别化的形式反映出来，这样反映的时候不会对社会稳定带来太大震动。上访者在明白了这一点之后，反而容易采取一些反其道而行之的策略。上访者相信，要使自己的具体问题得到解决或者优先解决，必须要采取一定的方式使问题凸显出其普遍和严重的一面，而有组织的集体上访和反复上访就是一种向政府和社会表明问题普遍和严重的有效手段。[①] 其三，民间社会组织缺乏与体制内社会组织的有效互动。我国并不缺乏社会组织，而是缺乏社会组织与社会生活的有效衔接。如工会、妇联、作协等大量社会组织，长期以来成为体制内的准官僚机制，这些组织的特点是根据改革前的单位制架构的社会而设计的，而当单位制架构解体，官僚化的社会组织难以应对动态社会的缺陷就日益凸显。在这种情势下，如何充分利用已有制度资源整合新生社会

① 赵晓力，《信访的制度逻辑》，http://www.sachina.edu.cn/Htmldata/article/2005/09/354.html。

力量，已经成为化“对抗”为“合作”的关键。

从以上三点原因可以看出，当前我国的社会自治力量尤其是民间社会组织对于我国社会治理的挑战是可以应对的，如果应对得当，这种挑战甚至可以转化为我国优化社会管理模式的机遇。这种应对基本上可以秉持3个基本的思路：其一，贯彻政事分开，激活体制内社会组织的活性。其二，以体制内的社会组织为平台，拓展政府与民间社会组织长效的对话渠道。其三，以公共产品、公共服务的委托方式，建立起国家统治机构与社会治理组织之间的战略同盟。通过将部分公共产品和公共服务委托给社会组织，政府机构提供资金并监督执行的方式，一方面避免这些社会组织为了寻求资源而过度西化；一方面又可以增强公共产品供给中的竞争性，从而优化公共服务的质量。更为重要的是，这样的一个委托的关系，实际上是政府在有效整合社会组织治理力量的一个过程。在这个过程当中，社会组织为争取公共资金会围绕政府的治理目标而合作，在这个合作的过程中，国家与社会将达成信念与利益上的妥协与理解。

（三）全球治理对我国社会稳定的挑战与机遇

尽管当代中国社会对于中国崛起的诸多内涵还存在广泛而深刻的争论，但是社会的稳定却被一致性地认定为中国崛起的基本前提。这不仅是近现代以来国家动荡导致积弱的惨痛教训，而且也符合治乱之道的传统逻辑。全球治理之所以为许多人所警惕，也正是因为全球治理存在着可能挑战权威政府主导下的社会稳定的可能。这样的警惕有其合理的一面，但是却忽略了当前中国最大的不稳定因素。因为坦率而言，中国政府在很长的一段时间里，并不会有真正的有组织的对手，今天再浪漫的自由主义者也不会幻想有哪个政党能够取代中国共产党的作用。未来几十年的中国，维护中国稳定的执政精英所面临的最大挑战，将是无组织的大众骚乱以及试图通过煽动民粹运动而攫取权力的体制内精英。

民粹运动之所以将成为中国未来几十年内对于社会稳定最大的挑战，主要原因在于：其一，对于改革进入深水区的中国，社会利益分化日益明显，各阶层之间的断裂日益固化，贫富差距日益加剧，正在催生一个庞大的、心怀不满的社会底层。与此同时，中国温和的中产阶级正在由于经济波动、高物价、高房价而日益萎缩，无法提供承上启下的稳定作用。在这种情势下，有组织的精英阶层和无组织的底层大众正在形成中国社会危险的两极。换而言之，中国社会已经具备了民粹运动的大众基础，那就是一个愤怒而躁动的社会底层。其二，现有的社会控制模式其维稳能力已经大幅度下降。我国社会的控制结构已经由改革前的单位制、双轨制、街道制基本转变为社区制，而由于流动人口的急速增加，社区制的建设却不容乐观。其三、改革三十年来的“强政府-弱社会”体制下，公民社会与自治组织并没有得到充分发展，无法对原子化的社会大众进行组织整合，形成有序政治参与的功能。从社会学角度来说，这是一种由高高在上的威权官僚与无组织的、原子化的个人构成的社会，是缺乏中间组织来整合社会成员的社会。无数同质化的个体处于游离状态，由于缺乏中间社会组织的网络约束规范社会成员的行为与趋向。一旦国家解体或失去聚合力时，社会成员就呈碎片化的一盘散沙状态。大众社会中的大众，是同质性的游离态的个体，缺乏价值与思想观念上的多元化，生活于同样的环境，感受到的是同样的压力和刺激，拥有的是同样的价值与思维方式，彼此缺乏多元制衡。他们脱离了传统的单位与组织社会结构，又没有被现代的市民社会与中间组织所容纳。这样的个体极易被民粹主义煽动起来，形成反对既存秩序的运动①。

必须指出的是，民粹主义运动在当代中国，既可以是左的、也可以是右的。民粹主义最突出的表现就是广场动员型政治无论是左派强调的广场动员，还是自由派主张的一人一票的直选民主，都是民粹主义的不同表现。网络大V以维权、民主的名义挑战社会秩序、无视国家法律，而所谓的左派领袖也同样热衷于裹挟民意、操弄舆论，甚至公开鼓吹暴力。由于我国当前社会不公与两极分化严重，极左势力在社会底层的动员能力不断加强，而且他们经常以革命性的话语为行动口号，让国家有关机关的处理行为往往面临很大的意识形态压力。

值得忧虑的是，网络技术尤其是微博技术的进步正在进一步加剧中国社会的民粹危险。根据中国互联网络信息中心（CNNIC）发布了第31次《中

---

① 萧功秦，民粹主义崛起的三种前景，共识网 http://www.21ccom.net/articles/sxwh/shsc/article_2012091667709.html。

国互联网络发展状况统计报告》显示，截至2012年12月底，中国网民数量达到5.64亿，微博用户规模为3.09亿，占整个网民数量的54.79%。微博已经成为当代中国最为重要的大众政治空间。然而微博以及其所模仿的脸书（facebook），本身的功能定位却并非是政治空间。微博空间碎片化、信息过载的特点限制了政治实践的理性审慎和批判。一方面，微博140个字的字数限制使得信息多以碎片化的形式展现。一条微博很难将时间地点事件交代清楚，更无法详细的论证清楚事情的来龙去脉，完全还原事情的全貌。而碎片化的信息限制了理性的表达。另一方面，微博特殊的传受结构容易出现信息过载的情况。微博发言成本低，每秒有上万条微博发布，轻轻一点刷新键，就能获得成千上万的丰富信息。人的有效注意力是有限的，在这种信息过载的情况下，不可能来得及对信息进行逐条分析和识别。在笔者对1000名微博用户关于微博用途的调查中可以看出①，微博空间中个人情绪的表达要远多于主体间理性的讨论。在虚拟空间中的交流，多为简单的情绪共鸣。

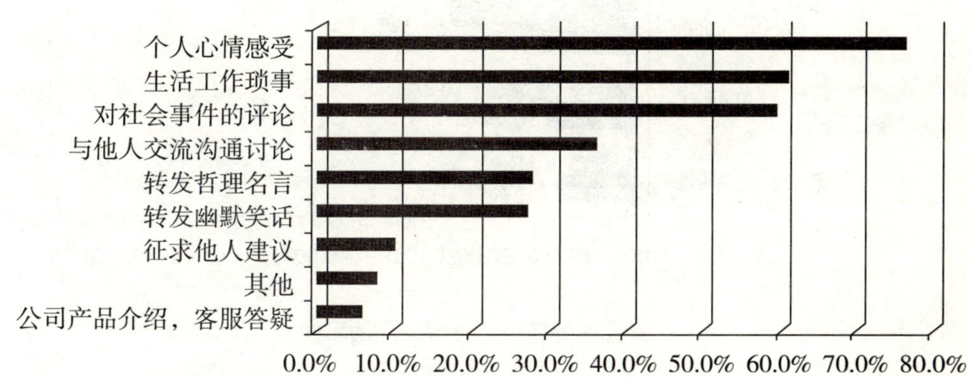

① 本次调查数据来源于笔者正在进行的《中国网络空间政治实践》的项目研究。采样对象为18—40岁、发送微博超过3次的1000名网友。其中访谈对象包括：网络大V、贴吧吧主、青年学生、自发抗日活动参加者等。

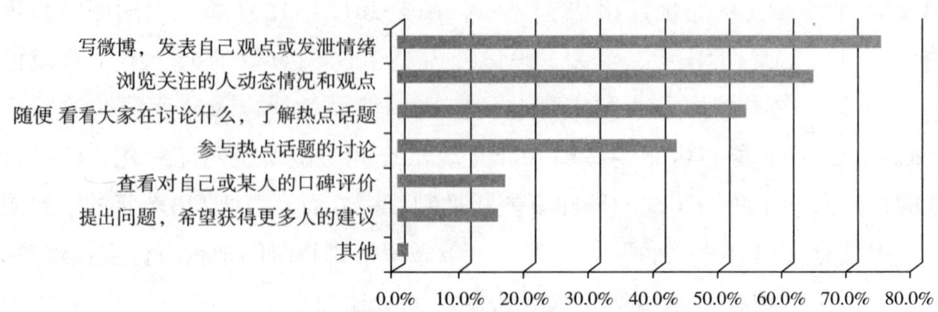

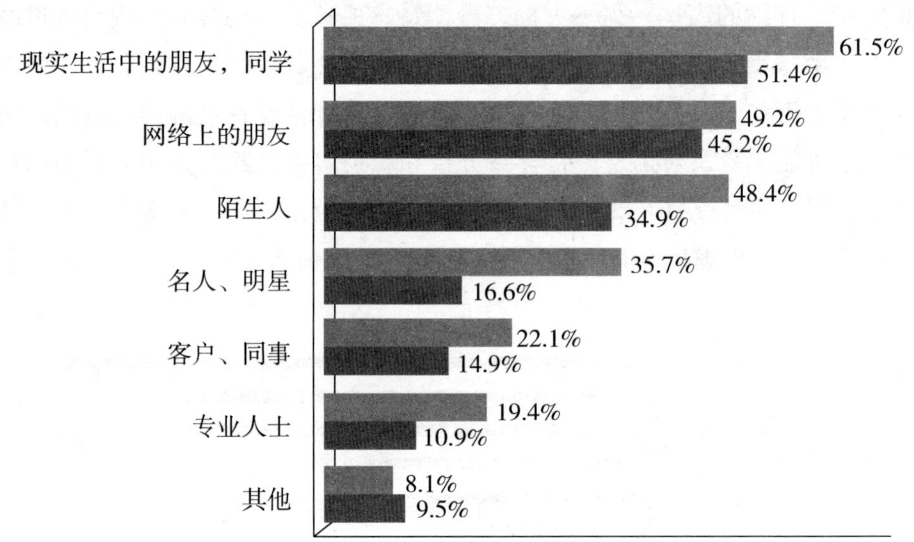

在社会组织高度发达、社区生活相对丰富的西方国家，facebook完全可以承载年轻人短平快的情绪表达需要，但是在舆情空间相对有限的当代中国，无数离散化的社会个体在网络空间里的政治实践却具有极大的现实危险性。偏激情绪在网络空间的累积，很容易裹挟下班之后毫无社区生活、精神世界空洞的年轻人，而使他们参与危害社会稳定的活动。在网络空间之中进行的民粹动员，不仅极容易在技术上突破我国传统的社会维稳模式，而且还具备了多地方、同时段、大规模发起运动的组织能力。以2012年9—15反日大游行为例，几乎是同时发生在全国几十个城市的大规模群众游行，绝不是仅仅

靠自发就能够实现。事实上，通过分析事件发生的过程，就可以看出这次大规模的游行，实际上是经过了网络空间中长时间的准备，其中不仅有中国民间保钓联合会的策划，而且也有商业媒体借机发动的反日签名的推动。在网络空间的情绪发酵达到一定程度之后，再利用特殊时期或特殊事件，通过qq、网络留言板、微博转发等组织形式，迅速在多地组织大规模的游行。年轻人的爱国热情无可指责，但是任何一个有理智的人都会对这种动员模式感到担忧。如果说以保钓爱国的名义可以让近10万在北京的年轻人可以几天之内被动员上街，那么以反腐爱国的名义又能动员多少人上街呢？

民粹运动对于中国社会的稳定已经构成了现实的危险，而运用传统的权威治理模式则面临代价高昂且对网络时代反应滞后的问题，在这种情境下，消除民粹运动的大众基础才是维稳的关键。就此而言，全球治理理念中有组织的社会生活能够为消解民粹主义提供有益的条件。其一，有组织的社会生活能够使同一情绪的狂热大众回归为具体现实中的人。民粹运动往往充斥着浪漫的宗教体验，它的魅力在于它能够向社会边缘化的被政治抛弃的个人提供了一种牢固的和相互联系的感觉[①]。给成千上万分化的、不稳定的人提供了自我定义和认同的途径，这种途径不仅恢复了他们在社会中长期被剥夺的某些自尊，而且还建立了某种虚幻的稳定。解决民粹主义的途径，就是要让大众回归真实的生活，并在真实的生活中感受到自己的主体地位。全球治理下的社会自治，可以为底层大众提供现代民主代议制国家难以提供的参与感和存在感，从而让群众从神秘主义的民粹运动中解脱出来，而以独立主体的视角去理解世界。其二，自治的公共空间能够培育出理性的交往规则，从而使得社会大众能够远离民粹运动的暴力性与无序性。民粹运动的兴起与传销一样，也离不开两个基本的元素，即不容置疑的救世主和不许质疑的动员口号，通过神化个人来让大众无条件崇拜，依靠展示暴力来禁止大众思考，这是民粹运动裹挟大众最常用的手段。这种现象的根本原因在于民粹运动当中个人由于从属于社会运动而丧失了私人的属性，如同古代城邦中的人一样，必须无条件地放弃其独特的一面，而视与大众一致为道德归途。全球治理范式下

① 埃利亚斯-卡内提著:《群众与权力》，冯文光、刘敏、张毅译，中央编译出版社2003年版，第12页。

的社会自治则从根本上拒绝不平等的裹挟，因为它要求所有的对话都必须是在权利平等的主体之间进行，它主张所有的对话都应该是允许质疑的。逐渐完善的公共空间，不仅能够在社会成员之间培养出平等的对话习惯，而且能够让社会成员在参与对话的过程中逐渐具备宽容、理性、和平的文明气质。其三，与政府合作的社会组织能够让大众分化为不同利益诉求的集团，从而使大规模的泄愤式骚乱难以发生。近些年来全球治理在欧洲政治的发展表明，在后现代化社会中由于社会的日趋多元，以及言论自由、信息公开和结社的便利，组织严密的政党正逐步为松散的小集团联盟所取代。考察欧洲社会近些年来的环保、人权、保护动物等多种运动可以发现，大规模的群众运动已经逐步为向利益集团、压力集团的运作模式转变。这是因为当狂热的煽动难以进行的时候，利益集团的博弈模式往往是缓解集体行动困境的最佳选择。自上世纪50年代末和60年代初以来兴起的公共选择理论认为，除了参与私人经济部门活动的人之外，公共活动的参与者也有使自己利益最大化的倾向，而这种倾向将带来搭便车的现象，并最终导致合乎集体利益的集体行动难以发生[①]。恰恰是利益集团模式在很大程度上避免了组织规模过大带来的集体行动能力的低下，从而使得共同利益能够得以持续性地表达。在全球治理的模式下，自治性的公民团体在政府搭建的制度平台之上，以利益主体的身份进行参与。这意味着民粹运动所依赖的大众集体将分化为诸多彼此竞争的利益集团，而政府则将引导他们进行协商与妥协。

四、全球治理与中国国家安全的关系

近十年来，随着改革中累积的社会结构性矛盾逐渐开始激化与释放，社会管理成为了我国政府必须面对的紧急而重大的现实任务。尽管完善与加强社会管理已经成为了政府、学界、民间的共识，但是如何推进社会管理层面的改革，如何进行符合中国国情的制度设计，中国各界却充满分歧。学界、民间有关于公民社会的诸多合理诉求尽管为有关管理部门所认可，但是坦率而言大多意识形态数有关于公民社会的观点尽管充分论证了公民社会对于社

① 满瑟尔-奥尔森:《集体行动的逻辑》，陈郁译，上海人民出版社2011版，第35—62页。

会治理的重要意义，却始终没有充分回应有关部门对社会稳定、国家安全和的强烈关切。

中国在实现国家崛起的过程当中以何种方式与全球治理发生联系，最终将决定性地取决于全球治理对于中国社会管理和国家安全管理的影响。对于中国政府而言，全球治理究竟是和平演变、颜色革命的颠覆因素，还是改变我国社会管理中“一抓就死、一放就乱”的破局良方，直接决定着中国政府对于全球治理的态度。在实现国家崛起的过程当中，中国的国家安全与全球治理的关系主要体现在两个基本方面：

1. 国家安全管理水平的提升是全球治理内化为中国特色社会管理模式的直接动力。如果以全球治理为基本模式进行的社会管理改革不能解决当前社会安全形势严峻这一主要矛盾，甚至加剧这一矛盾，那么决策者对于改革的决心就很难坚持。尽管许多学者认为不改革是等死，但如果改革成了找死，那么理性的选择就是继续等待。更何况实事求是而言，中国的很多重大问题，既有体制的因素，也有历史进程中的普遍性问题。比如环境、维权、土地等问题，固然有体制的责任，但是也与中国处于现代化和城市化的初期阶段有关，这些问题事实上也只能通过改革来缓解而不是解决，其最终解决，必须等待于现代化与城市化的进一步推进，而且这通常是一个漫长焦虑的过程。等待，其实未必没有希望，相较而言，找死却是无法承受的选择。因此，全球治理模式对于中国国家安全管理的优化实际上是中国的决策者下决心推进社会管理改革的基本前提。唯有立竿见影的国家安全管理的提升，才能够为进一步推行的社会管理改革打开空间。中国历代社会动荡的惨状时刻提醒我们，改革的推动者不能轻率地以长痛不如短痛的激进思路去打开局面。

2. 国家安全和社会稳定是衡量全球治理得失成败的根本标准。全球治理的实质是国家向社会的放权，尤其对于曾经处于全能政府时代的中国，这种放权意味着社会管理模式的重大变革。在变革的过程当中，很多领域一定会出现“国家退出”的现象，但是社会管理改革的成功不是简单的主体变更，更不是国家退出就万事大吉。政府应该在不该管的地方退出，但是退出之后这里不能成为没人管的地方；政府应该在管不好的地方退出，但是退出之后这里不能成为管得更不好的地方。在社会自治能力匮乏的领域，政府的贸然退出往往是将社会治理领域交给了黑金和黑帮，在西方社会的发展历史中，意大利的教父、美国的城市老板现象都成为了长期困扰当地社会的毒瘤，以社会安全的下降换取政府的退出，对于政府而言可能是减负，但是对于社会而言却绝非福音，这样的变革也难以获得人民的支持。

五、结语

在中国崛起的过程当中，中国更深入地卷入全球化的过程将是一个不可避免的现实。权威政府的追赶战略、高同质性的稳定社会、丰富的低保障劳动力，曾是中国在资本全球化、市场全球化中成功的核心秘诀，然而在进一步的全球化进程中，这些优势背后的副作用正日益凸显。权威政府在管理变动社会时的僵硬和昂贵、同质社会日趋多元时带来的断裂与冲突、低保障人群中酝酿的民粹倾向，都可能在未来给中国的崛起带来不确定的变数。在国家、市场与社会的三维关系中，中国的发展实际上是优先关注了前两者的结果，但是发展之后的代价就是社会发展中的欠账，而如何解决这一欠账，恰恰需要参考全球治理这一新的视角。

尽管长期以来，全球治理这一光鲜名词的背后总能嗅出浓浓的和平演变的阴谋，而且“颜色革命”和“阿拉伯之春”也加剧了中国政府对于这种理念的担心，但是就人类的发展趋势而言，全球治理所主张的社会自治、政府放权却是改善公共服务品质、提升公权力合法性、应对多元社会的有效方法。一方面，放权并不是简单的国家撤出，自治也不是简单的社会独立，而是国家和社会在达成同盟之后的协同行动[①]。政府通过有意识地扶持与委托，寻找负责任的、建设性的社会组织，构建出更加有效率的社会治理结构，从而以间接的方式深入到政府难以直接进入或是直接进入代价高昂的领域。这一过程虽然以间接方式取代了直接方式，但是却优化了治理绩效。另一方面，对于多民族的中国而言，虽然主体民族拥有绝对优势的人口，但少数民族区域依然十分广阔，在这种情况之下以民族主义作为国家的合法性依据将会面临来自区域主义、族群主义越来越强烈的挑战，全球治理以提升社会成员对

---

① 唐纳德·凯特尔:《权力共享—公共治理与私人市场》，孙迎春译，北京大学出版社2008年版，第30页。

社会事务参与性的方式，构建出更具体而鲜活的协商性民主过程，从而将国民的凝聚力由民族认同渐变为超越民族身份的“宪法爱国主义”。更为重要的是，为了应对未来几十年内由于社会分化加剧而带来的民粹运动危险，培养建设性的、有组织的社会合作者已经成为中国政府在社会管理改革中的紧迫目标，而要实现这一目标，中国政府就必须学会从全球治理之中汲取智慧。

在中国崛起的道路上，中国的领导集团将会如何看待全球治理，目前还有很大的不确定性，但是可以确定的是，中国社会管理模式必然要在国家崛起的过程当中完成属于自己的转型，历史潮流就是如此，不管身在潮流之中的人们是愿或不愿，它总是浩浩荡荡地默默奔流。

第六章　中国崛起对全球治理的影响

伴随国家实力的崛起，中国正对世界产生广泛的影响。在新的全球治理领域，中国也开始逐步参与，逐步融入全球社会。中国在学习借鉴世界上其他国家全球治理经验的同时，中国崛起本身也必将对全球治理产生自己的影响，给全球治理带来许多新的特点和变化，为全球治理贡献中国的智慧和力量。

一、中国崛起对全球治理价值观的影响

全球治理的价值，就是全球治理的倡导者们在全球范围内所要达到的理想目标。全球治理委员会曾经提出全体人类都应该接受的核心价值，包括对生命、自由、正义和公平的尊重、相互的尊重、爱心和正直。中国作为国际大家庭中负责任的一员，对这些价值完全认同，因为这是人类普遍的价值追求，不仅符合世界人民的利益，也符合中国人民的利益。伴随着不断崛起和国家实力的逐步增长，中国作为全球政治舞台上一个重要政治共同体也越来越多地参与到全球性事务的治理中来，在治理的价值理念方面，中国创造性地提出了“和谐世界”理念，丰富发展了全球治理价值观。

“和谐世界”的理念，既是中国外交政策和外交理念的高度概括，也是中国对于全球治理的独特理解与追求。“和谐世界”的理念，是中国作为世界上最大发展中国家取得相当突出的发展成绩后做出的以发展中国家视角提出的全球治理理念。“和谐世界”理念是基于中国国内构建和谐社会的国内治理理念提出的。换言之，“和谐世界”理念是国内“构建和谐社会”理念在国际社

会中的理念延伸和发展。[①] 中国自1978年实行改革开放以来，就全方位地进入了国际舞台，中国首先要面对的就是自身的发展问题。中国的发展事关十几亿人口的吃饭和生活，关乎到东亚乃至亚洲的稳定。在发展的最初阶段，中国面临着其他国家也遇到的共同问题，其中之一就是来自于外部世界的威胁，特别是霸权主义国家的威胁。在以往的以意识形态划分亲疏的冷战年代，中国作为社会主义阵营的坚定力量，使得不少资本主义国家对中国这样一个另类政治共同体产生敌视。即使是在改革开放初期，整个资本主义世界也是对中国的发展持怀疑态度。在此国际背景下，虽然中国已恢复了联合国合法席位，成为安理会常任理事国，但由于国家实力不足，我国在国际舞台上的地位并没有得到实质性提升。国际政治经济规则制定者依旧在排斥和抵制以中国为代表的社会主义国家。中国早在1986年就提出要加入世界贸易组织，但经过漫长的谈判，直到15年后我国才正式成为世界贸易组织的会员，而中国早在1947年时就是关贸总协定创始国之一。应该说由于中国实力的不够，导致其国际地位不匹配。

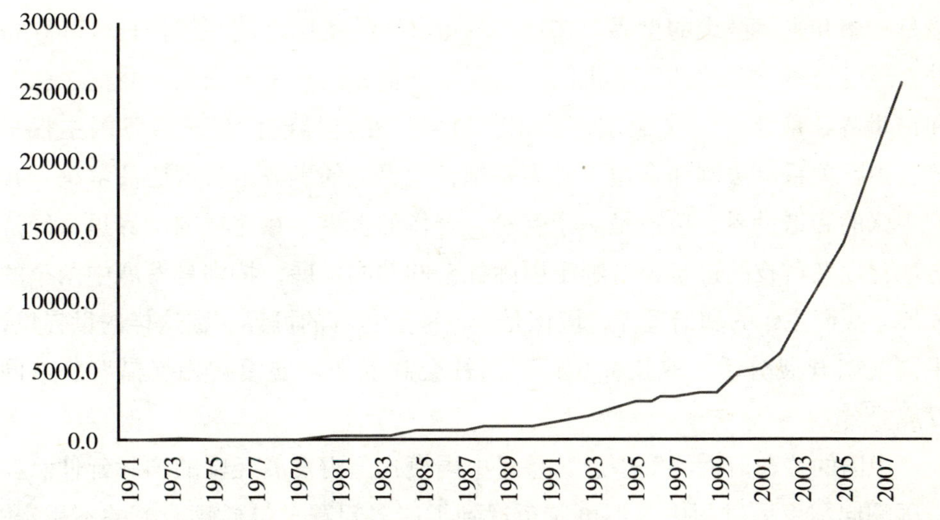

图1　1971年至2008年中国进出口贸易总额[②]（单位：亿美元）

① 汪朝晖：《中国的“和谐世界”外交理念刍议》，《人民论坛》，2012年中期，第240页。

② 数据来源于《新中国六十年统计资料汇编》，统计出版社，2010年，第60页。

国际地位的不匹配导致的结果就是中国虽然拥有大国的名称，但没有其他大国一样的国际影响力。就全球治理领域而言，中国只能承担对自身的责任与义务，专注于治理中国自身，虽然也曾经提供过巨额的援助给非洲国家帮助解决广泛存在的贫困，但是，这种国际援助的背后是以意识形态论亲疏的政策取向和冷战综合作用的结果，并不是一种常态的全球治理取向。伴随着中国崛起，中国也在更广领域参与到国际事务中来，以1999年首次派出维和为标志，中国正式参与到全球治理中来，开始担负起作为大国的责任，不仅仅谋求在解决地区热点和焦点问题作出贡献，也开始尝试解决全球问题，为全人类谋取福利。在新世纪，中国也注重把自己的治理经验推向全球，希望为世界上其他国家特别是发展中国家提供有益的经验。这个经验的升华和提炼，归结起来就是“和谐世界”的理念。在2005年9月举行的联合国成立六十周年首脑会议上，国家主席胡锦涛作了题为“努力建设持久和平、共同繁荣的和谐世界”的演讲，第一次在国际舞台上提出中国的“和谐世界”理念。在2006年举行的“中国梦与和谐世界”研讨会上，外交部副部长张业遂又进一步阐释了“和谐世界”理念。张业遂说，我们主张的和谐世界，应该是一个和平、稳定的世界。在这样的世界里，各国之间相互信任、和睦相处，通过公平、有效的安全机制，共同维护世界的和平与安全。我们主张的和谐世界，应该是一个民主、公正的世界。在这样的世界里，各国主权平等，国际关系以法制和多边主义为基础，世界上的事务由各国协商解决。我们主张的和谐世界，应该是一个互利、合作的世界。在这样的世界里，经济全球化以及科技的进步，有利于国际社会的共同发展，特别是发展中国家的发展。我们主张的和谐世界，应该是开放的、包容的世界，在这样的世界里，不同文明开展对话，取长补短，不同社会制度和发展模式相互借鉴、共同发展。①

中国的“和谐世界”理念，是对中国模式国内发展经验的国际延伸。在中国崛起与发展过程中，不可避免遇到了诸多问题，包括政治上的不稳定、经济体制的不健全、生态环境的恶化、公共危机的增加、食品安全的危险、道德滑坡以及国际大环境造成的不利因素等。如著名政治学者塞谬尔·P·亨

---

① 详情参见中新网http://www.chinanews.com/news/2006/2006-04-02/8/711326.shtml。

廷顿所言：现代性带来稳定性，现代化却带来不稳定性。中国的现代化过程伴随着一系列的不稳定因素，中国的崛起也正是在一系列不稳定中艰难成长起来。这些不稳定因素对于其他亚非拉发展中国家来说，也是横亘在其发展面前无法逾越的障碍。各国必须以执政党为核心，依靠人民的力量，根据本国的国情，实事求是加以解决。中国在中国共产党领导下，锐意改革，实事求是，力图通过发展的办法来解决发展中的问题。在新的阶段，中国共产党以其独特的智慧，创造性地提出了"和谐社会"主张，为中国的未来发展指明了方向。中国所提出的"和谐世界"思想是国内"和谐社会"思想的自然延伸，是将中国的经验推广到世界范围内，反映了当今世界的重大变化和迫切需求，与当今世界颇为流行的"全球治理"观念两相吻合、相得益彰。[①]

中国的"和谐世界"理念，是中国对全球治理理念的全新理解。全球治理的目的是要解决阻碍人类进步、困扰全球社会的全球性问题。对于全球性问题，单个国家无法或难以应对，迫切需要国际社会的合作。但囿于传统的现实主义思维和国家利益的影响，发达国家承担的责任与义务并不完全对称，体现到国际舞台上就是当今不合理的国际政治经济秩序的延续和存在。环境问题是人类面临的共同问题，关乎人类的切身利益。然而在这一问题上，个别国家推诿责任、一意孤行，置人类利益于不顾，却依靠全球其他地区的资源享受着全球化带来的好处。中国是当今世界上最大的发展中国家，集中代表了发展中国家的利益，致力于构建公平公正的国际政治经济新秩序，让发展中国家共享全球化带来的机遇。"和谐世界"的理念，突出反映了中国谋求合作、促进和平、共同应对发展中面临的问题的真实态度，表达了中国对全球治理的全新理解。

中国的"和谐世界"理念，是中国对全球治理目标理想的描绘。全球治理委员会早在1995年的报告中就描绘了他们认为的全球治理的目标理想——天涯成比邻[②]，具体来说包括：尊重生命、自由、公平正义、关爱、团结等。中国拥有五千年的历史传统，一向爱好和平，在建设"和谐社会"之际，就

① 刘雪莲：《论全球治理中和谐世界的构建》，《吉林大学社会科学学报》，2006年第5期，第45页。

② 详细内容参见全球治理委员会网 http://www.gdrc.org/u-gov/global-neighbourhood/chap2.htm。

提出了“和谐社会”的特征和要求，那就是民主法治、公平正义、诚信友爱、充满活力、安定有序、人与自然和谐相处。这些价值也是全球治理委员会当初追求的代表了人类普遍利益的共同价值追求。“和谐世界”的理念是将“和谐社会”的价值追求放置于全球社会，采取一种合作共赢的态度来建设一个持久和平、共同繁荣的世界，是中国对全球治理目标的理想描绘。

国内不少学者已经把“和谐世界”的理念认为是新的全球治理观，并且强调“和谐世界”的新全球治理观一经提出，便受到了国际社会的广泛关注和世界舆论的高度评价。[①] 新加坡著名学者郑永年认为，在外交政策领域，“和谐世界”标志着领导层对中国在世界上的地位的全新理解，相应地，也标志着其整体的国际战略的转变。[②] 印度学者莫汉认为，“和谐世界”理念中包含的国际关系民主化和不干预国家内部事务的想法也是印度对外政策的不可分割的组成部分。美国学者布兰查德认为，中国在信守“和谐世界”理念的时候已经做了一个好的榜样，因为中国把自己融入到世界经济体系中来。[③]

“和谐世界”理念表明中国在积极参与到全球治理中来的时候，也在以自身的发展经验和对全球治理的理解为基础，丰富全球治理的内涵，力图使全球治理变得更符合世界上最大多数人群的利益和需要。这一切也都表明，中国崛起为全球治理注入了富有中国元素的全新价值取向。

二、中国崛起对全球治理规制的影响

全球规制就是维护国际社会正常的秩序，实现人类普世价值的规则体系。[④] 具体来说，包括用以调节国际关系和规范国际秩序的所有跨国性的原则、规范、标准、政策、协议、程序。在某种程度上，可以用国际政治和经济秩序来概括。当前的国际政治和经济秩序是以西方国家为主导的、为满足

① 李俊青、冯建辉:《和谐世界：中国式的新全球治理观》,《前沿》, 2009年第7期，第18页。

② Yongnian ZHENG:《‘HARMONIOUS SOCIETY’ AND ‘HARMONIOUS WORLD’: CHINA’S POLICY DISCOURSE UNDER HU JINTAO》, 诺丁汉大学中国研究所简报，第26期，详情见http://nottingham.ac.uk/cpi/documents/briefings/briefing-26-harmonious-society-and-harmonious-world.pdf。

③ Jean-Marc F. Blanchard:《Harmonious World and China’s Foreign Economic Policy: Features, Implications, and Challenges》,《Journal of Chinese Political Science》, 2008年第2期，第166页。

④ 俞可平:《全球治理引论》,《马克思主义与现实》, 2002年第1期，第25页。

西方资本主义国家利益而设定相应规制的体制。其突出特点就是西方国家是规制的制定者，大多数发展中国家不得不面对现实，认同和接受西方国家主导的国际体制、国际规则和国际关系理念。[①] 在全球治理领域，西方国家依旧占据着主导地位，是主要的规则制定者。

随着中国崛起以及国际影响力的提升，中国发出了自己的声音，谋求建立公正合理的国际政治经济新秩序，力图改变当前不合理的国际政治和经济秩序。中国崛起带来的实力的增长也推动着全球治理规制发生着微妙变化，其主要体现在三个方面：中国逐渐从规制的接受者变成规制的制定参与者；治理规制逐渐从维护发达国家利益向维护发展中国家利益倾斜；中国倡导建立国际政治经济新秩序。

1. 中国崛起带来规制制定机制的改变。当前的国际规制继承于冷战时的体制，由于苏联的垮台，导致西方资本主义国家成为国际政治和经济秩序的支配者，其依托强大的科技和经济实力，保持绝对的发展优势，通过技术援助和经济援助等形式向发展中国家提供支持，借以夺取市场和原料。在国际市场上，发达国家和发展中国家存在巨大的贸易“剪刀差”，“剪刀差”带来的后果就是发展更不平衡，差距进一步拉大。面对不合理的国际分工和贸易体制，发展中国家只有被动的接受。

中国的崛起源于中国抓住了第三次科技革命的尾巴，及时地调整政策，开始融入世界，并且利用低成本的优势大规模的引进外资，解决发展亟需的资金问题。虽然在这一过程中，中国坚持独立自主、自力更生的原则，但是，面对残酷的外部环境，中国也不得不接受西方国家主导的国际政治经济秩序的现实。前面提到的中国入世就是一例最好的说明。伴随着中国崛起和国家实力的增长，中国对国际贸易的规则制定也发生了重要性的影响。“两亿条裤子换一架飞机”是中国对外贸易的真实写照。入世十余年来，中国已经成为世界贸易摩擦的主要对象国，中国企业面临着贸易摩擦已经成常态化的趋势。但是不少的企业经过积极的应对，在打国际贸易官司上也积累了丰富的经验，客观上也使得中国企业更加深刻了解国际规则。同时中国企业通过中国国际商会和国际商会中国国家委员会等对外交流的专业平台上积极地参与

① 黄凤志:《当代国际政治秩序特征探析》,《吉林大学社会科学学报》,2007年第6期，第33页。

国际贸易规则的修改和制定，运用世贸规则和国际商业惯例来保护自身权益的意识、能力都在不断的提高。① 中国通过积极参与国际贸易规则的修改维护自身的利益取得了显著效果。

随着中国国际地位的提高，中国积极参与知识产权国际规则制定和改革。2011年，中国专利文献纳入《专利合作条约》最低文献量；与世界知识产权组织签署《关于发展知识产权局信息服务的合作协议》；深化与非洲地区知识产权组织和非洲知识产权组织的合作，推进与东盟合作；中美欧日韩合作稳步推进，中日韩合作日趋紧密；签署中德、中日、中韩及中美专利审查高速路合作意向声明，启动与日、美专利审查高速路合作试点。这些都大大加强中国在规则制定领域的话语权。

此外，中国还积极参与到国际金融体制的规则制定中去。长期以来，世界的金融以华尔街为主导，以世界银行和国际货币基金组织为依托，美国人独占全球金融霸权。2010年4月，世界银行就投票权从发达国家向发展中国家和转轨国家转移3.13个百分点达成一致，我国在世界银行的投票权由2.77%增加到4.42%，成为第三大股东国，仅次于美国和日本。这一变动大大增加了中国在国际金融领域的影响。在人民币国际化领域，中国已与越南、蒙古、老挝、尼泊尔、俄罗斯、吉尔吉斯斯坦、朝鲜和哈萨克斯坦等 8个国家的中央银行签署本币结算协定。自国际金融危机爆发以来，我国央行已与香港地区以及韩国、马来西亚、印度尼西亚、白俄罗斯、阿根廷等6个国家和地区的央行及货币当局签署了货币互换协议，总金额高达6500亿元人民币。目前中国又与日本、澳大利亚等国家达成了人民币直接结算协议。这些措施大大加强了中国在国际金融领域的规则制定权，削弱了美国的金融霸权。

2. 中国崛起带来治理规制从维护发达国家利益向维护发展中国家利益倾斜。以G8集团为代表的西方发达国家主导的国际体系，其出发点是维护发达资本主义国家的利益。由于以中国为代表的新兴力量的崛起，逐渐打破了原有的世界经济格局，增加了发展中国家在讨论世界经济问题的表决权，让治理规制逐渐向维护发展中国家利益倾斜。

在世界经济领域，要支持发展中国家。在2009年4月举行的G20伦敦峰

① 万季飞：《中国企业逐步参与制定国际贸易规则》，《中国对外贸易》，2011年第3期，第42页。

会上，中国国国家主席胡锦涛发表题为《携手合作，同舟共济》的讲话。在讲话中，胡锦涛提出五点建议，其中第五点建议进一步支持发展中国家，希望国际社会“切实保持和增加对发展中国家援助，切实帮助发展中国家维护金融稳定、促进经济增长，切实帮助发展中国家特别是非洲国家克服困难，不断改善这些国家发展的外部环境”。[①]

在扶贫领域，要加大对发展中国家的支持。在2010年10月举行的第六十五届联大第三次委员会议上，中国常驻联合国副代表王民呼吁国际社会在发展领域应重点关注加大对发展中国家的支持力度。王民强调，受国际金融危机冲击，发展中国家经济增长普遍减速，迟滞了社会发展步伐。发达国家要切实兑现官方发展援助承诺，落实有关妇幼健康、教育等领域的具体承诺，为改善发展中国家民生和综合发展水平提供支持，争取全面实现千年发展目标。

在环境气候领域，发达国家要多承担责任。在2013年4月29日至5月3日德国波恩举行的联合国2013年首轮气候谈判中，中国谈判代表苏伟认为，部分发达国家在谈判中试图逃避其对全球气候变化的历史责任，发展中国家对此决不会接受。发达国家对气候变化承担着主要责任，后果却要由面临发展经济、消除贫困、改善人民生活等挑战的发展中国家承担。发达国家必须大幅度绝对地减少排放量，发展中国家则要在可持续发展过程中尽可能少排放。这体现了“公平”和“共同但有区别的责任”原则。发达国家在新协议下，即2020年后应继续履行包括自身减排、向发展中国家提供资金、技术转让以及能力建设支持等义务，但当前发达国家在兑现2020年之前的减排承诺、向发展中国家提供资金技术支持等方面做得远远不够。

中国在崛起后，始终坚定地站在发展中国家的立场上，坚定地维护发展中国家的利益，力图改变国际规制中不合理的地方，努力建立公正合理的国际政治经济新秩序。

3. 中国崛起力图改变不合理的国际政治经济旧秩序，倡导建立公正合理的国际政治经济新秩序。国际秩序是一个历史范畴，指的是在一定历史时期

① 胡锦涛:《携手合作，同舟共济》，在G20伦敦峰会上的讲话。具体内容见人民网http://politics.people.com.cn/GB/1024/9073737.html。

国与国之间在政治、经济上相互作用的体系或结构。国际秩序是世界格局的外在体现。旧的国际政治经济秩序是在发展中国家无话语权的情况下，按照发达国家利益形成的。旧秩序的特点就是不平等性和不合理。政治上，少数发达国家说了算，以强凌弱，以大欺小；在经济上、生产上，服从发达国家的需要，把发展中国家变成原料基地和加工厂；在国际贸易上，发达国家制定有利于自身的贸易规则，控制世界市场。这种政治经济秩序是为发达国家利益服务的，极大地损害了广大发展中国家的利益，既不利于维护世界和平，也不利于整个世界的发展，尤其不利于发展中国家的发展。国际经济旧秩序的实质是维护和保持垄断资本的国际剥削；国际政治旧秩序的实质是维护和保持超级大国的霸权地位。

中国在崛起的过程中，反对不合理的旧秩序，提出建立公正合理的新秩序的主张。建立公正合理和平稳定的世界新秩序，是包括中国在内的广大发展中国家的共同要求和愿望。[①] 早在1988年9月21日，改革开放的总设计师邓小平在会见斯里兰卡总统普雷马达萨时就指出："现在需要建立国际经济新秩序，也要建立国际政治新秩序。"[②] 以胡锦涛为总书记的新一代党中央领导集体对国际政治经济新秩序赋予了丰富的内涵：政治上相互尊重、平等协商，共同推进国际关系民主化；经济上相互合作、优势互补，共同推动经济全球化朝着均衡、普惠、共赢方向发展；相互借鉴、求同存异，尊重世界多样性，共同促进人类文明繁荣进步；安全上相互信任、加强合作，坚持用和平方式而不是战争手段解决国际争端，共同维护世界和平稳定；环保上相互帮助、协力推进，共同呵护人类赖以生存的地球家园。[③]

中国提出的建立公正合理的国际政治经济新秩序的主张，得到了世界上许多国家的好评。这对于突破旧有的秩序，构建有利于发展中国家利益的新秩序，在变化与发展中实现世界的和谐具有重要意义。此外，中国的主张，对于改善全球治理的规则，让全球治理符合世界多数人民的利益极为重要。

---

① 倪世雄、赵曙光：《国际形势的变化与世界秩序的重建》，《吉林大学社会科学学报》，2010年第1期，第24页。

② 《邓小平建设有中国特色社会主义论述专题摘编》（新编本），中央文献出版社，1995年，第359页。

③ 《十五大以来重要文献选编》（上），北京：人民出版社，2000年，第27页。

中国崛起带来的中国发言权的扩大在潜移默化中影响着全球治理的规则，让全球治理朝着公正、合理的方向发展。

三、中国崛起对全球治理主体的影响

全球治理的主体或者说是基本单元，是指制定和实施全球规制的组织机构。[①] 从总体上来说，全球治理的主体可以分为三类：一是世界各国政府、政府部门以及亚国家的政府当局；二是正式的国际组织；三是非正式的全球公民社会组织。在国际理论界，对于哪一类组织在全球治理中发挥着最重要的作用，学者的观点并不一致，但存在一个共识，那就是全球治理离不开各类治理主体的参与。因为当今世界是一个全球化、多元化的社会，政府在国际事务中还扮演着重要角色，全球问题的跨区域性需要跨区域的国际组织来处理，同时，公民社会的发展不可避免地带来非正式的公民组织的崛起。这三类组织在处理各自擅长的领域和问题上有着各自的优势，如国际安全和裁军问题必须由各国政府出面才能妥善解决，全球性的贫困、饥饿问题需要专业化国际组织才能系统的解决所需资金和技术问题，环境问题的解决有了公民社会组织的参与才能更加有效。

中国崛起不可避免地加强中国对全球治理主体的影响。这主要体现在：1.中国经济实力的提升让中国政府可以更加负责任的履行义务；2.中国综合实力提升带来有中国参与的国际组织的增多；3.中国社会发展进步进一步发展了国内的公民社会组织。

1. 中国崛起带来中国经济实力的提升，让中国政府在扶贫、开发援助方面显得更加有力。新中国在1949年成立之后，就积极地履行着国际义务，对新兴的民族独立国家提供了大量援助。即便是在经济非常困难的大跃进时期，中国也不忘对非洲国家进行援助。这一时期的经济援助受美苏冷战影响，主要提供给在社会主义阵营的国家（见表1）。

① 俞可平：《全球治理引论》，《马克思主义与现实》，2002年第1期，第25页。

表1　中国对外援助表

年份	援助对象	援助物品	备注
1953	朝鲜	8万亿人民币	旧币，同时免除战费
1954	蒙古	8200名工人	外加建各种建筑设施
1955	越南	8亿元人民币	外加煤矿、水泥厂等
1956	蒙古	1.6亿卢布	
1959	越南	4亿人民币	3亿长期贷款、1亿无偿贷款
1960	几内亚	1000吨大米	
1960	刚果	5000吨大米和小麦	
1962	老挝	修建云南孟腊至老挝丰沙里的公路	
1966	巴基斯坦	1.8亿元人民币	无偿援助
1968	巴基斯坦	1亿元人民币	无偿援助
1970	阿尔巴尼亚	19.5亿元人民币	长期低息贷款
1970	朝鲜	石油15万吨	1972年增加到140万吨
1971	越南	36.1亿元人民币	中国还同朝鲜、阿尔巴尼亚、罗马尼亚等国签订了援外协议，总额度为74.25亿元人民币，是建国以来对外援助任务最重的一年
1974	阿尔巴尼亚	10亿元人民币	
1976	柬埔寨	无偿军事援助	折合人民币2.26亿元

资料来源:《中国统计年鉴2010》，中国统计出版社，第801页。

对外慷慨的援助也让中国打破了封锁被动的外交局面，让新生的政权得到国际社会的承认。国际社会对中国也给予了丰厚的政治回报，其中最重大的意义就是帮助中国获得联合国的合法席位。毛主席针对中国重返联合国一事曾经说道:“是非洲兄弟把我们抬进去的！”中国对国际社会尽义务后也得到国际社会的尊重和回报。

改革开放后，中国经济实力得到提升，国际地位得到提高，依然承担着相应的国际责任。作为安理会常任理事国，中国政府累计派出官兵2万余人次，9名官兵牺牲在维和一线，参加22项维和行动。目前，中国军队共有1851人在联合国10个任务区执行维和任务，是联合国安理会常任理事国中派兵最多的国家。在国际援助领域，2000年至2011年，中国共为51个非洲国家援助1673个项目，援助总额约750亿美元。2011年南苏丹独立后，非洲共有54个国家，这意味着仅有3个非洲国家未接受中国援助。截至2009年底，中国政府免除了50个重债穷国和最不发达国家的256亿元人民币债务。此外中国政府在2010年承诺今后5年，中国将再为发展中国家建设200所学校；派遣3000名医疗专家，培养5000名医务人员，为100所医院提供医疗器械、药品等；援建200个清洁能源和环保项目。今后3年内，中国将向全球艾滋病、结核病和疟疾基金捐款1400万美元。今后5年，中国将再派遣3000名农业专家和技术人员，提供5000个来华农业培训名额。今后5年，中国将为发展中国家再培训8万名各类人员，增加发展中国家来华留学奖学金名额等，并为3000名校长和教师提供来华培训机会。[①] 中国做出的慷慨承诺是与中国崛起密切相关的，没有背后的经济实力的支持，中国是无法提供如此大手笔的慷慨援助。反观之，作为世界头号经济体的美国，2000年至2011年间对非援助总额约900亿美元。如果按人均援助成本来看，中国人民无疑为非洲人民的发展做出了突出的贡献。这也充分说明，中国主张的发展是共同的发展，是主张发展中国家共享全球化带来的契机，而不是利用全球化，造成发展差距的增大。中国在取得发展成绩后，始终不忘非洲的老朋友，这也突出反映中国的外交原则和坚定的外交立场。中国以自身负责任的行为为世界其他国家做出表率。

2. 中国崛起让中国更好地参与到国际社会中，融入国际大家庭中，更多的国际组织开始深度接纳中国。当今世界是联系和开放的世界，关起门来搞建设是不可能成功的。中国改革开放经验告诉我们，中国必须融入到国际社会中才能取得发展。一个国家是否融入到国际社会，一个主要的标志就是看其参加的国际组织的数量。新中国成立后，由于冷战的影响，中国参加的国际组织有限，在联合国的席位还是由中华民国代表，中国的国际化程度不是很高。在恢复联合国合法席位前，中国参加的国际组织仅有华约组织、经互会等几个。

---

① 数据来源于中国国务院总理温家宝2010年9月22日在纽约联合国总部联合国千年发展目标高级别会议上的讲话。

恢复联合国合法席位，中国参加的国际组织日益增多（见表2），且类型多样，并且出现了以中国城市为命名的组织——上海合作组织，一方面证明了中国逐步融入到全球社会中，另一方面也表面中国逐渐得到世界的认可，影响力逐步提升。

表2　中国参加的国际组织

年份	中国参加的国际组织
1971	联合国教科文组织
1972	世界卫生组织
1973	联合国粮农组织
1980	国际货币基金组织
1984	国际原子能机构
1991	亚太经合组织
1992	世界动物卫生组织
1999	世界遗产委员会
2001	世界贸易组织
2001	上海合作组织

上海合作组织的创办是中国参与全球治理的重大事件。中国进入国际社会的时间很短，在恢复联合国合法席位后，中国谋求进一步发展对外关系。但囿于自身实力和国际地位不高，中国在进入国际社会中遭到重重阻碍。当时中国融入国际社会的主要手段一是发展对外经贸关系，以换取国家急需的外汇，另一方面就积极参加国际组织，让中国得到世界的认可。长期以来，国际政治的格局由西方掌握，各种类型的国际组织也大都由西方国家创立并由西方国家维持。在与苏联的关系降到冰点以后，中国逐步退出了苏联的社会主义阵营的组织，加入世界上其他的组织，对于中国来说具有极为重要的意义。然而，中国的国际化进程受到的阻力很大，中国仍然是一个被动者，以一个学生的姿态向西方老师学习，等待老师的认可。上海合作组织的创立，表明中国开始创建中国具有实质影响力的国际组织，开始关注并谋求解决困扰世界和中国的国际问题。这一组织的创立，表明中国力量的崛起，对原有

的国际体系提出挑战，谋求自身在创立国际组织方面的主导权，同时帮助中国积累在应对国际恐怖主义方面重要的全球治理经验。上海合作组织成立十年来，不仅为成员国之间增进互信，加强合作，而且还为维护地区稳定发挥了重要的建设性作用。[①] 上海合作组织在以"互信、互利、平等、协商、尊重多样文明、谋求联合发展"为基本内容的"上海精神"的指导下，开展包括安全、军事、经济、教育等多方面的合作，积累全球治理的宝贵经验。在安全领域，上海合作组织早在成立之时就签署了《打击恐怖主义、分裂主义和极端主义上海公约》，而后，又签署了《关于地区反恐怖机构的协定》等一系列相关的协定，形成了一套完整的安全合作的法律体系，为成员国之间的长期稳定的安全合作奠定了坚实法律基础。在军事领域，上海合作组织连续举办了7次大规模双边和多边反恐军演和多次执法反恐演习，最著名的有"和平使命"系列联合反恐演习、"诺拉克"、"萨拉托夫"和"天生"等系列执法安全机关反恐演习。这些演习已成为成员国间制度化和机制化反恐合作内容，有效检验和提高了上合联合打击恐怖主义的能力，震慑了"三股势力"的嚣张气焰，确保了本地区和成员国的社会安全与稳定。[②] 在经济领域，上合组织在2001年9月的时候就签署了经济合作协议——《上海合作组织成员国政府间关于区域经济合作的基本目标和方向以及启动贸易和投资便利化进程的备忘录》，随后又签订了其他有关文件和协定，确立了上海合作组织的主要经济合作内容和合作目标，确定了包括科技、金融、能源、交通等内容在内的11个领域的127个合作项目，逐步实现区域内货物、资本、服务、技术的自由流动，推动上海合作组织自由贸易区的建立。此外，上海合作组织还建立了财长和央行行长、商务部长等参与的高级会议和20余个经贸合作协调组织机构及海关合作小组磋商机制。在教育领域，俄罗斯时任总统普京在2007年8月16日上海合作组织比什凯克元首峰会上，倡议成立"上海合作组织大学"，得到各成员国的一致赞同。2009年上半年，成员国五方协商一致，共同确定区域学、生态学、能源学、IT技术和纳米技术等五个专业为优先合作方向，并按照基本的要求和标准遴选出了本国的项目院校，其中哈萨克斯坦10所、吉

① 徐晓天:《开放 包容 合作——上海合作组织对外交往回顾与展望》,《国际观察》，2011年第3期，第22页。

② 赵鸣文:《上海合作组织未来十年发展前景》,《国际问题研究》，2011年第6期，第71页。

尔吉斯斯坦7所、中国10所、俄罗斯16所、塔吉克斯坦10所，共计53所。2010年9月23日，第三次上海合作组织成员国教育部长会议通过，上海合作组织大学项目院校增至62所，其中哈萨克斯坦13所、吉尔吉斯斯坦8所、中国15所、俄罗斯16所、塔吉克斯坦10所。

上海合作组织在多领域的合作丰富和积累了中国的全球治理经验，让中国逐步学会处理复杂的全球治理问题。在这一切的背后，是与中国崛起分不开的，在只能做学生的年代，中国无法主导国际组织，在中国崛起的今天，不仅可以对国际组织发挥重要的影响力，更可以建立以自己城市命名的国际组织。

3. 中国崛起促进了中国公民社会的发展，同时催生了很多公民社会组织，丰富了全球治理的主体。中国的发展是一个综合发展过程，不仅仅包括经济总量上的增长，还包括社会发展的进步，文化的协调发展。在这一过程中，中国也出现了其他国家经历的如环境污染、食品安全受威胁、区域发展不平衡、教育资源不足和分配不公、地区性的饥饿等诸多问题。这些问题中，一些是其他发达国家发展过程中所经历的，如环境污染，在英国就发生著名伦敦“毒雾”事件、在日本也发生了震惊世界的“水俣病”事件，也有一些是因为中国的特殊国情造成的，如地区域发展不平衡、扶贫问题。中国国土辽阔，东西跨度大、南北差距大，人口众多，东西部自然条件的差异决定了中国的发展不是同步发展，而是先发展带动后发展，东部地区带动中西部地区。同样，扶贫问题源于中国庞大的人口基数，改革开放解决了困扰中国人千年的温饱问题就说明中国已经取得了很大的成就，如今的贫困主要局限于自然环境较差的地区。在解决这些问题的时候，中国政府充分考虑了中国国情，并且借鉴了国际社会的经验，认为发展公民组织有益于这些问题的解决。在公民社会发展的中国，公民组织如雨后春笋般出现。公民组织，就是公民依据宪法结社自由而结成的不以营利为目的、主要开展互益或公益性活动、独立于党政体系之外的各种志愿性社团。它包括公民的维权组织、各种行业协会、民间的公益组织、社区组织、互助组织等，又被称为非营利组织、第三部门等。莱斯特.M.萨拉蒙（Lester. M. Salamon）认为，非营利组织具有这样一些特征，大体表现在以下几方面：非营利属性、自愿性、组织性、自治性、私有性。[①]学者马全中在总结和梳理了非政府组织缘起和概念后，提出了自己的看法，他认为：非政府组织是指由公民个人或其他团体、机构为实现公益或互益目标发起的，具有一定治理结构、独立自主运转的、提供社会服务的社会自治组织[②]。

非政府组织作为全球治理的重要主体，在全球治理的中作用日益突出。第一，非政府组织对全球公益问题极为关注，并且为问题的解决提供专业性的咨询服务。非政府组织拥有大量的的专业型人才，他们长时间的在基层活动，收集到大量数据和信息，在此基础上，非政府组织提出了针对性的政策建议，具有重要的参考价值。第二，非政府组织可以实现国家间冲突的妥协和调整。非政府组织拥有民间组织的身份，可以协调国家间的利益关系，增加国家间人民之间的互相了解。第三，非政府组织可以有效的监督全球治理中其他行为主体。这主要是指，非政府组织能对国际组织缔结的条约、协议、援助款项等进行细致的监督，还可以敦促各国遵守国际法。第四，非政府组织是联合国进行全球治理的重要伙伴。例如，联合国难民署工作计划的实施非常依赖于非政府组织，1999年，难民署有一半以上的计划是由北美和欧洲的非政府组织来完成[③]。在全球治理方面，联合国与非政府组织之间的合作树立了榜样。[④]

中国社会的发展，也使得社会事务增多起来。面对这些纷繁复杂的社会事务，政府管理在某些方面显得捉襟见肘，迫切需要向公民组织寻求帮助，公民组织也顺势而为，在数量上取得了显著发展（见表3）

① [美]莱斯特·M.萨拉蒙:《全球公民社会：非营利部门视界》，.北京：社会科学文献出版社，2007年，第3、4页。

② 马全中:《非政府组织概念再认识》,《河南社会科学》，2012年第10期，第38页。

③ UNHCR,《The State of the World’s Refugees 2000: Fifty Years of Humanitarians Action》, London and Geneva: Oxford University Press and James Curry, Ltd. , 2000, p. 194.

④ 李宝俊、金彪:《全球治理中联合国与非政府组织的关系》,《现代国际关系》，2008年第3期，第50页。

表3　中国公民组织发展数量情况[①]　　单位：个

年份	总数	社会团体	民办非企业单位	基金会
1988	4446	4446	—	—
1990	10855	10855	—	—
1995	180583	180583	—	—
1996	184821	184821	—	—
1997	181318	181318	—	—
1998	165600	165600	—	—
1999	142655	136764	5901	—
2000	153322	130668	22654	—
2001	210939	128805	82134	—
2002	244509	133297	111212	—
2003	266612	141167	124491	954
2004	289432	153359	135181	892
2005	319762	171150	147637	975
2006	354393	191946	161303	1144
2007	386916	211661	173915	1340
2008	413660	229681	182382	1597
2009	431069	238747	190479	1843

在中国非政府组织资金中，各级政府提供的财政拨款和补贴占到50%以上，政府以项目为引导的经费支持占3.6%，会费与经营性收入27.2%，其他诸如募捐收入、资本运作收入、基金会资助、国际组织和国外政府资助等方面的收入来源合计不到5%。[②] 这就意味着中国非政府组织的发展与中国政府的支持密切相关，正是中国崛起的背后实力支撑起公民组织的发展。中国非政府组织的发展不仅帮助解决中国发展过程中存在的问题，同时也开始了全球治理的尝试，帮助解决世界性的发展问题。全球环境研究所是中国的一家

① 数据来源于《中国统计年鉴2010》，中国统计出版社，第905页。

② 戴昌桥：《中国非政府组织现状探析》，《求索》，2012年第4期，第62页。

关注环保和节约利用能源的非政府组织。在2006年，全球环境研究所开始将其取得的关于农村可持续发展的项目运用于斯里兰卡，开展一项命名为“可再生能源”的环保项目。2007，该项目获得斯里兰卡政府的批准开始运作实施，到2009年1月，该项目在斯里兰卡一半省份中进行了关于可再生能源的讲解，培训人员有23人，修建好民用沼气池56个，完成了预期目标。此外以中国扶贫基金会为代表的中国非政府组织，先后参与印尼海啸、美国卡特琳娜飓风、巴基斯坦洪涝、海地地震等自然灾难救援，还在苏丹建立了一所友谊医院。中国正在“借用国际平台，发出中国非政府组织的声音，真实的展现、介绍中国的情况”，[①] 让中国更多的参与到全球治理中来。

四、中国崛起对全球治理对象的影响

全球治理的对象，包括已经影响或者将要影响全人类的跨国性问题。[②] 这些问题一般是跨国性的、单个国家无力应对的世界性问题，包括：全球安全、生态环境、国际经济、跨国犯罪、基本人权等重要方面。

1. 在全球安全方面，中国一直以来都积极倡导裁军，加强国际间的反恐合作，维护国际社会和地区间的和平与稳定，在中国力量增长以后，中国更以实际行动表明其维护全球安全的决心，积极参与维护全球安全的治理中去。

和平与发展是当今时代的主题，各国的发展需要一个稳定和平的国际环境。在维护国际和平与安全方面，裁军成为不少国家和国际组织长期重点呼吁的问题。早在1984年，中国顺应世界局势，就开始了“百万大裁军”，把中国人民解放军的员额减少100万，使得全军员额减少到319.9万人。1997年9月12日，江泽民在十五大报告中宣布：在80年代裁减军队员额100万的基础上，我国将在今后3年内再裁减军队员额50万。2003年9月，中央军委决定，在2005年前再裁减军队员额20万，军队规模将保持230万人。于此同时，我们看到部分国家不断的在中东地区增加兵员，阻扰中东地区的和平进程。以至于《美洲华侨日报》和《波恩评论》报评论说：“现在世界上都在谈裁军，

① 吕晓莉：《中国非政府组织的国际化路径研究》，《当代世界与社会主义》（双月刊），2012年第6期，第121页。

② 俞可平：《全球治理引论》，《马克思主义与现实》，2002年第1期，第26页。

可是迄今为止只有中国人言行一致。”中国人用自己的行动证实了，无论中国是否强大，中国都是维护世界和平的重要力量，而不是全球安全的威胁者。中国在崛起后，并没有大肆扩张武力，迄今为止，中国在海外除了维和部队和护航编队外，没有派驻任何军队。这些事实都是对中国威胁论者妄言的有利回击。相反，在中国自身崛起后，还始终积极维护世界和平，中国派出的维和护航编队就是最为有力的说明。据国际海事局（IMB）统计，在2010年4月1日至4月6日这6天的时间里，世界各地新增报道海盗袭击事件11 起，其中有7 起发生在索马里海域。[①] 仅2008年世界各国商船就向索马里海盗支付赎金1.2亿美元，每年给国际社会造成的经济损失达150 亿美元左右。[②] 2008年2月27日，索马里驻联合国代表乌尔德- 阿卜杜拉致信安理会，强调过渡联邦政府请求国际社会提供紧急援助，在索马里领海和国际海域采取一切必要行动，确保国际航道安全畅通。索马里海盗的猖獗缘于以美国为首西方国家“军事干预索人道主义危机的失败”[③] 。2008年12月26日，中国军队派出了首批护航编队赴亚丁湾、索马里海域执行护航任务，表明崛起的中国开始积极参与到维护全球和平的治理中去，肩负起相应的国际安全责任。至2013年2月16日为止，共有14批护航编队赴相关海域执行护航任务。中国海军执行护航任务4年多来，共为5046艘中外船舶实施安全护航，成功解救、接护和救助50余艘中外船舶。中国军队以实际行动维护了世界的和平与安全，与某些西方国家撒手不管的态度形成鲜明对比。中国护航行动也得到国际社会好评，英国广播公司在一篇题为《中国军舰赴非洲打击海盗》的报道中写道：“中国派遣军舰去亚丁湾发出了这样一个强烈信号，即中国正在逐渐地稳步地开始在全球安全事务中发挥更大作用”；印度战略事务分析家巴斯卡尔也认为：“这一次，中国是在为集体利益作出贡献”；北约秘书长夏侯雅伯高度赞扬：“中国海军的护航行动对国际社会打击海盗行动作出了重要贡献。”

---

① International Piracy Bureau. Live Piracy Report. http://www.icc-ccs.org/ index.php?option=com_fabrik&view=table&tableid=534&calculations=0&Itemid=82.

② 孙德刚：《索马里海盗问题的全球治理范式研究——公共产品理论的视角》，《世界经济与政治论坛》，2010年第4期，第152页。

③ Murthaand J P、Plashal J.:《From Vietnam to 9・11: On the Front Lines of National Security》, Pennsylvania: The Pennsylvania State University Press, 2006, p. 167.

2. 在生态环境方面，中国不仅仅借助国际社会的力量来治理本国的生态环境，也积极参与到生态环境的全球治理中去，帮助解决世界上其他国家的生态环境问题。

生态环境是一个整体的概念，各国除了本国的生态环境是一个整体之外，各国的生态环境也是一个更大范围的整体。环境要素之间是相互联系的，牵一发而动全身。拿中国的西南环境来说，中国西南部山脉间的河流不少都是流入东南亚的国际河流，在河流的综合开发领域，必须兼顾到对其他国家生态环境的影响。中国在借助国际社会力量治理自身生态环境同时，也是对世界生态环境作出应有的贡献。

贵州草海跨国治理项目就是中国借助国际社会治理生态环境的典型。草海合作项目是指由贵州省环保局、草海自然保护区管理处、国际鹤类基金会、国际渐进组织等在草海开展的包括渐进项目、村寨信用基金项目、村级规划项目、小流域治理项目、环境教育项目等一系列的自然保护和社区发展相结合的项目。1972年，随着人口的增加，围湖造田变得普遍，使得草海地区的生态环境急剧恶化，古井干涸、鱼类鸟类减少、引发旱情。1993年，草海跨国项目开始实施。国际组织的参与无疑是草海项目得以启动的原始推动力之一，国际组织的介入，使草海项目本身具有了一定的全球治理意义，同时也带来了社区发展与自然保护相结合的环保发展思路。[①] 草海项目实施七年取得卓越的成效，草海地区的自然环境日趋好转，湿地面积扩大，每年到保护区越冬的候鸟达10万余只。草海保护区被国际有关组织专家称为“世界最佳湿地观鸟区”之一。

中国经济取得发展的同时，也加大了对环保领域的投入（见表4），投资金额由2001的1106.6亿元增长到2010年的6654.2亿元，中国正在积极治理生态环境，开展了包括三北防护林工程、三江源工程、青海湖工程、云南滇池保护工程在内的众多环保项目，逐步改善包括中国生态环境在内的全球治理环境。

① 吕晓莉:《草海跨国项目调研报告》，蔡拓主编《全球治理与中国公共事务管理的变革》，天津：天津人民出版社，2005年，第198页。

表 4　中国十年来环保投资状况[①]　　单位：亿元

年度	城市环境基础设施建设投资	工业污染源治理投资	建设项目“三同时”环保投资	投资总额
2001	595.7	174.5	336.4	1106.6
2002	785.3	188.4	389.7	1363.4
2003	1072.4	221.8	333.5	1627.3
2004	1141.2	308.1	460.5	1909.8
2005	1289.7	458.2	640.1	2388.0
2006	1314.9	483.9	767.2	2566.0
2007	1467.8	552.4	1367.4	3387.6
2008	1801.0	542.6	2146.7	4490.3
2009	2512.0	442.5	1570.7	4425.2
2010	4224.2	397.0	2033.0	6654.2

事实证明，中国在崛起后，首先从自身做起，解决国内关乎人类利益的生态环境，努力为世界上其他国家作出榜样。早在2009年，在丹麦举行哥本哈根气候大会前，中国就宣布到2020年，单位国内生产总值二氧化碳排放将比2005年下降40%到45%。这是中国对世界作出的郑重承诺，是中国负责任的表现，而不像某些国家，甚至拒绝签署事关全人类利益的环保协议。中国在崛起后，也逐步参与到全球的环境治理中来，为全人类作出更大的贡献。缅甸佤邦地区沼气综合利用及优质高产水稻种植技术示范项目就是中国非政府组织在国外开展的环境整治的典型项目。由于历史和地理等众多因素的影响，缅甸佤邦地区成为世界公认的毒品来源基地，毒品成为当地的经济支柱，并引发了一系列的问题。北京天恒可持续发展研究所2001年在缅甸佤邦地区开展了综合的整治项目，力图重构佤邦的经济，根除罂粟种植。此项目主要目的是向佤邦地区居民传授现代农业技术，特别是水稻种植与沼气利用技术，这些技术为佤邦地区推广更多的水稻项目提供了契机，从而为佤邦地区根除

① 数据来源于《2010年环境统计年报》，详见中华人民共和国环保部网站http://zls.mep.gov.cn/hjtj/nb/2010tjnb/201201/t20120118_222724.htm。

毒品种植、发展替代经济打下了坚实的基础。

沼气和小水电等清洁能源的利用是中国开展较早且具有一定优势的援助领域。在20世纪80年代，中国同联合国有关机构合作，向许多发展中国家传授沼气技术。近年来，随着全球气候变化问题日益严峻，中国进一步拓展相关援助范围。中国与突尼斯、几内亚、瓦努阿图、古巴等国家开展沼气技术合作，为喀麦隆、布隆迪、几内亚等国援建水力发电设施，与蒙古、黎巴嫩、摩洛哥、巴布亚新几内亚等国开展太阳能和风能发电方面的合作。此外，中国还为发展中国家举办清洁能源和应对气候变化相关的培训，2000年至2009年，共举办50期培训班，培训内容涉及沼气、太阳能、小水电等可再生能源开发利用、林业管理、防沙治沙等，1400多名来自发展中国家的学员来华参加了培训。中国以实际行动帮助发展中国家治理本国的生态环境，共同营造和谐的世界生态大环境。

3. 在国际经济方面，中国在崛起后，勇于承担自身的责任，在国际金融危机期间，给予了国际社会的大力支持，帮助改善国际金融领域的全球治理，倡导建立国际经济新秩序。

2008年的金融危机给国际社会造成重大影响。2009年1月底，国际货币基金组织宣布，将2009年世界经济增长预期调低至0.5%，成为二战以来的最低水平。在2008年11月，该组织曾经预期2009年的世界经济增长速度为3.2%，这次调低2.7个百分点，表明该组织对2009年国际经济发展失去了信心。[①] 果不其然，美国的五大投资银行或破产、或被兼并、或转型，世界经济受到重创。在国际金融危机间，中国并未采取单纯自保政策，而是在力保自己经济增长的同时，致力于加强国际合作，在国际社会应对危机、稳定全球金融和经济的努力中起了至关重要的独特作用。[②] 第一，实行“四万亿”救市计划，大力扩大内需，保持经济稳定和快速发展。在金融危机期间，中国经济也保持了9%的高增幅，对世界经济的贡献极大，成为世界经济的增长引擎。第二，向世界传递中国信心，为应对危机发挥了积极作用。金融危机开始不久，国务院总理温家宝在纽约与美国经济金融界人士举行座谈时就提出，在经济

① 江苏省经贸委研究所课题组:《当前国际金融危机原因、影响及应对述评》,《江苏商论》,2009年第2期，第4页。

② 张薇:《金融危机与中国作用》,《国际问题研究》，2009年第4期，第21页。

困难面前，信心比黄金和货币更重要。在2009年上半年的G20峰会上，胡锦涛主席就全面提出了应对危机的六点主张，不少建议被峰会和有关国际组织所采纳，大大鼓舞了世界其他国家应对全球金融危机的信心。第三，向国际市场注资，带动全球市场。这主要包括：中国提供400亿美元扩大国际货币基金组织的规模；同韩国等东亚国家签署了总额达6500亿元人民币的双边货币互换协议；增持美国国债超过7500亿美元；与欧盟签下130亿美元的订单；向俄罗斯提供250亿美元的长期贷款；对非洲的援助比2006年增加一倍等。此外，中国在金融危机期间，为稳定世界的金融和贸易，在保持人民币汇率稳定的同时，对美元适当升值，不惜自己承担出口受损的代价。

中国在国际金融危机期间的表现得到了世界的广泛赞誉和高度评价。时任英国首相的布朗说道："英方赞同中国政府为应对当前国际金融危机所采取的政策和措施。中国经济持续较快发展对世界有利。英国重视中国在推动国际金融体系改革、应对当前金融危机方面所发挥的重要作用，愿同中方保持沟通协调。"就连美国总统奥巴马也不得不承认："我对中方采取扩大内需，保持经济增长的措施表示赞赏，美方也正在这样做。美方愿同中方在稳定国际金融市场、促进世界经济复苏、加强金融体系监管、改革国际金融机构等方面加强沟通协调并发挥重要作用。应增加中国等国家在有关国际金融机构中的发言权。"①

事实证明，作为一支崛起的新兴力量，国际社会需要中国参与到全球治理中来，也只有中国的参与，才能更好的解决困扰人类的世界性问题。中国愿意与世界人民一道共同参与全球治理，努力构建国际经济新秩序。

4. 在跨国犯罪方面，中国与国际社会开展积极的合作，共同治理这一困扰各国的世界性问题，努力为治理跨国犯罪贡献自己的力量。

跨国犯罪是犯罪人进出两国或两国以上实施危害社会的行为。②其危害性是多层次的，第一，跨国犯罪直接危及犯罪发生地国和犯罪结果发生地国的利益；第二，跨国犯罪加重了当事国的压力；第三，跨国犯罪危及国际社会的和平状态。鉴于此，中国积极配合其他国家，打击本国内发生的跨国犯罪活动。

---

① 《国际社会充分肯定中国积极作用》，人民日报，2009年4月1日，02版。

② 赵永琛：《论跨国犯罪的概念》，《刑法论丛》第1卷，第468页。

在打击国际犯罪领域，中国与东盟的禁毒合作堪称是典范，二者的合作有力打击了东南亚地区猖獗的毒品犯罪活动，为中国积累了重要的全球治理经验。早在2000年10月，由时任国务委员罗干率领中国代表团参加了由泰国政府和联合国禁毒署举办的国际禁毒会议。会议提出了国际禁毒合作的四项原则，并签署了《东盟+中国禁毒行动计划》，发表了《曼谷宣言》。根据相关协议，确立了“东盟+中国”区域禁毒合作框架，标志着中国与东盟组织的禁毒合作正式启动。[①] 此后，双方于2002年2月又发布了《中国与东盟关于非传统安全领域合作联合宣言》，将打击跨国毒品犯罪放在重要位置。2004年双方签署了《非传统安全领域合作谅解备忘录》，确定了禁毒、反恐和打击国际经济犯罪等重点合作领域。这标志着中国与东盟在打击毒品犯罪方面的合作走向成熟。中国与东盟在禁毒领域的合作取得了丰硕的成果，破获了一系列大案要案。如2002年4月5日，中国内地、香港以及泰国、缅甸联合破获“3·30”特大跨国贩毒案，缴获海洛因286.95千克，抓获案犯11人；2004年9月23日，中国云南省警方和泰国联合成功侦破了“3.15”特大贩毒案，缴获海洛因463.92千克，抓获4名犯罪嫌疑人；2005年5月25日，中国和缅甸警方侦破“8·14”跨国贩毒案，缴获毒品晶体状冰毒102.5千克，抓获犯罪人员5名；2004年2月10日，中国与菲律宾密切合作，联合侦破“9·2”特大跨国走私贩运冰毒案，在菲律宾马尼拉港缴获由老挝经泰国曼谷和新加坡运抵菲律宾的冰毒304千克，缴获毒资190余万元；2004年4月27日，中国公安机关与马来西亚警方密切合作，成功侦破“5·12”特大跨国制贩冰毒案件，共抓获犯罪嫌疑人32名，查获成品冰毒22.91千克、半成品冰毒1970千克，中方冻结涉毒资金330万元人民币，马方冻结涉毒资金700万元马币（合1525万元人民币）。由于中国和东盟各国不断加强禁毒合作，世界著名毒源地“金三角”的罂粟种植面积已从顶峰时期的16 万公顷下降到目前的4 万公顷，这有效地遏制了毒品的供给。[②]

中国崛起后更加积极地参与到全球治理中来，中国与东盟在禁毒领域的合作就是一个生动鲜明的例子。在国际禁毒领域，特别是东南亚地区，少了

① 刘稚:《中国与东盟禁毒合作的现状与前景》,《当代亚太》，2005年第3期，第35页。

② 王虎:《浅析中国—东盟禁毒合作机制建设》,《首都师范大学学报（社会科学版）》，2010年第3期，第142页。

中国的参与，禁毒效果不可设想。中国的崛起并没有让中国冲昏头脑，反而让中国更加负责任的参与到全球治理中来，给予多方的援助和配合。

5. 在人权领域，中国积极回应西方某些国家对中国人权的质疑，同时，也积极参与到全球有关人权的治理中去，对西方某些国家的人权给予指正和回应，捍卫人类的基本权利。

长期以来，西方国家总是拿人权问题妄图对中国的内政进行干涉，通过每年的人权报告，质疑中国的人权，如2006年发布的《中国人权报告》，指责中国采用强制性的限制生育政策，在某些情况下导致强迫堕胎和绝育；限制宗教自由、控制宗教团体，骚扰未登记注册的宗教团体并拘押其成员；政府腐败现象严重等。这些指责分明只是西方国家的一面之词，妄图否定中国共产党的领导，为此，中国给予了积极的回应。计划生育是我国的基本国策，是鉴于我国人口基数大、增长快的基本国情制定出来的，是符合中国国情的政策。时任国务院总理的李鹏在1995年9月会见布什时指出，美国的人口只有中国的1/5，而耕地接近中国的两倍，两国国情不同，政策也应该不同。怎么能用美国的标准来要求中国？如果中国让人口无计划增长下去，中国将永远处于落后状态，中国将会自己毁灭自己[①]。在中国崛起的过程中，在实行依法治国，建设社会主义法治国家中保障人权，中国的法律体系从不同角度、不同层面对公民的政治权利、经济权利、社会权利、文化权利等人权作了具体规定，从法律和制度上切实保证公民享有广泛真实普遍的人权和基本自由。在第三届北京人权论坛上，中国努力坚持通过推动科学发展来提升人权保障水平成为与会外国专家共识。“中国在经济发展中取得的非凡成绩让我印象十分深刻，与此同时，中国政府帮助人民获得了经济和社会权利。中国在这方面为世界做出了榜样。”联合国人权事务高级专员办公室地区行动与技术合作司司长安德尔斯·孔巴斯表示，“在过去30年的时间里，中国在人权领域取得的令世界最瞩目的成就是使数亿人摆脱贫困并解决了温饱问题。”[②]

在人权领域，中国在逐步改善本国人民人权的同时，也在关注世界人民的人权，特别是对一些标榜民主和自由的国家，通过发布人权报告对其提出

① 《李鹏会见布什》，宁波日报，1995年9月12日，04版。

② 《中国人权工作得到外国专家高度肯定》，人民日报，2010年10月22日，04版。

质疑。这成为中国参与全球人权治理的重大事件。2012年5月25日，国务院新闻办公室发布了《2011年美国的人权纪录》，文章指出，美国拥有强大的人力、财力和物力资源可以对暴力犯罪进行有效的控制，但是美国社会却长期充斥暴力犯罪，公民的生命、财产和人身安全得不到应有的保障；美国公民的政治权利和自由受到严重侵犯，美国标榜自己是自由之地不过是自欺欺人；美国是世界头号经济强国，但仍有不少公民享受不到个人尊严和人格的自由发展所必需的经济、社会和文化权利保障；生活在美国的少数族裔受到长期的、系统的、广泛的、制度性的严重歧视，种族歧视成为美国价值观无法抹去的表征和符号；美国至今尚未批准《消除对妇女一切形式歧视公约》和《儿童权利公约》，对妇女儿童权利的漠视加重了美国妇女儿童的糟糕境遇；美国在国际上推行霸权主义，粗暴侵犯他国主权，肆意践踏他国人权，"成为国际上一个不稳定的因素"。《纪录》的发表成为中国参与全球人权治理的重要标志，也表明中国在崛起的过程中，不会漠视他国人民的人权。

五、中国崛起对全球治理效果的影响

全球治理效果，涉及到对全球治理绩效的评价。[①] 全球治理的绩效，集中体现为国际规制的有效性。有两类因素影响国际规制的绩效，一类是国际规制本身的制度安排，一类是实现这些制度安排的社会条件和其他环境条件。

对于国际规制的制度安排，前面已经论述，中国崛起对国际规制的影响主要体现在三个方面：第一，中国逐渐从规制的接受者变成规制的制定参与者；第二，治理规制逐渐从维护发达国家利益向维护发展中国家利益倾斜；第三，中国倡导建立国际政治经济新秩序，以取代旧的国际政治经济秩序。这里就不再赘述，重点来谈一谈中国崛起对实现国际规制的社会条件和其他环境条件的影响。

国际规制的社会条件包括国际政治条件、国际经济条件、全球公民意识等。中国崛起对这些条件的影响概括起来就是：在国际政治领域，中国作为安理会常任理事国，以负责任的态度遵循联合国及安理会的各项决议，倡导

① 俞可平:《全球治理引论》,《马克思主义与现实》，2002年第1期，第27页。

积极有效的联合国改革，保障全球治理的效果；在国际经济领域，中国崛起带来的贫困人口数量的减少，直接促进全球贫困人口的减少，为解决世界范围内的贫困问题作出贡献；在全球公民意识领域，中国高等教育的发展促进全球公民社会的崛起。

1. 在国际政治领域，中国作为安理会常任理事国，以负责任的态度遵循联合国及安理会的各项决议，倡导积极有效的联合国改革，保障全球治理的效果。

在全球治理的主体中，“联合国的作用更是举足轻重”[①]。作为当今世界上最大的政府间的国际组织，联合国在某种程度上扮演着世界政府的角色，在应对全球性的问题，进行全球治理方面，联合国拥有独一无二的优势。但囿于历史上的原因，联合国一度沦为大国冷战时期利益争夺的工具，在苏联解体后，联合国曾经扮演着美国称霸全球的代言人的角色，在世界和平问题上，美国曾经一度越过联合国发动战争，严重破坏了《联合国宪章》和《安理会条约》，严重削弱了联合国的威信，也大大影响到联合国的全球治理效果。

中国崛起后，在积极遵循联合国大会及安理会决议的同时，倡导积极有效的联合国改革。中国作为安理会常任理事国，一贯遵循联合国的宗旨和原则，支持联合国根据宪章精神所进行的各项工作，积极参加联合国及其专门机构开展有利于世界和平与发展的活动，得到绝大多数成员国的好评，提高了中国的国际地位。面对联合国做出的裁军、粮食援助、国际维和、联合国会费缴纳等重大决策，中国一以贯之的以积极态度应对，保证联合国治理的效果。

在改革联合国方面，中国主张政治多极化和国际关系的民主化，坚持主权平等原则，主张联合国是由主权国家组成的政府间国际组织的性质不能加以改变或动摇，同时加强联合国与非国家行为体的联系。[②]中国对联合国改革一直持比较积极的态度，赞同联合国开展提高效率的行政改革，支持强化联合国大会地位和作用的建议，认可联合国旨在促进全球经济和社会持续发展的努力，同时坚持“支付能力”原则，改革联合国的财政，积极维护发展中

① 孔凡伟:《全球治理中的联合国》,《新视野》，2007年第4期，第94页。

② 何增科:《全球民主治理与联合国改革,《当代世界语社会主义》(双月刊)，2004年第1期，第80页。

国家的利益。

2. 在国际经济领域，中国崛起带来的贫困人口数量的减少，直接促进全球贫困人口的减少，为解决世界范围内的贫困问题作出贡献。

中国在崛起过程解决了数亿人的吃饭问题，这本身就是了不起的贡献。2009年和2010年，中国贫困人口规模分别为8287万和6158万，各缩减了3313万和2129万，提前实现联合国千年发展目标确定的贫困人口减半的目标。如果没有中国的参与，没有中国崛起带来的贫困减少，联合国的千年发展目标是很难完成的。中国以自己的实际行动保障了联合国的全球贫困治理的效果。

根据世界银行提供的数据显示，1981年中国总贫困率为84%，农村人口7.92亿，贫困率94.08%，贫困人口7.45亿，城市人口2.01亿，贫困率44.48%，贫困人口0.89亿。到2005年中国总贫困率15%，农村人口7.60亿，贫困率26.11%，贫困人口1.98亿，城市人口5.44亿，贫困率 1.71%，贫困人口0.09亿（见表5）。

表 5　中国1981—2005年贫困情况[①]

年份	总贫困率	农村贫困人口（单位：亿）	农村贫困率	城市贫困人口（单位：亿）	城市贫困率
1981	84%	7.45	94.08%	0.89	44.48%
1984	69%	6.54	81.24%	0.65	28.34%
1987	54%	5.45	66.85%	0.40	15.07%
1990	60%	6.10	74.07%	0.73	23.38%
1993	54%	5.82	70.42%	0.50	14.27%
1996	36%	4.08	49.48%	0.35	8.87%
1999	36%	4.16	50.92%	0.31	7.13%
2002	28%	3.49	43.69%	0.14	2.97%
2005	15%	1.98	26.11%	0.09	1.71%

① 数据来源于世界银行网站http://iresearch.worldbank.org/PovcalNet/index.htm?1#。世界银行每3年统计一次世界贫困人口，贫困标准为每日不足1.25美元（38美元每个月）即被划定为贫困人口。

根据中国方面的统计[①]，1981年，中国农村有1.52亿贫困人口，1984年有1.28亿，1987年1.22亿，1990年有0.85亿，1994年有0.7亿，1997年有0.4962亿，1999年有0.34亿，2002年有0.28亿，2005年有0.23亿，2008年有0.4亿。二者之间的差距来源于统计标准和口径不一样。此外，中国2008年的农村贫困人口数上升，是因为据根据新修订的农村贫困标准统计，新贫困标准将原低收入人口纳入贫困。无论统计标准怎样变化，一个有目共睹的事实表明，中国崛起确实大大减少了中国贫困人口，为解决世界范围内的贫困问题积累了宝贵经验，作出了巨大贡献。

3. 在全球公民意识领域，中国高等教育的发展促进了中国公民社会发展的同时，也促进了全球公民社会的崛起。

高等教育及其组织机构——大学，在现代公民社会的建设过程中扮演着核心角色，这种角色是现代社会发展以及高等教育的功能所决定的。[②]中国崛起的过程中，高等大学培育出来的高素质人才发挥了重要作用，中国的崛起也为高等院校的发展奠定了坚实的基础。中国的普通高等院校由建国初的205所，增加到2008年的2263所；普通高等学校在校生数量由建国初的11.7万人，增加到2008年的2021万人；研究生毕业人数从建国初的107人，增加到2008年的344825人；出国留学人数从1950年的35人，增加到2008年的179800人。这一切都与中国在教育领域的巨额投入是分不开的。全国教育教育经费从1991年的731.5亿元增加到2007年的12148.07亿元。中国巨大的教育投入，建成了世界上目前规模最大的教育体系，也让中国成为世界上每年博士数量第一的教育大国。

中国教育的快速发展为中国的发展提供亟需的高素质人才，同时也促进了中国公民社会的发展。首先，大学是宣传公民社会的良好平台，可以积累实践经验。大学内部拥有数量众多、类型各异的社团和组织，这些社团和组织与社会上的许多非政府组织有着千里万缕的联系，可以向在校大学生传递关于非政府组织的信息。让学生感受到公民组织的存在与作用，为将来公民社会的发展积累了宝贵的经验。其次，大学教育孕育除了公民社会所必须的

① 数据来源于国家统计局国民经济综合统计司:《新中国六十年统计资料汇编》，中国统计出版社，2010年，第84页。

② 王骥:《高等教育与公民社会的构建》,《高教探索》，2008年第1期，第27页。

公民精神。大学校园中的学生会、团总支、校友会等组织，既是学生活动的组织者，也是公民社会积极的实践者。比如组织的“学雷锋”活动、义捐等公益活动，可以有效地彰显志愿精神和公益精神，这是公民社会发展所必须的。其次，大学里积淀的社会资源和人才资源，为公民社会培养了具有现代性的人才。公民社会的细胞乃是公民，缺乏了公民的参与，公民社会难以形成。大学里培养的知识分子为国家和地区问题的研究提供了很大的自由空间，让公民社会中的公民可以自由发挥自己的聪明才智，从事自己喜欢的研究工作。

中国高等教育发展不仅给本国公民社会发展提供契机，也促进了其他国家公民社会的发展，这主要是通过中国与国外的留学交流实现的。中国在外的留学生超过127万人（截止2010年底），这些人中大部分都是受过中国高等教育的精英型人才，他们在国外的留学经历，可以丰富与发展我国的公民社会。目前，在中国的外国留学生有29万余人（截止2011年底），其中非洲大学生有12400人、蒙古留学生5700名、哈萨克斯坦留学生6500名、印度留学生8500名、泰国留学生11000名、越南留学生12000名。他们在中国的留学经历丰富了他们的社会经验，可以将中国的许多发展经验带回本国，促进本国公民社会的发展。

六、结语

世界政治在21世纪的迫切任务之一，是看谁能为全球性问题提供有效的治理方案。[①] 中国应该说面临着一个重要的战略机遇期——西方国家经济仍处于低迷的状态，国际宏观经济协调机制明显削弱；国际金融体制改革临近突破口；全球治理主体和治理对象出现转移，西方传统大国更加被动，新兴大国趋于主动，全球治理越来越不同于“西方治理”[②]；全球治理的主体部分陷入僵局，亟待全新的解决方案。这些对参与全球治理不久、缺乏经验的中国

① 苏长和:《中国与全球治理——进程、行为、结构与知识》,《国际政治研究》(季刊)，2011年第1期，第45页。

② 黄仁伟:《全球治理机制变革的新特点和中国参与全球治理的新机遇》,《当代世界》，2013年第2期，第3页。

来说，是机遇更是挑战。传统的安全威胁并未消除，非传统安全因素不断涌现；国际政治格局中，大国之间的博弈结果未明；国内的改革如何与国际局势统筹起来等诸多问题，都是困扰着崛起中的中国的难题。如何在困境中实现中国对全球治理的改善，是关系到中国能否抓住战略机遇期，在新时期有所作为的关键。

首先，中国要提出并推广宣传自己的全球治理理念。全球治理面临的困境在某种程度上是治理理念误差的反映。国际社会长期盛行的单边主义在处理全球性问题时，显得捉襟见肘。中国在构建自己的全球治理理念时，要借鉴以往的经验，秉承中国的传统，提出符合中国特色和时代要求的治理理念。从目前的情况来看，中国的治理理念应该包括合作、包容、多元、和谐等核心内容，这是与以往的强权理念具有本质区别的。中国的“和谐世界”理念，是中国对全球治理理念的全新理解。国内不少学者已经把“和谐世界”的理念认为是新的全球治理观。“和谐世界”理念表明中国在积极参与到全球治理中来的时候，也在以自身的发展经验和对全球治理的理解为基础，丰富全球治理的内涵，力图使全球治理变得更符合世界上最大多数人群的利益和需要。这一切也都表明，中国崛起为全球治理注入了富有中国元素的全新价值取向。

其次，中国要建构出符合世界多数国家利益的全球治理规制。全球治理理念需要治理规制来保证，必须用制度管住权力，这样才能保证治理的效果。中国在建构出符合多数国家利益的治理规制时，必须考虑到规制的开放性以及民主性。新兴崛起的国家与中国存在广泛的共同利益，都渴望在构建新治理规制时发出自己的声音。中国在阐述自己主张的同时，要采取合作的态度，与共同的声音保持一致，逐步实现对规制制定机制的变革，保证新兴国家的声音一致、协调行动。

再次，中国在全球治理中保持多元的合作态度。全球治理面临的问题是世界性，当今世界也是多元化的社会。中国在全球治理中，务必采取合作、开放的态度，这样才能保证治理的预期。虽然民族国家仍是当今国际社会的主体，一个不容忽视的现象就是全球迅速地进入到公民社会中去，公民组织已经超越了民族国家的界限，在更广泛的领域从事着全球治理活动。中国的全球治理需要向公民组织学习，也更需要公民组织的积极协助。

最后，中国在全球治理中要更加积极地发挥影响和作用。中国目前是安理会常任理事国中唯一的发展中国家，是当今世界第一人口大国，同时也是世界第二大经济体。各种国情决定了中国在国际上地位的特殊性。中国需要融入到全球治理中去，这不仅是当今世界一体化趋势的要求，也是中国自身发展的需要。中国需要世界，世界需要中国。在全球治理中，中国要积极发挥影响力，充分展现中国的实力，这不仅是中国作为负责任的大国的要求，同时也是中国逐渐塑造具有中国特色国际规制的有利时机。当今世界格局变化不一，处于转向的十字路口，中国的积极参与可以最大程度地发挥中国的影响力，建构出全新的、中国以新角色参加的国际政治经济秩序。

下　篇

议 题 篇

第七章　中国参与全球经济治理能力与国家经济实力的落差

一、引言

中国自2001年加入世界贸易组织（WTO）以来，经济发展之迅猛超出世人预料。世界第二大经济体、第二大债权国、第二大进口国等一系列经济实力指标排名，无不表明中国经济所取得的辉煌成就。2013年，我国对外进出口贸易总额高达3.87万亿美元，首次超越美国成为世界上贸易规模最大的国家。然而，在现实的经济外交实践中，中国却面临着实力上升、处境变差之间的矛盾。① 根据商务部数据统计，加入WTO以来我国共遭受国外贸易救济调查692起，② 连续16年（1995—2010年）成为全球遭遇反倾销调查最多的国家，连续5年（2006—2010年）成为全球遭遇反补贴调查最多的国家，中国已成为国际贸易保护主义的首要目标国。

更为重要的是，近年来由世界经济失衡所引致的国际金融危机，全面暴露出了当前全球经济金融体系的内在缺陷，加强全球经济治理已经成为大势之趋。而快速崛起的以中国为代表的新兴经济体，到底在其中扮演怎样的角色？是现行国际经济体系的挑战者和变革者？还是全球经济治理的建设者和

---

① 张晓通、王宏禹、赵柯：《论中国经济实力的运用问题》，《东北亚论坛》2013年第1期，第91页。

② 我国共遭受国外贸易救济调查692起，合计金额高达389.8亿美元，其中反倾销调查510起，反补贴调查43起，保障措施106起，特保措施33起。资料来源：http://china.zjol.com.cn/05china/system/2011/12/05/018050702.shtml（上网时间：2013年8月9日）。

参与者？尤其是作为最大发展中国家的中国，对全球经济治理的态度是否积极，能力是否强大，则受到了广泛关注。世界贸易组织总干事帕斯卡尔·拉米就指出了中国参与全球经济治理的态度问题，“中国在世界经济中的地位越来越高，所以他有这样的一个利益摆在那里，就需要来保证全球经济的稳定。到目前为止，中国已经参与了一系列全球经济治理的组织和机制，但是中国还没有真正采取一个非常积极的态度或者主动的态度。所以从一定程度上讲，中国只是现在这个全球经济治理中被动的参与者”。①

一方面是快速上升的经济实力，一方面是参与全球经济治理的态度不积极、能力不足，在我们看来，这一落差现象是客观存在的。深入探究其内在原因，有助于帮助我们认清当前世界政治经济格局，抓住机遇，不断提升我国在全球事务中的影响力。

在对全球治理和全球经济治理的概念做简要梳理后，本文归纳分析了不同类型经济体的一般性落差现象和目前中国存在的具体落差现象，然后把重点放在探究国家经济实力和全球经济治理能力落差现象的内在原因上，得出两个结论：一是中国经济实力不能及时有效地转化为参与全球经济治理的能力，存在着明显的滞后；二是中国政府在以往参与全球经济治理方面的意愿不强，底子薄，基础差。在相关分析之后，本文提出了关于中国提升全球经济治理能力的初步建议。

二、从动态博弈过程理解全球经济治理

对于“全球经济治理”，目前国内外学术界尚无统一定义。从字面上来看，“全球经济治理”和“全球治理”存在着某种必然的联系。从背景来分析，两者都是全球化的产物。作为当代世界最明显、突出、重要的发展趋势，全球化深刻地影响着当今世界的历史发展进程②，但其负面效应也使得全球性危

---

① 2013年3月24日帕斯卡尔·拉米在中国发展高层论坛午餐会上的演讲:《中国和全球治理》,《中国发展观察》，中国发展高层论坛2013专号第57页。

② 黄宗良、林勋建主编:《经济全球化与中国特色社会主义》，北京大学出版社，2005年版，第12页。

机和矛盾尽显，国际社会对“全球治理”的呼声增大。而世界经济作为全球治理的重要对象之一，全球经济治理自然而然就成为了全球治理不可或缺的组成部分。

我们可以把“全球经济治理”理解成全球治理在世界经济层面上的运作。但这种想法很可能失之片面，比如，由经济发展所衍生的诸如气候环境、能源利用等问题逐渐被纳入全球经济治理的议题；再如，区域经济作为全球经济的重要组成部分，跨太平洋伙伴关系协议（TPP）、北美自由贸易区（NAFTA）及东盟—中日韩（10+3机制）等区域经济治理机制的进展必然会对全球经济治理产生重大影响。因此有必要深刻认识和把握“全球经济治理”的内涵。

（一）全球经济治理的要素组成

全球化的进程最重要的是经济全球化的进程，即跨国商品与服务交易及国际资本流动规模和形式的增加，以及技术的广泛迅速传播使世界各国经济的相互依赖性增强。[①] 经济全球化带来了许多前所未有的不确定性风险，世界正在进入一个如安东尼·吉登斯和乌德里希·贝克所描绘的“风险社会”：全球经济已经被错综复杂地联结在一起，一旦某国经济发生问题，往往会引发地区性乃至全球性经济危机。而这些风险和危机非一国政府力量所能控制，这就需要各国政府、国际组织、非政府组织、跨国公司、银行金融机构等国际行为体共同合作，进行“全球经济治理”。[②]

庞中英指出，“我们理论和实践上的全球经济治理，指的还是国家对世界经济的调控。这里的国家，指的是单独某个国家，也指的是若干个国家的联合。国家单个或者集体到底如何管理世界经济？过去60多年的历史经验表明，国家和国家的联合是通过一系列的国际制度和国际规则来调控、治理世界经济的。”[③]

① 国际货币基金组织：《世界经济展望》，中国金融出版社，1997年版，第45页。

② 王国兴、成靖：《G20机制化与全球经济治理改革》，《国际展望》2010年第3期，第9-10页。

③ 庞中英：《1945年以来的全球经济治理及其教训》，《国际观察》2011年第2期，第1页。

同时，他还否定了“世界政府”[①] 的存在，认为全球经济治理的关键是参与其中的大国和它们之间的关系，其根本好处在于可以预防和缓解大国（尤其是超级大国和其他大国）之间的严重经济政策冲突。

我们认为，全球经济治理的内涵应包含：1. 治理主体[②]：国家政府[③]、跨国公司、公民社会组织等；2. 治理客体（或对象）：全球性（包含地区性）[④] 经济问题以及由经济发展带来的环境、气候、资源利用等问题；3. 治理平台：超越国家主权管辖范围的全球经济问题，必然需要在国际经济治理平台上通过不同国家之间的洽商与谈判得以解决，当前全球经济治理平台主要有国际贸易组织（WTO）、国际货币基金组织（IMF）、世界银行（WBG）及20国集团（G20）等；[⑤] 4. 治理工具：国际经济规则和制度，全球经济治理需要国际规则，而国际规则正是世界各国在WTO、IMF等治理平台上利用政治、经济、外交综合能力博弈的结果；[⑥] 5. 治理目标：当今全球经济治理与以往的国际对话谈话不同，尽管其中掺杂许多利益的交换与平衡，但更多的是公平

---

① 在2010年10月31日上海世博会高峰论坛上，美国加州大学圣巴巴拉分校卡弗里理论物理研究所所长、2004年诺贝尔物理学奖得主David J. Gross教授发表《科学与城市》的演讲：“我们必须实现全球治理，建立‘全球政府’。20世纪一位科学界的最伟大的英雄——爱因斯坦，在他最后的日子里曾经说过，我认为全球现有的主权国家的体制只能带来粗暴、野蛮、战争和非人性，只有全球的法律和规则才能够带领我们向前实现文明、和平和真正的人性。爱因斯坦勇敢地迎接了核武器以及核威胁的挑战，而这个挑战今天仍然存在。但是我们还遇到另外一个挑战，那就是环境的灾难。而这个问题甚至比核威胁更加严重，这是一个真正的全球性问题，要解决它就必须要所有的国家共同努力。而最终在我看来，必须要建立一个全球的政府。”

② 俞可平认为，全球治理的主体主要有三类：各国政府、政府部门及亚国家的政府当局；正式的国际组织，如联合国、世界银行、世界贸易组织、国际货币基金组织等；非正式的全球公民社会组织。本文作者将第二类主体即正式的国际组织拿出来，作为“治理平台”这一要素。

③ 在全球治理兴起与发展的过程中，国家面临超国家与次国家行为体的制约、监督等方面的挑战是不争的事实，但国家依然是最主要的治理主体。

④ 区域经济一体化作为经济全球化的重要进程，区域经济治理理所当然地成为了全球经济治理的重要组成部分。故如不作特殊说明，本文中所涉及的全球性概念时，一律包含区域性这个组成部分。

⑤ 在2013年9月6日结束的二十国集团圣彼得堡峰会上，习近平主席明确了G20在全球经济治理中的角色，即G20是“发达国家和发展中国家就国际经济事务进行充分协商的重要平台”。参见庞中英：《全球经济治理处在不进则退的关键时刻——评2013年二十国集团圣彼得堡峰会》，《当代世界》2013年10月，第17页。

⑥ 赵龙跃：《中国参与国际规则制定的问题与对策》，《中国战略》2012年12月上，第84页。

合理解决经济全球化进程中出现的全球性经济问题，以增进人类社会的整体福祉。

（二）对全球经济治理结构与进程的动态把握

在对“全球经济治理”的内涵进行概括之后，我们发现还是很难从中了解到全球经济治理过程的更多细节，尤其是对于国际经济组织是如何获得治理权力，以及全球经济治理的权力结构是如何形成和运行的，仍无从把握。全球治理本身作为一种体系，是集全球治理理念、治理模式与治理机制于一体的治理架构，为此我们有必要深入挖掘一下全球经济治理的权力结构以及治理机制的运行。

全球治理的结构指的是国家与非国家公共权力之间的相互关系，即国家与非国家的公共权力之间的权限问题。在全球治理体系中，公共权力的主体还包括各种非国家的公共权力，主要是具有全球影响的进行全球事务管理、治理的组织，它们在全球层面上制定和执行政治经济规则，同时也促进全球基本价值观的形成。[①] 结合全球经济治理概念的要素组成，我们对全球经济治理的权力结构加以简单勾勒，如图1所示。

在当今世界经济格局中，国家（政府）依然是全球经济治理最重要的主体；跨国公司是经济全球化进程中最主要的实践者；公民社会[②] 则随着全球化的进程逐渐超出国家边界，形成了全球公民社会，主要包括国际非政府组织和非政府组织联盟、跨国社会运动等。以上三者共同构成了全球经济治理的重要参与者。各个国家通过参与国际经济组织这一治理平台来对全球治理问题进行协调和磋商，国际经济组织则根据各国利益诉求和现实情况制定出可行的经济制度和规则并反馈给政府，同时这些规则和制度又对各国跨国公司的经济行为产生限定和指导。

---

① 蔡拓、曹兴主编：《公共权力与全球治理——“公共权力的国际向度”学术研讨会论文集》，中国政法大学出版社，2011年版，第257页。

② 全球公民社会的兴起，对全球治理产生了一系列影响，它将社会价值观的多元化反映到全球治理中。例如：跨国环境保护团体（如绿色和平组织和南极海洋联盟），致力于保护海洋和南极，共同向国际社会施加影响。但是，公民社会在全球治理中的参与存在许多局限性。全球公民社会差异巨大，其成员、组织形式、规模、地理范围、资产、组织文化、目标和策略均有不同，存在诸多信念上的差异。因此，全球公民社会并不是某种统一的力量。

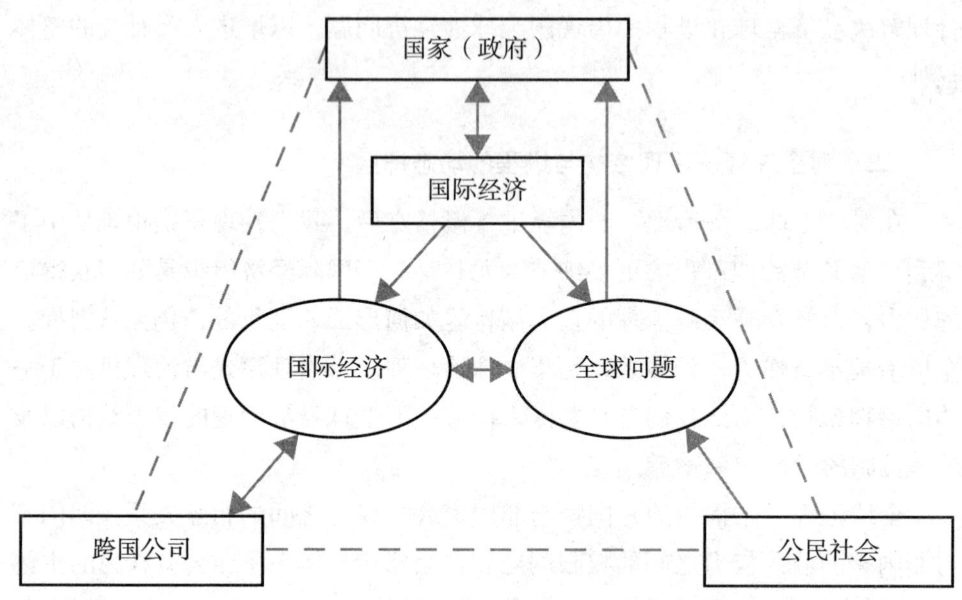

图1　全球经济治理的权力结构示意图

国家政府与国际经济组织和机构的关系，值得研究。尽管有学者呼吁“全球治理需要全球政府”，但我们看待这些国际组织或机构时，通常视其为各国和社会群体洽谈、协商的平台，国际组织自身只是脆弱的协调者。或者说，国际组织是主权国家为了一定的目的以协议的方式建立的多国协调机构，在各个领域行使着主权国家授予的权力，维系整个国际体系的运转。[①] 国际组织的权力来源主要包括两个方面：一是主权国家的让渡和国际法、国际条约界定的共识，这是国际组织合法性和权威性的来源；二是国际组织所拥有的经济、技术、信息的控制，这是国际组织赖以生存和发展的权力资源。国际组织的权力运作表现在各个参与国对其权力的共享与分割；国际组织的权力保护则表现在它依据国际法对各个成员国施以责任和义务。[②]

于是，我们更加关注的问题产生了：在国际经济组织的权力运作中，各个参与国究竟是怎样共享和分割权力的呢？“霸权稳定论”的基本看法是，

① 张丽华：《国家和国际组织的权力功能比较分析》，《学习与探索》2010年第1期，第52页。

② 同上，第53页。

国际结构的稳定不是权力均衡的产物，而是权力垄断的结果，造就并维持国际格局稳定状态的是权力优势，而国家实力的增长差异最容易破坏现状稳定性，并导致体系内部发生权力重新分配的根本性变革。[①]“世界体系论”则以世界经济为基础，将世界划分为中心地带、半边缘地带和边缘地带，并形成政治上的“中心—半边缘—边缘”的等级结构，中心地带是经济发达地区，边缘地带是经济落后地区，半边缘地带则介于中心和边缘地带之间，这种等级结构的变化取决于国家经济地位的变化。[②]肯尼斯·华尔兹认为结构是国际政治中权力分配的结果，指出“体系内排序的总原则是无政府性，体系内的个体主要是主权国家，它们主权平等、具有自主的权力和利益、自主参与国际交往，因此具有相似的功能，这样一来，界定体系结构的要素就成了体系内各个国家（主要是大国）的权力分配，这里的权力又主要指军事权力”。[③]另外，全球经济治理机制是国家利益分配的载体，是构成全球经济治理结构的基础，全球经济治理机制变迁的方向决定了全球经济治理结构的未来形态。[④]因此，在上述分析全球经济治理组成要素的基础上，我们可以把全球经济治理视为“各个国家综合运用政治、经济等力量进行博弈的动态过程”。

三、中国经济实力和全球经济治理参与能力的落差现象

（一）落差现象的一般性描述

2008年爆发的金融危机几乎席卷全球，集中暴露出二战后以欧美发达强国主导的国际经济体系的痼疾，紧接着，欧洲主权债务危机的蔓延使得原本深陷低迷的全球经济雪上加霜。然而，一批新兴国家凭借强劲的增长势头成为世界经济反弹的重要引擎，也成为影响国际政治格局变化的突出亮点。“金砖国家（BRICS）”便是新兴经济体的典型代表。有学者曾这样描述新兴国家

① Robert Gilpin: *War and Change in World Politics*, Cambridge: Cambridge University Press, 1981.

② Immanuel Wallenstein: *World-Systems Analysis: An Introduction*, Durham: Duke University Press, 2004.

③ Kenneth N. Waltz: Theory of International Politics, Reading, MA: Addison Wesley, 1979.

④ 徐秀军:《新兴经济体与全球经济治理结构转型》,《世界经济与政治》2012年第10期，第79页。

崛起对当代国际关系的冲击："21世纪的国际关系进入了一个在力量结构、问题议程和价值观念等层面都迥然相异的全新阶段，而新兴国家的异军突起无疑是促成这一转变最为深刻和持久的动力。新兴国家崛起将为全球治理提供新的模式选择、经验借鉴，将带动工业文明进入新的历史阶段。"[①] 也就是说，新兴经济体的崛起使得在过去两个世纪拥有主导权的欧美大国面临严峻的挑战，并将逐渐改变全球政治经济权力格局，同时，崛起中的新兴经济体必然要求增加自身在全球经济治理领域的发言权和代表性，从而向现有的全球治理体系提出了挑战。

然而，在巴西、俄罗斯、印度、中国、南非等新兴国家经济高速发展的同时，它们在参与全球经济治理方面所扮演的角色却没有那般夺目，其话语权和代表性甚至都不足以与其自身经济实力相匹配。为此，我们在表1中列出了"七国集团"和"金砖国家"的重要经济指标（GDP和外汇储备）以及它们在重要国际经济组织［国际货币基金组织（IMF）和世界银行（WBG）］的份额投票权，对这12个国家的经济指标和投票权比重进行排名并加以对比。

通过对比分析，我们发现：除印度外，"金砖国家"其他成员在国际货币基金组织和世界银行的投票权都要低于自身的GDP和外汇储备的排序；相反，日本、英国的话语权和代表性则超过自身经济实力的排序。显而易见，在"全球经济力量重心已转到或至少是正在转向亚洲等新兴地区"[②] 的过程中，崛起国家的经济实力和其参与全球经济治理的能力未能同步增强或者不相匹配，仍是冷酷的客观现实。这一现象至少在近期内还将继续存在，而且，新兴国家提升参与全球经济治理能力的难度要大于维持其经济实力较快上升的难度。

① 林跃勤、张凤娜：《新兴国家崛起：促进全球经济治理变革》，《中国社会科学报》，2011年4月7日，第2版。

② 骆礼敏：《"金砖国家"对全球经济治理的影响》，辽宁大学硕士学位论文，2012年，第1页。

表1　2011年世界主要经济体重要经济指标与地位指标对比　单位：%

国家（数据/指标）		GDP		外汇储备		IMF投票权		WBG投票权	
		比重	排名	比重	排名	投票权	排名	投票权	排名
七国集团	美国	21.56	1	0.51	8	16.471	1	15.85	1
	日本	8.38	3	11.98	2	6.135	2	6.84	2
	英国	3.47	7	0.55	6	4.022	5	3.75	5
	法国	3.96	5	0.26	12	4.022	5	3.75	5
	德国	5.10	4	0.37	10	5.306	4	4	4
	意大利	3.14	8	0.34	11	3.015	7	2.64	9
	加拿大	2.48	11	0.52	7	2.213	11	2.43	10
金砖国家	巴西	3.54	6	3.37	4	2.217	10	2.24	11
	中国	10.46	2	31.20	1	6.068	3	4.42	3
	印度	2.64	10	2.58	5	2.627	8	2.91	7
	俄罗斯	2.65	9	4.33	3	2.586	9	2.77	8
	南非	0.58	12	0.39	9	0.634	12	0.76	12

注：各国GDP占世界比重＝各国GDP/世界GDP总和；各国外汇储备占世界比重＝各国外汇储备额/世界外汇储备总额；为方便分析数据，排名情况只根据表中12个国家予以排序。

资料来源：GDP比重是根据世界银行WDI数据库计算而得，外汇储备比重是根据国际货币基金组织IFS数据库计算而得；IMF投票权和WBG投票权分别来自国际货币基金组织和世界银行。

（二）中国经济实力与全球经济治理能力的落差现象归纳

1. 中国经济实力赶超发达国家，对世界经济增长贡献率快速上升

中国自2001年加入WTO以来，积极顺应全球化潮流，在改革与开放双驱动力作用之下，实现了快速持续发展，并且不断地给世界经济的增长与稳定注入新鲜活力。2010年中国经济规模首次超过日本，成为世界第二大经济体；在进出口贸易方面，2004年贸易总额超越日本，2009年成功超过德国位居世界第二；在外汇储备方面，从2006年开始中国取代日本，成为全球最大

的外汇储备国家。通过表2，我们可以看到能够衡量中国经济实力的主要指标在世界的排名情况，这些都表明在2003—2011年间中国经济的绝对实力确实是在快速上升的。

表2　2003—2011年中国主要经济指标世界排名情况

年份	国内生产总值	进出口贸易总额	外汇储备
2003	6	4	2
2004	6	3	2
2005	5	3	2
2006	4	3	1
2007	3	3	1
2008	3	3	1
2009	3	2	1
2010	2	2	1
2011	2	2	1
2011年实际数据（亿美元）	73185	36419	31811.5

资料来源：中华人民共和国国家统计局。

在保持经济快速增长的同时，中国也给世界经济增长作出了巨大的贡献，尤其是在2008年全球金融危机和2010年欧洲主权债务危机蔓延期间，中国经济很好地发挥了全球经济“稳定器”的作用。与主要发达经济体相比，中国对世界经济增长的贡献率呈现上升态势，而日本、美国近年来的贡献率几乎都处于下降趋势，二者之间形成鲜明的对照（见图2），昔日的经济强国美国和日本对世界经济增长的贡献率已经明显低于中国。

2. 中国参与全球经济治理能力不彰

相较于国家经济实力的提升，中国在全球性经济问题方面的参与程度和参与能力似乎有些“捉襟见肘”，甚至在愈演愈烈的经济贸易纷争中常常处于“被动挨打”的局面；与之相反，尽管欧盟、美国等发达国家处于经济衰退低迷阶段，它们却能依靠其在世界经济格局中的主导权和影响力来维护和增进

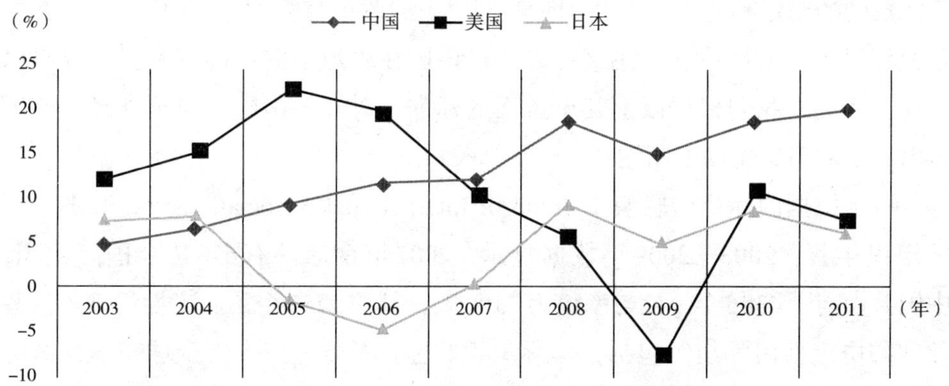

图2　2003—2011年中、美、日对世界经济增长贡献率

注：一国经济对世界经济增长贡献率=该国GDP增量/世界GDP增量；因受金融危机的影响，2009年世界GDP增量为负值，同样美国GDP增量也为负值，而中国和日本GDP增量为正值，考虑到数据的经济学意义，故在2009年将美、中、日对世界经济增长率数值各取其相反数。

资料来源：世界银行WDI数据库。

自己的经济利益。在西方主导的国际经济政治秩序之中，上述现象不足为奇，有其必然性，但仅用这种必然性尚不足以解释中国经济实力和参与全球经济治理能力之间差距的全部原因。从中国在全球经济治理方面能力不足的表现形式及其具体原因入手加以分析，才能对我们之后分析这种大落差现象起到实质性的帮助。

考察中国参与全球经济治理的能力，可从以下几个方面展开：中国参与国际组织的数量、中国在国际经济组织中的地位和作用、中国对国际经济规则的参与或影响力，以及中国参与国际经济组织的改革与管理。参与国际经济组织数量的多少，可以直接地反映出一国经济参与经济全球化的程度，从而间接地反映出该国参与全球经济治理的渴望程度。在经济一体化的今天，国际经济组织是全球经济治理的主要平台和载体，而国际经济规则成为了全球经济治理的主要工具，因此参与全球经济治理必然意味着要积极参与国际经济规则的制定和完善，参与国际经济组织的改革与管理。[①] 其中，一国在国际经济组织中的地位和作用又可以通过该国在组织中的份额权和投票权得以体现。为此，我们根据以上几个方面的标准，对崛起中国参与全球经济治理能力不足的现象作如下归纳：

（1）根据国际协会联盟（Union of International Associations）编写的《国际组织年鉴》2008—2009年数据显示，2007年全球共有61836个国际组织，中国共参与了4386个（参与率仅为7.09%），其中1753个是协定性组织。这些参加的协定性国际组织包括：国际组织联盟（A类）25个，全球普遍性国际组织（B类）374个，洲际性国际组织（C类）575个，地区性国际组织（D类）779个。[②] 而截止到2011年底，中国共参与的国际组织增加到了4724个，[③] 参

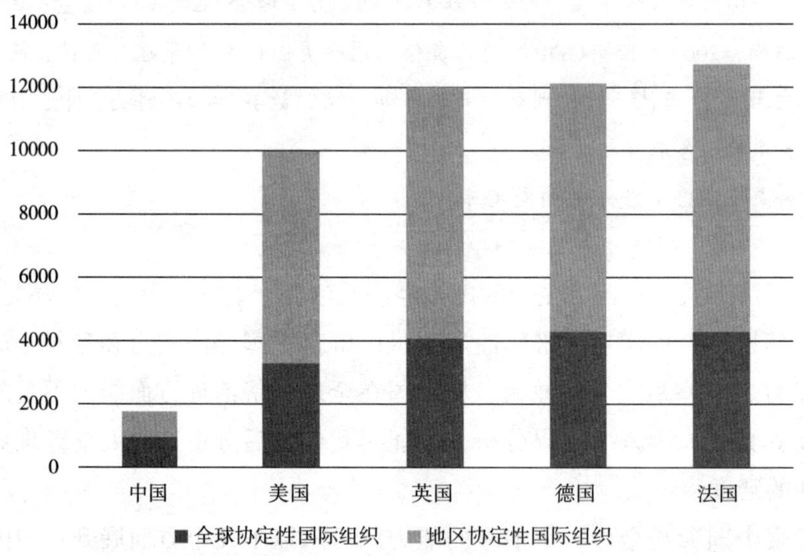

图3　2007年GDP大国参与协定性组织的数量

资料来源：Yearbook of International Organizations: Guide to Global Civil Society Networks: 2008—2009。

---

① 赵龙跃：《中国参与国际规则制定的问题与对策》，《中国战略》2012年12月上，第84页。

② Yearbook of International Organizations: Guide to Global Civil Society Networks: 2008~2009, pp.41-50.

③ Union of International Associations:http://www.uia.org/（上网时间：2013年8月10日）。

与率从2007年的7.09%增加到2012年的7.33%，几乎没有实质性变化。与美、英、德等发达国家相比，中国存在着很大的差距（见图3）：中国参加的世界性国际组织的数目只占美国的三分之一，只有英国、德国、法国的四分之一；而地区性协定组织的参与度与其它4国更是相距甚远。

（2）国际货币基金组织（IMF）、世界银行（WBG）和世界贸易组织（WTO）被誉为支撑当今世界经济的“三大支柱”。其中IMF和WBG的决策是通过份额和投票权机制实现的，若某一成员国的投票权越大，就意味着该国话语权越大，对重大事项的决策更具影响力，因此份额投票权直接反映出该国在国际经济组织的地位和作用。

伴随着新兴经济体作为一个群体的快速崛起，以“金砖国家”为代表的发展中大国强烈要求改变原有的全球治理机制，促使世界经济政治格局朝着更加合理、均衡的方向发展。为了顺应这一潮流，同样也是迫于格局变化的压力，WBG和IMF先后于2010年4月和11月分别通过了新一轮的投票权改革方案，对其中部分经济大国的投票权做出了相应的调整（调整后的投票权见表1）。然而，根据《国际货币基金组织协定》和《世界银行章程》，IMF和WBG重大事项的决策需要经过85%以上的特别多数票决定，[①] 也就是说，美国分别以16.471%和15.85%的投票份额拥有这两大国际组织事实上的“一票否决权”。反观中国，尽管成功超越日本成为世界第二大经济体，拥有世界最多的外汇储备，却以6.068%和4.42%的投票权位居第三，与排名榜首的美国相差多达10个百分点以上。

（3）中国在国际经济规则领域缺少话语权，而欧美发达国家通过其主导的国际组织在全球范围内强制推行本国认证的技术、劳工、卫生等标准，实质上构筑起一种技术贸易壁垒，形成新形式的贸易保护主义。[②] 据不完全统计，国际标准化组织（ISO）和国际电工委员会（IEC）发布的国际标准已近20000项，但中国企业参与制订的仅有20余项；负责制订这些标准的机构

① 参见谢世清:《国际货币基金组织份额与投票权改革》,《国际经济评论》2011年第2期，第123页；宋学良:《论世界银行投票权改革及中国的参与》，外交学院硕士学位论文，2012年5月，第11页。

② 吴大新:《中国如何获取国际经济规则制定权？——来自欧盟、美国的经验与启示》,《山东社会科学》2013年第3期，第140页。

全世界共有900多个，但中国参与其中的不足10个。[①] 另外，有学者在衡量中美两国的软实力时，也对中国参与国际规则的制定权进行了定量分析：中国的国际政治规则制定权相当于美国的2/3，国际经济规则制定权约为美国的1/5；如果将二者求平均值，则得到中国的总体国际规则制定权约为美国的43.1%。[②]

（4）参与国际经济组织的改革与管理必然需要大量的专业人才，但是我国在此方面的缺口很大。国际货币基金组织现有雇员2503人[③]（截至2013年3月），除去执行董事，中国籍的雇员只有74人[④]（按照中国拥有6.068%的份额投票权，我们至少应该有150人左右从事雇员工作）。在世界贸易组织秘书处的正式雇员有629人，其中中国籍雇员只有5位。[⑤] 执委会是国际货币基金组织主要的常设决策机构，但在政策制订过程中还是深受其被赋予重要职责的工作人员的偏好的影响。工作人员拥有范围广泛的议程设置权，因为执委会以工作人员提交的建议为基础做出决策，并且不大可能修改它们。此外，工作人员还可以通过掌握执委会不知情的机密信息影响后者的决策。[⑥]

中国在国际组织中就职的高级管理人员数量则更少。2008年，林毅夫担任世界银行首席经济学家兼高级副行长；2011年，朱民被任命为IMF副总裁，成为历史上首位进入IMF高层的中国人；2012年3月，IMF总裁克里斯蒂娜·拉加德任命林建海担任该组织秘书长。[⑦] 为数不多的高级管理人员和数量偏少的中层人员，与中国的经济实力很不相称。

---

① 李崴：《吃透国际标准减少外贸损失》，《江门日报》第7832期A2版，http://www.jmnews.com.cn/c/2011/03/11/00/c_1123847.shtml（上网时间：2013年8月11日）。

② 阎学通、徐进：《中美软实力比较》，《现代国际关系》2008年第1期，第28页。

③ IMF: The IMF at a Glance, available at http://www.imf.org/external/np/exr/facts/glance.htm, last accessed on 11 August 2013.

④ IMF: International Monetary Fund Diversity Annual Report 2011, available at http://www.imf.org/external/np/div/2011/index.pdf, lastaccessed on 11 August 2013.

⑤ WTO: Table of regular staff by nationality, available at http://www.wto.org/english/thewto_e/secre_e/intro_e.htm, lastaccessed on 11 August 2013.

⑥ 戴维·赫尔德、安东尼·麦克格鲁编：《治理全球化——权力、权威与全球治理》，社会科学文献出版社，2004年版，第49页。

⑦ 赵龙跃：《中国参与国际规则制定的问题与对策》，《中国战略》2012年12月上，第88页。

四、中国经济实力和参与全球经济治理能力落差的原因

（一）经济实力不能及时有效地转化成全球经济治理能力

一国经济实力的提升，可以体现在国内生产总值的规模和质量、人均收入、技术水平以及贸易、金融和竞争等专门领域的各种有形资源，而像能力（或权力）这种抽象的概念，既难以界定，又缺少简便和公认的办法予以量化。尽管如此，为了更好地描述落差现象，笔者还是对国家经济实力、全球经济治理参与能力作了“量”化处理，并初步得出以下结论：（1）目前中国的经济实力约为美国的45%，其参与全球经济治理的能力相当于美国的35%；（2）近5年来（2006—2011年）我国参与全球经济治理能力的平均增长率（约为10%）要远远低于其经济实力的平均增长率（约为22%）；（3）未来一段时间内（4到6年），中国实力和能力二者之间的差距会继续拉大，落差现象更为显著。①

“经济实力”和“全球经济治理能力”二者之间究竟有怎样的内在转换关系，即某国经济持续快速发展所带来的经济实力和综合国力的不断增强是如何转换成为该国参与国际经济事务的影响力的呢？本文第二部分在界定“全球经济治理”的概念时提出，当前国际经济格局下各国主要依托G20、IMF、WBG、WTO等国际组织为平台共同参与全球治理，其中国际经济规则、经济治理制度成为主要的治理工具或手段。也就是说，在探讨由经济实力向全球经济治理能力转化的过程中，必须分析由国家经济实力增长而引起的国际组织、经济规则等一系列国际机制的变迁。另外，“治理”这个概念从一开始就与“权力”一词紧密地结合在一起。根据澳大利亚国立大学社会科学研究院政治学教授巴里·海因斯（Barry Hindess）的研究，治理一词最先来自法国思想家福柯关于治理术（governmentality）的表述，而福柯对治理术的分析则立基于其对于权力的分析之上。② 罗伯特·基欧汉和约瑟夫·奈在《权力与相

① 关于国家经济实力、全球经济治理参与能力的“量”化分析过程及结果，请参见2013年国际关系学院“大学生学术支持计划”项目（编号：32620135210；名称：中国参与全球经济治理的衡量指标研究；课题负责人：孟凯）。

② 高奇琦：《公共权力与欧盟的软治理》，转引自蔡拓、曹兴主编：《公共权力与全球治理——“公共权力的国际向度”学术研讨会论文集》，中国政法大学出版社，2011年版，第219页。

互依赖》一书中解释国际机制变迁模式时，主要依据四个方面——经济进程、世界的总体权力结构、各问题领域内的权力结构、受国际组织影响的权利能力。[①] 因此，我们在分析全球经济治理机制变迁的过程中，也不可避免地会引入“权力”或“国家权力”这个中间概念。

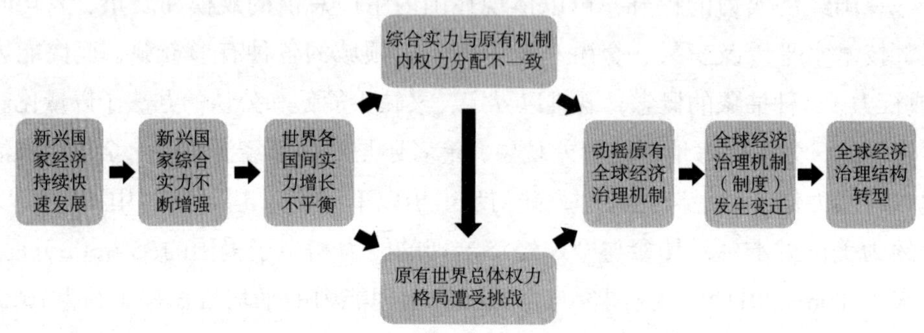

图4　全球经济治理结构转型示意图

简单来说，国家经济实力自然地转化为全球经济治理能力的传导机制（见图4）可以概括为：新兴国家经济的持续高速增长会给该国带来综合国力的显著提升，欧盟、美国等原有发达国家经济发展缓慢甚至一些国家出现下滑趋势，从而打破了世界各国间原先的实力平衡状态；如此一来，各国综合实力与原有国际机制内权力分配呈现落差或不相匹配的局面突显，原有的世界经济权力格局便会面临严峻挑战；当原有制度框架下的权力和利益均衡被打破，并动摇全球经济治理机制赖以存在的合法性根基，使得机制（或制度）[②] 变迁成为必然，最终导致以制度、规则为基础的全球经济治理结构发生转型。至此，新兴国家参与全球经济治理的能力将在新的制度框架中得以整体提升。

1. 新兴经济体迅速崛起，传统强国经济发展缓慢，世界各国综合实力增长

---

① 罗伯特·基欧汉、约瑟夫·奈著:《权力与相互依赖（第四版）》，门洪华译：北京大学出版社，2012年版，第36页。

② 现在学术界通常不对国际机制（International Regime）和国际制度（International Institution）做严格地区分。莉萨·马丁和贝思·西蒙斯在《国际制度》一书的前言中写到，“对这些术语进行区分有意义吗？在某些情况下是没有意义的——因为许多作者对这几个词是互换使用的”。参见：莉萨·马丁、贝思·西蒙斯著，黄仁伟等译:《国际制度》，上海世纪出版社，2006年版，英文版前言。

不平衡。马克思主义认为，经济基础决定上层建筑，经济是权力的基础结构，政治制度是依赖于经济基础的上层建筑。新马克思主义学派代表人物伊曼纽尔·沃勒斯坦宣扬的“霸权周期论”，突出强调经济的决定性作用，“经济是决定霸权兴衰的根本因素，霸权国家要保持经济上的优势地位，必然最终采取战争手段”。[①]而根据约瑟夫·奈的软实力论，“经济资源可以产生软实力行为，也可以产生硬实力行为。成功的经济模式不仅能创造硬实力运用所需的潜在军事资源，也能够吸引他国效仿”，[②]所以说，繁荣的经济在很大程度上可以促进一个国家综合实力的提升。例如，冷战末期的欧盟和今天的中国，都凭借着成功的经济发展模式增强了软实力，国际影响力也由此不断提升。

随着经济全球化的深入，财富、工业制造能力和技术创新能力逐渐流向新兴经济体，许多经济规模庞大、增长迅速的新兴国家正迈向全球大国俱乐部，给全球经济治理领域的原有机制和结构带来巨大冲击；而主导建立原有国际机制的权力大国想要维持其有效运行，就需要不断地向国际社会提供公共产品，伴随着公共产品的种类和数量需求不断增加，权力大国的经济资源就会不断减少，因此其实力地位不断削弱。[③]例如，上世纪六、七十年代美国深陷越南战争泥潭，日本和欧盟经济的迅速崛起，给美国维护布雷顿森林体系的能力和信心带来严重的打击。

2. 各国综合实力与原有治理机制内权力分配不一致，世界力量格局遭受挑战，动摇原有的全球经济治理机制。在解释国际政治现象时，古典现实主义和新现实主义流派都认为，权力是认识和决定国家行为的核心概念，即无论国际政治的终极目标是什么，权力总是它的直接目标。[④]根据华尔兹的理论，[⑤]实力（或权力）是行为体的属性，行为体之间的实力分配决定了体系结构的根本特征。对于国家这个被选定的单元行为体，华尔兹做了一个规定：

---

① Immanuel Wallerstein, *World-Systems Analysis: An Introduction*, Durham: Duke University Press, 2004; Immanuel Wallerstein, The Politics of the World-Economy: The States, the Movements and the Civilizations, Cambridge: CambridgeUniversity Press, 1984.

② 约瑟夫·奈著:《权力大未来》，王吉美译，中信出版社，2012年版，第74—75页。

③ 杨耕:《国际经济机制确立和运行过程中的权力因素分析》,《工业技术经济》2011年第12期，第122页。

④ 徐秀军:《新兴经济体与全球经济治理结构转型》,《世界经济与政治》2012年第10期，第56页。

⑤ Kenneth N. Waltz: *Theory of International Politics*, Reading, MA: Addison Wesley, 1979.

“对不同国家的衡量，唯一的标准就是力量”。[①]也就是说，在国际体系的结构中，国家根据权力大小而占据不同的位置。

罗伯特·基欧汉和约瑟夫·奈提出了关于国际机制变迁的4种解释模式，其中在总体权力结构解释模式中指出，“同金钱一样，权力也是可以转化的，大国也可以将权力资源转用于一切领域，以确保同等的边际收益。当某一问题领域的后果与其他问题领域有巨大差异时，这种转用将使该异常领域的后果与世界军事和经济权力的结构趋于一致”。[②]按照以上两种观点，我们可以总结出：在某一均衡的国际体系中，各个国家凭借其综合实力在体系结构中拥有相应的权力并发挥作用，这些作用表现在政治、经济、军事等各个领域；而一旦某个问题领域偏离原有的均衡状态，那么经济和军事权力就会发挥作用迫使该问题领域的权力结构趋同于世界经济和军事的权力。在本文的第三部分，我们已经对不同类型经济体的经济实力和在重要国际经济组织中的地位做了对比，发现新兴国家在快速崛起的过程中，参与全球经济治理领域的权力（或能力）结构与其自身快速增长的经济实力不相一致，因此会对原有的世界总体权力格局产生冲击，并且动摇原有全球治理机制的合法性根基。

3. 全球经济治理制度发生变迁，全球经济治理结构转型，世界各国参与全球经济治理的能力得以重新分布。新自由制度主义认为，国际体系的重要特征除了结构之外，还应包括进程。进程是指国际体系中单元间的互动方式与互动类型，影响国际进程的两个体系因素是体系结构和国际制度。由于体系结构变化非常缓慢，因此可以假定其为常数，即假定体系结构不变，在这种情况下，国际制度就成为了国际体系的最主要特征。[③]制度的概念以利益为基础，利益决定制度，权势的分布状况决定利益。在国际结构的理解上，新自由制度主义将国家实力与国际结构的因果解释中，加入国际制度这一中间变量，实力与制度并非处于同一层次，后者才是决定国际结构的直接因素。因此，国际结构的基础是制度，它是建立在已有国际准则规范和机制基础之

---

① 王逸舟：《西方国际政治学：历史与理论》，上海人民出版社，2006年版，第154页。

② 罗伯特·基欧汉、约瑟夫·奈著，门洪华译：《权力与相互依赖（第四版）》，北京大学出版社，2012年版，第41页。

③ 玛沙·费丽莫著，袁正清译：《国际社会中的国家利益》，浙江人民出版社，2001年版，第23页。

上的国际关系架构。[①]

尽管国际制度存在诸多合法性缺陷，但在全球化发展过程中，国际制度已成为全球治理的重要载体。[②] 随着新兴经济体的迅速崛起，现行全球经济的利益分配格局变得越来越不合时宜。全球经济治理制度是国家利益分配和调整的载体，在现行各种利益分配机制中，发展中国家总体处于不公平、不合理的境地，新兴经济体也处于与自身实力不相匹配的弱势地位，从而直接导致了现行全球经济治理机制的合法性危机。正因如此，全球经济治理机制的变革势在必行。[③] 只有国际经济政治秩序趋于公平合理，新兴国家的经济实力才得以有效地转化成为参与全球经济治理的能力。

通过剖析全球经济治理结构转型过程，我们可以得出如下结论：（1）世界总体权力格局的变动落后于各国经济实力的变化；（2）全球经济治理机制的变迁速度落后于总体权力格局的变化；（3）某些国家参与全球经济治理的能力提升相较于经济实力的变化存在滞后现象。可以观察到的是，发展中国家的经济实力并不能及时有效地转化成全球经济治理能力。

（二）过往中国参与全球经济治理的政治意愿不强

上文分析了国家经济实力如何自然地转化成为全球经济治理能力，即“能不能”的问题，而在理解中国参与全球经济治理的过程中，我们还不能忽略主观能动性，即“想不想”的问题。因为，即便是繁荣的经济和昌盛的国力给一国在国际社会或体系中带来了广泛的影响，倘若该国不热衷于参与国际事务，那么它参与全球经济治理的能力照样不会体现得特别明显。

中国对于国际组织的参与程度，一直是一个具有争议性的问题，这种争议主要集中在两个方面：其一，中国对国际组织的参与率。中国对于国际组织的参与是否真如美国部分学者所断言的那样，“中国融入国际体制的程度相对而言很不够，国际组织的参与率还相当低”？其二，中国在国际组织中的

---

① 徐秀军：《新兴经济体与全球经济治理结构转型》，《世界经济与政治》2012年第10期，第57页。

② 叶江：《全球治理与中国的大国战略转型》，时事出版社，2010年版，第90页。

③ 徐秀军：《新兴经济体与全球经济治理结构转型》，《世界经济与政治》2012年第10期，第68—69页。

角色。中国进入国际组织后，究竟是西方所认为的那样，“经常设置障碍，表现过于消极，提案无任何建设性”，还是中国自我描述的那样，“一个负责任的大国，其参与是建设性的和积极的”？[①] 接下来，本文将从中国与国际组织关系的演变过程和中国提供国际公共产品两个角度，分析我国参与全球经济治理的主观能动性现状。

1. 从中国与国际组织关系的演变过程分析参与意愿

自1949年新中国成立到1970年这段时期，争取恢复在联合国的合法席位是中国对外交往的主要目标。由于在联合国的合法席位得不到恢复，中国发展与其他国际组织的关系也受到限制，中国与国际组织的关系总体处于彼此敌对、互不接纳的艰难时期。一方面，以美国、苏联为首的两个超级大国尖锐对立，世界性的国际组织被大国操控；另一方面，来自外部的压力以及自身的意识形态原因导致中国对国际局势和国际组织的认知出现偏差，对国际组织和国际制度极不信任。中国没有真正认可西方主导的国际组织的合法性，也不承认国际组织的权威性。

从1971年中国恢复在联合国的合法席位一直到冷战结束，中国与大批国际组织建立或者恢复了合作关系，这主要得益于当时国际局势的缓和。一方面，美国深陷越南战争，而欧盟、日本等资本主义国家快速崛起，致使美国在资本主义世界的霸权地位动摇；另一方面，第三世界国家逐渐成为国际舞台上一支重要的政治力量和维护和平的力量。1971年，中国恢复在联合国教科文组织（UNESCO）的合法地位；1972年，中国恢复了在世界卫生组织（WHO）的合法地位；1973年又恢复了在联合国粮农组织（FAO）的合法席位，并在粮农组织第17届大会上被选为理事国，等等。但是这一时期中国加入更多国际组织的外部政治障碍还没有完全清除，中国国内左倾影响和意识形态观念还根深蒂固，中国参与国际组织的广度和深度有限。[②] 另外，中国在国际组织中的行为仍然是被动的，对国际组织的规则或者工作程序并不熟悉，很少提出建设性的提案，还缺乏参与及议程创设意识，更多地是发表原则性的

① 陆娜：《中国与国际组织关系30年：视角变迁及原因分析》，中国青年政治学院硕士学位论文，2010年，第27页。

② 叶小青：《冷战后中国与国际组织的关系研究》，山东师范大学硕士学位论文，2006年10月，第18页。

声明。[①]

从冷战结束至今，中国与国际组织的关系进入一个新阶段。中国不仅全面参与了各个相关领域的国际组织，而且积极阐述自己的主张，提出更多的议案。尤其是近年来中国对世界组织的贡献率日渐提升，如2001年正式加入世界贸易组织，2008年成功主办了第29届夏季奥运会等。与发达国家相比，中国的综合国力仍然不够强大，中国在国际组织中发挥的作用还受到限制，尤其是在决定国际政治经济秩序的主要国际组织当中。尽管中国目前在国际货币基金组织和世界银行的投票权都位居第三位，但是比例水平仍然不高。

从中国与国际组织关系的历史发展过程来看，中国实现了从“局外人”到“局内者”的转变，再到现如今的“积极参与者、建设者和贡献者”[②]。但相比较美国、欧盟、日本等国际体系或规则的创设者来说，中国作为后来者，输在了起跑线上。另外，中国作为国际经济规则体系的后来者，在从“局内者”向“积极参与者、建设者和贡献者”转型的过程中，必然会面临着观念转变、战略设计、专业人才的培养与输送、以及对重大国际议题的深入研究等问题。正如“阶段参与论”所指出的那样，中国全面加入国际经济体系的时间还不长，经验不足，准备不充分，应该从熟悉和学习规则开始，然后充分利用规则，在准备充分的情况下，再参与设计和制定。[③]同时，我国缺乏大批的专业人才来长期从事全球经济治理问题的研究，并且全球治理理论大都是由国外学者创造、国内加以翻译引入的。正因为对全球经济治理等新提法和新动向的研究理解不够深入，知之甚少，加之我国没有关于全球经济治理问题的中长期战略设计，实际决策部门的分工也不够明确等等，这些都导致了我国早期参与的意愿低落。

2. 从中国提供国际公共产品的情况分析参与意愿

积极参与多边事务，提升参与全球经济治理的能力，必然意味着中国要承担更大的国际责任，要不断地向国际社会提供更多的国际公共产品。如今，

---

① 叶小青：《冷战后中国与国际组织的关系研究》，山东师范大学硕士学位论文，2006年10月，第21页。

② 习近平在“世界和平论坛”开幕式上的致辞（全文）：http://www.gov.cn/ldhd/2012-07/07/content_2178506.htm（上网时间：2013年9月3日）。

③ 赵龙跃：《中国参与国际规则制定的问题与对策》，《中国战略》2012年12月上，第86页。

美国已经日益缺乏作为主要国际公共产品提供者的资源，而欧洲、日本等经济大国也因经济虚弱无法担任国际公共产品提供主要领导者的角色。与此同时，没有新兴经济体的直接参与，就无法有效应对跨国挑战，然而这些国家却更加关注国内发展，而不愿承担更多的国际义务。[①] 同样，中国也强调权利与义务的平衡，国际责任与国家力量的平衡，不承担超越自身发展国家力量和性质的国际责任。下文，以“国际经济规则”这种公共产品为例展开叙述。

国际规则是世界各国在国际事务互动中制定并共同遵循的行为规范，是国际经济博弈的“交通规则”，[②] 作为国际经济领域的一种公共产品，国际经济规则具有非中性的特征，即规则的制定者能够从中获取巨大的额外利益，如布雷顿森林体系下的美元铸币税。“霸权稳定论”的代表人物斯蒂芬·克拉斯纳从国家目标利益出发，认为霸权国家为了实现自己的目标利益，既有能力又有意愿提供国际公共产品。[③] 因而在积极参与全球经济事务的管理过程中，不论发达国家还是发展中国家都会尽其所能施展自身在规则制定方面的影响力。

近年来，“中国责任论”在部分西方国家和发展中国家有一定市场。赞同者主张中国在国际体系中应承担更多的国际责任，其核心是希望中国能够在非传统安全领域为国际公共产品的供给作出贡献[④]，诸如推动建立健全开放、公平、非歧视的多边贸易体制，完善国际金融体制等。尽管二战后发展起来的现行国际经济规则主要是在欧盟、美国等发达经济体主导和操纵下形成的，但不可否认中国是现有规则体系的重要受益者和适应现有规则的示范者。从中国与其他国家签订双边投资协定的情况来看，中国完全赞同当前保护外国直接投资（FDI）的国际自由机制，已经成为这一机制下重要的全球成员，因此说中国与当前全球FDI治理的主流立场是相容而非相斥的。[⑤] 由此，可以说

① 王双：《国际公共产品与中国软实力》，《世界经济与政治论坛》2011年第4期，第25页。

② 赵龙跃：《中国参与国际规则制定的问题与对策》，《中国战略》2012年12月上，第85页。

③ Stephen D. Krasner: *State Power and the Structure of International Trade, World Politics*, Vol.28, No.3, 1976, pp.317-347.

④ 薛晨：《非传统安全问题与国际公共产品供给——兼论“中国责任论”与和谐世界理念的实践》，《世界经济与政治》2009年第3期，第66页。

⑤ 中国社会科学院世界经济与政治研究所“中国如何应对国际规则”课题组：《中国应如何参与国际经济规则制定？》，《中国市场》第50期总第713期，第19页。

中国尽管不是“创造者”却是重要的“参与者”。

我们引入博弈论中的“智猪博弈”模型[①]来说明一下中国为何倾向于努力适应国际规则而非积极提供国际经济规则这样的公共产品。矩阵如下：

智猪博弈	小猪行动	小猪等待
大猪行动	5，1	6，2
大猪等待	9，-1	0，0

在有限次的重复博弈中，包括中国在内的发展中国家集团在国际规则制定中如小猪一样，处于不利的地位，小猪等待，让大猪行动，自己搭便车才是最优的选择；作为规则主导者的欧美发达国家如同大猪，如要想攫取额外的巨大经济利益就必须提供规则这种公共产品。事实上，模型中的具体收益可能与现实不太相符，即规则制定者的收益是要大于规则参与者的。结合本文第三部分描述过的中国参与规则制定少之又少的现象，不难发现：我国在参与全球经济规则方面，往往不是“研发”，更多地只是“参与”，从中“搭便车”。若长此以往，必将削弱中国负责任大国的良好形象，也会极大地制约中国在参与全球经济治理问题时实质性地提升影响力和发言权。

通过对中国与国际组织的关系沿革以及提供国际公共产品两个角度的分析，我们推断中国过往的情况似乎是：战略视野不宽、见事不早，对全球经济治理等新理论、新提法、新动向的研究和理解不深，决策部门分工不明、多一事不如少一事的惯性，实际行动力不强，中央领导未作指示予以重视等等，导致中国早期参与的意愿低落；早期参与意愿不高，又使得现有的经济

① “智猪博弈”原模型为：假设笼子里面有两头猪，大猪和小猪。笼子一头有一个踏板，另一头是饲料出口和食槽。每踩一下踏板，饲料出口就会落下少量的食物。如果一只猪去踩踏板，另一只猪就有机会抢先吃到另一边落下的食物。假设定量地来看，踩一下踏板，将有相当于10个单位的食物流进食槽，但是踩完踏板之后跑到食槽所需要付出的“劳动”，要消耗相当于2个单位的食物。如果两只猪同时踩踏板，再一起跑到食槽去进食，大猪将吃到7个单位，小猪将吃到3个单位，减去踩踏板耗费各自2个单位，大猪净得益为5个单位，小猪净得益为1个单位。如果大猪踩踏板，小猪等着先吃，大猪再赶回去吃，大猪将吃到6个单位，去掉劳动耗费2个单位净得4个单位，小猪也将吃到4个单位。如果小猪踩踏板，大猪等着先吃，大猪将吃到9个单位，小猪将吃到1个单位，再减去劳动耗费，小猪净亏损1个单位。如果大家都等待，结果是谁都不会吃到食物。考虑到解释本文问题的需要，我们对大猪行动、小猪等待的结果作了一定的修改。

实力没有很好地调动起来，没有在机制、人才、资源等方面及时作好准备工作，使得中国在全球经济治理领域输在了起跑线上；当国际压力上升，国内学界媒体等呼声一片，中央领导在各种峰会和高层外交场合接触并认可了全球经济治理的提法之后，出现了参与意愿增强而能力建设跟不上的“力不从心”现象。可以得出这样的看法，中国的主观能动性——“想不想”积极参与的因素，在相当程度上制约了中国参与全球经济事务管理的能力发展。当然，令人感到振奋的是，中共十八大报告指出，“中国将坚持把中国人民利益同各国人民共同利益结合起来，以更加积极的姿态参与国际事务，发挥负责任大国作用，共同应对全球性挑战”，“坚持权利和义务相平衡，积极参与全球经济治理”，“积极参与多边事务，推动国际秩序和国际体系朝着公正合理的方向发展”。[①] 这是中国首次在党的最高纲领文件中对积极参与国际事务和全球经济治理进行宏观和系统的规划。

五、结语

造成中国参与全球经济治理的能力与国家经济实力不相匹配的原因肯定是多方面的和动态变化着的。考虑到客观现实的复杂性以及研究条件的局限，本文仅选取了两个角度对这种落差现象的原因进行探究，即经济实力“能不能”及时有效地转化成为全球经济治理能力，以及中国到底“想不想”积极参与全球经济治理并在其中发挥应有的作用。作为结语，笔者根据上述分析，对今后我国参与全球经济治理提出以下建议。

（一）坚持发展中国家身份是中国参与全球经济治理的重要前提和基本原则。随着改革开放和现代化建设事业的不断推进，特别是十八届三中全会之后全面深化改革步伐加快，中国的经济实力和综合国力必将进一步增强，在地区和全球事务中的影响力进一步上升。但应清醒地看到，中国作为社会主义的发展中大国的本质属性，并没有因此而发生任何改变。即使有人把中国列为美国“老大”之后的“老二”，也无法否认两国分属于发达国家和发展中

① “坚定不移沿着中国特色社会主义道路前进，为全面建成小康社会而奋斗——胡锦涛在中国共产党第十八次全国代表大会上的报告”，《人民日报》，2012年11月18日，第1版。

国家的性质差别。中国与世界主要大国以经济指标衡量的表面差距正在快速缩小，但以经济、政治、社会、文化、环境等均衡发展的要求来衡量的内在差距仍然巨大。经济社会发展阶段和国力现状决定了中国的确难以发挥理想中应当发挥的国际领导力、国际影响力，也难以承担过重的国际责任。因此，中国要长期坚持自身的发展中国家身份，以发展中国家的名义来推进全球经济治理体系的建设，积极参与、增强活跃程度。这样做既可以减少西方对中国的猜忌，也可避免过度卷入国际利益纠葛、牵扯过多精力，既可求同存异，与发达国家共同应对全球挑战，也有利于维护发展中国家利益，建立更为公正、有效的全球经济治理体系。

（二）坚持同新兴大国一道积极推动全球经济治理机制的变革。全球金融危机和欧洲主权债务危机为全球经济治理体系的变革带来了重要的契机，新兴国家正抓住此次机会，积极争取自身在国际经济组织和机构中的影响力和话语权。自2010年国际货币基金组织和世界银行相继调整投票改革方案后，中国在重要国际组织中的话语权得到了显著提高，是一个好的开头，但必须看到，全球经济治理机制变迁和结构转型是一个长期的过程，治理权的博弈和国际权力的转移必然是曲折的、复杂的。中国作为新兴大国中人口最多、经济规模最大、经济发展最快、对全球经济影响力最大的国家，要想在未来新格局中提升自己的参与能力，就该当仁不让地充当新兴大国全球治理改革的倡导者和协调人，密切与新兴大国的沟通与协调，共同推进新兴大国及发展中国家在改进全球治理体系中的主张和利益，防止新兴大国内部出现严重分歧和矛盾，有条不紊地推进全球经济治理改革。

（三）坚持修炼内功，继续提升自身经济实力，努力消除外部失衡，加快转变经济发展方式。经济实力的质与量在很大程度上决定了一国在世界政治经济格局的地位和影响力。“打铁还需自身硬”，只有加快转变经济发展方式，不断提升经济实力和综合国力的质量，中国的经济影响力和话语权才能更容易被全球经济所接纳，参与全球经济治理的能力就越强。如：提高经济运行效率，调整升级产业结构，增强市场创新动力，特别是以制度创新为突破口，推动科技创新，实现创新优先的跨越式发展[①]。如果说改革开放造就了2.0版的

① 王保安:《中国经济升级版应如何打造》,《求是》，2014年第1期，第23页。

中国经济，那么十八届三中全会后，以全面深化改革为动力，将全力打造中国经济的3.0版。只有在经济上彻底改变“四高四低”的增长特征，即“高投入、高消耗、高污染、高速度”和“低产出、低效率、低效益、低科技含量”，才能奠定中国发挥世界大国影响力、增强参与全球经济治理能力的坚实基础。

（四）要早日制定并积极实施参与全球经济治理的中长期战略。“凡事预则立，不预则废”，要有效参与国际经济规则的制定和全球经济事务的管理，需要有系统的全球经济治理战略，并将其贯穿和落实到国家相关部门的日常对外事务中。[①] 首先，统一认识、转变思想观念。在理解全球经济治理问题时，要从国内和国外的角度出发，既要把握国内长远利益所在，更要认清国际经济规则的本质，看到现有规则和秩序的不公平性，及其改革的方向、动力所在。其次，重视全球治理等相关问题的全面和深入研究，鼓励超前研究。本文在分析落差现象时提及，国际标准化组织（ISO）和国际电工委员会（IEC）已经发布的近20,000项国际标准中，中国参与制订的仅有20余项。另据统计，到目前为止没有一个国际立法的议题是由中国主动提出并研究制定的。[②] 这在很大程度上说明我国学术界对全球治理等问题的研究不够深入和超前，这正是中国参与全球经济治理能力建设中的软肋。最后，做好积极向重要国际组织输送人才资源的工作。尽管执委会是国际组织主要的常设决策机构，但这些政策还是深受其被赋予重要职责的工作人员的偏好的影响。[③] 长期以来，发展中国家在国际组织中缺乏自己的代言人，[④] 因此我国需要加快培养国际事务管理方面的人才，疏通重要国际组织与国内机构人才的互动机制，积极向国际经济组织输送专业人才。中国高级人才能否走出去，在国际和地区经济组织中占有一席之地，将成为衡量中国参与全球经济治理能力的重要指标之一。

---

① 参见赵龙跃:《我们如何参与经济全球化管理》,《国际商报》，2010年1月5日，第3版。

② 参见中国国际经济法学会2012年学术年会《会议简报》（第1期）第4页，2012年11月3日。

③ 戴维·赫尔德、安东尼·麦克格鲁编:《治理全球化——权力、权威与全球治理》，社会科学文献出版社2004年版，第49页。

④ 赵龙跃:《中国参与国际规则制定的问题与对策》,《中国战略》2012年12月上，第90页。

第八章　国际生产网络的全球治理与中国的应对

托马斯·弗里德曼在其畅销书《世界是平的》中写道，经济全球化的深入带来了产业活动跨越国界、市场趋于一体的活跃状态，开放经济条件下的企业面对的已是一个巨大而平坦的世界市场，相比“冷战时代”，甚至与十年前相比，全球市场竞争变得更为激烈，国际生产体系发生更大变化，国际生产组织方式也产生深刻变革。

正是伴随着全球化生产体系的形成与发展，芭比娃娃的故事意犹未尽，苹果iPod的故事再度兴起。过去，最终产品几乎完全在一个国家或地区生产完成；现在，最终产品大多分成若干环节，并被分散在最有效率和成本最低的国家或地区内完成。在这一过程中，各类企业之间密切合作，协调共生，建立起相互依存的生产协作关系，从而形成了同一产品由不同国家的厂商共同参与完成的全球化生产体系。作为一种全新的国际生产组织方式，它使世界各国的生产活动不再孤立地进行，而是成为全球化生产体系的有机组成部分，形象地揭示了“国际生产网络”这一新型国际分工形态的发展，并由此对经济全球化、国际经济关系和区域经济发展产生重大影响。根据联合国贸发会议数据显示，1975年，全球只有8%的国家建立自由免税区，外国投资总额不到230亿美元，2011年，全球跨境投资总额超过1.5万亿美元，预计2013年和2014年分别达到1.8万亿美元和1.9万亿美元。[①]

---

① 《2012年世界投资报告解读》，http://www.mofcom.gov.cn/aarticle/difang/anhui/201210/20121008397996.html.

2008年以来，由于国际金融危机的迅速蔓延，大多数发达经济体遭受巨大冲击，但以中国为代表的新兴经济体，特别是东亚地区的经济发展却十分活跃，在全球化生产体系上表现尤为突出。2011年，发展中国家和转型经济体吸收外国直接投资额分别达到创纪录的6840亿美元和950亿美元，其中东亚地区[①]超过3360亿美元，同比增长14%，占全球流入总量的比例从全球金融危机爆发前的12%提高到22%。其中，中国依旧是对FDI最具吸引力的经济体，2011年吸引FDI总额高达1240亿美元，位居全球第二位，同时截至2011年底，中国内向FDI存量估计约为7120亿美元，外向FDI存量约为3660亿美元。[②]全球的生产和消费中心正在不断东移，国际生产网络的演进和发展也越来越呈现出体系化、区域化和差异化的趋势。未来一段时期，发达国家与发展中国家的经济"再平衡"与既有国际生产体系与分工格局的冲突和矛盾将更为严峻，中国的参与和面对的各种竞争和挑战也更为激烈。因此，本章将从国际生产网络的新发展出发，回顾国际生产网络的演进与发展趋势，考察东亚生产网络的重构特征，分析以美国为代表的经济"再平衡"政策与东亚区域经济整合的制度竞争，解释其间美中两国的角色和发挥的作用，并借以为中国进一步参与国际生产网络的路径和竞争的应对带来有益的启示。

一、国际生产网络发展中的全球治理

分工"是政治经济学的一切范畴的范畴"。[③]"在亚当·斯密那里，它几乎是作为经济进步的唯一的因素"。毫无疑问，国际生产网络框架的形成是分工国际化的结果，是生产过程和地理空间、社会制度相结合的生产组织形式[④]。国际生产活动由原来主要是一国内部或区域间的分工转变成现在的全球

① 这里的东亚地区是指中国、日本、韩国和东盟五国。其中东盟五国分别为新加坡、马来西亚、菲律宾、印度尼西亚和泰国。

② 《2012年世界投资报告解读》，http://www.mofcom.gov.cn/aarticle/difang/anhui/201210/20121008397996.html.

③ [德]马克思、恩格斯:《马克思恩格斯全集》(第47卷)，人民出版社，1979年版，第304页。

④ 吴锋:《生产边界与生产网络——全球生产网络研究述评》,《上海经济研究》，2009年第5期，第103页。

范围内的分工，由工厂内部的简单流程扩展为一个渗透全球的巨大的网络。这种新型生产模式的出现在于产品生产的价值链发生重大变化，全球价值链的生成和发展成为国际生产网络及其全球治理问题出现的重要微观基础。

与全球生产网络密切相关的最初研究应该是始于迈克尔·波特1985年的著作《竞争优势》中首次提出“企业价值链（Value Chain）”的概念。他认为企业可以通过在其内部建立一系列相互关联的“价值增值活动（value added）”，使得价值链上的每一个环节都能够产生增值效应，最终产生的增值总和就构成了企业的“价值增值总和”。但是，最初的“价值链”理论仅仅局限于单独企业内部，直到1990年代，波特又在其《国家竞争优势》一书中将该理论研究层面拓展到企业外部，并突出了价值链的空间分离。[①]

1994年，格里芬等学者首次将“价值链”的概念推广到世界范围，与国际产业组织联系起来，并提出了“全球商品链（Global Commodity Chain）”概念，以考察如何提升产品在国际产销体系中的竞争优势。该理论中以“生产者驱动（producer-driven）”和“购买者驱动（buyer-driven）”这两个模式来探究产品在国际产业链中的升级。同时，格里芬等还特别强调了在构建GCC时需要注意投入—产出（input-output）的结构、领域性、政治结构及制度框架。[②]

根据联合国工业发展组织的定义认为，全球价值链（Global Value Chains，GVC）是为实现商品或服务价值而连接生产、销售、回收处理等过程的全球性跨企业网络组织，涉及从原料采购和运输、半成品和成品的生产和分销、直至最终消费和回收处理的整个过程。包括所有参与者和生产销售等活动的组织及其价值、利润分配，当前散布于全球的处于价值链上的企业进行着从设计、产品开发、生产制造、营销、交货、消费、售后服务、最后循环利用等各种增值活动。[③] 相比传统价值链从纵向维度研究经济组织，全球价值链是

---

① 朱妮娜、叶春明：《全球及东亚生产网络研究文献综述》，《云南财经大学学报》，第26卷第6期，第18页。

② Gereffi, G., *The Organization of Buyer-Driven Global Commodity Chains: How U.S. Retailers Shape Overseas Production Networks Commodity Chains and Global Capitalism*, Westport: Praeger, 1994.

③ *Industry Development Report 2002/2003 Overview,* United Nations Industry Development Organization, 2002.

价值增值在国际经济关系中的体现，全球生产网络则更进一步成为全球价值链发展的高级形式。产品构成越复杂，生产工序越多，价值链的纵向维度更长，逐渐从组织规模和生产性主体上形成层级关系；与此同时，产业越庞大，专业化分工会进一步获得更大的规模经济，价值链的横向维度日趋发达，从地理分布则不断形成规模宏大、结构复杂的生产网络结构。[①]

现实中，在早期工业化时代，全球价值链尚未形成，一国在国际生产体系中获取的价值取决于该国资本存量和工业化水平。而伴随经济全球化进程，全球价值链的逐渐生成和完善，使得知识与技术及其整合能力成为一国能否取得价值增值的决定要素，要取得知识与技术方面的分工优势，就需要该国在开放条件下主动构建自己的生产网络或不断升级自身在既有生产网络的位置，以实现获得更大价值增值的能力。例如，诺基亚公司一年要生产2亿部左右的移动电话，这意味着每小时要处理上百万个组件，绝不可能放在一个工厂或一个地方生产，必须由分布于全球各地的多达上百个生产基地来完成，然后再统一安排到全世界的市场进行销售。[②] 因此，基于价值增值的全球生产网络的形成，以前在一个地方完成的最终产品的生产，被分解为若干个独立步骤或模块，而每一个步骤或模块都在能以最低成本完成的地方生产，使得国际贸易从原来的最终消费品交换和生产，转变为产品零配件的交换和生产，并进一步发展到更深层次的国际分工与交换。

国际生产网络（International Production Network, IPN）的出现实际上是国际生产体系的重大变革，是对全球价值链发展、国际生产模块化与国际外包

---

① 斯特恩从组织规模（organizational scale）、地理分布（geographic scale）和生产性主体（productive actor）三个维度来界定全球价值链。从组织规模看，全球价值链包括参与了某种产品或服务的生产性活动的全部主体；从地理分布来看，全球价值链必须具有全球性；从参与的主体看，有一体化企业（如Phillips,原IBM等）、零售商（如Sears, Gap等）、领导厂商（如戴尔，耐克等）、交钥匙供应商（如Celestica, Solectronic）和零部件供应商（如英特尔，微软等）。他还对价值链和生产网络的概念进行了区分：价值链主要描述了某种商品或服务从生产到交货、消费和服务的一系列过程，而生产网络强调的是一群相关企业之间关系的本质和程度。参见：Sturgeon, T. and Lee, J. *Industry Co-evolution and the Rise of a Shared Supply Base for Electronics Manufacturing*, Paper presented at Nelson and Winter Conference, Aalborg, 2001.

② 徐康宁、陈健：《国际生产网络与新国际分工》，《国际经济评论》，2007年第6期，第38页。

分工（Outsourcing）[①]、国际垂直专业化分工[②]等国际化生产现象的总体概括，即跨国公司通过在世界各地的生产资源的整合，采用投资建厂、模块化生产或业务外包的形式，建立起世界范围的工厂或制造飞地。在这一生产体系下，不同生产环节之间产生大量的零部件或中间品贸易，其中大量的零部件或中间品贸易体现为国际贸易或离岸贸易的形式，并对所在地的进出口和就业产生重要影响。因此，对于国际生产网络发展中全球治理问题的内涵和特点可以有以下理解：

第一，国际生产网络建立的根本基础是分工问题，分工产生的效率使得企业与市场的边界越来越模糊，中间性组织企业网络在经济全球化的推动下，依托各类经济主体形成的网格节点，在分工中构建竞合关系，在全球范围内丰富了企业网络的组织形态。这种组织的稳定性和可持续发展需要借助国际协调和治理。

第二，国际生产网络的微观层面是以跨国公司为载体，形成包括研发、制造、销售在内的企业间、企业内各部门间的跨国生产协作，构成全球治理经济层面的主要载体。首先，国际生产网络涉及大量生产参与者，包括跨国公司及其分支机构、附属机构和合资企业、供应商和分包商、分销渠道和增值经销商、研发联盟结构和其他形式的合作伙伴等；其次，跨国公司具有“潜在的地理柔性”，即利用其核心地位，通过全球战略布局将不同的生产阶段分布在最有效率和成本最低的区位，利用不同区位上成本、资源、物流和市场的差别获取利益，并且能够进行灵活调整；再次，跨境生产既可以由一个跨国公司在不同的国家投资设厂完成，也可以由不具有特殊关联关系的厂商参与完成。这些企业共同参与一种或一种以上最终产品的生产，从而充分发挥

① “模块化”就是将原来的生产制造过程分解为一些功能和结构相互独立的标准模块，按产品生产的特定需求对标准模块进行组合而完成的生产，它直接促进了国际分工的深化和外包分工的发展。此外，外包生产、片段化生产和国际分离生产这三个概念基本上是一致的。参见：朱妮娜，叶春明：《全球及东亚生产网络研究文献综述》，《云南财经大学学报》，第26卷第6期，第19页。

② 国际垂直专业化分工的前提条件包括：一是产品生产要经过多个连续的阶段；二是两个或两个以上的国家在生产过程中提供增值；三是至少一个国家在生产过程中必须使用进口的投入品，其产出的一部分必须出口。其中第三个条件是垂直专业化区别于其他有关产品内分工和中间品贸易的关键。参见：浦华林：《产品内国际分工与贸易对我国贸易平衡的影响分析》，《国际贸易问题》，2011年第4期，第21页。

整体合作的优势。

第三，国际生产网络的宏观层面强调，各经济体依托各自要素禀赋基础，以跨境投资和国际贸易为纽带建立的国际分工关系。一方面，多个国家或经济体参与同种最终产品生产成为普遍；另一方面，在生产过程中，中间产品的生产成为重要形式，中间产品贸易发展迅速，各国间分工关系主要通过直接投资和国际外包两种形式加以实现，政治沟通与经济领域交往的互动机制需求浮出水面。

第四，国际生产网络与产业集群、区域经济发展力量的互动。经济全球化并没有降低生产的地理集聚，区域的空间结构也没有走向完全的系统平衡，从生产网络的视角看，经济全球化力量促进了跨国公司生产活动的全球扩展和全球生产网络的形成；而地方化力量则导致企业更加依赖与区域生产网络，并形成不同的产业集群[①]。出于交易成本降低、生产效率提高、激励方法改进等多种集聚效应优势，区域生产网络以地方产业集群为载体正在加快"嵌入"全球生产网络，推动域内域外生产网络参与主体间互动，不断捕捉、创造和保持价值，不断丰富国际生产网络发展的内涵，也亟待全球治理机制对于潜在冲突和摩擦的"平滑"。

综上所述，越来越多国家参与特定产品生产过程中不同环节或区段的生产和供应活动，从而通过经济国际化过程或展开结构，最终形成跨境生产网络[②]。同时，促进国际生产的有力政策环境、构建垂直专业化分工获得的集聚效应、区域内经济发展力量互动与地缘位置、贸易壁垒和运输成本降低、专业化分工的规模经济和跨境生产活动的兴起都大大深化和促进了国际生产网络中全球治理问题的多元化发展。

二、东亚生产网络重构与全球价值链整合冲突中的治理

在现实中，伴随区域经济一体化的浪潮，国际生产网络的生产组织形式的确在区域层面的发展更加迅速。目前，全球有三个主要的区域性国际生产

① 刘春生:《全球生产网络背景下中国对外开放的路径选择》,《中国经贸》，2011年第2期，第71页。

② 卢锋:《产品内分工》,《经济学季刊》，2004年第4卷第1期，第55页。

网络，分别为美国与墨西哥之间的北美区域生产网络、德国与东欧国家（如捷克、匈牙利）之间的中东欧区域生产网络以及东亚各经济体之间的东亚生产网络[①]。北美区域生产网络仅停留在简单层次，主要是美国的跨国公司总部与墨西哥子公司间的前向关联或后向关联，即最终产品在墨西哥组装完成以后返销美国；中东欧区域生产网络比北美区域生产网络的区位分布更为广泛，但产品内分工体系并不完善，很多部门的中间产品依靠从区域外的国家或地区进口，特别是从日本和其他东亚国家或地区进口的机械零部件在中东欧区域生产网络中发挥的作用越来越重要。

相比之下，东亚生产网络空间分布非常广泛，包括众多不同收入水平的国家或地区，发展较为完善且特点鲜明，主要反映在一般机械、电子机械、运输设备、精密仪器等机械制造领域企业内，企业间生产关系非常成熟[②]。更重要的是，区域生产网络的形成，改变了东亚区域内经济体间以及区域外的依赖关系和影响作用。正如厄恩斯特指出，“近40年来，东亚区域已经成为世界范围内最重要的加工制造基地，国际加工生产最初只起源于东亚的个别国家，之后其重心很快转移到东盟区域，随之转移到中国，并由此形成了一个完整的区域生产网络。”[③] 东亚生产网络不仅重塑了东亚经济体之间的分工结构，“嵌入”国际生产网络成为其新的发展形式，而且促使区域内各经济体共享国际产业链分工的发展机遇，对整个全球治理中的地缘政治利益、国际经济关系和安全而言都具有更为深远的意义。

（一）全球经济失衡的治理现实与东亚生产网络的结构性困境

2005年，时任国际货币基金组织（IMF）总裁拉托首次提出并界定“全球经济失衡”（global economic imbalance），即当前的经济失衡主要表现为以美国为代表的一方拥有大量经常项目赤字，债务增长迅速，而日本、中国和东亚其

① Ando. M. and F. Kimura, *The Formation of International Production and Distribution Networks in East Asia*, NBER Working Paper No. w10167, 2003.

② 刘德伟：《全球经济“再平衡”与东亚生产网络的前景》，中国社会科学院亚太研究所研究论文，2010年。

③ Dieter Ernst and Paolo Guerrieri, *International Production Networks And Changing Trade Patterns In East Asia: the Case of the Electronics Industry*, DRUID Working Papers 97-7, 1997.

他新兴经济体国家对美国大量持有贸易盈余[①]。从本质上讲，全球经济失衡自布雷顿森林体系建立以来就业已存在，并未因其解体而消失，但是近年来出现恶化趋势。全球经济失衡可能是多种因素作用的结果，但伴随中国经济快速融入世界体系，作为东亚生产网络的枢纽和核心，当前全球经济失衡主要表现在美国与东亚的经济关系、相互协调和治理表现上。从最初单纯的美日贸易不平衡与贸易摩擦，到美国与日本、亚洲"四小龙"等新兴工业化国家的贸易失衡、债务关系逆转以及汇率摩擦，再到东亚生产网络成熟与中国经济崛起后中美经济摩擦和贸易结构失衡成为焦点，美国与东亚间的经济失衡问题日益加剧，形成了美国在经常账户上的巨额逆差，东亚各经济体的净资本大幅流向美国，美国、东亚间商品资金循环造成当前失衡的局面。究其原因，可以总结为是在全球美元霸权的治理体制下，美国与东亚经济发展模式在全球治理中的互动行为引发全球产业转移与东亚分工体系的演变。（见图1）

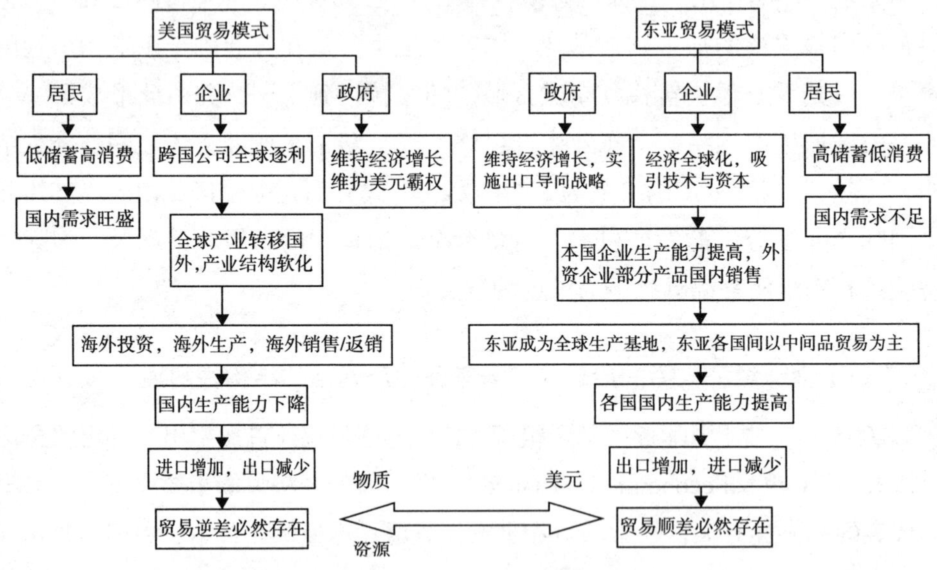

图1　美国贸易模式与东亚贸易模式中全球治理的行为互动[②]

① 马先仙、姜凌：《全球经济失衡的原因、可持续性与解决途径——基于国际储备供求关系视角的研究》，《新金融》，2006年第6期，第35页。

② 张海燕、宋玉华：《当前全球贸易失衡的机制及中国的地位分析》，《世界经济研究》，2009年第8期，第11页。

第一，美国战后长期推行凯恩斯主义经济政策，通过刺激需求促进经济增长，从而形成低利率、信贷刺激、个人消费鼓励等长期经济政策，巨大的消费需求既是美国经济增长的引擎，也导致对进口产品的强烈需求；与此同时，东亚国家一方面采取出口导向为主的经济发展模式，进而不得不买入大量美元资产，以维持贸易竞争力，另一方面，在赶超经济和传统文化影响下，重生产轻消费，储蓄率居高不下，投资率萎靡不振，国内消费市场严重不足，经济发展严重依赖外部市场和外部资金回流。

第二，全球产业转移与国际分工体系是美国与东亚经济失衡的产业与结构原因。美国大量中低端制造业、高技术产品的制造加工环节等产业和产品逐渐通过转移和外包等形式迁移境外，同时大量进口消费品和制造产品满足国内需求。最初是日本、亚洲新兴工业国家承接这些产业转移，随后伴随东亚生产网络的构建，不同国家遵循各自价值链不同位置，不断调整国内产业结构，形成了东亚内部的产业梯度关联格局，进而构成了网络状三角贸易模式的局面。(见图2)

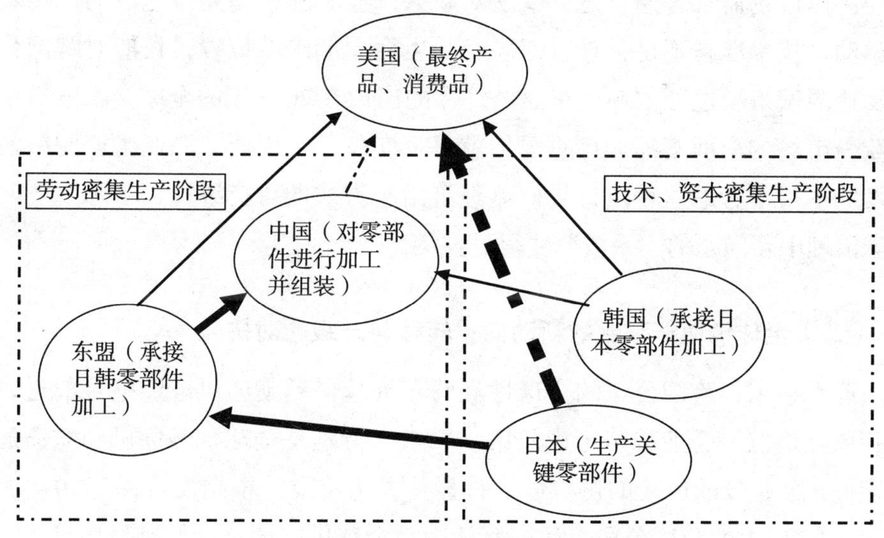

图2　东亚生产网络的结构图

第三，全球的美元霸权在布雷顿森林体系中确立下来，虽然国际货币制度几经调整，但美元作为强势货币始终是国际贸易结算和国际储备中的核心货币。东亚各经济体为获得出口导向发展的动力，普遍采取了盯住美元的汇率制度，从而形成了商品货币循环的闭合一环，成为美国与东亚经济失衡的货币根源和现实的经济治理本质。

回归东亚生产网络自身，除了全球经济失衡特别是美国与东亚经济失衡的现实原因外，也必须面对其现实发展中的结构性困境。东亚生产网络价值链分工中出现的产业集中性造成了发展中经济体的产业严重趋同，进而导致各经济体间的竞争性大于互补性。主要体现在：

一是东亚生产网络的产业升级呈跳跃式，导致制造业高科技产业对传统产业促进和扩散效应较弱，难以迅速带动整体经济腾飞和结构升级；二是高科技产业一般风险较高，高科技产业内部存在发展趋同，[①] 技术和市场偏好更新速度快，并且产业受国际市场周期变动影响较大，极易出现产能结构性过剩，市场恶性竞争，形成滞销和积压的企业市场反应困境；三是东亚生产网络所生产的高科技产品多集中在价值链中下端，上下游关联产业和产品缺失，导致产业链不完整，核心技术核心能力开发不足，产业发展失衡；四是东亚各经济体市场需求普遍不足，缺乏对新兴产业和新产品先行先试的市场基础和驱动，技术准备不足，难以摆脱产品生命周期末端位置，长期对跨国公司和发达国家市场过分依赖。东亚经济体的出口在2008年的全球金融危机中由于欧美市场的全面萎缩而严重受损就是现实例证。因此，东亚生产网络的未来发展不得不考虑这种出口导向型经济增长方式的可持续性，国际生产网络全球治理中新问题的“一极”变得日益突出。

（二）全球价值链整合的新动向：转移与升级的对抗

近十年来，跨国公司的全球性经营布局越来越朝向供应链整合前进，成本和风险仍然是企业战略考虑的第一要素。特别是全球金融危机和欧债危机背景下，企业分散风险的供应链设计显得尤为重要。根据麦肯锡2010年调查显示，2/3以上的跨国公司受访高管认为，全球供应链自身的风险在过去三年

① 产业趋同也称作产业结构同构化，是指各地区产业结构发展过程中表现出来的某种共同的相似倾向，也可以指在各地区产业结构变动过程中不断出现和增强的区域间结构的高度相似趋势。

明显增大，在未来也将继续增大。[①] 在这样的背景下，全球价值链整合的新动向之一是：基于低生产成本考虑而盛行的离岸外包方式将逐渐转向基于低运输成本考虑的近岸外包方式。也就是说，过去更被大公司所青睐的亚洲等代工区域，可能会让位给新进入的拉美、非洲等地。[②]

这种转移的动向为传统代工地区带来了巨大的威胁，做为全球最大贸易代工地的东亚各经济体多年来一直陷于两难的境地：一是既需要欧美订单，以解决国内劳动力就业和推动经济发展，也充分认识到全球价值链末端位置的利润有多么微薄，同时许多潜在成本未能有效计算；二是既希望提升管理和改善生产环境，又对上升的成本会迫使订单转移向更低成本的国家存有疑虑，各经济体总是在担心来自低端市场的竞争，又渴望在全球产业链中迅速提升分工地位，不断尝试新的方法和模式，但仍不确信是否可行。与此同时，过去30年以中国经济崛起为代表的东亚却已成为一个独特的战略地区，东亚生产网络的形成不仅向发达国家出口产品，也越来越多地从其他发展中经济体进口原料和未加工产品，不仅体现为对上游市场的一定反制力，而且也体现为创建自己的再下游供应链的升级，例如在对国际大宗商品价格的影响力，因此，东亚所具有的经济影响力可能早已潜移默化超过人们对价值链末端市场的判断。

全球价值链在理论上对很多国家提供了更多的机会，更多企业将参与到供应链之中，但另一趋势则是订单在经济萧条时是走向集中而不是分散。从这种意义上来说，转移可能是全球供应链中某些企业的选择，而削减供应链以集中于更专业的供应商则是另外一些企业的选择。相反，在当前东亚各经济体的竞争格局中，内部竞争压力要大于外部压力，区域内转移是更紧迫的威胁。全球供应链将走向制衡时代，而不是“转移”和“地理格局变化”；供应链两端关系的本质仍是互补，而不是绝对的控制和被控制。因此，全球价值链整合中转移与升级的对抗，反映了对于东亚生产网络主导权和治理选项

① 2010年10月进行的麦肯锡全球网上调查，共收到代表不同地区、行业、任期和职能专业的639名高管的回复。与任何其他地区的受访高管相比，亚洲发达国家的高管更为忧心忡忡：有82%的高管表示，在未来5年，自己企业的供应链风险会进一步增大。

② 王中美：《全球价值链的新趋势、新平衡和关键命题》，《国际经贸探索》，2012年第6期，第108页。

的不同认识，并逐渐构成了国际生产网络中全球治理发展中的另外“一极”。

（三）东亚生产网络重构与全球价值链整合冲突中的治理：东亚经济一体化的深化与融合

伴随东亚生产网络20多年的发展，传统价值链理论理解的终极采购商能通过合同关系控制全球供应商的中心地位发生了变迁，组织全球供应链的核心市场已不完全是最终产品流向国，而有可能是众多中间产品的汇聚地。尽管价值链的层级并未发生实质性的变更，但订单并不可能真如理论所言随心所欲地转移。因此，全球价值链创造的贸易流向区域化与扩散化，使得像东亚生产网络这样处于价值链中下端地区的地缘政治经济优势在治理机制中不容忽视，且至关重要。

因此，为了更有效地实现区域生产网络内各经济体要素配置，巩固在全球价值链中的地缘政经优势，应该进一步深化东亚区域经济合作，扩展区域内经济体间的贸易和投资，推动区域内经济一体化进程，为实现东亚生产网络的有效治理奠定良好的制度基础。随着域内经济体经贸关系的融合，逐步加强东亚区域经济合作，还将加速东亚地区生产要素的转移、吸收和消化，使产业转移和结构调整的步伐加快，最终达到资源的合理配置和产业均衡发展，这将有助于在整个东亚区域内形成一种完整的国际分工体系和治理结构互动关系。

东亚生产网络本质上是区域贸易和投资一体化的表现形式，是东亚地区各种要素资源不断整合的方式。尽管如此，长期以来，东亚生产网络却始终缺乏制度保障。1998年在“东盟+中、日、韩”合作机制构建下，东亚自由贸易区建设逐渐起步，并在21世纪初掀起了一轮双边自由贸易协定（FTA）的浪潮，由此形成的“意大利面碗效应”却破坏了东亚生产网络原有平滑的贸易机制，阻碍了东亚区域内贸易规模的扩大，从而也使得区域经济一体化水平仍停留在很低的状态。特别是中日韩自贸区尚难建成，多种区域竞争性自由化合作和治理机制并行，无法形成有效的区域经济治理格局和统一的东亚自由贸易区，国际经济协调成本居高不下，从而在保证和提高东亚域内商品和资本的流动及配置效率，优化东亚生产网络发展路径上存在治理制度和机制障碍。

后危机时代，美国以“经济再平衡”为导向的经济增长方式转变和“战略东移”的地缘政治考量，推进“跨太平洋伙伴关系协议”（TPP），构建新的全球治理机制，收紧东亚对美国市场和美元体制的双重依赖，对东亚区域一体化的制度合作也产生强烈约束。这种现实和潜在牵制对未来东亚经济扩大内需、形成区域内有效的经济治理构成巨大挑战，预示着东亚区域自生发展与区域合作必然将存在治理机制上的制度竞争。因此，在东亚生产网络重构与全球价值链整合冲突中寻求建立有效的东亚一体化合作和治理机制的不确定性更大。

三、美国亚太“再平衡”与东亚区域经济整合的治理机制竞争

2009年9月，在美国匹兹堡召开的二十国集团（G20）领导人峰会上，美国总统奥巴马提出了“全球经济再平衡论”，倡导世界经济均衡发展的具体治理导向是：中国、日本等出口导向型经济体应减少储蓄和投资，扩大个人消费；美国则应鼓励增加储蓄、投资和扩大出口等。随后，美国政府明确提出以出口增长来刺激美国的经济复苏，将过去的“债务推动型（或消费推动型）”经济增长方式转变为出口推动型和制造业推动型经济增长，并以此增加就业[①]。与此同时，2009年11月14日，奥巴马在其亚洲之行中正式宣布美国将参与“跨太平洋伙伴关系协议”（TPP），强调其将促进美国的就业和经济繁荣，并为设定21世纪贸易协定标准作出重要贡献。美国贸易代表罗恩·柯克也正式通告美国国会，美国将参与TPP谈判，并强调要建立一个高标准、体现创新思想、涵盖多领域和范围的亚太地区一体化合作协定。[②]

TPP是在美国亚太“再平衡”的战略背景下，对当前东亚各国的出口导向型经济和东亚区域经济一体化进程带来前所未有的新挑战。TPP试图以全

---

① 金英姬:《全球经济“再平衡”对东亚出口导向型增长模式的挑战》，中国社会科学院亚太研究所研究论文，2010年。

② Office of the United States Trade Representative, “Statement by Ambassador Ron Kirk on TPP”, Nov.13, 2009, http://www.ustr.gov/about-us/press-office/speeches/transcripts/2009/november/address-united-states-trade-representative.

面零关税、知识产权保护、劳工权利和环保等议题为特点，提出建立高质量和高标准自由贸易区，可能对包括中国在内的东亚生产网络格局和外部生存空间带来潜在的战略挤压和冲击。因此，东亚生产网络既定格局的重构可能发生何种变化、中美两国将在全球和地区经济治理中发挥何种作用以及美国主导TPP发展与中国参与的东亚区域整合之间的治理机制竞争走向值得关注和思考。

（一）东亚生产网络价值链升级与国际分工调整中的美国优势

奥巴马政府上台以来，积极倡导全球经济“再平衡”，提出减少进口和适度消费，并在五年内争取实现“出口翻番”的目标；与此同时，国际金融危机的爆发也导致东亚区域外许多国家贸易保护主义行为的不断升级，这使东亚出口导向型经济因受外部需求的严重限制而遭遇前所未有的挑战，东亚生产网络的外部环境正在发生重大变化。在此背景下，美国极力推动TPP谈判向前发展，反映了美国力图利用其在东亚生产网络价值链升级与国际分工调整中的优势，对东亚生产网络格局，特别是对中国在东亚生产网络中的作用产生影响。

1. 利用美国在产品内分工深化与价值链高端的“竞争性优势”，依托TPP作为贸易自由化的治理平台，力图继续把持和强化东亚最终产品出口的市场依赖。

由于国际金融危机蔓延，美国国内失业率居高不下，经济增长停滞，消费需求下降，进而对东亚地区的进口需求下降。因此，一方面，美国政府制定了出口增倍计划，提出让经济增长的动力回归实体经济和制造业的再工业化主张，发起了“绿色经济运动”复兴计划，并推行以新能源开发和节能为主体的“绿色新政”；另一方面，由于当前美国国内实体经济的“空心化”现状，新技术产业化和制造业再工业化短期内难以实现，美国并不愿意减少同东亚地区的经济联系，而是力求将后金融危机时代的美国经济结构调整“嵌入”亚太市场，甚至“嵌入”东亚生产网络中，保持和加强对生产和生活性消费品供应市场的战略控制。TPP正是美国未来主导亚太地区经济事务的平台，美国希望通过包括“竞争性自由化战略”[①]在内的各种手段，增强亚太国家对美国市场的依赖性，更好地控制供给市场，维持包括中国在内的亚太经济体在国际分工中“担水劈柴”的地位，使得美国能够争取时间创新技术，形成生产能力和产业升级，再次抢夺全球产业价值链的高端地位。

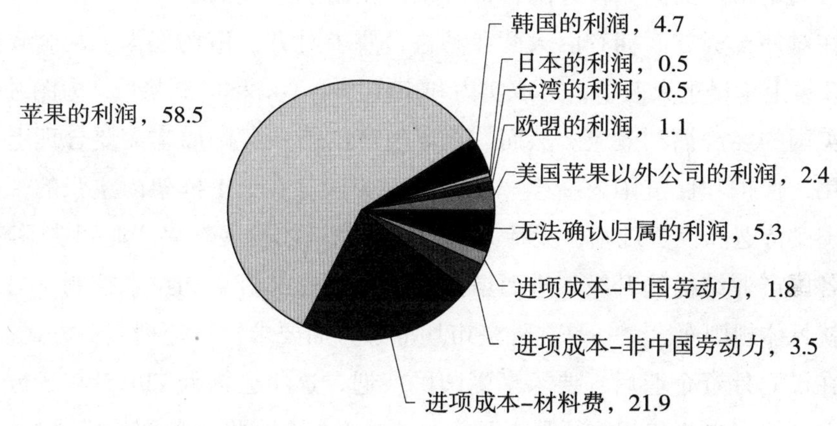

图3　美国苹果公司iPhone 4手机的全球附加值分配情况[②]（单位：%）

根据图3显示的美国苹果公司的产品在全球不同地方生产和价值链增值过程，不难看出美国在产品内分工所具有的研发与生产核心能力及其衍生的价值优势。一旦美国以适度的技术价值转移为手段，吸引东亚生产网络不同经济体继续争夺外包市场份额，自然再次赢得对东亚产业结构调整和生产网络优化的发言权，既赢得了国内经济复苏和“再工业化”的宝贵时间，又客观上约束了东亚区域一体化的自主性进程，实现了其东亚区域地缘政治经济平衡的治理诉求。

---

① 美国贸易代表罗伯特·佐利克2002年提出的，主要以美国巨大的市场机会为基础，通过多轨道（Multiple Front）和竞争性市场准入的方式，由美国主导区域或双边贸易安排，吸引和满足迫切希望与美国保持良好关系国家的需求，并进而以签订贸易和投资框架协议，强化各国进行有利于美国投资和贸易改革。

② Matthew Jensen and Claude Barfield, “Global Value Chains and the Continuing Case for Free Trade: Trade Theory and Illustrations from the United States and East Asia”, Retrieved Feb. 21, American Enterprise Institute, November 18, 2012. from http: //www.aei.org /files/2012/01/ 22/-global-value-chains-and-the-continuing- case-for-free-trade _ 151600345728.pdf.

2. 美国大力推动TPP谈判条款的高标准，力图通过制定新国际贸易规则对东亚生产网络调整形成有利于美国主导的“倒逼”治理格局。

在TPP谈判中，美国主张外资企业国民待遇条款和投资者——国家争端解决机制条款，凸显了美国意图通过FTA相关条款的高标准约束，实现对东亚生产网络格局的固化，并隐含其转移国内落后产业的目的。一方面，由于美国在对外投资方面拥有巨大商业利益，要求对方在市场准入、甚至政治和经济政策上承诺重大改革，形成实力和市场严重不对称的结果[①]，力图进一步增加美国的经济福利效应。然而，东亚生产网络中各国原本需要合理引导外资使用，保护和促进国内新生产业发展，美国却在TPP框架内主张的“高标准”国民待遇和投资规则，无疑为东亚后发经济体发展新兴产业制造了障碍，阻挡各国产业结构的升级，进而增强美国对东亚的资金和技术控制。另一方面，就具体规则而言，一是在外资市场准入方面要求“否定列表”方式，[②]并主张在设立外资企业后，要求享受国民待遇，这将会涉及TPP参与各方需要修改大量的国内法和相关行政规章[③]；二是美国主张将服务贸易模式3（商业存在）的自由化谈判纳入投资领域自由化谈判项下；[④]三是在投资争端解决机制上，美国拒绝适用WTO的“国家间争端解决”方式，而主张当外资企业遭遇争端时，诉诸投资者—国家争端解决机制。[⑤]由于该机制赋予企业起诉国家的权利，该条款可能引起极大争论，甚至涉及TPP谈判各国经济主权的部分让渡。[⑥]如果一旦得以实施，中国在东亚生产网络中的地位和对未来东亚一体化合作的相关政策实施将受到有利于美国主导的“倒逼”治理格局影响。

① 何永江:《竞争性自由化战略与美国的区域贸易安排》,《美国研究》，2009年第1期，第105页。

② 美国主张的TPP在市场准入中推行“否定列表”方式是指除非明确表示现在及将来与协定背离的保留措施，其他所有部门将一律对外其他TPP成员国开放。

③ 沈明辉:《跨太平洋伙伴关系协议（TPP）的成本收益分析：中国的视角》,《当代亚太》，2012年第1期，第6—34页。

④ 根据世界贸易组织《服务贸易总协定》（GATS）对服务贸易模式的分类分为：模式1（跨境交付模式）、模式2（境外消费）、模式3（商业存在）和模式4（自然人流动）。

⑤ 投资者—国家争端解决机制最早出现于NAFTA的第11章C节。根据该节第1116条和第1117条的规定，一缔约方的投资者无需其所属国卷入，即可以在无仲裁协议的情况下就另一缔约国或其所属的地方当局违反NAFTA投资规则而导致其受损害的行为提请仲裁。

⑥ 张圣翠:《NAFTA投资规则及其影响》,《政治与法律》，2005年第2期，第156页。

3. 有效发挥TPP的战略价值，改变美国在东盟国家眼中的冷漠形象，吸引亚太发展中国家加入TPP谈判，推动美国战略“轴心”作用的实现。

一方面美国力图变革自身在亚太地区区域合作组织边缘的地位，同时通过与亚太国家的合作，逐渐增强其话语权和影响力，从而最大限度地实现美国的国家利益。另一方面，利用大多数亚太国家兼顾东亚一体化进程与参与TPP谈判的“骑墙”心理，不断扩大TPP谈判的政治影响力，吸引新成员加入，试图逐步形成美国主导的亚太自贸体系治理框架，实现与现有东亚一体化机制分庭抗礼的局面。

从区域主义的多米诺骨牌效应来看，[①] TPP如同美国亚太经济“再平衡”战略推倒的第一张多米诺骨牌，东亚各国国内利益集团会据此检讨本国贸易政策，评估和考虑由此带来的贸易与投资转移，最终可能寻求同美国建立FTA，或者直接加入到现有TPP谈判中，就像多米诺骨牌一样，纷纷倒塌并向以美国为中心的东亚贸易体系聚拢。同时，从“轴心—辐条”效应角度观察，当美国主动或主导与亚太地区国家缔结区域FTA时，美国就如同“轴心”，而与此缔结协定的各国就像“辐条”，“辐条”数量越多，处于“轴心”的国家就越占据主动，拥有更大的优势，[②] TPP无疑是其中最重要的一根“辐条”。据此不难发现，多米诺骨牌效应和“轴心—辐条”效应都很好地反映了美国的亚太战略诉求，即通过寻求亚太主要国家对TPP谈判的响应，最终确立美国在亚太贸易体系中治理的“轴心”位置，进而也形成对华贸易竞争压力，试图逐步瓦解现有东亚一体化贸易自由化运作方式，[③] 最终迫使中国以较高成本加入TPP，难以实现区域内消费市场形成，生产网络的延伸和出口平台分散化。[④]

（二）东亚生产网络“集散地”与中国经济崛起的作用

自1978年改革开放以来，中国的经济发展取得了引人注目的成就，过去

① 蔡鹏鸿：《东亚双边自由贸易的国际政治经济学分析》，《当代亚太》，2005年第3期，第4页。

② 李向阳：《新区域主义与大国战略》，《国际经济评论》，2003年第4期，第8页。

③ 包括协调的单边主义、非约束性自愿原则并配合经济技术合作。

④ 蔡鸿鹏：《亚太自由贸易区对APEC机制化进程的影响》，《世界经济研究》，2005年第2期，第9页。

三十几年来的年均经济增长率达到9.8%，对外贸易年均增长率17%，2010年名义国内生产总值（GDP）突破6万亿美元，从而取代日本成为全球第二大经济体。尽管1997年亚洲金融危机和2008年的全球金融危机中，中国也未能幸免遭受损失，但国民经济总体度过难关，基本保持了稳健的增长势头。2009—2011年中国的经济增长率仍保持在9.2%—10.3%之间，表明中国经济不仅已从全球金融危机的影响中迅速恢复，并相当程度上引领了全球经济的复苏。

中国的经济崛起从根本上改变了东亚地区的贸易和投资格局，同时也加速了东亚区域经济一体化进程。在地区范围内，中国对东亚地区的总体贸易格局为贸易逆差，而对欧盟和美国则呈现贸易顺差。因此，中国经济已经成为其他东亚经济体经济增长的重要发动机，其他东亚经济体利用中国巨大的国内市场（包括制造产品和初级产品）作为它们自身经济增长的来源。东亚生产网络中各经济体的“亚洲制造”通过出口转化为“中国制造”，再输出到全球市场，中国已切实成为全球供应链和东亚生产网络中，主导实体经济发展的“集散地”。

就中国在东亚生产网络中的作用而言，主要有以下几个方面：

1. 中国经济高增长对东亚域内经济体的“引力效应”，成为东亚生产网络重构的核心动力

为反映中国参与东亚产品内分工的程度，以及融入东亚生产网络的速度，根据联合国按宽泛经济类别（Broad Economic Categories，简记BEC）划分的国际贸易分类体系，计算中国对外贸易中间品贸易量与所占比例的变化（见表1）。

表1　中国对外贸易中的中间品贸易量与比例

贸易伙伴	1995年			2006年		
	中间品贸易（亿美元）	贸易总量（亿美元）	中间品贸易占比（%）	中间品贸易（亿美元）	贸易总量（亿美元）	中间品贸易占比（%）
东亚	828	1521	54.5	4537	7449	60.9
东亚以外地区	450	1263	35.6	3782	9688	38.2
美国	120	407	29.3	894	2624	34.1

根据UN Comtrade的数据计算整理。

表1显示，中国与东亚地区的中间品贸易量从1995年的828亿美元快速上升到2006年的4537亿美元，年均增长16.7%，占中国与东亚地区对外贸易总量的比例从54.4%递增至60.9%，说明中国目前主要是以产品内分工形式参与东亚分工体系。相比与世界其他地区的产品内分工程度，中国更侧重于东亚区域内的分工合作且程度日渐深化，地理上的邻接性使其迅速融入东亚生产网络。与此同时，在兴起于东亚生产网络的同时，中国在网络中的贸易方向也发生了明显变化，由顺差国转变为逆差国。虽然中国对东亚地区的出口增长迅速，例如1995—2006年出口额增长达3.4倍（同期网络内部出口贸易额仅增长1.3倍），但在此期间，中国从东亚地区进口的增长速度更快，进口额增长4.3倍，且主要的进口来源地正是亚洲“四小龙”和东盟国家，进口额分别增长达4.4倍和10.2倍，由此导致中国出现商品净输出国到商品净输入国的网络角色转换，[①] 体现了对东亚其他经济体增长较强的“引力效应”。

正是得益于产品内分工主导的新型国际分工模式，中国在较短时间内发展成规模与深度兼具的制造基地，在制造业的大多数部门和生产环节都具有较强的生产能力，特别是在电子、汽车、机械等以产品内分工为主的部门，形成了较为完整的产业链和产业集群，从而吸引了越来越多的国际生产转移，尤其是日本、韩国等东亚发达经济体的生产转移，集聚经济（Agglomeration Economies）的循环累积效应使得中国的生产衔接能力进一步增强。根据阿恩特的观点，由于中国制造业的迅速崛起为东亚生产网络提供了更广阔的延展空间，很多生产活动可以外包给中国企业，而不必在东亚外其他地区寻找合作对象，大大降低了生产成本和贸易成本。[②] 因此，中国在东亚分工体系中异军突起，引发了东亚生产网络的内部重构，网络成员的分工位置因为中国的参与而发生变更，网络成员的相互联系也因中国的连接而愈加紧密，从而增加了中国在治理机制中的话语权和重要性。（见图4）

---

① 唐海燕、张会清:《中国崛起与东亚生产网络重构》,《中国工业经济》, 2008年第12期，第63页。

② Arndt, S.W., *Trade Integration and Production Networks in Asia: The Role of China*, Claremont McKenna College Working Paper, 2004.

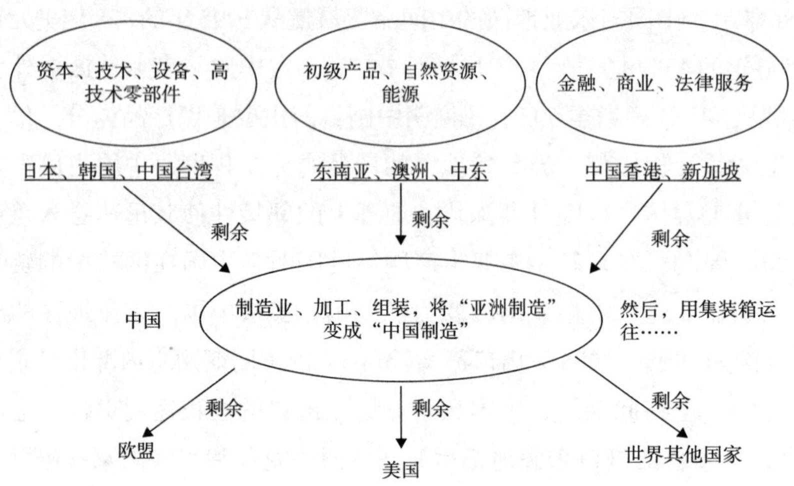

图4　中国引领下的区域经济增长与整合模式[①]

当前，中国经济崛起带来的持续高速发展比日本过去的发展过程要更有活力，因为中国经济规模大，更具有多样性，其本身就能具有很大的发展潜力。（见表2）正是由于国内具有较大的活力，中国充当东亚增长的引擎地位比当时的日本要更有影响中国在东亚经济的整合和引领东亚各经济体在地缘政治和经济方面也可能会更加强大，从而成为东亚生产网络重构的核心治理动力。

表2　东亚经济发展趋势比较[②]（1985—2010年）　　单位：%

—	日本引领的第一代东亚经济（1985）		中国引领的第二代东亚经济（2010）	
—	占世界GDP比重	占世界出口比重	占世界GDP比重	占世界出口比重
东亚	15.2	24.2	23.4	29.0
日本	11.1	11.6	8.8	5.1
中国	2.2	1.8	9.5	10.1
美国	33.0	23.7	23.5	8.5
欧盟	—	—	25.9	12.0

① 黄朝翰：《以中国为中心的东亚经济新秩序正在浮现》，《亚太经济》，2012年第5期，第4页。

② 黄朝翰：《以中国为中心的东亚经济新秩序正在浮现》，《亚太经济》，2012年第5期，第5页。

2. 中国的竞争效应推动东亚生产网络整体的专业化层次提升

随着网络分工的深化，中国凭借廉价劳动力资源赢得最终消费品生产阶段的竞争优势，在网络内部的市场份额从1995年的31.7%上升到2006年的51.3%，并且竞争优势进一步扩展到标准化的零部件和资本品生产阶段，市场份额分别上升12个百分点和25.3个百分点。[①] 原本在分工环节进行专业化生产的"四小龙"等新型工业化国家在竞争压力下，逐渐减少加工装配领域的资源投入，重点发展复杂零部件和资本品的生产，将生产重心提升至精密零部件领域，推动专业化阶段向产品内分工的上层延伸。尚处在网络顶部的日本则逐渐退出大部分生产环节，仅保留一些关键零部件和资本品的生产，将资源投入到分工体系高端的研发设计领域，以维持对东亚生产网络的控制力。

此外，虽然中国融入东亚生产网络建立在廉价劳动力基础之上，导致一定程度的核心能力缺失，使我国在东亚生产网络中长期处于从属地位，但是，随着中国—东盟自贸区的实施和中国与日本、韩国等经济体自由贸易谈判的加快，中国在东亚生产网络的内部联系正在不断加深，承接了更多来自东亚地区的生产转移，并采取有效措施，持续激励国内企业在价值链中高端形成本土生产能力，国际分工地位正在逐步改善[②]。

2008年金融危机后，中国一方面调整稳定制造业在经济中的比重，避免经济对外依存度迅速下降；另一方面，随着经济总量和综合国力提升，通过中国—东盟自由贸易区建立及其相关投资协议的签订，逐步转向亚洲区域内市场整合，加快了中国在全球产业价值链上向功能升级和部门间升级转变。2009年，中国对东盟国家投资总额为26.98亿美元，同比增长8.6%[③]。这种发展趋势说明中国东盟双边投资已经从单向的一边倒转入到相互流动的发展阶段。因此，中国在东亚生产网络中地位也逐渐从传统的价值链低端向前端移动，利用中国国内迅速增长的消费市场发挥衔接作用，逐步提高了东亚生

① 唐海燕、张会清：《中国崛起与东亚生产网络重构》，载《中国工业经济》，2008年第12期，第68页。

② 刘中伟、沈家文：《跨太平洋伙伴关系协议对东亚生产网络的影响与中国的应对》，《太平洋学报》，2013年第1期，第65页。

③ 文中数据是根据《2009年中国对外直接投资统计公报》计算整理。

产网络的产业密集化程度，并推动网络成员和网络整体的专业化生产层次的提升。

3. 全球价值链整合的背景下，中国将在生产网络重构中发挥引领离岸服务发展的重要作用

根据格里芬的观点，全球价值链所联系的商品和服务贸易可以被看作治理体系，其治理核心始终是价值链的上端。[①]然而理论上美国作为终极采购商可以灵活转移和变动的契约关系，但几十年来东亚生产网络塑造的三角模式仍然较为固定和互相依赖，中端的集成和组装能力和末端的专业化水平似乎都对价值链的竞争力较之从前有更大的影响。也就是说，以中国为核心的东亚新兴经济体不仅再向发达国家出口产品，同时也成为其他国家原料、基础产品和设备的采购商，创建自己的再下游供应链，从而也具有了价值链上的反制力与话语权，在地理格局上形成了集中与互补，而不是控制与被控制。

此外，中国利用加入供应关系所引发的学习效应，正在不断补全研发与生产能力和设计与市场营销能力的短板，采取“生产者驱动”和“采购者驱动”双轨并行方式，向产品价值链的更高端移动。在产品方面，中国通过核心部件的进口、学习、模仿乃至创新，在产品内分工合作中积累了高端产品的生产经验和必备技能。鲁特热的研究发现，中国的电子产业是在日本、中国台湾、中国香港等东亚地区的跨国公司带动下，从简单的加工装配业务发展到复杂部件生产，乃至提供高技术含量的产品设计服务，东亚生产网络内部的溢出效应推动了中国电子产业的快速升级。中国已在融入东亚生产网络进程中，分工地位逐步转型，在资本品生产环节表现得尤为明显。虽然核心零部件还依赖于东亚经济体的外部供应，但随着分工合作迈向更高层次和学习和创新激励机制促进，中国的零部件生产能力还会得到显著加强。（见图5）

① Gereffi, G.Humphrey, J, Sturgeon, T., “The Governance of global value chains”, Forthcoming in Review of *International Political Economy*, 2003, Vol. 11(4), pp. 5-11.

	流程升级	产品升级	功能升级	供应链升级
轨线	↓ →			
样例	原始设备组装（OEA）↓ 原始设备制造（OEM）→	原创设计制造 →	原创品牌制造 →	移向更高端的供应链，如从黑白电视显像管转电脑控制监视器
无实体活动的程度	无实体活动的附加值逐渐增长 →			

图5　中国在东亚生产网络产品领域价值链升级的可能路径①

同时，根据《全球竞争力指数报告：2010—2011》显示，②以中国为首的东亚经济体正在从“要素驱动的经济”走向“效率驱动的经济”或者已经处于第二阶段，而这一点对全球价值链中的地位十分重要。如果希望在价值链中实现升级，必须寻求向“创新驱动的经济”转型。对此，中国目前大力发展离岸服务已经成为用工和经济增长的巨大源泉，利用国内相对较低的人力成本，专业技能和外语能力，在时区、地理和文化上与主要需求市场具有相近性以及对教育投入、研发扶持和信息基础设施建设的大力推动等，扩大知识经济的规模并减少对传统制造业或自然资源的依赖，而实现经济的可持续发展。

同时，根据盖瑞和格里芬的分析，服务外包的新趋势表明，在全球高附加值产业中，对高附加值低价格的服务需求，发展中国家可以具有比发达国

① Lüthje, B., *Global Production Networks and Industrial Upgrading in China: The Case in Electronics Contract Manufacturing*, East-West Center Working Paper, 2004.

② 《全球竞争力指数报告：2010—2011》提出，决定一个国家或地区在全球经济发展中的竞争力和稳定性的12要素包括：制度、基础设施、宏观经济环境、健康与基础教育、高等教育和培训、货物市场效率、劳动力市场效率、金融市场发育程度、技术的完备、市场规模、商业活动的综合能力、创新。该报告将前四大要素归类为“要素驱动的经济”所需，从高等教育到市场规模归结为“效率驱动的经济”的要素，而最后两个要素被归结为“创新驱动的经济”所需的要素。参见：World Economic Forum, “ The Global Competitiveness Report 2010-2011”, Retrieved Feb.3, 2012, Geneva, Switzerland. from http://www.weforum.org/docs/WEF_GlobalCompetitivenessReport_2010-11.pdf.

家更大竞争优势的产业。[①] 为此，中国可能成为区域生产网络重构中服务业和服务贸易发展的主要承载者和衔接者，引领整个东亚经济体步入价值链转型升级的新阶段，进而将实体经济的主导性充分发挥出来，以经济可持续发展的"实力"寻求有利和有效的治理体系构建。

（三）东亚区域合作的治理路径竞争："TPP轨道"与"东盟轨道"

在美国亚太"再平衡"战略的推行下，以"TPP轨道"为代表的新的亚太区域一体化路径打破了原有的区域合作均衡，亚太地区的政治经济格局正在发生一系列重大改变。这种演变不仅在客观上要求中国和其他东亚经济体继续推动以"ASEAN+"模式为代表的"东盟轨道"区域经济合作，也为其在政治和经济上带来治理路径的竞争，加剧了东亚经济一体化进程和区域生产网络重构的复杂性和不确定性。

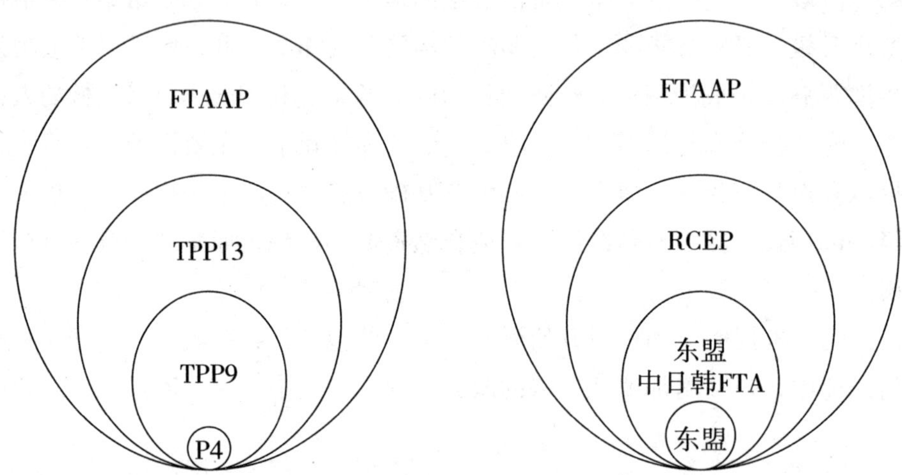

图6 "TPP轨道"与"东盟轨道"的治理路径竞争[②]

① Gary & Gereffi et al., *The Official Services Value Chain: Developing Countries and the Crisis*, the World Bank Policy Research Working Paper 5262, 2010.

② Peter A. Petri, Michael G. Plummer and Fan Zhai, *the Transpacific Partnership and Asia-Pacific Integration: A Quantitative Assessment*, East-West Center Working Paper, NO.199, Oct.24, 2011.

1. 实现“FTAAP”目标与美国主导的“TPP轨道”治理路径

早在亚太“再平衡”战略推出前，美国就一直尽可能淡化东亚区域概念，而将东亚纳入亚太合作的框架中理解，以防止一个类似欧盟的强大经济集团的出现。20世纪90年代以来，美国大力推动APEC发展，以加强亚洲同太平洋沿岸国家的经济联系，但由于开放地区主义的思想，亚太的贸易投资自由化进程始终缺少制度约束和内在动力。面对东亚国家区域主义迅速扩散的趋势，美国政府试图重新“激活”上世纪末“茂物宣言”提出的亚太经济一体化目标。2006年，APEC工商咨询理事会起草了一项“亚太自由贸易区（Free Trade Area of the Asia-Pacific，FTAAP）建议，美国积极推动将该建议纳入了APEC贸易部长的工作范围，并最终写入2007年APEC领导人的声明之中。最终在2011年的檀香山会议上确定了APEC朝着一个无缝区域经济迈进的目标，即加强成员国经济体的一体化，并通过“解决下一代贸易和投资议题”而扩大贸易。[①]

然而，APEC在推动实现茂物目标方面乏善可陈，而且会议议题不断泛化，缺少实质动力再次激活其贸易自由化进程。美国积极在APEC框架内推动FTAAP建立却始终停留在“深入讨论和研究”阶段。为此，美国采取双边推动多边、次区域推动区域的方式，以TPP为切入点，吸引APEC成员国加入迂回达成FTAAP的“TPP轨道”治理路径，进而实现亚太贸易自由化，防止东亚形成排他性的经济一体化组织，并更长远地实现美国主导的亚太政治经济体系。

与此同时，美国将TPP谈判视作通往FTAAP的一条通道，还力求制定高标准的FTA范本，以打造未来全球经济治理的新格局。当前，东亚区域贸易扩大多数源于产业内贸易，反映了生产过程的不同阶段在不同的国家进行的区域生产网络重要性不断提升，[②] 而深度交织的生产网络已经逐渐将美国边缘

① 陈淑梅、全毅:《TPP、RCEP谈判与亚太经济一体化进程》,《亚太经济》，2013年第2期，第8页。

② Nehru, Vikram, “Southeast Asia: will markets and geography trump the TPP?”, *East Asia Forum*, 2012 (2).

化，[①] 难以有效分享东亚经济高增长的红利。美国在TPP谈判中将知识产权保护、环境保护、劳工议题、农业和服务业开放等议题纷纷纳入其中，目的就是在美国先进制造业实现全球生产体系布局的基础上，利用TPP整合全球服务业，运用其跨境规则整合的能力优势，为服务业全球化深入进行创造条件，开发“亚洲广阔和不断增长的消费群的能力”，[②] 使其从太平洋地区、太平洋集团治理的角度，为未来的全球治理提供一种新的范式。[③]

2. “ASEAN+”模式与中国参与的“东盟轨道”治理路径

在全球化和区域化的浪潮中，基于东亚生产网络发展的现实和地区的政治经济形势和地区大国的战略立场，东亚国家意识到只有通过集体行动的方式，最大限度掌握亚太地区尤其是东亚地区的经济合作主导权，才能维护自身的话语权和经济利益。因此，在东盟的积极倡导下，实施了以东盟经济共同体（ASEAN Economic Community）为轴心，以若干个“10+1”自贸区为辐条的“ASEAN+”模式，作为构建整个东亚区域一体化网络“东盟轨道”的基本框架。目前，随着“东盟—中国FTA”“东盟—日本ERP”“东盟—韩国FTA”等“10+1”自贸协定的顺利签署并实施，东亚初步构成了经济一体化联合的轮廓。[④]2012年11月20日，在柬埔寨金边举行的东亚领导人系列会议期间，东盟十国与中国、日本、韩国、印度、澳大利亚、新西兰的领导人，共同发布《启动〈区域全面经济伙伴关系协议〉（RCEP）谈判的联合声明》，正式启动这一覆盖16个国家的自贸区建设进程。[⑤] 同日，中日韩三国经贸部长

① 林桂军、邓世专：《中国在亚洲生产网络格局中的地位和作用》，《山西大学学报（哲学社会科学版）》，2012年第3期，第222页。

② ［美］希拉里·克林顿：《美国的太平洋世纪》，原载于美国《外交政策》2011年第11期，参见《参考消息》2011年10月24日。

③ 全毅：《TPP对东亚区域经济合作的影响：中美对话语权的争夺》，《亚太经济》，2012年第5期，第14页。

④ 李文韬：《东盟参与“TPP轨道”合作面临的机遇、挑战及战略选择》，《亚太经济》，2012年第4期，第29页。

⑤ 区域全面经济伙伴关系（RCEP），基于“东盟+”的模式，可以看作是中国支持的基于东盟+3模式（东盟10国加上中国、日本、韩国的东亚自由贸易协议（EAFTA）以及日本支持的基于东盟+6模式（东盟10国加上中国、日本、韩国，再加澳大利亚、印度、新西兰的东亚全面经济伙伴关系（CEPEA）的一种妥协。参见：Sanchita Basu Das, “Asia’s Regional Comprehensive Economic Partnership”, *East Asia Forum*, 2012 (8).

举行会晤，宣布启动中日韩自贸区谈判，这一定程度标志着“ASEAN+”模式进入新阶段，即构建以中国经济成长为基础，以东亚生产网络重构为手段，衔接东亚发达经济体和发展中经济体共同发展的“东盟轨道”治理路径。也就是说，东盟仍形式上拥有东亚区域一体化的轴心领导地位，但由于中国能够对整个东亚地缘经济运行施加巨大影响，并且中国的经济结构调整和发展也影响东亚其他经济体的平衡和稳定，“东盟轨道”发展的目标将可能实现以中国为中心的区域经济新秩序。

国际区域经济一体化的经验表明，核心国家的主导与推动是经济一体化形成的关键。中国巨大的国内市场，对东亚出口产品和服务的大量吸纳、人民币日趋成为区域硬通货币，基于区域生产网络与域内外经济体不断增长的贸易、投资、贷款和政府援助等经济联系决定了“东盟轨道”未来的市场和制度保障，区域“公共产品”的提供只能由中国主导实现。然而，东亚的地缘经济模式是十分清晰的，但地缘政治形势却更为复杂[①]。由于规模因素，中国“和平发展”的政策理念并未得到东亚国家的广泛认同，中国崛起在地缘政治上难以以确定的形态解除邻近国家的不安全感和所谓“威胁”。尤其是中日之间合作难以达成，日本对历史责任感的缺乏，以及无法接受自身相对衰落和中国崛起的现实，成为中日韩三国难以迅速实现自由贸易协定签订的最大障碍。此外，由于“亚太再平衡”介入，在可预见的将来，中国将无法改变该区域的地缘政治形势和美国在传统安全治理领域的领导地位。

未来一段时期，有中国参与的“东盟轨道”仍将建立在市场驱动下的东亚经济互惠格局，但伴随东亚经济一体化进程的深入，政治因素将越来越多地影响到东亚经济共同体的实现。如果中国参与的“东盟轨道”一体化整合与治理机制构建能够取得深入进展，那么如何与美国主导的既有国际秩序和全球治理机制整合起来，避免东亚“政冷经热”的局面出现，有效实现东亚区域经济“实质性”的一体化，这还有待观察。

① 黄朝翰：《以中国为中心的东亚经济新秩序正在浮现》，《亚太经济》，2012年第5期，第7页。

四、中国的应对与启示

后金融危机时代，中国长期强调的多种成本优势正在逐渐消失，在未来东亚生产网络重构和全球价值链整合冲突中，通过压低工资水平来扩大劳动就业、增加出口和吸引外资的“低工资战略”已经难以为继，特别是美国持续推行“量化宽松”的货币政策，“再工业化”与“出口倍增”计划纷纷出台，国际大宗商品价格不断上涨，导致了中国自身的各类矛盾愈发突出。中国对于TPP的担忧，很大程度上源于上述原因导致的自身经济对外部市场的过度依赖和全球治理机制调整中话语权和能动性上的客观约束。

同时，伴随美国战略重心东移，TPP发展势头迅猛，如果未来越来越多的东亚国家加入TPP谈判，TPP成员的地理分布结构将为亚太区域经济合作模式提供新的演变机制，那么中国调整在国际分工特别是东亚生产网络的治理地位，加深东亚生产网络内部联系，实现产业升级和部门升级的经济结构调整目标可能受到负面影响。中国将会继续深陷“进口高端产品，出口低端产品”，形成只为“中国制造”，无为“中国创造”的不利格局中，而且也不利于解决国内日益加剧的各种矛盾。

第一，从国内政策来看，转变经济发展方式，扩大内需已成为中国直面TPP挑战的根本之策。当前，中国国民收入总量不断增加，生产力水平已有大幅提高，人力资源素质日益增强，提供了改变中国对外部市场过于依赖状态的机会。为此，中国一方面应积极推动自主创新战略，提升国家科研技术水平，大力扶持高精尖企业的发展，引导本土企业加强技术吸收能力，给予政策倾斜和资金投入，并加快科研成果转化为实际生产力的效率，提高我国产业层次，改变国际分工地位；另一方面要不断扩大国内需求水平，改变长期以来经济增长对净出口的过度依赖，将净出口占GDP的比重降至合理水平，大力发展服务业，特别是离岸服务活动，利用国内相对较低的人力成本、专业技能和外语能力，在时区、地理和文化上与主要需求市场具有相近性，对教育投入、研发扶持和信息基础设施建设的大力推动，扩大知识经济的规模并减少对传统制造业或自然资源的依赖，实现经济的可持续发展。

第二，从东亚生产网络格局调整来看，随着中国—东盟自贸区的全面建立和实施，中国与东盟间区域合作制度化机制已达到较高水平，双方经济呈现出明显的相互依赖性。然而，中国对东盟的投资一直落后于东盟对华投资，存在着一定程度的不对称依赖。中国企业可以考虑加大向东盟成员国进行投资，通过转移部分劳动密集型产业，利用TPP的优惠关税继续对美国出口产品，实现产业升级和经济结构调整的目标。与此同时，继续推动国内经济体制改革和完善，将高标准、高质量的TPP条款有选择地吸纳到中国的自由贸易发展战略中，降低未来可能的治理制度变迁和市场开放成本。但是值得注意的是，由于美国可能采取“纺纱前沿”[①]等严格的原产地规则，据此，在越南、马来西亚等TPP参与国投资的中国企业如果要利用TPP优惠关税，就只能从TPP成员国家购买相对更加昂贵的半成品，而无法像目前一样，从中国进口相关半成品，最终可能导致利润受损，东亚生产网络也可能因此受到破坏。当然，中国是否推动相关产业转移以及转移规模有多大，则主要取决于未来中国劳动力成本的上升速度，中国内需扩张的水平和TPP有关谈判的结果，目前还很难做出准确预测和判断。

第三，从应对美国主导“TPP轨道”治理路径发展来看，虽然谈判有关各国一再声明希望达成协议，但最终谈判能否达成尚有疑问，中国应充分正视其发展现实，充分掌握动态，淡定做出战略判断和选择。一是如何整合TPP相关谈判国已签署的近30个双边和多边FTA以及与尚未建立FTA谈判国间的协调问题。面对这一高技术难题，美国倾向于TPP与现存诸多FTA并存，同等适用，各成员国企业自由选择有利条件开展自由贸易；新加坡、澳大利亚和新西兰等国则倾向用新的TPP协议取代现存诸多FTA。根据目前TPP谈判的现状，如果TPP仍以双边谈判就特定商品进行原产地规则加以确立，那么TPP与既有各国双边FTA仅就原产地规则而言，就不可能是有效的，不过仍是“众多意大利面碗中的一碗面条”。[②]二是TPP纲要文件与原有“P4协议”在电子商务、金融服务、投资、电信和纺织品等相关条款上区别很大，同时，“P4协议”附有劳工和环境谅解备忘录，但无法律约束力，而在新谈判中则单

① “纺纱前沿”（yarn-forward）原产地规则是指以纺织品为例，要求进入美国市场的服装等纺织品，从纺纱、织布、剪裁到加工成成衣都必须在TPP成员国境内完成。

② 刘昌黎：《TPP的内容、特点与日本参加的难题》，《东北亚论坛》，2011年第11期，第12—19页。

独成为重要章节。由于各国国情和发展速度不同，谈判条款需要在宽泛和具体之间寻找平衡，随着更多谈判国家的加入，谈判条款矛盾和冲突可能更加凸显。三是中美经贸关系仍是当前全球最重要的经济关系之一，继续稳定中美经贸规模，利用双方经济上紧密的互补性，反而可以部分抵消TPP可能对美国产生的经济效应，进一步巩固中国在东亚经济中的重要地位，甚至“倒逼”相关谈判国重新评估其参与TPP的有效性和必要性。更重要的是，在构建中美新型大国关系中，应加紧研究中美新型大国经济关系的“共赢治理”内涵，探索双方在经济增长、就业、物价、贸易和政府债务等更加广泛的宏观经济领域合作与应对，充分利用和发挥其“压舱石”和“稳定器”的作用。

第四，就中国主动参与构建东亚区域治理机制层面而言，一是有效参与RCEP谈判，利用中国在区域生产网络中的引领作用积极推动RCEP的东亚地缘政治和经济优势，研究开放性原则下的自由贸易标准和规则的设定，彰显RCEP不同于TPP的制度差异和福利比较，有效增强“东盟轨道”治理路径的实现性。首先，东盟提出的RCEP框架是为了将目前东亚各经济体签订FTA整合为统一的区域经济协议，因为东盟与中国、韩国、日本、印度、澳大利亚和新西兰等非东盟国家均已建成FTA且运转良好，需要进一步深化议题，争取以中国产业平台升级为先导，为东亚经济体提供经济持续增长的具体建议落实于协议条款，从而适度减少邻近国家对中国崛起的不确定性，也有助于未来区域治理成本的降低。其次，尽管TPP不仅涵盖了普通FTA的议题，而且包括下一轮经济一体化的关键条款，但是一些规定对发展中国家来说将会很难满足。除非其对所有成员设计统一的让步和承诺。相比之下，RCEP具有更大的灵活性和自主性，例如允许其通过任何商定方式做出决定，并使东盟成员享有差别化待遇，尽量充分考虑各经济体的需求，更好地满足区域生产网络供应链和创新需求。再次，中国和印度目前并不是TPP的谈判国成员，而双方均已加入RCEP谈判，两个发展速度最快且市场规模也最大的新兴经济体存在，一定会凸显RCEP与TPP在发展前景上的异同，为未来区域经济发展预留了更大、更具多样性的合作空间。有必要指出的是，中国在推动上述区域合作进程中，可融合“海上丝绸之路”战略构想的构建，以延伸价值网络和繁荣当地经济为目的，适时研究官方援助与民营投资联动的“走出去”战略合作和治理新格局。

二是适时积极推进与日本、韩国的自由贸易合作进程或为维护中国在东亚生产网络中的地位，应对美国主导TPP发展的重要举措。中日韩作为东亚区域三大经济体，无论在地缘位置还是禀赋结构上都存在极大的互补优势，成为中日韩FTA构建的先天条件，对未来东亚生产网络的重构和发展至关重要。同时，作为东亚区域合作基础的三个"东盟10+1"，能否最终转化为"东盟10+3"，RECP最终实现的核心问题也在于中日韩FTA能否达成一致。尽管中美日韩四国互为最重要的贸易伙伴，但是美日、美韩间互为盟国，具有传统的政治和安全联系；而中国的地区影响力上升，中日韩各国间政治互信的缺失又推动了日韩与美国的安全利益进行绑定。因此，中日韩FTA谈判必然是复杂和漫长的过程。

就中韩FTA谈判而言，因美韩和欧韩FTA谈判均已签署，中国作为韩国的第一大贸易伙伴国已自然成为韩国最重要的谈判对象，中国不宜就推动谈判进程操之过急，一是鉴于美韩FTA中诸多折扣性条款和补充条款，中国应采取不温不火的态度与韩国政府进行商谈，以减少和克服美韩FTA谈判标准的"移植"；二是中国应稳妥地推进中国与东盟自由贸易区发展，逐渐推动经济福利效果显现，进一步提高中国在谈判中的分量；三是中国应借鉴韩国在美韩FTA谈判中的战术思维，寻求在"10+3"框架之外与其他发达国家展开FTA谈判，增加在东亚经济合作中的主动权；四是中国可参照中国—东盟自贸区建设过程中的"早期收获"模式，坚持"逐步开放、适度保护"的原则谈判市场准入议题，有利于双方提高FTA谈判的务实性和积极性。①

而中日FTA谈判能否达成的关键并不在于双方经贸领域的分歧和竞争，而在于日本对于中国影响东亚既有利益分配格局，挑战日本东亚主导权的对抗心理能否重回"平衡"。日本力图在推动中日韩FTA和加入美国主导的TPP之间持"骑墙"立场，通过推行不同自贸区模式，发挥自己在规则和标准制定等方面的竞争优势，并通过联盟方式制衡中国。② 在这种情况下，中日FTA的实现条件只能取决于中国市场对日本带来的潜在经济收益能否大于政治分歧。由于日本长期奉行外向型和出口导向型经济发展模式，金融危机带来的

① 刘重力、盛玮：《中日韩FTA战略比较研究》，《东北亚论坛》，2008年第6期，第54—60页。

② 王玉主、富景筠：《中日韩自贸区的进展与前景》，转引自《亚太地区发展报告（2012）》，社会科学文献出版社，2012年，第107页。

美国消费需求的缺口能否由中国市场来弥补异常重要，倘若中国继续加大中日经贸合作规模，利用国内消费消化更多日本出口产品，中日FTA的前景将更加明朗。此外，2012年5月中韩两国已正式宣布启动FTA谈判，先行开启中韩FTA谈判；同年11月，中日韩三国正式宣布启动FTA谈判，正式拉开了这一关键进程的序幕。然而，囿于中日领土争端、日本政府右翼势力抬头和缺乏历史责任感的种种政治行为，推进实质性谈判进程尚有难度，因此适时达成中韩FTA的“早期收获清单”，也可能“倒逼”日本尽快考虑中日韩FTA谈判的实质性发展。

第九章　国际货币的全球治理与中国的选择

作为协调和规范国际货币关系的全球性制度安排，国际货币治理是适应国际货币体系的发展要求而逐步形成、发展和完善起来的。历史地看，国际货币治理起始于二战结束以后全球经济秩序的重建。伴随着二战以后世界政治经济格局的不断发展、变化，国际货币治理总是处于不断变革、发展和完善之中，它对于维护国际货币体系稳定，促进国际经济交流和推动世界各国经济发展发挥了十分重要的作用。

但另一方面，现行的国际货币治理框架也存在着严重的缺陷。2008年爆发的全球金融危机，更将国际货币体系置于巨大的压力之下。尽管造成全球金融危机的原因复杂而多样，但其中一个重要的制度性原因是当前国际货币治理的内在缺陷。以全球金融危机为契机，国际货币治理改革必须迈出新的步伐。

一、国际货币治理的形成和发展

作为全球经济治理的重要组成部分，国际货币治理是指国际社会通过协调、合作、确立共识等方式参与国际货币体系的管理，以建立或维持理想的国际货币秩序的过程。尽管从概念上说，国际货币治理是近年来才在国际社会引起广泛关注的热点问题，但是从实质上说，国际货币治理实际上一直是国际社会长期关注的重要问题。

（一）国际货币治理形成和发展的背景——金本位制建立及其失败的教训

所谓国际货币体系是指各国政府为适应国际贸易与国际支付的需要，对货币在国际间的职能以及其他有关国际货币问题所确定的规则、采取的措施和建立的组织形式的总称。国际货币体系是伴随着世界各国经济的发展，适应商品和要素在国际间流动的需要而产生、发展和不断演变的。历史地看，国际货币体系的发展大致经历了国际金本位制、布雷顿森林体系和牙买加体系三个阶段。[①] 而作为国际社会管理和规范国际货币体系的全球性制度安排，国际货币治理是随着经济全球化的不断发展，以及国际货币体系的不断发展而逐步形成和发展起来的。

1. 国际金本位制的建立

金本位制是以一定成色及重量的黄金作为本位货币的一种货币制度。国际金本位制是以各国普遍采用的金本位制为基础的国际货币体系，形成于19世纪70年代以来人类历史上第一次大规模的经济全球化时期。

作为世界上最早发生工业革命从而走上现代经济增长之路的国家，英国自18世纪初就开始逐步确立了金本位的货币制度。适应国际贸易、国际资本流动蓬勃发展的需要，19世纪下半期以后，其他世界主要国家相继采用金本位制，新兴国家也纷纷仿效，将金本位作为它们的货币制度。到1914年一战前夕，金本位制成为了世界通行的货币制度。与之相应，在国际上形成了以各国普遍采用的金本位制为基础的国际货币体系——国际金本位制。该体系主要包括金币本位制、金块本位制和金汇兑本位制三种类型。其中，金币本位制是金本位制的最初形态，金币本位制崩溃以后，金块本位制和金汇兑本位制同时流行。

经典的国际金本位制的特点是：以黄金确定货币所代表的价值，各国货币具有法定的含金量，并按所含黄金重量来确定彼此的比价；按照法定的含金量，金币可以自由铸造，同时也可以自由熔化；金币是无限法偿货币，具有最后支付手段的地位，一国的金币同代表金币流通的其他金属（比如银）铸币或银行券可以自由兑换；各国的货币储备是黄金，国际结算主要使用黄金，黄金可以自由输出入。

因此，从本质上看，经典的国际金本位制是一种完全自由、自发调节的货币制度，实际上是金本位的货币制度在国际范围内的延伸。在国际金本位

① 孙杰：《汇率与国际收支——现代西方国际金融》，经济科学出版社，1999年版，第26—75页。

制下，金币的自由铸造或熔化，具有自发调节市场上货币流通量的作用，因而保证了各国物价水平的相对稳定；金币的自由兑换，保证了黄金与其他代表黄金流通的金属铸币和银行券之间的比价相对稳定；黄金的自由输出入，保证了各国货币之间黄金平价和汇率的相对稳定。在国际金本位制下，各国货币实质上实行固定汇率制度，各国货币之间的兑换比率（汇率）极为稳定，因而是一种稳定和具有高度信誉的国际货币制度安排。

2. 两次世界大战之间的国际货币动荡

从国内的角度来看，金本位制是一种由实施国政府“垄断”或严格治理的货币制度，但是从国际的视角来看，国际金本位制基本上是一种“自由放任”的国际货币体系。在国际金本位制下，国际货币治理缺失，国际货币事务协调严重失灵，最终酿成了严重后果。

首先，金本位的货币制度过于依赖黄金，而在现实中黄金产量的增长远远无法满足世界经济贸易增长对黄金的需求；而且，各国经济实力的巨大差距造成黄金储备分布的极端不平衡。[①] 随着时间的推移，银行券的发行日益增多，黄金的兑换日益困难。其次，从金本位制的国际收支调节机制来看，在理论上，在金本位制的“游戏规则”下，发生国际收支盈余从而黄金流入的国家的中央银行应扩张国内货币供给、产生通货膨胀，发生国际收支赤字的国家则应该降低国内货币供给、制造通货紧缩，来使价格—铸币流动机制（price-specie flow mechanism）发挥作用。然而在实践中，由于缺乏有效的国际协调，赤字国为避免黄金储备完全流失、本币丧失可兑换性，不得不服从这一规则，但却无法阻止盈余国冲销黄金流入并无限地积累黄金储备（只要政府为实现国内目标而愿意这样做）。盈余国与赤字国之间货币存量调整的不对称性，使得国际金本位制的运行存在着内在的通货紧缩倾向。[②]

尽管在一战之前，盈余国与赤字国之间的这种不对称性就存在，但当时的国际金本位制是以英格兰银行的运作为中心，英格兰银行在其他国家中央银行协助下，能够以很少的黄金储备保证持续的可兑换性和国际金本位制的

① 次贷危机研究课题组：《次贷危机正在改变世界》，中国金融出版社，2009年版，第382页。

② [美]本·S.伯南克：《大萧条》，宋芳秀、寇文红译，东北财经大学出版社，2013年版，第86页。

平稳运行。[①] 然而，一战爆发后，世界各国纷纷中止黄金输出，停止银行券和黄金的自由兑换，货币政策从属于国内政治目标的需要，成为战时赤字的融资工具；一战结束后，各国货币政策又成为了"以邻为壑"的货币贬值、竞相向其他国家出口"失业"的工具。竞争性的货币贬值以及其他"以邻为壑"政策的恶性循环，造成了世界各国经济大幅下滑，失业率剧增，最终1929年世界经济危机的爆发将世界经济拖入大萧条的泥潭，同时也宣告了国际金本位制的彻底瓦解，并将人类带入了二战的浩劫。

从上面的分析可以看出，国际货币规则缺乏，各国货币政策"各自为政""以邻为壑"，是造成两次世界大战之间动荡、混乱的国际货币秩序以及大萧条的重要原因。严峻的现实表明，国际货币治理是维护国际货币体系稳定的决定性因素之一，也是促进世界持续健康发展的关键所在。

（二）国际货币治理的形成和发展

从全球治理的角度来看，国际金本位制实际上是主要国家的国内金本位制在国际范围的自然延伸，基本上是一种市场自发的国际货币体系，而不是一种通过国际社会协调、配合、合作即全球治理而形成的国际货币体系。从严格意义上说，国际货币治理，或者建立具有全球治理特征的国际货币体系，开始于二战后建立的布雷顿森林体系。随着战后世界经济发展和国际格局的演变，国际货币治理经历了从布雷顿森林体系到牙买加体系的转变。

1. 布雷顿森林体系下的国际货币治理

20世纪30年代的大萧条和二战的爆发使国际货币体系陷入极度混乱，给世界各国经济发展造成了巨大创伤。因此，重建国际货币秩序成为了促进战后经济恢复和发展的一项重要内容。与此同时，经过二战的洗礼，世界各国的经济政治实力发生了重大变化，美国成为世界头号强国，美元的国际地位因其空前雄厚的黄金储备而空前巩固，这就使建立一个美国主导的世界经济体系和全球经济治理体系成为可能。在这一背景下，1944年7月，在美国、英国等大国的推动下，联合国货币与金融会议在美国新罕布什尔州布雷顿森

① Eichengreen, Barry, "Conducting the International Orchestra: Bank of England Leadership under the Classical Gold Standard", *Journal of International Money and Finance*, Vol.6 No.1, 1987, pp.5-29.

林召开，会议通过了美国主导拟定的《布雷顿森林协定》，从而形成了以美元为中心的国际货币体系——布雷顿森林体系。

布雷顿森林体系的基本内容是：美元与黄金挂钩，确认美国1934年1月规定的美元含金量为0.888671克，即35美元＝1盎司黄金；各国货币按黄金量则与美元建立平价关系，并可按35美元一盎司的官价向美国兑换黄金；实行可调整的钉住汇率制，各国货币对美元的汇率只能在平价±1%的幅度内波动，若波动幅度超过平价±1%，各国政府有义务进行市场干预，只有在成员国的国际收支发生根本性不平衡时，才能改变货币平价；建立国际货币治理的国际机构——国际货币基金组织（IMF），促进国际货币合作与国际经济政策协调。

布雷顿森林体系的核心是美元与黄金挂钩，各国货币与美元挂钩，通过这一安排，确立了美元在国际货币体系中的中心地位，使其发挥世界货币的职能，因而布雷顿森林体系实际上实行的是“黄金—美元本位制”。[①] 国际货币基金组织（IMF）则是维持这一体系正常运转的中心机构，它负有监督国际汇率、提供国际信贷、协调国际货币关系三大职能。[②] 布雷顿森林体系的建立，结束了二战前国际货币金融领域的动荡无序状态，并且通过广泛的国际协调、合作，形成了对国际货币体系的全球治理。通过布雷顿森林体系下的国际货币治理而形成的相对稳定的国际货币秩序，对推动战后经济恢复和发展起到了十分积极的作用。

但布雷顿森林体系也存在着自己无法克服的内在缺陷：在布雷顿森林体系下，美元是唯一的储备货币，且资本流动受到限制，各国中央银行要想积累储备货币就必须对美国拥有贸易顺差，即美元成为储备货币的必要条件是美国保持贸易逆差。因此，为了满足不断增长的世界各国支付和对储备货币的需求，美国必须通过贸易逆差不断输出美元。但是，美国贸易逆差持续不断积累从而美元储备货币供给的不断增加，又会损害美元持有者对美国的1美元兑换35盎司黄金的保证的信心（美国的黄金储备是有限的）。简言之，美元储备货币以美国保持贸易逆差为条件，但美国贸易逆差的持续积累又必然导致市场对美元—黄金本位的信心崩溃，从而动摇布雷顿森林体系的基石。

① 次贷危机研究课题组:《次贷危机正在改变世界》，中国金融出版社，2009年版，第384页。

② 朱民:《改变未来的金融危机》，中国金融出版社，2009年版，第274页。

这就是所谓的“特里芬难题（Triffin Dilemma）”。[①] 布雷顿森林体系下国际货币治理面临的这一内在不可调和的矛盾，导致了20世纪60年代以来美元危机频发，并最终导致了布雷顿森林体系解体。

2. 牙买加体系下的国际货币治理

自20世纪70年代初美元停止兑换黄金、两次贬值以后，各国相继实行浮动汇率制，二战后建立的以美元为中心的布雷顿森林体系逐步走向瓦解，国际金融形势动荡不安，因此需要建立一个新的国际货币体系，来协调新形势下的国际货币事务，维护国际货币秩序。1976年1月，经过激烈争论，世界主要国家在牙买加首都金斯敦签署了《牙买加协定》，同年4月，IMF通过了《国际货币基金协定》第二修正案，标志着国际货币体系进入了一个新的阶段——牙买加体系。

牙买加体系的核心内容包括：第一，黄金非货币化。黄金与货币脱钩，即不再是各国货币的平价基础，会员国之间以及会员国与IMF之间需用黄金支付的义务一律取消；第二，国际储备多元化。美元是最主要的储备货币，日元、德国马克（2001年以后是欧元）也成为重要的储备货币，特别提款权（SDR）进入储备资产行列；第三，汇率安排多样化。将业已形成的浮动汇率和其他汇率制度合法化，各成员国在服从IMF指导和监督的前提下可以根据本国的实际选择不同的汇率制度；第四，国际收支调节机制多样化。主要通过汇率机制、利率机制、IMF的干预和贷款活动调节国际收支。

在牙买加协定基础上形成的新的国际货币体系，是对布雷顿森林体系的扬弃：一方面，它继承了布雷顿森林体系下的国际货币治理机构——国际货币基金组织（IMF），并使其作用得到了加强；另一方面，美元虽然不再是唯一的国际储备货币，但未影响到它在国际储备货币中的支配地位，而且由于黄金非货币化，因此，牙买加体系实际上实行的是“美元本位制”。[②]

与布雷顿森林体系相比，牙买加体系下的国际货币治理表现出了较强的灵活性和适应性，既提高了各国宏观经济政策的自主性，也增加了国际收支调节机制的有效性，因此，在维持国际经济正常运行、推动世界经济持续发

① 余永定：《国际货币体系改革和中国外汇储备资产保值》，《国际经济评论》，2009年第3期，第12—18页。

② 朱民：《改变未来的金融危机》，中国金融出版社，2009年版，第275—277页。

展方面具有积极的作用；但是另一方面，浮动的汇率制度和资本的跨境自由流动，又使得牙买加体系成为了一种“国际化放任主义”或“无体系”的国际货币体系。[①] 这种“国际化放任主义”在新的国际环境下成为国际货币动荡的根源之一。[②]

二、国际货币治理的基本框架

总体来看，当前的国际货币体系具有两大支柱，一是美元作为国际储备货币的支配地位，二是IMF作为全球范围内进行政策对话和经济监控的机构主体。[③] 作为国际货币秩序的表现形式和国际货币事务领域的全球性制度安排，国际货币治理框架主要由治理内容和治理平台两个部分组成。

（一）国际货币治理的主要内容

国际货币体系是联结世界各国经济的纽带。运营良好的国际货币体系应该能够最大化地促进国际贸易、投资活动的开展和世界各国经济的平稳发展。评价国际货币体系，可以从调节性、流动性和可靠性三个方面来进行。调节性是指纠正国际收支失衡的过程，一个良好的国际货币体系应该使调整成本和时间最小化。流动性是指可以用来应对国际收支暂时失衡的储备资产的数量，合理的国际货币体系应该能够提供足够的储备资产，当一国弥补其国际收支赤字时不会使之经济紧缩或使世界经济通胀。可靠性是指调节机制具有正常运转的自动机制，能够保持国际储备的绝对和相对价值。[④] 因此，国际货币治理实际上也是围绕着这些方面而展开：

---

① Williamson, John, “The Benefits and Costs of an International Monetary Nonsystem”, In Edward M. Bernstein et al. eds., *Reflections on Jamaica, Essays in International Finance* 115, Princeton, NJ: Princeton University Press, 1976, pp.54-59; Corden, W. M., “The Logic of the International Monetary Non-system”, *Centre for Economic Policy Research Discussion Paper* No.24, 1981.

② 次贷危机研究课题组:《次贷危机正在改变世界》，中国金融出版社，2009年版，第387页。

③ 高海红:《当前全球美元本位：问题及东亚区域解决方案》,《世界经济与政治》，2008年第1期，第69—77页。

④ [美]多米尼克·萨尔瓦多:《国际经济学（第9版）》，杨冰译，清华大学出版社，2008年版，第626—627页。

1. 国际储备货币供给安排

牙买加体系的建立，结束了布雷顿森林体系下美元“一元独霸”的局面，实现了国际储备货币供给的多元化。然而在牙买加体系下，尽管美元在全球外汇储备中所占比重有所下降，但仍然在国际储备中占据了绝对优势的地位。在全球外汇储备中，美元所占份额一直独占鳌头，美元2011年在全球外汇储备中所占比例超过62%；尽管欧元诞生后成为了全球第二大储备货币，但是它在全球外汇储备中的份额远远低于美元，2011年所占比例为25%左右；由于日本经济持续低迷，日元在全球外汇总储备中所占的比例不断下滑，到2011年仅占不到4%；英镑在全球外汇储备中所占的比例在2.5%—4.5%左右徘徊，2011年所占比例不到4%。因此，美元仍然是国际货币体系中居于最顶层的“超级货币”，对于世界各国经济发展具有举足轻重的作用。多元国际储备货币并存的国际货币体系处于美元“一元独大”的“一主多元”状态。[①]

表1　外汇储备的货币构成　　单位：%

	1998	1999	2000	2001	2002	2003	2004
美元	69.30	71.01	71.13	71.51	67.08	65.93	65.95
欧元	16.99	17.90	18.29	19.18	23.80	25.16	24.81
日元	6.24	6.37	6.06	5.05	4.35	3.94	3.83
英镑	2.66	2.89	2.75	2.70	2.81	2.77	3.37
瑞士法郎	0.33	0.23	0.27	0.28	0.41	0.23	0.17
其他货币	4.47	1.60	1.49	1.28	1.55	1.97	1.88
	2005	2006	2007	2008	2009	2010	2011
美元	66.91	65.48	64.13	64.10	62.03	61.83	62.07
欧元	24.05	25.09	26.28	26.42	27.66	26.01	24.94
日元	3.58	3.08	2.92	3.13	2.90	3.66	3.59
英镑	3.60	4.38	4.68	4.01	4.25	3.93	3.84
瑞士法郎	0.15	0.17	0.16	0.14	0.12	0.13	0.29
其他货币	1.72	1.80	1.84	2.21	3.05	4.44	5.26

资料来源：根据IMF数据库整理。

① 陈雨露、马勇：《大金融论纲》，中国人民出版社，2013年版，第39页。

2. 汇率制度安排

汇率制度安排大体可以分为三类，即浮动汇率制度、中间汇率制度和固定汇率制度。20世纪70年代布雷顿森林体系解体以后，世界各国汇率制度的演变进入了新的阶段。总体来看，在现行国际货币体系下，世界各国的汇率制度安排，体现出两个基本特征：

一是汇率制度选择日趋走向多元化。布雷顿森林体系解体之后，国际货币体系进入了"无体系的体系"时代，原先在世界范围内实行的单一钉住美元汇率安排不复存在，各国纷纷根据本国国情自主选择适合自己的汇率制度，汇率制度选择走上了自主化选择的多元发展道路。由于国与国之间的情况存在着很大的差别，因而世界各国对于汇率制度的选择呈现出多元化的特征，一些国家选择实行完全浮动的汇率制度，一些国家选择实行有限浮动的汇率制度，还有许多国家仍然选择实行各种不同形式与程度的钉住或固定汇率制度安排。在全球范围内，汇率制度选择呈现出多种汇率制度并存、交替转换的复杂局面。

二是汇率制度安排的灵活性逐渐增强。自20世纪70年代布雷顿森林体系解体以来，随着国际经济金融形势的发展变化，在牙买加体系下，世界各国汇率制度的灵活性呈现出不断增强的趋势。突出的表现是，实行传统的固定汇率制度的国家显著下降，而与此同时，实行不同程度的灵活汇率制度的国家显著增多。

按照IMF的汇率制度分类，在IMF成员中，实行固定汇率制度的国家在1974年占到了该组织成员的3/4以上，而到1990年这一比例则下降到稍稍高于50%，进入21世纪以来这一比例一直保持在45%左右的水平上；另一方面，在1974年，实行自由浮动汇率制度的国家占IMF成员的比例不足10%，而到1990年这一比例上升到接近20%，20世纪90年代中期甚至一度接近40%，此后虽又有下降，但2000年以后这一比例基本一直保持在20%左右的水平上。此外，还有相当一部分国家实行了具有部分灵活性的有限弹性汇率制度和管理浮动汇率制度。

3. 国际收支调节机制

在现行国际货币体系下，国际收支调解手段趋于多样化。主权国家可以使用多种方法来调节国际收支：既可以使用传统的货币政策、财政政策和产业政策等经济政策来调节国际收支失衡；在国际金融市场不断深化的情况下，也可以通过商业性的国际融资手段来获取调整国际收支的必要资源；此外，发生国际收支困难的国家还可以求助国际金融机构协助本国开展国际收支失衡的调节。

（二）国际货币治理的主要平台——国际货币基金组织[①]

国际货币基金组织（International Monetary Fund，IMF）是一个致力于推动全球货币合作、维护全球金融稳定、便利国际贸易、促进充分就业与可持续经济增长和减少贫困的全球性的政府间国际金融组织，总部设在美国华盛顿。它根据1944年7月签订的《国际货币基金协定》于1945年12月27日成立，1947年3月1日开始运作，1947年11月15日起成为联合国的一个专门机构，在经营上保持独立性。IMF在成立之初，仅有29个成员国，此后成员国逐年增加，截至2012年4月，成员国达到188个。作为国际货币治理的主要平台，IMF在国际货币治理中具有非常重要的作用和影响。

1. IMF的宗旨和职能

根据《国际货币基金协定》，IMF的宗旨是：通过建立一个常设机构，就国际货币问题进行磋商与协作，从而促进国际货币领域的合作；促进国际贸易的扩大和平衡发展，从而有助于提高和保持高水平的就业和实际收入，以及各成员国生产性资源的开发，并以此作为经济政策的首要目标；促进汇兑稳定，保持成员国之间有序的汇兑安排，避免竞争性通货贬值；协助在成员国之间建立经常性交易的多边支付体系，取消阻碍国际贸易发展的外汇管制；在具有充分保障的前提下，向成员国提供暂时性普通资金，以增强其信心，使其能有机会在无需采取有损本国和国际经济繁荣的措施的情况下，纠正国际收支失衡；缩短成员国国际收支失衡的时间并减轻失衡的程度。

根据上述宗旨，IMF的基本职能是对成员国和全球经济的监督及维护、向成员国提供援助、消除贫困、监督汇兑安排以及加强国际金融体系建设等：

（1）加强各项监督工作，促进各国经济的持续稳定增长。IMF的职能之

① 国际货币基金组织（IMF）不仅是国际货币治理的主要平台，也是全球金融治理的重要平台，IMF与全球金融治理相关的内容见第十章。

一是与成员国就其经济和金融政策的国内和国际影响保持对话，这种职能是IMF危机防范工作的核心。IMF的监督主要有国别监督、地区监督和全球监督三种形式。

（2）向成员国提供援助。IMF的主要职能之一是在有充分保障的情况下向遇到国际收支困难的成员国提供资金援助。其目的是通过向成员国提供资金援助，帮助其解决国际收支困难，恢复可持续的经济增长。

（3）减贫与减债。20世纪90年代，联合国提出千年发展目标，到2015年将绝对贫困人口减少一半。1996年，IMF和世界银行发起了重债穷国减债倡议（HIPC Initiative），旨在将重债穷国的债务降低到可持续的水平。1999年9月，IMF和世界银行修改了重债穷国减债计划的适用标准，加大了减债战略的深度、广度和力度，修改后的重债穷国减债计划成为加强的重债穷国减债倡议（Enhanced HIPC Initiative）。

（4）对汇兑安排的监督和管理。《国际货币基金协定》第四条款明确规定，成员国的汇兑安排要与IMF的目标相一致，成员国要与IMF和其他成员各国合作，使汇兑安排有利于汇率体系的稳定，避免多重汇率和妨碍国际收支的有效调节或获得不公平的比较优势。为确保国际货币体系的有效运转，IMF要对成员国的汇率政策及汇兑安排进行监督，确保成员国履行《国际货币基金协定》所规定的义务。

（5）加强国际金融体系建设，推动国际标准和准则在成员国的实施。除进行例行的监督、与世界银行在自愿的基础上推行"金融部门评估规划（FSAP）"外，IMF和其他国际组织及管理机构发展了一系列标准和行为准则，用以帮助成员国改善经济环境和提高经济、金融管理水平。这些标准和准则包括数据公布、财政透明度、货币与金融政策透明度、银行监管、证券与保险业管理、支付系统、公司治理、破产清算、国际会计和审计等领域的内容。

2. IMF的组织结构

IMF由理事会、执行董事会、总裁和若干常设职能部门组成。

（1）理事会（Board of Governors）。理事会是IMF的最高决策机构，由各成员国选派1名理事和1名副理事组成。理事通常由成员国的财政部长或中央银行行长担任。理事会的主要职权是：批准接纳新成员，决定或调整成员国的份额批准、特别提款权分配，决定成员国退出IMF，以及讨论处理国际货币制度的重大问题。理事会通常每年秋季召开一次年会，必要时可举行特别会议，各理事按照本国的投票权（各国投票权的大小主要由其所缴基金份额的多少决定）进行投票。

此外，IMF还成立了两个具有咨询职能的委员会：一个是国际货币与金融委员会（IMFC）。国际货币与金融委员会原名"理事会国际货币事务临时委员会"。1999年更名为"国际货币与金融委员会"。它是一个由24位IMF理事（或副理事）组成的咨询机构，就以下事务向理事会提供建议和汇报工作：监督对国际货币和金融体系的管理和调整情况，审议全球流动性的变化和对发展中国家的资源转移；考虑执董会为修订《国际货币基金协定》提出的建议；处理可能威胁整个国际货币和金融体系的动荡。该委员会通常每年举行两次会议。另一个是发展委员会（正式名称是世界银行和国际货币基金组织理事会关于向发展中国家转移实际资源的联合部长级委员会）。它是世界银行和IMF的一个联合机构，由24位世界银行或IMF的理事或是其副理事组成。该委员会就重要发展问题和促进发展中国家的经济发展所需资金问题向IMF和世界银行理事会提供咨询。该委员会一般也每年举行两次会议。

（2）执行董事会（Board of Executive Directors）。执行董事会是IMF的常设机构，负责执行理事会的决定并代表理事会对IMF日常事务做出决策。执行董事会最初由12名执行董事组成，目前增加到24名执行董事。执行董事包括委派与选举两种。持有份额最多的美国、英国、法国、德国和日本5国可以分别委派1名执行董事；其他成员国按地区划分19个选区，各别选举其他19名执行董事，每两年选举1次，其中，中国、沙特阿拉伯和俄罗斯3国各自单独构成1个选区，实际上也可以委派自己的执行董事。执行董事会的主要职责是：按照理事会的授权处理各种政策和行政事务，向理事会提交年度报告，并及时对成员国的重大经济问题，特别是有关国际金融问题进行全面研究。董事会就有关问题进行投票表决时，执行董事按其所代表的国家或选区的投票权进行投票。每名执行董事所持有的表决权是所在选区各国投票权的总和。2001年执董会下设立了独立评估办公室（IEO），其主要职能是系统地对与IMF职能有关的问题进行客观、独立的评估，旨在加强IMF内部的自我审查，增强外部可信度，增进外界对IMF工作的了解，并支持执董会的机构管理和监督功能。

（3）总裁（managing director）。总裁是IMF的最高行政长官，其下设副总裁协助工作。总裁负责管理IMF日常事务，由执行董事会任命并担任执行董事会主席，任期5年，可连任。总裁可以出席理事会和执行董事会，但平时没有投票权，只有在执行董事会进行表决赞成票数和反对票数相等时，才可以投决定票。

总裁、副总裁之下共设4大类业务部门，即地区部门、职能与特别事务部门、信息与联络部门以及辅助服务部门。具体而言，地区部门包括非洲部、亚洲及太平洋部、欧洲部、中东和中亚部、西半球部。职能与特别事务部门包括财政事务部、政策制定与检查部、研究部、统计部、财务部、法律部、货币与资本市场部、基金学院。信息与联络部门包括对外关系部、驻亚太地区办事处、驻欧洲办事处、驻联合国办事处。辅助服务部门包括人力资源部、秘书部、技术与综合服务部。

3. IMF的份额与投票权

IMF的份额与投票权二者之间存在着密不可分的关系。成员国在IMF的份额与投票权反映了其在世界经济版图中的相对地位，并且随着世界经济格局的变化而调整。

（1）份额

份额（quota）是成员国向IMF认缴的一定数额的资金，从财务角度看相当于股本。当一国加入IMF时，它被分配一定的份额，份额分配大致基于成员国在世界经济中的相对地位。IMF利用份额公式评估一个成员国的相对地位。[①] 成员国认缴的份额决定了其向IMF提供资金的最高限额。成员国在加入IMF时必须全额缴纳份额：25%必须以特别提款权或广泛接受的货币（如美元、欧元、日元或英镑）缴付，其余以成员国本币缴付。

第一，份额的作用。份额是IMF的主要资金来源，同时对成员国具有非

① IMF通常利用份额公式来确定新成员的初始份额，份额公式也是历次份额总检查中IMF对现任成员国份额进行调整的依据。份额分配公式是由一系列宏观经济变量通过特定的组合构成，最初的布雷顿森林公式由IMF在1944年设计，其后经过了1963年、1983年和2008年3次修改。现行的份额公式由以下变量加权平均构成：GDP（权重为50%）、开放度（权重为30%）、经济波动性（权重为15%）和国际储备（权重为5%）。其中，GDP是以市场汇率计算的GDP（权重为60%）和以购买力平价计算的GDP（权重为40%）的混合变量。此外，公式中还包括一个“压缩因子”，用以缩减成员国计算份额的离散程度。

常重要的作用：一是它在很大程度上决定了成员国投票权的大小。成员国所认缴的份额，每10万特别提款权（SDR）折合一票，成员国认缴的份额越多，所获票数也就越多，表决权也就越大；二是它决定了成员国可以从IMF获得的贷款的最高限额。成员国可从IMF获得的融资数额（贷款限额）以其份额为基础。例如，在备用安排和中期贷款下，成员国每年可以借入份额200%以内的资金，累计最多为份额的600%。特殊情况下，贷款的限额可能更高；三是它决定了成员国可获得特别提款权（SDR）分配的多少。特别提款权一般按照成员国在IMF中份额的相对比例来进行分配。因此，份额对成员国的利益关系重大。

第二，份额检查。IMF理事会一般定期（通常每隔5年）进行份额总检查。份额总检查解决两个主要问题：总增资规模以及增资在成员国之间的分配。其目的，一是检查IMF的份额是否充足，能否满足成员国应对国际收支失衡需要，从而决定是否需要增加份额（即增资）；二是通过检查考察各成员国在世界经济中相对地位的变化，并通过新增份额的分配，反映这种变化。成员国份额调整一般是通过每5年进行一次的份额总检查进行，除此之外，还会根据情况进行不定期的特别份额调整。因此，IMF的份额调整分为普遍调整和特别调整，分别对应于普遍增资和特别增资。普遍增资就是IMF所有成员国按照现有的份额等比例增资，目的在于扩大IMF的资本金，而成员国的份额比例（及投票权）保持不变；特别增资是对个别国家的份额进行增加，稀释其他成员国的份额比例。只有特别增资才能改变IMF的投票权结构，反映成员国地位的相对变化。

（2）投票权

IMF实行加权投票表决制度。成员国在IMF拥有的投票权由两部分组成：即基本投票权和基于份额的加权投票权。按照IMF规定，每个成员国拥有250票基本投票权，2008年的投票权改革将基本票提高到原来为3倍，同时将基本票固定为占总投票的5.502%。加权投票权按照成员国所认缴的份额，成员国每拥有10万特别提款权（SDR），即拥有1票，认缴的份额越多，所获票数也就越多，表决权也就越大。

IMF表决遵循多数票原则，多数票包括简单多数和特别多数两种。IMF理事会或执行董事会做出的大多数决定由简单多数通过即可，但如涉及IMF

资金的费用、持有特别提款权（SDR）的利率等业务问题需经理事会70%的多数票通过，而在决定有关IMF机构变动、份额调整以及特别提款权分配等重大问题上则需85%的多数票通过。

从总体上来说，IMF实行的基本投票权与基于份额的加权投票权相结合的投票权制度，一方面较好地反映了主权国家平等的原则，照顾到了小国在IMF决策中的权利；另一方面也较好地反映了IMF成员国之间在经济实力、贡献大小等方面的差异，将各成员国的权利同它们对IMF的贡献结合起来，有利于保障IMF的资金来源，增强IMF的融资能力，从而更好地发挥IMF的功能和作用。但是，IMF的份额与投票权调整也存在着滞后于世界经济格局发展、变化的问题。

三、金融危机后国际货币治理改革的进展

近年来，南北格局的变化、全球失衡等都显示了国际货币治理改革的必然性和必要性。全球金融危机的爆发，更将国际货币治理改革的重要性和紧迫性凸显出来。危机爆发之后，国际货币治理改革取得了一些积极进展。

（一）现行国际货币治理存在的主要问题

现行的国际货币体系是建立在1976年签订的《牙买加协定》基础上的牙买加体系。从理论上说，国际货币体系包括储备货币、汇率制度安排、国际收支调节机制等多方面的内容，国际货币体系中最重要的核心内容是全球储备货币体系。各国货币之间的汇率安排、国际收支的调节机制实际上都是围绕着国际储备货币而展开。因此，从全球治理的角度来看，国际储备货币的供给对于整个国际货币体系的稳定运行具有十分重要的意义。

从国际货币体系发展的历史来看，国际货币体系经历了一个由贵金属本位向信用本位逐步演进的历史进程。这一演变体现了历史的巨大进步，使得世界经济发展摆脱了贵金属供给的束缚，从而有利于世界经济的发展；但是，另一方面货币发行硬约束的解除，也打开了储备货币发行国政府滥用信用透支全球经济的潘多拉魔盒。

总体来看，战后国际货币体系最重要的特征就是美元作为国际储备货币

的支配地位。在布雷顿森林体系中，美元等同于黄金。而在牙买加体系下，美元延续了在布雷顿森林体系下的中心货币地位，依然是全球范围内最普遍使用的价值尺度、交易媒介和储备货币。日元的勃兴、欧元的诞生都没有从根本上撼动美元的地位。在全球外汇储备中，美元资产占2/3左右，欧元资产占1/4左右，日元资产仅占3%左右。由于美元作为最重要储备货币的这一特殊地位，因而客观上也造就了国际货币体系中的美元特权。在布雷顿森林体系下，在美元发行面临黄金储备约束的情况下，仍然出现了美国滥用美元国际储备货币地位和美元泛滥的现象，并最终导致了布雷顿森林体系的解体。而在牙买加体系下，黄金非货币化，美元与黄金脱钩，美元完全是信用发行货币，其发行完全摆脱了黄金储备约束，这就从根本上扫除了美国滥用美元特权的障碍，从而为其透支全球经济打开了更加方便的大门，并因此种下了美国次贷危机乃至全球金融危机的祸根，由此也暴露出主权信用货币作为国际储备货币的内在缺陷。①

在现行的国际货币体系中，美国处于该体系的中心，而以东亚国家为代表的新兴市场国家和以中东国家为代表的资源输出国家处于该体系的外围，由此形成了现行国际货币体系的“中心—外围”结构。② 一方面，对于处于该体系中心的储备货币发行国而言，国内货币政策目标与各国对储备货币的要求经常产生矛盾。货币当局既不能忽视本国货币的国际职能而单纯考虑国内目标，又无法同时兼顾国内外的不同目标；既可能因抑制本国通胀的需要而无法充分满足全球经济不断增长的需求，也可能因过分刺激国内需求而导致全球流动性泛滥。因此，在现行的国际货币体系下，“特里芬难题”仍然存在，即储备货币发行国无法在为世界提供流动性的同时确保币值的稳定。③ 另一方面，该体系中的外围国家也从该体系的资源流动中获得了好处，从而加剧了全球失衡，进而导致金融危机爆发并在全球范围内迅速蔓延，对全球经济造成严重冲击。

---

① 羌建新：《国际货币体系与全球金融危机》，《国际关系学院学报》，2010年第3期，第71—76页。

② 张明：《国际货币体系改革：背景、原因、措施及中国的参与》，《国际经济评论》，2010年第1期，第114—137页。

③ 周小川：《关于改革国际货币体系的思考》，《中国金融》，2009年第7期，第8—9页。

可见，现行国际货币治理的严重缺陷，导致了现行国际货币体系存在严重的不对称性和内在的不稳定性，这是造成全球金融危机的重要制度性原因之一。

此外，国际货币基金组织（IMF）的局限性也在此次全球金融危机中一览无遗。建立IMF的初衷是为了发挥其作为国际货币体系“减压阀”和“稳定器”的作用。作为国际货币治理的主要平台，IMF自建立以来在维护国际货币体系稳定，推动全球经济发展方面发挥了十分重要的作用。为了适应世界经济、金融形势的发展，IMF自身也处在不断的变革之中。但是，此次全球金融危机仍然暴露出IMF在国际货币治理中存在的许多问题，究其根本原因，在于IMF自身的治理结构存在着重要缺陷。

自成立以来，在IMF的份额、投票权分配以及决策机制等问题上，就一直表现出明显的欧美中心主义倾向。新兴市场和发展中国家在IMF的份额长期低估、代表性不足，这种状况与国际政治、经济发展变化的现实严重不符，也严重影响了IMF的合法性和有效性。IMF自身治理结构的失衡以及由此导致的IMF中发达国家与发展中国家之间权利结构的失衡，限制了IMF作为全球主要的国际货币治理机构功能的发挥，影响到了国际货币治理的有效性，使得IMF在维护国际货币体系稳定中的作用受到很大的限制，因而一直受到国际社会特别是广大发展中国家的诟病。[①]

总之，IMF存在的这些缺陷既是国际货币体系不稳定的重要原因，也在客观上助长了全球金融危机的扩散和蔓延，同时也暴露出其在国际货币事务协调和国际货币治理方面的能力缺失。

（二）全球金融危机后国际货币治理改革的新进展

2008年全球金融危机的爆发充分暴露出现行国际货币治理框架的局限性，同时也为国际社会提供了一个审视和重塑国际货币治理框架的重要契机。在国际社会的共同努力下，国际货币治理改革逐步向前推进。

① 关建新：《国际货币体系与全球金融危机》，《国际关系学院学报》，2010年第3期，第71—76页。

1. 国际储备货币多元化的努力

国际货币治理改革的重点主要体现在国际储备货币多元化的努力之中。从现实来看，在当前的国际货币体系中，美元作为国际储备货币的独大地位强化了美元滥发的道德风险，导致了现行国际货币体系中的美元陷阱，并造成许多国家身陷危机而欲罢不能。因此，为了减少世界经济对美元储备过度依赖的风险，国际货币治理改革的核心问题之一就是国际储备货币体系的改革问题。全球金融危机发生以后，国际社会提出了众多的国际储备货币体系改革方案。归纳起来，主要包括三种基本的改革模式：

一是由信用货币向实物货币回归，重回金本位制或某种商品货币本位制。世界银行行长罗伯特·佐利克（Robert B. Zoellick）呼吁让黄金在新国际货币体系中发挥一定作用，尽管他澄清并非倡议回归到19世纪的金本位制度，但其将“黄金作为国际参照物，以引导人们对通货膨胀、通货紧缩和货币未来价值的市场预期”的言论，还是被视为倡导重返改善了的金本位制的信号。罗恩·保罗（Ron Paul）则明确提出要重返金本位制度，并倡议废除中央银行制度以实现哈耶克提倡的“货币非国家化”和货币治理的自由化。①

二是创建全球中央银行和世界货币。全球金融危机爆发之后，中国人民银行行长周小川提出，改革国际货币体系，创立可取代美元霸权地位的超主权国际储备货币，并建议在短期内扩大特别提款权（SDR）的发行与使用范围，降低全球经济对美元的依赖程度。② 约瑟夫·斯蒂格利茨（Joseph Stiglitz）等经济学家提出创立全球货币，并且从对SDR的改造入手改革当前的国际货币体系。③

三是储备货币多元化或创建多元化的国际货币体系。金融危机后，蒙代尔的货币“稳定三岛”以及由美元、欧元、日元组成货币篮的构想，④ 即

① [美]罗恩·保罗:《终结美联储》，朱悦心等译，中国人民大学出版社，2010年版，第73—83页。

② 周小川:《关于改革国际货币体系的思考》，《中国金融》，2009年第7期，第8—9页。

③ 余永定:《国际货币体系改革和中国外汇储备资产保值》，《国际经济评论》，2009年第3期，第12—18页。

④ Mundell R. A. , “A Reconsideration of the Twentieth Century”, *American Economic Review*, Vol.90 No.3, 2000, pp.327-340; Mundell, Robert, “Currency Areas, Exchange Rate Systems and International Monetary Reform”, *Journal of Applied Economics*, Vol.3 No.2, 2000, pp.217-256.

"DEY"方案被中国学者进一步延伸。部分学者认为，在未来的国际货币体系下，可能出现美元、欧元与某种亚洲货币（它既可能是人民币，也可能是亚洲主要货币组成的一个货币篮）三足鼎立的局面，即到2030年，人类将很有可能看到一个"三元"的国际货币体系，也就是由美元、欧元和亚元或某个亚洲经济体之货币为三大支柱构建的国际货币体系。[①] 这样，国际储备货币间的竞争有助于增强对主要国际储备货币发行国的货币发行纪律约束，形成竞争性的关键货币体系。

从理论上说，理想的国际储备货币应该首先要能够保证提供足够的国际流动性和国际清偿力，满足国际贸易、国际资本流动等国际支付对国际流动性和国际清偿力的需求；其次应保持储备货币的币值稳定，为国际交易提供稳定的价值标准，方便国际交易主体的决策，从而有利于发挥价格信号的资源配置职能，减少价格体系紊乱造成的市场扭曲，促进国际贸易和国际投资的发展。

在改革国际储备货币体系的第一种模式下，实物货币的本位制度显然无法满足当今世界高度发达的经济、贸易对货币的需求，可行性很小。在回归实物货币本位制无望的情况下，从理论上说，创造一种与主权国家脱钩、并能保持币值长期稳定的国际储备货币，从而避免主权信用货币作为储备货币的内在缺陷，是国际货币体系改革的理想目标。[②] 但是超主权国际储备货币与主权货币作为国际储备货币之间存在着根本的利益冲突，因此，改革国际储备货币体系的第二种模式短期内难以实现。相比之下，在一个多极化的世界中，多元化的国际储备货币体系应该是比较现实可行的路径选择，既能够跟现行的政治多极化和经济全球化的形势相适应，同时也符合发达国家与发展中国家的共同利益。因此，改革国际储备货币体系的第三种模式具有现实可行性。[③]

2. 国际货币基金组织的治理结构改革

国际货币基金组织（IMF）治理结构改革的核心在于IMF的份额改革。

① 张宇燕：《人民币国际化：赞同还是反对？》，《国际经济评论》，2010年第1期，第38—45页。

② 周小川：《关于改革国际货币体系的思考》，《中国金融》，2009年第7期，第8—9页。

③ 李向阳：《国际金融危机与国际贸易、国际金融秩序的发展方向》，《经济研究》，2009年第11期，第47—54页。

长期以来，不合理的IMF治理结构一直受到国际社会特别是广大发展中国家的诟病。在2008年全球金融危机爆发以前，IMF曾在“中期战略”框架下提出了“分两步走”的份额改革方案：第一步，在2006年9月新加坡年会上就特别增资方案达成共识，对中国、韩国、墨西哥和土耳其四个份额严重低估的国家进行特别增资。通过特别增资，中国在IMF份额中的比例从2.98%提高至3.72%，在IMF投票权中的比例则从2.94%提高至3.65%；韩国的份额比例从0.77%提高至1.35%，投票权比例从0.76%提高至1.33%；墨西哥的份额比例从1.21%提高至1.45%，投票权比例从1.20%提高至1.43%；土耳其的份额和投票权比例则都从0.45%提高至0.55%。第二步，进行修改份额公式、增加基本投票权等更深层次的改革，计划两年内完成。全球金融危机爆发后，改革IMF治理结构的呼声迅速升温，份额改革成为了IMF改革的最重要议题之一。

（1）2008年份额和发言权改革生效

2008年4月28日，IMF理事会通过了IMF份额和发言权改革决议。这是2006年IMF和世界银行新加坡年会批准的两年期改革计划的第二步。其主要内容包括：

第一，提高份额公式的透明度。采用更加简单、透明的份额公式。新份额公式包含4个变量，即：GDP、开放度、波动度和储备，权重分别是50%、30%、15%和5%。GDP变量的成分是：按市场汇率计算的GDP占60%，按购买力平价汇率计算的GDP占40%。然后根据一个“压缩系数”将公式取0.95次幂。

第二，第二轮份额特别增加。此轮增加份额连同2006年的份额特别调整，使IMF的份额累计上升11.5%。根据新公式确定为代表性不足的成员国均有资格增加份额。为了促进实现改革目标，几个代表性不足的发达国家（德国、爱尔兰、意大利、日本、卢森堡和美国）同意放弃本国有资格增加的一部分份额；代表性不足的新兴市场国家和发展中国家如果实际份额远低于本国根据购买力平价计算占全球GDP的比例，其名义份额至少增加40%；2006年第一轮增加份额的4个成员国的代表性仍然严重不足，其名义份额第二轮将至少再增加15%。

第三，每5年进行份额总检查。为确保份额和投票权继续反映IMF成员国影响力的变化，并且进一步消除实际份额与按新份额公式计算的份额之间的差距，要求执行董事会结合今后的份额总检查提出进一步调整份额的建议。

第四，增加低收入国家的发言权。修订《国际货币基金协定》，把所有成员国的基本票增至原来的3倍；建立保持基本票在总票数中比例的机制。

2011年3月，IMF2008年份额和发言权改革在获得了代表85%IMF总投票权的117个成员国批准后，正式生效。通过此轮份额和发言权改革，新兴市场国家和发展中国家代表性和发言权有所增加。发达国家在IMF的份额比例从此前的60.5%下降至60.4%，投票权比例从此前的59.5%下降至57.9%；新兴市场和发展中国家在IMF的份额比例从此前的39.5%上升至39.6%，投票权比例从此前的40.5%上升至42.1%。加之2006年IMF通过的第一阶段改革成果，中国在IMF的份额比例增加到3.994%，投票权比例增加至3.803%，印度则分别为2.441%和2.336%。中国和印度在IMF中的代表性分列第6位和第12位。此外，巴西、韩国等国家的份额和投票权也有所增加。同时，低收入国家的份额也得到一定程度的提高。

（2）2010年份额和治理改革

在IMF2008年份额和发言权改革计划付之各国批准的过程之中，2010年11月，在完成了第14次份额总检查的基础上，IMF执董会批准在2008年通过的改革方案基础上进一步进行份额和治理改革。其主要目标是：

第一，将份额增加一倍至约4768亿特别提款权（约合7729亿美元），超过6%的份额将转移到有活力的新兴市场和发展中国家，从代表性过高的国家转向代表性不足的国家，同时保护最贫困成员国的份额比例和投票权。

第二，IMF执行董事会完全由选举产生，欧洲发达国家总体上减少两个代表席位，进一步放宽任命第二副执董的条件以增强多国选区的代表性。

按照上述改革目标，通过此轮份额和发言权改革，发达国家在IMF的份额比例将从2008年改革生效后的60.4%下降至57.6%，投票权比例将从57.9%下降至55.2%；新兴市场和发展中国家在IMF的份额比例将从2008年改革生效后的39.6%上升至42.4%，投票权比例从42.1%上升至44.8%。此轮份额改革完成以后，中国、印度、俄罗斯和巴西将成为进入IMF份额排名前十位的经济体。按照预定计划，成员国应在2012年IMF年会之前完成对2010年份额和治理改革的批准过程，但直到2014年1月这一过程仍在进行之中。

（三）国际货币治理改革的前景

如何重建危机后的国际货币秩序是世界各国面临的共同使命。从本质上说，国际货币体系和国际货币治理框架是世界经济力量格局的反映。但另一方面，国际货币治理改革由于涉及世界各国政治、经济利益的重大调整，必然会遇到各种阻力、障碍或困难，因此将会在曲折反复中艰难、缓慢地向前推进。

1. 国际货币治理改革的前景

现实的国际货币治理的改革方向是国际储备货币的多元化，通过多元储备货币之间的竞争，来保证国际货币体系的平稳运行。从长期来看，随着国际储备货币多元化进程的发展，美元在国际货币体系中地位相对下降的趋势将不可避免，美元作为国际储备货币"一元独大"的支配地位必然会受到挑战。多元国际储备货币并存的国际货币体系将从美元"一元独大"的"一主多元"状态走向多种储备货币"多元制衡"的状态。①

但另一方面，尽管蔓延全球的金融危机爆发后，以美元为中心的国际货币体系受到极大的质疑，但是美元的中心地位短期内不会出现根本性动摇。即使此次金融危机的爆发可能加快国际货币体系的演变和国际货币治理的变革，但就短期而言，美元的国际地位很难发生重大变化。这是因为，首先，美元的地位是由美国的经济、金融、政治、军事等综合实力决定的，尽管美国金融部门与实体经济在此次金融危机中遭受重创，但其世界头号政治、经济和军事强国的地位短期内不会发生变化；作为美元的潜在竞争对手，欧元区、日本等国也遭受了危机的冲击，甚至情况更糟，以金砖国家为代表的新兴大国在危机中虽然仍然保持着较强的增长活力，但其实力与美国相去甚远，这就决定了短期内没有任何主权货币能够挑战美元在国际货币体系中的地位；与此同时，超主权的国际储备货币——特别提款权（SDR）由于存在着一系列制度、技术性难题的制约，其在未来国际储备格局中的地位和前景还很难判断。其次，国际储备货币的地位一旦形成，往往具有历史的惯性。因为如果一种货币在交易中被广泛使用，就会产生巨大的规模经济收益和网络外部

① 陈雨露、马勇：《大金融论纲》，中国人民出版社，2013年版，第44—45页。

性，这种网络外部性将会导致国际储备货币较强的历史惯性和形成对这种国际储备货币的路径依赖，这有利于既有国际储备货币在位优势地位的维持，也有助于强势国际储备货币向自然垄断的方向转化。[①] 因此即使美国的综合实力逐步相对下降，但美元国际地位的相对变化也会滞后于其综合国力的相对下降进程。因此，尽管此次全球金融危机对美元的国际地位造成了显著冲击，但是很难期望国际储备货币格局在危机结束后短时期内发生重大变化，美元作为国际中心货币的地位被削弱、美元特权被稀释的过程将会非常缓慢。推进国际储备货币多元化，改变国际货币体系和国际货币治理中美元“一元独大”、实现国际储备货币“多元制衡”的局面将是一个非常漫长的过程。[②]

2. 国际货币基金组织治理结构改革的前景

从根本上说，国际货币基金组织（IMF）的未来取决于目前正进行的改革，即能否通过份额和治理改革提高其合法性和有效性，通过公平、公正的监督以促进世界经济的可持续增长和维护国际货币体系的稳定。IMF是以份额为基础的机构，份额应是其主要资源。从中长期看，IMF应建立份额自动调整机制，及时反映各国在世界经济中相对地位的变化，避免出现成员国份额严重偏离经济现实的情况。

但另一方面，IMF份额调整的背后是是IMF成员国之间权力的再分配和既得利益的重新调整。目前主导IMF的发达国家不会轻易放弃它们在IMF中的特权和既得利益，因此，最终实现发达国家与发展中国家平等分享IMF的投票权将是一个非常漫长的过程。在短期内，即使是基金份额的微调，也将会是一个反复博弈、讨价还价的过程，不可能一蹴而就。从现实来看，2008年的份额和投票权改革，一直到2011年才正式生效。而2010年改革按照预定计划应在2012年结束，可是直到2014年1月仍然迟迟未能生效。因此，IMF份额及投票权的调整实际上仍然困难重重。而要建立起能够及时反映各国经济地位变化的IMF份额自动调整机制，并实行IMF更广泛的治理结构改革，

① [美]巴里·艾肯格林:《资本全球化：国际货币体系史（第二版）》，彭兴韵译，上海人民出版社，2009年版，第3—4页。

② 羌建新:《国际货币体系与全球金融危机》，《国际关系学院学报》，2010年第3期，第71—76页。

则更是一个遥远的长期目标。[①]

四、中国在国际货币治理改革中应扮演的角色

全球金融危机之后，在国际社会的共同努力之下，国际货币治理改革迈出了积极的步伐，为推动形成更加公正、合理的国际货币新秩序创造了更加有利的条件，同时也为我国以更加积极主动的姿态参与和推动其中的改革带来了重要的机遇。

（一）中国参与国际货币治理的历史回顾

改革开放的进程，是中国经济不断融入全球经济体系的进程，同时也是不断融入国际货币体系的进程。随着改革开放不断深入，中国经济实力、综合国力不断增强，中国经济与世界经济的联系程度不断加深，中国参与国际货币治理的广度和深度也在不断向前推进。

1. 中国在世界经济中的地位和作用的历史变迁

1978年，中国启动改革开放的历史进程，紧紧抓住全球化深入发展的历史机遇，充分利用劳动力成本等比较优势，积极实施外向型发展战略，迅速成为世界重要的制造中心，经济快速增长，综合国力大幅提升，取得了举世瞩目的发展成就。

经过30多年的改革开放和持续增长，我国经济总量和人均收入显著增加，经济结构明显改善，宏观调控能力显著增强。据统计，从1979—2012年，我国国内生产总值年均增长9.8%，同期世界经济年均增速只有2.8%。中国的经济总量居世界位次稳步提升，对世界经济增长的贡献不断提高。按照现价汇率计算，1978年，我国经济总量仅位居世界第十位；2010年超过日本居世界第二位，成为仅次于美国的世界第二大经济体。1980年，我国国内生产总值（GDP）为3034亿美元，2012年达到82210亿美元，经济总量占世界的份额由1978年的1.8%提高到2012年的11.5%。与此同时，人均国民总收

① 羌建新：《国际货币体系与全球金融危机》，《国际关系学院学报》，2010年第3期，第71—76页。

入（人均GNI）也实现同步快速增长。根据世界银行数据，按现价汇率计算，1978年我国人均GNI为190美元，相当于世界平均的10.2%；2000年为930美元，相当于世界平均的比例提高到17.6%；2012年我国人均GNI达到5680美元，按照世界银行的划分标准，我国已迈进上中等收入国家的行列。

在通过改革开放和融入经济全球化进程使自身获益的同时，中国经济发展也为全球经济的稳定与繁荣作出了贡献。中国加入世界产业分工体系，将低成本要素融入全球产业链条中，支撑了全球经济较长时期的高增长、低通胀格局，推动了全球经济的发展。我国的贸易和投资伙伴因中国增长而获益，互利共赢的效果使我国日益为世界各国所认可。[①] 全球金融危机爆发以来，中国成为了带动全球经济复苏的重要引擎，2008—2012年，中国经济对世界经济增长的贡献率年均超过20%，成为对世界经济增长份额贡献最大的国家之一。

总之，经过30多年改革开放，我国同世界的关系发生了历史性的变化。目前，我国经济总量居世界第二位，成为第一大出口国、第二大进口国、第二大吸收外资国、第三大对外投资国、第一大外汇储备国。中国国际地位和影响力的显著提高，为我国参与和推动国际货币治理改革提供了坚实的物质基础和有利条件。与之相伴随，中国在国际货币治理中的地位和作用也发生了历史性的变化。

2. 中国在国际货币治理中角色的变迁

中国在国际货币治理中角色的变迁清晰地反映在中国在国际货币基金组织（IMF）中地位和作用的变迁上。中国自1980年恢复在IMF的合法席位以来，一直与其保持了良好的合作关系。30多年来，IMF通过年度磋商、技术援助、人员培训等方式，为中国经济体制改革和对外开放提出了一系列宝贵的政策建议。

另一方面，作为IMF的重要成员国，中国积极参与和支持IMF的各项工作，承担各项义务。20世纪80年代初，由于国际收支的暂时困难，中国曾向IMF先后借过3笔贷款，约合16亿美元。这些贷款已于1991年底前全部还清；由于良好的国际收支状况和充足的外汇储备，我国已连续多年成为IMF的净

① 江小涓：《中国开放三十年的回顾与展望》，《中国社会科学》，2008年第6期，第66—85页。

出资国。1997年金融危机后，中国政府在IMF框架下向泰国政府贷款10亿美元；1999年，中国又向IMF捐助1313万特别提款权，继续支持穷国减债计划；2005年印度洋海啸后，中国政府也积极为IMF的“冲突后和自然灾害紧急援助工具”注资，向受灾国提供援助。

作为IMF的重要成员国，我国积极参与IMF内部治理改革，引导IMF的政策和业务向着更加客观、公正的方向发展。1980年4月，中国正式恢复在IMF的代表权，并获得了IMF2.34%的份额和2.28%的投票权。通过2001年特别增资，中国在IMF份额中的比例上升至2.980%，投票权比例上升至2.928%，中国在IMF中的代表性与加拿大并列第8位。通过2006年份额改革和特别增资，到此次金融危机发生前，中国在IMF份额中的比例上升至3.718%，投票权比例上升至3.651%，中国在IMF中的代表性上升至第6位。

3. 全球金融危机后以更加积极、主动的姿态参与和推动国际货币治理改革

全球金融危机爆发后，针对国际货币治理框架存在的问题，中国积极参与国际货币治理改革的各种国际磋商与合作，提出了一系列改革国际货币治理的合理主张，并且以实际行动承担起自己在国际货币治理改革中的国际责任。

（1）积极参与和推动国际货币治理改革。全球金融危机爆发以来，中国提出的改革国际货币治理的主张主要包括：完善国际货币体系，健全储备货币发行调控机制，保持主要储备货币汇率相对稳定，促进国际货币体系多元化、合理化；稳妥推进国际货币体系改革，扩大IMF特别提款权使用，改革特别提款权货币篮子组成，建立币值稳定、供应有序、总量可调的国际储备货币体系。

（2）积极参与和推动国际货币基金组织治理结构改革。全球金融危机爆发后，中国提出了一系列改革国际货币基金组织（IMF）治理结构的主张：加快IMF份额和投票权改革，提高发展中国家的代表性和发言权；制定反映各国经济总量在世界经济中权重的新份额公式；提高IMF负责人遴选程序的透明度和合理性，推动以公平择优为原则选择IMF管理层，提高发展中国家中高层管理人员比例，完善IMF现行决策程序和机制；加强IMF能力建设和监督改革，加强和改善对各方特别是主要储备货币发行经济体宏观经济政策的监督，尤其是加强对货币发行政策的监督；支持按照权利和义务平衡、分摊和自愿相结合的原则增加IMF资源；建立快速反应、行之有效的国际金融救援机制，提高应对危机和紧急救助能力，以更好履行维护全球经济金融稳定职责。

除了积极提出改革主张，我国还以实际行动为国际货币治理改革做出自己的贡献。2009年，中国承诺为IMF增资认购500亿美元的IMF票据，2012年6月，中国宣布支持并参与IMF增资430亿美元。中国关于国际货币治理改革的公正、合理的主张以及为此而采取的负责任的行动赢得了国际社会的广泛好评，对于推动国际货币治理向着公正化、合理化和均衡化的方向发展起到了十分重要的作用。

与上述主张和行为相伴随，全球金融危机后，中国在国际货币治理中的地位和作用也得到进一步提升。在IMF的2008年份额和发言权改革中，中国在IMF份额中的比例进一步上升至3.994%，投票权比例上升至3.803%。此后，中国又与国际社会一道推动IMF推出了2010年份额和治理改革方案。该方案生效后，中国在IMF中的份额和投票权比例将分别大幅上升至6.390%和6.068%，中国在IMF中的代表性将上升至第3位，仅次于美国和日本。此外，2011年7月26日，中国央行前副行长朱民正式出任IMF副总裁，成为首位进入IMF高级管理层的中国人。2012年3月7日，IMF执行总裁克里斯蒂娜·拉加德任命中国籍的雇员林建海担任该组织秘书长。这些都标志着中国在IMF中正扮演着越来重要的角色。

总之，全球金融危机之后，中国在国际货币治理中的地位和作用发生了历史性的变化，在推进建立公正、合理、均衡的国际货币体系进程中正在发挥着越来越重要的作用。

（二）中国进一步参与和推动国际货币治理改革的策略建议

全球金融危机对世界经济、政治形势产生了深远影响，国际力量对比出现重大变化，世界进入国际体系加速演变和深度调整的历史转折时期，国际货币领域的竞争博弈更加激烈、复杂。与此同时，我国在国际货币治理中的地位和作用也发生了历史性的变化。随着综合国力和国际地位的显著提高，我国经略、运筹国际货币关系的资源和手段更加丰富，各方在国际货币事务中对我国的借重与合作不断增多。这就要求我们要充分认识世界经济政治格局演变的最新进展和自身情况的变化，以更加积极、主动的姿态参与和推动国际货币治理改革，进一步提升我国在国际货币治理中的影响力和的话语权，从而为我国在激烈的国际货币竞争中赢得主动，并且为推动构建公正、合理、均衡的国际货币秩序作出应有的贡献。

1. 进一步强化参与和推动国际货币治理改革的能力建设

纵观国际货币体系和国际货币治理演变的历史进程，不难发现，国际货币体系和国际货币治理的变迁从根本上取决于大国经济实力对比的变化。因此，中国在国际货币治理中的地位和作用，在国际货币治理的影响力和话语权，从根本上来说，取决于我国自身的经济力。当前，国际货币治理改革进入了一个新的阶段，我国参与国际货币治理也已经站在了一个新的历史起点上。为了更好地参与和推动国际货币治理改革、进一步提升我国在国际货币治理中的影响力和话语权，首先需要从深化经济等方面改革来加强我国参与和引导国际货币治理改革的能力建设。为此，需要进一步深化国内经济改革，推动经济转型升级和综合国力进一步提升。经过35年改革开放和经济持续增长，我国已经发展成为了世界第二经济大国；但另一方面，我国总体上仍然处于国际分工和产业链的中低端，是世界最大发展中国家的国际地位并没有改变。与此同时，我国经济发展面临的许多深层次结构性矛盾和问题正在日益凸显。特别是全球金融危机后，国际经济环境正在发生重大而深刻的变化，全球金融危机对全球经济发展形成严重冲击，无论是发达国家还是发展中国家都面临调整经济结构的巨大压力，面对传统优势减弱和日益激烈的国际竞争，我国原有的经济发展方式更加难以为继。在这种情况下，必须破除阻碍经济转型升级和可持续发展的体制机制障碍，把推动发展的立足点转到提高质量和效益上来，努力提升我国经济发展的质量和水平。为此，需要以更大的勇气深化市场经济体制改革，建立统一开放、竞争有序的市场体系和公平开放透明的市场规则，使市场在资源配置中起决定性作用，提高资源配置效率和公平性，从而更好地释放市场活力和经济发展内生动力；与此同时，积极实施创新驱动发展，加快传统产业转型升级，在“中国制造”的基础上培育和发展“中国创造”，进而实现国民经济持续健康发展，从而为我国更好地参与和推动国际货币治理改革提供更加坚实的物质基础和力量支撑。

2. **坚持公平、公正、包容、有序的国际货币治理改革目标**

在经济、金融全球化大潮下，世界各国相互依存、相互影响达到前所未有的程度。推动国际货币治理改革，建立公平、公正、包容、有序的国际货币新秩序，符合人类社会的共同利益。因此，为了建立更加均衡的国际货币治理框架，需要世界各国秉承同舟共济、同担责任、共享权利的基本理念，在追求本国利益时兼顾他国的合理关切，在谋求本国利益中促进世界各国的共同利益。为此，在参与和推动国际货币治理改革进程中，需要统筹兼顾，平衡体现各方利益、反映各方诉求，不断集聚和扩大各方利益的汇合点，从而推动形成各方更广泛有效参与国际货币治理改革的决策和管理机制，尤其是要体现新兴市场国家和发展中国家利益，以推动国际货币秩序和国际货币体系朝着公正、合理、均衡的方向发展。

3. **按照能力、责任、权利相一致原则参与和推动国际货币治理改革**

参与和推动国际货币治理改革，必须坚持和遵循能力、责任、权利相一致的基本原则。我国已经成长为世界第二大经济体，外部世界对中国的关注已经远远超出中国发展对中国自身产生影响的范畴，而是扩展到中国作为一个世界性大国对全球经济的影响。从趋势上看，国际社会对我国在国际货币事务以及国际货币治理中承担责任的要求日益扩展和提高。但另一方面，我国仍然是一个发展中国家，实现现代化还有很长的路要走。因此，中国参与和推动国际货币治理改革，既要积极，又要务实，既要负起责任，在国际货币治理中发挥负责任大国的建设性作用，同时也要保持清醒的头脑，立足于我国的基本国情和发展水平，坚持从我国的根本利益出发参与国际货币事务和国际货币治理，在自身能力所能承受的范围内为国际货币治理改革承担相应的责任、贡献相应的资源。此外，在参与和推动国际货币治理改革过程中，我国还应坚持权利和义务相平衡，在承担责任、做出贡献时，也要充分保障享受到相应的权利。

4. **以推进国际货币基金组织治理结构改革为抓手，带动国际货币治理全面改革**

从本质上说，国际货币治理改革、国际货币治理机构自身治理结构改革这两方面并非彼此独立，它们在很大程度上具有内在的关联性。国际货币治理机构的良好治理是有效的国际货币治理的基础，国际货币治理主要依托于国际货币基金组织（IMF）开展，并且受到IMF自身治理结构的制约，特别是国际货币治理改革的许多举措都要经过IMF投票表决。如果IMF的治理结构得不到优化、完善，国际货币治理改革的许多举措就难以实施。因此，推动国际货币治理改革的首要和核心是推动IMF的治理结构改革，为此应牢牢抓住IMF份额和投票权改革这个核心不放，敦促国际社会尽早落实已经承诺的份额和治理改革方案，制定出能及时反映各国经济总量在世界经济中权重的新份额公式，进而推动IMF治理结构改革迈出更加实质性的步伐，通过IMF治理结构的完善，来带动国际货币治理其他领域的改革。

5. 循序渐进推动国际货币治理改革

与任何制度安排一样，作为协调国际货币关系的全球性制度性安排的国际货币治理框架也具有惰性和持久性。而且，从本质上说，国际货币治理改革是一场涉及世界各国政治、经济利益重大调整的深刻变革，因此必将是一个充满荆棘的异常曲折、复杂的漫长历程，不可能一蹴而就。而且，从理论上说，相对于快速、激进的一次性改革，当国际货币治理改革分阶段、逐步地实施时，这种改革对国际货币体系和世界经济的影响相对缓和。因此，为尽量分散改革对国际货币体系和世界经济的冲击，避免造成剧烈震荡，国际货币治理改革应分阶段逐步地向前推进。因此，在参与和推动国际货币治理改革时，应循序渐进，在保持国际货币体系总体稳定的前提下，先易后难，分阶段实施，通过持续不断努力最终达到改革目标。

第十章　国际金融的全球治理与中国的应对

作为全球经济治理的重要组成部分，全球金融治理是金融全球化的产物，是适应金融全球化的发展要求而逐步形成、发展和完善起来的。二战结束以后，伴随着世界政治经济格局的发展、变化，特别是自20世纪70年代以来，伴随着全球金融自由化进程不断深入、金融全球化浪潮不断推进，全球金融治理不断变革、发展和完善，对于维护全球金融稳定，推动世界经济发展发挥了十分重要的作用。

但另一方面，由于全球金融治理框架存在的缺陷，也引发了一系列的金融动荡、金融危机。特别是2007年肇始于的美国次贷危机，在2008年9月掀起全球金融海啸，最终演化为一场席卷全球的自20世纪30年代大萧条以来最严重的金融危机，并将全球实体经济拖入了二战以后最严重的衰退。造成全球金融危机的原因复杂而多样，但从根本上来说，全球金融危机的爆发与全球金融治理框架的内在缺陷息息相关。全球金融治理的制度缺失，导致了国际金融市场道德风险盛行，并最终导致全球金融泡沫崩溃和全球金融危机。危机爆发后，国际社会对危机背后全球金融治理方面的制度原因以及全球金融治理框架的内在缺陷和风险日益关注，全球金融治理改革再度成为国际社会关注的焦点。

一、全球金融治理的形成和发展

作为协调和规范国际金融体系的全球性制度安排，全球金融治理是指国际社会通过协调、合作、确立共识等方式参与全球金融事务的管理，以建立或维持理想的国际金融秩序的过程。从概念上来说，全球金融治理是近年来才在国际社会引起广泛关注的热点问题，但历史地来看，全球金融治理经历了一个从形成到不断变革、发展和完善的漫长的历史进程。

（一）全球金融治理形成和发展的背景

从理论上说，任何的市场行为、经济活动都离不开良好的市场秩序，而良好的市场秩序离不开有效的市场规则或市场制度安排。当人类的市场行为、经济活动超越一国国境的范围，而延伸到国际间时，就需要一种超越国家的国际间的有效制度安排，来协调不同国家之间不同经济主体的行为，从而形成国际经济领域必要的公共秩序，以维护和促进国际贸易、金融、投资等活动的正常开展，从而促进资源的跨境、跨期有效配置，增进人类的经济福利。因此，随着人类社会经济不断发展，国际分工不断深化，市场半径不断扩大，从而形成了统一的全球市场和世界经济体系时，人类社会对于规范国际间市场行为、经济活动的全球性制度安排的需求就会产生。实际上，作为国际社会管理国际金融事务的全球性制度安排，全球金融治理正是随着金融全球化的不断深入，以及全球金融体系的不断发展而逐步形成和发展起来的。

1. 两次世界大战的教训

尽管各国学者对经济全球化的看法不尽相同，但是追本溯源，经济全球化实际上早在资本主义发展初期就出现了。在市场经济产生以前，各国经济相互联系少、依存度低，经济全球化的问题也就无从谈起。经济全球化从本质上来说是市场经济在全世界的扩张。市场经济在西方国家实行之后，世界就开始走上经济全球化的进程。

从历史上来看，18世纪中叶至19世纪中叶，欧、美国家相继发生了工业革命。工业革命建立的机器大工业，突破了以往手工业生产的限制，为国际分工体系的形成、世界市场的开拓奠定了坚实的物质基础。随着工业革命不断深入，欧美国家凭借强大的工业实力，积极进行对外张，逐步把广大亚、非、拉美国家变成了它们的工业品销售市场和原料基地。在这一过程中，随着航运（如蒸汽轮船的广泛使用、巴拿马运河的开通）、通讯（电报及越洋电话）等方面技术的发展，许多外围国家及欧洲大陆的殖民地相继融入了日益全球化的世界经济中，洲际贸易空前活跃，同时出现了大量的人口流动和国际资金流动，各国间的经济联系不断加深。加之当时普遍实行的国际金本位制是一种稳定和具有高度信誉的货币制度，这种稳定的国际货币制度大大地促进了国际贸易和国际资本流动。因此，随着工业革命的推进和市场经济在世界范围内的进一步扩展，到19世纪70年代，一个真正意义上的包括商品、劳务及资本市场的全球市场最终形成，从而掀起了人类历史上第一次大规模经济全球化的高潮。[①]

（1）全球资本市场的形成

作为经济全球化的重要组成部分和显著表现，在第一次大规模经济全球化时期，金融全球化也取得了很大的发展。在这一时期，随着现代通信设施在金融行业的广泛使用，金融信息传递日益便捷，金融技术与金融交易工具创新大量涌现，政府债券、私人债务与权益工具蓬勃发展，保险领域迅速扩大，远期金融合约、金融期货及其他衍生工具也得到广泛使用。金融交易在当时的核心国家之间，甚至越来越多的外围国家已经相当普遍，国际资本流动日益频繁。到1900年，上述金融领域的进展渗透到世界数十个国家的主要经济中心，形成了以英国伦敦为中心的若干国际金融中心和横跨欧洲、美洲、亚洲和非洲的全球资本市场。世界大部分有价证券的买卖、短期贴现票据交易和其他金融业务都集中在伦敦，伦敦成为全球资本市场的中心。[②] 金融全球化的发展最终导致了世界资本市场的出现和全球金融体系的形成。[③]

（2）两次世界大战之间的国际金融动荡

与金融全球化轰轰烈烈、蓬勃推进形成鲜明对照的是，在这一时期，国际金融制度建设存在着明显的缺失，特别是全球性的金融制度安排即全球金融治理建设缺失，国际金融体系基本上处于“自由放任”的状态。

大萧条发生前，主要国家现代金融监管体制尚未确立，合规性监管几乎不存在，国内金融治理的缺失导致了主要国家的信贷市场缺乏有效的管理和约束，证券市场的价格操纵、欺诈和内幕交易现象盛行，金融市场秩序混乱，

---

① Bordo, Michael D. and Christopher M. Meissner, “Financial Crises, 1880-1913: The Role of Foreign Currency Debt”, NBER Working Paper No. 11173, 2005.

② Obstfeld, Maurice and Alan M. Taylor, “Globalization and Capital Markets”, *NBER Working Paper* No. 8846, 2002.

③ 谷源洋、林水源：《世界经济概论（上册）》，经济科学出版社，2002年版，第293—326页。

资产泡沫泛滥。国内金融治理缺失，全球金融治理就更无从谈起。这种状况不仅导致了主要国家国内的金融投机盛行，而且也导致了国际金融投机盛行。由于全球金融治理严重缺失和滞后，全球金融体系的系统性风险和整体脆弱性不断积累，最终引发了股市崩溃、银行危机和偿付危机在全球恶性传染，导致世界经济陷入大萧条。而在严重的危机下，各国纷纷采取资本管制措施阻止资本外逃，导致国际资本流动急剧下降，人类历史上第一次大规模的经济全球化进程也陷入了沉寂。

两次世界大战之间国际金融市场的混乱、动荡和大萧条的严重教训，使国际社会普遍认识到促进国际金融协调、合作，建立约束性的国际金融规则、维护全球金融体系稳定运行的极端重要性。因此，在二战尚未结束之时，国际社会就开始了重建战后国际金融秩序、建立崭新的全球金融治理框架的努力。

2. 金融全球化的发展

从根本上说，全球金融治理是适应金融全球化对全球性的金融公共秩序要求的产物，是由金融全球化过程中国际金融领域出现的各种问题以及由此产生的对国际金融领域公共秩序的需求倒逼而产生。[①]20世纪70年代以来，随着计算机和信息通讯技术的迅猛发展，人类社会掀起了第二轮经济全球化的高潮。作为新一轮经济全球化的重要组成部分，金融全球化迅猛发展，对全球金融治理提出了新的更高要求。因此，伴随着金融全球化进程的不断深入，全球金融治理在解决国际金融领域不断出现的各种新问题中也不断深化。

（1）金融创新层出不穷，传统金融业务出现革命性变革

20世纪70年代以来，以计算机为核心的现代信息、通讯技术迅猛发展、广泛应用，互联网不断完善和延伸，有力地支撑和推动了金融创新的兴起和蓬勃发展。首先，技术进步带来了金融体系的传统金融业务的流程再造和操作创新，使得传统的金融业务日益电子化、网络化，另一方面，基于互联网络业务平台，创新出许多传统技术条件下所难以想象或者说只能基于互联网络业务平台开展的新兴金融业务。此外，在现代信息通信技术推动下，银行结算、清算系统和支付制度等方面都发生了重大变革，如各种类型和功能的

---

① 张斌、胡志浩：《世界需要建立新的全球金融规则》，《国际经济评论》，2013年第4期，第9—22页。

银行卡、自动柜员机（ATM）以及一系列创新账户的使用；银行间电子资金转账系统和售货点终端机（POS）转账系统的推出；网络银行、自助银行、电话银行、手机银行、第三方支付、移动支付、网上证券交易、网络保险营销突飞猛进的发展，等等。其次，现代计算机技术和通讯技术的结合，使得金融机构信息处理能力得到了极大提高，从而能够大量推出具有极高技术含量的金融创新工具并进行设计和定价，同时能够持续地观察和监控与这些金融创新工具所伴随的风险，并且开发及时分散、转移风险的操作技术工具。[①]总之，现代计算机技术和信息技术使金融业从外延到内涵、从技术到观念、从形式到内容、从渠道到运行，都发生了翻天覆地的变化，为金融全球化的发展提供了无限广阔的空间。

（2）全球金融资产交易急剧扩张

在过去20年里，伴随着现代计算机和信息技术带动的金融全球化程度的不断加深，全球银行业、债券市场和股票市场的金融资产迅速增长。根据IMF统计，1980年全球金融资产只有12万亿美元，其规模与当年全球GDP基本相当。1993年全球金融资产价值为53万亿美元，其规模达到当年全球GDP的2倍。2003年全球金融资产达到124万亿美元，规模超过当年全球GDP的3倍。全球金融危机爆发前夕，2007年全球金融资产达到了230万亿美元，规模是当年全球GDP的4.2倍。危机过后，即使在发达国家金融体系“去杠杆化”的背景下，2011年全球金融资产增长到了256万亿美元，规模仍然达到当年全球GDP的3.7倍。从全球金融资产与GDP的比例来看，这一比例从1倍增长到2倍用了13年，从2倍增长到3倍用了10年，而从3倍增长到4倍仅用了4年，而且这一比例至今仍然在3.7倍的高位上。另据统计，在过去20年左右的时间里，物流、贸易流的增长速度是生产流增长速度的2倍，而资金流增长速度是贸易流增长速度的2倍、生产流增长速度的4倍，金融全球化的发展速度远远快于生产全球化、贸易全球化的发展速度。[②]

（3）全球金融市场网络不断延伸

进入20世纪80年代以来，现代信息通讯技术的迅速发展，互联网的不断

① 黄达：《金融学》，中国人民大学出版社，2003年版，第341页。

② 朱民：《改变未来的金融危机》，中国金融出版社，2009年版，第189—191页。

完善和延伸，极大提高了信息获取的便捷性和低成本性，从而为金融机构提供了更大的选址弹性，为资本流动提供了更大的地域弹性，许多金融功能已经克服了地理空间上的限制，能够在相隔遥远的不同地理区域进行低成本和快速的实现。[①] 全球金融业不断整合，世界和区域性金融中心不断出现。在原来的纽约、伦敦、苏黎士、巴黎、法兰克福、东京等原来的传统金融中心的基础上，亚洲地区的中国香港、新加坡、欧洲的布鲁塞尔、摩纳哥、中北美洲的巴哈马、开曼群岛、波多黎各、维尔京群岛等都已发展成为全球重要的金融中心。金融市场全球化还体现在24小时运作的电子网络交易市场的形成和发展上。在现代互联网络空间条件下，全球的股票市场、债券市场、外汇市场、金融衍生品市场通过发达的通信和交易技术连接在一起，从而实现了国家与国家之间、地区与地区之间的金融市场的相互连接，大大压短了国际金融市场的时空距离，构成了全球化的金融市场运作体系，实现了24小时的不间断营业。借助于现代互联网络，金融全球化的快速发展，使得全球金融体系发展成为交互联结、四通八达的全球性金融网络。在这个网络中，任何单个的经济体都不再是“孤岛”，而是全球金融网络的一个节点和有机组成部分。[②]

总之，随着金融全球化不断发展、深化，国际金融关系更加复杂，从而给全球金融稳定带来许多新的问题和挑战。面对这种状况，为维护良好的国际金融秩序，有效维护和保障全球金融稳定，在国际社会共同努力下，适应金融全球化不断发展、深化的要求，全球金融治理不断发展、完善。

（二）全球金融治理的形成和发展

作为世界经济体系的重要组成部分，尽管全球金融体系早在19世纪70年代以后已经逐步形成，但是那时的全球金融体系基本上处于“自由放任”状态，市场自发的秩序并不能自动保证全球金融体系的稳定。鉴于大萧条的深刻教训，国际社会普遍认识到国家之间在处理国际金融问题上开展协调、合作以治理“市场失灵”的重要性。二战结束后，美国凭借其强大的经济实力和综合国力，主导建立了一系列国际经济规则和国际经济组织，形成了以为

① 羌建新:《网络空间下的金融新图景》,《世界知识》，2013年第12期，第13页。

② 朱民:《改变未来的金融危机》，中国金融出版社，2009年版，第207—209页。

美国中心的全球经济治理框架。作为世界经济体系重要的组成部分，全球金融体系也进入了全球治理的时代。在全球金融治理建设中，一个值得特别关注的领域是全球金融监管从巴塞尔Ⅰ到巴塞尔Ⅱ的发展、演变。

作为全球金融治理的重要组成部分，在全球金融监管框架中，巴塞尔银行监管委员会积极推动的关于银行资本监管的巴塞尔协议是最受关注的准则之一。金融全球化的发展直接推动了全球范围内银行监管和风险管理原则和框架的整合与统一，并促使这些原则和框架及时根据经济金融环境的变迁进行调整。[①] 作为最具国际影响力的金融监管准则，巴塞尔协议经历了不断演变、发展和完善的过程。

20世纪70年代以后，随着战后经济恢复，国际资本流动逐渐活跃，主要国家的商业银行纷纷在海外设立分支机构，拉开了金融全球化的序幕。金融全球化的发展极大地改变了国际银行业的经营环境，这在一定程度上削弱了各国国内银行监管的效力，使国际银行业监管面临的挑战日益严峻；另一方面，布雷顿森林体系崩溃以后，国际货币、金融体系持续动荡，银行经营风险与日俱增，国际银行业监管日益引起国际社会的重视。

在上述背景下，1974年底，十国集团[②] 中央银行行长在瑞士巴塞尔，商讨成立了"银行法规与监管事务委员会"，后称为"巴塞尔银行监管委员会（BCBS）"，其成员来自十国集团国家。巴塞尔银行监管委员会成立以后，发布了一系列银行监管原则和指引，统称为巴塞尔协议。这些原则和指引既是一定时期内国际银行业风险管理经验教训的总结，又代表着银行业监管的发展趋势，巴塞尔银行监管委员会也由此成为国际银行业监管标准和准则的主要制定机构。

1975年9月，巴塞尔银行监管委员会首次发布"巴塞尔协议"——《对银行国外机构的监督》，提出了国际银行业监管的两大原则：一是任何银行的境

① 王元龙:《中国金融安全论》，中国金融出版社，2003年版，第101页。

② 1961年12月，美国、英国、联邦德国、法国、日本、荷兰、意大利、比利时、加拿大和瑞典十个国家的代表在巴黎召开会议，协商共同向国际货币基金组织（IMF）提供60亿美元资金的借款总安排（GAB）事宜，正式成立了十国集团（G10）。1962年，IMF与十国集团正式签订借款总安排（GAB）。瑞士自1964年起以联系成员国身份参加十国集团活动，1984年成为正式成员，但十国集团的名称仍然保持不变。十国集团在IMF决策以及全球金融治理中具有决定性的影响。

外机构都不能逃避监管，二是母国和东道国对银行共同承担监管责任。从此以后，针对国际银行的多边监管拉开了序幕。根据协议，母国监管当局承担国际银行业监管的主要责任，东道国监管当局对在其领土上经营的外资银行作为单独的机构进行监管。1983年5月，巴塞尔银行监管委员会在1975年协议的基础上通过了第二个“巴塞尔协议”——《银行国外机构的监管原则》，对前一个协议进行了具体化。总体而言，1975年版和1983年版巴塞尔协议没有实质性差异，总体思路都是“股权原则为主，市场原则为辅；母国综合监督为主，东道国个别监督为辅”，都只对银行监管提出了抽象的监管原则和职责分配，而并未提出具体可行、可操作的监管标准。在此基础上，通过不断探索，巴塞尔银行监管委员会最终推出了统一银行监管标准的银行资本监管框架。

1. 巴塞尔I

进入20世纪80年代以后，一些发达国家银行业的低资本全球扩张影响了公平竞争环境。为避免国际银行间的不平等竞争和银行经营风险日益增加给全球金融带稳定带来的压力，提高银行的风险承受能力及投资的安全系数，巴塞尔银行监管委员会经过多年努力，于1988年7月正式发布《统一资本计量和资本标准的国际协议》——“巴塞尔Ⅰ（Basel Ⅰ）”，旨在以明确的资本要求约束银行业务规模和风险水平，保障银行稳健经营。具体而言，巴塞尔I主要包括三方面内容：

（1）资本分类。将银行资本划分成核心资本（也称为一级资本）和附属资本（也称为二级资本）两类，明确界定各类资本类别。其中，核心资本主要包括股本（普通股和永久性非累积优先股）和公开准备金（留存收益、资本公积、盈余公积等）；附属资本包括非公开准备金、资产重估准备金、普通准备金或呆账准备金、混合资本工具和长期次级债务等。

（2）风险权重计量。按交易对手风险状况，对银行表内外资产设置了不同的风险权重，以此计量银行风险加权资产。根据资产类别、性质以及债务主体的不同，将银行资产表内外资产划分为0%、20%、50%和100%四个风险档次，风险越大，权重越高。

（3）资本充足率标准。银行资本对风险加权资产的最低目标比率为8%，其中，核心资本应占总资本50%以上，即总资本充足率不低于8%，核心资本充足率不低于4%。

此外，为保证平稳、顺利过渡到新的监管标准，巴塞尔Ⅰ规定了从1987年底到1992年的过渡期，由各国根据自身情况确定过渡期安排。

巴塞尔Ⅰ是20世纪80年代以来，加强国际银行业统一监管的一个划时代文件，标志着以资本监管为核心的国际银行业监管框架正式确立，对国际银行业发展产生了深远的影响。首先，巴塞尔Ⅰ通过制定银行资本与资产的比例，确定统一的计量方法和监管标准，有利于促进各国银行之间的平等竞争，提高银行效率；其次，统一的国际监管标准，为国际银行业监管的协调与一致提供了极大的便利，在促进各国银行激烈竞争和提高效率的同时，对于确保银行稳健安全运营、提高国际银行业乃至全球金融体系的稳定性发挥了积极的作用。[①]

2. 巴塞尔Ⅱ

20世纪90年代以来，随着金融全球化的发展和国际银行业混业经营趋势的不断加强，日新月异的金融创新使国际银行业面临的风险更加复杂，与此同时，银行业与金融市场的交互影响越发显著。虽然巴塞尔Ⅰ强调了监管资本的重要性，但是由于其风险覆盖不够全面且风险资产分类过于宽泛，监管资本的风险敏感度不高，因而在金融市场创新的大环境下难以有效约束和避免国际银行业的监管套利。[②] 在这种背景下，国际银行业和国际金融市场的变化直接促成了巴塞尔银行监管委员会推出巴塞尔Ⅱ。

在巴塞尔Ⅱ出台之前，巴塞尔银行监管委员会围绕巴塞尔Ⅰ进行了长时期、大范围的修改、补充。1995年4月，巴塞尔银行监管委员会对银行某些表外业务的风险权重进行了调整，并开始对市场风险的计量和防范展开系列研究。1996年1月，推出《资本协议关于市场风险的补充协议》，提出市场风险同样需要计提资本来进行约束。东亚金融危机爆发后，1997年9月，巴塞尔银行监管委员会颁布了《有效银行监管的核心原则》，首次确立了全面风险管理理念，提出了银行风险监管的最低资本要求、监管当局的监督检查、市场约束三大支柱原则，尽管它未提出可操作的监管办法，但为此后巴塞尔协议的完善提供了一个具有实质性意义的监管框架，也进一步强化了巴塞尔银

① 巴曙松、朱元倩等:《巴塞尔资本协议Ⅲ研究》，中国金融出版社，2011年版，第21页。

② 中国人民银行金融稳定分析小组:《中国金融稳定报告2011》，中国金融出版社，2011年版，第123页。

行监管委员会作为国际银行业监管标准制定者的地位。

从1998年起，巴塞尔银行监管委员会开始修订巴塞尔Ⅰ，1999年6月提出新资本协议第1个征求意见稿，2001年又相继推出第2个和第3个征求意见稿。2004年6月，巴塞尔银行监管委员会正式发布了《统一资本计量和资本标准的国际协议：修订框架》（通常称之为《新资本协议》）——“巴塞尔Ⅱ（Basel Ⅱ）”，并于2006年底开始实施。

与巴塞尔Ⅰ相比较，巴塞尔Ⅱ延续了以资本充足率为核心、以风险控制为重点的银行监管理念，突出强调综合风险监管，进一步确立了银行风险监管的最低资本要求、监管当局的监督检查、市场约束三大支柱原则，提出了计量资本充足率的新思路和办法，以使银行风险管理更能适应金融全球化背景下国际银行业和国际金融市场发展的新变化和新要求。[①] 具体而言，巴塞尔Ⅱ延续了巴塞尔Ⅰ以及1996年《资本协议关于市场风险的补充协议》中资本的定义[②] 和资本充足率8%的要求，但在风险管理、风险计量等方面进行了全面的创新：

第一，强化全面风险管理。巴塞尔Ⅱ在信用风险基础上增加了市场风险和操作风险的概念，扩大了资本的风险覆盖范围，使风险加权资产由原来单纯反映信用风险改进为全面反映信用风险、市场风险和操作风险，这样就将信用风险、市场风险和操作风险全部纳入了风险管理。

第二，全面改进和创新风险计量。巴塞尔Ⅱ改变了仅由监管部门确定风险权重的方法，允许银行和监管部门根据业务的复杂程度、自身的风险管理水平等灵活选择对资产各种风险的计量方式：对信用风险的计量提出标准法和内部评级法；对市场风险的计量提出标准法和内部模型法；对操作风险的计量提出基本指标法、标准法和内部计算法。其中，提出信用风险计算的内部评级法被认为是巴塞尔Ⅱ最主要的创新之一，巴塞尔Ⅱ并为此建立了一套详细的最低标准，以确保内部风险评级的完整性和可靠性。

---

① 马昀、祝秋香：《金融风险监管国际合作》，转引自魏燕慎主编：《国际金融体制与监管改革》，社会科学文献出版社，2011年版，第210页。

② 1996年《资本协议关于市场风险的补充协议》扩大了资本范围，将短期次级债务纳入资本范围之中，并将其定义为三级资本。三级资本需要符合几个条件：一是三级资本可抵御市场风险；二是三级资本不得超过一级资本的250%；三是可使用三级资本代替二级资本，但不超过二级资本250%。

第三，强化外部约束机制。巴塞尔Ⅱ提出，为确保银行建立合理有效的风险评估体系并对其所面临风险和资本充足性进行恰当的评估，监管当局应对银行内部管理程序进行检查、评估，以保障银行制度建设和过程控制不断完善；与此同时，巴塞尔Ⅱ充分肯定市场约束在银行配置资源和控制风险中的作用，强调银行应及时披露资本充足状况、风险评估和管理过程等信息以加强外部市场约束，并针对信息披露和透明度提出了更加明确、严格的要求。

总体来看，巴塞尔Ⅱ赋予了资本充足率更加丰富的风险管理内涵，因而其总体有效性得到国际社会的广泛认可。

二、全球金融治理的基本框架

国际金融活动总是要在一定的国际金融秩序中展开并受到其影响与制约。作为国际金融秩序的表现形式和国际金融领域的全球性制度安排，全球金融治理框架是一个包含了多方面内容的相互关联的复杂系统，主要包括国际金融监管框架、金融危机国际救助机制、全球金融治理平台等主要要素或子系统。

（一）国际金融监管框架

全球金融体系是一个庞大、复杂的体系，需要通过有效的监管来保证其稳定运行。国际金融监管是防范金融风险、维护全球金融稳定的重要屏障，它侧重于事前积极主动的预防监督。为了维护全球金融稳定，国际社会建立了多层次的国际金融监管框架：一是国际金融机构开展的监督活动，二是国际金融机构的监管标准制定和完善。

1. 国际金融机构的监督活动

目前，国际金融机构开展的监督活动主要包括：IMF开展的双边监督、多边监督和地区监督，以及IMF与世界银行联合开展的“金融部门评估规划”。

（1）IMF的监督

按照《国际货币基金协定》规定，国际货币基金组织（IMF）负责监督国际货币体系和监测其187个成员国的经济和金融政策。监督是IMF的核心职责，也是IMF促进全球金融稳定的重要举措。具体而言，IMF的监督工作包括三方面的内容：

第一，双边监督。双边监督也称为国别监督，即IMF对成员国的宏观经济政策进行监测，并向成员国提供针对每个国家具体情况的分析和建议。按照《国际货币基金协定》第四条款，要求成员国奉行促进经济有序增长和物价稳定的经济和金融政策，避免通过操纵汇率取得不公平的竞争优势，并授权IMF对成员国的经济政策进行监督。根据《国际货币基金协定》第四条款规定，IMF与成员国定期举行磋商（通常每年一次），讨论成员国的经济政策（被称为“第四条款磋商”）。在第四条款磋商中，IMF工作人员小组对成员国经济和金融数据进行分析，并与成员国政府和中央银行官员讨论成员国的经济发展状况，以及该国实行的汇率、货币、财政、金融政策以及其他对本国和外部稳定具有直接影响的政策，寻求发现成员国政策的优势、不足以及潜在脆弱性，并提出相应的政策建议。工作人员根据磋商情况撰写报告，提交IMF执董会讨论。IMF按照自愿的原则对外公布磋商报告。

第二，多边监督。多边监督也称为全球监督，即IMF监测全球经济和国际资本市场的发展状况，并评估全球经济、金融发展的全球效应。由于各国经济、金融体系与世界经济、金融市场之间密切关联，为确保全球金融体系平稳运作，识别可能有损其稳定的脆弱性，IMF对世界经济、金融市场的发展及前景进行监测。IMF执董会通过每年两次审查工作人员撰写的《世界经济展望》《全球金融稳定报告》和《财政监测报告》来评估世界经济和全球金融市场、公共财政发展和前景，以实现全球监督的目的。《世界经济展望》主要分析全球、地区和重要经济体的经济发展前景和政策挑战。《全球金融稳定报告》侧重于分析、评估国际金融市场的发展和面临的风险。《财政监测报告》重点分析公共财政的近期发展和中期财政的预测，评估实现可持续公共财政所需采取的政策。

第三，地区监督。作为双边监督和多边监督的补充，IMF还对货币联盟等正式地区安排（这些安排的成员将其货币和汇率政策交给地区机构负责）的经济和金融政策进行监督，编写地区经济前景展望，并与地区性机构进行定期政策讨论，提出意见和建议。目前，IMF定期与欧盟、西非经济与货币联盟、中非经济与货币联盟及东加勒比货币联盟等地区性组织进行磋商。

（2）国际货币基金组织和世界银行的“金融部门评估规划”

亚洲金融危机之后，国际货币基金组织（IMF）和世界银行于1999年5月联合推出了“金融部门评估规划（Financial Sector Assessment Program，FSAP）”，它为全面评估和深入分析IMF成员国的金融部门提供了框架，其目标是：识别一国金融体系的实力和脆弱性，决定关键的风险来源如何得到管理，确定金融部门的发展和技术援助需要，帮助确定政策回应的重点。FSAP重点关注成员国金融部门的系统风险及脆弱性问题，主要通过对其成员国的金融机构、金融市场、支付体系、监管和法律体系等进行评估，以衡量一国（地区）的金融风险状况，并提出相应的应对措施，同时推动金融改革与发展。

具体而言，FSAP评估以宏观审慎监测为核心，以金融市场监测、宏观金融联系分析、宏观经济监测为补充。FSAP评估的内容包括金融结构和金融发展评估、金融部门评估、金融监管评估以及基础设施评估。金融稳健指标分析、压力测试以及国际标准与准则评估是FSAP的主要评估方法。

经过逐步发展和完善，目前FSAP评估已成为国际社会广泛接受的金融稳定评估框架。对于发展中国家和新兴市场国家，FSAP由IMF和世界银行工作小组联合进行；对于发达国家，FSAP由IMF单独进行。所有的FSAP评估都包括金融稳定评估，这属于IMF织的职责；对发展中国家和新兴市场国家的FSAP评估还包括金融发展评估，这是世界银行的职责。2008年爆发的全球金融危机，更加凸显了对一国金融体系进行全面评估的重要性，危机后FSAP评估的地位进一步提升。FSAP自其建立到2010年期间，已有超过3/4的IMF成员国自愿参加了该规划的金融稳定评估。①

2. 巴塞尔银行监管委员会的银行监管标准制定

巴塞尔银行监管委员会通过巴塞尔协议提出并不断完善银行资本监管标准。巴塞尔协议实际上主要回答了三个问题：银行面临的风险是什么？如何看待和区分风险资产？资本和风险资产之间应该保持什么样的合适比例？为此，巴塞尔银行监管委员会通过不断改进、完善巴塞尔协议，最终形成了银行监管的三大支柱：

---

① 何德旭等：《中国金融稳定：内在逻辑与基本框架》，社会科学文献出版社，2013年版，第6—7页。

（1）第一支柱——最低资本要求。最低资本要求由三个基本要素构成：资本的定义、风险加权资产以及资本对风险加权资产的最小比率。根据信用风险、市场风险和操作风险，全面计算银行的风险加权资产，并规定8%的最低资本充足率。

（2）第二支柱——监管当局的监督检查。监管当局应采取适当措施，对银行的系统、内控和风险管理质量等进行监督检查，争取及早干预或采取补救措施，避免银行资本低于抵御风险所需的最低水平。

（3）第三支柱——市场约束。强调市场约束具有强化资本监管、提高银行安全性与稳定性的潜在作用，推出标准统一的信息披露框架，对银行的资产运用范围、资本构成、风险评估和管理、资本充足率等关键信息提出定性和定量的披露要求。

总体来看，巴塞尔协议虽然不具法律约束力，但它为国际银行业从事国际金融活动提供了明确的标准。如果某一国家的银行由于种种原因没有达到资本充足率的标准，那么它在从事海外业务时，由于信用程度和安全性的原因，就很有可能受到竞争对手，甚至合作者的歧视性待遇，从而使它在进入国际金融市场时感到困难重重。因此，巴塞尔协议通过市场力量来保证实施在现实中证明是相当有效的，对于稳定国际金融环境起到了十分积极的作用。[①] 目前，世界上已有100多个国家接受和实施巴塞尔协议的精神，巴塞尔协议成为了国际社会普遍认同的银行管理准则。

（二）金融危机国际救助机制

金融危机国际救助是国际社会对陷入暂时国际收支困难或国际流动性困难的国家提供紧急援助，帮助其恢复流动性和偿付能力，从而防范危机扩散蔓延、维护全球金融稳定，它侧重于事后纾困减震，本质上是一种适应性的制度安排。作为全球金融治理框架的重要组成部分，IMF实际承担着全球金融体系“最后贷款人”的角色。它的一个重要职能是在得到充分保障的情况下向遇到国际收支困难的成员国提供资金援助，以维护全球金融稳定。

---

① 孙杰：《汇率与国际收支——现代西方国际金融》，经济科学出版社，1999年版，第114—122页。

1. IMF的资金来源

作为全球金融体系的“最后贷款人”，IMF实施金融危机国际救助需要充足的资金来源作为后盾。IMF的资金主要来源于成员国缴纳的份额、借款、出售黄金以及有关项目的经营收入。

（1）份额。份额（quota）是指成员国加入IMF时所要认缴的一定数额的款项。IMF以份额作为其资金的基本来源，并用于对成员国的资金融通。份额是根据成员国的GDP、开放度、波动度和外汇储备等指标，按照一套较为复杂的方法计算出来的。份额具有多方面的作用，从IMF资金来源的角度来看，份额是IMF的最大资金来源。[①]

（2）借款。借款是IMF另一个主要的资金来源。这种借款是在IMF与成员国协议前提下实现的，主要形式有：

第一，借款总安排（General Arrangements to Borrow，GAB）。借款总安排（GAB）最早产生于1962年，当时IMF与美国、英国、联邦德国、法国、日本、比利时、意大利、荷兰、加拿大、瑞典等10个发达国家（十国集团，G10）签订了一项总额60亿美元的借款协议。这是IMF的第一次借款，其宗旨是IMF在缺乏资金或可能缺乏资金的情况下，帮助其在份额以外获得贷款，用以满足GAB参加国的借款需求，或干预外汇市场以抑制货币投机和金融危机。1983年2月之前，GAB资金只能用于参加这一安排的国家。1983年2月，十国集团决定将GAB的资金增加到170亿特别提款权（约190亿美元）并于1984年吸收瑞士作为集团的正式成员，同意沙特阿拉伯为联系国，同时将其资金使用范围扩大到非GAB参加国的IMF其他成员国。GAB创建初期曾规定，协定有效期为4年，以后多次延期，现在实际上已成为一种永久性的安排。目前，GAB已经成为IMF增加对成员贷款的重要来源。

第二，新借款安排（New Arrangements to Borrow，NAB）。1997年1月，IMF决定建立新借款安排（NAB），作为另外一种短中期信贷资金来源。NAB由25个参加国和地区（包括G10、奥地利、丹麦、芬兰、卢森堡、挪威、西班牙、瑞士、澳大利亚、韩国、马来西亚、新加坡、沙特阿拉伯、科威特、泰国、香港）向IMF提供340亿特别提款权构成，用以辅助正规的份额资金，

---

① 详见第九章。

稳定国际货币体系。NAB的借款程序与GAB相似，该两项借款安排的最高贷款额度不能超过340亿SDR。

除了份额和借款安排外，IMF还可以通过出售其持有的黄金等方式来为其贷款筹集资金。

2. IMF贷款的主要形式

IMF主要通过向提供贷款的方式向遇到国际收支困难或国际流动性困难的成员国提供救助。IMF贷款具有以下特点：一是其目的是帮助成员国解决国际收支困难，恢复可持续的经济增长；二是贷款附有政策条件。借款国必须采取能够纠正国际收支问题的政策，满足IMF的贷款“条件性”，才能获得IMF贷款；三是贷款期限通常不是长期性的。用于成员国的暂时性困难，IMF最主要的贷款项目备用安排和中期贷款，其还款期限分别为2.25—4年和4.5—7年；四是贷款通常是有偿的。获得普通非优惠贷款的国家（除低收入发展中国家以外的所有其他国家）需要支付与市场相关的利息和服务费以及可退还的承诺费。当贷款超过一定数额以后，IMF可能收取附加费。[①]

作为维护全球金融稳定的重要措施，IMF贷款也随着全球经济形势的变化而处于不断的调整和变化之中，取消了一些过时或使用频率很低的信贷工具，[②] 同时也设立了一些新的贷款工具，截止2008年全球金融危机爆发以前，IMF主要使用7种信贷工具：

（1）备用安排（Stand-By Arrangement，SBA）。备用安排主要是用于帮助成员国解决短期国际收支困难。它是IMF最主要的贷款工具，于1952年首次使用。在备用安排被批准时，它被作为预防性融资手段，当对外支付出现实际困难时，才会被提用。一旦国际收支紧张状况得到缓解或可以重新进入国际资本市场融资，借款国将安排恢复到备用状态。备用安排项下的资金通常是在12—24个月内提取，还款期限为2.25—4年，贷款利率等于SDR利率加上既定的利差。如果贷款规模超过成员国份额的200%，需加收100个基点的附加费；如果贷款规模超过成员国份额的300%，则需加收200个基点的附加费。

---

① 祝小兵：《国际货币基金组织的改革动因及目标评述》，《世界经济研究》，2009年第6期，第26—30页。

② 包括缓冲库存贷款、石油贷款、债务转换及偿还贷款、体系转轨贷款、货币稳定基金和计算机2000年问题贷款和应急信贷额度。

（2）中期贷款（Extended Fund Facility，EFF）。中期贷款于1974年9月设立，旨在帮助成员国解决导致国际收支长期失衡的结构性经济问题。该项贷款期限较长，资金通常在3年内提取，还款期限为4.5—7年。与备用安排一样，中期贷款的利率等于SDR利率加上既定的利差。如果贷款规模超过成员国份额的200%，需加收100个基点的附加费；如果贷款规模超过成员国份额的300%，则需加收200个基点的附加费。

（3）补充储备贷款（Supplemental Reserve Facility）。补充储备贷款于1997年12月亚洲金融危机时期设立，目的是向那些由于市场信心突然下跌、短期融资需求骤升而发生国际收支困难的成员国提供短期资金援助。补充储备贷款的利率在IMF普通贷款利率的基础上加3—5个百分点的附加费。其还款期为2—2.5年，但借款国可申请半年的展期。

（4）补充融资贷款（Compensatory Financing Facility）。补充融资贷款于1963年设立，旨在向那些因世界商品价格波动导致出口收入下降或进口粮食成本上升而导致国际收支困难的国家提供中期援助。使用补偿性融资贷款的基本费率、还款预期和法定还款期与备用安排相同，但使用该项贷款没有附加费用。

（5）紧急援助贷款（Emergency Assistance）。IMF于1962年设立“自然灾害援助（Natural disasters）”，用于向由于突然和不可预见的自然灾害而发生国际收支困难的国家提供快速帮助；1995年设立“冲突后援助（Post-conflict）”，将援助扩展至包括成员国摆脱军事冲突（对制度和管理能力造成破坏）后的某些情况。紧急援助贷款也收取基本费率，但对于减贫与增长贷款（PRGF）国家可视情给予利率补贴，其还款期为3.25—5年。

（6）减贫与增长贷款（Poverty Reduction and Growth Facility）。这是一种优惠性贷款，于1999年11月替代“加强的结构调整贷款（Enhanced Structural Adjustment Facility）”，旨在向低收入且长期存在国际收支问题的发展中国家提供长期援助，以支持其摆脱贫困的增长。贷款利率仅为0.5%，还款期限为5.5—10年。借款成本由IMF出售所持黄金所得以及成员国出于该目的而向IMF提供的贷款和捐赠进行补贴。

（7）外生冲击贷款（Exogenous Shocks Facility）。外生冲击贷款于2006年设立，旨在为面临突然冲击而导致暂时性国际收支困难的国家提供短期援助。贷款额度为年度不超过成员国份额的25%；除非特殊情况，累计不超过成员国份额的50%。贷款利率为0.5%，还款期限为5.5—10年。

随着时间的推移和世界经济格局的发展变化，IMF贷款的方式和对象都发生了很多变化。在IMF成立最初的20年里，IMF一半以上贷款贷给了工业化国家，主要用于解决其短期国际收支问题。20世纪80年代以后，IMF大部分贷款则贷给了发展中国家，而且其中用于解决经济结构问题的中期贷款的比例不断上升。①

（三）全球金融治理的重要平台之一——国际清算银行

在全球金融治理框架中，国际货币基金组织（IMF）②、国际清算银行（BIS）是世界公认的全球金融治理的支柱性组织，具有广泛的国际影响力。

国际清算银行（Bank for International Settlement，BIS）是世界上最早成立的国际金融组织，它根据《海牙协议》《国际清算银行成员宪章》及其章程，由英、法、德、意、比、日等国的中央银行与美国的三大商业银行（摩根银行、纽约花旗银行和芝加哥花旗银行）于1930年5月17日成立，总部设在瑞士巴塞尔。国际清算银行最初是为处理一战后德国战争赔款问题而设立。随着战后债务的解决，国际清算银行的职能也在不断发生变化。现在，国际清算银行的主要任务是促进世界各国中央银行之间的合作，为国际金融活动提供便利，被称为“中央银行的中央银行”。BIS在成立之时只有7个成员国中央银行或货币当局，随着时间的推移，加入BIS的国家（地区）逐步增多，到现在，BIS已经拥有60家成员国（或地区）中央银行或货币当局。BIS与IMF相比，尽管成员国较少，但就影响而言，仍然是一个全球性的国际金融组织。

1. 国际清算银行的组织机构

国际清算银行（BIS）设有3个主要的决策和管理机构：成员中央银行的股东大会、董事会、管理委员会。

（1）年度股东大会。股东大会是BIS的最高权力机构，每年召开1次会议。BIS年度股东大会于每年3月31日财政年度结束后4个月内举行，由参会

---

① [美]多米尼克·萨尔瓦多：《国际经济学（第9版）》，杨冰译，清华大学出版社，2008年版，第640—641页。

② 国际货币基金组织（IMF）也是国际货币治理的主要平台，关于IMF的详细介绍见第九章。

成员中央银行审查通过年度财务报表并决定其他相关业务问题。BIS的资本由各成员中央银行持有。目前有55家中央银行或货币当局派代表出席股东大会并享有投票权。

（2）董事会。董事会是BIS的实际领导机构和主要的政策制订者，每月召开1次会议，审查BIS日常业务。董事会下设经理部，下设4个业务机构：银行账号部、货币经济部、秘书处和法律处。目前，董事会有20位董事。6位当然董事是：比利时、法国、德国、意大利、英国的中央银行行长和美联储主席。上述董事各再任命1位本国的董事。BIS章程还规定从其他成员中央银行中选出不超过9位董事。目前加拿大、中国、日本、墨西哥、荷兰、瑞典、瑞士和欧洲中央银行的中央银行行长是选举产生的董事。

（3）管理委员会。BIS董事会下设管理委员会，设有总经理、副总经理，下设4个业务机构：秘书处、银行部、货币经济部和法律处。

2. 国际清算银行的资本来源

国际清算银行（BIS）的资金有三个主要来源：一是成员国缴纳的股本。BIS 80%的股份为各国中央银行持有，其余20%为私人持有。从2003年4月1日起，BIS使用特别提款权（SDR）计算股本，共有面值相等的60万股（每股面值5000SDR）。二是借款。BIS向各成员国中央银行借款，补充其自有资金的不足。三是存款。BIS接受各国中央银行的黄金存款和商业银行的存款。

3. 国际清算银行的主要业务

作为重要的全球金融治理机构，国际清算银行（BIS）的主要作用是促进国际货币与金融合作，并为中央银行提供银行服务。BIS通过承担以下活动实现其宗旨：为各中央银行和国际金融、监管当局提供促进交流和便利决策的论坛，作为经济和货币研究中心，作为中央银行金融交易的主要交易对手，在国际金融交易中发挥代理人和受托人的作用。

（1）货币与金融合作

BIS为成员中央银行提供会晤场所，定期举办成员中央银行行长会议，监测全球经济和金融发展，讨论与货币和金融稳定相关的政策性问题。

第一，各种会议。BIS每两个月举行成员中央银行行长例会，讨论与全球经济、货币和金融稳定有关的政策性问题，另外BIS还组织中央银行高官会议，讨论与货币政策、国际金融市场监督及中央银行治理相关的问题。此外，

BIS经常组织专家会议，讨论储备管理、法律事务、信息系统和内部审计等技术性问题。

第二，委员会和秘书处。几个以货币、金融稳定以及国际金融体系为主要工作内容的委员会和机构在BIS设有秘书处，它们与BIS紧密合作。其中，由十国集团中央银行行长建立的委员会有：巴塞尔银行监管委员会、支付与结算系统委员会、全球金融体系委员会和市场委员会。在BIS之外运行的4个秘书处是：金融稳定论坛、国际存款保险机构联合会、国际保险监督官协会和欧文·费舍尔中央银行统计委员会。

第三，研究和统计。BIS开展经济、货币、金融和法律研究，以支持BIS组织的会议和设在巴塞尔的各个委员会的工作。此外，BIS还是中央银行分享统计数据的中心，并出版全球银行、证券、外汇及衍生产品市场的统计数据。BIS出版的主要刊物是《BIS年报》和《BIS季报》。此外，BIS还以工作论文和BIS系列论文的形式出版学术研究论文和发布有关会议上讨论的专题信息。

第四，金融稳定学院。BIS的金融稳定学院通过各种研讨会、会议、以互联网为基础的信息工具和其他活动，促进稳健监管标准的推广和实施。

（2）中央银行的银行

国际清算银行（BIS）提供一系列专门设计的金融服务以帮助各中央银行或货币当局管理外汇储备。截至2007年3月31日，130家中央银行或货币当局，以及许多国际机构使用了BIS提供的金融服务。BIS的货币存款总额接近2220亿特别提款权，占全世界外汇储备的6%。BIS通过相互关联的两个交易室提供金融服务：一个交易室设在巴塞尔总部，另一个交易室设在香港特别行政区的亚太代表处。

第一，为中央银行提供投资服务。近年来，BIS不断调整其金融产品范围以更加有效地满足中央银行日益发展的需要。除了提供类似即期/通知账户和定期存款的标准化服务产品外，BIS还推出了一系列金融产品供各国中央银行参与交易，以提高各中央银行对外资产收益率。

第二，其他服务。BIS有时会向中央银行提供以抵押为基础的短期信贷。它也作为受托人管理国际政府贷款和履行抵押代理人的作用。

4. 与国际清算银行相关的委员会

为加强全球金融监管，促进全球金融稳定，设在BIS总部、与BIS密切相关的巴塞尔银行监管委员会（BCBS）、支付结算体系委员会（CPSS）、市场委员会（MC）、全球金融体系委员会（CGFS）、费希尔中央银行统计委员会（IFC）5个常设委员会，分别从事不同金融领域的研究以及监管标准的制定工作。[①]

（1）巴塞尔银行监管委员会（BCBS）。BCBS由十国集团中央银行于1974年成立，主要负责与国际银行业有关的监管活动。BCBS制定的巴塞尔协议，确立了以最低资本要求、监管当局监督检查和市场纪律为三大支柱的现代国际银行业监管模式，在国际金融领域具有深远影响。

（2）支付结算体系委员会（CPSS）。CPSS成立于1990年，主要关注金融市场的基础建设，负责监管和评估各国国内以及跨国的支付与清算系统。

（3）市场委员会（MC）和全球金融体系委员会（CGFS）。MC和CGFS分别成立于1963年和1971年，主要关注审慎性宏观经济政策与金融市场运行，共同负责监管外汇市场以及相关金融市场。MC的讨论一般都是非正式的且不会对外公开，而CGFS的讨论则通常会形成正式的政策建议报告供各国中央银行参考。

（4）费希尔中央银行统计委员会（IFC）。IFC主要为专门研究中央银行作用与角色问题的经济学家、统计学家以及其他学者提供交流平台，并提供有关中央银行信息的统计数据和方法。

此外，BIS还间接地对国际保险监理官协会、国际存款保险协会等独立的国际协会提供各种支持。

上述机构成为了BIS推进全球金融治理的主要渠道。此外，随着金融自由化、金融全球化以及金融创新的不断发展，银行业、证券业与保险业之间的界限日益模糊，巴塞尔银行监管委员会、国际保险监理官协会以及国际证监会组织于1996年共同筹建了联合论坛（JF），致力于银行、证券和保险业的监管标准协调与交流，通过彼此的密切合作来共同促进全球金融体系的稳定。

① 谢世清、黄嘉俊:《巴塞尔进程与全球金融治理》,《上海金融》，2010年第11期，第54—58页。

三、金融危机后全球金融治理改革的进展

全球金融治理自二战之后形成以来，一直处于不断的发展、变化之中，在约束全球金融市场、规范国际金融秩序方面发挥了重要的作用。但是，2008年全球金融危机对全球金融体系造成了严重冲击，也暴露出了全球金融体系的脆弱性和全球金融治理框架的缺陷和不足，并催发了全球金融治理改革的浪潮。

（一）现行全球金融治理存在的主要问题

全球金融危机的爆发表明，现行的全球金融治理框架存在许多缺陷和不足，已难以有效应对金融全球化深入发展背景下全球金融体系面临的挑战。具体表现在：

1. 国际金融监管框架的缺陷

为维护全球金融稳定，国际社会为建立有效的国际金融监管框架进行了不懈努力，经过各次金融危机的洗礼，国际金融监管框架不断充实、完善，但是此次全球金融危机仍然暴露出现行的国际金融监管框架存在的许多问题。主要表现在：

（1）IMF监督的内在缺陷

作为全球金融体系的监护人，IMF在监督职能方面存在着明显的角色缺失和角色错位现象。近年来国际金融危机频发，2008年更爆发了席卷全球的金融危机，然而IMF未能及时地对这些金融危机提出预警，这实际上与IMF近年来监督方向和监督重点的偏离有关。首先，《国际货币基金协定》规定了IMF以“促进汇兑稳定”为宗旨，然而IMF现在基本上放弃了汇率稳定的目标，并且一度将关注点放在了推进成员国金融自由化、资本市场开放上，造成了IMF监督实践与其宗旨日渐脱节。其次，IMF过分强调对发展中国家和新兴经济体的监督，而忽略了对发达国家的监督，尤其是疏于对储备货币发行国的监督，而且IMF工作人员对发展中国家的国情缺乏了解，对发展中国家的监督结论往往缺乏客观性。再次，IMF虽然拥有《国际货币基金协定》赋予的对成员国经济政策监督的权力，但是缺乏对私人部门的有效监督的手

段。IMF监督存在的缺陷，使得其对金融市场既难以实行有效的国别监督也难以实行有效的跨国监督，对每天活跃于世界市场上的以万亿美元计的庞大游资，缺乏有效监督和约束机制，客观上成为了金融危机跨国传递，最终掀起全球金融风暴。

（2）巴塞尔Ⅱ银行资本监管存在的问题

在巴塞尔协议的银行资本监管框架中，资本充足率要求是最重要的约束机制之一。良好的资本实力对于银行的抗御风险能力以及更广泛的金融稳定至关重要。然而，由于巴塞尔协议并没有国际性的强制执行机制，它的实施仍然依赖于各国自身的监管框架，因而巴塞尔协议银行资本监管框架在实施过程中仍然暴露出许多问题。具体表现在：

第一，巴塞尔Ⅱ银行资本监管框架难以避免"监管套利"。尽管巴塞尔协议规定了银行资本的定义和标准，但在现实中，银行资本是由各国监管当局自行认定，因此客观上造成了各国对于银行资本的认定标准不一，从而使各国在银行资本标准方面存在着重要的差异。[①] 此外，巴塞尔Ⅱ允许金融机构使用内部评级法对复杂产品定价并评估其风险。而各国监管当局对于银行使用模型的限制各不相同，这使得不同国家计算出的银行资本充足率缺乏可比性，尤其是对于银行间市场业务集中的银行来说，在使用内部模型时的参数、估值和假设方面多有不同，由此导致了银行的国际"监管套利"，由于市场无法准确判断银行的内在风险，这也大大削弱了巴塞尔Ⅱ第三支柱市场约束应有的效果。

第二，巴塞尔Ⅱ银行资本监管框架存在"监管空白"。随着金融自由化和金融创新的不断发展，传统金融的专业分工逐渐被打破。特别值得关注的是，21世纪以来，"影子银行体系"应运而生，并不断壮大。所谓"影子银行"主要是指那些游离于金融监管体系之外的，与传统的、正规、接受中央银行监管的商业银行体系相对应的金融机构。从涉及的范围看，影子银行涉及抵押贷款公司、投资银行、对冲基金、货币市场基金、保险公司等非银行金融机构。从金融工具的角度，影子银行体系涉及再回购协议（Repo）、住房抵押贷

① 范小云、王道平：《巴塞尔Ⅲ在监管理论与框架上的改进：微观与宏观审慎有机结合》，《国际金融研究》，2012年第1期，第63—71页。

款支持证券（MBS）、资产支持证券（ABS）、担保债务凭证（CDO）、资产支持商业票据（ABCP）、信用违约掉期（CDS）以及结构化投资工具（SVI）等。与传统银行一样，影子银行体系也具有期限、信用和流动性转换职能，因而也面临资产负债表的期限、信用和流动性错配风险。在影子银行迅速发展的推动下，通过资产证券化的大量使用，商业银行业务与影子银行业务相互渗透、相互交叉，造成商业银行表内业务向表外业务转移，从而信贷风险由信贷市场向资本市场转移成为流动性风险。[①] 由于巴塞尔Ⅱ缺乏针对表外业务的有效监管措施，从而造成了“监管盲区”或“监管空白”。

第三，巴塞尔Ⅱ银行资本监管框架具有顺周期性。巴塞尔Ⅱ的内部评级法在资本充足率计算中，实行风险权重与经济周期挂钩。在其他条件相同的情况下，当经济处于繁荣时期，风险权重通常较低，资本充足率因而较高，金融机构倾向于提高杠杆率；而当经济处于衰退时，风险权重通常较高，资本充足率则较低，金融机构倾向于降低杠杆率。这种随经济周期调整财务杠杆的行为助长了繁荣期的泡沫积累和衰退期的信贷紧缩，导致周期性波动放大。[②]

2. 金融危机国际救助机制的不足

现行的金融危机国际救助机制的不足主要体现在：国际货币基金组织（IMF）作为全球金融体系“全球最后贷款人”和救助者，存在着能力不足和功能缺失的情况。随着金融全球化的深入发展、全球金融市场规模的显著扩大，金融危机的破坏性和影响也在不断增加，然而IMF的资金总量却缺乏有效的应对这一变化的增长机制。事实上，自IMF成立以来，其资金规模虽然经过几次扩充，但是其占全球产出的比例已经明显下降（现在大约为其成立之初时比例的1/3），占全球金融市场规模的比例缩减得更为显著。因此，与国际金融市场动荡对IMF产生的资金需求相比，其筹资能力显得捉襟见肘。另一方面，IMF对遭受国际收支危机的成员国，特别是广大发展中国家和新兴市场国家提供救助贷款时，往往无视这些国家的实际而附加非常苛刻的条件，而且这些贷款条件通常具有很强的顺周期性。在此次全球金融危机中，

① 羌建新：《再回首：影子银行危机下的政府金融救助》，《世界知识》，2013年第7期，第13页。

② 周小川：《关于改变宏观和微观顺周期性的进一步探讨》，《中国金融》，2009年第8期，第8—11页。

许多受到危机严重冲击的国家，没有得到IMF及时、有效的救助和支持。[①]

（二）金融危机后全球金融治理改革的新进展

全球金融危机爆发后，针对全球金融治理框架存在的缺陷和问题，国际社会通过多种渠道，采取多种措施，推出了一系列全球金融治理改革措施。

1. 全球金融监管改革

全球金融监管的改革主要体现在两个方面：一是巴塞尔银行监管委员会推出新版银行资本监管协议——巴塞尔Ⅲ，二是IMF对金融部门具有系统重要性的成员国强制实施“金融部门评估规划”。

（1）巴塞尔Ⅲ出台

银行稳定是金融稳定的核心。全球金融危机的爆发，充分暴露了现行的国际银行业监管框架——巴塞尔Ⅱ的重大制度性漏洞，并促使国际社会巴塞尔Ⅱ进行反思。改革现行的国际银行业监管制度、增强全球金融体系稳健性成为国际社会的共识。针对巴塞尔Ⅱ暴露出来的缺陷和不足，巴塞尔银行监管委员会对巴塞尔Ⅱ的相关内容进行了若干修订，出台了一系列征求意见稿。2010年12月16日，巴塞尔银行监管委员会正式发布《增强银行业抗风险能力的全球监管框架》和《流动性风险计量、标准与监测的国际框架》——“巴塞尔Ⅲ（Basel Ⅲ）”。

巴塞尔Ⅲ是巴塞尔银行监管委员会为改善银行业风险管理、加强银行的透明度和信息披露而出台的全面性改革措施，它立足于巴塞尔Ⅱ的三大支柱，以资本和流动性监管改革为核心，旨在构建更加完善的银行业监管体系，主要从6个方面对银行监管做出改革。[②]

第一，统一银行资本定义，严格资本要求。巴塞尔Ⅰ和巴塞尔Ⅱ尽管对银行资本进行了定义和区分，但并未对资本给出严格、统一、完善的定义标准，由此造成了不同经济体关于银行资本定义的不一致，市场不能充分评估和比较不同银行的资本质量，从而给市场带来了很大的困挠。针对这种状况，

① 余永定：《国际货币体系改革和中国外汇储备资产保值》，《国际经济评论》，2009年第3期，第12—18页。

② 中国人民银行课题组：《巴塞尔资本协议Ⅲ对我国货币政策的潜在影响分析》，《北京金融评论》，2011年第3辑，第3—19页。

巴塞尔Ⅲ统一了银行资本的定义，并提出了更加明确、严格的资本标准。在巴塞尔Ⅲ中，一级资本和二级资本分别被定义为在持续经营条件下吸收损失的资本和在破产清算时吸收损失的资本，取消了原用于抵偿市场风险的三级资本。要求银行一级资本的主要构成必须是普通股和留存收益，其他一级资本工具也必须能够在持续经营条件下充分吸收损失。二级资本的内容进行了大幅缩减。通过统一银行资本的定义，严格资本要求，不仅有利于提高银行资本基础的质量，而且有利于提高银行资本的一致性和透明度。

表1　巴塞尔协议中关于资本定义的演变

<table>
<tr><th>Basel Ⅰ</th><th>Basel Ⅱ</th><th>Basel Ⅲ</th></tr>
<tr><td>核心资本</td><td>一级资本</td><td>一级资本</td></tr>
<tr><td>普通股、永久性非累积优先股</td><td>实收资本/普通股</td><td rowspan="3">普通股：占比由50%提高到75%</td></tr>
<tr><td>股本溢价</td><td>股本溢价</td></tr>
<tr><td>留存收益</td><td>留存收益</td></tr>
<tr><td rowspan="3">普通准备金和法定准备金增值而创造和增加的收益</td><td>盈余公积</td><td>其他持续经营下的资本</td></tr>
<tr><td>少数股东权益</td><td>不计入一级资本</td></tr>
<tr><td>创新资本工具（上限15%）</td><td>不计入一级资本</td></tr>
<tr><td>附属资本（不超过核心资本的100%）</td><td>二级资本（不超过一级资本的100%）</td><td>二级资本</td></tr>
<tr><td>非公开准备</td><td rowspan="2">一般准备</td><td rowspan="5">简化二级资本，只有一套二级资本的合格标准，其他子类别被取消</td></tr>
<tr><td>重估准备</td></tr>
<tr><td rowspan="2">普通准备金/呆账准备金</td><td>混合债务资本工具</td></tr>
<tr><td>次级债</td></tr>
<tr><td>混合资本工具</td><td></td></tr>
<tr><td></td><td>三级资本（市场风险暴露，极端情况适用）</td><td>三级资本被取消</td></tr>
</table>

资料来源：刘仁伍：《宏观审慎管理：框架、机制与政策》，社会科学文献出版社，2012年版，第53页。

第二，进一步提升资本充足率标准。在提出更加明确、严格的资本标准，统一银行资本定义的基础上，巴塞尔Ⅲ提出了更加严格的监管资本要求：一是提高最低资本充足率要求。增加“核心一级资本充足率”监管指标，强调一级资本中普通股、股本溢价和股本留存收益的作用。二是进一步提高资本充足率要求。核心一级资本充足率（普通股一级资本/风险加权资产）的下限由2%提高至4.5%，一级资本充足率的下限由4%上调至6%，总资本充足率维持8%不变。三是提出资本留存缓冲（Capital Conservation Buffer）要求。资本留存缓冲不低于银行加权风险资产的2.5%。这样，核心一级资本充足率最终将达到7%，一级资本充足率将达到8.5%，总资本充足率将达到10.5%。

表2　资本充足率标准实施阶段（单位：%）

	2013	2014	2015	2016	2017	2018	2019
核心一级资本充足率	3.5	4.0	4.5	4.5	4.5	4.5	4.5
一级资本充足率	4.5	5.5	6.0	6.0	6.0	6.0	6.0
总资本充足率	8.0	8.0	8.0	8.0	8.0	8.0	8.0
资本留存缓冲资金比率				0.625	1.25	1.875	2.5
核心一级资本充足率+资本留存缓冲资金比率	3.5	4.0	4.5	5.125	5.75	6.375	7.0
总资本充足率+资本留存缓冲资金比率	8.0	8.0	8.0	8.625	9.25	9.875	10.5

资料来源：中国人民银行课题组:《巴塞尔资本协议Ⅲ对我国货币政策的潜在影响分析》，《北京金融评论》，2011年第3辑，第5页。

第三，引入杠杆率监管标准。为控制银行体系表内外杠杆风险的过度积累，巴塞尔Ⅲ引入杠杆率监管作为风险资本框架的补充监管指标。杠杆率（Liquidity Coverage Ratio）定义为资本与表内外总资产的比率，是一个基于总敞口的简单无风险加权指标。计算杠杆率时的资本定义为一级资本，并规定一级资本杠杆率不低于3%。

第四，制订全球统一的流动性监管标准。为强化银行流动性风险管理、控制流动性风险暴露，巴塞尔Ⅲ建立了全球统一的流动性风险监测工具和两个定量监管指标——流动性覆盖比率（Liquidity Coverage Ratio，LCR）和净稳定融资比率（Net Stable Funding Ratio，NSFR），以更好地识别流动性风险。流动性覆盖比率（高质量流动资产/未来30日的现金净流出量）反映压力状态下银行短期流动性水平。该指标值要求不小于100%，以确保银行持有充足的高质量流动性资金应对短期流动性风险。净稳定融资比率（可用稳定资金来源/业务所需的稳定资金需要）反映银行长期流动性水平。该指标要求大于100%，以确保银行持有更稳定的资金来源，满足资产的流动性需要和表外承诺的流动性需要，增强资产负债期限结构配比的稳定性，提高银行长期抗风险能力。除这两个监管指标外，巴塞尔Ⅲ还建立了多个流动性监测工具，作为监管当局评估流动性最低标准的补充。

第五，建立逆周期超额资本。为了保护银行在经济下滑时其免受大规模违约的损失，巴塞尔Ⅲ引入了逆周期的资本充足制度，提出计提0—2.5%的"逆周期超额资本"（Counter-cyclical Buffer）的要求，推动银行在经济上行期建立超额资本用于经济下行期吸收损失，以维护整个经济周期的信贷供给稳定。

第六，对系统重要性银行提出额外资本要求。为防范系统重要性银行因"大而不倒"而产生的道德风险，巴塞尔Ⅲ提出对系统重要性金融机构另外提取1%—2.5%的额外资本要求。

为降低巴塞尔Ⅲ对银行贷款供给能力及宏观经济的冲击，巴塞尔银行监管委员会给出了为期5年的实施过渡期，即从2013年开始实施，到2019年1月全面实施。

总体来看，巴塞尔Ⅲ是2008年全球金融危机爆发以来，国际金融监管改革所取得的重大成果。它是对银行风险监管理念的进一步深化，丰富和发展了银行资本监管的内涵，坚持了资本数量和质量并重、资本充足和杠杆约束并行、微观审慎和宏观审慎兼顾的原则。巴塞尔Ⅲ既延续了巴塞尔Ⅰ、巴塞尔Ⅱ以风险为本的监管理念，又超越了传统的资本监管框架，实现了国际银行业监管在三个层面的扩展和延伸：将资本监管框架从银行资产负债表的表内风险延伸到资产负债表的表内、表外全部风险；将银行资本监管框架从单家银行稳健性扩展到整个金融体系的稳定性；将资本监管框架从金融体系的稳健性过渡到金融体系与实体经济之间的内在联系。[①] 巴塞尔Ⅲ的实施必将对国际银行业稳健经营和全球金融稳定产生积极而深远的影响。

---

① 刘明康：《提升审慎监管标准 促进银行业稳健发展（代序）》，转引自巴塞尔银行监管委员会：《第三版巴塞尔协议》，中国银行业监督管理委员会译，中国金融出版社，2011年版，第1—3页。

（2）对金融部门具有系统重要性的成员国强制实施"金融部门评估规划"

2010年9月，IMF执董会决定，对那些金融部门具有系统重要性的成员国，强制实施"金融部门评估规划（FSAP）"下的金融稳定评估（在此之前是完全自愿的），作为《国际货币基金协定》第四条款下的监督磋商的一部分。

FSAP下的强制性金融稳定评估主要包括3项内容：以对金融体系的结构和健康状况及其与经济其他部门的关联性分析为依据，评估近期宏观金融稳定的主要风险来源、概率和潜在影响；评估每个国家的金融稳定政策框架，包括根据国际标准评估金融部门监督工作的效力；评估当风险发生时监管当局管理和解决金融危机的能力，主要考察一国的流动性管理框架、金融安全网、对付危机的准备程度和解决危机的框架。

强制性评估每5年进行1次，成员国也可以自愿选择接受更频繁的评估。共有25个管辖区被认为拥有具有系统重要性的金融部门，采用的方法综合考虑一国金融部门的规模及其互联性。该组国家覆盖全球金融体系的近90%，约占全球经济产出的80%，包括二十国集团中的15个国家和金融稳定委员会的大多数成员国。

2. 金融危机国际救助机制完善

全球金融危机爆发后，确保充足的资金来源以满足潜在需求成为了国际货币基金组织（IMF）的工作重点。IMF采取行动，对其现有的资金来源、贷款机制进行评估和完善，以确保满足成员国的资金需求。

（1）拓展资金来源

全球金融危机爆发后，IMF采取了许多措施来增加其可用资源、满足成员国的潜在融资需求：

第一，增加份额。IMF用于提供贷款的资金主要来自各国在加入IMF时认缴的份额。全球金融危机爆发后，通过实施份额和投票改革，IMF的份额显著增加。2011年3月，2008年份额和发言权改革生效后，IMF的份额总额增加了208亿特别提款权（约为337亿美元）。2010年12月，IMF理事会批准的份额进一步改革方案，将使成员国份额增加一倍至4768亿特别提款权（约为7729亿美元）。

第二，扩大新借款安排规模。作为份额资金之外的补充资源，IMF拥有两项常设信贷额度：借款总安排（GAB，1962年设立）和新借款安排（NAB，

1998年设立）。根据这两项安排，若干成员国或其机构随时准备通过启用安排向IMF贷出额外资金。

由于全球金融危机使IMF贷款需求急剧增加，2009年11月，新借款安排（NAB）的26个现有参加方和13个潜在新参加方就扩大NAB和提高其灵活性达成一致。2010年4月，IMF执董会通过正式决议，大幅扩大NAB，增加13个新参加方（其中包括一些新兴市场国家）。2011年3月，扩大NAB的措施生效。NAB的规模扩大至原来的10倍以上，从340亿特别提款权（约550亿美元）增加到3675亿特别提款权（约5760亿美元）。截至2011年4月30日，NAB的有效信贷总额达到3632亿特别提款权。

第三，双边借款安排。全球金融危机爆发后，为了使IMF能够获得补充融资，IMF还与一些成员国就可能的额外双边借款协议进行协商。此后，IMF在2009财年、2010财年2011财年分别与若干国家签订了双边借款协议或票据购买协议。

第四，出售黄金。IMF通过有限出售其持有的黄金并用来为其信托基金融资，所产生的收益为IMF的预算提供支持。2009年7月，执董会决定，除了向这个信托基金提供资金外，黄金出售的部分所得收益还将用来增加优惠贷款可用的资源。通过市场内和市场外交易，黄金出售工作于2010年12月完成。

（2）改革融资工具，提高融资灵活性

全球金融危机爆发后，IMF在努力确保其资金充足的同时，为了能更好地为成员国提供流动性和紧急援助，实施了一系列旨在加强IMF融资工具灵活度、扩大融资覆盖范围的改革措施，以使IMF融资工具和贷款机制能够更好地满足成员国的融资需求。

第一，2009年设立“灵活信贷额度（Flexible Credit Line，FCL）”，用以满足那些具有强健政策框架和稳健经济表现的国家对于防范和化解危机的融资需求。“灵活信贷额度”确保有资格的国家能够从IMF获得大规模先期贷款，而不受硬性规定的上限或事后贷款条件的约束。

第二，2010年设立“预防性信贷额度（Precautionary Credit Line，PCL）”，用以帮助那些政策健全、但可能不符合“灵活信贷额度”要求的成员国。

第三，2010年设立“减贫与增长信托（Poverty Reduction and Growth

Trust)”，用以取代并扩大原有的向低收入国家提供贷款的机制（主要包括“减贫与增长贷款（Poverty Reduction and Growth Facility，1999）”和“外生冲击贷款（Exogenous Shocks Facility，2006）”），具体包括3种新信贷机制：“中期信贷（Extended Credit Facility，ECF）”，为解决根深蒂固的结构性国际收支问题提供较长期的援助，以实现持久减贫的经济增长；“备用信贷（Standby Credit Facility，SCF）”，用于解决短期国际收支困难和满足预防性需要；“快速信贷（Rapid Credit Facility，RCF）”，对外生冲击、自然灾害导致的紧急国际收支需要提供迅速援助。通过这一系列新的贷款工具，IMF对低收入国家的资金援助增加了一倍多。

第四，2011年设立“预防性和流动性额度（Precautionary and Liquidity Line，PLL）”，用以取代2010年设立的“预防性信贷额度”，用于满足那些经济基本面和制度政策框架较为稳健的国家对于防范和化解危机的实际或潜在的融资需求。

第五，2011年设立“快速融资工具（Rapid Financing Instrument，RFI）”，用以取代“紧急援助（Emergency Assistance）”——“自然灾害紧急援助（Natural Disasters，1962）”和“战乱后紧急援助（Post-Conflict，1995）”），用于满足各种紧迫的国际收支需要，包括由于外生冲击而产生的需求，而不仅限于自然灾害和战乱后情况。

第六，2012年改革“中期贷款（EFF）”，将中期贷款的期限延长到从一开始就可以长达4年（之前仅允许批准最长3年的安排，但允许随后将期限延展至4年），使用范围也从具有长期国际收支需要的中低收入国家拓展至面临较大融资需求的较发达国家。

3. 全球金融治理机构的健全与完善

针对在全球金融危机中暴露出来的缺陷和不足，国际社会对现有的全球金融治理机构进行了改革、充实、健全与完善：一是深化国际货币基金组织（IMF）治理结构改革，[①] 二是建立新的全球金融治理机构——金融稳定理事会。

金融稳定理事会（Financial Stability Board，FSB）是协调跨国金融监管、

① 详见第九章。

制定并执行全球金融标准的国际组织。其前身是成立于1999年的金融稳定论坛。根据2009年4月二十国集团（G20）领导人伦敦峰会宣言，金融稳定论坛正式更名为FSB，并将成员扩展至G20成员及相关经济体和国际组织。

FSB的成立标志着全球金融治理机构建设和国际金融监管改革迈出了决定性的一步，在为改革全球金融监管框架奠定组织基础的同时，也为统一全球金融监管标准搭建了实践平台。FSB成为化解金融风险、促进金融监管及相关政策制定与执行的国际机构，其宗旨是促进、维护各国和全球金融体系稳定。当前，FSB已成为G20倚重和国际公认的促进全球金融标准制定与执行的核心全球金融治理机构。

2009年6月26—27日，FSB在瑞士巴塞尔召开首次全体会议，来自成员经济体中央银行、监管当局和财政部的高层代表和国际组织、国际监管机构的代表出席了会议。会议讨论了理事会章程和内部架构，全球金融体系最新情况和国际金融监管改革等问题。

2013年1月28日，FSB在瑞士苏黎世召开全体会议。此次会议是FSB组建成协会类法人机构的成立大会，来自成员经济体及国际机构的近70位高层代表与会。会议通过了FSB新章程和工作程序指引文件，宣告FSB正式组建成协会类法人机构，这标志着历时1年的FSB机构化改革取得重大进展，从而使FSB协调落实金融监管政策的能力得到进一步增强。

（1）金融稳定理事会的主要职能

金融稳定理事会（FSB）的主要职责包括：评估影响全球金融体系的脆弱性，识别和监督解决脆弱性的监管行动及其结果；促进负责金融稳定的各国当局之间的协作和信息交流；监测市场发展及实施监管政策的情况，并提出建议；提出最佳监管标准建议并监督实施；与国际标准制定机构就政策制定进行战略性联合审查，确保工作及时、协同一致；制定联合监管机制指引并提供支持；为跨境危机管理特别是涉及系统重要性的机构提出应急管理规划；与IMF就早期预警开展合作。

（2）金融稳定理事会的组织机构

全体理事大会是FSB的最高决策机构，负责采纳FSB的报告、准则、指引等。全体理事大会下设指导委员会、理事会主席和秘书处。指导委员会在全体理事大会闭会期间负责监督和指导FSB工作，并负责筹备全体理事大会。理事会主席负责召开和主持全体理事大会与指导委员会的会议。秘书处设在国际清算银行（BIS），负责FSB日常工作。此外，FSB还设立了3个专门委员会：脆弱性评估委员会、监管合作委员会和标准执行委员会。

（3）金融稳定理事会的运行机制

FSB的总体目标是通过协调各国金融监管机构和国际标准制定机构的工作，发展和改善有效金融监管以及其他金融领域政策的执行。为实现这一使命，FSB 主要通过会议机制和报告机制开展工作。FSB每年举行两次全体理事大会，通常在3月和9月举行。指导委员会每年至少召开4次会议，并向G20财政部长、中央银行行长会议与G20领导人峰会汇报工作。此外，FSB还举行区域性会议，其成员和涉及地区的非成员国家出席这些会议，就当地和全球金融体系的问题相互交流意见。[①]

总体而言，FSB的建立，是全球金融危机之后全球金融治理改革取得的重大成就。另一方面，FSB的治理结构也体现了提高新兴市场和发展中国家在全球金融治理中的话语权和代表性的时代要求，在一定程度上纠正了新兴市场和发展中国家在世界经济中的相对地位与其在全球金融治理机构中权利不相匹配的状况，向着实现发展中国家和发达国家在全球金融治理机构中平等分享权利的方向迈出了新步伐。

（三）全球金融治理改革的前景

全球金融危机的爆发，从正反两方面充分显示出全球金融治理的极端重要性。随着金融全球化趋势不断推进，加强全球金融治理的需求必然会越来越强烈，从而推动全球金融治理改革不断走向深化。但与此同时，全球金融治理改革不可能脱离具体的国际政治与经济环境。由于全球金融治理改革必然要触及世界各国的利益，因此在实际推进中也必然会遇到各种各样的困难。

首先，在国际金融监管改革领域，巴塞尔协议并不具有法律约束效力，其实施仍然依赖于各国的自主选择。由于各国金融发展水平、发展目标、发展理念各不相同，在具体的法律安排上也存在差异，因此，不同国家实施巴

① 谢世清、曲秋颖：《金融稳定理事会面临的挑战》，《宏观经济管理》，2012年第10期，第84—86页。

塞尔协议银行资本监管框架的意愿并不相同，而且难以完全避免“选择性”实施的状况，也就难以从根本上杜绝国际银行业因监管差异而引致的监管竞争和监管套利。但另一方面，为克服巴塞尔协议银行资本监管框架法律效力不足的问题，在国际金融监管改革中引入刚性约束，又会涉及到国家监管权力的让渡，这对于任何国家都是一个十分艰难的问题，因此，建立强制性的国际金融监管标准更为艰难。

其次，在金融危机国际救助机制改革领域，金融危机国际救助机制涉及到债权人、债务人的权利和义务关系，而债权人、债务人地位的不同，自然会导致他们在金融危机救助机制的资金筹集、资金使用、贷款条件等方面的诉求各不相同。因此，如何更好地协调债权人和债务人之间的关系，从而提升金融危机国际救助机制的公平性和效率仍将是金融危机国际救助机制改革面临的棘手问题。

四、中国在全球金融治理改革中应扮演的角色

全球金融危机之后，全球金融治理改革迈出重要的步伐，初步打破了西方发达国家对国际金融事务的长期垄断，增加了发展中国家和新兴市场国家在全球金融治理中的发言权和规则制定权，同时也为我国更加积极、主动地参与和推动全球金融治理改革创造了更加有利的条件。

（一）中国在全球金融治理中地位和作用的变化

改革开放之初，由于与全球金融体系联系不深、不广，加之自身经济、金融实力的限制，中国在全球金融治理问题上基本采取了“无为而治”“顺其自然”“顺势而为”的“超然”态度。随着改革开放不断深入，我国经济持续高速发展，经济、金融实力不断提升，我国与全球金融体系的联系也不断增强。在这种背景下，我国对全球金融治理的参与力度不断加深，在全球金融治理中的话语权和影响力也在不断上升。

1. 中国在全球金融治理中角色的变迁

从参与方式上来看，中国对全球金融治理的参与主要是以对全球金融治理机构的参与作为载体，以此来带动对全球金融治理的全面参与。因此，中

国在全球金融治理中地位和作用的变迁清晰地反映在了中国在国际货币基金组织（IMF）、国际清算银行（BIS）等全球金融治理机构中角色的变迁之中。[①]

中国人民银行于1984年与BIS建立了业务联系，在该行存放黄金和外汇。此后，每年都接受邀请以观察员身份参加该行股东大会。1988年，我国正式提出加入BIS的申请。1996年9月，BIS董事会通过决议接纳中国人民银行为其成员。

2001年3月12日，BIS成立了亚洲顾问委员会（ACC），由该行亚太地区成员央行行长出任成员。该委员会的主要作用是在BIS亚太地区成员与董事会及管理层之间建立一种渠道，就亚洲中央银行感兴趣及关心的事务进行沟通。2005年中国人民银行周小川行长出任亚洲顾问委员会主席，任期两年。

2006年7月，中国人民银行行长周小川与墨西哥中央银行行长奥迪斯和欧洲中央银行行长特里谢一起被增选为BIS董事会董事。这是BIS第一次从发展中国家的中央银行吸收新董事，也是BIS自1994年以来首次扩充董事会，标志着中国在BIS中的地位显著上升。[②]

2. 全球金融危机后以更加积极、主动的姿态参与和推动全球金融治理改革

全球金融危机爆发以来，中国在全球金融治理问题上采取了“积极进取”“主动作为”的态势，从全球金融治理的舞台边缘走向了舞台中心，其身份也从全球金融治理的配角转变为重要的主角。

（1）积极提出全球金融治理改革主张

全球金融危机爆发以来，中国审时度势，以负责任的态度提出了一系列改革全球金融治理框架的重要主张。主要包括：坚定不移深化国际金融体系改革，建立公平、公正、包容、有序的国际金融新秩序；本着简单易行、便于问责的原则推进国际金融监管改革，使金融体系更好服务和促进实体经济发展；加强金融监管合作，扩大金融监管覆盖面，尽快制订普遍接受的金融监管标准；强调国际监管核心原则和标准的一致性，同时充分考虑不同国家金融市场的差异性，提高金融监管的针对性和有效性；加强对信用评级机构、

① 中国在国际货币基金组织（IMF）中地位和作用的内容详见第九章。

② 葛华勇：《国际金融组织治理现状与改革》，中国金融出版社，2013年版，第162—163页。

影子银行体系和跨境资本流动的监管；建立覆盖全球特别是主要国际金融中心的早期预警机制，提高早期应对能力。

（2）积极参与国际金融监管改革和标准制定

全球金融危机爆发后，中国通过加入设在国际清算银行（BIS）的主要标准制定机构和相关的全球金融治理机构，积极参与危机后国际金融监管改革和标准制定工作。2009年，我国陆续加入巴塞尔银行监管委员会、支付与结算系统委员会、全球金融系统委员会以及市场委员会。2009年5月，我国正式加入金融稳定理事会。

作为金融稳定理事会（FSB）和巴塞尔银行监管委员会（BCBS）的正式成员，中国人民银行和银监会等部门深度参与了国际金融监管相关标准和准则的制定，努力发挥参与引导作用，在国际金融监管规则制定中不断提升话语权和影响力，中国的不少金融监管主张在这些国际规则中得到了体现，为推动国际金融监管改革进程发挥了重要的建设性作用。

总之，改革开放以来，随着中国经济迅速崛起，中国成为全球经济发展的重要引擎，伴随着综合国力和国际地位的显著提升，我国在全球金融治理中的地位和作用显著上升。特别是全球金融危机之后，我国更是跻身于了全球金融治理的核心圈，在全球金融治理重大问题上的发言权明显增强，实现了中国在全球金融治理中的角色从被动到主动、从外围到核心、从配合讨论到参与决策的重大历史性变化，对构建公正、合理、均衡的国际金融新秩序正发挥着越来越重要的作用。

（二）中国进一步参与和推动全球金融治理改革的策略建议

全球金融危机带来了世界政治经济格局的大调整、大变革。危机发生后，世界经济政治格局都呈现出许多新的特点，国际社会围绕全球金融治理的斗争日益激烈，中国参与和推动全球金融治理改革的外部环境发生了明显的有利变化，这为我国积极参与和推动全球金融治理改革，塑造对我国更加有利的国际金融环境创造了十分良好的机遇。在全球力量对比加速变化、全球金融治理框架处于大变动和寻找新均衡的背景下，中国应抓住自身经济实力、综合国力和国际竞争力不断上升的有利条件，以更加积极、主动的姿态参与和推动全球金融治理改革，从而更好地维护和拓展自己在全球金融体系中的利益，同时为推动建立公正、合理、均衡的国际金融秩序，维护全球金融稳定作出更大的贡献。

1. 进一步强化参与和推进全球金融治理改革的能力建设

一国的金融实力是其参与全球金融治理可以直接运用的力量。改革开放以来，我国坚定不移地推进金融改革，金融业的资源配置能力、风险抵御能力、整体实力和国际竞争力都有了明显提高。然而，尽管中国金融改革取得了很大进展，金融体系在形式上已与市场经济国家相当接近，但在实际运行中仍然带有许多明显的金融压抑特征。主要表面在：国内金融体系对银行业过分依赖，融资结构严重失衡；金融资源配置存在严重的“所有制歧视”；利率管制仍然存在；政府对金融机构提供各种或明或暗的担保，等等。这些扭曲不仅直接影响到国内金融体系的稳定，而且也对我国参与全球金融治理构成了重要的制约。[①] 因此，为更好地参与和推进全球金融治理改革，我们需要进一步深化国内金融改革，积极推进国内金融深化和金融发展，消除国内金融体系存在的各种扭曲，从而进一步提升我国金融业资源配置能力、风险抵御能力、整体实力和国际竞争力，这是我国进一步参与和推动全球金融治理改革的重要前提。为此，需要重点推进以下领域改革：一是进一步深化金融机构改革，完善现代金融企业制度；二是以显著提高直接融资比重为目标，推动健全多层次资本市场体系；三是进一步完善人民币汇率市场化形成机制，建立以市场供求为基础、有管理的浮动汇率制度，加快推进利率市场化，加快实现人民币资本项目可兑换；四是加强和改进金融市场基础设施建设，提升相关基础设施技术系统功能，提高市场透明度和运行效率，保障金融市场安全高效运行和整体稳定；五是大力加强和完善金融监管，进一步落实金融监管改革措施和稳健标准，优化金融监管资源配置，完善监管协调机制，减少监管真空和监管重复，形成监管合力，建立适当的金融安全网络，确保金融机构能以安全、稳健的方式经营，确保金融体系稳健、高效运行。总之，只有进一步深化国内金融改革，进一步提升国内金融体系的资源配置能力、风险抵御能力、整体实力和国际竞争力，才能为我国更好地参与和推动全球

① 羌建新:《贸易依存度、贸易差额与中国的金融稳定性》,《国际经济评论》, 2007年第2期, 第58—62页。

金融治理改革提供重要的金融实力保障。

2. 统筹考虑、协调推进国内金融改革及参与和推进全球金融治理改革

参与和推进全球金融治理改革，意味着承担相应的国际责任；另一方面，作为一种全球公共产品，全球金融治理具有明显的“制度非中性”特征，对不同国家产生程度乃至方向不同的影响，而这种影响又取决于不同国家各自的国内经济状况和特征。因此，参与和推进全球金融治理改革，不仅要考虑世界经济的发展变化，也要考虑国内经济的发展变化，根据国际形势变化、国内经济发展需要和国内经济金融改革整体进展等情况，统筹考虑、协调推进国内经济金融改革与参与和推进全球金融治理改革，特别是要重点处理好完善国内金融监管、利率市场化、人民币汇率市场化、人民币资本项目可兑换、人民国际化等与推进全球金融治理改革之间的关系，既不脱离国内实际，也不因循保守，善于从国内国际因素的相互转化中寻求、把握、创造有利的时机和条件，有针对性地提出全球金融治理改革的政策和主张，实现国内金融改革深化与参与全球金融治理改革的良性互动。

3. 妥善处理与不同类型国家在全球金融治理改革中的关系

在全球金融治理改革中，不仅发达国家与发展中国家之间、传统大国与新兴大国之间围绕全球金融治理改革展开了激烈的博弈和竞争；而且发达国家之间，发展中国家之间、新兴大国与发展中国家之间、新兴大国之间在全球金融治理改革上的利益走势也在分化，从而使得国际金融领域的竞争、博弈更加复杂。从我国来看，不仅发达国家抑制我在全球金融治理中发挥更重要作用的战略意图更加明显，一些发展中国家对我在全球金融治理中发挥更加重要的作用亦怀有复杂心态，我国与发达国家的在全球金融治理改革上的异质竞争以及同新兴大国在全球金融治理改革上的同质竞争趋于上升，因此需要妥善处理好与不同类型的国家在全球金融治理改革上的关系，在不同的具体改革问题上与不同类型的国家寻找相应的共同点，以在不同的具体改革问题上形成对我有利的态势，通过具体问题的突破来形成全球金融治理改革对我有利的态势。

4. 充分发挥外汇储备在全球金融治理改革中的杠杆作用

经过30多年改革开放，中国的对外经济取得长足的进步，外汇储备大幅增长，实现了从外汇短缺国到世界第一外汇储备大国的巨大转变。1978年，

我国外汇储备仅1.67亿美元，位居世界第38位；2006年外汇储备超过1万亿美元，达到10663亿美元，超过日本位居世界第1位；2012年达到33116亿美元，连续7年稳居世界第1位。充足的外汇储备既是我国经济金融实力显著增强的象征，更是我国参与和推动全球金融治理改革直接可资使用的资源。全球金融危机爆发后，发达国家经济普遍低迷，对于解决国际金融问题的出资能力下降，IMF等全球金融治理机构在资金方面对新兴大国特别是中国的期望增加，希望借助我国增强其资金动员规模。为此，在参与和推动全球金融治理改革中，应有意识地发挥我国外汇储备资源充裕的优势，使外汇储备经营、管理和运用更好地服务于我国全球金融治理改革的目标，善于巧妙地运用和发挥外汇储备的杠杆作用，以此扩大我国对全球金融治理改革方向和重大决策的影响，引导全球金融治理改革朝着更有利于我国的方向运动。

5. 积极发挥民间机构在参与和推动全球金融治理改革中的作用

当今世界，除了各国政府以外，其他的各种非政府机构也在全球金融治理中扮演着越来越重要的角色。在参与和推动全球金融治理改革中，我国也应更加重视公共外交、民间交往、学术交流等平台的作用，积极推动不同层面关于全球金融治理改革的对话，利用各种途径宣传、推介我国关于全球金融治理改革的主张，传播全球金融治理改革的“中国声音”，与此同时更好地了解其他国家关于全球金融治理改革的诉求，从而更好地引导国际社会对全球金融治理改革“中国主张”的理解和认同，为中国在全球金融治理改革中赢得主动创造更加有利的国际舆论环境和民意基础。

第十一章
国际贸易的全球治理与中国的参与

与其他领域的全球治理机制不同的是，贸易领域的全球治理经过多年的实践，已经有了一整套相当正式且有效的机制。贸易领域的多边（全球）治理机制，一方面通过其带有强制性的程序，或多或少地促进着中国的经济以至政治和社会层面的转变（市场导向的深入和普及、政府职能和利益分配机制的变化及民众对此种变化的预期和相应反应）；另一方面，在其运行和扩展的过程中，也为中国表达自身的利益诉求和价值观，并使此种诉求得到他方接受并得以固化提供了有效平台。对于中国而言，重要的是积极参与机制并尝试促成更多这样的机制建立，而非置身于外。

一、贸易全球治理问题的提出与治理机制的发展

（一）问题的提出

国际贸易的事实已经有上千年的历史，但对国际贸易政策的国际协调和规制，却在很长时间内没能形成相应的合作机制。这造成过广泛的贸易保护主义实践，并由此而形成了相当严重的后果。随着所谓的国际相互依赖的加深，人的社会生活，尤其是包括国际贸易在内的经济生活，越来越有进行跨越“传统”国境协调的需要，由此甚而有所谓“全球治理（global governance）”概念的引入，即要在全球范围内使用各种层次和类型的协调化机制和措施，用以处理跨境交往中的共同事项。在这种背景下，难以否认的是，各种国际机制，尤其是国际组织，越来越直接干扰到主权体（国家及其

政府）的自主决策，并通过政府的作用而间接作用于个体。

在全球范围，对国际贸易的治理同时存在着两种安排：一是以世贸组织为代表的机制，二是遍及世界的各种区域化安排（典型如北美自由贸易区、东盟自由贸易区等）。世贸组织的术语中，通常会用“贸易的多边机制”专门指称前者；与其相对，后者则可以统称作“双边贸易安排”。双边贸易安排也是贸易“全球治理”的一种形态，因为这样的双边安排在达到一定数量和范围时，同样可以形成覆盖全球的贸易治理机制。事实上，在所得税税收领域的全球治理机制，就主要是这样一种双边税收协定所组成的全球性网络。限于篇幅，这里只关注以世贸组织为核心的多边贸易治理机制。

1. 现有国际关系格局之下的基本矛盾：“政治在地性”和“经济无界性”

在如今的以独立民族国家为主要行为体的国际关系格局下，国际经济交往中可以总结出一个“内在矛盾”：政治上的“在地性”（all politics is local）和经济上的“跨境性”（all economics is international）。矛盾的一端是对跨境经济交往效率的信仰与切实依赖。典型的证据之一是，人们普遍以为，自由的、不受任何人为设置的边境阻碍的贸易和投资等活动在资源配置上是更有效率的。不妨称此为“经济过程的无界属性”设定。这种效率既有众多的实证数据支持，得到普遍接受的经济理论的细密论证，大概可算是经济学理论上的基本共识。矛盾的另一端是，由独立主权所支撑的政治上的在地性，体现着现代社会普遍认可的政治哲学：政治统治的有效性和正当性基础，是建立在对当地民众利益的考虑之上。

在这一对矛盾中，既突显了国际组织等机制的作用，尤其是那些旨在通过促进国际合作、促进跨境交往而提高效率的经济组织，又暗示了这些国际组织的“尴尬”与“低效性”。政治过程的在地属性和经济过程的无界属性，或许是造成以世贸组织为代表的跨境经济组织所追求的全球化、一体化遭遇国家内部的“阻碍”的根本原因。

2. 世贸组织作为贸易全球治理机制的三重“职能”

世界贸易组织是一个旨在促进和保障更自由的跨境贸易的全球性组织（universal organization）。到目前为止，该组织是贸易领域惟一的全球性国际组织，也是现有国际贸易全球治理机制的集中代表。世贸组织所编写的一本简介性质的小册子，开篇就说到其作为贸易全球治理机制的三重作用：一是协议，或者说法律基础；二是论坛，即谈判平台或曰“谈判市场”；三是争端解决。[①] 这个自我总结和定位，无疑是极有启发意义的。

通过提供透明而可预期的规则，世贸组织最重要的作用是协助贸易的尽可能自由流动。这些规则的基本载体是篇幅惊人的诸多协议，而这些协议的达成经常要经过大量的探讨与诘难，世贸组织为此提供了协商平台。贸易中的利益冲突，需要对各种贸易安排（包括世贸组织费心谈成的协议）加以解释。而能维持解释和尽量协调的一个好办法，是建立一个中立的争端解决机制，世贸组织无疑可充作此用。

3. **世贸组织的一般宗旨**

《世贸组织章程》的序言中，有其决策和活动宗旨的表述：

一是关注三个经济目标，即跨境贸易经济活动“应以提高生活水平、保证充分就业；保证实际收入和有效需求的大幅稳定增长；扩大货物和服务的生产和贸易为目的”。二是追求可持续发展。三是关照发展中国家。以上数条牵涉面相当广泛，似乎也容纳了更多样的利益考虑和平衡；“政治在地性”考虑恐怕在其中有较大的作用余地。四是，消除贸易壁垒和歧视待遇。五是，经由多边贸易体制。在世贸组织语境内，跨境贸易中多边是原则，而双边或准双边方式是补充而非替代。以上两条相对更多地提供了具体的目标及途径：追求更自由、更少人为干扰的贸易。这中间的追求似乎更能诉诸经济无界性考虑，而最惠国待遇、国民待遇、透明度、市场进入等可操作性原则也会在此有极其显著的作用。

（二）多边贸易治理机制的发展成型

作为一个事实上的全球治理机制，包含着贸易事项在内的布雷顿森林体系之所以出现，正是“政治在地性”追求和“经济无界性”理念的综合作用。一方面，体系所追求的可兑换货币和自由贸易目标，简直就是经济无界理念的具体而微的表述。在另一方面，从如何更深刻地理解贸易全球治理机制的实际运行这一角度说，正是“政治在地性”追求、现代的民族国家体系，布

① WTO, *Trading into the future*, 2nd edn, 1999, s 1.1 at 4; 参考 BM Hoekman & MM Kostecki, *The political economy of the world trading system: the WTO and beyond*, 3rd edn, Oxford UP, 2009, s 1.3.

雷顿森林体系之下各个协议和组织才以那样繁多复杂的方式存在，这一点从布雷顿森林体系尤其是关贸总协定成立的历史中有明显体现。

1. 美国的作用：美国的宪政结构及其国际贸易规制

在现在的时候谈论国际经济关系，还有一个现实的问题难以回避：美国的作用。美国在国际贸易领域，包括世贸组织的运作方面，有着无可质疑的话语能力（power）。这种能力通过其宪政结构和实践而作用于其他地方。要真正地了解世贸组织的来历及实际运作等，考察美国宪法的相关内容是必须的，否则在探讨世贸组织何以现在这样的一个发展轨迹时，会形成太多的空白和断裂。

美国宪法所建立的制度中根本性的一点是“分权制衡（checks and balances）”。实务中，国会授权给总统，让总统或其代表去参加关税与贸易谈判、签订相关条约，这似乎是一个既便利又合乎宪法分权的妙招。现实中，此种授权确实也较为常见，[①] 并在关贸总协定及世贸组织的发展历史中屡有应用。

2. 布雷顿森林体系

世贸组织是由二战后对国际贸易领域规制的实践总结而来。战后立即开始构建并逐渐成型的这个贸易多边治理机制，整体上是所谓的“布雷顿森林—关贸总协定体系（Bretton Woods-GATT system）”或广义的“布雷顿森林体系”的重要部分之一。广义上，布雷顿森林体系的核心内容，依从有着奥地利学派背景的经济学家哈布勒（Haberler）的说法，是指“多边、非歧视贸易和可兑换货币这一原则”。[②] 世贸组织及其前身关贸总协定，正是这一含义上的布雷顿森林体系的核心一环。

3. 1947年关贸总协定

（1）总协定的一般地位

自二战后，关税与贸易总协定一直是贸易领域的首要国际多边条约，直至1994年乌拉圭回合谈判结束、确立了规制国际贸易的新法律架构、并由新的正式组织接替了总协定的工作为止；但总协定本身作为一个协议，仍然构

---

① *Field* v *Clark*, 143 US 649 (1892); *JW Hampton, Jr & Co* v *US*, 276 US 394 (1928□at 409.

② G Haberler, ‘Reflections of the future of the Bretton Woods system’, *American Economic Review*, 43.2 (v 1953): 81-95: 81.

成整个世贸组织协议的一部分而继续存在。因此，总协定既在组织运作上是世贸组织的前身，也在实体内容上是世贸组织法律渊源的核心之一。

（2）总协定的成立

成立总协定和国际贸易组织的倡议起自二战期间，首要来自美国。《总协定》的起草是和筹备整体属于布雷顿森林体系的拟议国际贸易组织（International Trade Organization，ITO）紧密联系在一起的。1947年4月至10月的日内瓦会议，起草了《总协定》文本。要注意，起草《总协定》是附属于国际贸易组织筹建和关税谈判的；总协定本身绝非意在构成一个组织。1948年，于哈瓦那大会上《国际贸易组织章程》起草完毕。

但是美国的宪政结构和政治斗争决定了《总协定》和拟议国际贸易组织的不同命运。在美国国会的听证会中，国会主张美国总统无权在未得国会批准情形下以美国名义成为某一个国际组织的成员，这就意味着《国际贸易组织章程》必须提交国会批准。但包括《总协定》在内的关税谈判则已经得到了1934年通过、1945年展期的“互惠贸易协议法”授权，故毋需国会的单独批准。22个创始成员于1947年末签署了“临时适用议定书”，该议定书于次年元旦生效。这样，规制了战后几十年国际贸易基本秩序的《关贸总协定》，正式亮相于国际舞台，即后来所通称的“1947年关贸总协定”。而作为主要目的的国际贸易组织却没这么“幸运”。《国际贸易组织章程》草案达成后，美国政府数次提交至国会并举行广泛听证，但随40年代末对国际合作热情的消减（注意此时的国际背景：“冷战”启幕），且国会组成不再那么倾向于自由贸易和国际导向，故都未能获得通过。1950年12月，美国总统宣布不再提交该《章程》至国会以待批准。谈判的其他参与者顾虑到美国的经济实力和态度，亦采取消极态度。至此《国际贸易组织章程》事实上死亡。

整体而言，《总协定》带有先天缺陷，这些都要待世贸组织的成立才能加以有效解决。

（3）总协定项下的贸易谈判

总协定作为一个事实上的“组织”，在其四十馀年的历史中有着一个极重大的“贡献”，即组织发起了数轮多边贸易谈判。这正是其“论坛”功能的直接体现。实务中，类似这样的多边贸易谈判的不同轮次通称“回合”。至世贸组织正式成立时，总协定项下的谈判共有八个回合；这已经是广为人知的常识，此处不赘。

在这些谈判中，尽管某一成员承诺向任一成员所提供的好处，依最惠国待遇可自动地普及其他成员，但承诺方仍然可以用该好处作为筹码去与其他方谈判以获得回报减让等，从而达到最终效果上的相互回报（reciprocity principle）。

4. 世贸组织章程的成立

尽管关贸总协定在运作上有其固有的蹩扭之处，但在后来表明是其项下的最后一次多边谈判的乌拉圭回合（1986年9月开始）的准备期和谈判早期，也还并没有明确议及要创设一个新的组织。只是到了1990年1月（注意此时的国际背景："冷战"局面的"缓和"），才有加拿大政府提交一建立"世界贸易组织"的正式提议，该年末欧盟表态支持此类组织，但偏向用"多边贸易组织"之名。1991年12月，"多边贸易组织"章程草案正式公布。此后，针对各种尤其美国的反对，经过进一步谈判修改，在乌拉圭回合谈判期限结束前的1993年12月，包括美国在内的谈判各方就建议章程达成合意，但组织名称改回"世界贸易组织"，并于1994年4月完成谈判的最终手续，然后提交各成员政府批准。

由此，对国际贸易活动的规制，方始可能由关贸总协定时代过渡到世贸组织时代。当然，反过来这意味着，世贸组织是脱胎于总协定的，是总协定的延续；这在《世贸组织章程》中有多处提示（eg, 16.1 WTO Charter 1994）。

二、多边贸易治理的主要内容

（一）框架及决策程序

1. 治理架构

世贸组织的治理框架既有承自关贸总协定的地方，又有大量不同之处。

（1）决策及执行机关

依《世贸组织章程》（4 WTO Charter 1994）其治理框架如下：处于顶端的，是部长大会，最少每两年会议一次。大会下设一总理事会，有全面的监督权限，其中包括在部长大会休会期间执行大会的很多功能。除总理事会之外，附件一项下的每个协议还对应有一个理事会，即货物贸易理事会、服务贸易理事会、与贸易有关的知识产权理事会。总理事会应和关贸总协定理事会一样，通常是每月会议（也有例外）。对应于附件二的争端解决规则，设有“争端解决机构”（2.1 DSU 1994），监督并实行这些规则，机构下设专门的上诉机构并在需要时组建专家组；注意，总理事会有权限进行争端解决机构的任务。此外尚有一对应附件三的“贸易政策复察机构”。

（2）日常行政部门

除了正式的权力、执行及其他决策机构外，世贸组织还有专门的办事机构或行政部门，即秘书处及总干事。

秘书处设在瑞士日内瓦。总干事一人由部长大会任命，再由总干事根据部长大会采用的条例等任命秘书处的其他职员并决定其各自的职责与工作待遇，包括副总干事数人；职员总数则大概在数百人。总干事须向预算委员会报告年度预算及决算；在争端解决程序中总干事亦有事务，如特定情形下指定专家组成员等。据世贸组织自身的说法，秘书处的责任和权限包括，对世贸组织各机构团体的行政及技术支持，对发展中国家的技术支持，贸易绩效与贸易政策分析，在涉及世贸组织规则和先例解释的争端中作法律协助和推荐专家组成员，处理新成员加入事务等。值得一提的是，在跟情报提供相关的事务上，世贸组织秘书处所做工作良多。比如，由秘书处负责维护的世贸组织官方网站（www.wto.org），提供了既及时又有历史渊源、既全面又深入的各种情报，是研究世贸组织事实上不可或缺的参考资源。实务中，总干事较有权势，尤其是在谈判程序中经常充作日程安排人和调解人。但整体上，世贸组织秘书处及总干事的功能仍可视作较为有限。

2. 决策机制与程序

《世贸组织章程》包括着详细的决策程序板块（9 f WTO Charter 1994）。《章程》中可用于决策的“技巧”有五个：事项决议，“解释”，放弃（waivers）即不再实施相关条款项下的义务，合意修正，新协议谈判。至于附件四诸协议的相关决策与修正见各自条文。

总结这些“技巧”可以看出，部长大会和总理事会在世贸组织的决策中发挥着重要并经常是关键的作用，这相当明显地体现出了世贸组织相比旧关贸总协定的“进展”。再结合其组织框架和决策机制而言，在发挥其职能时，就如有观点总结的，世贸组织整体上可称得上是“成员驱动”的组织，而不像国际货币基金和世界银行那样、在日常功能的发挥上可以更多的视作“职员驱动”者。换种说法，从职能上说，世贸组织要比其他国际经济组织更近于一个“成员有，成员享，成员治”的组织。[①]

3. 规则框架的形成：通过谈判制订规则框架

世贸组织规范的初始形成，在方式上主要是通过谈判尤其是多边谈判，这中间涉及相当多的实力和技巧因素。这可以举总协定中基本的关税约束税率的形成为例。

总协定早期即其前五次谈判大体遵循成立了总协定的首个回合（1947年）所确立的流程。这个流程大体可称之为“分项减让法（item-by-item approach）”。具体做法是根据相关方就各项产品所各自给出的要求清单（request list）和出价单（offer list），分别通过一系列双边会议协商出减让幅度；这一过程中双方要经过激烈的讨价还价，其目标是获得跟所给出的减让大体等值的回报减让。这种方式固然更有针对性，但产品本身的种类繁多无疑大大增加了谈判的成本。面临在“狄龙回合”体现得尤其明显的谈判困难，总协定诸缔约方的总结是有必要设立新的流程，并最终决定以所谓的“线性技术”应用于关税减让的谈判。所谓“线性技术”（linear reduction of tariffs），其基本作法之一是诸种进口产品原则上（有例外）一律按一定比例降低关税，所以称作“线性技术”，是因为不同的初始关税与其各自所对应的降低后关税事实上形成数学上的线性关系。单纯的线性减让会留下一个问题，即会在不同的减让前税率上有不同的效果，此或称“水平问题（disparities issue）”者，因为原税率本就高者在成比例减让后仍能较原本低者经减让后要高并起到更强的保护效果。由此在东京回合中又引入了所谓的协调减让法，其效果是高初始关税的降幅要较低初始关税的降幅更高。乌拉圭回合的关税减让谈判中，对分项减让法和东京回合中用到的公式减让法即属所谓的“协调法”者都有应用。

那么，世贸组织项下的多边贸易谈判的前景又如何呢？世贸组织成立之后，在新的贸易谈判中存在着“内外交困”。内部问题是指成员国之间就一系列问题，如农业、发展中国家地位等，而长期存在的不一致。外困则是非政

① A Narlikar, *The World Trade Organization: a very short introduction*, Oxford UP, 2005, 34 f.

府组织和普通公众所关心的在诸如争端解决、谈判和决策机制上的“透明性”和“参与度”问题。确实，到目前为止，2001年底正式启动的多哈回合谈判（Doha Development Round）并没有多少实质性进展。[①]

说起来，世贸组织项下的多边谈判受阻，大概既显示了它的“乏力”，又显示了它的“有力”。一方面，如果世贸组织在解决贸易问题上真是如此强有力，那各成员国尤其主要成员国可能早就会更积极推动其进一步进展了。世贸组织的乏力，或许在单靠它很难有效地把不同国家拢在一起，去除“狠斗私字一闪念”式地相互“交心”，因而也就没法把问题谈深谈实谈透。但如果反过来，世贸组织是如此的不堪用，那各成员国同样会有动机推动其进展、以使其有所作为（注意大家不想把世贸组织架空。这有各成员对世贸组织争端解决机制的频频动用为典型例证）。世贸组织其实自有它有力的方面。有力在它现有的一些机制又能让各成员觉着大面上过得去，因而没有迫切去“改进”的需要或曰紧张感，以致没有动力去深谈。这尤其以其争端解决服务的提供为典型。在这个角度，可以说世贸组织发挥了预想的功能，而且发挥得相当好。当然，世贸组织多边谈判不顺畅，另一个可能原因是，眼下各国还不想把一些棘手的问题多边化，而只愿意以所谓的双边方式处理；但若真如此，是否蕴含着对世贸组织有力的警惕（否则毋须担心问题的多边化解决）和埋怨其是摆设的腹诽（多边框架下谈这些没意义）呢？

其实，可供多边贸易谈判“用武”的地方还很多，比如农业，环境与贸易，发展问题，竞争政策，劳工标准等等。甚至一些有传统的“老”问题，如补贴、反倾销、产品标准等可能仍应在考虑之列；比如再其中牵涉的那些并不直接违背或触犯世贸组织规则但有贸易保护之实的措施，到底是不是需要更明确更细化的规范，又需要什么样的更细化的规范来加以处置等。但往后的一切可能新谈判的日期和议程总是难以预测。另外一种可能性是，不妨尝试进行一些“微回合”，以分散处理上述问题，比如“环境回合”，“服务回合”等。

另外，还请注意美国的态度在多边贸易谈判中举足轻重的作用；美国在

① 参阅 WTO Website, ‘Doha Round: what are they negotiating?’, http://wto.org/english/tratop_e/dda_e/update_e.htm, accessed 18ix2013.

跨境经济贸易活动中的作用体现在多个以至各个方面，其中包括多边贸易谈判的议题和进程的确定、推动等。

（二）多边治理的后端支撑

1. 争端发生的必然：基本矛盾的显现

在政治在地性的背景下，也不应予以否认一个现实，那就是世界范围内远远不是一切国家都时刻遵守着自由贸易原则的。事实上，如果对“自由贸易政策并非一贯正确”[①]这一评价能够接受，再考虑到“政治的在地性”，则国际经济交往中的种种“贸易战”，包括世贸组织项下的“贸易争端”等，就都是正常和能够接受的了。再进一步考虑社会文化及传统的多样性，典型如对跨境经济交往规制中不同基本原则的认可或对同一基本原则的不同理解，跨境贸易中没有争端反倒可能是不正常的。正是通过提供包括争端解决在内的一整套多边机制，世贸组织才能在这样的争端“漩涡”中不断前行。

2. 争端解决的思路选择

解决争端，尤其是具有跨境因素的争端，大致可以总结出两种倾向的思路。一是规范或曰法规导向的，或称“循法—裁判思路（legalistic-adjudicative approach）”，争端方要就如何适用规则而争辩。二是实力导向的，或称“实用-谈判思路（pragmatic-negotiation approach）”，会或明或暗地以当事方的相对实力状态为参考、典型如以所具有的经济或技术实力等相威胁作为谈判的筹码等。

从关贸总协定的历史看来，其争端解决是在逐渐靠近“裁判”一端；世贸组织的新争端解决机制同样如此（cf 3.2 DSU）。当然，谈判式争端解决也有所用，甚至会是应予优先考虑者，如所谓之“磋商程序”者（22 GATT 1947；4 DSU 1994）。尽管如此，一套程序透明的“诉讼”机制，其实更能让争端方集中“火力”和精力于真正的争议点，而尽量撇清择净那些不必要的各种干扰，尤其是复杂的政治考虑，减少双方利益的破坏，对双方整体关系

① PR Krugman, ‘Is free trade passé’? *Journal of Economic Perspectives*, 1.2 (fall 1987): 131~144, 132.

的“冲击”会更“精准”而不会“泛化”。[①]考虑到这点，如果一个政府出于某种原因（典型如控制能力较差、因而有些利益冲突“摆不平”之类）而想要“摆脱”境内的某种政治乱战，那把此种竞争提交到一个国际司法式解决其实是个可用选择。

3. **世贸组织“争端解决谅解”程序**

“争端解决谅解（DSU 1994）”程序明确要求世贸组织成员只能利用争端解决体系去解决各种争端（23.1 DSU 1994），言外之意是不得取单边行为方式。

解决程序则大体有四个主要的阶段：磋商，专家组，上诉，裁决落实或报复；或者也可以总结为磋商—裁判—执行三步。

谅解程序的第一步应该是当事方之间的磋商。磋商程序通常由特定当事方或者称作“请求方（complaining party；complainant）”者，依据世贸组织项下的特定协议，而向其他方、实务中或可称作“应诉方”或“相对方（respondent）”者，就相关事项，典型如有违背世贸组织义务嫌疑之措施（如不恰当地征收高额“反倾销税”）者，提出请求而启动；此即所谓的“磋商请求”（see 4.3 DSU 1994）。整体上，磋商的具体方式由当事方自定。这个结构和规则表面上看来不够正式的“磋商”，却让诸多案子“结束”于此（或解决或放弃）。比如，中国加入世贸组织后作为被诉方面临的第一个案子就终止于磋商程序，以中国“自愿”作出相应调整而结束。[②]

谅解程序的第二步是专家组程序。《谅解》为解决争端而设立“专家组”，并对专家组的任务、组成、工作流程等作了进一步明确规定（7 ff DSU 1994）。尽管有观点主张从长远考虑宜设立一个常设专家组机构，[③]但从实际效果看，眼下的这套“随时设立、随时组建”的专家组流程，却也还能满足世贸组织争端解决的总体需求。

《谅解》项下，申诉方可通过提交“专家组请求书（panel request）”而设

① RE Hudec, ‘Transcending the ostensible: some reflections on the nature of litigation between governments’, *Minnesota Law Review*, 72.2 (xii 1987): 211~226, 218.

② China – Value-Added Tax on Integrated Circuits (US), WT/DS309, WTO Case 5i2005.

③ WJ Davey, ‘Supporting the World Trade Organization dispute settlement system’, *Journal of World Trade*, 34.1 (2000): 167~170.

立专家组（6.2 DSU 1994；see 4.3 & 4.7 DSU 1994）。专家组设立后，需选出通常是三位个人以作为该专家组的“专家”（panelist）。依照条文，秘书处向争端方建议专家组潜在成员，除非“无法控制的原因”，否则争端方不可拒之（8.6 DSU 1994）不理。不过，实务中争端方在拒绝推荐时其实相对自由。实务中，那些最终获选进入专家组的，似乎很大部分（逾八成）系政府的前任或现任官员。[①] 另有统计表明，尽管总人数中有超过半数（51%）的专家组成员来自大陆法系成员，但若以集中度来算，要以来自英美法系者为多。[②] 比如，自1995—2012年间，共有13个属英美法系的成员供出了专家组成员，这13个成员占世贸组织成员总数不足5%，却贡献了近40%的专家组成员；再如，93个教育背景可知的专家组成员中，有29%曾在北美或英国学习法律，若不计专业则曾在北美或英国大学就读者要占到近3/4。

在经过细致的听证和辩论后，专家组准备一个详述其结论的报告。《谅解》要求专家组报告若无上诉，则其发布的缺省时间为9个月（20 DSU 1994）。世贸组织《谅解》根本性地改变了总协定中以“共识”方式通过专家组报告的作法。据《谅解》条文（16.4 DSU 1994），除非争端方上诉或争端解决机构达成“反向共识（reverse consensus）”，否则不应妨碍专家组报告的采用。所谓“反向共识”，指一致同意不通过报告。实务中这种“反向共识”恐怕很难以至几乎不能达到，因而以反向共识方式通过的决策不妨视作一种“自动通过”。

谅解程序的第三步程序涉及上诉机构。世贸组织争端解决专家组报告以“反向共识”方式通过这一点无疑能让报告事实上（几乎）总会得以采用，这整体而言对申诉方较为有利，而应诉方则失去了一个可借反对通过而坚持其切身关注及异议的机会。由此，应诉方无疑需要更多的表达异议及意见的机会，故此，与专家组报告采用方式同时出现的，是引入了对专家组裁决的上诉权（see 17.4 DSU 1994；cf 16.4 DSU 1994）。此一上诉要向专门的“上诉机构（the Appellate Body – AB）”提出（17.1 DSU 1994）。据《谅解》条文，上

---

① JH Jackson et al, *Legal problems of international economic relations*, 4th edn, West Group, 2002, at 260.

② C VanGrasstek, *The history and future of the World Trade Organization*, WTO Publications, 2013, ch 7 at 258 f.

诉机构系一常设机构（对比专家组的临时和特定性），由七人组成（17.1 DSU 1994）。上诉机构人员由争端解决机构任命，其来源应具有广泛代表性，每位任期四年，可连任一次，空额即出即补，但补入者之任期并不另起单计而是要延续其上一任所余者（17.2 DSU 1994）。自七名人员中选出上诉机构主席一人，任期一年，可连任一次（5 ABWP）。上诉而来的特定案件中，以上诉机构七人中择三位以为裁判者（17.1 DSU 1994）或即所谓的"听审组（division hearing a case）"。听审组在全体七人中随机、无倾向性选出，而不论其国籍如何（6（2）ABWP）。另外，上诉机构工作流程中有规则要求听审的三位在其报告成文前得和余下的四位交换意见（4.3 ABWP）。

谅解程序的最后一步通常是执行与"减让暂停"。若能证明某一申诉有理，则专家组和上诉机构报告的典型建议是犯规方消除其对世贸组织规则的违反，通常指撤销其犯规措施。诉讼当事方是否依报告建议而确实消除相关违反等，通常归入对裁决报告的"执行"或称"落实"（implementation）加以讨论，有时也称作对裁决的"奉行"问题（compliance problem/case）。

若报告中的建议未能落实，则胜诉方有权或向未守规方寻求补偿（compensation）或请求争端解决机构授权以向该未守规方暂停减让，后者即有时所称之"报复（retaliation）"也（22.1 DSU 1994）。

4. 谅解程序的已有实践

在世贸组织成立的前六年多中，其争端解决体系颇为活跃，共有237个磋商请求，年度请求数量在1997年达到50个，后来则大致稳定在年度30左右。至2013年底，磋商请求已编号至474。[①] 与此相对应的是，专家组和上诉机构的工作量在后几年有显著增长，其中部分原因是所谓的"奉行案子"的增加（21.5 DSU 1994）。

5. 争端解决过程中的规则"细化"

这样，世贸组织争端解决进程已经产生了相当数量的或可称作"世贸组织法"的规范，不管是上诉机构还是专家组的报告其实都应引起关注。与关贸总协定的案子相比，世贸组织案子会涉及更多争议、其所包含的诉求也经常涉及

① EU – Cost Adjustment Methodologies and Certain Anti-Dumping Measures (Russia), WT/DS474, ReqConsn 23xii2013.

不止一个的相关协议，这使得世贸组织项下的义务有了更多的解读材料。

（三）多边治理的实体标准和内容

下面讨论货物贸易及关贸总协定在货物贸易规制中的作用及其内容。一则因为货物贸易在国际贸易以至整个国际经济交往中传统的基础和核心地位，再则因为作为组织的关贸总协定实乃世贸组织前身的身分，又再因为作为协议的总协定在世贸组织各协议中的基础和核心地位，有关关贸总协定的讨论，有不少内容，尤其是基本思路和方法等，对世贸组织项下其他领域典型如服务贸易等容有启发，甚至可直接或类比适用于相关领域或亦未可知。由此，这里主要借助货物贸易与关贸总协定为例以阐明所论述的主题。

1. 标准和内容的实质：基本矛盾之下的权利义务细化与折衷

关贸总协定在货物贸易规制中的作用主要通过加给缔约方指向更自由贸易的义务得以体现。这些义务最终会形成针对全体缔约方的利益。当特定缔约方的这些利益受损的时候，该等缔约方可通过相应的争端解决机制寻求解决。在这个意义上，又正是这些义务的存在构成了争端解决的基本依据和最终的实体内容。结合此前内容进一步探讨很容易发现，义务的内容体现着“经济无界”理念，而之所以要把这些内容构建成“义务”并提供相应救济，正是基于对政治在地性现实的坦白承认。可以说，义务中体现着较强烈的对“经济无界性”的认同与追求；例外的存在与提出中，不可避免地蕴含着政治在地性考虑、反映着贸易参与者境内政策中的压力与博弈。政治在地性压力是现实存在、无从否认，对这些压力视而不见、置之不理决不是好的办法，因其不会因此而消失，反倒更易因此而积累并最终破坏性地爆发，乃至其结局不可控。为此，大方而直白地承认此种压力并加以明确的处置，会让此种压力落入有序规范，相当于提供了一种平缓释放压力的渠道，相关结果会更可确定、更具有可预见性。类似“例外”这样的机制正是此种有序事先规范类似政治压力的可用方式。

2. 世贸组织框架中的操作性原则

即使存在着政治在地性的压力，人类社会中也得有足够程度的跨境经济交往；这是经济无界性的体现。有时也会把这样的跨境经济交往追求及其效果称作经济交往的自由化。理论分析和实践研究表明，有一些行之有效的具体做法和标准等，应用在经济活动中，能相当程度上起到促进更深更广跨境交往的作用。这样的做法和标准等，不妨视作达成和实现国际经济交往中所可加以借重和应用的操作性原则或曰基本制度。世贸组织中，典型的操作性原则可以总结出诸如最惠国待遇（see 1 GATT；2 GATS；4 TRIPs）、[①] 国民待遇（see 3 GATT 1994, 17 GATS 1994, 3 TRIPs 1994）、[②] 市场进入、透明度（10 GATT 1947；TPRM 1994；3 GATS 1994；63 TRIPs 1994；Appx 3.10 DSU 1994）等；限于篇幅，这里不展开论述。

3. 核心与基础领域：货物贸易与关贸总协定

关税与贸易总协定的法律文本大体可以分作两部分。一是，一般条款，包含程序性条款、基本贸易政策承诺等；承诺中包括了最惠国待遇、国民待遇等。《总协定》条文中，这些条款分作四部分。第一部分是有关最惠国待遇和关税一般减让的两条；第二部分第3至23条包含了其他实体内容如国民待遇、反倾销、海关估价、原产地、配额、补贴、各种例外等；第三部分第24至第35则主要是程序性条款如修改、决策机制等；第四部分有关发展中国家的三条系1964年所增。二是，关税减让表，是各成员的具体减让承诺，其中明示了对进口货物的关税高限。

从内容上说，一般条款也好，关税减让表也好，主要规定的是各成员的“义务”，这些义务正是《总协定》的主要内容。大体而言，《总协定》项下的义务主要有如下几个：原则上只能通过边境措施典型是关税限制贸易尤其是进口，其他措施如数量限制等应加以约束；通过谈判而达成的关税减让乃有约束力者；措施上的最惠国待遇；措施上的国民待遇。通过“施加”这些义务，总协定力求更自由的贸易。

但除成员义务外，总协定中也有不少“例外”以提供必要的弹性；依据这些例外，成员可主张事实上的义务豁免或中止，比如国家安全例外、公共

① US GATT Stud 9 (1973): 1.

② 如果得到了不打折扣的兑现的话，国民待遇条款相当于准许世贸组织去监视成员方内部立法流程、从而确保这些流程不会忽略那些在该成员内没有代言人的境外厂商等的利益；很明显，这无疑能在很大程度上直接减缓政治在地性所形成的对于跨境贸易交往的阻隔效果。在这一点上，甚至可以说国民待遇条款具有宪法性的作用。PM Gerhart & MS Baron, ‘Understanding national treatment: the participatory vision of the WTO’, *Indiana International & Comparative Law Review*, 14.3 (2004): 505~552, s II at 515.

卫生例外等。对这种种“例外”的援引，经常会典型地体现着相关的政治压力；这些压力和相应的政治博弈形成了政治在地性考虑中所不能忽视的因素。实务中，成员义务及其可主张的例外交织在一起。

整体而言，在义务满足和例外构成的判断中，贯穿在总协定以至整个世贸组织一般态度之下的，是对“市场”机制的偏好。[①] 事实上，经济无界性诉求在总协定以至整个世贸组织框架中的典型体现之一正是，相关规则和原则对于市场导向、市场标准的倚重；[②] 这在世贸组织争端解决中有相当多的直接论述。

三、中国对多边贸易治理的参与和应对

（一）世贸组织多边性的小结

世贸组织是对跨境贸易规制进行协调的多边机制，这种多边性有诸多体现。

先是体现在成员的开放或曰普遍（universal）。原则上，世贸组织对世界上全体“国家”（关税区）开放，任何想加入的，来者不拒，除了要做出以相关减让为核心的入门承诺，基本没有其他诸如地区、行业、发展水平等先决条件限制。事实上，世贸组织也希望自身的成员数目越多越好。

其次是体现在作为论坛和平台的自由性。各个成员和打算加入的“准成员”，都可以在这个平台上自由展示，樽俎折冲、讨价还价，只要您有本事说服别人。众声喧哗中，各尽所能、各取所需。这有总协定项下若干轮多边谈判作为鲜活例证。

再次是体现在作为法律基础的多边性；其中的核心又有两个。一是所谓的普遍最惠国待遇（general mfn），通过它可以把任一成员的减让承诺，最迅

---

① 或许这里值得提出对于中国而言尤其关键的问题之一，即通常所定义的“市场”，跟通常所以为的中国文化中有明显体现的“家长主义(paternalism)”和“集体主义(collectivism)”传统存在着根本性牴牾。这个问题太过重大也太过复杂，远远超出这里的预设讨论范围，故此不赘。

② 当然，在世贸组织的框架中，还缺少整体性的、明确的、直接针对垄断规制(regulation of monopoly; anti-trust rules; competition rules)的规则和原则(2.7 GATT)(see Japan – Restrictions on imports of certain agricultural products, BISD 35S/163, GATT/WTO Case 22iii1988; Canada – Alcoholic drinks, BISD 35S/37, GATT/WTO Case 22iii1992; Canada – Alcoholic drinks, BISD 39S/27, GATT/WTO Case 18ii1992)。

速地普及到全体成员。二是全体成员对各个协议的强制一揽子接受（除了数量相当有限的所谓附件四复边协议）。

再次是体现在日常决策运行中的集体性。这种集体性又集中体现在基本的决策机制：一国一票、依多数决的票决程序。

还体现在争端解决中的专业性。固然在一定程度上可以说，世贸组织所倾向的司法式争端解决，似乎在表面上有悖多边性所经常要求并会有较明显体现的和谐气氛（see 23 DSU 1994），但世贸组织争端解决的专业性却也能在相反角度缓解这个问题：经过专业人士、基于相对较严的法律解释技巧和法律适用（尽管难免政治考虑）、通过相对较程式化的审理过程而得出的结论，更容易具有一般意义、更容易近于规则，从而更可资后来的援引，以至能成为事实上的先例。这其实是有利于形成全体成员之间对相关协议的统一理解和预期、并增加全体成员对依靠世贸组织自身去处理纠纷的信心的（cf 3.2 DSU）。此外，裁决报告的通过中所要求的“共识”方式，不管是总协定传统下的正向共识还是世贸组织所引进的反向共识（reverse consensus），都包含着多边性。这还没算上上诉机构人员构成中所要求的广泛代表性。

这样的一个旨在多边的贸易治理机制，如果像中国这样的贸易体长期缺席，对双方来说都是不相宜的。

（二）中国加入的(潜在)意义

自1995年世贸组织成立至2012年8月，新加入的成员共有29个，其中在中国之前者14个，之后者14个，包括俄罗斯在2012年8月的加入。[①]

在中国加入世贸组织的程序完成之前，就有观点评论说，中国加入并整合至世贸组织于组织及其成员而言都是最重要的挑战和机会之一；无论是在经济规模上还是政治暗示上，中国的加入程序都跟通常程序有异；事实上，从人口和经济规模上，世贸组织成立后在中国之前加入的成员，无一地方能与中国相比。故中国的加入自然引发了世贸组织成员尤其主要成员的深切关注。而对中国加入的意义，有美国人（Nicholas Lardy）于2001年5月9日就

① http://www.wto.org/english/thewto_e/acc_e/members_brief_e.doc; http://www.wto.org/english/thewto_e/acc_e/acc_e.htm, accessed 24viii2012.

中国的加入事宜在美国国会作证时说到，除了有助于境外资本进入中国市场外，世贸组织成员身份能迫使中国采取或遵守合乎世界贸易体系的规则，可用于“撬动”中国向市场经济转向。[①] 就这一点，有世贸组织总干事（P Lamy, 2010）也曾以“双赢”予以评价。[②]

（三）加入世贸组织的历史回顾

历史说来，中国本是关贸总协定1948年的原始成员，惟其时在总协定之代表国民政府于1950年3月撤出了总协定。固然中华人民共和国政府后来在联合国、国际货币基金等组织直接继承了中国原有的席位，但在总协定这里却未能如此，同时亦有反对意见强调中国的长期缺席。大概是为了折中，1982年11月中国成为总协定的观察员，1986年7月中国正式申请“恢复总协定原始缔约方地位”，1987年3月总协定成立“中国工作组”，由此而有所谓的中国“复关”谈判。1989年春末，在工作组对中国外贸制度的评估、中美双边磋商先后取得实质性进展后，本来“复关”谈判有望于该年底结束，但因局势突变，这一谈判事实上中止或曰“重新开始”。终于，这一谈判至乌拉圭回合结束时仍未结束，故1995年元旦开始只得转而适用世贸组织的加入程序。

1995年6月3日，中国成为世贸组织观察员。12月，中国政府照会世贸组织总干事，称把中国复关工作组更名为中国“入世”工作组。同月，美国提出了20馀条问题。1997年11月，中日双边市场准入谈判基本结束。2001年6月，中美双方就中国加入世贸组织达成协议，过了加入程序中最难的一关。何以说“最难”呢？因据美国1974年贸易法（ss 401 ff Trade Act 1974），不得向那些限制自由移民的所谓“非市场经济国家”提供最惠国待遇（MFN）即后来改称“正常贸易关系”者，虽然该法修正版准许总统放弃这些要求，且据中美1979年双边贸易协议可对中国的最惠国待遇作年度审查。稍后，中欧亦达成协议。2001年12月11日，“中国加入世贸组织议定书”生效，中国正式成为世贸组织成员。

---

① Jackson et al, op cit, 237.

② WTO news: speeches – DG Pascal Lamy, 22 July 2010, http://www.wto.org/english/news_e/sppl_e/sppl162_e.htm, accessed 26vii2010.

（四）加入的相关文件

中国加入世贸组织所形成的主要文件有三个。

首先是2001年11月10日的“中国加入决议（Decision on the Accession of China）”，极简短，核心内容是宣布了中国的加入而已。

其次是同日的“中国加入议定书（Protocol on the Accession of China – China Protocol）”，共三部分，其中胪列了中国加入世贸组织所作的各种一般承诺和详细承诺（主要是“减让表”）。根据上述“加入决议”可知，这一议定书是中国加入世贸组织事实上的核心法律文件。

第三个是2001年10月1日写成、后经修订于11月10日通过的“中国加入工作组报告书（Report of the Working Party on the Accession of China – China WPR）”，篇幅较长，共八部分343段。工作组报告中，大略描述了中国加入的背景和历程，并以类似“一些工作组成员指出”的表述，陈列了世贸组织已有成员的一些要求或曰“要价”，与此对应，以类似“中国代表确认”或“中国代表表示”等表述，陈列了中国的若干进一步承诺（细节）。事实上，中国这些带有允诺色彩的“说明”或曰“澄清”，在工作组报告中以类似“工作组注意到这些承诺”的表述将其明确定性为“承诺”。这些承诺，同样构成中国在世贸组织协议项下的义务（I.2 China Protocol 2001；see 342 China WPR 2001）。

（五）中国加入之后涉及的境内具体机构、部门和组织

在履行世贸组织义务、主张世贸组织项下利益、参与世贸组织谈判等事项上，中国有多种机构、部门和组织会牵涉其中。

中国加入世贸组织后，特别需要做的是对已有立法加以相应调整，这当然牵涉立法机构。典型的例子是1994年制订、2004年由全国人大常委会修订的《对外贸易法》。整体上，外贸法这次修订对世贸组织规则的遵循与尊重是极自觉也很明显的，[①]

① 于广洲，“关于《中华人民共和国对外贸易法(修订草案)》的说明”（2003年12月22日在第十届全国人民代表大会常务委员会第六次会议上）（此次外贸法修订是“为了履行我国入世有关承诺，充分运用世贸组织规则促进我国对外贸易健康发展”）。

贸易规制的日常执行涉及行政部门。其中直接相关且重要者包括：商务部，尤其是对外贸易司（涉及进出口许可证和数量限制管理及进出口商品管理等）、公平贸易局（涉及不公平贸易做法裁定的调查、预警、摩擦应对及相应规则谈判等）、产业损害调查局（涉及进口对境内产业损害的调查等）、国际经贸关系司（涉及双边贸易机制管理等）、世界贸易组织司（涉及与世贸组织的通报交流等）、条法司（下设两个专门的"WTO法律处"）和各地商务主管部门；海关总署及各地分支；质检总局及各地分支；司法部。另外还有一些部门涉及专业对口管理，如教育部（涉及教育服务的开放管理）、药监局（涉及药品食品进口管理审批等）、公安部（典型如涉及贸易中的盗版刑事责任追查等）等。

司法审查和适当的境内救济涉及司法机构。为行政行为提供司法审查是中国在世贸组织项下的承诺义务［I.2.（D）.1 China Protocol 2001］。实务中，法院当然也会审理涉及世贸组织规则的案件，比如上海高院2003年3月审理的"浙江国贸等与上海外高桥港区海关补征税款决定纠纷案"等。

再有，各政府部门都有政府采购问题。一些社会性组织，如国际商会、各行业协会等，在类似为企业应对他国在世贸组织项下的相关调查、提供与世贸组织法律相关的培训等方面，也都能发挥独特的作用。

（六）加入中的承诺内容及承诺的落实

中国加入世贸组织时，在一般性政策（如最惠国待遇、透明度、定价政策、司法审查等）和货物贸易、服务贸易、知识产权保护等具体领域，都做出了相应承诺。货物贸易领域中，依中国所作的关税减让承诺，平均关税总水平要由14%降到约10%，其中工业品由13%降至约9.3%，农产品由19.9%降至约15.5%。服务贸易领域同样做了相当多的特定承诺。仅以过境交付（模式一）为例，中国所作的承诺就涉及总共12大项中的7项，其中在市场进入或国民待遇上完全开放的达72小项。在知识产权领域，中国承诺修改相应法律法规，包括《著作权法》、《商标法》以及其他领域的有关实施细则的修改，特别是加强对侵犯知识产权行为的打击。

据国务院新闻办公室2011年12月7日发布的《中国的对外贸易》白皮书

所称，[①]“截至2010年，中国加入世界贸易组织的所有承诺全部履行完毕。”具体而言，白皮书提到，“在中国争取恢复关税与贸易总协定缔约方地位和加入世界贸易组织的谈判过程中，在中国加入世界贸易组织后，中国的外贸体制逐步与国际贸易规则接轨，建立起统一、开放、符合多边贸易规则的对外贸易制度。”“加入世界贸易组织后，中国集中清理了2300多部法律法规和部门规章。对其中不符合世界贸易组织规则和中国加入世界贸易组织承诺的，分别予以废止或修订。”“2010年，中国关税总水平已经降至9.8%，其中农产品平均税率降至15.2%，工业品平均税率降至8.9%。关税约束率自2005年起一直维持在100%。”“中国认真履行加入世界贸易组织的承诺，为境外服务商提供了包括金融、电信、建筑、分销、物流、旅游、教育等在内的广泛的市场准入机会。在世界贸易组织服务贸易分类的160个分部门中，中国开放了100个，开放范围已经接近发达国家的平均水平。2010年，中国服务业新设立外商投资企业13905家，实际利用外资487亿美元，占全国非金融领域新设立外商投资企业和实际利用外资的比重分别为50.7%和46.1%。”

对于中国加入世贸组织后对承诺的履行情况，有世贸组织所作的对中国贸易政策复察报告可供考评。比如，依2012年的第四次复察报告，中国的平均最惠国待遇关税率维持在9.5%，与中国的约束税率相近；中国还在使用进出口许可证、国营贸易等非关税措施“指导”资源配置；补贴和政府支持在中国的贸易政策和产业政策中还相当重要；贸易规制中较多地应用了文件或内部规章形式，但这些文件并没能完全公开等。

（七）加入以来的争端解决参与实践

如果说中国加入世贸组织所作承诺更多体现了贸易领域全球治理机制对中国的冲击，那在参与争端解决的过程中，除了进一步显示了中国实质参与该机制的意愿之外，还显示了中国对澄清和细化世贸组织规则的贡献。这样的一种双向互动有着重大意义，实际可以看作是中国对贸易领域全球治理机制的真正融入。

① Available at http://www.scio.gov.cn/zxbd/nd/2011/201112/t1060046.htm, & http://www.scio.gov.cn/zfbps/ndhf/2011/201112/t1060560.htm, accessed 23vii2013.

自从2001年加入世贸组织，中国也不可避免地正式“参与”到了争端解决程序（DSM）中。从开始更多是“被动”“卷入”或跟随他方提出主张，到后来逐渐自身主动动用，中国对世贸组织争端解决程序的参与大体上范围渐广、程度渐深。① 整体和长期来看，这样一种广深的参与既在客观上跟中国作为贸易大国的地位相对应，其实也应该是中国的有意选择。毕竟，置身某一机制中而不是自立于其外，更有助于瞭解、适应以至“修正”该机制并最大程度获得该机制的好处；如果对该机制的参与是事实上不可避免的，那就会尤其如此。这样的频繁参与，即使最终的结果是没能在相关争讼中取得胜利，或即使只是作为第三方，对中国而言本身也总是个有效的学习过程。（见表1）

表1　中国对世贸组织争端解决程序的参与状况

	中国被诉	中国申诉	中国第三方
美国（申诉或被诉）	15	9	
欧盟及其成员	7	3	
日本	2	0	
经合组织其他成员	6	0	
巴西	0	0	
印度	0	0	
俄罗斯	0	0	
其他非经合组织成员	1	0	
经合组织成员小计	30	12	
非经合组织成员小计	1	0	
总计	31	12	103
中国参与世贸组织争端解决机制数量（2001—2013）（根据世贸组织网站数据整理）			

除了参与争端解决之外，中国在相应政府机构设置（商务部条法司世贸组织法律处）、培养和扶持国内律师、向世贸组织推荐中国专家和中国籍人士

① See Kennedy 2012 (china's) (China is playing the role of a 'system-maintainer')；李成钢（商务部条法司司长）、蒋成华，中国加入WTO以来参与WTO争端解决机制情况综述，载王军（主编），《WTO争端解决年度报告（2009—2010年）》。(京)法律出版社2011年11月初版，第80—98页。

出任上诉机制成员等方面，也都作出了较多努力并取得了一定成果。[①]

（八）加入以来的谈判参与实践

因为世贸组织成立后新的谈判回合多哈回合（DDR）还未能真正实质性展开，所以中国还没有太多机会全面展示自身在多边贸易谈判中所或能显现的作派和贡献。不过，依有观点所称的，中国政府十分重视规则谈判工作，以“澄清和改进规则、加严纪律、防止滥用”为总体立场和目标，深度参与了多哈回合谈判。其中，中国积极提交书面提案及修改建议，有关主张和提案得到一定程度的采纳，并进入了由美国、欧盟、日本、加拿大、印度、巴西等重要贸易体组成的核心“诸边磋商组”，锻炼和提升了谈判能力。[②]

整体而言，在谈判议题及思路的设计和规划、谈判主张的形成和表达、谈判基础文件的制作和准备、谈判进程的控制和主导、谈判筹码的创造和运用等各方面，说中国的经验可能相较欧美会有一些差距，恐怕并不过分。中国一方面既可以通过政治改革等增强自身内部决策机制的透明和顺畅，一方面也可以在将来的谈判进程中有意地学习以至模仿其他国家的有益经验。

（九）加入之后在贸易规制上的双重法律基础：宪法与世贸组织规范

加入世贸组织之后，中国对贸易的规制，至少存在着双重的法律基础：世贸组织规范（包括中国加入世贸组织议定书），中国宪法。[③]

在宪政追求之下，一个法律体系中各个具体法律制度的构建无疑应以宪法（包括宪法条文及其精神）为基础和效力的最终法律依据，各法律主体的行为也必须合乎宪法。这在现代各主要国家的宪法实践中都是基本原则。对外贸易法律制度当然要同样如此。而且，在现有的国际关系体系中，对中国这样一个人口众多、人均自然资源相对缺乏的地方来说，对外贸易是维持整体经济持续增长和繁荣不可或缺的关键因素之一，贸易活动会直接或间接地

① 李成钢、蒋成华，上引，第88—90页。

② 周晓燕(商务部进出口公平贸易局局长)，世贸组织多哈回合规则谈判综述，载上引王军（主编），第73—79页。

③ 陈卫国，“对外贸易法律制度的双重法律基础：宪法与世贸组织规则及其互动”，《国际关系学院学报》，2006年11月，第59—63页。

深入社会生活的各个方面，并因此而牵涉政府（广义的）的权力分配、整体社会利益调整、个体权利保障等诸多宪法问题。事实上，贸易规制本身既要符合宪法规定及其精神，其中涉及的很多现实和潜在问题也都不仅仅是贸易领域内的问题，而是往往会触及宪法层面，要靠诉诸宪法及宪法精神（从制度角度）来加以（根本的）解决。

在贸易规制的制度构建、运行过程中，所依据的世贸组织规则跟宪法之间有可能出现若干冲突（至少在理论上），这时就有一如何加以协调的问题：应以何者为主或为准？这一问题较为复杂，涉及宪法和国际法的基本理论，此处不赘。但考虑到政治在地性问题，或许现实中，下面这一想法不失为解决方向：以宪法为理由来"对付"世贸组织及其规则具有相当大的正当性依据。比如美国贸易法301条款对世贸组织争端解决机制的形成有着极为重大的影响，[①] 但要注意的是，在法律领域，支持301条款发挥作用的其实是美国宪法或曰其宪法体制。[②] 同时重要的是，以宪法为理由来对付世贸组织规则还使得其他成员很难攻击这一从国际法角度看来不合理的制度，因为现代的主流政治观点本身就是认可宪法在一国内的至高地位的，宪政体制本身在现代政治制度中具有很难置疑的正当性（justification）。以贸易为代表的国际经济活动无疑会与国际上的政治、外交、军事等有紧密的联系和互动，贸易问题决不仅仅是法律问题，而（至少在目前阶段）还是甚至更多的是政策问题，贸易纠纷的背后有着深层动机与目的；而政策的选择往往牵涉政府分权、大规模社会利益调整等宪法层次的问题。事实上，像中国这样人均资源极为缺乏（竞用性状态）、人口太多的国家，把类似贸易与投资这样的决策完全交给国际条约或协议来确定，其后果是不能想象的；中国必须至少保留在宪法层面的自主权（最好通过违宪审查机制）并以此来促使世贸组织规则在形成时就尽可能地符合中国及像中国这样的发展中国家的长远利益。

当然，世贸组织规则对一国宪法及宪政体制的构造亦有影响。这在所谓的宪法不完善、宪政体制不健全的国家中可能尤其明显。因此，总结而言，

① 郭雳，美国"301条款"与WTO争端解决机制的互动及其前景预测，《中国法学》，2001年第5期，第145—151页。

② 当然，从国际关系角度衡量，跨境交往中最基础的仍是实力因素；但这里主要在法律规则范围内考察。

具体到中国，世贸组织规则与中国宪法之间同样有着相互促进的关系：世贸组织规则有助于中国宪法内容及宪政制度构成过程中的准确定位，而中国宪法亦可用于促进世贸组织规则的合理与有效。

（十）可能的贡献：基于多边制度运行与自身宪政结构的平衡

中国积极参与以世贸组织为核心的贸易多边规制机制，并对此一参与过程进行考察，目的应该是指向最终析出有助于跨境贸易顺利进行、同时又有着中国自身特质的结晶物。

加入之后，中国到底该如何参与世贸组织的活动，并在参与过程中作出自身的贡献？这可能要从不同角度，并联系世贸组织的一般宗旨及其基本职能来分析。法理上说，中国（和其他任何成员）对世贸组织的参与，都要顾及两大法律基础之间的平衡与互动：国内的宪法秩序，世贸组织法律自身。比如，世贸组织成员身份对中国向市场经济转向的“撬动”，其实就是这种互动的一个层面。政治哲学和政治过程上说，中国（和任一成员）对世贸组织的参与，都要顾及并维持在“经济无界性”要求之下的必要的、适当的“政治在地性”基础，从而保证相关决策以至执政基础的充分正当性和有效性。

中国对作为世贸组织基本职能之一的争端解决的参与（不论主动被动），一方面会涉及如何在整体上“符合”世贸组织规则和原则，这可能在客观效果上更多涉及世贸组织规则对中国的作用。但另一方面，同样会涉及世贸组织规则具体含义的进一步明确和澄清，这当中中国无疑可以贡献出自身的解读。当然，如何在此一过程中表达自身并说服他人的问题同样存在，这固然需要多种技巧，但这经常是在具体的法律层面的。

中国对作为世贸组织另一基本职能的谈判平台的参与实践，整体而言还远不及美欧的深入与普遍。但不管谈判回合议题为何，中国作为重要经济体和贸易大国的积极参与总是可以预期以至无从回避的。在这个过程中，更多地会涉及一般性的宪法层面问题：如何在宪法框架（包括中央与地方关系，行业、地区利益衡量等）和决策流程下，正当有效地形成中国自身的诉求，确定哪些是不可退让的，哪些是可协商的，并在谈判中以中国的宪法结构作为重要的最终说服理由和依据，在谈判回合中有效表达上述诉求并达成可相互接受的结果。

跟其他某些领域的全球治理机制或有不同的是，贸易领域的全球治理经过多年的实践，已经有了一整套相当正式且有效的机制；上文对这一机制的基本内容作了简略的总结。贸易领域的多边治理机制既促进着中国的经济、政治和社会层面的转变，也为中国表达自身的利益诉求和价值观并使此种诉求得以固化、得到他方的接受提供了有效平台。这双重的效果（其实是一种互动）体现着世贸组织运行中对“经济无界性”和“政治在地性”的平衡努力，并因为贸易全球治理机制的成型化、“法律”化而明显可观。对于中国而言，重要的是，积极有效地参予这样模式的机制，而非置身于外。这中间，中国或许会面临较多的“挑战”或更长的适应期，尤其考虑到中式传统的差异，即中国或许会更熟悉或更习惯于“政策导向”式的交往模式。

四、结语

相对而言，贸易领域的全球治理存在着一整套相当正式且有效的机制和框架。经过几十年间的艰苦谈判和争端解决实践，形成了以世贸组织及其前身关贸总协定为核心的高度成型、高度规则化、高度细节化的贸易政策协调机制。大体可以说，贸易领域的全球治理典型地代表着一种“规则导向”模式。这意味着，中国的参与在整体上要受到这个框架较多的直接和严密约束。考虑到中国曾经有较长时间疏离于那些占主导地位的国际贸易活动，因此中国对贸易领域全球治理的参与，首先体现在让自身加入并适应现有机制。但这并不妨碍中国在贸易全球治理中作出自身的贡献。对于中国而言，一个好的选择是：积极参与到这样的国际机制当中，经过与其他地方的充分磋商，最起码先做到自顾其利，并在恰当遵从相应原则和规则的基础上，争取能够设定标准。

第十二章　全球粮食安全治理与中国的选择

“国以民为本，民以食为天”。粮食作为人类生存的基本必需品，既关系到国计民生与和谐稳定，又涉及国家安全与和平发展。粮食安全对世界各国而言都具有战略重要性，不仅是一个经济问题，也是一个重大的政治问题，始终受到广泛关注。20世纪70年代爆发了全球范围内的粮食危机，随即在首次世界粮食首脑会议上，联合国粮农组织（FAO）正式提出了“粮食安全”概念。从此，确保和维护粮食安全成为世界各国可持续发展的核心问题之一。

根据2000年联合国新千年首脑会议达成的新千年发展目标（MDGs），2015年将世界饥饿人口减少为一半，然而10多年过去了，全球饥饿人口规模仍然未有明显改善，2005—2007年，全球饥饿人口约为8.48亿，相比1990—1992年增加了600万人；2009年首次突破10亿大关，达到10.23亿人，尽管2010年出现15年来饥饿人口数量的首度下降，回落至9.25亿，但无论从绝对数字还是相对比例，要实现2015年的目标面临巨大考验。[①] 粮食问题如此严峻，一方面同全球人口快速增长、粮食需求剧增和价格波动有关，另一方面也由于气候变化、自然灾害和部分国家的政治动荡冲击了粮食生产与供给途径。也就是说，粮食安全的挑战正透过全球经济、地缘政治和生态环境日趋紧张的态势表现出来，特别是2008年全球金融危机后，两次全球粮食价格的剧烈波动和迄今价格仍然居高不下的局面，伴随与此的生物能源发展与传统能源的竞争、美元贬值与粮食金融化趋势、气候变化与极端天气频繁以及转

① 公茂刚：《发展中国家粮食安全问题研究》，中国经济出版社，2013年版，第52页。

基因作物的商业化与种子资源的不安全等问题，使贫困的农民、消费者和依靠粮食进口的国家正处于十分危险的境地。

为此，本章力图分析和探讨当前影响全球粮食安全的因素及其内容，并基于全球治理的视角寻求如何认识全球粮食权力格局的变动趋势，如何理解粮食生产环节变化对粮食安全的影响，如何看待贸易自由化与抑制农产品价格上涨之间的关系，如何看待粮食大国对粮食安全问题的协调，如何继续推动既有国际组织在维护全球粮食安全方面发挥积极作用，以及如何评估和提升中国参与全球粮食安全治理的水平和趋势。

一、金融危机以来全球粮食安全形势

（一）粮食安全观念的理论回顾

“粮食安全”在文字上通常包含两重含义：一是指粮食生产和供应的保障程度，可理解为“食物保障”（Food Security）；二是指粮食在营养、卫生、检疫、化学残留物等涉及人类健康方面的保障程度，可理解为“食用安全”（Food Safety）。联合国粮农组织在1974年11月首次将“粮食安全”定义为“确保任何人在任何时候都能得到维持生存所必须的足够食物”，[①] 首先强调了粮食的供应必须满足人生存和发展的基本需要。

1983年4月，时任联合国粮农组织总干事爱德华·萨乌马进一步将粮食安全的概念内涵进行了深化，认为“粮食安全的最终目标应该是确保任何人在任何时候既能买得到又能买得起为了生存和健康所必须的足够食物”，[②] 将粮食的供应与人的获取能力结合起来理解粮食安全，阐释了全球地区差异和贫富不均的现实对粮食安全的影响。

1986年世界银行（World Bank）对粮食安全概念进行了对比性阐述，强调了粮食安全本质在于粮食的供给（Supply）与获取（Access），粮食不安全则是供给不足或缺乏获取粮食的能力；同时阐述了“长期的粮食不安全”，即

① United Nations Food Agriculture Organization（FAO）, *Report of the World Food Conference*, World Food Summit, Rome, 1974.

② United Nations Food Agriculture Organization（FAO）, *World Food Security: A Reappraisal of the Concepts and Approaches*, Director-General's Report, Rome, 1983.

由于粮食获取能力导致的持续的粮食不充足与“暂时的粮食不安全”，即由于粮食生产、粮食价格、家庭收入等因素波动造成的粮食供给和获取能力的暂时性下降。[①]

1996年联合国粮农组织再次对粮食安全概念进行了解释，将其界定为：让所有人在任何时候都能享有充足的粮食，过上健康、富有朝气的生活，[②]第一次将粮食安全概念由“数量安全”提升到“质量安全”，从而将“食物保障”与“食用安全”统一起来，扩大了粮食安全概念的外延。

2009年联合国粮农组织最近一次对粮食安全概念的阐述是“指所有人在任何时候都能够在物质、社会和经济上获得足够、安全和富有营养的粮食，来满足其积极和健康生活的膳食需要和食物喜好”，[③]更加强调粮食获取能力上家庭层面的应用，即区别于国家和地区为主体的宏观理解，关注以家庭和个人营养和健康微观层面的粮食安全。

除了国际组织基于全球粮食安全变化趋势的认识和界定外，国内外学者也不断寻找合理因素丰富粮食安全概念的内涵。阿尔伯特·瓦尔德斯和拜第安认为，以家庭具有的标准消费能力衡量粮食安全水平更为有益；[④]马克斯维尔和弗兰肯伯格则关注营养安全是粮食安全的基本需求，为后期研究转基因作物对粮食“营养安全”的影响提出理论依据；[⑤]巴勒克拉夫（Barraclough，1991）从粮食体系构建上提出生产和储存的充足性、决策和供给的自主性、粮源渠道的可靠性、粮食供给的稳定和持续性以及粮食供应的公平性是粮食

---

① World Bank, *Poverty and Hunger: Issues and Options for Food Security in Developing Countries*, World Bank Policy Study, Washington D.C., 1986.

② United Nations Food Agriculture Organization（FAO）, *the Rome Declaration on World Food Security and World Food Summit Plan of Action*, World Food Summit, Rome, 1996.

③ United Nations Food Agriculture Organization（FAO）, *the State of Food Insecurity in the World 2009*, World Food Summit, Rome, 2009.

④ Valdes A. Food Security in Developing Countries[M]. Boulder: Westview Press, 1981; Badiane O. National Food Security and Regional Integration in West Africa[R]. Wissenschaftsverlag Vauk, Kiel, 1988.

⑤ Maxwell S, Frankenberger T R. *Household Food Security: Concepts, Indicators, Measurements: A Technical View*, New York: United Nations Children Fund and International Fund for Agricultural Development, 1992.

安全须具备的五大特点[①]。比科尔则从“粮食不安全”的结果——饥饿和营养不足出发，认为粮食来源不断缩减的状态是导致上述后果的直接原因，因此，各种扩大粮源的途径都是减除饥饿现象的有效手段。[②]我国学者吴志华提出了粮食安全的动态性概念，强调“是对粮食生产、流通和消费进行动态、有效平衡的政治经济活动”，认为粮食安全主体的多层次性、粮食获取的多途径选择、质量与数量的同等重要性、供应充足性、长远战略性和政治经济学属性应是粮食安全的基本内涵。[③]娄源功、江东坡和郑少锋的观点则更为具体，他们认为粮价的合理须与其他生活必需品也合理、能够同时满足人们对粮食的直接消费和间接消费、具备抵御各种粮食风险的能力构成粮食安全的基本要件；同时，将家庭和个人粮食安全问题与宏观粮食安全问题放在同等重要的位置。博瑞特、李瑞锋和肖海峰为代表的学者还共同认为粮食安全的终极目标是家庭和个人的粮食安全，应进一步关注粮食安全的微观理解。[④]陈健鹏则进一步从宏观和微观关注了转基因作物对粮食安全的影响，特别指出中国不应对转基因作物过度进行商业化推广，应在维护粮食安全的前提下，从常规育种角度推进生物技术产业发展，确保家庭和个人的健康。[⑤]

综上所述，本章对于粮食安全的界定，是指在确保所有人在任何时候均能有效获得稳定、持续和充足的粮食供应，并在经济、社会和物质上实现粮食供应对所有人必需的安全、营养和健康的保证。具体而言，主要涉及以下四大要件：一是寻求粮食供求长期总量的基本平衡，即体现为如何增加和保持长期粮食生产能力；二是能够平抑粮食供应的波动，避免价格和产量规模

① Barraclough S L., *An End to Hunger? The Social Origins of Food Strategies*, A Report prepared for the United Nations Research Institute for Social Development and for the South Commission based on UNRISD Research on Food System and Society, London, 1991.

② Bickel G., Andrew M, Klein B., *Measuring Food Security in the United States: a supplement to the CPS*, United States Department of Agriculture, 1996.

③ 吴志华:《粮食安全收益、成本与均衡探析》,《农业技术经济》,2003年第2期，第10—14页。

④ 娄源功:《基于国家粮食安全的专项储备量规模研究》,《农业技术经济》，2003年第4期，第6—12页；江东坡、郑少锋:《论中国粮食安全问题》,《陕西农业科学》，2001年第4期，第23—25页。

⑤ 陈健鹏:《转基因作物商业化的现状、对粮食安全的影响及启示》,《农业经济问题》，2010年第2期，第15—20页。

的大起大落，寻求在任何时点上的平稳与合理供应；三是分配的可获得性，尤其是对弱势地区和贫困人口粮食消费的有效保障；四是建立在营养、卫生检疫和化学残留物等方面的规范和标准，避免生态、生物和健康风险向粮食供应的转移，确保食物安全。因此，通过对于粮食安全观念的回顾和粮食安全概念的界定，我们必然会追问究竟哪些因素导致了现实全球"粮食不安全"问题的局面，而这些因素中哪些又更加突出并更具影响力，这就需要我们首先认真审视当前全球粮食供求情况的基本态势。

（二）金融危机以来全球粮食安全供求情况的基本态势

伴随国际金融危机的蔓延和深化，全球经济下行风险有所加深，世界粮食安全面临着新的困难和挑战。应对粮食危机，提高全球粮食安全水平和国际治理协调能力，应首先评估和判断当前全球粮食安全供求层面和贸易状况、价格水平和饥饿人口状况的基本态势，以寻找影响全球粮食安全状况的主要动因。

第一，粮食供给仍处于"紧平衡"状态，全球粮食贸易结构失衡明显。粮食的供给能否满足消费需求是粮食安全与否显而易见的宏观衡量指标，就全球粮食供给来源而言，一是当年的粮食产量，二是上一年粮食的结余量和储备；而粮食生产是粮食供给的根本，粮食结余和储备仍来自于之前的粮食生产。根据世界粮农组织数据显示，近10年来，粮食生产与需求一直持续保持缓慢增长，后金融危机时期，2010年和2011年全球粮食产量分别为22.46亿吨和23.27亿吨，全球粮食消费量分别为22.68亿吨和23.09亿吨，前者粮食产量缺口2200万吨，而后者粮食产量超过消费量仅1900万吨（见表1）。此外，按照联合国粮食储备量应当占社会消费量18%的规定计算，2008年全球粮食储备为4.05亿吨，既已降至1980年以来的最低水平；而2010以来则更已低至15%左右。粮食产量不断增加而粮食储备额却在减少，既说明了粮食实际消费需求的快速增长，也反映出未来粮食供给前景仍不容乐观。全球粮食的产量和需求量长期处于"紧平衡"的状态依然难以改变（见图1）。

表1　全球粮食供求状况（2001—2011年）　　单位：百万吨

年份	全球粮食产量	全球粮食需求量	全球粮食贸易量
2001	1908.1	1932	241.8
2002	1837.2	1932.8	237.6
2003	1894.7	1963.4	238.8
2004	2074.6	2023.6	246.5
2005	2052.4	2045.2	245.6
2006	2020	2074.5	257
2007	2134.6	2141.6	271.9
2008	2289.5	2191.6	282.5
2009	2264.7	2234.9	276
2010	2246	2268.4	280.6
2011	2327.4	2308.9	287.8

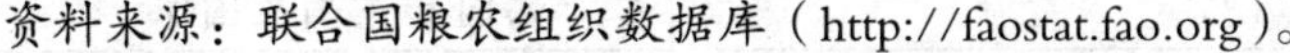

资料来源：联合国粮农组织数据库（http://faostat.fao.org）。

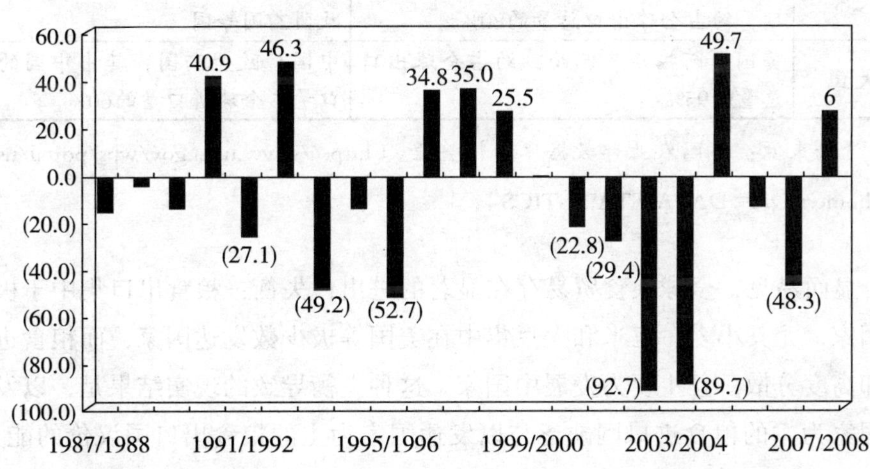

图1　全球粮食供需变化情况的历史数据（1987—2007年）（单位：百万吨）

资料来源：联合国粮农组织和美国农业部统计数据整理。转引自：杨晓智：《世界粮食贸易格局和趋势研究》，《国际贸易问题》，2009年第12期，第9页。

此外，随着全球经济发展和农业生产国际分工的扩大，全球粮食贸易也一直保持稳步增长趋势。不断扩大并保持递增的国际粮食贸易，为广大粮食进口国的粮食安全提供了重要支撑。但相比粮食产量与消费量的增长速度，全球粮食贸易量的增长并不显著，近10年年均增速仅0.7%（见表1）。在主要粮食品种的年出口量占全球粮食贸易当年出口总量的比重方面，小麦、大米和玉米的出口量之和占全球粮食出口总量的比重一直维持在81%左右。[①] 而从全球粮食贸易的国家和地区结构来看，粮食出口方主要集中于少数国家和地区，而进口方则高度分散多达100多个不同经济体（见表2）。

表2　全球粮食贸易主要进出口国家情况

粮食品种	粮食主要出口国情况	粮食主要进口国情况
小麦	美国、阿根廷、澳大利亚、加拿大、欧盟27国，约占全球出口总量的60%	北非、中东、东南亚国家、巴西、巴基斯坦等国
玉米	美国、阿根廷、南非，约占全球玉米出口总量的70%	埃及、欧盟27国、墨西哥、日本、韩国和东南亚国家
大米	泰国、越南、巴基斯坦、美国、印度，约占全球出口总量的80%	中东国家、菲律宾、尼日利亚及欧盟27国等国
大豆	美国、阿根廷、巴西，约占全球出口总量的95%	中国、欧盟27国，其中中国的进口量占全球进口量的60%

资料来源：美国农业部数据库资料整理。（http://www.usda.gov/wps/portal/usda/usdahome?navid= DATA_STATISTICS）。

显而易见，全球粮食贸易存在显著的进出口失衡：粮食出口集中于极少数国家，尤其小麦、玉米和大豆集中在美国等极少数发达国家，而粮食进口国却高度分散，且主要为发展中国家。这种失衡导致的现实结果是，以发展中国家为主的粮食进口国缺乏与以发达国家为主的粮食出口国议价的能力，因而在国际粮食市场上难以具有价格发言权，由此也给部分高度依赖粮食进口的经济体带来较高的粮食安全风险，甚至带来饥饿和长期的粮食危机。

第二，粮食价格水平大起大落，始终居于高位运行状态。借助于需求增

① 袁平:《国际粮食市场演变趋势及其对中国粮食进出口政策选择的启示》,《南京农业大学学报（社会科学版）》，2013年第1期，第46—55页。

加和大宗资源价格上升的力量，国际市场先后出现了两次粮价的剧烈上涨，一次发生在2006年到2008年间，另一次是在2010年到2011年间，并在两次价格飙升之间出现大幅波动。其中，2007年初至2008年下半年，玉米价格上涨74%，大米价格上涨166%，全球谷物价格暴涨至30年来最高水平。随后金融危机的爆发让粮食价格发生"夭折"，价格出现大幅下降，但从2010年下半年，全球粮食价格又形成新一轮上涨，涨幅达50%。2011年，FAO全球主要食用农产品价格指数一度高达236点[①]，全年平均处于228点的水平，比2010年高出23%，为1990年FAO开始计量国际食品价格以来（名义上和实际上）的最高水平。特别是FAO谷物价格指数平均为247点，与2010年相比增长约35%，是20世纪70年代以来的最高水平（见图2、图3）。根据FAO的预测，2012至2013年，全球粮食产需关系将由上年度的偏紧转变为宽松，全球粮食价格将出现下行趋势；但受全球经济不平衡复苏的影响，仍维持在高位运行且兼有波动。

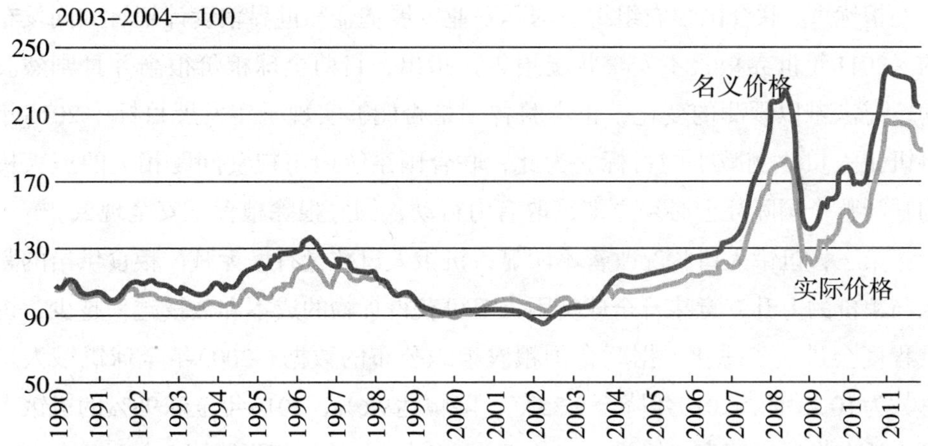

图2　全球主要食用农产品名义和实际价格指数走向（1990—2011年）[②]

---

① 主要食用农产品价格指数包括谷物、肉类、奶类、油和油脂以及食糖，按2002—2004年平均价格和出口比重加权计算。其中，谷物包括小麦、玉米、稻米，肉类包括禽肉、牛肉、猪肉、羊肉。

② 宗会来：《国际社会应对持续高位粮食价格的政策选择》，《世界农业》，2012年第5期，第32—39页。

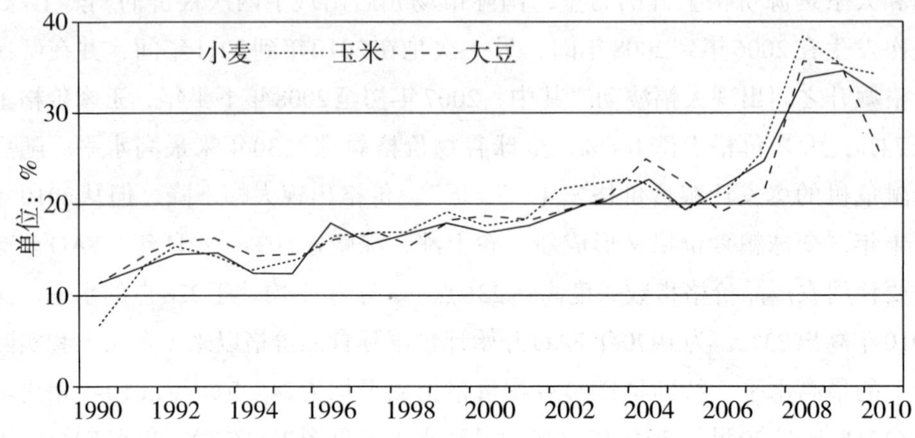

图3 小麦、玉米和大豆价格变动走向（1990—2010年）[①]

2006年以来国际粮食价格的大幅攀升和波动反复，伴随金融危机的后续效应和经济复苏的不平衡性，毫无疑问地直接加重了国际社会对全球粮食安全的担忧[②]。联合国粮农组织、国际农业发展基金和世界粮食计划署共同发布的《2011年世界粮食不安全状况报告》指出，目前全球粮价很高并且剧烈波动，充满难以预测的变化，正考验各国是否能够实现千年发展目标中2015年将饥饿人口比例减半的目标。为此，联合国系统内与粮食问题相关的三大机构呼吁整个国际社会必须立即采取有力行动，彻底根除粮食不安全现象。[③]

第三，饥饿人口状况改善不明显，饥饿人口数量有增无减。粮食供给的紧张与粮价的上升，意味着全球贫困人口可获得食物的成本和数量越来越少，饥饿程度会进一步恶化。据联合国粮农组织公布的数据，2009年全球饥饿人口总数为10.23亿，2010年降至9.25亿，降幅达9.6%；2010年全球98%的饥饿人口生活在发展中国家，饥饿人口比例为16%，比2009年下降了2个百分点，但

① 宗会来：《国际社会应对持续高位粮食价格的政策选择》，《世界农业》，2012年第5期，第32—39页。

② 对全球粮食安全的担忧，主要以联合国粮农组织和联合国粮食计划署近年来频繁发出的粮食安全危机预警为主。到2012年7月，由于美国和俄罗斯干旱等极端天气危害，这两个组织又多次发出了预警。

③ 卞晨光：《未来10年全球粮食安全状况堪忧》，《科技视界》，2011年第28期，第48页。

仍远高于千年发展目标[①]。“饥饿意味着粮食不安全，是粮食不安全的风险发生之后的结果”，[②]因此，饥饿人口的数量和状况、粮食缺口的地域结构反映了全球粮食安全进展不平衡的态势。一方面，大多数饥饿人群都分布在发展中国家，以饥饿发生率[③]来衡量，全球的粮食不安全发生比例存在不断下降的趋势，但是饥饿人口的绝对数量不降反升（见表3）。此外，由于粮食供给短缺和消费不足，全球营养不良人数迅速增加，其中低收入国家平均每6秒钟就有一名儿童死于营养不良。按照2015年世界饥饿人口必须减少一半的要求，每年必须减少2600万饥饿人口，但实际每年减少的饥饿人口数只有210万。[④]

表3　全球各地区饥饿人口数量与饥饿发生率变化情况[⑤]　　单位：百万、%

地区	1990—1992年		1995—1997年		2000—2002年		2005—2007年	
	数量	发生率	数量	发生率	数量	发生率	数量	发生率
发展中国家	826.6	20	768.1	17	816	17	835.2	16
亚洲和太平洋地区：	587.9	20	498.1	16	531.8	16	554.5	16
东亚	215.6	18	149.8	12	142.2	10	139.5	10
东南亚	105.4	24	85.7	18	88.9	17	76.1	14
南亚	255.4	22	252.8	20	287.5	21	331.1	22
中亚	4.2	8	4.9	9	10.1	18	6	10
西亚	6.7	41	4.3	27	2.3	15	1.1	7
拉美和加勒比地区：	54.3	12	53.3	11	50.7	10	47.1	8
北美和中美洲	9.4	8	10.4	8	9.5	7	9.7	7
加勒比	7.6	26	8.8	28	7.3	22	8.1	24
南美洲	37.3	12	34.1	10	33.8	10	29.2	8
近东和北非：	19.6	6	29.5	8	31.8	8	32.4	7

① United Nations Food Agriculture Organization（FAO）, *the State of Food Insecurity in the World 2010*, Rome, 2010.

② Barrett C B., “Food Security and Food Assistance Programs”, *Handbook of Agricultural Economics*, 2002(2), pp. 2103-2190.

③ 饥饿发生率也是衡量粮食安全的一个重要指标，指的是饥饿人口占总人口的比重。

④ 毕夫：《全球粮食安全：瓶颈与破除》，《对外贸易实务》，2010年第1期，第20—23页。

⑤ 公茂刚：《发展中国家粮食安全问题研究》，中国经济出版社，2013年，第60页。

续表

地区	1990—1992年		1995—1997年		2000—2002年		2005—2007年	
	数量	发生率	数量	发生率	数量	发生率	数量	发生率
近东	14.6	7	24.1	11	26.2	10	26.3	9
北非	5	<5	5.4	<5	5.6	<5	6.1	<5
撒哈拉以南非洲：	164.9	34	187.2	33	201.7	31	201.2	28
中部非洲	20.4	32	37.2	49	47	55	51.8	53
东非	76.2	45	84.7	44	85.6	39	86.9	34
南部非洲	30.6	43	33.3	41	35.3	38	33.9	33
西非	37.6	20	32	15	33.7	14	28.5	10
发达国家	16.7	<5	19.4	<5	17	<5	12.3	<5

另一方面，就全球不同地区而言，粮食缺口情况存在很大差异。以撒哈拉以南非洲为例，2010年粮食产量为1.24亿吨，当年粮食消费量为1.44亿吨，粮食缺口达2063.4万吨，且长期处于严重缺口状态。即使以粮食援助等形式增加粮食供给，全球最不发达国家仍然有大量人口处于饥饿状态（见表4）。不仅如此，在局部地区和部分国家，粮食短缺已经造成了大规模移民问题，波及周边地区安全。即便在一些富裕国家，也会因粮食问题引发恐慌骚乱，并触发更大的安全危机。粮食危机一旦严重恶化将成为一场人类共同面临的“输不起的战争”。

表4　全球最不发达国家的粮食净进口量及接收粮食援助数量①　单位：万吨

年份	1980	1990	2000	2003	2004	2005	2006	2007	2008
净进口	696.03	890.47	1548.96	1888.20	1780.10	2028.61	2129.95	1913.63	1928.11
接受援助	315.53	425.36	368.11	317.45	331.99	305.14	228.48	—	—

（三）全球粮食不安全状况的动因分析

针对金融危机以来全球粮食的供求基本态势，粮食不安全状况的动因错综复杂，但是从经济学角度分析，全球粮食市场供给和需求不平衡导致粮价

① 公茂刚：《发展中国家粮食安全问题研究》，中国经济出版社，2013年，第68页。

上涨是根本原因。就短期而言，金融危机导致的农业市场投机资本激增，澳大利亚等世界粮食主产国受灾减产，发达国家生物燃料产业快速发展等因素成为全球粮价上涨的“直接导火索”；农业技术进步趋缓，发达国家的高额农业补贴，人口增加和粮食消费结构变化等长期因素则成为推动全球粮价持续高位运行的“文火”。具体来看，全球粮食不安全的主要动因为以下七个方面：

一是全球气候变暖导致粮食减产，各国工业化进程对环境造成破坏。由于气候异常和变异，极端天气经常性出现成为直接影响粮食安全的关键因素，主要产粮国的农业生产受到不利影响。例如连续干旱使澳大利亚大米减产达89%，部分农民不得不转种用水较少的作物。[①] 联合国粮农组织的研究报告指出，如果不对气候变暖采取任何措施，到本世纪后半期，全球主要农作物如小麦、水稻和玉米的产量最多将下降36%。[②] 此外，各国工业化带来的大量污染物排放和聚集，造成例如地表臭氧抑制农作物生长的危害性也在逐渐放大。

二是全球农业生产技术进步趋缓，单产提高能力有限。由于受土地、水等自然资源的限制，粮食产量增加主要取决于单位产量的提高。近几十年来，世界各国农业生产规模已有大幅提高，但农业技术进步总体减缓，转基因作物受到严重质疑，传统技术培育周期长，使得农业技术对生产的促进作用不断减少，大多数地区单产继续提高的潜力有限。

三是发达国家的农业高额补贴。美国、欧盟和日本等发达国家为本国农民提供每年约3000亿美元的农业补贴，严重扭曲了世界农产品市场价格和贸易条件。以大豆为例，美国政府巨额补贴农民廉价出口大豆，国际市场大豆价格持续走低，领亚洲大豆生产逐步萎缩，甚至部分大豆出口国变成进口国。全球大豆生产中心也由亚洲地区转移到了美国、巴西等美洲地区。此外，部分发达国家的小麦、大米、玉米等粮食作物，也均接受不同程度的农业补贴，使发展中国家的农业生产受到极大削弱，影响了这些国家维持粮食自给率和减贫扶贫能力。

四是生物能源技术的快速发展。各国为保持经济发展势头，随着传统能

① 王国庆、王琛：《从多边贸易体系角度谈解决全球粮食高涨的途径》，《国际经济合作》，2008年第11期，第15—19页。

② 毕夫：《全球粮食安全：瓶颈与破除》，《对外贸易实务》，2010年第1期，第20—23页。

源价格不断走高，替代性生物能源发展成为新的选项。但生物燃料主要以玉米、油菜等粮食和油料作物为主要生产原料，因此必然导致对农作物的大量需求。目前，美国每年将玉米产量的1/4用来加工乙醇燃料，而今后五年里将可能1/3的美国玉米被利用制造乙醇燃料。“生物能源化”分化了粮食的供给，加剧了市场供需的短缺，成为粮价上涨的重要推力。

五是投机资本进入粮食市场进行炒作。金融危机后，全球资本市场一片惨淡，各国政府纷纷推出量化宽松政策，主要货币纷纷贬值，各种投机因素在包括粮食在内的商品期货市场中重新膨胀。粮食期货价格的飚升，推动现货市场价格上升，进一步恶化市场上供求矛盾，由此经过一系列轮番炒作，又会倒推期货市场价格的上涨，从而形成轮动效应，粮食有效需求不断受到扼制，饥饿人口持续有增无减。

六是美元大幅贬值促使粮食名义价格持续上涨。金融危机爆发以来，美元在世界范围内趋软，美联储在短短几个月内将联邦基金利率调低近300个基点，导致美元与其他主要货币之间的利差急剧扩大，美元相对于欧元、日元、人民币等主要货币大幅贬值。作为粮食价格的主要计价货币，美元汇率的持续下跌，自然会导致农作物和农产品名义价格不断上升[①]。

七是人口增加和粮食消费结构变化导致粮食需求不断扩大。据联合国预测，世界人口正以每年1.3%的速度增长，预计到2025年将增至91亿，导致全球人口增长速度大大快于粮食增产速度。目前世界粮食总产量一直徘徊在20—25亿吨左右，如果世界人口保持现有增速，2025年的全球粮食需求将增加50%。与此同时，人口众多的新兴市场大国集中进入了改变膳食结构的时期，从而极大提升了粮食需求。例如如果南亚地区保持5.5%的年均经济增长率，到2025年奶制品和肉类的人均消费量将分别增加70%和100%。[②]鉴于粮食的刚性需求和结构性改善在短期内很难改变，全球高粮价的时代似乎已经到来，存在粮食危机的国家不得不面临长期压力。

综观上述因素，全球粮食不安全的动因存在于个体、家庭、国家和地区

① 王国庆、王琛:《从多边贸易体系角度谈解决全球粮食高涨的途径》,《国际经济合作》，2008年第11期，第15—19页。

② [美]尹格科、纳什:《农业与WTO：创建一个促进发展的贸易体系》，章奇译，中国财政经济出版社，2005年，第190—203页。

等不同层面，且均具有刚性和结构性特征。基于对各个层面的分析，可以一定程度上认为全球的高粮价时代可能已经到来。因此，如何寻求对全球粮食安全的总体干预，进一步探讨影响粮食安全治理的主要问题，对全球经济、地缘政治和生态与人的健康等总体改善具有现实意义。

二、当前全球粮食安全治理中的四个核心问题

威胁粮食安全的因素涉及方方面面，但归根结底是宏观层面的粮食供给不足和微观层面的粮食获取能力缺乏，从而呈现出全球粮食供求不平衡的现实[①]。为此在全球化背景下，粮食安全的维护已变成一个重要的全球性治理问题。

《2011年世界粮食不安全状况报告》指出，未来十年，全球人口数量和粮食消费还将持续增长，生物燃料的开发给粮食系统带来更大的压力，农产品与能源市场之间的联系日趋紧密，极端天气事件将更加频繁，农业和农民投资风险日益加大，更多小农户和低收入消费者受多种因素影响而陷入贫困。这些既是全球粮食安全的趋势性现象，也是各国和地区间政治和经济竞争、博弈与妥协的结果，概括起来看，生物能源发展与传统能源的竞争、美元贬值与粮食金融化趋势、气候变化与极端天气频繁以及转基因作物的商业化与种子资源的不安全正成为全球粮食安全治理的核心问题。

（一）生物能源发展与传统能源的竞争

在工业品、农产品和能源三者之间，只有能源是其中最大的变量。伴随生物能源的快速发展，能源政策在传统石油资源和生物能源间变动，改变了传统农业出口大国的农业生产格局，使它们将大量原本出口的玉米、菜籽、棕榈油转用于生产生物燃料，导致世界粮食供求状况发生变化，粮食价格上涨，进而还一定程度影响了全球能源控制的权力格局。

首先，生物能源大规模消耗粮食，造成全球粮食供需格局出现转折性变

① 联合国贸发会议：《解决全球粮食危机：确保可持续的粮食安全和减贫的关键贸易、投资与商品政策》，纽约和日内瓦，2008年。

化。近年来石油价格高企，生物能源的快速发展大幅增加了对玉米、食糖、油菜籽及大豆等原料的需求。据统计，近5年全球玉米消费年均增加3.3%，其中，燃料乙醇消耗的玉米占70%以上。美国于2002年开始大规模发展生物能源，到2010年，其燃料乙醇消耗的玉米达1.28亿吨，相当于美国玉米产量的41%以及全球玉米产量的25%。与此同时，巴西50%的甘蔗生产用于燃料乙醇生产，全球20%的豆油、东南亚30%的棕榈油、全球20%及欧盟65%的菜籽油均用于生物柴油生产，这都加剧了全球食糖与植物油市场的波动[①]（见表5）。一项世界银行的评估认为，生物能源应该为粮食价格上涨承担一半以上的责任。[②]

表5　全球植物油消费量增长率与工业用量所占比率[③]

	1990—1999年	2000—2009年
消费总量	4.5	5.1
+食用消费量	4.4	3.3
+工业消费量	5.6	15.4
-生物燃料生产用量	—	23.0
-其他工业用量	—	4.7
	2000年	2010年
工业用量在世界消费量中的比重	11	24

其次，传统能源价格波动与生物能源发展更为密切，粮食价格倾向于与石油价格同向大幅变动（见图4）。传统上能源价格对农作物生产和运输成本的影响较大，然而石油价格的高涨，一方面增加了农作物本身的生产成本，另一方面刺激了生物能源生产更为有利可图，从而在目前的技术水平下，消耗更多谷物、糖和植物油生产乙醇和生物柴油，进一步从粮食生产成本和市场供给两个方面推高了粮食价格，扩大了与石油价格的同向变动幅度。相反，如果石油价格下跌，引起农业生产成本下降，也导致生物能源利润空间减小，

① 程国强：《全球粮食供需格局发生深刻变化》，《党政论坛》，2011年第11期，第43页。

② James A. Paul & Katarina Wahtberg., *A New Era of World Hunger*?, FES Briefing Paper, July 2008.

③ 宗会来：《国际社会应对持续高位粮食价格的政策选择》，《世界农业》，2012年第5期，第32—39页。

粮食价格又会更大幅度下挫，从而呈现全球粮食市场的暴涨暴跌，2006—2008年和2010—2011年的两次粮食价格大起大落，恰恰印证了这一新的事实。从长期来看，新技术和政策的变化可能改变能源和粮食价格之间的关系，但在短期内两者的正相关性仍然非常强。

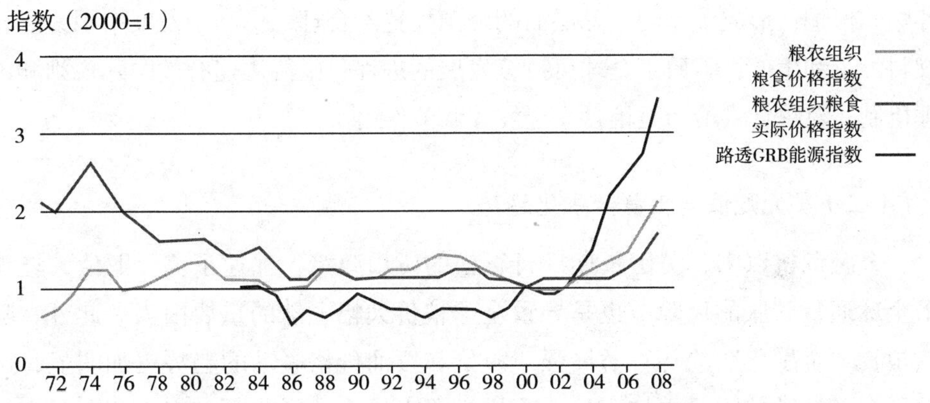

图4　世界粮食及能源实际价格和名义价格的长期走势[①]

第三，传统能源开采与生物能源发展的政策博弈，将在更大范围内改变既有粮食和能源市场格局，影响全球粮食安全形势。2007年12月18日，美国国会通过《能源独立与安全法案》(EISA)，要求减少石油进口，大幅增加乙醇等生物燃料的添加比例，实施生物能源补贴，实质上将出口的粮食转化为乙醇燃料。[②]美国作为全球最大的粮食出口国，以此为代表，其政策调整对全球粮食和能源市场格局产生了重大影响。一是显著增加了粮食进口国的财务负担，降低了消费者的实际收入与购买力，其中对弱势群体的损害是最大的，缺粮国低收入民众的营养状况与粮食安全尤其受损严重。二是美国作为全球农业第一大国，有大量土地用以生产粮食和其他农产品，将多余粮食转化为生物能源，既有利于减少对外部石油的依赖，又形成新的战略手段，调控粮食利用结构，在出口和生物能源利用间调整，从而实现巩固全球领导地位的战略目的。三是

① 杨晓智:《世界粮食贸易格局及趋势研究》,《国际贸易问题》, 2012年第12期, 第9—15页。

② [美]帕特里克·韦斯特霍夫:《粮价谁决定：食品价格中的经济学》, 申清、郭兴华译, 机械工业出版社, 2011年, 第14页。.

新兴经济体产业结构调整受到冲击，传统工业化路径必须进行调整，必须有效调整和分配资源，提高粮食自给率，维护自身粮食安全。四是由于传统能源具有不可再生性，当石油价格上涨，粮食价格的上涨必然会引起农产品与工业品的价格竞争，大量资本转入农业领域，加剧粮食金融化趋势，对工业和新兴产业发展构成抑制，导致产业发展倒退。五是欧美等国对国内生物能源给予巨额补贴和保护，形成了新的国际层面的资源配置不合理，不利于发展中国家生物燃料加工和生产，阻碍了全球可持续发展的进程，亟待构建有效国际规则和治理机制，对粮食供给乃至粮食安全发挥调节作用。

（二）美元贬值与粮食金融化趋势

金融危机以来，美国长期推行宽松的货币政策，加速了美元贬值，增加了全球通货膨胀的风险，也是导致全球粮价大幅上涨的重要因素。此外，随着粮食“金融化”趋势日益增强，粮价和石油价格联动的趋势更加明显，与美元汇率波动的联系更加密切，受投机资本炒作的影响更加突出，国际市场粮价波动将更趋剧烈，全球粮食安全治理在金融层面的国际共识亟待形成。

首先，粮食价格与美元的负相关性不断增强，助推粮价走高势头持续。金融危机爆发后，美元贬值进一步加速。由于国际粮食贸易以美元计价，相对欧元、巴西雷亚尔等主要粮食出口国货币的坚挺，美元贬值直接导致粮食名义价格上升。此外，生物能源的快速发展，打通了石油和粮食之间的价格通道，刺激了避险和投机资金进入粮食市场。例如按不变美元计算，2007年国际大米和玉米的真实价格分别只有1995年的81%和88.5%，小麦和大豆的真实价格仅比1995年分别高出29.4%和16.8%。[①] 总之，每逢美元贬值周期出现，粮价就会出现上涨，并在市场预期下推动粮价涨幅高于美元贬值幅度，以刺激粮食产量提升，并由此形成了恶性价格上涨循环。

其次，随着商品指数期货交易的盛行，粮食金融化成为新兴但非常活跃的现象，粮食市场与货币市场、外汇市场、期货市场和衍生品市场联动形成庞大的复合金融体系，一方面套期保值，分化风险；另一方面杠杆交易，寻求投

---

① [英]拉吉·帕特尔:《粮食战争——市场、权力和世界食物体系的隐形战争》，郭国玺、程剑锋译，东方出版社，2008年，第5页。

机。从粮食金融化快速发展的背景看，一是由于农业市场总体上是有限的，少量的参与者控制着市场，ADM、邦吉、嘉吉和路易达孚四大粮商垄断着全球80%的粮食交易量，在选种、耕种、面积、产量、储藏、运输等实体环节拥有绝对的定价权和操纵性。二是农业市场天然具有吸引力，粮食价格的持续上涨是人口增长、传统能源和生物能源竞争的结构性矛盾，具有粮食金融化的现实需求。三是农业市场本身缺少有效的技术调节和风险稳控，没有全球性的粮食供求治理“公共物品”平抑粮食金融化进程。四是全球化的深入，涌现出大批短期投资者开展纯粹的投机活动，将大量资金注入供求平衡相对紧张、投资风险相对减弱的粮食等大宗商品市场，刺激粮食金融化规模扩张。

第三，粮食金融化影响了世界粮食安全态势，形成全球粮食治理的新特征和新方向。一是粮价定价机制更为复杂，美国仍掌握粮食贸易主导权。粮价受市场心理预期、期货市场、货币供应、投资资本、主要储备货币汇率、能源价格等非供求关系因素影响越来越大，国际粮食价格定价机制变得更加复杂。[①] 同时，金融市场的话语权仍然掌握在发达国家手中，美国作为世界最主要的粮食生产国和出口国，对于农产品贸易具有主导和调控的能力。二是粮食期货与现货市场呈现明显的联动效应，金融机构投资缺少有效监控。由于全球流动性过剩，各类基金公司、投资银行大量涌入粮食期货市场，持仓量上升，交易活跃，可能出现粮食期货价格的快速、大幅上涨或下跌，产品到期交割的比例几乎为零，市场中40%的交易者是频繁交易者，期货市场已成为影响粮食供求和价格的重要风向标。[②] 三是粮食价格对利率和汇率变动日趋敏感，国际汇率协调成粮食安全治理重要课题。从利率与粮食的长期关系看，由于美联储的量化宽松和低利率政策，投资者利用较低资金成本机会大举进入粮食市场，使得国际粮价屡创历史新高。其中，涵盖19种商品的美国CRB商品价格指数连续暴涨。[③] 同时，伴随美元持续贬值，以美元计价的粮价与美元汇率之间表现出较强的负相关性仍将持续。能否加强国际货币协调并形成稳定汇率环境，有效平衡话语权力量，成为粮食安全治理的重要变量。

① 李援亚:《粮食金融化：界定、背景及特征》,《经济论坛》，2012年第9期，第105—109页。

② 李援亚:《粮食金融化：界定、背景及特征》,《经济论坛》，2012年第9期，第105—109页。

③ 樊奇、刘满平:《国际粮食金融化趋势与我国粮食安全对策》,《宏观经济管理》，2012年第7期，第32—34页。

（三）全球气候变化成为粮食安全治理新视角

根据联合国气候变化小组（IPCC）有关气候变化对全球农业生产安全影响做出的初步评估，全球变暖趋势将导致更为严酷的天气，为脆弱的农业种植系统带来更大压力，从而造成农业低产、人口营养不良和饥荒。[①] 由此，气候变化将是“21世纪全球粮食安全的最大威胁”，将会全面放大当前粮食安全的困境[②]，成为全人类共同关注的热点话题和探讨粮食安全问题的新视角。

一是气候变化和极端天气频繁出现直接影响到全球粮食供给的空间不平衡。目前全球粮食生产主要集中在北美、南美等人少地多、农业资源丰富的地区，其产量约占世界总量的26.2%和全球粮食出口的55%。亚洲与非洲多年来粮食供应紧张，每年进口粮食相当于世界进口总量的70%以上。全球新增粮食供给与出口更集中于少数国家，粮食主产国的任何灾害性天气都会导致粮食生产的大幅度波动，从而使全球粮食供给和价格体系更加脆弱，也直接影响缺粮国的粮食安全[③]，形成对调节和治理机制的诉求。

二是气候变化影响全球粮食总体产量可能下降，影响粮食的潜在充足性。气温的变化包括全球平均温度的升高以及气温反常等都会对世界农作物的生长发育构成严重影响。英国杰克逊环境研究所认为，2080年前后，因气候变化导致的全球粮食供求缺口将达到4至5亿吨。[④] 例如沿海低地国家和地区因海平面不断升高，咸涩海水渗入地表水，因此农作物生长的环境更加恶劣，孟加拉国、中国、埃及、印度尼西亚和马来西亚等人口稠密国家都在不同程度面临这样的问题，大部分农作物难以维持种植，鱼虾产量也受到影响。联合国环境计划署的一项研究为此指出，今后30年内，马来西亚的大米产量将下将30%。[⑤] 此外，气候变化带来的全球降水增多和温度上升，导致极

① IPCC. Climate Change 2001: *The Scientific Basis, Contribution of Working Group I to the Third Assessment Report of the IPCC*, 2001.

② IPCC. *Inter-governmental Panel on Climate Chang e Special Report on Emissions Scenarios*, June 26, 2007.

③ 程国强：《全球粮食供需格局发生深刻变化》，《党政论坛》，2011年第11期，第43页。

④ Martin L. Parry, *Turning up the Heat: How Will Agriculture Weather Global Climate Change? in Sustainable Food Security for All by 2020*, Proceedings of an International Conference, Sept. 4-6, 2001.

⑤ [美]约翰·马德莱：《贸易与粮食安全》，熊瑜好译，商务印书馆，2005年，第35页。

端天气增多，病虫害机制扭曲，真菌类疾病增加，生物多样性遭破坏。例如2007年越南遭受的虫灾，导致这个世界第二大大米出口国减产，推高国际市场粮价，引起国际普遍关注。[①]

三是气候变化改变了全球粮食投资、生产和贸易模式，粮食安全脆弱性凸显。气候变化改变世界农业生产的地区结构和全球粮食贸易模式，最终导致全球收入和贫富差距加大。一方面遭受最严重冲击的是低纬度国家和干旱、半干旱地区的国家，以及发展中国家的低收入民众。这些国家经济结构单一，农业占经济比例较大，气候变化导致该地区经济收入下降，同时伴随全球粮价上涨，导致饥饿人口不断增多[②]。另一方面，出于气候异常对产量影响的担忧，粮食主产国家政策日趋保守，粮食贸易壁垒高企，从而加剧了粮食进口国的粮食安全风险和与粮食出口国的政治角力。

四是农作物多样性的消减与粮食的安全利用。为适应气候变化影响，发展高产、抗病虫害能力更强和更能适应恶劣环境的农作物成为现代农业科技的关键。然而人类也由此越来越依赖有限的几种单一农作物，传统的当地农作物物种正在不断消失。农作物多样性的消减将影响生态系统的平衡和稳定，并最终威胁人类的食物供应和健康。即便如此，越来越多的科学发现，大气中二氧化碳含量的增高还对传统种类食物的营养含量也有负面作用。比如导致大米成分中直链淀粉增多，质地更加坚硬，而且大米中的铁、锌等对人类健康有重要意义的成分将降低，蛋白质含量减少。[③] 因此，气候变化正在促使人为削减农作物的多样性，并改变粮食生产环境，进而导致粮食的营养品质和卫生品质下降，这一问题必须为各国和地区所正视并共同加以解决。

（四）转基因农作物商业化与种子资源的不安全

金融危机以来，两次全球粮价大幅波动使关于转基因作物的争论从生物

① 蒋丽、徐飞彪：《气候变化与粮食安全问题研究综述》，《国际资料信息》，2011年第5期，第37—41页。

② Overseas Development Institute, *Climate Change, Agriculture Policy and Poverty Reduction - How Much Do We Know*? 2007.

③ Andrew D. B. Leakey, *Rising Atmospheric Carbon Dioxide Concentration and the Future of C 4 Crops for Food and Fuel*, Proceedings of the Royal Society Biological Sciences, 2009.

安全、生态和健康方面转移到知识产权和粮食安全领域。转基因食品工业发端于美国，全球的转基因生物技术和知识产业格局基本被孟山都、Astra Zeneca、杜邦、Novartis和Avents等五大公司所垄断，在美国88%的转基因种子由孟山都公司控制[①]。包括中国在内大多数发展中国家，如果继续大规模进行转基因作物研发和商业化种植，将不可避免加速外资对本国种业的控制，进而危及这些国家的粮食安全，带来新的全球治理诉求和政治博弈。

首先，近年来全球转基因作物商业化种植态势急速发展，少数发达国家主导转基因技术的国际格局基本形成。2009年，国际农业生物技术应用服务组织（ISAAA）的报告显示，2008年全球转基因作物种植面积达1.25亿公顷，种植转基因作物的国家达到25个。其中主要分布在美国、阿根廷和巴西三大产粮国，其他地区的转基因作物的种植面积较少（见图5）。同时，转基因作物商业化的最大特点就是利用高产量优势影响农民留种的耕作习惯，随着农户对种子供应商的依赖加剧，农业生产市场化程度和对技术的依赖程度进一步提高，最终实现转基因技术企业垄断食物供给的目的（见表6）。目前，农业化工企业与种子企业的集中和整合的趋势显著，全球种业市场发生了深刻的变化，少数跨国公司在转基因品种的研发上起着至关重要的作用。因此，转基因作物的反对者一方面是质疑其生物风险，更多则是从经济风险理解，担心国际转基因寡头企业控制食品供应源头后会致力于反竞争行为，为粮食安全的治理带来新的隐忧。

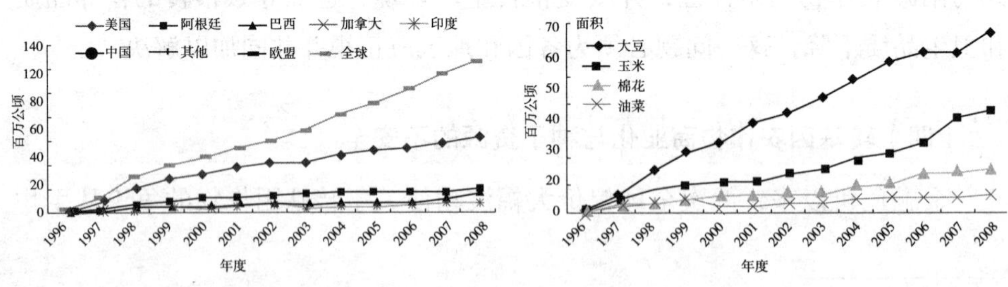

图5　全球转基因商业化种植趋势和主要作物种植面积走势[②]

① [美]约翰·马德莱：《贸易与粮食安全》，熊瑜好译，商务印书馆，2005年，第128页。

② 陈健鹏：《转基因作物商业化的现状、对粮食安全的影响及启示》，《农业经济问题》，2010年第2期，第15—22页。

表6　全球转基因作物种子销售额走势[①]

年份	1996	2000	2004	2006	2007	2008	2009
销售额（百万美元）	115	2703	4663	6150	6900	7500	8300

其次，转基因作物商业化对缓解全球粮食供给作用有限，粮食安全政策博弈意义凸显。根据世界粮农组织的研究，从全球范围来看，即便是没有农业生物技术的重大突破，全球范围的水和土地资源，从粮食供给的总量上仍然可以满足中长期粮食需求的增加，但主要会出现一些发展中国家的结构性粮食不安全和饥饿问题[②]。为此，转基因作物商业化争论的一个核心问题是：转基因技术究竟是不是解决饥饿问题的唯一或者最好途径？事实证明，目前转基因作物的应用并不能有效解决饥饿问题，一方面印度、非洲等人口稠密地区的粮食供给问题并不单纯是农业技术问题，另一方面，其各自也对转基因作物持坚决排斥态度，认为种业集中、作物品种和特性单一会加剧农业生产的系统性风险，消减农业生物资源多样性，得不偿失。因此，尽管少数发达国家极力推动转基因技术和种子扩散，全球范围内“粮食安全”在中长期仍将主要体现为分配问题，即价格和贸易问题，贸易在解决中长期的粮食安全中的作用将更加重要。

第三，未来转基因作物商业化发展与粮食主权的潜在竞争。种子是农业生产的核心生产要素之一，种业是农业技术和粮食生产的“命脉”产业。因此，大多数反对者都认为美国主导并推动转基因作物商业化是为了控制全球的粮食生产，进而运用粮食武器获取世界霸权。1998年6月，非洲24个国家在联合国粮农组织基因资源委员会上发表声明，“非洲不是转基因技术和这类在别处也能改进的产品的试验田，……会破坏生物的多样性，当地人的知识以及我们农民已经发展了一千多年的可持续农业系统。”[③]尽管如此，但目前

① 陈健鹏：《转基因作物商业化的现状、对粮食安全的影响及启示》，《农业经济问题》，2010年第2期，第15—22页。

② United Nations Food Agriculture Organization (FAO), “World agriculture: towards 2015/2030”, Rome, 2002.

③ [美]约翰·马德莱：《贸易与粮食安全》，熊瑜妤译，商务印书馆，2005年，第130页。

由发达国家主导的知识产权格局对发展中国家不利，根据绿色和平组织（the Green Peace）最新调查显示，中国最接近商业化生产研发的或在研的8种转基因水稻全都被国外专利所控制，一旦批准商业化种植，中国的农业生产和粮食主权将面临重大危机。[①] 因此，转基因农作物的商业化与发展中国家粮食主权的维护正存在着潜在竞争。

三、全球粮食安全治理的形式探讨与可能的举措

粮食作为特殊商品，被称为“货币的货币”，生产的低弹性和消费的刚性决定了全球粮食供需矛盾的天然性。同时，农业劳动力资源的分布差异、职业特性和分工形态的改变和演进，使劳动力的转移无论从空间上还是技术特征上都比较困难。因此，正如基辛格所言：谁控制了石油，谁就控制了所有国家；谁控制了粮食，谁就控制了所有人民；谁控制了货币，谁就控制了整个世界。[②]

粮食作为一种战略物资关系到全球各国的安全与社会稳定，而非传统安全威胁以跨国性扩散蔓延为主要特征，一国或地区面临的非传统安全威胁易产生全球范围内的影响。因此，影响粮食安全治理因素和机制的变化将可能改变国际格局的构建与走向。

（一）复合相互依赖与粮食安全的全球治理诉求

在国际政治经济学研究中，新自由主义学者提出了“复合相互依赖”理论，即伴随各国经济和社会交往的扩大，由于交往产生需要有关各方付出代价时，相互依赖便出现了，然而不同行为体间的相互依赖并不是对等与均衡的，往往都是所谓“非对称”依赖。在某种关系中，依赖性较小的一方常常拥有较强的权力资源，并因此有能力促动变化或以变化相威胁，而一旦这种关系发生变化，该方付出的代价要小于他方。就此，这种权力与相互依赖关系，落实于两个关键性指标加以表现：敏感性与脆弱性。前者在于评估政策

① 陈健鹏:《转基因作物商业化的现状、对粮食安全的影响及启示》,《农业经济问题》, 2010年第2期, 第15—22页。

② 李途:《非传统安全视野下全球粮食危机层次解析与应对》,《现代商贸工业》, 2011年第16期, 第87—89页。

框架内做出反应的程度，即一国变化导致另一国发生有代价变化的速度和多少；后者则是反映行为体受外部事件影响所强加的代价而受损失的程度，也就是一国获得可替代选择的相对能力及其代价多少。①

在粮食价格大起大落中，无论是粮食净进口国或净出口国，都会受到巨大影响并付出一定代价，但是由于它们对全球粮食体系的依赖程度不同，它们在其间表现出的敏感性与脆弱性程度也不同。那些受到持续高粮价严重冲击的国家和地区可称之为脆弱性经济体，这些经济体往往是人均收入水平低、国际支付能力差的粮食纯进口国。根据复合相互依赖理论，与粮食净出口国相比，粮食净进口国更依赖于国际市场，在世界市场出现价格动荡时选择其他替代方案的能力相对受到限制；但也有粮食自给率较高，或者国际支付能力强的经济体是净进口国，他们应被排除在脆弱性国家之外。② 因为就具体表现形式看，粮食自给率高的国家在国际市场动荡时可以挖掘国内市场来弥补，而自给率极低的发达国家由于有较强的国际支付能力而选择替代方案的能力较强。只有人均收入水平低，国际支付能力差的粮食纯进口国，高涨且持续的粮价才对消费者的购买力和获取粮食渠道造成不可弥补的影响。③

阿马蒂亚·森曾提出获取粮食的“权利途径”概念，即贫困意味着贫困人口缺少获得或享有正常生活的能力，同时强调贫困是复杂的多面体，涵盖粮食供给、健康、卫生等多方面问题。④ 根据联合国粮农组织估计，受到高粮价严重冲击而特别脆弱的国家共有22个，“因为它们非常贫穷，大部分粮食需求有赖于进口”⑤。为此，在全球化不断深化的背景下，各国在粮食问题上的相互依赖使任何国家都不能在全球的粮食安全遭遇挑战时独善其身。在大力发展农业、扩大有效种植面积、增加粮食产量的基础上，世界各国在粮食安全问题上的通力合作和共同治理显得更为重要。各国可以通过多边、区域与双边合作的方式，在农产品市场准入、出口高额补贴、农产品价格形成机制

① [美]罗伯特·基欧汉、[美]约瑟夫·奈:《权力与相互依赖》，门洪华译，北京大学出版社，2002年，第24页。.

② 胡莹:《从国际政治经济学看世界粮食危机》,《特区经济》，2009年第4期，第19—21页。

③ James A. Paul & Katarina Wahtberg., *A New Era of World Hunger*?, FES Briefing Paper, July 2008.

④ [印]阿马蒂亚·森:《贫困与饥荒》，王宇、王文玉译，商务印书馆，2001年，第101页。

⑤ 世界粮农组织:《最新粮食紧急情况——作物前景与粮食形势报告》，2008年，http://www.fao.org/docrep/011/ai473c/a i473c03.htm。

等问题上加强协调，并寻求建立更为有效的全球粮食安全治理模式。

（二）多边贸易规则改善与新的粮食安全治理模式

1. 构建合理的全球粮食供应多边贸易体系

世界贸易组织（WTO）乌拉圭回合农业谈判是在粮食结构性生产过剩的背景下启动的，其关注点主要在于如何解决出口竞争与市场准入等贸易自由化问题；然而时过境迁，单纯强调农业贸易自由化却存在明显的治理局限性。就目前全球粮食供应体系治理而言，既要通过谈判解决技术层面的问题，有效避免对粮食出口任意进行限制，并稳定粮食进口持续平稳；又要尽量修正僵化集权式的国际组织，创建一个多元化、广泛而又具有弹性的协定和组织制度体系，基于对不同成员国差异性的考量，保证低收入缺粮国家的特殊需要，摆脱不平等制度化和合法化的形式。

一是逐步降低发达国家对本国农业的巨额补贴水平。长期以来，发达国家的巨额农业补贴严重扭曲了国际市场价格，致使发展中国家的农业部门出现退化，农作物种植分工出现改变，大量中小粮食生产者转而生产其他经济作物，进而导致部分发展中国家粮食自给能力严重不足，大量依赖进口，加剧全球粮食供需紧张。如果多哈回合谈判能在削减发达国家巨额农业补贴上取得实质进展，将有利于消除制约全球农业生产的因素，助力发展中国家经济结构调整，重新提高粮食自给率，缓解粮食供求紧张和减少饥饿人口出现。同时，发达国家也可在很大程度上减少政府补贴带来的财政负担，借机改革国内农业，平衡和调整农业生产结构，扩大市场调节作用，推动农业经济良性发展。

二是新一轮农业谈判应明确规定禁止发达国家的出口补贴，同时还应更广泛地禁止例如对生产者的非贸易业绩直接支付等规避措施，以给予发展中国家必要的灵活性以保证粮食安全、百姓生计和农村发展。对发达国家而言，大幅削减出口补贴，不过是将乌拉圭回合谈判中发达国家作出的帮助最不发达国家和粮食净进口的发展中国家承诺的具体化。[①] 而对发展中国家而言，谈

① World Trade Organization. "Ministerial Decision on Measures Concerning the Possible Negative Effects of the Reform Program on Least-Developed and Net Food-Importing Developing Countries", http://docsonline.wto.org: 80/DDFDocuments /v/UR/FA/35-dag.doc.

判可考虑规定出于粮食安全的考量时，可以提供出口补贴，即禁止为增加国际市场份额而扭曲国际贸易的出口补贴，允许扶植幼稚的农产品出口以减少国际市场价格波动带来脆弱性的补贴，在促进自由贸易的同时兼顾了发展中国家的粮食安全、百姓生计和农村发展的灵活性。

三是合理削减发达国家农产品关税，扩大市场准入，同时确保关税减让没有制约发展中国家利用关税维护粮食安全。与非农产品的关税相比，发达国家农产品的关税水平很高。新一轮谈判应优先考虑进一步削减发达国家的农产品关税，扩大开放市场，以此促进发展中国家基于贸易的权利。与此同时，免除发展中国家对较为敏感的农产品的关税减让义务，以鼓励发展中国家的国内农业生产，减少对粮食进口的依赖，并鼓励粮食供应的多样化，从而有利于维护发展中国家的粮食安全。[①] 但需要指出的是，除非发达国家就国内支持和出口补贴进行重大削减，发展中国家不应承担任何额外的关税减让义务，否则将削弱发展中国家利用关税阻止受补贴的进口农产品替代国内农业生产能力。

四是有效改革完全以规则为主导的世界贸易组织。当出现问题的制度本质还是公平的，而仅仅是出现一些腐化现象，内部调整和改变是可行的策略；但是当制度在目标、原则和过程上就已经不公平了，那么有效的改革就势在必行，世界贸易组织就是如此。实际上，世界贸易组织的前身关贸总协定（GATT）很好地执行了促进世界贸易的功能，同时纠纷仲裁充满弹性，为发展中国家提供了利用贸易政策发展工业化的空间。而世界贸易组织的建立，主要目的是减少政策成本，以完全的“规则主导”将不平等制度化与合法化，同时还寻求控制全球经济、社会、政治和环境的发展进程以满足跨国公司和主导国家的利益，因此，今天WTO陷入发展困境与危机也不足为奇。当然，改革世界贸易组织体制的本质不是霍布斯式的，而是如何通过多种积极或被动的措施，一定程度限制世界贸易组织的权限，恢复一种多元、广泛而具有弹性的多边贸易协定，同时能够相互制约，有效钳制，减少大国的“单边主义”行动，寻求更宽视角下的贸易交往形式和经济发展模式的出现。

---

① 江虹：《WTO〈农业协定〉对发展中国家粮食安全的影响》，《江西社会科学》，2011年第9期，第51—57页。

2. **构建有效的全球粮食安全治理模式**

2011年6月，20国集团（G20）在巴黎农业部长会议上形成并通过的《关于粮食价格波动与农业的行动计划》，显示出国际社会对控制和稳定全球粮价的信心，各国对于粮食安全问题的关注程度也大于以往任何一个时期[①]。未来发达国家和新兴大国应共同考虑，在全球层面进行粮食安全政策引导与协调，从多方面采取治理措施，同时注重政策的长期性和综合性。为此，世界粮农组织也改组了其下属的世界粮食安全委员会，力图从五个方面构建有效的全球粮食安全治理模式。（见图6）

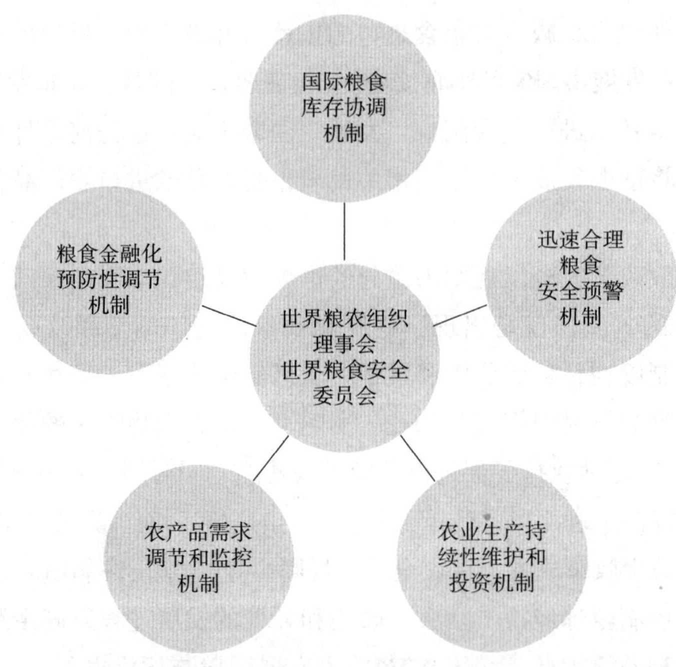

图6 构建全球粮食安全治理模式的主要架构

一是建立有效的粮食库存的国际协调机制，包括公共库存和私人库存。粮食库存水平与粮价的波动关系密切，保持必要而合理的库存规模，并进行

① 齐建华、[法]莫里斯·包和帝主编：《世界粮食安全与地缘政治》，中央编译出版社，2012年，第65—70页。

有效的国际管理，可以避免粮价大涨大落的局面出现，更能有效解决市场供应骤然短缺。然而在全球范围内实现对粮食库存的管理与协调非常困难，大部分国家的信息都很难获得；因此，可以通过以世界粮食安全委员会为平台，考虑达成某种政府间国际协议，从制定并实施一定的透明信息体系开始，对库存地点、规模等进行协调与管理，保证在粮食供给能有效提供给需要的人。

二是建立粮食金融化的预防性调节机制。粮食金融化，特别是粮食期货市场对稳定供应与价格有积极作用，但是大量非商业性交易者进入其中，却大大加剧了粮食期货市场不透明性和投机性，增加了粮价泡沫化风险。20国集团巴黎农业部长会议特别就采取措施增加市场透明度，规范市场经销商和投机商行为，抑制国际资本对粮食等大宗农产品炒作达成共识。就此可考虑在主要国家的大型大宗商品交易所，加强对国际游资和金融衍生市场监管，提高交易透明度和控制非商品性交易者规模，并建立粮食价格管道进行预警和调节。

三是建立农产品需求监控和调节机制。长期来看，粮食供给的制约因素将不断增加，而对农产品需求的增长和调节却缺乏控制。由于世界人口规模增长迅速，只有合理地控制粮食需求增长，未来才有可能在粮食供需上达成平衡。因此，一方面要控制用生物能源生产规模，调整利用生物能源的强制性要求和财政补贴的政策，至少减少生物燃料的添加比例。另一方面，要控制发达国家过度消费畜牧产品，适度将工业化肉类生产对谷物库存与淡水储备的成本提高，并寻求减少生产与消费环节中的浪费，倡导更为健康的饮食结构等。

四是建立农业生产持续性维护和投资机制。农业生产的持续性维护与投资对保障粮食安全至关重要，既要确保农业生产长期稳定，也要推动粗放式农业生产方式向集约型和可持续的农业生产体系转变。一方面合理利用农业科技创新，通过改善包括土壤和水资源在内的资源利用，减少病虫害综合治理和滥用农药对环境的污染，保护生物多样性和生态系统以及提高农业管理科学化水平等。另一方面，在公共投资政策中，世界粮食安全委员会将推动制定的《负责任的农业投资原则》，加强对发展中国家农业投资管理的指导，逐渐促进农业生产体系外部自然因素内部化，维护和调节农产品价格的公平和合理。[①]

① 宗会来：《国际社会应对持续高位粮食价格的政策选择》，《世界农业》，2012年第5期，第32—39页。

五是建立迅速合理的粮食安全预警机制。粮食安全预警的核心目标应是减少因粮价波动而带来的负面作用，如稳定价格和降低波动对收入和购买力的影响。为此，由世界粮食安全委员会能够建立一套更为有效的综合数据系统就显得非常重要。此外，世界粮食安全委员会已启动制定《全球粮食安全与营养战略框架》，寻求就全球粮食安全框架下的宗旨、基本原则、结构与进程进行动态的政策协调，以支持全球、区域和国家在应对粮食危机、消除饥饿和确保人类健康和营养方面发挥指导作用。G20可能成为这一框架实施的主要治理载体。

（三）影响粮食安全治理因素的应对与可能举措

1. 构建WTO生物能源贸易规则的现实方案

从保障全球粮食安全的视角出发，生物能源的生产和使用应该尽量使用非粮食作物，或通过贸易进口具有环境优势、最少危机粮食安全的原料和生物能源。为此，应构建和推动WTO国际生物能源贸易规则自由化，限制和约束现有技术水平下生物能源生产和利用。

一是通过对世界海关组织修改HS分类，将燃料乙醇划归为工业品从而促使各国实行较低关税。目前生物燃料的关税削减并没有纳入非农产品市场准入的谈判中，也就是说，以乙醇为代表的生物能源短期内不能成为“环境货物”，从而难以短期内取得关税减免的成效。对中国而言，可以先主动减免进口燃料乙醇，并区分对待粮食燃料乙醇和非粮燃料乙醇，对后者给予国民待遇和最惠国待遇，从而寻求奠定未来可能贸易规则自由化基础标准。二是推动国际范围内生物能源可持续标准的建立，引导生物能源产业向非粮原料转移。通过设立类似欧盟生物能源技术标准中含有对生命周期的碳排放的国际标准的考量，不断引导各国逐步减少以粮食为原料的生物能源，提高使用以纤维素、废料为原料的生物能源比例，减少温室气体排放和对粮食安全的消极影响。三是考虑通过WTO理事会决议达成关于可再生能源补贴的专门协议，通过恢复不可诉补贴或补贴的豁免，对例如包括风能、太阳能、潮汐能等非粮食能源进行补贴，避免以粮食为原料的生物能源生产受到鼓励，寻求维护全球粮食安全。[①]

2. **投机的应对——全球粮食市场监管与整体性价格调节**

虽然粮食产业发展越来越多地借助金融机构和金融市场来进行资金融通、风险管理和资本运作，但多边贸易和货币体系中仍尚未建立起有效防止投机和垄断的“防火墙”机制，利率、汇率、商品价格的变化对粮食产业链中的生产、加工、流通、储备和并购重组产生的影响迫切寻求建立有效的粮食市场监管和整体性的价格调节机制。首先，控制粮食市场上的过度投机但不过度消减其边际效用是进行市场监管的重要目标，其前提在于尽可能收集充分、有规律且独立的市场信息。其次，应继续从市场交易和技术层面进行规则完善，并与主要国家商品交易所协调加以严格实施和执行（见表7）。第三，整体研究粮食价格调

表7　粮食期货市场信息监控和技术性指导建议[②]

农业市场信息的监控	粮食期货市场的技术性指导建议
1、收集和集中组织和未组织的不同市场的重要信 息，以便参与者做出最适宜的合理的决策。	1、强制清算所有衍生合同关于原材料的赔偿。
	2、对所有无有形赔偿物的卖家强制抵押存款进行赔偿。
2、掌握模仿，了解农业市场运作的工具：集成风险的形成（外部尤其是内部的）和更好的管理投机。	3、限制账户（金额和同一投资人衍生合同的数量）。
	4、所有市场数据储备机构的交易必须登记注册。
3、掌握农业市场基础数据及同类的、全球的、横向的统计数据：有形市场（私人及公共设备）和协议成交合同（包括交易规模、参与者、存款金额等）。	5、实行国际同类行业法规：避免金融市场间恶性竞争和对规章的规避。
	6、向农民提供应对市场风险的模拟方法：更好的预防并作出决策（投资、生产、销售、保证、保险）。

① 余莹：《WTO生物能源贸易规则：问题与对策—从我国粮食安全的视角》，《海外投资与出口信贷》，2012年第6期，第24—26页。

② 齐建华、[法]莫里斯·包和帝主编：《世界粮食安全与地缘政治》，中央编译出版社，2012年，第57—63页。

节的体系和治理机制，限制粮食金融化可能带来的负面影响。在保持和促进粮食生产和投资基础上，可以通过建立价格管道（根据国际共识，依地区不同实现农产品价格自由浮动）、调节措施（当价格变化超出限制时，利用库存、经济援助和管制价格等方式进行调节）、协调组织（世界粮农组织理事会和世界粮食安全委员会）等手段，进行粮食金融市场的监督、管理和调节（见图7）。

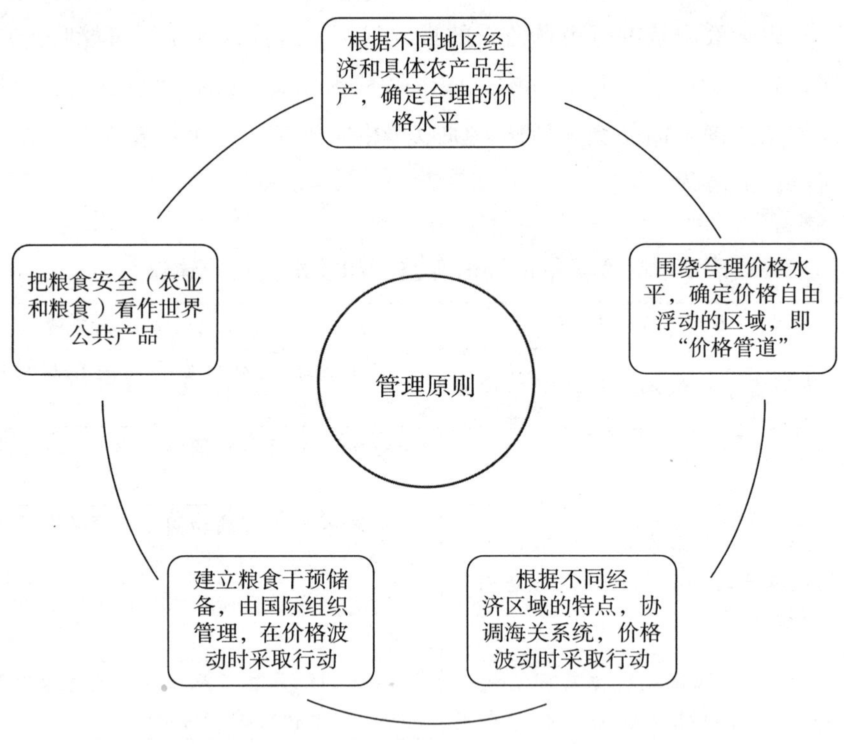

图7　全球粮食市场价格管理与调节的原则

3. 利用环境友好政策的寻求粮食安全新途径

减轻或降低人类活动对气候变化的负面冲击，同时缓解或避免气候变化带来的各种挑战和影响是探讨环境友好政策保证粮食安全的出发点，简单的说，就是采取缓解性措施（Mitigation policies）和适应性措施（Adaption policies）的双效途径加以治理。就前者而言，一方面要动员全球各国民众，采取措施减少二氧化碳的排放量，厉行国际减排协议；另一方面要改变生产模式，重新恢复和建立气候、环境和产业相互间良性循环的可持续发展体系。① 例如降低机械化生产规模，减少化学密集型的农业规模经济，发展有机农业，构建小型化现代农业等②。就适应性措施而言，应加强对气候变化的监控和研究，大力发展农业科技，主动调整当前的农业生产方式和作业流程，以适应气候的变化。例如改进田间管理技术发展节水农业、加强各国粮食储备体系建设、增强水利、防洪抗旱等抵御自然灾害基础设施建设、建立粮食安全气候预警信息系统、完善当前国际粮食援助及转移支付并考虑创建"世界粮食银行"③，以应对异常的全球粮食"不安全"事件。

4. 生物安全协定议定书的拓展

联合国《卡塔赫纳生物安全议定书》（以下简称《议定书》）是在《生物多样性公约》下，为保护生物多样性和人体健康而控制和管理"生物技术改性活生物体"（简称LMOs，Living modified organisms；或称"转基因生物"，简称GMOs，Genetically modified organisms）越境转移的国际法律文件，包括中国在内共有103个国家签署《议定书》。④《议定书》的重要意义在于它允许各国对转基因生物实行预防性原则，并说明该《议定书》不受任何国际协定的约束，也就是说WTO的纠纷仲裁程序不能对禁止转基因生物贸易的国家进行裁决。但同时《议定书》本身表述又有所模糊，例如在其前言中还表述到"不能将《议定书》解释成对已有的国际协定所规定的权利和义务的修改。"所以，《议定书》最终文本的达成实际上是谈判各方的讨价还价和妥协，而不是

---

① Greenpeace International Cool Farming, *Climate Impacts of Agriculture and Mitigation Potential, 2008*, International Trade Centre and Research Institute of Organic Agriculture (FIBL), Organic Farmingand Climate Change, 2007.

② IAASTD, *the Synthesis Report of the International Assessment of Agricultural Knowledge*, Science and Technology for Development, 2008.

③ 蒋丽、徐飞彪：《气候变化与粮食安全问题研究综述》，《国际资料信息》，2011年第5期，第37—41页。

④ [美]约翰·马德莱：《贸易与粮食安全》，熊瑜好译，商务印书馆，2005年，第138—141页。

各国观点的一致。[①]

未来，在涉及转基因生物种植和跨境转移的全球治理方面，一方面各国应继续加大对农业生物技术的研发投入。将常规育种与现代生物技术相结合，优先考虑研发和应用“非转基因”的生物技术品种，把转基因生物技术作为技术储备；[②]另一方面，要拓展《议定书》的规定和适用要求，强制转基因农产品出口国和出口商均要对含有转基因成分的农产品或种子实现标签化，重申其不受WTO贸易规则的限制，各国可由此根据意愿选择进口传统农产品或转基因作物；同时，《议定书》还要对垄断性跨国农业企业推销技术进行有效约束。

四、对中国的启示与参与全球粮食安全治理的路径选择

（一）中国粮食安全的基本态势与隐忧

中国坚持实行高度自给的粮食安全政策，库存消费比高达40%，只有部分粮食产品依赖于国际市场，一定程度上具备保障国内粮食安全的物质基础，目前国际粮价持续走高对中国影响比较有限。但是从国际和国内两个方面看，一方面伴随我国粮食消费量逐年增加，需求结构和层次不断上升，粮食进口量可能出现急剧扩大，国内外市场的关联度进一步增强。国际粮价的大幅波动对国内市场联动影响相关性增强；例如2008年至2011年国际粮食期货市场

① 包括中国在内大多数发展中国家坚持以预防为主的原则，主张规范和约束转基因生物的越境转移，减少对生物多样性和人体健康的可能负面影响，被称为“意见一致集团”（the Like-Minded Group）；代表着转基因作物种子和产品的6个主要出口国：阿根廷、澳大利亚、加拿大、智利、美国和乌拉圭被称为“迈阿密集团”（Miami Group）担心因为《议定书》规定严格而妨碍其从生物技术及其产品的出口中获得巨大的经济利益。欧盟则希望希望起草一份较为严格和广泛的《议定书》，并强调预防原则的重要性，支持转基因贸易的标准化，认为《议定书》不应隶属于WTO协议；日本、墨西哥、挪威、韩国、瑞士、新加坡和新西兰等国被称为“和事集团”，在谈判中充当持对立意见集团之间的中间桥梁，并提出折衷提案。还有部分中东欧的国家持中间路线立场，基本上支持议定书写入预防原则，但更希望《议定书》更具有实用性和广泛的目的用途。参见：中华人民共和国环境保护部：《联合国〈卡塔赫纳生物安全议定书〉相关背景》，中华人民共和国环境保护部网站，http://www.zhb.gov.cn/ztbd/swdyx/bjjs/200505/t20050519_66694.htm。

② 陈健鹏：《转基因作物商业化的现状、对粮食安全的影响及启示》，《农业经济问题》，2010年第2期，第15—22页。.

大豆、小麦和玉米的价格走势和国内期货市场交易价格走势的对比显示，国内外价格走势基本相同，只是不同阶段的峰值和振幅有所不同。[①]另一方面，人口数量增长和城镇化进程加快，可用耕地面积的减少和种粮比较效益下滑，粮食单产增加缓慢和种业发展滞后等潜在威胁也不容忽视。具体来看，国际粮食市场价格变化对国内的影响和国内粮食安全面临的挑战与隐忧主要表现在以下几个方面：

一是粮食进口难度不断加大，进口成本持续上升。国际市场粮价持续高位运行，海运费用快速回升，直接制约未来中国利用粮食进口调剂国内市场的调控能力。大豆、玉米和小麦是我国主要进口的粮食产品，尤其是大豆，进口依存度高达80%，以其国际价格变动为例，2008年国际市场大豆价格最低时为289.8美元/吨，2011年2月则上涨至527.1美元/吨，短短三年时间，价格上涨幅度高达82%，直接影响到国内大豆进口成本，并推高国内食用油价格。[②]

二是粮食金融化带来投机性市场预期波动。在全球粮食金融化趋势的背景下，国内外市场都呈现出金融市场流动性总体过剩，大量投机资本转场粮食期货市场，使国际价格变化首先通过国内期货市场将涨价的市场预期反映出来，再逐步释放到现货市场。例如2010年国内连续实现粮食丰收，但国内粮食价格也与国际市场同步飙升。

三是外部需求增长受到潜在拖累，整体对外贸易不确定性增强。国际粮价螺旋向上，始终保持高位运行的态势，使各国居民消费价格水平全线走高。欧盟作为我国第一大贸易伙伴，本已深陷主权债务危机，但受粮价上涨影响的叠加，通货膨胀率持续上升，2011年初欧元区通胀率达到2.2%，近年来首次超过欧洲央行设定的2%的目标水平，直接影响中国对欧出口。此外，中国出口增速最快的新兴经济体市场，也纷纷在后金融危机时期推行稳健的货币政策，以控制此前量化宽松政策带来的潜在通胀压力，由此也将带来中国外部需求增长乏力，为整体对外贸易带来新的不确定性。

① 巨强、邓鑫：《全球粮食安全警钟敲响下的中国粮食安全保障》，《经济研究参考》，2012年第17期，第46—50页。

② 刘建昌：《全球粮食价格飙升对我国的影响及对策》，《国际贸易》，2011年第3期，第14—16页。

四是城镇化和工业化进程加快，耕地面积不断减少。在城镇化和工业化加快过程中，原本稀缺的耕地迅速向城市及其他非农用途建设转移，同时受农业结构调整、生态退耕、自然灾害损毁，耕地资源逐年减少。2007年全国耕地面积为18.26亿亩，比1996年减少1.25亿亩，年均减少1100万亩；全国人均耕地面积1.38亩，约为世界平均水平的40%。① 此外，既有耕地利用和种植过程中，大多寻求进行农业种植结构调整，种植花卉、药材等经济效益较高的农作物。伴随这种情况长期持续，主粮耕地面积的相对减少也将直接影响中国的粮食安全。

五是人口增长和城乡居民收入水平提高，导致粮食需求总量持续呈现刚性增长，完全依靠进口难以满足未来国内粮食需求。伴随人口规模扩大、转移程度提高和收入水平的迅速增长，国内粮食需求急剧增长，尤其是粮食消费结构升级，肉禽蛋奶等副食消费增长迅速，间接消费成为粮食消费增长的主要推动力。如果按照当前全球每年粮食正常贸易量，约为2. 2亿至2. 3亿吨，即使全部进口为我所用，也只能满足国内粮食需求的45%。因此，进一步保护农民种粮积极性、保持粮食生产稳定发展的对国内粮食安全十分迫切。

六是粮食单产增加缓慢和种业发展滞后带来潜在威胁。根据中国农业大学研究数据显示，近8年我国粮食单产增长变化不大，但每亩化肥施用量却增长近40%，每公斤粮食平均产量仅为19公斤，并以每年减少1公斤产量的速度下降，化肥使用的增加对粮食增产的贡献率已降低到10%左右。虽然中国仅用7%的土地，养活了全球22%的人口，但同时却消耗了全球35%的氮肥和约70%的可用水资源，其中化肥和农药使用量是欧美国家的2-3倍。除此之外，中国的种业研究除杂交水稻育种，在其他领域的非转基因育种技术仍十分有限；即使我国最接近商业化生产或在研发的8种转基因水稻也大都被国外专利所控制，一旦批准商业化种植，我国粮食安全和粮食主权将面临重大危机。

（二）中国参与粮食安全的全方位国际政策协调与治理的建议

当前，我国已经进入保障粮食安全的关键时期，特别是考虑到我国参与

① 杨晓智:《世界粮食供求格局变化及保障我国粮食安全问题研究》,《生产力研究》，2010年第2期，第7—11页。

经济全球化程度不断加深，中国经济崛起速度不断加快，在分析粮食安全问题上必须从全方位国际政策协调和治理的现实出发，确立更加开放的安全观。为此可以有以下几个方面的政策建议：

第一，继续推动农业全面发展，着力加快建成现代农业。党的十八大报告指出，“加快发展现代农业，增强农业综合生产能力，确保国家粮食安全和重要农产品有效供给”。明确界定了农村改革发展的目标和任务，强调国家粮食安全保障的重要性。应有效保护耕地资源，提高粮食种植的比较效益，加大农田水利灌溉基础设施建设，完善区域性粮食储备体系，确保科学合理的粮食消费结构和食品质量安全，建设统一标准的粮食物流设施体系和配套的物流信息化支持，建立健全农产品生产与采购的保护措施，不断深化粮食生产、流通、加工、储备等环节的配套金融服务，提高对粮食产业链的金融支持力度，并最终建立一整套粮油产业化机制，促进我国工业化、城镇化和农业现代化协同发展，合理构筑国内粮食安全体系。

第二，积极主动推动多边平台解决全球粮食安全问题。确保粮食安全是国际社会的共同责任，发达国家和发展中国家应采取协调一致的行动。一是长期来看，中国应以G20为平台，发挥积极作用，参与制定一个包括结构调整、国际贸易、国家政策、国际援助等一揽子的全球粮食发展中长期战略行动计划，以指导各国增加粮食生产和供给，全面解决全球粮食危机问题，维护世界粮食安全[①]。二是中期进程中，积极参与WTO多哈回合农业谈判，反对任何形式的贸易保护主义。推动发达国家消减农业补贴，放宽对发展中国家不合理的出口限制，改善发展中国家的贸易条件，协调发挥比较优势，把政治意愿转化为实际行动，加快多哈回合谈判进程，推动谈判早日取得全面、均衡的成果，实现其“发展回合”的目标。三是短期内，中国要参与对世界粮食安全的监测和预警能力建设，一方面尽快制定粮食安全援助计划，可以力所能及地向贫困国家和地区提供援助，另一方面可以利用我们在农业技术上的现有优势，帮助贫困的发展中国家提高农业和粮食生产水平，展现我国负责任的大国形象，赢得在全球粮食安全治理中更大的话语权。

第三，加强在气候变化全球治理中的参与，利用国内法律有效限制转基

① 杜鹰：《粮食安全问题与可持续发展》，《宏观经济管理》，2009年第6期，第4—5页。

因农作物的跨境转移。解决气候变化问题与全球金融一样，责任性和包容性也同样表现出严重的挑战，并由此加剧了全球特别是发展中国家提高粮食生产能力的难度。在未来的气候变化框架谈判中，中国不应都简单地推动在传统的责任分担认识上来处理全球性的内生问题，考虑到改革的可持续性，要坚持推动发达国家承担发展中国家改革的部分成本①，这不仅是由于资源的不平等分布，也出于国际制度中决策制定权的不平等。中国在积极做出自主承诺，减少温室气体排放的基础上，发达国家也应按照共同但有区别的责任原则，切实履行在《联合国气候变化框架公约》和《京都议定书》下应承担的义务，积极帮助发展中国家提高在农业、土地、干旱、荒漠化等领域适应气候变化的能力。而就有效限制转基因农作物而言，应特别关注当前跨国种业公司对我国种业的渗透，高度重视我国的种业及粮食生产链安全。要从法律层面规范和完善我国种业管理体制，加强农业生物技术知识产权和我国基因资源的保护，促进和引导国内私人资本对农业生物技术尤其是育种领域的投资，严格监控跨国转基因作物的商业化转移和种植。

第四，加快农业“走出去”步伐，坚持利用两个市场和两种资源保障粮食安全。目前，我国粮食内外生产布局相互隔离，利用国际国内资源要素互补性的能力不强，尚难以形成跨国经营格局，对农业结构调整、增长方式转变带动作用不明显。因此，在国内粮食价格与国际市场联动日益紧密，自然资源制约粮食生产的情况下，只有充分利用国际市场和资源才能保证国内粮食安全。未来要把“走出去”战略作为扩大农业对外开放重要突破口，充分发挥我国比较优势，积极参与国际农业合作，提高农业国际化经营水平，着力构建海外农业资源保障体系。此外，伴随居民生活水平不断提高，在不影响适当进口部分短缺的农产品可以调剂国内需求，同时利用国外资源扩大粮食生产也将有效成为保障粮食安全的新途径。

---

① [英]戴维·赫尔德、凯文·扬:《有效全球治理的原则》,《南开学报(哲学社会科学版)》,2012年第5期，第1—11页。

第十三章　全球环境与气候治理及中国的应对

随着世界经济和社会的发展，全球性环境问题日益突出，对人类社会的生存和发展提出了严峻挑战，并成为了当今重大的国际问题，各国合作共同应对环境问题已是国际共识，全球环境治理已成为全球治理不可或缺的重要组成部分。作为当今世界最关注的全球性环境问题，气候变化已是世界政治的主要议题之一。全球气候治理进程深刻反映了国际上各种政治力量之间的博弈，也考验着崛起中的中国对国际责任的承担。当今的中国更加积极地参与全球环境与气候治理，在应对环境问题与气候变化方面作出了重要贡献。

一、全球环境治理：概念、对环境问题的认识与国际合作

（一）全球性环境问题与全球环境治理的概念

1. 当代全球性环境问题

工业化给人类带来巨大物质财富的同时，也带来了严重的环境问题。“所谓环境问题，是指由于人类活动作用于环境所引起的环境质量不利于人类的变化，以及这些变化危及人类和发展的问题。它包括两个基本方面：一是自然环境的破坏；二是环境污染。”[①] 在经济全球化发展的过程中，诸多环境问题超越了国家和地区界限，逐渐演变为全球性问题。目前，全球范围内突出的环境问题主要有如下几方面：

① 蔡拓等:《全球问题与当代国际关系》，天津人民出版社，2002年版，第104页。

（1）气候变化和大气污染。工业革命以来，由于人类大量使用石油、煤炭等矿物燃料及农用化肥，大气中的温室气体浓度增高，导致全球气候总体上呈变暖趋势。联合国政府间气候变化专门委员会（IPCC）2013年9月发布的第五次评估报告指出：气候系统暖化是毋庸置疑的事实，人类活动导致气温升高的可能性为95%（在第四次评估报告中，这一数字是90%）。[①] 同时，人类社会巨大规模的工业化也严重污染了地球的空气，作为地表生物系统保护伞的臭氧层在不同地区上空出现了不同程度的损耗现象，酸雨广泛出现在全球各地。气候变化和大气污染已对地球生物产生了严重的危害。

（2）水资源缺乏，水体受到污染。人类对淡水的需求总量和实际耗水量都在不断增加，然而地球上的淡水资源十分有限且分布极不均匀，许多国家和地区水资源紧缺。此外，许多地区的陆地水体受到有机化学物的污染，又导致了水资源更加匮乏。而海洋由于人类对其倾倒垃圾、沿岸污水排放和频繁的海上油轮失事等原因而污染严重。以上种种因素导致世界水资源危机日趋加重。

（3）土地荒漠化。过度垦殖、过度放牧、过度砍伐所造成的土地荒漠化问题非常突出，荒漠化不仅严重威胁非洲，也危及亚洲和拉美等地，成为一个全球性的环境问题。

（4）森林面积锐减。自工业革命以来，森林遭到了严重破坏，20世纪中叶之后的20多年里，世界森林面积从40亿公顷下降到26亿公顷，是森林减少最多的时期。[②]

（5）生物多样性的丧失。自6500万年前恐龙灭绝时代以来，物种灭绝的速度已达到了最高峰。[③] 热带生物物种灭绝最为严重，淡水系统物种的消失也十分惊人。

（6）废弃物的置放和转移。人类的垃圾越来越多，也越来越有害，许多国家面临垃圾处理问题。发展中国家的垃圾问题尤其严重，这一方面是因为其处理垃圾的能力远远弱于发达国家，另一方面是因为发达国家把大量有害废弃物运往发展中国家，加重了发展中国家的垃圾问题。如何妥善处理各类

---

① 刘毅：《地球的确在变暖，不减排不行》，《人民日报》2013年10月26日第9版。

② 徐再荣：《全球环境问题与国际回应》，中国环境科学出版社，2007年版，第43页。

③ 庄贵阳、朱仙丽、赵行姝：《全球环境与气候治理》，浙江人民出版社，2009年版，第5页。

垃圾，禁止有害废弃物的越境转移，保护生态环境，已成为全球关注的问题。

2. 全球环境治理的概念

环境问题的弥散性和跨国性，全球性环境问题的严峻性，以及任何一国都无力单独解决全球环境问题，客观上要求国际社会进行环境合作，实施“全球环境治理”。对于“全球环境治理”，迄今并无唯一的标准定义，不同学者有不同的表述，但都强调通过制定具有约束力的国际规则来建立全球管理机制，通过各行为主体之间的联合与合作，共同解决全球性环境问题，从而维持人类社会的生存与可持续发展。① “全球环境治理不仅意味着为应对全球环境挑战，正式的制度和组织（国家机构、政府间合作等）制定和维持管理世界环境秩序的规则和规范，而且意味着所有的其他组织和压力团体（非政府组织、跨国公司及跨国社会运动等）都追求对跨国环境规则和体系产生影响。”② 我们可以对全球环境治理作如下表述：全球环境治理是国际社会中各种行为主体通过正式或非正式的机制和安排来应对或解决全球环境问题，以维持人类社会的生存和可持续发展以及正常的国际秩序。

（二）国际社会对环境问题的认识与全球环境治理

全球环境治理与国际社会对环境问题的认识密切相关。二战后，国际社会对环境问题的认识和全球行动的推进，经历了一个不断发展深化的过程。

20世纪60年代，西方一些有识之士就开始呼吁关注环境恶化带来的问题。美国生物学家蕾切尔·卡森撰写的《寂静的春天》一书详细论述了现代社会对杀虫剂的过度使用及其对生态环境和人类健康的负面影响。该书于1962出版后，立即在美国和国际社会引起了震动，环境问题迅速成为公众关注的焦点，环保主义运动一度蓬勃发展。1972年，罗马俱乐部发表其第一份研究报告《增长的极限》，首次提出了发展受地球资源有限性制约的思想。在环保主义兴起的背景下，1972年6月，有110个国家参加的第一次全球性环保大会——联合国人类环境会议在斯德哥尔摩召开，会议通过了《人类环境宣言》和《环境行动计划》，并决定建立联合国环境规划署。这是人类第一次共

① 庄贵阳、朱仙丽、赵行姝：《全球环境与气候治理》，浙江人民出版社，2009年版，第42页。

② 张海滨：《环境问题与国际关系：全球环境问题的理性思考》，上海人民出版社，2008年版，第99页。

同探讨环境问题，也是第一次把环境问题列入世界政治议程，推动了国际社会在环境保护领域的合作。但由于冷战格局的影响，这次会后在全球范围内并没有掀起环境保护的高潮。

20世纪80年代中期以后，随着东西方关系的缓和以及人们对全球环境继续恶化的进一步认识，环境问题有了成为发达国家政治和外交议事日程的可能。1987年，世界环境与发展委员会发表著名的研究报告《我们共同的未来》，它提出，"发展不能以破坏环境资源基础为条件；增长如无视环境破坏的代价，环境就不可能得到保护。"[①]"环境保护是可持续发展思想所固有的特征。"[②]此后，可持续发展的观念在世界迅速传播。1988年，政府间气候变化专门委员会成立，委员会从科学角度研究温室效应的预测、影响和对策等，对统一国际社会对环境问题的认识作出了自己的贡献。1989年，在巴黎召开的七国集团会议上，环境问题首次被列入议程。

1992年，被称为"地球首脑会议"的联合国环境与发展大会在里约热内卢召开，178个联合国成员国派高级代表团参加，联合国机构各部门负责人以及诸多非政府组织负责人也参加了会议。会议讨论并通过了《环境与发展里约宣言》《关于森林问题的原则声明》和《21世纪议程》，签署了《联合国气候变化框架公约》和《生物多样性公约》。其中，《环境与发展里约宣言》将环境问题与其他诸多问题联系起来，说明1972年人类环境会议之后的20年，国际社会已经认识到环境问题不再只是单纯的技术问题，它还涉及经济、社会、政治和法律等多个方面的问题。《21世纪议程》涵盖了全球环境与发展领域的绝大部分问题，对于指导各国采取相应的环境行动具有原则性和方向性的意义，是一个未来国际环境合作的框架性文件。

2002年，联合国在南非约翰内斯堡召开了有192个国家的代表参加的世界可持续发展首脑会议，这是10年前环发会议的延续。会议取得了三项实质性成果：通过了《约翰内斯堡政治声明》和《执行计划》，建立了关于可持续发展的伙伴关系项目。《政治声明》提出了可持续发展的三个支柱：经济发展、社会发展、环境保护，表达了国际社会对可持续发展问题的共识；而《执行

① 世界环境与发展委员会：《我们共同的未来》，吉林人民出版社，1997年版，第44页。

② 同上，第49页。

计划》最主要的价值在于它对促进经济发展的同时保护生态环境发出了行动信号。本次会议讨论的“伙伴关系”则有特定的内涵，它被联合国认为是一个机制创新。所谓“伙伴关系”是指政府间以及政府与非政府组织和企业等社会各界之间的合作，实施具体的可持续发展项目。代表们在会议上提出了涉及水、能源、森林等领域的220多个伙伴关系项目。大会秘书长德塞指出，伙伴关系项目的倡议，将能确保会议结束后在可持续发展问题上真正有所行动。①

随着国际社会对环境问题认识的不断深化和全球行动的推进，一个多层次的全球环境治理体系已经形成：国际环境谈判的进行和协议的签署，从以前的临时性到现在的系统性；国际环境领域的参与主体，由原来的主权国家绝对主导发展到现在的多元主体共同参与；国际社会应对环境问题的方法，也由原来的单纯防止污染、保护环境到现在的环境与经济、社会协调的可持续发展。②

（三）全球环境治理中的国际合作

环境问题的跨国性决定了国际合作是全球环境治理的必由之路。二战后，环境领域的双边、区域和全球范围的国际合作不断扩大和深入发展。

1. 全球性环境合作

随着国际社会对环境保护关注度的不断提高，全球性的环境合作不断加强，主要表现为与环境问题相关的全球性组织机构和论坛的建立，其他领域的国际机构中与环境相关的文件的出台和项目的实施，以及反映国际社会对环境问题共识的决议、宣言、公约、协定等文件的大量出现。在全球性环境合作中，联合国发挥着不可替代的全局性作用。

世界上最重要的环境机构——联合国环境规划署从1972年成立以来，对全球环境保护事业起到了极大的推进作用，尤其是主持制定和实施了诸多国际环境公约，如《濒危野生动植物物种国际贸易公约》《保护臭氧层维也纳公约》及其《蒙特利尔议定书》，《控制危险废物越境转移及其处置巴塞尔公约》

① 王之佳编著：《中国环境外交：从里约热内卢到约翰内斯堡》，中国环境科学出版社，2012年版，第14、34页。

② 庄贵阳、朱仙丽、赵行姝：《全球环境与气候治理》，浙江人民出版社，2009年版，第42页。

《联合国气候变化框架公约》《生物多样性公约》《防治荒漠化公约》《卡塔赫纳生物安全议定书》等等，所涉及的环境问题非常广泛。此外，环境规划署、联合国开发计划署、世界银行于1991年共同建立的全球环境基金，部分解决了发展中国家在参加国际环境合作中面临的资金难题。1999年，联合国大会决定以环境规划署理事会的形式设立全球部长级环境论坛。联合国的其他许多专门机构也关注环境问题，在各自的职责范围内分别制定和实施了环境项目。例如，世界气象组织与环境规划署于1988年建立了政府间气候变化专门委员会；世界银行从1987年开始逐渐把环境问题纳入其日常工作的各个方面，将环境保护列为基本目标；世界贸易组织2001年启动的多哈回合谈判把贸易与环境议题首次纳入谈判议程。

2. 区域性环境合作

自联合国人类环境会议之后，一些区域性组织纷纷把环境议题纳入议程，并以不同的方式进行区域或跨区域环境合作。欧盟堪称区域性环境合作的典范，它不仅在成员国之间进行环境合作，还与发展中国家进行环境合作且这类合作遍及非加太地区、地中海地区、亚洲地区和拉美地区。例如，为加强亚欧各国环境领域的全面合作，2002年，在亚欧会议框架下建立了区域环境合作机制——亚欧环境部长会议。在北美地区，由美国、加拿大和墨西哥组成的北美自由贸易区于1994年启动，三国所签署的《北美自由贸易协定》是第一个包括环境保护条款的自由贸易协定，它建立的贸易—环境模式，是一种环境治理创新。在南美，南方共同市场在20世纪末通过谈判达成了环保议定书，决定将环境保护置于经济一体化进程的中心位置。此外，亚太经合组织、东盟、中日韩三国环境部长会议、东盟—中日韩环境部长会议等地区组织或机制都进行了切实的区域性环境合作。亚洲开发银行、非洲开发银行和美洲开发银行则先后将环境问题纳入其发展项目中，为区域性环境合作提供应有的资金支持。

值得一提的是，联合国环境规划署在区域海洋保护计划方面取得了显著成功。1974年，环境规划署通过了区域海洋保护计划，并推动有关国家和地区制定了不同区域的海洋保护行动计划及多边条约和议定书，如《保护地中海免受污染公约》及其议定书、《保护南太平洋自然资源和环境公约》及其议定书等等。

3. 双边环境合作

随着各国政府对环境保护的日益重视，双边环境合作也大量涌现。美国、中国、俄罗斯、日本、印度、巴西、德国等环境大国以及其他许多国家的双边合作中，环境合作已成为一项重要内容。中美双边环境合作始于20世纪80年代初，两国在80年代的环境合作打下了良好基础，90年代以后，中美环境合作逐渐从基础性、学术性研究向污染控制、环境管理、全球气候变化等方面转移。中美双方在环境领域的合作互惠互利，也为全球环境保护作出了贡献。

（四）环境非政府组织与全球环境治理

非政府组织在国际事务中的作用日益凸显，在全球环境治理领域，非政府组织的作用尤其突出。主要在环保领域开展活动的非政府组织即环境非政府组织，它是“以环境保护为目标的各种民间的非营利性组织。它不隶属任何政府，在环境保护问题上有自己的理念和主张。”[①] 从活动范围和成员组成的角度看，环境非政府组织可分为国际性的、全国性的、地方性的组织。国际性的环境非政府组织在全球环境治理中发挥的作用更大，因其拥有更加丰富的经验、知识和能力。20世纪70年代以后，环境非政府组织大量出现，其中具有代表性的国际环境非政府组织包括：国际地球之友（1971）、绿色和平组织（1971）、国际环境与发展研究所（1971）、环境联络中心国际组织（1974）、欧洲环境局（1974）、世界资源研究所（1982）、气候行动网络（1989）、地球理事会（1992）等。此外，成立稍早并已发展成为具有较大影响的国际环境非政府组织有世界自然保护联盟（1948）和世界自然基金会（1961）等。

在全球环境治理中，主权国家的作用是决定性的，但在国际关系体系的无政府状态下，各国政府在面对全球环境问题时往往首先考虑本国的国家利益，其次才是国际利益，这使得全球环境治理的有效性受到制约。随着全球公民社会的逐渐发展和成熟，作为全球环境治理主体之一的环境非政府组织在环境治理中通过各种方式正发挥着自己独特的、越来越突出的作用，这已成为全球环境治理中最显著的特色之一。

---

① 徐再荣：《全球环境问题与国际回应》，中国环境科学出版社，2007年版，第144页。

一方面，环境非政府组织尤其是实力丰厚的国际性组织如世界自然基金会等针对全球范围内的环境问题直接采取行动，通过在不同国家和地区开展具体的环保项目来促进当地的环境保护。另一方面，环境非政府组织更多通过其它方式来参与全球环境治理，例如：以自己的专业知识为依托，积极对社会公众进行环境教育和宣传以培养公众的环境意识；通过专业研究向国际社会提供环境信息和环境政策建议来影响国际环境议程；在国际环境谈判会议上通过提交事先草拟的环境协议文本或通过组织论坛、倡议、游说、集会、抗议等方式来改变政府的环境立场或影响国际环境谈判的进程。可以说，环境非政府组织在全球环境治理中扮演着宣传者、智囊团、压力集团、合作者、资助者等角色，并推动了全球环境治理的民主化进程。

目前国际社会对环境非政府组织参与国际环境事务持支持态度。国家虽然不会放弃其在全球环境治理中的核心地位，但也乐意为环境非政府组织提供更大的活动空间，如越来越多的国家都将环境非政府组织的代表纳入到了参加国际环境谈判的代表团之中。[①] 环境非政府组织未来在全球环境治理中仍将是一支不可或缺的重要力量。

二、全球环境治理中的气候治理：进程、谈判格局与挑战

气候变化是当今世界最为关注的全球性环境问题，它已经不仅仅是科学问题，同时也是经济问题、政治问题、外交问题乃至安全问题。全球气候治理的进程是气候变化从科学共识上升为世界政治主要议题之一的过程、是人类社会共同采取行动应对气候变化带来的严峻挑战的过程、也是国际上各种政治力量博弈的过程。迄今，全球气候治理机制已初步建立，但仍面临不少问题和挑战，还需要各方的更多作为。

（一）全球气候治理的基本进程

1972年人类环境会议之后，气候变化问题逐渐成为国际科学界研究的热

① 王杰、张海滨、张志洲主编：《全球治理中的国际非政府组织》，北京大学出版社，2004年版，第326页。

点。1979年第一届世界气候大会召开，此次主题为“气候与人类”的专家会议标志着国际科学界在气候变化问题的科学共识方面迈出了重要一步。1988年，基于科学界对气候变化潜在严重性的基本共识以及由于当年世界各地发生的一系列气候反常事件等因素，全球变暖迅速成为引人注目的国际政治问题。1988年6月，在加拿大多伦多召开了第一次由各国决策者和科学家共同参加的会议，主题是“变化中的大气：对全球安全的影响”。多伦多会议促发了一系列有关气候变化问题国际会议的召开，这一状况一直持续到1990年末。联合国则在1988年9月首次把气候变化问题作为联大的议题，12月，联大通过一项决议，强调气候变化是人类共同关注的问题，并决定成立政府间气候变化专门委员会。1990年12月，联大正式成立气候变化框架公约政府间谈判委员会，谈判于1991年2月开始。1992年的联合国环境与发展大会上，154个国家签署了《联合国气候变化框架公约》(UNFCCC，以下简称《公约》)，为未来的气候谈判提供了基础和框架。此后全球气候治理主要体现为以《公约》下的气候谈判为核心的国际合作。

根据《公约》的规定，此后召开的缔约方会议将讨论具体的对策。1995年，第一次缔约方会议在柏林召开，160个国家的代表签署了《柏林公约》，并决定成立“柏林授权特设工作组”，进行后续法律文件的谈判，为第三次缔约方会议起草一份议定书，以强化发达国家的减排义务。第三次缔约方大会于1997年在京都召开，通过了一项具有法律约束力的议定书——《京都议定书》，为附件一国家（发达国家和经济转型国家）规定了温室气体减排义务。2001年3月，美国宣布退出《京都议定书》，使其生效面临重大威胁。在国际社会的努力下，7月举行的《公约》第六次缔约方大会达成《波恩政治协议》，挽救了《京都议定书》。2005年2月16日，《京都议定书》正式生效。同年召开的公约第十一次缔约方大会共达成了40多项重要决定，其中包括启动《京都议定书》第二阶段温室气体减排谈判。2006年，第十二次缔约方大会取得了两个重要成果：一是达成几十项决定，以帮助发展中国家提高应对气候变化的能力；二是在管理“适应基金”问题上取得一致，将其用于支持发展中国家具体的适应气候变化活动。2007年，第十三次缔约方大会通过的“巴厘路线图”对近五年的谈判产生了重大影响，它规定了“双轨制”谈判（即《京都议定书》和《长期合作行动》），致力于在2009年底前完成“后京都”时期全球应对气候变化新安排的谈判。2009年，在第十五次缔约方大会上，由于发达国家和发展中国家在减排责任、资金支持和监督机制等议题上分歧严重，最终只达成了不具法律约束力的《哥本哈根协议》。2011年第十七次缔约方大会确立了"加强行动'德班平台'特设工作组"。2012年第十八次缔约方大会通过了《京都议定书》修正案，从法律上确定了《京都议定书》第二承诺期从2013年开始实施，期限为八年。

（二）全球气候治理的重要成果

从1991年2月联合国气候变化框架公约政府间谈判委员会启动谈判以来的20多年里，在全球气候治理进程中，最重要的成果是《联合国气候变化框架公约》和《京都议定书》。

1.《联合国气候变化框架公约》

《公约》于1992年6月在联合国环境与发展大会上开放签署，1994年3月生效。《公约》所规定的最终目标是将大气中温室气体的浓度稳定在防止气候系统受到危险的人为干扰的水平上。这一水平应当足以使生态系统能够自然地适应气候变化、确保粮食生产免受威胁并使经济能够可持续发展。为了指导各缔约方为实现目标而采取行动，《公约》规定了五条原则：一是共同但有区别的责任，二是充分考虑发展中国家的具体需要和特殊情况，三是预防原则，四是促进可持续发展，五是建立一个有利和开放的国际经济体系。《公约》不仅为所有缔约方规定了普遍性义务，也为发达国家和发展中国家分别规定了不同的义务。《公约》还强调，发展中国家能在多大程度上有效履行义务，将取决于发达国家所承担的资金和技术转让承诺的有效履行，并将充分考虑到经济和社会发展以及消除贫困是发展中国家首要和压倒一切的优先任务。

《联合国气候变化框架公约》奠定了应对气候变化国际合作的法律基础，是气候谈判中最重要和最基本的架构。

2.《京都议定书》

在过去的19次缔约方谈判中，最显著的成果是《京都议定书》，它首次确定了发达国家的量化减排目标，是人类历史上第一个具有法律约束力的减排文件。其核心内容是：附件一国家在第一承诺期即2008—2012年期间，其6种温室气体的排放总量要比1990年的水平减少5.2%。在履约方式上，《京都议定书》规定发达国家可以单独或通过“联合履约”“清洁发展机制”和“排放贸易”等手段来实现其部分减排承诺。1997年达成的《京都议定书》只规定了全球行动的目标、方法和时间表，而把具体实施细则留到后续谈判中解决。虽然后续谈判遭遇了重重困难，《京都议定书》的生效过程充满曲折，且目前已确定第二承诺期的《京都议定书》逐渐被边缘化，但《京都议定书》是人类为防止全球变暖迈出的第一步，在推进国际气候合作、促进各国向低碳经济转型中具有积极的意义。

（三）国际气候谈判的基本格局

在《公约》框架下的长期谈判过程中，形成了一些有共同利益的谈判集团，由此也使气候谈判形成了“南北对垒”的基本格局。各个利益集团在国际气候谈判中有各自的立场和主张，也为争取集团的利益而努力，从而对谈判进程和气候治理起到了各自的影响和作用。

1. 欧盟

从1992年环发大会以来，欧盟高度重视环境保护，并积极推动国际气候谈判，在《京都议定书》的谈判和生效过程中，欧盟逐步确立了它在国际气候谈判中的领导地位。在《公约》于1994年生效之后，为了推动议定书的达成，欧盟曾单方面宣布减排15%，经过谈判，欧盟在《京都议定书》中承诺减排8%。1997年达成《京都议定书》之后，为推动其尽快生效，欧盟进行了不懈的努力。其间，美国于2001年3月宣布放弃《京都议定书》，欧盟立即做出反应，对美国的决定表示严重不满，并在4月初派出一个高级代表团与美国进行交涉。在未能说服美国的情况下，欧盟显示了撇开美国继续推进《京都议定书》的决心。2002年5月，欧盟批准了《京都议定书》。欧盟还积极协调各方立场，尤其是最终努力促成俄罗斯在2004年批准了《京都议定书》——这对《京都议定书》的生效至关重要。可以说，欧盟在美国退出的不利形势下发挥了领导作用，对《京都议定书》的正式生效作出了重要贡献。2005年，欧盟还率先建立了排放贸易体系。在哥本哈根会议上，虽然欧盟一度被美国排除在《哥本哈根协议》的制定过程之外，在气候变化问题上的领导地位大大削弱，但在2011年德班气候会议上，欧盟较好地实现了预设的谈判目标，一定程度上修复了其领导地位。当前，限于内部经济形势和成员国政策协调问题，欧盟在全球气候治理中的领导地位面临考验。

2. **伞形集团**

伞形集团是在《京都议定书》通过后，主要由非欧盟发达国家组成的松散的气候谈判联盟。该集团没有确定的成员名单，一般包括美国、日本、加拿大、澳大利亚、新西兰、俄罗斯、乌克兰、冰岛、挪威等。这些国家在谈判中并不正式作为一个集团参与谈判，而是更多通过沟通和协调来商定立场，它们会为了集团的共同利益而努力，也会为了各自利益而采取单独行动。该集团的多个成员都是温室气体排放大国，在气候谈判中具有举足轻重的作用。2001年美国拒绝批准《京都议定书》就曾给气候谈判增加了复杂性和不确定性，并使《京都议定书》在当时面临夭折的危险。对于后京都时代发达国家进一步减排的问题，伞形集团的主要成员国坚持采取自下而上的方式，即由发达国家自主提出减排目标作为气候谈判的基础，2009年哥本哈根气候会议基本上接受了这一主张。总体而言，伞形集团国家在应对气候变化问题上并不积极：集团主要成员国虽然于2010年向《公约》秘书处提交了2020年中期减排目标，但其减排承诺难以满足有效应对全球气候变化的需要；美国长期游离于《京都议定书》之外，一直拒绝承诺强制减排；加拿大在德班会议后宣布退出《京都议定书》，日本、俄罗斯、新西兰已明确表示不参加《京都议定书》第二承诺期，这些“拖后腿”国家的退出将大大削弱《京都议定书》这一气候治理平台的效果。[①]

3. **发展中国家**

在《公约》和《京都议定书》下，规定发达国家和发展中国家在应对气候变化问题上承担“共同但有区别的责任”，没有对发展中国家规定强制性减排目标，但鼓励发展中国家参与温室气体减排。发展中国家在气候问题上有着共同利益，以“77国集团＋中国”模式参与气候谈判，同时，由于发展中国家的国情差异和在气候问题上的立场差异，所以在气候谈判中又形成了多个谈判集团。

“77国集团＋中国”。这是国际气候谈判中代表发展中国家利益的主要力量，代表其发表立场声明的是77国集团的轮值主席国。中国作为发展中大

① 许琳、陈迎：《全球气候治理与中国的战略选择》，《世界经济与政治》2013年第1期，第124页。

国，通过诸多内部协调工作，维护集体利益，并积极推动谈判的进程。

基础四国。自2009年以来，中国、印度、巴西和南非这四个重要的新兴经济体基于共同利益，在应对气候变化议题上走到了一起，形成了“基础四国”气候变化谈判机制。基础四国已建立起了相对稳定的磋商和协调机制，积极参与全球气候治理进程并在气候谈判中发挥了建设性作用。

小岛国联盟。因海平面上升而面临严重威胁的低洼沿海国和小岛国组成了小岛国联盟，其40多个成员来自非洲、加勒比海、印度洋、地中海、太平洋和南中国海，大部分也是77国集团成员。作为气候变化不利影响的最大受害者，小岛国一直坚持自己的特殊利益诉求。

其他谈判集团还包括非洲国家集团、石油输出国组织、最不发达国家、中美洲集团等。

随着世界政治经济形势的发展和变化，国际气候谈判的国家和集团立场以及格局也发生了变化。第一，随着中国、印度、南非和巴西等发展中大国的经济增长和碳排放增加，发展中国家阵营内部发生了比较大的分歧，尤其在针对减缓行动上,以印度和中国为代表的主要排放国与小岛国联盟和最不发达国家之间分歧严重。小岛国联盟的谈判目标是尽快达成全球减排协议，小岛国甚至要求将全球温升幅度控制在1.5摄氏度之内。德班会议期间,小岛国紧跟欧盟立场，在“共同但有区别的责任”原则基础上，提出建立《公约》下的议定书，以限制主要发展中国家以及美国的排放，许多最不发达国家也支持这一立场。第二，发达国家阵营内部的分歧越来越大。在欧盟中，一些经济发展和人均生活水平仍然比较低的成员国，例如波兰、罗马尼亚等国家，仍然要求更多的排放权。在伞形集团内部也出现了不同声音，澳大利亚在2012年多哈气候会议上，明确表态支持《京都议定书》第二承诺期。可以说，“南北对垒”的基本格局出现了弱化的趋势，发展中国家与发达国家之间的矛盾以及排放大国与排放小国的矛盾在今后的谈判中将同时存在。

（四）全球气候治理的挑战

1. 气候问题的紧迫性与气候治理政治意愿的缺乏

气候变化对人类安全构成了严重挑战，应对气候变化的要求日益紧迫，但从国际气候谈判过程来看，一些国家在全球气候治理上仍缺乏足够的政治意愿。2011年德班会议的结果虽然显示了全球应对气候变化的行动还是朝着积极的方向发展，但从会议进程看，与会各国的分歧相当大，特别是美国、日本、加拿大等国在应对气候变化问题上缺乏政治意愿。2013年华沙会议上，日本代表公布的修正后减排目标不降反升，比其1990年的排放水平高出3.1%；发达国家仍旧是推卸历史责任，对于切实兑现减排并向发展中国家提供资金和技术支持的承诺缺乏政治意愿，既没提出时间表也没提出具体数额，对于建立损失损害补偿机制只是表示初步同意设立“华沙机制”而无实质性承诺。[①]

2. 气候治理与国家经济利益的矛盾

气候变化问题本质上是经济发展问题，经济利益是影响各国进行气候治理的重要因素。2001年美国退出《京都议定书》其理由是布什政府认为，实现《京都议定书》所规定的减排目标有损美国的经济利益，会给美国造成4000亿美元的经济损失，减少490万个就业岗位。[②] 温室气体排放大国澳大利亚2013年7月宣布将于次年7月起废除固定碳税，其提前一年终止碳税是为了降低生活压力、减少企业成本。[③] 在后京都气候谈判中，俄罗斯关注的问题之一是承担减排义务是否会限制其未来经济发展的空间。发展中大国需要积极应对气候变化，也需要争取未来公平合理的排放空间和发展空间。石油输出国则担心全球减排会引起国际石油市场的紧缩，给本国经济带来负面影响。在气候治理行动与本国经济利益之间如何选择、如何处理二者之间的矛盾，是对各国政府在应对气候变化问题上的考验，也是对全球气候治理的挑战。

3. 集体行动的困难

应对气候系统暖化需要世界各国集体行动，因为大气层的温室气体浓度由地球上的所有排放源造成，单独行动无济于事。然而，目前集体行动面临诸多困难。首先，集体行动需要领导者，在“共同但有区别的责任”原则下，发达国家应对其历史排放和当前的高人均排放负责，率先采取措施减少温室

① 《华沙气候大会最后时刻达成协议，焦点分歧仍难解》，http://www.china.com.cn/news/world/2013-11/25/content_30692097.htm。

② 王之佳编著：《中国环境外交：从里约热内卢到约翰内斯堡》，中国环境科学出版社，2012年版，第100页。

③ 《澳大利亚废除固定碳税，明年将实施浮动碳税计划》，http://www.china.com.cn/news/2013-11/08/content_30542636.htm。

气体排放，并向发展中国家提供资金和技术支持，换言之，发达国家应率先承担起气候保护集体行动的责任、发挥领导作用，但是发达国家目前忙于挽救经济衰退，对气候变化的重视程度已今不如昔。由于大国的行动事关集体行动的成败，因而发达国家目前的作为必然对未来包括国际气候谈判在内的全球气候治理行动产生不利影响。其次，集体行动需要大国协调，但是美国与欧盟在气候变化问题上态度不同，发达国家与发展中大国在国际责任、资金和技术援助、减排和发展的关系等问题上还存在很多分歧，这就加大了集体行动的难度。第三，发展中国家阵营内部的不同利益群体有着不同的利益诉求且内部矛盾公开化，今后协调和统一各国立场的难度将越来越大。

三、中国的应对：责任与行动

随着中国经济的发展、温室气体排放量的增长和国内环境问题的凸显，国际上继“中国军事威胁论”、“中国经济威胁论”之后，出现了“中国环境威胁论”。中国作为最大的发展中国家和环境大国，在环境和气候治理领域有着自身应承担的责任，也有自身合理的发展诉求。在环境和气候治理方面，中国已采取了诸多实质性的行动，不仅有利于消除“中国环境威胁论”，也逐步树立起了“负责任大国”的形象。

（一）西方国家的“中国环境威胁论”

1. 主要观点

“中国环境威胁论”的缘起，是时任美国世界观察研究所所长莱特斯·布朗于1994年发表的一篇报告《谁来养活中国——来自一个小行星的醒世报告》，报告认为中国为了养活10多亿人口，将会从国外进口大量粮食，引起世界粮价上涨和粮食危机，并称这种“威胁远比军事入侵大得多”；报告还论及中国生态环境如土地、水资源、农药、化肥、能源、大气等方面存在的问题，并渲染其危及日、韩等邻国。[①] 该报告发布后，西方国家掀起了一

① 曾正德:《“中国生态环境威胁论”的缘起、特征与对策研究》,《扬州大学学报（人文社会科学版）》2010年3月，第14卷第2期，第16页。

股“中国环境威胁论”的浪潮。近二十年的时间里，从政府官员、学者到媒体、非政府组织，西方对中国环境问题的批评和指责一直未间断。《外交事务》（Foreign Affairs）期刊2007年刊登的一篇文章《中国大跃退》就鲜明地体现了这一观点：中国已成为世界上空气、水污染和土地退化最严重的国家，同时是一些最为头疼的全球环境问题的罪魁祸首，例如非法木材贸易、海洋污染和气候变化。

总的来看，西方国家的“中国环境威胁论”主要涉及中国国内和国际两个层面，国际“威胁”则是国内问题的延伸。

首先，在国内层面主要体现为环境污染和资源消耗两个主要问题。在西方看来，空气污染、水污染和电子垃圾等是目前中国面临的严重环境污染问题。英国《生态学家》网站2011年的一篇文章中谈到，对煤炭的依赖导致世界上污染最严重的20个城市里有16个都在中国；大量向长江等河流里倾倒化学产品使得中国一半人口的饮用水都受到污染。① 英国《每日电讯报》曾以《中国在接管世界之前是否会被自己排放的废水淹死？》报道中国的“儿童铅中毒”事件。② 电子垃圾作为一种新型污染同样受到西方媒体和学者的关注。广东汕头的贵屿镇被视为全球最大的电子垃圾处理厂，其回收过程中产生的毒性严重威胁着当地环境和人体健康。贵屿的污染问题曾被国际环保组织制成纪录片，美国《时代》周刊和英国《卫报》等主流媒体都曾对此进行报道。③

在国内资源消耗方面，西方国家的焦点主要集中在水资源短缺、土地荒漠化、煤炭能源消耗等问题上。有文章指出，中国北方城市经常性缺水形成了成千上万的“环境难民”。④ 土地荒漠化已经席卷了中国近30%的土地，且

---

① Gervase Poulden: “China exports its environmental problems as consumer culture booms”, The Ecologist, September 6, 2011.

② 郭小平：《西方媒体对中国的环境形象建构——以〈纽约时报〉“气候变化”风险报道（2000-2009）为例》，《新闻与传播研究》2010年第4期，第19页。

③ Chung Chien-min:“China's Electronic Waste Village”, *Time*, November 26, 2012; Monbiot George:“From toxic waste to toxic assets, the same people always get dumped on”, *The Guardian* (London), May 4, 2010.

④ Gervase Poulden: “China exports its environmental problems as consumer culture booms”, *The Ecologist*, September 6, 2011.

以每年2460平方公里的速度增加；同时每年有近50亿吨的土壤流失。[①] 克雷格·西蒙斯是考克斯报系的前驻亚洲记者，他在新书《贪食龙：中国的崛起如何威胁我们的自然世界》中提到：2011年中国消耗了40多亿吨煤，占世界总消耗量的一半，是当年美国消耗量的四倍，而在1976年，这一数据仅为5.5亿吨。

其次，在国际层面，中国也在多个环境问题上遭到西方国家的质疑。一是大气污染。日本政府开发援助机构对中国的工业污染十分担忧，认为其形成的酸雨和尘土已经影响到日本。[②] 而这种担心不仅仅局限于日本，美国国务院国际信息局的一篇文章中认为中国境内的废气排放所造成的酸雨已使亚洲其他部分地区的森林及集水区退化，来自亚洲的一些污染微粒甚至远达美国西海岸。[③] 二是温室气体排放问题。目前，中国已经超过美国成为世界上最大的二氧化碳排放国，这也使得中国在减排问题上面临极大的国际压力。2009年哥本哈根气候大会上，中国的碳排放量和减排计划成为以美国为首的西方发达国家指责的焦点。同时，中国政府的治理态度受到西方的质疑，华盛顿伍德罗·威尔逊国际学者中心"中国环境论坛"主任珍尼弗·特纳认为中国并没有正视气候变化问题，政府不希望通过放慢经济增长速度减少二氧化碳排放。[④] 三是中国的能源需求。高速发展的经济使得中国的能源需求量大幅增加，而国内供应远远不足，因而需要从外国进口。在西方看来，这可能导致中国寻求一种扩张政策来支持其经济发展，而这种政策会与美国的能源安全政策相冲突，从而影响美国的全球利益。[⑤] 四是中国对外出口环境垃圾问题。英国皇家国际事务研究所亚洲中心主任凯里·布朗谈到，中国已经与西方国

① Tony Yang: *Environmental problems in China*, WWF Global.http://wwf.panda.org/who_we_are/wwf_offices/china/environmental_problems_china/

② Yahuda Michael: "The Limits of Economic Interdependence: Sino-Japanese Relations", *New Directions in the Study of China's Foreign Policy*, Ed. Alastair I. Johnston, New York: Stanford UP, 2006.

③ Zwaniecki Andrzej: *China Environmental Problems Tackled with US Help*, America.gov, July 10, 2007. http://iipdigital.usembassy.gov/st/english/article/2007/07/20070710163214saikceinawz0.1669275.html#axzz2goqcJUhw.

④ Ibid.

⑤ Mellman, Lt. Col Tod D: "China-The Treat to the United States and Asia", *Foreign Affairs*, Vol.87, 2004. pp. 5-27.

家一样向其他地区出口环境垃圾，而承受这些后果的是越南和泰国；同时在中国国内也存在着经济发达地区向贫困地区转移污染的现象。[①]

2. **实质分析**

对于西方的“中国环境威胁论”，我们要理性辩证地去看待。一方面，部分西方言论将环境问题上升到政治层面，试图借环境问题来牵制中国发展。例如在温室气体排放问题上，发达国家一味地指责中国打着发展中国家的旗号不愿承担减排任务，声称世界上许多岛国将因为中国而被上升的海平面淹没。事实上，“发达国家从中国进口商品替代本国生产，实际上减少了自身的能源需求和温室气体排放，是主要的受益方。中国……承担了本应进口国承担的碳排放量。……那些享受中国制造商品的发达国家及其消费者同样负有很大责任。”[②] 因此单方面要求中国为减排而降低经济增速是不科学、也是不公正的。此外，认为中国为了扩大经济发展规模会在全球掠夺能源，以援助为借口抢占非洲资源等言论都是无稽之谈，是对中国国力增强的戒备和国家形象的抹黑。

另一方面，“中国环境威胁论”也确实指出了中国现代化过程中所产生的环境问题，值得中国反思。中国现阶段的环境问题既包含国际产业分工转移带来的全球因素，也与国内部分领域和企业盲目追求效益、忽视环境保护有关。[③] 此外，中国目前正在向消费型社会转变，照搬西方消费模式会加剧中国的环境问题如土地荒漠化、水资源缺乏和资源浪费等，不利于中国的可持续发展。“中国环境威胁论”也促使我们反思：如何在国家经济发展、人民消费需求扩大的同时，减少对环境和资源的破坏？简言之，如何协调发展和环境保护之间的关系？对此，中国作为崛起中的大国，迫切需要积极应对。这也是大国的责任。

---

① Gervase Poulden: “China exports its environmental problems as consumer culture booms”, *The Ecologist*, September 6, 2011.

② 马建英:《“中国气候威胁论”的深层悖论——以“内涵能源”概念的导入为例》,《世界经济与政治论坛》2009年第3期，第7页。

③ 周庆安:《理性看待“中国环境威胁论”》, http://news.xinhuanet.com/theory/2006-11/15/content_5330640.htm.

（二）中国的责任

1. 实现国家的可持续发展

发展是国际社会每个成员都拥有的公平权利，对包括中国在内的广大发展中国家而言，发展是第一位的，让发展中国家牺牲发展权益以换取环境保护，既不现实也不可能。《联合国气候变化框架公约》第四条第7款就规定："发展中国家缔约方能在多大程度上有效履行其在本公约下的承诺，将取决于发达国家缔约方对其在本公约下所承担的有关资金和技术转让承诺的有效履行，并将充分考虑到经济和社会发展及消除贫困是发展中国家缔约方的首要和压倒一切的优先事项"。也就是说，中国在全球环境与气候治理中的责任首先是发展自身，"任何大国都不会在没有处理和解决好自身内部治理问题之前，承担与国力不相适应的国际责任。对中国而言，把自己的事情做好，就是很大的责任，因此中国大国责任的内部要求在于发展，在于增强自身实力。"[①] 崛起中的中国选择了可持续发展道路，实现国家的可持续发展是中国责任的内在要求。

2. 团结发展中国家，共同维护发展中国家的发展权益

在全球环境与气候治理中，如果没有南北国家的合作就无法达到预期目标。对发展中国家而言，内部的团结是推动南北合作的基础。中国作为最大的发展中国家，有责任凭借自身实力和国际地位来协调发展中国家间关系，寻求扩大与发展中国家合作的基础，以加强发展中国家的团结。发展中国家"用一个声音说话"才能发出最强音，也才能在与发达国家的博弈中更好地维护自身权益，这已被发展中国家为建立国际经济新秩序而斗争的历史所证明。从经济发展和温室气体的排放来看，发展中国家经济的发展必然导致排放量的增加，但发展中国家有自身的发展权、排放权，这是合理的政治和经济要求。中国有责任与其它发展中国家加强团结，以集体的力量共同维护自身的发展权益。

3. 推动全球环境与气候治理有效地进行

当前，全球性环境问题仍在发展，全球环境仍在持续恶化，对人类的生

① 金灿荣等：《大国的责任》，中国人民大学出版社，2011年版，第5—6页。

存和发展继续构成严重威胁。从中国的情况看，改革开放以来，中国经济取得了巨大成就，但同时也付出了沉重的环境代价。中国复杂而严峻的环境问题不仅制约了国民经济的顺利发展，也影响到了国家安全。不论从中国的角度还是全球的角度看，环境与气候治理实际上早已刻不容缓。中国是正在崛起中的大国，实力的增长意味着责任的承担，中国有能力也有责任携手其他国家推动全球环境与气候治理的有效进行，以维持人类社会的生存和可持续发展以及正常的国际秩序。

（三）中国进行环境和气候治理的行动

改革开放以来，中国积极进行环境和气候治理，一方面，出台了一系列环境政策和措施，在国内展开了一系列环保行动；另一方面，积极进行国际环境合作和履行国际环境公约。

1. 国内层面：中国对环境保护的认识不断提高，环保工作不断推进，环境保护取得明显成效

中国环保事业起步于20世纪70年代初期。1973年，第一次全国环境保护会议召开，标志着中国人环保意识的觉醒。改革开放以后，中国逐渐认识到节约资源能源、保护生态环境、维护生态平衡的重要性。1979年，《环境保护法（试行）》颁布。1983年，国务院召开第二次全国环境保护会议，明确提出环境保护是中国现代化建设中的一项战略任务，是一项基本国策，并明确了“预防为主、防治结合”“谁污染、谁治理”和“强化环境管理”的环境保护三大政策。1983年之后，环境保护作为一项重要内容被写入历年政府工作报告。

20世纪90年代中期以来，中国进一步把环境保护摆上重要位置。1994年3月，中国政府发布《中国21世纪议程——中国21世纪人口、环境与发展白皮书》，首次把可持续发展战略纳入经济社会发展的长远规划。1997年，十五大明确提出实施可持续发展战略。“九五”期间，各地政府按照国务院《关于环境保护若干问题的决定》要求，努力实现“一控双达标”，关闭了8.4万家严重浪费资源、污染环境的小企业，淘汰了一批落后的生产能力和设备，限制发展了一批高物耗、高污染的产业，促进了传统产业的技术改造和经济结构的调整。从1998年开始，国家实行天然林保护工程，开展退耕还林还草还湖等生态环境建设和保护的根本性措施，把环境保护作为西部大开发的根本和切入点，发布了《全国生态环境保护纲要》。[①] 我国还以《环境保护法》为基础，颁布了水污染防治、大气污染防治、噪声污染防治、固体废物污染防治和海洋环境保护、环境影响评价等环境保护法律，不断加强环境保护法制化建设。

十七大以来，中国把环境保护摆在了更加突出的战略位置上，提出了“建设生态文明”、“推进环境保护历史性转变”、“环境保护是重大民生工程”等战略思想，出台一系列新的重大决策部署，环保工作取得积极进展。其中，在机构建设方面，2007年，成立了国家应对气候变化领导小组，组长为国务院总理。同时，国家气候变化专家委员会成立，其主要任务是为我国政府制定应对气候变化相关战略方针、政策法规和措施提供科技咨询和政策建议。2008年，国家环保总局升格为国家环境保护部，这一举措被法国《欧洲时报》称为中国政府机构大部制改革“这一大亮点中又一亮点”，“表明中国政府已经把环境保护提升到与工业、农业、交通、能源等部门同样重要的地位，使之成为维系国家经济命脉的重要产业工程之一”。[②]

在政策与行动方面，从气候治理的角度看，2007年，中国颁布了《应对气候变化国家方案》，这是我国第一部减缓和应对气候变暖的全面的政策性文件，也是发展中国家第一部应对气候变化的国家方案。《方案》明确了中国应对气候变化的指导思想、原则和目标，提出了相关政策和措施。同年，中国还颁布了《应对气候变化科技专项行动》。此外，中国从应对气候变化的全球大局出发，自动制定非强制性减排目标：在2009年哥本哈根气候大会上，温家宝总理代表中国政府承诺，到2020年，努力使单位国内生产总值二氧化碳排放比2005年下降40%到45%。这一目标已作为约束性指标纳入国民经济和社会发展中长期规划。这是中国对全球应对气候变化的重大贡献。2011年，为落实“十二五”时期中国应对气候变化的目标任务，推动绿色低碳发展，国务院印发了《“十二五”控制温室气体排放工作方案》《“十二五”节能减排综合性工作方案》等一系列重要政策文件，加强了应对气候变化工作的规划

① 解振华主编：《国家环境安全战略报告》，中国环境科学出版社，2005年版，第7页。

② 《法〈欧洲时报〉评环保总局升为环保部：亮点中的亮点》，http://www.china.com.cn/tech/zhuanti/wyh/2008-03/15/content_12702315.htm。

指导。有关部门和地方政府积极采取行动，应对气候变化各项工作取得明显成效。[①]可以说，中国正在积极承担全球气候治理的国内和国际责任。2013年11月的华沙气候大会上，联合国秘书长潘基文高度评价了中国在应对气候变化方面做出的努力。

十七大首次提出生态文明建设，十八大则提出了"把生态文明建设放在突出地位"，将生态文明建设提升到与经济建设、政治建设、文化建设、社会建设相同的高度。"大力推进生态文明建设，促进经济与环境协调融合，是对环境保护的最新认识成果"。[②]2013年，中国在国家层面出台了一系列相关文件，显示了推进生态文明建设的力度。例如，1月印发了《全国生态保护"十二五"规划》，提出到2015年，生态环境监管水平明显提高，重点区域生物多样性下降趋势得到遏制，生态环境恶化趋势得到初步扭转。9月，国务院公布《大气污染防治计划》，根据计划，2013—2017年，中国将投入1.7万亿元进行大气污染治理；要求达不到新环境空气质量二级标准的城市，必须制定达标计划和日程表，鼓励城市采取严于国家要求的治污措施等。这被称为史上最严格的大气治理计划。10月，十二届全国人大常委会立法规划公布，其中已明确的68项立法项目中，修改土地管理法、环境保护法、大气污染防治法、水污染防治法等，制定土壤污染防治法、核安全法等11项涉及生态文明建设。

目前，中国正在实施的"十二五"规划已取得了阶段性成绩，其中之一就是资源节约环境保护力度加大，表现在实行最严格的耕地保护制度和水资源管理制度，守住18亿亩耕地红线，单位工业增加值用水量两年累计降低20%；主要污染物排放总量控制取得成效。截至2012年底，森林面积增加约750万公顷；森林蓄积量增加6亿立方米，提前实现"十二五"《纲要》目标。[③]当前，中国的碳交易试点、低碳城市试点、生态文明建设先行示范区、循环经济试点等都在有序推进。随着中国对生态文明建设的积极探索和实践，作为生态文明建设主阵地和根本措施的环境保护必将取得更多成效。

---

① 解振华主编：《中国应对气候变化的政策与行动——2012年度报告》，中国环境出版社，2013年版，第3—4页。

② 周生贤：《生态文明建设突破之路》，《瞭望》2013年第18期，第38页。

③ 《"十二五"规划五大阶段性成绩》，《瞭望》2014年第2期，第33页。

2. 国际层面：中国积极与各国开展环境领域的务实合作，认真履行国际环境公约，积极开展对外环境援助

在双边环境合作层面。改革开放以来，中国已经与美国、日本、韩国、加拿大、俄罗斯、法国、德国、荷兰、澳大利亚、秘鲁、印度等诸多国家签署了双边环境合作协定或谅解备忘录，开展了广泛的交流与合作，建立起了相应的双边环境合作框架，尤其是与周边邻国和发达国家保持着密切的双边环境合作。

在区域（包括跨区域）环境合作层面，中国参与了从东北亚到东南亚、从环太平洋到欧盟地区的合作。在1996年APEC领导人会议上，江泽民主席就亚太地区的环保合作发表了重要讲话，强调了环境合作的重要性并提出向APEC成员开放一个设在北京的环保中心的倡议，受到各方赞誉。1998年，中国APEC环境保护中心正式成立，随后在北京召开了“APEC可持续发展城市研讨会”。中国政府在2000年举行的第三次亚欧会议上还倡议召开亚欧环境部长会议并得到广泛支持，2002年即于中国举办第一届会议，通过了主席声明，就开展亚欧环境合作的基础、潜力及合作原则等达成基本共识，确定了亚欧环境合作的关键领域和重点。作为大湄公河次区域六国之一，中国与其它五国于1995将环境确定为主要合作领域之一，同年成立了环境工作组，2005年成功举办了第一届环境部长会议，提出了次区域生物多样性保护走廊计划等合作项目。东北亚主要的区域环境合作机制——中日韩三国环境部长会议，中国—东盟和东盟—中日韩机制下的环境合作也都开展多年并取得了长足进展。中国对区域环境合作的参与和推动，进一步体现了中国在环境治理中的积极和开放的态度。

在全球性环境合作层面，由于全球层面的环境合作主要关注全球性环境问题，规模和影响都较大，因而备受各国重视。中国主要从三方面参与全球性环境合作。

第一，参加和举办全球性国际会议。1972年，中国派代表团参加联合国人类环境会议，首次在全球性环境合作舞台上亮相。1992年的里约环发大会、2002年的约翰内斯堡可持续发展大会、2012年的里约可持续发展大会，中国都派出了由政府总理率领的大型代表团出席。1991年，中国发起并举办了“发展中国家环境与发展部长级会议”，41个发展中国家的部长与会。这次会议是发展中国家在里约环发大会前的一次重要的协调会议，有力维护了发展中国家的整体利益。1999年，中国还承办了大规模、高层次的国际环保会议——《蒙特利尔议定书》第11次缔约方会议。

第二，参与国际环境立法。中国积极参与了《蒙特利尔议定书》修正案、《联合国气候变化框架公约》及其《京都议定书》《生物多样性公约》《鹿特丹公约》《巴塞尔公约》《斯德哥尔摩公约》等重要国际环境公约的谈判，为公约的起草和通过作出了重要贡献。中国参加国际环境领域的立法工作，不仅有利于维护中国的利益，也保证了其他发展中国家在环保方面的原则主张能在国际法律文书中得到反映。

第三，认真履行国际环境公约。中国对环境履约十分重视并做出了诸多努力，体现了中国对环境责任的实质性担当。1991年，中国加入《蒙特利尔议定书》后，率先制定了《中国消耗臭氧层物质逐步淘汰国家方案》并于1993年提交给臭氧层多边基金执委会。到2005年，中国相继颁布了100多项有关保护臭氧层的政策和措施，顺利完成了《蒙特利尔议定书》规定的阶段性削减指标。2007年7月，中国政府决定停止除必要用途之外的氯氟烃和哈龙的生产和进口，提前两年半完成了《蒙特利尔议定书》所规定的目标。又如，在气候治理领域，中国作为《联合国气候变化框架公约》非附件一成员，认真履行《公约》和《京都议定书》下的义务，于2004年提交了中国《气候变化初始国家信息通报》；制定《中国应对气候变化国家方案》并于2007年发布；2006年之后，开始了大规模的清洁发展机制（CDM）项目合作。CDM的项目合作是《京都议定书》确定的一项共同减排机制。截至2012年8月底，中国所批准的4540个CDM项目中已有2364个在联合国CDM执行理事会成功注册，注册项目中有880个获得签发，总签发量累计5.9亿吨二氧化碳当量，为《京都议定书》的实施提供了支持。[①]

此外，随着经济、科技等方面的长足发展，中国也逐渐具有了对外环境援助的能力，在力所能及的范围内，中国积极开展对发展中国家的环境援助，这种援助也是一种国际环境合作。例如，国家发展和改革委员会与一些非洲

① 解振华主编:《中国应对气候变化的政策与行动——2012年度报告》，中国环境出版社，2013年版，第31页。

和加勒比海国家签署了《应对气候变化物资赠送的谅解备忘录》，向其赠送节能低碳产品；举办了8期发展中国家应对气候变化研修班。科技部支持了13个面向发展中国家、与应对气候变化直接相关的国际培训班；重点支持南太平洋岛国可再生能源利用与海洋灾害预警研究及能力建设等一批援外项目，帮助发展中国家提高应对气候变化的适应能力。国家海洋局设立了“南海及周边海洋国际合作框架计划”，将“海洋与气候变化”“海洋防灾减灾”列为主要资助领域。[①] 中国在面对气候治理巨大压力的情况下，多年来仍关注其他发展中国家的援助需求，努力提供支持，这无疑彰显了中国维护人类共同安全的巨大责任感。

几十年来，中国在国内和国际层面已经采取了诸多实质性行动来进行环境与气候治理，并且力度不断加大，从而在环境领域为改善和维持国际秩序、促进平等对话、维护世界安全作出了重要贡献。当今的中国正在崛起，力量的不断增长意味着责任和压力将会继续增加，在全球环境仍持续恶化的情况下，中国在全球环境与气候治理领域还需要更多探索和实践，以应对当前和未来的挑战，并继续为世界的安全与发展作出应有的贡献。

① 解振华主编:《中国应对气候变化的政策与行动——2012年度报告》，中国环境出版社，2013年版，第30页。

第十四章　国际能源问题的全球治理及中国的参与

自1973年第一次石油危机爆发以来，国际能源问题逐渐受到世人的关注。为了应对因石油危机而导致的经济衰退，西方发达国家成立了专门的国际能源组织——国际能源署（IEA）以协调各国之间的政策，这被认为是全球能源治理的开端。在随后的20余年里，全球能源治理虽有所发展，但基本上局限于IEA和欧佩克（OPEC）搭建的国际能源治理框架之内，加之20世纪90年代国际油价低位徘徊，使许多国家并未将全球能源治理纳入国家对外战略主要考虑的内容。进入21世纪后，国际能源格局发生了深刻的变化，这使各国对能源安全的内涵有了新的认识，并推动了全球能源治理的发展。近些年，随着中国和印度等新兴市场国的加入，参与全球能源治理的主体逐渐多元化，全球能源治理机制也不断完善。然而，由于能源出口方和能源消费方之间，以及能源消费方内部之间的矛盾难以协调，而全球能源治理也存在着固有的机制性缺陷，这导致全球能源治理成效并不理想。

中国真正参与全球能源治理是进入21世纪后的事情。此前，尤其是1993年中国成为石油净进口国之前，中国的能源消费基本上自给自足，因此少有涉及参与全球能源治理的问题。进入21世纪以后，随着中国在国际能源格局中地位的上升，中国成为国际能源最大利益攸关方之一，参与全球能源治理势在必然。为了应对中国能源安全面临的巨大挑战，履行维护全球能源安全的国际义务，中国提出了“均衡、共赢、平等、协商”等治理理念，并积极实施“走出去”能源外交战略，开展双边和多边能源外交，推动与国际能源组织的合作。现阶段中国参与全球能源治理面临着诸多挑战，需要我们从对外能源战略的制定，深化与国际能源组织和主要能源大国的关系等多个层面进行全面谋划。

一、石油危机与全球能源治理的早期机制建设

（一）20世纪70年代后石油危机的频发

1973—1991年间，世界上接连爆发了三次石油危机。这些危机之所以被称为“石油危机”是因为，它们在波及全球的石油价格动荡中表现出快速和不可预测的特征，从而导致全球各地无一幸免。[①]

1. 第一次石油危机（1973—1974年）

石油危机是经济危机在世界石油领域的一种表现。[②]第一次石油危机爆发于1973年，这场危机的起因虽然是战争，其本质却是对中东石油资源的争夺。

1973年10月6日，埃及、叙利亚和黎巴嫩等12个阿拉伯国家联合向以色列发动了“斋月战争”，也是第四次中东战争。战争源于埃及与叙利亚分别打算收复六年前（第三次中东战争）被以色列占领的西奈半岛和戈兰高地。战争前两天埃叙联军占据上风，但此后美国紧急援助以色列，战况很快得以逆转，最终埃叙联军失利，埃叙与以色列签署和平协议。这场战争成为了引发第一次世界性石油危机的导火索。

战争爆发以后，随着军事行动的展开，OPEC中的阿拉伯产油国联合其他中东非OPEC国家对英美等西方国家展开了“石油战”，打出了包括提价、国有化、禁运等一整套石油“组合拳”。10月6日，即战争爆发当天，叙利亚切断了一条重要的输油管，黎巴嫩则关闭了南部石油出口港。7日，伊拉克宣布将巴士拉石油公司中埃克森和美孚石油公司的股份收归国有。16日，OPEC决定将中东原油价格提高17%。17日，OPEC宣布对美国等支持以色列的西方国家的石油供应逐月减少5%。18日，阿拉伯联合酋长国、利比亚、卡塔尔、阿尔及利亚、沙特阿拉伯、科威特、巴林等阿拉伯产油国宣布实施对美国的

① ［美］托伊·法罗拉、安妮·杰诺娃:《国际石油政治》，刘显法、王震编，王大锐、王翥译，石油工业出版社，2008年版，第127页。

② 董秀成编著，《石油权力与跨国经营》，中国石化出版社，2003年第1版，第3页。

石油禁运。12月，OPEC中的阿拉伯成员国宣布收回原油标价权，并将基准原油价格从每桶3.011美元提高到10.651美元。至1974年1月，原油价格涨至12.6美元，较最初的3.011美元上涨了4倍有余。

这次石油危机对西方国家影响巨大。首先，油价飙升对西方工业化国家的经济造成了沉重打击。这些国家的经常项目收支从1973年的141亿美元盈余变为1974年的214亿美元赤字。美国道琼斯指数从1973年1067点的高点狂跌495点，下跌了近46%。石油危机最终触发了1973—1975年的世界经济危机。受危机影响，美国的工业生产下降了14%，日本下降了20%，其他西方工业化国家也无一幸免，世界经济增速在经历了60年代的高速增长后明显放慢。其次，危机提高了西方资本主义国家对石油在国家安全中重要性的认识。这些国家不得不承认，“石油七姐妹”[①]的辉煌时代已经过去，以前那种仅由少数几个大型石油公司垄断某个阿拉伯国家的石油生产和销售等活动的日子成为了历史。经历了这次石油危机之后，西方国家明白了，即使这些大型石油公司完全归属于西方国家，但在复杂的国际环境中，这都难以保证本国的石油利益得到充分的保障。为此，西方国家开始调整其石油政策，逐步加强了国家对本国和外国石油资源的储备、生产和销售的直接控制。为了应对可能再次出现的新的石油危机，1974年2月在美国的倡议下，13个西方发达国家在华盛顿召开了石油消费国会议，决定成立能源协调小组来指导和协调各国的能源工作。1976年1月19日，国际能源署（IEA）宣告成立。IEA是一个由西方发达国家控制的国际能源合作机制，它的主要职能最初是制衡OPEC，为此，它积极促进各成员国建立紧急石油储备机制或其他形式的战略石油储备，以便在石油供应中断时紧急协调成员之间的石油供应，维护成员国的石油利益。

这次石油危机改变了OPEC的弱势地位。一方面，石油危机改变了阿拉伯产油国的经济面貌。与西方国家经济衰退相反的是，阿拉伯产油国借助石油危机造成的高油价积聚了巨额财富，它们的经济实力得以迅速增强。在1973 ~ 1977年间，阿拉伯石油出口国的收益增长了6倍，达到1400亿美元，

① 在第一次石油危机爆发之前，世界石油资源主要由英美大石油公司控制，它们包括埃克森、德士古、海湾、雪佛龙、美孚、英荷壳牌和英国石油公司（前五家公司是美国石油公司），这些公司被外界称为“石油七姐妹”。

其中最大的产油国沙特阿拉伯表现最为明显，1971年它的政府财政收入只有14亿美元，而石油危机爆发后迅速超过1000亿美元。国家财富的增加为曾经十分落后的中东产油国改变国家面貌奠定了坚实的物质基础。这些国家纷纷制定全方位的经济发展计划，加快偿还债务，加强基础设施建设，大幅增加国民的福利待遇等。另一方面，这是OPEC以石油为武器与英美等西方发达工业国家开展斗争的开端，取得了明显的效果，极大鼓舞了阿拉伯国家的斗志。石油危机不仅提升了OPEC在世界石油格局中的地位，而且使其在整个国际格局中的话语权得以增强。石油危机帮助OPEC产油国废除了与西方国家之间以租让制为特征的殖民地半殖民的生产关系，成功地从西方石油卡特尔手中夺回了石油标价权，打破了西方国家对石油的垄断，在世界石油格局中获得了本该属于自己的石油权益。

2. 第二次石油危机（1979—1980年）

第二次石油危机源于1978年底伊朗爆发的“伊斯兰革命”。伊朗是一个具有重要地缘战略位置的国家，其南面扼守着波斯湾通向印度洋的出海口，西接中东阿拉伯世界，拥有丰富的石油资源，是当时世界上第二大石油出口国。从19世纪起，伊朗就沦为英国和沙俄等大国角逐的场所。二战结束后，伊朗被纳入美国的势力范围。第一次石油危机后，国际石油价格的暴涨虽然使伊朗的经济得以快速发展，但伊朗社会的各种潜在矛盾也空前激化，最终导致其经济高速发展还没有走完十年的路程，就爆发了规模空前的推翻亲美巴列维国王的革命运动。1979年1月26日，巴列维国王被迫出走，“伊斯兰革命”取得成功。

“伊斯兰革命”的成功严重影响到伊朗对美国的石油出口，从而引起了石油价格的再次上涨，原油价格由1977年的每桶13美元上涨至1979年的每桶28美元，涨幅高达115%。1980年9月22日，“两伊战争”爆发，伊朗和伊拉克的石油生产几乎完全停顿，两国的石油产量从原来的每天580万桶骤降到不足100万桶，仅约占世界总消费量的1/10，供应的紧张进一步加剧了油价的动荡，原油价格很快创下每桶41美元的新纪录，从而促发了第二次世界石油危机。

这次石油危机对西方国家造成的影响相比前一次更大。危机导致20世纪70年代末的经济陷入全面衰退。不久前因第一次石油危机而元气大伤的西方国家经济还没有获得喘息的机会就再次受到重创。从1979年4月到1982年12

月，美国的工业下降和停滞了3年零8个月，其国内生产总值同期下降近3个百分点，其他如欧共体各成员国的经济也持续下降近3年。值得注意的是，这次石油危机有力地推动了西方发达国家节约能源技术和新能源的研发进程。以欧共体和日本为代表的西方国家先后推出了相关研发计划，开始利用本国雄厚的科研力量，探索各种节能技术和新能源的开发。

石油价格的不断上升带来的巨额利润使得苏联等非OPEC产油国的原油产量不断地增加。以苏联为例，1980年，前苏联的石油产量创下历史记录，达到6.03亿吨，占世界石油总产量的21%，居世界第一位。①

这次石油危机使得OPEC中的阿拉伯产油国出现分裂。20世纪80年代以后，石油输出国组织出现分化，石油生产大国伊朗和伊拉克持续8年的战争彻底破坏了中东国家在国际石油市场上的统一立场，OPEC的石油权力开始分散。80年代中期后，石油价格持续下降，阿拉伯产油国的政治影响力逐渐衰退。

3. **第三次石油危机（1985—1991年）**

第三次石油危机发生在1985年至1990年之间。与前两次危机不同的是，这次石油危机是一次由低油价引起的石油危机，但它们的相同之处在于全世界仍然没有完全做好准备，仅仅是凭直觉行事。②

第二次石油危机之后，石油价格的高涨为OPEC成员国带来了巨额“石油美元”，为了获得高利润，它们惜产惜售，以使原油价格保持高位运行。但是受高油价的刺激，世界石油工业投资猛增，全球一大批新勘探的油田接连投入生产，非OPEC国家的石油产量迅速增加。例如苏联在20世纪80年代的年石油产量基本维持在6亿吨左右，超过了部分OPEC国家。石油总产量的增加使得油价的下跌成为必然。为了保住市场份额，OPEC成员国不得已采用了降价销售的方式。然而OPEC很快发现，石油价格下降趋势一旦形成就难以控制。于是OPEC决定限产保价，一度想把石油价格稳定在18美元左右，但是最终没有成功。1986年，石油价格降到每桶10美元以下，这导致国际石油市场出现一片混乱，世界经济和金融体系受到猛烈冲击。进入1990年以后，国

① 邓定宇:《苏联石油工业的发展趋势和存在的问题》,《国际科技交流》,1987年第3期，第31页。

② [美]托伊·法罗拉、安妮·杰诺娃:《国际石油政治》，刘显法、王震编，王大锐、王翥译，石油工业出版社，2008年版，第128页。

际油价的波动更加剧烈。1990年1月至6月，国际油价从每桶21美元跌到每桶14美元。OPEC成员国中伊拉克等国提出一个方案，即提高石油最高产量的限额和维持每桶18元的基本参考价格，但是该方案遭到沙特阿拉伯、科威特和阿联酋的反对，双方最终也没有达成一致，OPEC成员国之间矛盾由此凸显。1990年8月初，伊拉克入侵科威特，为此伊拉克受到国际经济制裁，伊拉克的原油供应中断，国际油价随即出现暴涨。为了保证海湾石油的正常供应，美国等西方国家联合阿拉伯国家组成美阿联合部队进驻海湾，海湾战争爆发。受此影响，国际石油市场开始出现动荡，石油价格大幅波动。从1990年7月到10月，OPEC一揽子原油价格从每桶15美元迅速上涨到每桶34美元，涨幅超过一倍。面对这次国际油价的飙升，IEA启动了紧急释放计划，每天向市场投放250万桶原油。此举很快稳定了国际石油市场，国际油价在1991年1月又下降到每桶17美元。至此，第三次石油危机基本结束。

与前两次相比，这一次的高油价持续时间不长，对世界和各个国家经济发展的冲击虽然不太大，但也仍然是存在的。世界经济增长率从1989年的3.8%跌至1990年的2.9%，1991年更低至1.6%。美国、英国、日本等八个发达工业国家1991年的GDP增长率仍然有很大幅度的下降，其中美国从1989年3.5%跌至1991年的-0.2%，日本则从5.%%跌至3.4%。

第三次石油危机对OPEC产生的影响是不容忽视的。海湾战争中伊拉克入侵科威特的行为直接破坏了OPEC内部的团结，也给两个国家带来了深远的影响。伊拉克因此受到长期的经济制裁，科威特的石油生产和生态环境遭到严重的破坏。OPEC其他成员国也需要为海湾战争付出经济上的代价。可以说，经过这次危机，OPEC成员国之间的矛盾被激化，团结被破坏，力量受到严重削弱。而与前两次危机处理不同的是，西方工业国家行动较为一致，其应急反应机制发挥了积极地作用，其经济所受的冲击也小得多。总的来看，海湾战争是国际能源格局发展变化的一个重要转折点。从此，OPEC彻底结束了自20世纪70年代以来在国家石油价格定价上一家独大的时代，国际石油市场进入了以OPEC、西方工业国和新兴产油国等多方力量博弈的新时期。

（二）全球能源治理的早期机制建设

全球能源治理的机制建设最早可以追溯到1960年的石油输出国组织——

OPEC。OPEC是中东产油国为应对以英美大石油公司为核心的西方资本无休止盘剥其石油利益而联合抗争的产物，它的出现彻底打破了西方资本主义国家对世界石油市场的垄断。在1973年的第四次中东战争中，OPEC通过禁运、提价和国有化引发了第一次石油危机，进而导致西方国家陷入全面经济危机。为了制衡OPEC，有效应对其禁运和提价造成的政治经济后果，1975年经济合作与发展组织（OECD）成员国成立了国际能源署（IEA）。IEA的出现标志着全球能源治理进入了二元博弈阶段。这种博弈在第二、三次石油危机中表现得非常明显。尽管双方的博弈造成了世界石油市场一定程度上的动荡和不安，但是这种互相制衡的二元结构相对于OPEC之前西方国家一家坐大的格局而言对全球能源治理的发展仍然是有利的。

1. **欧佩克**

欧佩克的成立是中东民族主义觉醒的产物，标志着西方“石油七姐妹”对国际石油垄断时代的结束，世界石油史从此进入一个崭新的时代。

1959年4月，在埃及首都开罗召开了首次阿拉伯石油会议。会上，在时任埃及总统纳赛尔（1956—1970年）的支持下，阿拉伯国家代表首次提出建立OPEC的倡议。1960年9月9—14日，沙特阿拉伯、科威特、伊朗、伊拉克及拉美的委内瑞拉5个石油资源丰富的国家在巴格达召开会议，决定5国联合起来共同成立石油输出国组织以对付西方国际石油卡特尔，以维护产油国的石油利益。9月14日，5国向世界宣告成立石油输出国组织（Organization of the Petroleum Exporting Countries—OPEC），简称“OPEC”。

OPEC现有12个成员国，分别是卡塔尔（1961年），印度尼西亚（1962年加入，2009年1月1日被暂停成员资格），利比亚（1962年），阿拉伯联合酋长国（1967年），阿尔及利亚（1969年），尼日利亚（1971年），厄瓜多尔（1973年，1992年至2007年10月被暂停成员资格），加蓬（1975年加入，1995年被终止成员资格）和安哥拉（2007年）。根据不同情况，OPEC内部还将这12个国家分为创始员国和正式成员国。作为一个由石油输出国组成的国际能源组织，OPEC的使命是协调和统一其成员国的石油政策，并确保石油市场的稳定，以确保向消费者提供高效、经济、定期的石油供应，同时保证给予石油投资者（生产者）一个稳定的收入和公平的资本回报。[①]

成立至今，OPEC已经走过了50多个年头，其发展历程大致可以分为五个阶段，每一个阶段OPEC采取的石油政策各不相同，对国际石油市场产生的影响也不一样。

第一阶段：1960—1973年。这一阶段OPEC并没有达到成立之初确定的基本目标，即，争取国家的经济独立，控制本国自然资源的开发和销售权，而仅仅是成功地抵制了西方石油公司单方面改变油价的做法。但是不能否认的是OPEC将中东产油国，无论是君主国还是共和国团结起来，共同加入到反对殖民主义经济体系的斗争中去，这本身就具有划时代的历史意义。1971年2月和1972年4月，OPEC产油国和西方石油公司在德黑兰和的黎波里举行谈判并达成协议，据此，西方石油公司缴纳给主权国的税率从50%提高到55%，为抵消通货膨胀和美元贬值给产油国造成的损失，每年另外再提高2.5%。这标志着中东产油国和拥有特权的西方石油公司之间关系的彻底改变，西方石油公司对中东石油的垄断地位不复存在。

第二阶段：1973—1981年。1973年第四次中东战争引发的第一次石油危机改变了中东的石油格局，海湾的OPEC国家通过提价、禁运、国有化等措施沉重打击了西方势力，将石油资源牢牢抓在手中，真正控制了石油的定价权，彻底获得了经济上的独立。通过提价，石油现货价格一涨再涨，从1973年初的每桶5美元提高到11美元，再又上升到1977年2月的12.7美元，最后达到1980年的34美元。值得注意的是，这一阶段石油价格虽总体走高，但是大幅上涨只是在1973年和1978年以后，1974—1978年油价只是小幅上涨，而且涨幅基本上被西方国家的通胀和美元的贬值抵消掉了。为了避免损失，OPEC采取了提价保值的石油政策，其中包括调整石油标价和石油产量。也正是在这一政策实施的过程中，在围绕着油价提升的幅度问题上，以伊朗为代表的强硬派和以沙特为代表的温和派发生了激烈的冲突，尽管最终双方妥协并达成一致，但这无疑暴露出了OPEC内部的矛盾和分歧，这实际上也反映了OPEC国家与西方关系的变化。

第三阶段，1981—1985年。这一时期国际石油价格逐级走低，OPEC国

① Our mission. http://www.opec.org/opec_web/en/about_us/23.htm.

家对市场的影响力也逐渐减弱，为了维护其对市场的控制，OPEC采取了限产保价政策。1981年6月，受西方发达国家经济衰退的影响，国际石油市场出现需求过剩，国际石油价格随之回落。为了阻止油价的下跌，OPEC推出了限产保价政策，并推出配额制。配额制遵循的是富国为穷国让步的原则，如果将OPEC国家1982年4月的配额和1977年产量进行对比，富国的比例一般是50%左右，科威特更是低至40%，像厄瓜多尔等穷国高达90%。然而在执行过程中，各成员国并未严格遵守配额制的要求，超产成为一种常态，如1982年OPEC每天的石油产量超过原计划近100万桶，这使OPEC的限产保价政策难以有效执行。

第四阶段，1986—2005年。这一时期国际油价长期低位徘徊，虽然在海湾战争期间有过短暂的上涨，但也仅是昙花一现，为了保证产油国的经济利益，OPEC实施了低价保额的政策，并确立了新的目标石油价格体系。1985年9月沙特放弃基准油价，转而采用现货市场价格销售石油的行为引发了OPEC国家和非OPEC国家的降价销售风潮。为遏制降价势头，1986年底OPEC决定重新实施配额制，但收效甚微。直到1992年11月，在OPEC第92次会议上各成员国才就各国配额达成最终一致。根据新的产量分配原则，OPEC国家的配额均大幅提高，沙特、科威特和阿联酋等被长期限制扩大产量的国家的配额甚至增加了近一倍。OPEC的配额结构基本稳定下来，内部矛盾和斗争得以大大缓解。为保证石油价格的稳定，维护成员国的利益，OPEC还确定了以7种原油的综合油价为参考的新石油价格体系。[①]

第五阶段，2005年至今。从2003年开始，国际油价进入一个快速上涨的阶段。油价不受控制的上涨意味着OPEC实行的石油价格体系失去了约束力。迫于压力，OPEC于2005年1月宣布放弃之前设定的价格带政策，即把国际石油市场的指导价格设定在22—28美元之间。这标志着在经历了基准油价制和新石油价格制之后，OPEC认识到国际油价已经不再受自己的控制。此后，OPEC主要通过根据国际石油市场供需状况调整其产量来干预国际油价的走势。如在2007年6月至2008年6月，当国际石油市场石油需求剧增时，OPEC

① 7种原油包括6种欧佩克原油，分别是阿尔及利亚44.1°撒哈拉布兰德原油、印度尼西亚33.9°米纳斯原油、尼日利亚32.47°博尼轻油、沙特阿拉伯34.2°轻油、阿联酋32. 4°迪拜原油、委内瑞拉32.47°提亚瓜纳原油，以及墨西哥32. 8°伊斯玛斯原油。

国家都按照本国最大产能生产石油，其中沙特就将其每天的石油产量增加了100万桶。而2008年底国际石油市场受金融危机影响转冷时，OPEC又及时调低了产量，其中沙特更是每天减产近300万桶。但是事实证明，OPEC石油产量的调整只能对国家油价造成短暂的冲击，并不能产生决定性的影响，这是因为国际石油市场已经进入一个多方博弈的阶段。

2. 国际能源署

国际能源署是经济合作与发展组织（OECD）下属的一个独立机构，也是西方消费国主导的最主要的国际能源组织。该组织成立之初的主要目的是制衡OPEC，后逐渐发展为协调各成员国的能源政策、负责成员国之间综合性能源合作事务的国际能源组织。

（1）国际能源署的成立

IEA诞生于第一次石油危机期间。为了应对石油危机，1973年12月，美国国务卿基辛格建议成立国际性的能源组织。1974年2月11、12日，在美国的倡议下，13个西方发达国家在华盛顿召开了石油消费国会议，决定成立能源协调小组来指导和协调各国的能源工作。同年11月15日，经济合作与发展组织的成员国在巴黎开会，通过了建立国际能源署（International Energy Agency，简称IEA）的决定。18日，IEA的16个会员国举行第一次工作会议，签署了《国际能源纲领协议》。1976年1月19日该协议生效，IEA正式成立，总部设在法国巴黎。

IEA共包括28个成员国，其中签署国16个，包括奥地利、比利时、加拿大、丹麦、德国、爱尔兰、意大利、日本、卢森堡、荷兰、西班牙、瑞典、瑞士、土耳其、英国和美国，其他成员国12个，分别是澳大利亚、捷克、芬兰、法国、希腊、匈牙利、新西兰、挪威、波兰、葡萄牙、韩国、斯洛伐克。此外，还有智利和爱沙尼亚2个候选国。

根据《国际能源纲领协议》的相关规定，成为IEA成员国的基本条件是，该国必须是经济合作与发展组织的成员国。但是，拥有经济合作与发展组织成员资格的国家并不能自动使其成为IEA的成员国。如智利、爱沙尼亚、冰岛、以色列、墨西哥和斯洛文尼亚都是经济合作与发展组织的成员国，但不是IEA的成员国。为了成为IEA的成员国，这些国家还必须满足一个必备条件，那就是必须维持至少相当于90天石油净进口量的石油储备。

IEA的主要工作目标是：保持和提高系统应对石油供应中断的风险；制定合理的能源政策，在全球范围内开展与非成员国家、行业和国际组织的合作关系；建立一个永久性的国际石油市场信息系统；改善世界能源供应和需求结构，积极开发替代能源和提高能源利用效率；促进国际能源技术协作；协调各国的环境和能源政策。[①] IEA的具体工作涉及应急反应体系的建设与完善、加速替代能源发展、开展石油市场情报和协商制度、对能源和环境的关系采取相应行动、对世界能源前景作出预测等，其中建立应急反应机制是国际能源机构长期以来的工作重点，也是西方发达国家集体能源安全保障体系的核心内容。

（2）国际能源署的石油应急反应体系

IEA的成立标志着西方发达国家石油应急反应体系的初步形成。该体系包括：

短期石油应急反应机制。其主要内容是：首先，建立石油共同储备与紧急石油分享机制。IEA要求每个成员国根据计划履行"紧急储备义务"，要求成员国的石油公司、石油储备机构或政府储备足够的应急石油储备，以达到90天需求的石油储备需要。当石油供应中断危机持续，某个或某些成员国的石油供给不足超过普通消费的7%或以上时，该组织还必须执行分享石油库存等"紧急石油分享计划"。其次，采取应急石油需求限制措施。包括采取劝告和提供公众信息，鼓励公众节约石油；采取行政和强制性措施，限制石油需求的增长；实行分配和配给制。第三，建立其他应急反应措施。如改用非油类燃料和增加石油产量等。

能源应急法律法规建设。IEA成立后，相关国家立即启动了立法工作，加快了能源安全法的制定。经过数十年的努力，各成员国能源应急法律法规不断完善，逐渐形成了一个涵盖应急能源储备、应急需求限制措施、应急组织监管、储备动用和分配程序、应急能源替代、情报收集与应急数据库建设等内容的综合体系。如德国（《能源安全法》1974年）、英国（《能源法案》1976年）、美国（《能源部组织法》1990年、《能源政策与节能法》1992年和1998年）和《能源政策法》2005年）、日本（《石油储备法》1978年，1981年

① International Energy Agency. http://www.iea.org/aboutus/history/.

和2000年两次修订）等国制定的一批法律法规的出台，为开展国际合作、采取共同行动奠定了政策和法律基础。

国际能源应急信息共享机制。信息共享机制是石油应急机制的有效补充。根据《国际能源纲领协议》第27条至第31条的规定，成员国应定期向秘书处报告各国石油公司的所有经营情况，包括公司财务、资本投资、原油成本等，以供理事会决策时作参考。为了应对石油供应中断，IEA要求各石油公司直接向其提供有关的信息，在此基础上建立起"综合石油市场信息系统"。该信息系统向IEA所有成员国开放，有利于增加国际石油市场的透明度，有利于增强成员国和秘书处对石油价格的变化机制的理解。

实施长期的能源合作计划。长期合作计划既包括加强能源供应安全，维护全球能源市场稳定，推动替代能源的发展，促进新能源的研究与发展等措施，也包括限制汽车、工厂和火力发电厂二氧化碳的排放，推广清洁能源的使用等。

建立能源应急模拟演练机制。能源应急模拟演练是应对能源危机的有效手段。1998和2002年IEA组织实施了2次石油供应中断应急模拟演习。1998年应模拟急演习的主要目的是对各石油公司人员、IEA及各国政府官员进行应急程序方面的培训，并对现有应急程序的有效性进行检验。2002年，IEA举行了石油供应中断应急演习，以测试各成员国在应对石油供应中断时的反危机能力。2004年IEA举办了第三方应急反应训练，对所有成员国和候选成员国的应急反应能力进行了综合检查与测评。

（3）国际能源署的应急石油储备体系

应急石油储备体系是IEA应急反应机制核心内容。根据《国际能源纲领协议》的要求，IEA的每个石油进口国都必须建立能满足90天需求的战略石油储备。而对于英国、丹麦和挪威等石油出口国尽管没有要求建立相应的石油储备，但是这些国家都建立了与其消费量相适应的战略石油储备和紧急实施计划。目前几乎所有的IEA成员国都建立了关于紧急储备的国家立法或政府法规，规定石油公司、储备机构或政府建立符合组织规定标准的战略石油储备。

IEA成员国的战略石油储备分为公共储备和工业储备两种类型。公共储备包括政府和机构储备。公共储备完全用来满足国家战略石油储备的要求，除政府直接持有外，一些国家还设立机构独立负责持有公共战略石油储备，这些储备一般只在紧急情况下投入使用。工业储备由石油企业持有，既可以用来满足企业的商业需要，也可以用来满足国家的战略石油储备要求。多数成员国都要求其国内的一些石油进口、炼化、批发企业建立工业战略石油储备。只拥有工业储备的国家有澳大利亚、奥地利、比利时、希腊、意大利、卢森堡、新西兰、葡萄牙、瑞典、瑞士和土耳其等11个石油进口国，以及加拿大、挪威和英国等3个石油出口国。拥有工业储备和机构储备的有捷克、芬兰、法国、匈牙利、荷兰和西班牙6个石油进口国，以及石油出口国丹麦。拥有工业储备和政府储备的国家有日本和美国。拥有工业、政府和机构储备的国家有德国和爱尔兰。IEA的成员国在建立战略石油储备时，都坚持工业储备与公共储备共同发展的模式，但总的趋势是工业储备在战略石油储备中的地位不断增强，已经由20世纪80年代初的2:8上升至目前的4:6。IEA成员国的战略石油储备一般储备在国内，但是受某些条件约束，有的国家也选择将部分储备放在国外，但总体所占比例不大。

战略石油储备的释放是IEA及其成员国为应对突发性石油短缺或中断采取的必要措施。美国、日本和德国的战略石油储备占IEA成员国总量的绝大多数。其中美国的战略石油储备约为7.27亿桶，全部是原油，战略石油储备由政府管理。日本拥有5.73亿桶的石油战略储备，全部为原油。德国拥有1.85亿桶的战略石油储备，由原油和石油制品构成，这些石油储备由特殊机构——德国石油储备协会（EBV）控制。其他拥有公共战略石油储备的成员国中，大部分国家的石油储备可以应对2个月的需要。根据预测，IEA的石油储备应付中短期（6个月以内）中等规模的国际石油供应中断是没有问题的。而1990—1991年的海湾战争、2005年美国遭受卡特里娜飓风袭击和2011年利比亚战争期间的联合释放也证明，IEA的战略石油储备能够有效抵御国际石油中断的风险。

二、国际能源形势变化与全球能源治理的发展

（一）21世纪初国际能源形势的变化

进入21世纪以后，经济全球化使世界各国经济发展深度交融，能源安全

问题的国际化倾向越来越突出，全球能源格局正经历着一系列新的变化，国际能源形势也变得更加复杂。

1. 全球能源格局发生变化

首先，全球能源供应格局向多极化发展。俄罗斯、中亚里海地区、中南美洲和非洲的石油储产量大幅增长。据英国BP石油公司的统计，全球石油探明储量增长最快的是中南美洲。截止2012年底，中南美洲的石油探明储量为328.4亿桶，占全球的比例为19.7%，比2002年的100.3亿桶增长了2.27倍，其中委内瑞拉的储量增长最快，比2002年增长2.85倍。非洲的探明储量也增长了28.2%。与此同时，2012年中东的石油探明储量虽仍然稳居全球首位，但其份额仅占全球的48.4%，相比2002年的56.1%下降了7.7个百分点。[①] 从2002—2012年的10年间，上述地区的石油产量也出现了大幅增长。其中，俄罗斯增长了37.2%，哈萨尔克斯坦69.2%，阿塞拜疆184.04%，安哥拉196.08%，苏丹88%。[②] 而中东地区的石油产量增长了28.7%，增长相对较为平稳。[③] 委内瑞拉的石油产量并未跟随其探明储量同步增长。随着俄罗斯、中亚里海地区、中南美洲、非洲等地的石油储量和产量的增长，国际石油供应格局也随之发生变化。除中东地区以外，出现了北美、中南美供应中心，前苏联地区供应中心和以安哥拉、苏丹等为核心的非洲供应中心。

近10年更值得注意的是全球天然气产业的蓬勃发展。据英国BP石油公司的统计，自2002年以来，全球天然气探明储量快速增长。其中，北美地区的天然气探明储量增长居全球之首，增长了45.9%，其次是欧洲和欧亚大陆，增长了38.7%，这两个地区的天然气探明储量增长分别比全球平均增速（20.9%）高出个25百分点和17.8个百分点。从天然气产量的增速来看，全球天然气产量在2002—2012年间增长了33.3%，而同期石油产量增幅仅为14.9%。地区分布中，中东地区增速最高，亚太地区和中南美洲次之。

其次，全球能源消费格局发生变化。一方面，全球石油消费重心从经合

---

① BP世界能源统计年鉴（2013年）》，http://www.bp.com/liveassets/bp_internet/china/bpchina_chinese/STAGING/local_assets/downloads_pdfs/Chinese_BP_StatsReview2012.pdf.

② 这是2011年的数据，2012年受南北苏丹分立的影响，石油产量大幅下降。

③ BP世界能源统计年鉴（2013年）》，http://www.bp.com/liveassets/bp_internet/china/bpchina_chinese/STAGING/local_assets/downloads_pdfs/Chinese_BP_StatsReview2012.pdf。

组织国家向发展中国家转移。从消费区域来看，近年北美洲和欧洲地区的石油消费出现下降，中东地区和亚太地区消费持续递增。2012年，全球石油消费增长0.9%，即89万桶/日，低于历史平均水平。石油已连续第三年成为全球消费涨幅最小的化石燃料。经合组织国家的石油消费量减少1.3%（53万桶/日），是过去七年中的第六次下滑。[①] 目前，经合组织国家的石油消费量仅占全球总量的50.2%，为历史最低份额。非经合组织国家的石油消费量增长3.3%，即140万桶/日。全球石油消费的最大增量再次来自中国（增长5%，即47万桶/日）。[②] 另一方面，全球天然气消费普遍增长，尤其是欧美天然气消费增长迅速。从2002 ~ 2012年，全球天然气消费量增长31.4%。欧美等发达国家的天然气消费一直保持增长态势，天然气在其能源消费结构中的比重不断提升，由于消费规模大对拉动全球天然气消费增长具有重要作用。据英国BP石油公司的统计，2012年，全球天然气消费增长2.2%，其中美国以4.1%的天然气消费增量位居全球首位，中国（+9.9%）和日本（+10.3%）分列第二、三位。2012年天然气占全球一次能源消费比例达到23.9%，经合组织国家的天然气消费增速自2000年以来首次超过非经合组织国家。[③]

2. 国际能源价格剧烈波动

自2003年以来，全球经济进入新一轮扩张周期。根据国际货币基金组织（IMF）的报告，1999—2008年世界经济增速达到4.4%，增幅较20世纪90年代提高了1.2个百分点，特别是2003—2007年，世界经济增速高达5%。经济增长带动了石油需求的增加，全球石油需求增量也随之增加到160万桶/日，2004年石油需求增量更是达到270万桶/日。石油消费的大幅增加直接导致了国际油价的飙升，也造就了21世纪初一场有史以来最为罕见的油价牛市。自2003年5月伊拉克战争结束后，美国西德克萨斯轻质原油期货价格（WTI）由每桶25美元左右的价位逐渐攀升，由此开始了历时近五年的国际油价高涨期。2008年7月11日，在以色列威胁袭击伊朗、尼日利亚国内冲突升级、巴

---

① 日本是经合组织国家中石油消费最多的国家，且消费量居高不下，这与其石油严重依赖进口有关。2012年，日本石油消费增长25万桶/日（增长6.3%），为1994年以来的最大增幅。

② 《BP世界能源统计年鉴（2013年）》，http://www.bp.com/liveassets/bp_internet/china/bpchina_chinese/STAGING/local_assets/downloads_pdfs/Chinese_BP_StatsReview2012.pdf。

③ 同上。

西石油工人罢工和美国原油库存下降等一系列消极因素的影响下，国际油价创下147.27美元/桶的历史最高水平，并最终收于145.08美元/桶，这也是2003—2008年这轮历史性牛市的顶峰。然而，正当人们对油价继续看涨，特别是高盛等国际投行鼓吹油价将达到200美元/桶甚至更高时，金融危机的恶化引发了国际油价的急剧暴跌。至12月19日，油价最低触及31.27美元/桶，收于33.87美元/桶，最低价和收盘价均创近五年来的新低。此后，虽然在各国政府宣布加大救市力度抗击金融风暴和OPEC宣布减产等积极因素的推动下，油价有所回升，在2008年最后一个交易日收于44.60美元/桶，但这还是宣告了2003—2008年国际油价牛市的结束。

2009年以后，在全球刺激经济的超宽松货币政策、美元不断走低以及OPEC多次限产等多重因素的影响下，国际油价呈现出见底企稳、逐级回升的走势。2010年至今，随着全球经济的缓慢复苏，石油需求出现恢复性增长，国际油价逐步上行并再次回到100美元/桶左右的水平，并维持高位震荡走势。

对于近十年国际油价“不可思议”的走势，一方面应该看到，其过程是资本市场对世界经济增长的客观反应，这再次证明石油供需关系依然是决定价格变化的基础。另一方面，不能忽视导致这次石油价格暴涨暴跌背后的其他非市场因素。因为如果说油价前期的上涨是供需关系推动的，那么油价从最高处的自由落体过程中，国际原油市场的供需关系并没有发生大的改变。实际上，石油作为一种特殊的大宗商品，其价格的变化不可能仅受单一市场因素的影响，而世界经济形势的变化、热点地区的动荡、大国争夺的加剧、产油国形势的不稳定、国际投机商的炒作等诸多因素及其互动才是主导国际油价走势的综合因素。

3. 国际能源安全脆弱性凸显

相比20世纪的世界能源形势而言，21世纪初的国际能源形势显得更加复杂和严峻。这主要表现在，受诸多内外因素的交织和搅动，各国对能源问题的敏感度大大提升，维护本国能源安全和参与国际能源竞争的强烈意愿彰显无遗，这些又进一步加剧了国际能源安全的脆弱性。

首先，影响能源安全的因素明显增多。进入21世纪后，世界经济出现了强劲的增长势头，其中欧洲和美国的经济连续稳步增长，日本经济走出衰退并开始恢复增长，以中国、印度新兴经济体为代表的亚太地区经济持续高速增长，这使各大经济体对能源的需求增长明显加速。2001年入主白宫的小布什为了维护其背后大石油财团的利益，极力推行新保守主义，单边主义和霸权心态强烈，以反恐的名义先后发动了阿富汗战争和伊拉克战争，对伊朗采取持续的军事威慑，导致国际形势和中东地区局势发生剧烈变化，2009年上台的奥巴马在最近爆发的“阿拉伯之春”动乱中，实施双重标准，偏袒沙特阿拉伯等亲美政权，支持西方盟友对利比亚进行军事打击，西亚北非等石油储藏丰富的地区陷入严重动荡，这对原本就很脆弱的中东地区局势无异于“雪上加霜”。而地缘政治形势的不稳定，国际恐怖活动的猖獗，又给实力雄厚的国际石油机构炒家提供了极好的机会。这些机构的背后一般都有大国操纵，为了谋取暴利，它们抓住一切机会不断兴风作浪，哄抬国际石油价格。不难发现，每次世界石油市场发生震荡，油价飙升之时，总有大量的西方对冲基金入市，加上舆论的造势，油价被一步步抬高，制造出空前泡沫，这也是近几年油价居高不下的主要因素之一。

其次，大国纷纷出台对外能源战略，客观上加剧了世界能源资源的争夺。如今，能源问题受到国际社会的普遍关注，能源安全已经成为牵动国际形势和大国战略的重要政治、经济、外交和安全问题。近年，各大国不断强化海外能源安全在国家能源战略中的地位，均制定了符合国家能源需要的对外能源战略，开展了积极的能源外交。从维护国家利益的角度看，这些战略和措施并无可厚非，但是鉴于能源问题的特殊性，它往往与大国争夺、地缘政治、地区利益和民族纠纷等矛盾相互交织在一起，使得各大国的能源外交战略的实施不可避免的发生了碰撞，导致了能源热点地区“高烧不退”。现阶段，国际能源争夺已经不仅仅局限在能源生产国和能源消费国之间，而且在能源消费国之间，能源生产国之间都存在着复杂的矛盾和斗争。在能源聚集地，各种国际力量的争夺更加明显。近10年，在中东地区、中亚里海地区、非洲和拉美地区，包括美国、欧盟、俄罗斯、日本、中国、印度等国在内的大国或地区组织为控制这些地区能源资源的开发运输主导权展开了激烈的角逐。

（二）全球能源治理的发展

日益严峻的国际能源形势推动了全球能源治理的发展。近年来，全球能源治理受到各国政府、国际能源组织以及非政府组织的广泛关注，相关问题也逐渐成为国际能源外交的焦点。全球能源治理的发展表现在以下几个方面：

1. 各国能源安全意识普遍增强

国际能源安全形势的变化使得各国的能源安全意识显著增强。为确保能源安全，美国、欧盟、日本和俄罗斯等能源消费、生产大国纷纷制定新的能源战略。美国小布什政府在2001年出台的《国家能源政策》中强调，“增加国内能源生产、能源市场多元化、能源储备现代化、增强国家能源基础设施，是21世纪美国能源安全蓝图”。[①]2005年8月，小布什政府又颁布了《2005年能源政策法》，其中突出了节能增效，降低美国对国外能源的依赖。2006年2月，小布什总统在《国情咨文》中又要求美国能源部实施《先进能源计划》，以加强洁净能源的研究与开发，减少从局势动荡地区的石油进口，保障美国的能源安全。2009年，奥巴马政府出台了《美国清洁能源与安全法》，提出通过减少对国外石油依存度来提升美国的国家安全，通过减少温室气体排放来减缓全球变暖。[②] 对欧盟而言，维护地区能源安全一直是其共同外交政策的核心内容。2002年9月，欧盟委员会出台了《建立内部能源市场：加强石油和天然气供应安全》的政策性倡议。欧盟委员会认为，“鉴于地缘政治的不确定性，有必要建立一个有效机制，以保证获得价格合理的能源供应，因为能源安全已成为广受关注的大事，欧盟成员国必须联合行动，加速内部单一能源市场建设，统一管理石油和天然气储备，加强与生产国的合作与协调”。[③]2006年3月，欧盟委员会发表能源政策《绿皮书》，确定了能源政策的三个战略目标，即环境可持续性、有竞争力和供应安全，同时强调，“团结、一体化、互助、可持续性、有效性和创新是欧洲能源政策的首要任务”。[④]2010年11月，欧盟委员会发布了《能源2020——寻求具有竞争性、可持续性和安全性能源》（简

① Abraham Statement, “US. Energy Secretary on Second Anniversary of Presidentps National Energy Policy Announcement”, http://www.energy.gov/news/1044.htm.

② The American Clean Energy and Security Act of 2009.http://www.c2es.org/federal/congress/111/acesa-short-summary.

③ Commission of the European Communities,Internal Energy Market:Commission Proposes Strengthening Security of Oil and Gas Supplies,September11, 2002.

④ Commission of the European Communities,Green Paper-a European Strategy for Sustainable, Competitive and Secure Energy,March 8, 2006.

称《能源2020》）的最新能源战略文件，再次强调了"强化欧盟能源市场的外部层面，加强欧盟的国际伙伴关系的重要性"。[①] 对日本来说，保障日本海外能源供应安全是日本能源安全的重要目标。为实现能源消费结构多样化，减少对海外能源进口的依赖，降低能源安全风险，2006年5月，日本经济产业省出台了《新国家能源战略》，其核心目标是，"确立受到国民信赖的能源安全保障体系；确立能源问题与环境问题一体化解决的可持续发展基础；为亚洲及世界克服能源问题作出积极贡献"。[②] 对于能源生产、出口大国的俄罗斯而言，其丰富的油气资源是立国之本和强国之源。为有效利用好这一战略性资源，2003年5月俄政府通过了《2020年前俄罗斯能源战略》，其中指出，为了促进经济的迅速恢复，俄罗斯需要采取外交手段巩固俄罗斯在国际能源市场上的地位，使国家以平等的身份参与国际能源合作，最大限度地扩大油气的出口能力，提升能源产品及服务在国际市场上的竞争力，在合理和互利的条件下，吸引外资进入俄能源领域，并鼓励本国能源公司进入国外能源市场、金融市场，获取先进的能源技术等。[③]

2. 全球能源治理机制不断完善

国际能源组织是全球能源治理的主要参与者。为了应对冷战后迫切的现实问题的挑战，一些国际能源组织将其治理传统能源安全的功能进行了延伸，一些不具备能源治理内涵的国际机制拓展了相应的功能。

作为最重要的国际能源组织，IEA的目标已经由成立之初的制衡OPEC发展为协调成员国能源政策，推动全球能源问题综合治理。为此，IEA采取了一系列措施：加强了与OPEC的"修补性"磋商，以共同推动国际石油市场的稳定；1993年，IEA在其机制框架下建立了"全球能源对话办事处"（Office of Global Energy Dialogue），旨在加强与非成员国的协调，交流相关知识和经验。近年，IEA还依托八国集团（G8）的平台，建立起了与俄罗斯以及八国峰会特邀参加首脑峰会的中国、印度、巴西等新兴市场国家的合作关系；将

① Energy 2020-A strategy for competitive, sustainable and secure energy.http://eur-lex.europa.eu/LexUriServ/LexUriServ.do?uri=CELEX:52010DC0639:EN:HTML:NOT.

② 日本経済産業省:「新・国家エネルギー戦略」，2006年5月，第15—19页。

③ Энергетической стратегии России на период до 2020 года. http://www.minprom.gov.ru/docs/strateg/1.

其功能延伸到提高能效和清洁能源领域，以应对使用化石能源所导致的气候变化问题。例如通过G8成员国在IEA中拥有的制度性权力（俄罗斯除外），IEA总干事自2005年起每年获邀参加G8峰会，并借机向峰会提交提高能效的建议书。但是，由于IEA只能在经济合作与发展组织的轨道上运行，这种“致命”的制度性缺陷使它难以承担全球能源治理的领导角色，其治理成效也极为有限。

近年来，八国集团（G8）积极参与全球能源治理进程，甚至希望在全球能源治理中发挥主导者的作用，从而填补全球能源治理的空缺。2005年以来，八国集团在全球能源治理方面动作频频。在2005年英国举行的格伦伊格尔斯峰会上，G8启动了能源和气候变化问题的讨论，制定了“气候变化、清洁能源和可持续发展行动计划”，发起了“格伦伊格尔斯对话”，欧美日20个主要的温室气体排放国的部长参与其中。在2006年的圣彼得堡峰会上，成员国一致通过了“全球能源安全原则”，其旨在维护市场的作用和提高能源领域的透明度。在2007年的德国海利根达姆峰会上，与会领导人将能源和气候变化之间的联系更为明确和具体化，建立了“海利根达姆进程”，该进程在能源安全、能源效率、气候变化等多个议题上加强同中国、印度、巴西、南非、墨西哥等新兴市场国家的对话。在2008年的北海道洞爷湖峰会上，G8和新兴经济体创建了“能效合作国际伙伴关系”，其中强调G8成员国和中、印等国加强对话交流，推动联合研究和开发等方式来讨论能源开发标准和提高能效的路径。此外，G8还加强了与世界贸易组织（WTO）、世界银行（WB）、国际货币基金组织（IMF）、OPEC和IEA等国际组织的合作，借助这些组织的规则体系、制度性权力和信息收集能力应对能源安全和气候变化的挑战。目前G8面临的困境是，由于美国反对在应对气候变暖问题上制定具体的减排目标，俄罗斯又不愿意遵守欧盟推崇的市场规则，这使得G8有关全球能源治理的几乎所有规划都无法达成实际和有约束力的成果。

1994年，在欧盟推动下，包括欧盟成员国在内的50个国家和地区签署了《能源宪章条约》（Energy Charter Treaty—ECT）。这是一个几乎涉及到所有能源利益攸关方的协议。欧盟希望将WTO中有关国际贸易的规则转化落实并最终发展成一个解决能源投资和过境运输问题的条约机制。然而，由于俄罗斯担心该条约影响它对输欧天然气管道的垄断至今没有批准该文件，导致其目前对全球能源市场的实际影响非常有限。

到目前为止，除国际原子能机构（IAEA）在核能领域发挥一定的全球治理作用外，联合国没有直接参与全球能源治理。尽管联合国下属有20多个专门机构涉及能源问题，如联合国开发计划署（UNDP）、联合国粮食与农业组织（FAO）、联合国气候变化框架公约（UNFCCC）等，但这些机构本身不是专门用于解决能源问题的，更不具备国际协调能力。1998年成立了常设性的“跨机构能源工作组”，2004年又更名为“联合国—能源”（UN—Energy），这是一个综合性的能源协调机制，其目的是通过联合国提供更为一致和协调的行动，但是因为缺乏必要的预算和权力，它难以发挥实质性的作用。

不能否认，为了应对日益严峻的国际能源安全形势，近年全球能源治理机制建设仍在努力完善之中。正是这些国际组织和机构编制了一个成分多元、结构多层的全球能源治理网络，它担负着协调解决当下国际能源安全问题的主要责任。然而这个网络也存在严重的缺陷，那就是组织分散，缺乏一个全球性的、综合性的能源治理机构，这自然限制了国际社会采取统一行动的能力。

3. 全球能源安全对话逐渐推进

在国际层面，全球能源治理主要表现为全球能源安全对话日渐频繁。在全球化时代，能源安全也具有全球属性，这使开展全球能源安全对话成为解决能源问题的必然选择。如今，全球能源安全对话已经在消费国和输出国联盟之间、西方发达国家之间、发达国家和新兴经济体之间等多个层面广泛开展起来。随着经济全球化和世界石油市场一体化的发展，能源消费国与能源输出国之间的矛盾不仅远不如20世纪70、80年代突出，而且其相互依赖程度还在不断加深，这为双方间的能源对话与合作奠定了基础。冷战结束后，由西方能源消费国组成的IEA和以阿拉伯产油国为核心的OPEC间的合作逐渐增多，逐渐建立并完善了能源对话机制，并共同召开多次国际能源会议，议题涉及世界能源市场的变化、国际能源热点问题等。相比IEA和OPEC之间的能源对话，欧盟与OPEC之间的能源战略对话似乎更加富有成效。从2005年双方在布鲁塞尔举办首次能源战略对话以来，类似高层能源对话已经举办了9次。对话的主要内容包括交流各方能源政策、介绍能源领域最新行动和经验、探讨国际能源热点问题等。对于对话的成效，双方均认为对话促进了双方建设性地交换意见，有助于兼顾能源生产国和消费国的利益，共同保证能源市场稳定。[①] 1975年七国集团（G7）/八国集团（G8）诞生之初，能源问题就是峰会的核心议题。自2005年以来，G8峰会开始关注与温室气体排放相关联的能源安全问题，并且每年都将这些问题纳入峰会的核心议题之中。由于G8成员国在IEA中拥有较大的制度性权力（俄罗斯除外），G8峰会从2005年开始有意加强同IEA的合作，其目的在于扩大IEA的作用，促使其将治理功能延伸到能源效率和清洁能源领域，以应对使用化石燃料所导致的气候变化问题。[②] 1999年成立的二十国集团（G20）原本是应对全球金融危机的产物，但如今其首脑峰会也成为了全球能源安全对话的新平台。由于G20成员既包括英美等西方发达国家，也有中国、印度等新兴市场国家，因此峰会所涉能源安全议题更具全球性。2013年9月5日，在俄罗斯圣彼得堡召开的G20第八次峰会上，与会领导人不仅讨论了加强稳定能源市场以及能源的可持续性等问题，而且一致认为，在全球化格局下，国际能源合作是保障能源安全，实现多方共赢的重要途径，这对未来继续推进各层次的全球能源安全对话无疑具有重要的指导意义。

三、中国与全球能源治理

（一）中国能源安全面临的严峻形势

改革开放以来，能源安全问题始终是关系到我国经济发展的一个重大战略问题。经过三十余年的发展，我国虽然形成了煤炭、电力、石油天然气以及新能源和可再生能源全面发展的能源供应体系，能源自给程度也很高（近90%），但是能源安全形势依然堪忧。

1. 能源资源总量丰富，但人均较低

我国的油气资源很丰富。据国土资源部2008年的统计，石油远景资源量为1086亿吨，地质资源量765亿吨，可采资源量212亿吨，天然气远景资源量

---

① 欧佩克与欧盟举行第八次能源对话。http://www.people.com.cn/h/2011/0705/c25408-486398462.html。

② Dries Lesage, Thijs Van de Graaf, and Kirsten Westphal, "The G8's Role in Global Energy Governance Since the 2005 Gleneagles Summit", p. 260.

为56万亿立方米，地质资源量35万亿立方米，可采资源量22亿立方米。此外，我国还有较为丰富的煤层气、油页岩和油砂油等非常规油气资源。[①]据世界能源委员会1991年的统计，中国煤炭的地质储量占世界总量的20%，仅次于前苏联，居世界第二。尽管能源资源总量相对比较丰富，但是我国的人均能源资源拥有量在世界上仍处于较低水平，煤炭、石油和天然气的人均占有量仅为世界平均水平的67%、5.4%和7.5%。虽然近年来中国能源消费增长较快，但目前人均能源消费水平还比较低，仅为发达国家平均水平的1/3。随着经济社会发展和人民生活水平的提高，未来能源消费还将大幅增长，我国的资源约束还会不断加剧。[②]

2. **能源结构性矛盾突出**

2000年以来，我国能源消费和生产的结构性问题变得越来越突出，主要表现在：一方面，我国"富煤、缺油、少气"的资源禀赋特点从根本上决定了国家长期以来"以煤为主"的能源消费结构。2012年，我国一次能源消费总量为36.2亿吨标准煤，比2011年增长4%，其中煤炭占一次能源消费总量的比重约为66.4%，比2011年下降了2个百分点，石油和天然气分别占一次能源消费总量的18.9%和5.5%，分别提高了0.3和0.5个百分点。非化石能源消费量占一次能源消费总量的比重为9.1%，提高了1.1个百分点。2012年，我国的非化石能源消费量约为3.3亿吨标煤，比上年增长17.8%，增速提高了17.5个百分点。[③]尽管近年我国在能源消费结构调整上取得了不小的进步，但与世界上许多发达国家相比，我国还有很大差距。据世界能源统计资料，以2009年为例，世界一次能源消费结构中，石油占一次能源消费总量的34.8%，煤炭和天然气分别占一次能源消费总量的29.4%和23.8%，核电占5.5%，水电占6.6%。[④]

另一方面，能源生产结构基本以煤炭为主。在我国能源生产总量构成中，煤炭占比一直很高。从2002年以来，我国煤炭产量在能源生产结构中的比重逐年加大，平均保持在76%左右。原油生产在能源生产结构中的占比逐年减

① 崔民选主编:《中国能源发展报告（2010）》，社会科学文献出版社，2010年版，第89页。

② 《中国的能源政策（2012）》（白皮书）。http://www.gov.cn/jrzg/2012-10/24/content_2250377.htm。

③ 2012年非化石能源消费占比达9.1%概况。http://www.chinairn.com/Print/2881589.html。

④ 崔民选主编:《中国能源发展报告（2012）》，社会科学文献出版社，2012年版，第31页。

少，平均保持在12%左右的水平。自2004年开始，天然气、水电、核电和风电所占比例虽逐年上升，但整体比例较小。2012年，我国一次能源生产总量为33.3亿吨标准煤，比2011年增长4.8%，其中煤炭36.5亿吨，增长3.8%，原油2.07亿吨，增长2.3%，天然气1072亿立方米，增长4.4%。[①] 而在二次能源中，无论消费结构还是生产结构，基本上都是以燃煤为主的火力发电作为主导能源。

总体上看，这种以低热值的化石燃料为主的能源结构不仅对我们生存环境影响较大，由此还产生了一系列社会问题。对于未来中国能源结构的调整，国家发改委能源研究所副所长戴彦德研究员并不乐观，称“中国未来能源消费仍要快速增长，以煤炭为主的能源消费结构短期内难以改变”。[②]

3. 能源对外依存度很高

能源对外依存度是能源净进口量与能源总消费量的比例，是衡量一个国家能源安全的重要指标之一。一般来说，能源依存度越高，能源安全系数越低。随着国民经济的持续发展，城乡一体化的快速推进，我国能源供需形势自20世纪90年代以来，由供需平衡逐步转变为偏紧，对外能源依存度不断上升，尤其是石油的对外依存度几乎呈直线上升。

1993年，我国的石油进口量首次超过了出口量，成为石油净进口国，石油净进口量达988万吨，对外石油依存度为6.7%。1999年我国的石油进口依存度超过20%。从2000年开始我国石油进口依存度开始大幅攀升，当年石油进口依存度首次超过30%。2003年，我国成为仅次于美国的世界第二、亚洲第一石油消费大国，同年石油净进口量攀升至9113万吨。2004年世界石油价格大涨，同年我国石油进口再创新高，一举突破1亿吨大关，达到12272.4万吨，进口依存度也高达45%，比2003年提高了10个百分点。从2005年至2011年，我国的石油对外依存度依次为42.9%、47%、50.5%、51.3%、53.7%、54.8%、56%，年均增加2个百分点。2012年，我国生产石油20748万吨，同比增长1.9%；进口石油27109万吨，同比增长7.3%，石油对外依存度56.4%，

---

① 2012年非化石能源消费占比达9.1%概况。http://www.chinairn.com/Print/2881589.html。

② 中国以煤为主的能源消费结构难改。http://cn.reuters.com/article/cnInvNews/idCNCHINA-4027820110324。

比较前一年的数据，2012年我国的石油对外依存度创下历史新高。[①] 预计到2015年，中国进口石油可能高达3.7亿吨，相当于每天进口740万桶，达到预估消费量5.7亿吨的65%。[②] 近年来，石油对外依存度的不断攀升产生的负面影响是很明显的，它不仅对我国的能源安全造成了直接威胁，还对中国经济发展造成了负面影响，甚至加剧了我国同周边石油进口大国之间的竞争。

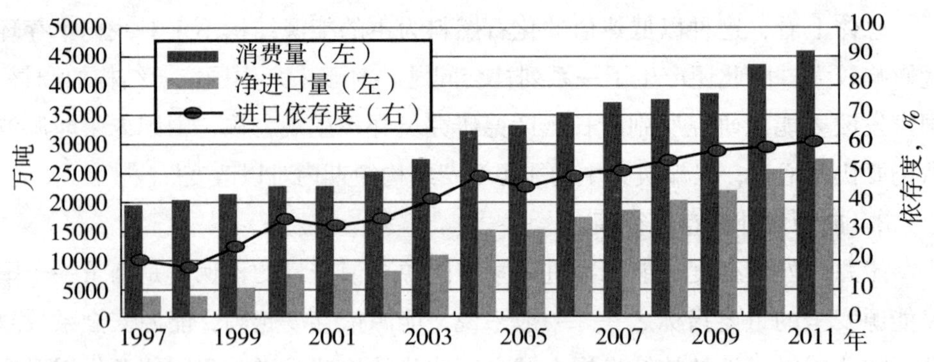

图1 1997—2011年中国石油消费量、进口量和依存度

资料来源：1997—2011年中国石油进口依存度概况。http://www.china-consulting.cn/data/20121121/d7345.html。

4. 能源进口过于集中

我国主要从中东、前苏联地区和西非等产油地区进口石油，并均呈上升趋势。据中国海关总署的数据显示，2012年，我国共计进口原油27109万吨，同比增加6.79%，前十大原油来源国分别是：沙特阿拉伯，5391.6万吨，同比增加7.24%；安哥拉，4015.2万吨，同比增加28.9%；俄罗斯，2432.9万吨，同比增加23.35%；伊朗，2192.2万吨，同比下降21.02%；阿曼，1956.7万吨，同比增加7.79%；伊拉克，1568.4万吨，同比增加13.87%；委内瑞拉，1529.1万吨，同比增加32.76%；哈萨克斯坦，1070.4万吨，同比下降4.53%；科威特，

① 中国石油对外依存度涨至56%“十二五”力争控制在61%。http://news.china.com.cn/2013-02/05/content_27886976.htm。

② 中国到2015年石油进口依存度将达65%。http://cn.reuters.com/article/cnInvNews/idCNCNE7B701T20111208。

1049万吨，同比增加9.94%；阿联酋，874.4万吨，同比增加29.82%。[①] 其中，从6个中东国家共进口原油13032.3万吨，占我国进口原油的48.1%；从2个前苏联国家中共进口原油3503.4万吨，占12.9%。[②] 从主要原油进口地区来看，我国的原油进口主要集中在中东地区，存在着很大的风险。中东是“世界油库”，也是各大能源进口国最重要的利益攸关地区，围绕着这一地区的地缘政治博弈、军事冲突从未停止过，这使我国在该地区的能源安全受到极大的威胁，一旦爆发突发事件我国能源安全难以保证，从而使我国经济遭受重大的损失。例如，受近年来持续发酵的伊朗核危机的影响，我国从2012年开始被迫放缓了在伊朗的能源投资，并且大幅降低来自伊朗的石油进口量（2011年从伊朗进口石油2775.6万吨，2012年减少了583.4万吨）。此外，从中东进口石油主要依靠海洋运输，运输线路单一，其中必经的霍尔木兹海峡和马六甲海峡都属于高风险石油海运通道，这在一定程度上增加了我国能源运输的风险。

5. 能源储备严重不足

相比西方发达国家庞大的战略能源储备，我国的能源储备机制还很落后。进入21世纪以后，随着石油对外依存度的不断提高，建立石油储备，保障国家能源安全变得越来越紧迫。2007年12月28日，中国国家石油中国国家石油储备中心正式成立，其目的在于加强中国的战略石油储备建设，健全石油储备管理体系。为此，我国决定用15年的时间，分三期完成石油储备基地的建设。第一期由政府投资的4个战略石油储备基地主要集中于东部沿海城市，分别位于浙江舟山和镇海、辽宁大连及山东黄岛，储备总量为1640万立方米，约合1400万吨原油[③]，相当于我国10余天原油进口量，加上国内21天进口量的商用石油储备能力，我国总石油储备能力可达到30天原油进口量。第一期基地建设已于2008年全部投入使用。此后，石油储备基地二期建设开始向内陆地区布局。2009年9月24日，随着新疆独山子国家储备基地的开工，

① 2012年中国十大原油来源国一览。http://oil.in-en.com/html/oil-15391539291709355.html。

② 2011年中国十大原油进口国。http://www.china-consulting.cn/news/20120201/s3194.html。

③ 按照BP石油公司统计资料的换算标准，1立方米原油相当于0.8581吨。

标志着我国第二期石油储备基地全面展开。[①] 而根据计划，我国8个二期战略石油储备基地将分布在广东湛江和惠州、甘肃兰州、江苏金坛、辽宁锦州及天津等地，设计总储量为3800万吨以上。到2020年整个项目一旦完成，中国的石油储备能力将提升到约8500万吨，达到100天左右的石油净进口量，从而符合IEA规定的90天战略石油储备能力的标准。

即便如此，我国的战略石油储备体系与西方国家相比还相距甚远。由于缺乏立法层面的支持，缺乏包括政府储备、企业商业储备、企业义务储备在内的完整储备体系建设，[②] 要形成西方发达国家战略石油储备所具备的应对石油供应中断、抑制油价、稳定市场等方面的综合能力，我国还有很长的路要走。

6. 能源使用效率不高

进入21世纪以来，我国在节能减排、提高能源效率方面取得了很大的进展，然而我国的单位国内生产总值（GDP）能耗不仅与西方发达国家相比有很大差距，甚至高于一些新兴工业化国家。近年，我国单位GDP能耗比世界平均水平高2.2倍左右，比美国、欧盟、日本和印度分别高2.4倍、4.6倍、8倍和0.3倍。[③] 2012年，我国的单位GDP能耗是国际的2倍，是发达国家的4倍。[④] 在2012年底由《世界经济论坛》与埃森哲咨询管理公司（Accenture）共同推出了《2013全球能源工业效率研究》的报告。该报告对世界不同国家的能源强项和弱项从经济、生态和能源安全观点进行了评估，其中中国仅位列第74位。2012年出版的中国能源政策白皮书也不回避我国能源使用效率低下的事实，其指出，能源密集型产业技术落后，第二产业特别是高耗能工业能源消耗比重过高，钢铁、有色、化工、建材四大高耗能行业用能占到全社会用能的40%左右。[⑤] 严峻的现实提醒我们，无论是国家，还是企业都需要不断提高认识，加强管理和创新科学技术水平，制定切实可行的能源发展战略与

---

① .独山子基地规划建设30座储罐，每座储罐的容积为10万立方米，总库容约220万吨，工程投资26.5亿元人民币。

② 崔民选主编:《中国能源发展报告（2012）》，社会科学文献出版社，2012年版，第32页。

③ 崔民选主编:《中国能源发展报告（2010）》，社会科学文献出版社，2010年版，第293页。

④ 去年中国单位GDP能源消耗是发达国家4倍。http://www.chinareform.org.cn/Economy/consume/Practice/201308/t20130801_173085.html。

⑤ 《中国的能源政策（2012）》（白皮书），http://www.gov.cn/jrzg/2012-10/24/content_2250377.html。

企业发展规划，在能源使用上进行变革。

（二）中国参与全球能源治理的理念与历程

1. 中国参与全球能源治理的理念

为了应对能源安全和温室气体排放带来的挑战，近年来我国积极推动国际能源合作，广泛参与涉及能源、环境、气候变化等问题的全球能源治理进程，并适时提出了自己的治理主张。

2009年7月，时任国务委员戴秉国代表胡锦涛主席出席G8意大利拉奎拉峰会，首次就全球经济治理阐述了中国的观点。戴秉国强调，“在经济全球化深入发展的条件下，只有加强和完善全球经济治理，才能从体制机制上促进世界经济协调持续发展。……全球经济治理的根本目标是推动经济全球化朝着均衡、普惠、共赢方向发展。全球经济治理应该由世界各国共同参与。平等参与不仅是形式上的，更应是实质内容上和决策过程中的。全球经济治理需要坚持民主原则，充分听取各方意见，照顾和体现各国特别是发展中国家的利益和诉求。全球经济治理需要合适的机制安排。各种治理机制可以在所有利益攸关方平等协商并达成共识的基础上，制定有关国际标准和规范。”[①] 尽管这些理念和主张是为了应对全球经济挑战的，但是正如金融危机、粮食安全和国际贸易等问题一样，能源安全与气候变化问题也是当代与全球经济问题密切相关的两大问题，上述理念也可以作为推动全球能源治理的行动指南。

中国不仅提出了建设性的全球能源治理主张，还积极利用所有与能源相关的国际组织、峰会和论坛阐述中方关于能源安全、应对气候变化等问题的治理理念。

2012年1月16日，时任国务院总理温家宝在阿联酋阿布扎比举行的第五届世界未来能源峰会开幕式上发表了题为“中国坚定走绿色和可持续发展道路”讲话。在讲话中，温家宝呼吁全世界共同“有效保障能源安全”。他指出，“受到国际货币体系、过度投机、垄断经营、地缘政治等因素的影响，大宗能

① G8同发展中国家领导人对话会议在意大利举行。http://gb.cri.cn/27824/2009/07/10/1062s2558730.htm。

源产品价格很大程度上脱离了实体经济的供求关系，其暴涨暴跌，加剧了世界经济的非正常波动。这种不合理状况，必须从根本上加以改变。能源的安全运输、有效供给和市场稳定，符合新兴经济体、发达国家和能源输出国的共同利益，也有利于消除经济危机的隐患和影响。为了稳定石油、天然气市场，可考虑在G20的框架下，本着互利共赢的原则，建立一个包括能源供应国、消费国、中转国在内的全球能源市场治理机制。要通过协商对话，制定公正、合理、有约束力的国际规则，构建能源市场的预测预警、价格协调、金融监督、安全应急等多边协调机制，使全球能源市场更加安全、稳定、可持续。”①

2. 中国参与全球能源治理的历程

（1）实施“走出去”对外能源战略

中国能源企业实施的“走出去”战略是我国参与全球能源治理的重要步骤之一。改革开放前期（1993年以前），我国开展国际能源合作的主要方式是“引进来”。其主要特点就是通过开放市场和出口石油换取西方发达国家的资金、相关技术设备，并学习它们的管理经验。1993年11月，中国共产党十四届三中全会提出要“充分利用国际国内两个市场、两种资源，优化资源配置”的重要理论，这对于推动我国融入世界主流经济体系具有重要的指导意义。②在2000年10月举行的中国共产党十五届五中全会上，中央明确提出实施“走出去”战略。这两次会议所做出的决议为推动我国的全球能源外交，为我国能源企业“走出去”奠定了理论基础。

1993年至今，我国能源企业“走出去”已有近20年的历史。根据不同时期“走出去”战略实施的特点，我们可以大致将其划分为三个阶段。（1）起步阶段（1993—1997年）。在这一阶段，我国能源企业在海外投资规模不大，主要以小项目运作为主，大多是寻求油田开发项目特别是老油田提高采收率项目，也不求高效益。我们的主要目标就是要熟悉国际环境，积累国际化经

① 温家宝总理在世界未来能源峰会上的讲话（全文）。http://www.gov.cn/ldhd/2012-01/16/content_2045746.htm。

②《中共中央关于建立社会主义市场经济体制若干问题的决定》，http://www.china.com.cn/chinese/archive/131747.htm。

营经验。[①] 例如在秘鲁、加拿大、泰国和巴布亚新几内亚等国的项目都属于这一类型。尽管这些项目规模都比较小，但是涉及到了当今世界石油合作领域的所有模式。（2）成长阶段（1997—2007年）。这一时期，我国能源企业“走出去”战略的主要目标是逐步涉足大中型油气项目，争取获得海外油气项目一定规模的储量和产量，物色和建立海外油气资源战略替补区。[②] 从1997年开始，中石油、中海油和中石化三大国有能源企业作为我国能源企业海外投资的主力军开始拓展全球业务。其中中石油取得的成果最突出，其海外投资逐步向油气资源上游领域——勘探开发进军。随着苏丹1/2/4项目（我国在海外最大的石油投资项目）、哈萨克斯坦阿克纠宾项目和委内瑞拉陆湖三大项目的顺利实施，中石油在北非、中亚和南美取得了战略立足点。而中哈原油管道开工建设（2004年）、中石油成功并购哈萨克斯坦PK石油公司（2005）、中石油投资41.8亿美元收购哈萨克斯坦PK石油公司全部股权（2007年）的举措使中石油在中亚取得突破。（3）跨越发展阶段（2008至今）。这一时期，以中石油、中海油和中石化为代表的能源企业不断在中东、北美和拉美取得突破，进而完成了全球布局。相比之前国际能源合作的领域和规模，这一时期无论是在投资目标区域、合作领域、合作方式、还是投资规模都表现出跨越式发展的特征。以2012年为例，这一年是我国能源企业海外油气并购历史性的一年，全年累计达成并购交易金额340亿美元，创历史最高水平，成为全球石油公司中最大的海外油气资产收购方。这一年并购金额最多的中国能源企业是中海油，全年并购金额达214亿美元。总的来看，近年我国能源企业海外并购的步伐越来越快，巨型并购接踵而至，在全球能源市场发挥着越来越重要的作用。据不完全统计，2008年以来，我国能源企业海外并购交易总金额近1000亿美元，给中国石油企业带来了每年近1000万吨油当量的产量增长。[③] 根据IEA的预测，到2015年，中国石油企业在海外生产的石油将足以与科威特的总产量抗衡。

---

① 周吉平：《中国石油天然气集团公司“走出去”的实践与经验》，《世界经济研究》，2004年第3期，第63页。

② 同上。

③ 茅启平、王忠桥：《中国石油企业海外投资回顾与启示》，《国际经济合作》，2013年第6期，第30页。

（2）广泛参与国际能源合作

开展国际能源合作的水平是检验一个国家参与全球能源治理能力的重要指标。近年来，随着中国经济的发展，能源进口迅猛增长，国际能源合作也迅速展开。截止2012年，中国与近30个国家建立了双边能源合作机制，参与了20多个国际能源合作组织和国际会议机制，能源领域的国际合作内容不断深入。

在双边能源合作中，中国与欧盟、美国和俄罗斯等地区组织和大国建立的双边能源合作机制尤其具有代表性。中国和欧盟同是世界上能源消费的重要国家和地区，中欧双方能源消费总量占全球的近1/3，双方石油消费量共计约占全球的1/4。此外，中国和欧盟的能源对外依存度都很高。这些特点决定了双方在维护重要能源资源产地的局势稳定以及维护世界能源市场和价格稳定方面有着共同的利益和合作基础。目前，中国与欧盟已经建立了能源对话机制，定期举行能源对话。在2012年5月初召开的中欧高层能源会议上，双方还签署了《中欧能源安全联合声明》，这标志着中欧能源消费国战略伙伴关系的正式建立。中国和美国是世界上最大的能源生产国和消费国，在能源领域面临着许多共同挑战，合作潜力很大。对话机制已经成为中美在能源领域开展交流与合作的平台。2004年，为了深化两国能源合作，中国国家发改委与美国能源部签署了关于开展能源政策对话的谅解备忘录。2005年，在美国华盛顿举行了第一次中美能源政策对话。此后，每年的政府间能源对话成为了加强中美双边交流、增进互相理解和扩大互利合作的渠道，对维护两国能源安全和促进世界能源可持续发展都具有重要意义。相比而言，中国和俄罗斯之间的能源对话机制更加完善。2008年7月，根据中国国家主席胡锦涛和俄罗斯总统梅德韦杰夫于同年5月达成的共识，中俄副总理级能源谈判机制正式启动，这标志着两国能源合作进入新阶段。该机制是中俄总理定期会晤机制在能源领域的延伸，双方规定，该谈判机制每年至少举行一次，谈判内容不仅仅涉及两国油气合作，广义上的能源合作也将成为这个谈判机制中的重要话题。中俄能源对话机制的建设和完善将有利于中俄双方在原油贸易、油气管道建设、勘探开发、炼化等大项目方面取得更多进展，有利于继续推进核能合作，以便于两国共同致力于建立全面、长期稳定、互利共赢的能源合作关系。

中国与重要的全球和区域国际能源组织几乎都建立了合作关系。这一方面是因为，在当今的国际能源格局下，离开国际能源组织几乎不可能顺利开展国际能源合作。从某种程度上说，国际能源组织的建立意味着国际能源合作的开展及合作机制的建立。另一方面，中国巨大的能源消费和进口能力是任何国际能源组织都无法忽视的，中国已经成为国际能源格局中至关重要的力量。在全球层面重要的国际能源组织中，中国是联合国下属的某些机构、世界能源理事会和世界石油大会等国际能源组织的成员国。在区域层面的国际能源合作中，中国利用亚太经合组织、上海合作组织成员国的身份广泛参与周边能源外交，与包括欧洲能源宪章、海湾阿拉伯国家合作委员会和东盟等国际能源组织建立了密切的合作关系。在国际能源组织中，石油输出国组织OPEC一直是中国开展能源外交的重点方向，也是中国参与全球能源治理的重要途径之一。2005年12月24日，中国—OPEC能源对话机制在北京宣告正式建立，并举行了首次能源对话。在双方共同达成的一份联合声明中提到，OPEC将与中国联手致力于建立未来的能源合作框架，在保障中国市场供应安全的同时稳定石油价格。近年，中国与OPEC成员国之间的能源合作进一步深化，OPEC中的中东产油国一直是中国石油进口的最大来源地，这无疑对于保障我国的能源安全，维护中东地区能源形势的稳定发挥了积极的作用。

3. 关于中国参与全球能源治理的几点思考

（1）要制定面向全球的长期对外能源战略

我国一直缺乏立足长远、面向全球的对外能源战略。对外能源战略的缺失既制约了我国国际能源合作的进一步深化，也影响到了世界对我国全球能源治理战略和能力的理解和判断。自改革开放以来，我国先后制定了一系列能源政策和法律法规，从“十一五规划”开始更是出台了专门的能源发展规划，其中包括有关国际能源合作的相关内容。这些内容中包含的国际能源合作指导原则虽然都是我国根据当时的国情和社会发展需要适时制定的，但是缺乏独立性和战略性。与改革开放前期相比，目前我国的能源安全形势已经发生了巨大的变化。作为世界级的能源进口消费大国，近年来，我国的国际能源贸易量和能源企业对外投资额持续猛增，众多大型能源建设项目接踵上马，这些客观现实因素迫使我们必须加强对外能源战略规划能力。

（2）要加强与国际能源组织的关系

众所周知，某个国家参与国际能源组织的情况以及在其中的角色和地位决定了该国在国际能源领域的发言权和影响力。决定了该国参与全球能源治理的能力。在发展与国际能源组织的关系时，我们必须清醒地认识到，无论是对代表产油国利益的OPEC，还是对代表西方发达国家利益的IEA，或者是对近年来在“八国集团”“联合国”“国际能源论坛”“欧洲能源宪章”等全球和地区多边国际论坛框架下形成的能源对话机制，我国的能源话语权都很弱。这使我国难以通过这些国际能源组织达到有效维护本国能源安全的目的，也不能对现行的全球能源市场规则和运行秩序产生较大的影响。未来我们需要以更加积极的姿态加强与国际能源组织的联系，力争在国际舞台上发挥一定的主导作用。

（3）要处理好与主要能源大国的关系

能源大国是全球能源治理的核心力量。能源大国既包括出口大国，如中东产油国、俄罗斯、加拿大和委内瑞拉等，也包括进口大国，如日本、部分欧盟成员国（如德国、法国）、印度等。无论是能源出口大国还是能源进口大国，它们在世界能源供需格局中都不同程度拥有某些优势，对全球能源安全具有重要的影响力。可以说，这些国家既是国际能源安全的主导性因素，也是全球能源治理的主要参与者。现在和未来，我国要实现确保长远能源安全的战略目标并有效参与全球能源治理进程，都需要重视与这些能源大国的关系，有针对性地开展能源外交，并积极推动与这些国家的能源合作。

（4）要深入开展对重要能源产地的能源外交工作

中东、中亚里海及俄罗斯、非洲、美洲是全球能源资源最集中的地区。其中，中东一直是我国最主要的能源进口地区。相比其他地区而言，各个利益集团近一个世纪的争夺导致地区局势的长期动荡是我国开展对中东产油国能源外交必须面对的最大挑战，也是我国对中东能源外交难以回避的重大课题。中亚里海国家和俄罗斯是冷战结束后我国能源外交最成功的地区。我国与这一地区的能源合作经历了从无到有、从小到大的历史性转变，先后开辟了东北、西北三条油气管道，未来如何在此基础上进一步丰富能源合作的内涵，并以此为基础推动我国与这些国家关系的全面发展是各方共同的期待。非洲是我国传统的友好地区。自建国以来，我们通过真诚无私的援助与非洲国家建立起了深厚的友谊，这也成为了近些年来我国与非洲国家能源合作顺利进行的基石。在非洲我们面临的主要问题是冷战后非洲政治局势的变化导致的外交方向调整，以及国际势力对非洲能源资源的觊觎与渗透，这使我国对非洲能源外交的环境越来越复杂，不确定性越来越多。美洲非常规油气资源丰富，能源相对独立，排他性也较强。未来我们需要在现有基础上加大对美洲，尤其是对加拿大、委内瑞拉、巴西等国的能源外交力度。

第十五章
国际发展援助机制与中国对外援助

国际发展援助作为帮助发展中国家加快经济和社会发展的一项重要举措，促进发展中国家经济社会各个方面的发展，发挥了重要的推动作用。以经济合作与发展组织（OECD）发展援助委员会成员为代表的发达国家，在国际援助领域长期处于主导地位。中国在长期的对外援助实践中，形成了自己的援助理念和思路，遵循自己的国际发展援助规则。随着中国经济的持续发展，中国在国际援助领域内的角色发生了实质性的变化，从受援国身份转向了援助国角色。尤其是进入21世纪以来，中国对外援助额逐年增加，无论在总量规模，还是援助理念的国际影响力方面，日益成为国际发展合作领域的重要力量。中国发展援助的独特运作模式和富有特色的援助理念，不仅为受援国提供更多的发展机会，同时也在发展援助领域为国际社会提供了成功的经验。中国的对外援助与发展合作态势对长期主导国家发展援助体系的西方国家来说，无论在理念上还是在实践上都具有挑战性。因此，中国对外援助受到了国际社会的格外关注。近年来，国际舆论中出现了“新殖民主义”、“能源掠夺与环境破坏”等对华负面言论。如何与各援助国分享中国对外援助的经验，让外界客观地理解中国的对外援助，以提高在国际发展援助领域全球治理的有效性，已成为迫切需要解决的问题。

一、国际发展援助体系概述

（一）国际发展援助的相关概念

二战结束后，国际援助成为重要的国际现象。随着全球性或区域性多边机构和非政府组织的崛起，它们也不断加入到援助者行列，从而使援助由单一主权国家的对外援助时代进入援助主体多元化的国际援助时代。由于对外援助与援助国的内政外交密切相关，加上援助主体的日益多元化，以及援助目的多样化，国际援助的概念日益成为一个宽泛而充满争议的概念。国际援助、对外援助、发展援助和发展合作等概念常常并行使用。在实践中，不同的国家采用不同的称呼，美国在多数文件中使用“对外援助”，欧洲国家以及国际多边组织倾向于使用“官方发展援助”，而发展中国家通常把南南国家间的援助称为“发展合作”。

广义的国际援助，通常是指资源以优惠或者无偿形式进行的跨国流动。[①]援助主体不仅包括主权国家，而且包括政府间国际组织和非政府国际组织、国内机构乃至个人。从援助的内容上看，国际援助既包括人道主义援助，也包括为了公开的政治目的所进行的经济和军事援助。与国际援助相比，对外援助是一种国家间具有战略意义的、融合了政治性和经济性的政府行为，涉及外交、安全、经济、文化等方方面面。因此，对外援助是一种外交行为，从属于援助国的外交战略和政策目标。政府对外援助，主要分为经济援助和军事援助，西方的“官方发展援助”通常是指发达国家政府对发展中国家的经济援助，与国际援助的概念有重叠。

国际发展援助指的是一种特殊的国家间转移支付，可以看成是国际社会对发展中国家提供的无偿或优惠性的货物或资金，用以解决受援国所面临的政治、经济、社会、环境等各种发展过程中遇到的问题。经济合作与发展组织在1972年定义了官方发展援助（又称政府开发援助）的概念，该定义在国际发展援助的实践中被广泛接受。根据经合组织的定义，官方发展援助要

---

① Robert E. Wood,“Foreign Aid and the Capitalist State in Underdeveloped Countries”, in John A. Hall, ed., *The State:Critical Concepts,* London and New York: Routledge, 1994. p. 287.

符合三个条件：由官方部门实施，以促进经济发展与福利为主要目标，援助需含有一定的赠与成分（贷款应是包含至少25%的赠款成分的无息或低息贷款）。这一定义把发展援助限定为由一国政府机构提供，因此区别于其他民间机构或个人提供的援助。国际发展援助是由市场原理以外的因素促成的国家间资金转移。如果市场合理配置世界的财富，那么这种援助就将失去存在的意义。援助的主要目的是促进受援方经济发展和改善福利，因此用于军事目的、商业投资的援助均不能视为发展援助。国际发展援助又分多边援助和双边援助。多边援助指各个国际发展组织提供的援助，双边援助指由主权国家提供的各类援助。对外援助的形式有财政援助、技术援助、紧急救援等多种。

发展合作的概念包含了比官方发展援助更为丰富的含义，但许多发展中大国在实践中并没有把南南国家间的经济援助与经济合作严格区分。常常把对发展中国家的经济援助称为发展合作。近年来经济合作组织发展合作委员会的文件中也开始使用发展合作的概念，因此在经合组织的文件中发展合作成为了官方发展援助的一个委婉的代名词。官方发展援助这个概念意味着一种不平等关系：发达的援助国和不发达的受援国。而发展合作不仅明确表明了发展的目的，同时也表明援助与受援双方是平等的合作伙伴。它实际上表达了援助理念的变化，即援助行为应当尊重受援国自身的条件和传统，而不是援助国把自己的不适宜当地环境的援助理念强加给受援者。[①]20世纪90年代以后，经济合作与发展组织发展援助委员会发布了一系列报告，把发展援助称之为发展合作，推动了发展合作理念的形成。

（二）国际发展援助的理论基础

20世纪70年代后，国际发展援助成为国际政治经济学的重要议题。国际政治学者关注的重点是援助国的动机和外援的政治作用。现实主义的国家利益论、自由主义的人道主义关怀论、激进主义的剥削论，和实现受援国的“良政”是国际发展援助常见的理论解释。

1.从现实主义视角看，国际援助是实现国家利益的工具。现实主义者认

① Marijke Breuning, “Foreign Aid, Development Assistance, or Development Cooperation :What's in a Name?" *International Politics* ,Vol. 39, Sept, 2002, p. 369.

为对外援助是保护或促进国家安全和主权、抵御国际环境中敌对势力的一种工具。摩根索认为，无论什么样的对外援助，本质上都是政治性的，主要目标都是促进和保护国家利益[①]。除此以外，在对外援助的旗帜之下并没有更高的道德原则。肯尼思·华尔兹认为，对外援助就是霸权工具，是为了在两极世界的安全体系之下争取盟友和朋友，与行贿没有本质差异；同时，对外援助也是为了增强援助国的国力，特别是遏止共产主义、建立"合适的世界秩序"的工具[②]。虽然政策制定者经常渲染对外援助的"人道主义"特征，但许多国家对外援助政策充分体现了援助国的国家利益。

现实主义者认为，衡量对外援助成效的不是发展中国家的经济发展和社会进步，而是援助国利益的维系与增长。因此，援助国在选择援助对象和领域时，经常依据自身的立场与利益。在进行对外援助时，援助国的国家利益往往表现在援助附加条件上，经济条件主要是限定受援国购买援助国的产品和要求受援国进行经济结构调整与改革，政治条件则是要求受援国进行政治改革、实行民主化、改善人权状况等。为了更好地实现国家利益，在对受援国施加影响时，援助国往往采取软硬兼施的政策。此外，援助国之间还加强了政策协调，目的是避免无序竞争和实现双赢，这就是所谓的"一致性"原则。

现实主义立足于民族国家框架，从国家利益出发来分析对外援助，这对大多数以民族国家为主体的对外援助行为颇有解释力。但是，也存在一些不求回报的人道主义援助，而且对外援助的主体不限于国家，越来越多的民间组织、国家组织等非国家行为主体参加到对外援助行列，国家利益论难以解释其对外援助的动因、实质以及功效。

2. 自由主义认为国际援助是国家之间互助的经济援助和人道关怀。自由主义者认为，道义原则比政治经济利益更能解释国际援助政策。认为西方发达国家对于国界以外的人类苦难负有责任，希望西方福利国家的理想和实践能够跨国界延伸；援助动机在于帮助他国改善经济与社会条件，不以特定的对外利益为直接目的。与现实主义不同，人道主义理论关注的主要对象不是

① Morgenthau, Hans J., "A Political Theory of Foreign Aid," in The American Political Science Review, Vol. 56, No. 2, p. 301.

② Kenneth Waltz: "Theory of international politics", New York,Ransom Hause, 1979, p. 200.

国家，而是作为自然的个体而存在的人以及由个人组成的人类社会。主张每一个人是一个独立的实体，要求尊重个人的平等和自由权利、承认人的价值和尊严、满足每个人的欲望和需求。相对于个人与人类世界，国家的主权、边界并不具备法律和道义上的终极价值。对于弱者和穷人施以援手的道义责任不应该被国家主权及边界所限制，发达国家作为全球共同体的一员，都应有帮助弱国、穷国的责任和义务。

自由主义把减少贫困、维护全球共同利益和促进国际社会稳定作为三大援助目标。在给予对外援助时，自由主义者主张以不求回报的赠予方式援助贫穷落后国家，反对援助国利用外援谋求政治、经济利益。主张更多地通过国际援助传播自由、民主的价值标准，基于理想和善意解读国际援助的政策行为及其动因，强调国际援助对于经济发展和解除贫困的意义和作用，从经济社会的指标来评价援助效果。主张发达国家应将国民生产总值的一定比例转移给发展中国家，以帮助发展中国家发展经济、提高国民生活水平，缩小全球范围内的贫富差距。提出人道主义国际援助包含的基本原则是：将解脱全球的贫困和促进第三世界的社会和经济发展看作西方的义务；坚信一个更加平等的世界最符合西方工业国家的利益；履行这些国际义务与保持民族经济和社会福利政策的社会责任是相匹配的。自由主义这种人道观念成为许多多边国际机构和非政府组织国际援助的基本理念，它强调国际社会的正义、责任与义务。

从人道主义出发，自由主义者关注受援国的基本需求，相信对外援助有利于建立一个相互合作和共同繁荣的国际社会，这些对外援助的观念与主张无疑具有积极意义。但是，如果将自由主义者的对外援助主张理解为纯粹的经济利他主义或经济互利行为，也是不准确的。自由主义者所主张的提供援助的最终目的是建立一个民主和公正的国际社会，因此他们要求在对外援助中输出价值观念，将援助与自由、民主、人权等问题相连，附加各种政治条件和经济条件。援助方提供援助往往带有多重目的，人道关怀论不能全面、准确地解释许多对外援助现象。此外，民族国家仍然是对外援助的主体，忽视国家利益这个对外援助最重要的变量，有回避事实真相之嫌。

3.激进主义者认为对外援助的实质是发达国家的新殖民主义工具。依附论者认为，援助国的援助动机是进行剥削和掠夺，援助加强了受援国对援助国的依附关系，使它们在经济上和政治上受到援助国的控制。认为发达国家的不少对外援助具有明显的高利贷性质，发达国家利用外援大肆掠夺受援国的资源和财富以及攫取政治军事特权，并通过附加外援条件干涉发展中国家的经济发展道路和政治发展方向。激进主义者甚至认为，外援实际上是发达国家控制不发达国家的工具，外援阻碍了而不是促进了不发达国家的经济发展。依附论者主张发展中国家应该选择进口替代的工业化战略，寻求经济独立自主，在经济和政治方面摆脱对发达国家的依附。至于对外援助，依附论者要求取消当前的对外援助形式，建立诸如国际投资信托机构的国际援助机构，通过国际组织实现国际资源的再分配，建立一个平等的全球经济秩序。

对于援助国动机、援受双边关系以及援助效果，依附论极具批判精神和启发意义，有利于发展中同家在利用外援时维护国家主权和发挥独立自主性，有助于理解经济力量在国家内部和国家之问的作用。但是，依附论过于强调对外援助的消极面。就援助国而言，国家利益诉求至关重要，但不可否认也存在利他主义的、不求回报的人道主义援助。就援受双边关系而言，即使是有附加条件的援助，两者之间也不完全是剥削与被剥削的关系，而是互有收益，且都要付出一定的代价。就援助效果而言，尽管外援促进经济发展的作用有限，但也有少数国家通过援助获得了经济发展，避免了政治和经济对外依附。

4.欧盟的国际援助理念以“良政”为核心。在对外援助领域，欧洲联盟的多边外援加上欧盟成员国的双边外援占到世界外援总量的60%，其对外援助的模式和理念影响越来越大。自20世纪80年代以来，世界银行和经济合作与发展组织的发展援助委员会积极倡导“良政”理念，宣传把健全的财政管理和行政效率作为可持续增长和发展的先决条件。这一概念得到欧盟的拥护。欧盟对良政的表述从对治理的解释开始。治理概念的核心是机制的建立和运行。机制不仅是机构，而且是游戏规则，规定行为体在合作实现社会目标和解决可能出现冲突的责任。机制可以是实质的政策、公共进程，甚至是自发的行为。欧洲治理白皮书中通过民主治理的概念赋予了“良政”以“价值观”维度，并日益成为良政的核心内涵。白皮书指出上述每一项原则对于建立更加民主的治理都非常重要，是成员国民主和法治的基础，并且适用于不同层面的治理——全球、欧洲、国家、地区以及地方政府等。[①] 欧盟“良政”概念虽在其后的一系列政策文件中出现了不同的表达形式，但其核心已更多转向其价值维度，主要是欧盟所主张的民主、人权、法治等。2006年，《欧盟发展共识中治理》政策文件对此有更加清楚的表述：“在日益全球化以及相互依赖的世界中，和平与安全在很大程度上取决于政府和机构在法治、保护人权以及民主治理原则下实施政策的政治意愿和能力。欧盟认为良政、民主和尊重人权是可持续发展进程的核心，也是欧盟发展政策的主要目标。”[②]

《欧洲联盟基础条约》规定，维护联盟的价值观、巩固并支持民主、法治、人权和国际法原则是欧盟对外行动的首要战略目标，[③] 欧盟在推进国际援助的政策实践中努力践行上述原则，推动目标的实现。2000年，欧盟将以人权、民主和法治为核心的“良政”概念引入其与非洲加勒比国家关系的政策文件《科托努协定》中，成为双方伙伴关系的根本组成部分，接受定期监督，并依此决定对该地区的援助数额与方式。在《科托努协定》中可以清楚地看到，欧盟把贸易和政治议题以及发展议题联系在一起，通过贸易加援助的方式输出价值观念。通过国际援助推动发展中国家的政治和经济改革，实现与欧盟制度、规则、标准和观念的趋同。这既是欧盟对外援助的目标，也是其援助的动机。

（三）国际发展援助体系

随着国际援助行为的常态化和援助主体的多元化，构成国际援助核心的原则、规范和制度也逐步发展起来，由此形成了一个松散的国际援助体系。国际体系中提供国际援助的行为体主要包括主权国家、政府间国际组织、一些非政府组织和个人。非政府组织和个人主要提供一些人道援助，因此国家层面的双边和多边援助始终是国际发展援助体系中的主要行为体。它们不仅

① European Commission: “European Governance:A White Paper,” Brussels, July 25, 2001. http://www.etsi.org/WebSite/document/aboutETSI/EC_Communications/Governance_com2001_428.pdf.

② European Commission: “Governance in the European Consensus on Development:Towards a harmonized approach within the European Union,” Brussels, August 30, 2006, p. 3.

③ 程卫东、李靖堃:《欧洲联盟条约：经里斯本条约修订》，社会科学文献出版社，2010年版，第43页。

承担了国际援助的主要份额，推动建立国际援助机制，也引领着国际援助理念的演变。在当今的国际援助体系中，一方面存在援助国以国家利益为导向的对外援助行为，另一方面，实现联合国“千年发展目标”已成为国际援助共同体的共识。国际社会围绕实现“千年发展目标”日益强化政策协调和国际合作。

双边援助是指由援助国直接向受援国提供援助。由于双边援助是援助与受援双方直接进行援助协商，有利于实现援助国的对外政策目标的国家。相对于多边援助而言，双边援助往往更能够体现援助国的利益和意志，更加有利于援助国影响受援国的政策和行为，因而大部分对外援助一直都是通过双边途径进行的。目前，国际援助体系拥有150多个多边机构，33个双边机构组成。其中，双边援助机构提供了总援助支出的70%，而多边援助机构提供了其余30%。多边机构主要包括联合国发展援助系统、国际金融机构和区域发展机构。多边援助机构可以有效地防止援助国为了自身利益而操纵援助。当两者发生利益冲突时，多边机构一般会倾向较弱的一方。因而受援国更愿意接受多边援助。[①] 联合国开发计划署是全球最大的多边发展援助机构，也是联合国系统促进发展活动的中心协调组织，是联合国援助计划的管理机构。联合国开发计划署在实现联合国千年目标的过程中起到了巨大的推动作用。一方面，开发计划署在民主治理、环境保护、能源、减少贫困、艾滋病防治等很多领域进行了大量的援助；另一方面，开发计划署在援助过程中秉持不干涉受援国内政的原则，因此一直受到广大发展中国家的欢迎。在各种援助机构中，联合国等国际组织在塑造对外援助国际规范和机制、推动国际社会对贫困和发展问题的关注，以及倡导对发展中国家增加援助等方面起到了不可替代的作用。一般而言，援助国都会将一定比例的援助用于多边援助，但援助国向多边机构提供的援助远远低于双边援助。提供对外援助的国家都宣称，援助的目的是帮助发展中国家发展，但是不同的援助国却使用不同的方式提供援助。这些方式不仅表现了援助国的不同国情特点，同时也透露出它们对发展和进步规律的不同理解。

---

① David Wall, The Charity of Nations: The Political Economy of Foreign Aid, New York: Basic Books, Int., 1973, p. 149.

在主权国家中，其中最主要的援助主体是经济合作组织成员国——它们提供了全球国际援助的绝大部分。就绝对数额而言，二战后以来的大部分年份，美国的官方发展援助都居于首位。2007年，美国提供了近217.87亿美元的官方发展援助，占全部经合组织国家的21%，是最大的援助国。但是，如果按官方发展援助额与国民总收人之比来看，包括美国在内的经合组织大部分成员国都没有达到联合国规定的0.7%的指标。

随着援助额的增加和发展援助的受援国对象的分散化，其他新兴援助国的重要性也在不断加强。新兴援助国是相对于经合组织成员国而言，主要包括中国、南非、印度、巴西等经济上表现较为突出的发展中国家。金融危机爆发后，传统援助国在世界范围内的援助缩水了13% 。① 而来自新兴援助者的援助额因其良好的经济发展形势而持续增长。这些国家有着与既有的援助共同体不同的援助条件和援助方式。这些作为新兴经济体和实力不断提升的大国，它们的援助动机和规模缺乏透明度。这些国家不仅提供不同于传统的援助，而且在贸易、投资、能源等方面的影响也越来越大。相对于发展援助委员会国家，这些国家缺乏与其他援助国援助政策的协调。它们提供的援助是否会挑战既有的国际援助制度和规范，是否会削弱对受援国人权、治理和减债等方面的努力，西方援助共同体对此极为关注。

（四）战后国际援助体系的历史演变

当代的国际援助体系形成于冷战背景之下。当时的援助国主要从外交政策目标需要出发，把援助作为一种经济外交工具。战后初期，民族独立运动蓬勃发展，劳工运动和社会民主运动兴起，西方出于对共产主义扩张的担心，发起了对外援助行动。1948年4月3日美国国会通过《对外援助法》，马歇尔计划正式执行。“马歇尔计划”不仅推动了冷战的形成，也标志着二战后大规模双边对外援助的开始。在“马歇尔计划”的推动下，该计划的受援国在1948年成立了欧洲经济合作组织，1961年欧洲经济合作组织被经济合作与发展组织所取代。1957年，欧洲煤钢联营六个成员国签订《罗马条约》，设立

① Emmanuel Frot, Aid and the Financial Crisis: Shall We Eexpect Ddevelopm end Aid to Fall? http://www.d-sector.org/article-det.asp?id=174.

了欧洲海外国家和领地开发基金。伴随着欧洲重建的顺利进展、非殖民化运动的兴起和新兴独立政治实体的不断出现，冷战扩展到第三世界国家和地区，美国开始把援助重点从欧洲转移到社会主义阵营的前沿国家和地区，如希腊、土耳其、缅甸、南越、中国台湾和韩国。英、法等国也把援助扩展到前殖民地以外的国家。[①] 与此同时，苏联则通过向中国和东欧国家提供援助和建立经济互助委员会，构造一个共产主义经济体系。对外援助成为两大阵营相互抗衡的一个重要工具。

这一时期，联合国粮农组织的建立，以及国际复兴开发银行和国际货币基金组织的建立，标志着多边对外援助机构的创立和多边援助的开始。1960年和1965年，世界银行和联合国分别设立国际开发协会和开发计划署，专事发展援助事宜。主要的地区开发银行也相继建立。西方大国相继设立了国际发展援助机构。随着1960年代殖民体系的崩溃和大批发展中民族独立国家陆续登上国际政治舞台，发展援助的受援国主体也在这一时期形成。从1955年亚非会议到1960年代的“不结盟运动”和“77国集团”，战后的民族解放运动从争取政治独立发展到经济领域的斗争阶段。独立后的国家在经济上仍然受到西方大国的控制，面临经济困境。随着民族主义的觉醒，第三世界国家提出建立国际新秩序的主张。西方国家同发展中国家、特别是同它们的前殖民地有着密切的经济联系。殖民地获得独立后，如何维系与发展同它们的关系，以稳定原料供应和市场销售，成为西方国家面临的一个重大问题。这是20世纪60年代国家援助机制形成的重要背景。人们逐渐认识到世界是一个相互依赖的整体，发展中国家的贫穷落后，既不利于世界的和平稳定，也不利于发达国家的经济发展，对发展中国家进行援助，实现共同发展才是南北关系的正确选择。

到1960年代，国际援助机制已经基本形成。主要的援助机构已相继建立，主要的发达国家也大都加入到援助国行列。对外援助的主要原则和规范也在这一时期形成。1960年，罗斯托提出了发展理论。认为通过对发展中国家的资金注入，可以使它们在经济发展的基础上走上民主制道路。认为在经

---

① David Wall, The Charity of Nations: the Political Economy of Foreign Aid, New York: Basic Books.1973, p. 9.

济增长、社会变迁和政治民主化之间存在着一定的因果联系，认为援助是解决欠发达国家发展问题进而解决其他问题的一剂良药。这种理念逐渐主导了西方国家的援助行为。1962年，发展援助委员会启动年度援助报告，确定了系统的援助统计报告机制。1960年联合国宣布，1960年代为“第一个发展十年”，并呼吁发达国家拿出国民生产总值的1%用于发展援助；1964年，第一次联合国贸易和发展会议召开，决议中也提出1%的目标；1969年，发展援助委员会采用“官方发展援助”这一概念。世界银行于1968年表题为《发展的伙伴》的报告，报告基于发展援助委员会的官方发展援助概念和发展援助委员会的统计数据，提出发达国家把国民生产总值的0.7%用于政府发展援助；1970年联合国宣布第二个发展十年，采纳了 0.7%的目标。[①] 关于官方发展援助占国民收人的比例的目标在此时确立下来。这一比例至今仍然是国际社会衡量发达国家对外援助国际贡献的一个重要指标。

此后，多边援助机构在实践中逐渐形成较为明确的分工，并且发挥越来越重要的作用。经合组织发展援助委员会为越来越多样化的援助共同体提供信息共享和规则设定的论坛；世界银行下属的国际开发协会以及各个区域性开发银行为基础设施和生产提供优惠贷款；联合国则通过开发计划署为其专门机构、项目和基金提供资助，以解决发展中国家的具体问题；联合国和世界银行还通过召开大会的方式发起新的发展议程。随着主要的国际援助机构在这一时期的相继建立，援助主体更加多元化，用来表述主权国家行为的“对外援助”已经不能够涵盖此后的援助现象，世界进入了“国际援助”的时代。

1970年代，南北关系尤其是建立国际经济新秩序的问题成为国际关系的中心问题，与此相联系，人的基本需求成为多边机构倡导的援助重点，援助资金更加关注发展中国家中最贫困人口集中的农村地区。与此相呼应，1971年联合国引入“最不发达国家”概念，来指称人的基本需求无法得到满足、急需国际援助的发展中国家；1977年，发展援助委员会成员国高级别会议通过《关于经济增长和满足人类基本需求的发展合作宣言》。

1980年代，许多受援国家政府主导的经济和社会发展并未达到期望的水平，发展中国家陷入了持续贫困和债务危机。世界银行于1981年准备了一份

① Helmut Fuhrer, The Story of Official Development Assistance, p.10.

题为《加快撒哈拉以南非洲的发展：一个行动议程》的报告，呼吁进行大规模政策改革和结构调整。国际货币基金组织和世界银行两大机构，呼吁受援国家进行以培育市场机制为主要内容的改革。结构调整成为发达国家和多边机构提供援助的指导性原则。但是，结果并不令人乐观。伴随着结构调整的不是经济发展的好转，而是经济发展的减弱。

冷战结束后，发达国家对外援助的国际环境发生了有利的变化，外交和战略因素与国际援助的直接关联大为降低，减贫和发展问题成为国际社会关注的焦点。但与此同时，非洲、中南美洲各国的经济出现停滞，援助国居民对国际援助的效果产生怀疑。国际援助的绝对数额也出现了下滑，出现“援助疲劳”现象。西方援助机构认识到，影响经济发展的最重要变量不在于经济方面，而在于政治和制度方面。认为在开放、民主、可靠的政治体制、个人权利、经济制度有效和公平地运行与贫困的持续减少之间，有着至关重要的联系。为了提高受援国的治理水平，援助不仅要在经济基础领域推动机会均等，还要促进发展中国家公民社会的成长，以及在上层建筑领域推动民主化发展。在此背景下，受援国的人权、民主、治理能力等政治层面的改革成为援助国的关注重点。

进入世纪之交，在发达国家经济和世界经济持续增长的同时，南北经济差距呈进一步扩大的趋势，出现了所谓富裕中的贫困现象。世界银行前行长詹姆斯·沃尔芬森指出：富裕中的贫困是我们这个世界中最大的挑战。为了促进最不发达国家的经济增长，国际货币基金组织和世界银行发起倡议，要求国际社会为重债穷国实行债务减免；1999年9月，它们又共同策划“减贫战略文件”，推动减少贫困和促进经济增长。[①] 2000年9月，189个国家元首和领导人就消除贫穷、饥饿、疾病、文盲、环境恶化和对妇女的歧视等八个方面达成一致，承诺在2015年以前将全球贫困人口比例减半，以及相关的18项具体目标和48项指数。宣言还呼吁加大对于国际发展援助的承诺，特别是要使对非洲的援助在新世纪的第一个十年增加一倍。它们成为全球发展的核心议程，统称为“千年发展目标”。这使得国际援助共同体的援助行为第一次有了一致的具体目标，当今有关减贫和发展的重要国际行为都集中于实现这一

① 杨宝荣：《西方减贫战略对非洲国家的政治影响》，《西亚非洲》，2003年第5期，第32页。

目标。2001年6月，联合国秘书长加利在第55届联合国大会提出了新的发展援助理念，认为发展援助有助于创造机会和提供政治、经济和社会空间，使本地行动者能够查明、开发和利用一个和平、公正和公平的社会所必需的资源。如果这种努力能够有助于和平地解决冲突，那种可能经由恐怖主义行为释放的仇恨就比较容易通过政治、法律和社会手段预先得到消弭。此外，有效的结构性预防措施能够加强各国的预防能力，遏制跨国恐怖主义网络的蔓延。此后发生“9·11”事件更加强化了这一观点。

国际援助由此进入一个新的阶段，国际援助机构以发展中国家的制度和国家能力建设为援助重点，围绕实现“千年发展目标”而加强协调。为了实现这些目标，2002年3月，在墨西哥蒙特雷举行的发展筹资问题国际会议上，南北方国家的领导人开始调集资源、采取行动。2005年7月，八国集团领导人发表题为《气候变化、能源与可持续发展》的公报。公报指出，经合组织根据各国的承诺和其他相关因素估计，到2010年，八国集团和其他援助方提供的官方发展援助每年将增加约500亿美元，其中250亿美元用于增加对非洲的援助。八国集团领导人还同意免除18个重债贫困国所欠国际金融机构的全部债务。2005年9月，联合国在其成立60周年首脑会议之际，召开发展筹资高级别会议，以期为实现“千年发展目标”创造资金条件。2007年7月，联合国经社理事会在日内瓦成立了高级别发展合作论坛，目的在于通过增进援助和受援双方就影响发展合作质量和效果的政策问题展开对话，促进包括“千年发展目标”在内的既定减贫和发展目标的实现。至此，国际社会对于把减贫和发展作为对外援助的重要目标，已经形成基本共识。

二、中国对外援助的历史演变

中国对外援助有自己独立的理解和认识。中国对外援助结合了自身的发展经验和经济文化，崇尚独立自主、追求可持续发展，是一种致力于“平等互助、共同发展”的援助模式。在实践中，中国并没有把对外援助与南南合作框架下的对外经济合作进行严格区分，倾向于通过更加宽泛意义上的发展合作来实施援助。中国对外援助的概念，与西方国家的官方发展援助的概念并不完全相同。因此，中国对外援助自成体系，从来没有被纳入经合组织的援助框架内。中国的对外援助的政策与机制是随着国际环境和中国自身发展而变化的。中国的对外援助大致分为三个阶段，每个阶段都呈现一些迥然不同的特点。

（一）中国对外援助的初期阶段（1950—1978年）

中国的对外援助始于朝鲜战争。1950年中国开始向朝鲜和越南两国提供物资帮助，从此开启了中国对外援助的序幕。1955年万隆亚非会议后，随着对外关系的发展，中国对外援助范围从社会主义国家扩展到其他发展中国家。1956年中国开始向非洲国家提供援助。中国主要的援助对象是第二次世界大战后获得独立的民族国家。受当时的冷战环境影响，这个阶段中国对外的援助带有明显的意识形态色彩。援助完全在政治和意识形态的指导下进行，对外援助主要为政治目的服务。中国把援助正在争取解放的人民的斗争视为自己的国际主义义务，旨在通过提供对外援助，帮助那些新独立的第三世界国家实现经济独立。正是基于这样的政治考虑，中国对外国家的援助从一开始就强调互相尊重主权、不附带任何条件等基本原则，这也构成了中国对非洲国家援助的长远价值观基础。

在积累了十几年的对外援助经验之后，新中国对外关系理念的逐渐成熟。周恩来总理在1963—1964年访问非洲期间，提出了中国与非洲国家相互关系的五项原则和中国对外经济技术援助的"八项原则"。"八项原则"确立了中国对外援助的基本原则、宗旨和方式，成为中国对外援助政策的核心，并由此奠定了具有中国特色的援助理论基础。1964年至1970年间，中国的对外援助总额急剧上升，比前14年的援助总额增加了144%。[①] 中国的受援国数量上升到31个。受制于当时的国际大环境和中国经济实力，这一时期的中国对外援助主要以无偿援建工程为主。中国对外援建工程包括铁路、电厂、灌溉工程、水库、学校、农场、医院和体育馆等。这种援助逐渐成为中国对外援助的主要形式。[②] 这一时期中国的对外援助不仅表现在受援国数量增加，而

① Ping Ai, "From Proletarian Internationalism to Mutual Development: China's cooperation with Tanzania, 1965–1995". http://www.econbiz.de/Record/from-proletarian-internationalism-to-mutual-development-china-s-cooperation-with-tanzania-1965-95-ping/10001441571.

② 周弘：《中国对外援助与改革开放30年》，《世界经济与政治》，2008年第11期，第38页。

且对外援助形式也更加多样化。1963年，中国向非洲派出第一支医疗队。

1971年，中国恢复在联合国和安理会的合法席位，这使中国多边对外援助成为整体对外援助的一个部分。中国将联合国作为促进各国经济技术合作、推动南北对话和南南合作的一个重要通道。中国提出任何形式的经济技术援助，不论是双边援助，还是联合国多边援助，都应该严格尊重受援国的主权平等地位，不附带任何条件，不要求任何特权，不应该以援助为幌子，把受援国当成控制和掠夺的对象。此后中国对外援助快速发展，又有36个国家成为受援国，包括拉美和南太平洋国家。[①] 1971年至1975年，中国43%的对外援助给了三个国家，而其中95%给了越南。1971年，中国援建了坦赞铁路等一批重大基础设施项目。

（二）中国对外援助的发展阶段（1978—2000年）

1978年改革开放政策的确立，对中国外交政策产生了巨大的影响。这个阶段，调整和改革成为时代的主题，中国在坚持对外援助的基本原则基础上调整了援助规模、规划、领域和结构，从而更好地适应了中国具体国情和国力水平。在总结长期以来对第三世界国家援助经验的基础上，1980年国务院发布了《关于认真做好援外工作的几点意见》，指出援外工作对于获得友好国家的国际支持和提升中国的国际地位具有重要意义，同时指出援外工作模式存在的不足和问题。

结合改革开放政策和当时的国情，1982年中国政府宣布了“平等互利、讲求实效、形式多样、共同发展”的对外经济技术合作的“四项原则”。“四项原则”表明了中国对援助理念的转变，即从政治、意识形态的动机，转向更符合中国的特定发展需求和经济能力的模式，逐步放弃了此前不计经济成本、以政治主导和意识形态为导向的援助，开始探索以互惠合作、互利双赢为特征的新型援助方式。中国开始强调与发展中国家的经济合作，力求与发展中国家形成互利共赢的发展模式。以此作为开端，中国开始重视援外项目的长期效益和经济效益。对外援助条款也更加多样化，以体现援助手段的灵活性。1979年至1985年间，受援国数量在原来64个的基础上，又增加了19

---

① Ping Ai, “From Proletarian Internationalism to Mutual Development,” pp. 156-201.

个，技术援助和项目合作占援助总额的比例由37%上升到78%。[①] 截至1985年，对外援助项目中占比达到38.54%，物资援助占54.82%，金融援助只占6.64%。[②] 此阶段援助改革的重要意义在于探索出经济援助和发展双边或多边经济贸易关系相结合的新模式。

20世纪90年代后，中国对外援助从无偿援助为主走向互利合作为主的援助阶段。随着国内经济体制改革的全面推进，中国对援外工作进行了体制改革，重点是推动援助资金来源和方式的多样化。其中一个重要内容是把经济援助与互利合作相结合。1993年中国领导人访非时提出了发展面向21世纪长期稳定、全面合作的中非关系的五点建议，即“真诚友好、平等相待、团结合作、共同发展、面向未来”，突出强调了与非洲国家平等合作、共同发展的重要性，确立了中国以援助引导发展的援助模式。中国对非洲的援助开始在指导技术管理、提供优惠贷款、促进投资贸易、减免重债穷国债务、培训经贸官员、紧急救助自然灾害等方面拓展内容。中国对非洲援助采取了项目援助主体和实施方式逐步分离，鼓励和吸收中国企业参与。新措施有利于动员私营部门参与外援项目，但也使得中国援外政策与商业因素很难分离。与建国初期的援助政策相比，这一阶段的对外援助要求更加明显的经济成果，更加青睐投资少但是见效快的项目，目的是能帮助援助伙伴增强经济自立能力。经过调整巩固，中国对外援助走上了更加适合中国国情和受援国实际需求的发展道路。

（三）中国对外援助的深化阶段（2000—2013年）

进入21世纪，中国对外援助进入了发展的新阶段。这一阶段中国对外援助不仅在总额上快速增长，而且援助方向和方式也迅速调整和改善，社会民生项目和国际应急人道主义援助成为新亮点，对外援助的管理体制机制也相应持续改进。

2000年10月，中非合作论坛在北京举行部长级会议，44个与中国建交的

---

① Ping Ai, “From Proletarian Internationalism to Mutual Development: China's cooperation with Tanzania, 1965-95. http://www.econbiz.de/Record/from-proletarian-internationalism-to-mutual-development-china-s-cooperation-with-tanzania-1965-95-ping/10001441571.

② Ibid.

非洲国家外长或主管部长与会。会议通过《中非合作论坛北京宣言》和《中非经济和社会发展合作纲领》，成为21世纪中国与发展中国家的行动纲领和指南。《中非合作论坛北京宣言》标志中国与非洲平等合作、共同发展的基本原则和方向，表达了中国和非洲国家建立长期平等互利的新型伙伴关系的共识。《中非经济和社会发展合作纲领》则列举了中非在经济贸易等领域里合作的具体事项和措施。中国首次提出减免32个重债穷国和最不发达国家欠中国的100亿元人民币的债务。

中非合作论坛成为中国与非洲国家之间一个制度性的合作平台，每3年一次在北京和非洲国家轮流举办。在2003年第二届亚的斯亚贝巴中非合作论坛上通过的行动纲领中，中国宣布对非洲最不发达国家的部分商品免征进口关税。在2006年第三届中非合作论坛北京峰会同期召开了中非领导人与工商界代表高层对话会和第二届中非企业家大会。在2009年埃及沙姆沙伊赫举行的第四届中非合作论坛上，中国加大了承诺力度，设立中小企业发展专项贷款，援建沼气、太阳能、小水电等清洁能源和小型水利项目，并适应当地经济发展，在非洲国家建立物流中心，提供100亿美元的优惠贷款，支持非洲全方位的发展。到了2012年第五届中非北京合作论坛时，中非关系已经得到了全面的发展，中国进一步扩大对非洲的投融资合作，支持非洲基础设施、农业、制造业和中小企业发展；继续扩大对非洲援助，实施“非洲人才计划”。

在增加援助金额的同时，中国还进一步取消最贫穷国家的债务。各类减免债务措施的实行表明随着中国经济力量的增强，中国对外援助开始越来越借助于金融机制。这与历史上中国在经济力量偏弱时期的做法形成鲜明对比，当时的中国对外援助主要是劳动力输出、物资援助和援建工程。截至2009年年底，中国已经免除到期债务380笔，总额达255.8亿元人民币。[①] 中国豁免债务的受益国主要来自非洲和亚洲。中国对外援助不仅通过无偿援助、无息贷款、优惠贷款等渠道进行资本援助，还通过建设成套项目、提供物资和技术合作、人力资源开发合作和派遣医疗队及志愿者、减免重债国的债务等方式提供经济帮助。

① Elling N. Tjneland, et al., China in Africa Implications for Norwegian Foreign and Development Policies (Bergen: Chr. Michelsen Institute 2006); Martyn Davies, et al., How China Delivers Development Assistance to Africa; Penny Davies, China and the End of Poverty in Africa.

基于对人的发展重要性认识，中国将援助重心转向帮助人提高自身发展能力。胡锦涛主席在2005年对联合国的“五大举措”承诺中，特别强调直接针对受援国人民提供服务，承诺为了提高人民健康水平而提供的医疗卫生和防病治病方面的援助，关注人的能力建设，为发展中国家培训各类人才提供帮助。这个时期，中国在注重经济基础设施援建的同时，援助了大量诸如医院、农业培训中心、学校和疾病控制中心等社会公益和民生项目。除了双边援助以外，中国政府还在各种多边场合加强磋商与合作，并加强了在农业、基础设施、教育、医疗卫生、人力资源开发合作、清洁能源等领域的援助力度。这种发展援助理念还使中国更加积极地回应国际突发事件和自然灾害给人造成的伤害。进入21世纪后，中国明显地加大了提供国际人道主义救援的力度。2002年，中国商务部建立了突发事件应急救援机制，负责制定相应的工作预案。2004年，商务部会同外交部等相关机构，就建立中国的对外人道主义紧急救灾物资援助等事项制定工作机制，以应对频发的突发性事件，在应对过程中体现中国的人文和人道主义精神。

随着援助规模扩大，中国对外援助向各专业领域的延伸，专业化和细致化管理的要求越来越高，在各个层级和专业领域里重建协调机制成为必要。这个阶段，中国在管理体制和机制方面也出现很多变动。中国对外援助管理体制更加注重专业化分工，更加强调部门间协调。

三、中国对外援助的传统与特色

中国自20世纪50年代开始对发展中国家提供经济援助以来，逐步形成了具有自身特色的援助模式。相对于西方的民主价值观，中国对外援助所践行的是“平等互助、共同发展”的价值理念。中国的援助特色主要体现在以援助促进受援国自主发展，不附加政治条件，坚持平等互利，共同发展等方面。

（一）强调受援国的自主发展

在援助的目标设定上，通过援助促进受援国的自主发展是中国对外援助的首要目的。对外援助与发展合作不仅仅只是减贫和人道救济，还应注重推动受援国家的工业化和现代化，着眼于提高受援国的自主发展能力。中国并不认为援助是解决贫困问题的良药，援助只能解一时之困，唯有发展才能真正摆脱贫困。以中国对非援助为例，中国以“发展”为导向，推动非洲国家提高自主发展能力。中国以对非援助带动对非洲的投资与贸易，由此推进与非洲的全面合作。中国政府鼓励有实力的国内企业到非洲开展多种形式的互利合作，以促进与东道国的共同发展。中国企业在非洲投资建设经贸合作区，是以企业为主体，以商业运作为基础，以促进互利共赢为目的，主要由企业根据市场情况、东道国投资环境和引资政策等多方面因素进行决策。通过建设经贸合作区，吸引更多的企业到东道国投资建厂，增加东道国就业和税收，扩大出口创汇，提升技术水平，促进经济共同发展。

中国在援助的发展效应方面，注重结合受援国的实际情况，尊重受援国的自主发展能力，而非主观强加中国的发展理念和政策框架。中国在对外援助白皮书中强调，援助是帮助受援国提高自主发展的能力。例如中国自1956年向非洲提供第一笔援助以来，一直立足于中非自身文明特性与现实战略需要来发展与非洲国家间的关系，提供符合非洲国家发展需要的援助。实践证明，一国的发展主要依靠自身的力量。中国在提供对外援助时，尽力为受援国培养本土人才和技术力量，帮助受援国建设基础设施，开发利用本国资源，打好发展基础，逐步走上自力更生、独立发展的道路。

2000年中非合作论坛第一届部长级会议上通过的《中非经济和社会发展合作纲领》提出，中非将在未来发展中遵循以下合作原则：平等互利，形式与内容多样化，注重实效，实现共同发展，以友好方式消除分歧。在这份纲领中着重强调了发展对于中非合作的重要意义：中国政府承诺，继续与非洲国家合作并向其提供发展援助，重点在于促进当地工业、使用当地材料、增加就业。提供这种发展援助应符合非洲国家政策并与其磋商，旨在使用当地专门技术和材料，创造当地就业和开发当地人力资源。2006年1月中国政府发布《中国对非洲政策文件》，系统阐述了中国对非政策和主张，提出中国对非政策的总体原则和目标，即“真诚友好，平等相待；互利互惠，共同繁荣；相互支持，密切配合；相互学习，共谋发展”。温家宝总理在2009年11月8日在埃及沙姆沙伊赫出席中非合作论坛第四届部长级会议开幕式时发表了题为《全面推进中非新型战略伙伴关系》的重要讲话，对于中非关系的实质作出了清晰的解释：“患难与共、相互支持是基础，相互尊重、平等相待是核心，互利合作、共同发展是关键。”这一界定不仅道出了中非关系的本质，也明确强调了共同发展是中非关系的关键。可以说，发展是贯穿中非关系发展的一根主线，实现共同发展是中国对非洲援助的初衷也是目的。

在具体的援助方式上，中国结合了两个方面的经验。一方面是中国接受国际援助的实践经验，例如与世界银行的援助合作给中国对外援助带来了援外项目的招投标制度以及援外项目的管理经验；另一方面，中国自身发展的经验和实践经验也成为对非洲援助的有效借鉴。改革开放初期中国在自身发展建设中非常重视基础设施建设，体现了中国对于基础设施建设与发展的密切关系的认识。而且，中国经济发展的腾飞与中国基础设施建设的飞速提升有着直接关联。对于非洲大陆的发展而言，一个重要的制约因素也恰恰在于基础设施建设的落后。因此，中国在对外援助中援建了大量的基础设施尤其是大型的路桥、水坝、电力等大型基础设施。通过帮助非洲国家建立经济发展急需的基础设施和工农业项目，来改善非洲国家的经济发展基础。同时，及时完善对非洲的成套项目援助方式，注重项目的可持续发展。中国还与非洲国家交流治国理政经验，以自己的发展经历与经验来推动非洲国家解决现代化进程中面临的各种发展难题。

（二）坚持不附加政治条件的援助原则

中国对非洲援助是发展中国家之间的一种互助型援助，建立在平等伙伴关系的基础上，不附加任何政治条件。自新中国成立以来中国提供给非洲国家的援助从不附加任何政治条件，不附加任何政治条件是中国对非洲国家援助的核心原则，也是中国对非洲援助模式的精髓所在。国际社会需要敦促受援国提高治理能力，但对外援助与发展合作不应附加有违受援国意愿的政治条件，因为许多治理能力相对较差的国家恰恰是最需要接受援助的。2011年发布的《中国的和平发展》白皮书明确指出：“坚持在和平共处五项原则基础上，同所有国家发展友好合作，不同任何国家和国家集团结盟，不以社会制度和意识形态异同决定国家关系的亲疏。尊重各国人民自主选择社会制度和发展道路的权利，不干涉别国内部事务，反对以大欺小、以强凌弱，反对霸权主义和强权政治。坚持通过求同存异、对话协商解决矛盾分歧，不把自己的意志强加于人。”[①] 中国在阐释中国对外援助政策时，始终强调：“中国坚持和平共处五项原则，尊重各受援国自主选择发展道路和模式的权利，相信各国能够探索出适合本国国情的发展道路,绝不把提供援助作为干涉他国内政、谋求政治特权的手段。”

虽然西方主要援助国的官方发展援助也是以实现发展为目的，但是始终认为良好的制度建设是发展的前提，因而衍生出不同的援助前提条件。在对非洲发展问题上以良治为目标的制度输出和制度干预始终没有中断过。西方的发展援助，诸多的附加条件和制度改革前提往往使得援助偏离发展的主线，结果是援助手段或条件实现本身成为目标，而发展目标却被忽略了。受援国为了能得到援助，迎合援助国满足援助附加条件成了头等重要的事情。中国的援助则始终坚持以发展为首要目标，始终因循发展主线，致力于推进受援国实现真正意义上的独立自主发展。西方国家对非援助的一些理念和政策并不符合非洲国家的国情，因而极大地降低了援助的效果。虽然西方国家不乏帮助非洲国家实现减贫与发展的善意，但过于强调“民主”与“良治”建设反而使一些真正需要援助的贫弱国家受到不同程度的忽视。西方对非发展援助往往强调“福利服务”而非“经济发展”，援助重点在于受援国的基本生活需求与人道救助，而非经济部门、生产部门以及基础设施建设，因而对当前非洲国家的现代化和工业化进程并无实质性的帮助，同时也助长了非洲国家对外援的依赖心理。西方对非援助往往附加一些脱离非洲国家实际的条件，无助于解决甚至会恶化非洲国家普遍存在的发展危机。西方国家急于推动非洲国家实现政治变革而忽视严重滞后的民族一体化进程和国家基本制度建设，也未认识到有效治理权威的缺失致使非洲国家无法协调多元社会不断增加的利益分歧并消化改革带来的政治矛盾，从而导致许多非洲国家不同程度地出现过政治动荡甚至军事冲突。

（三）坚持平等互利、共同发展的原则

在援助理念上，中国对外援助是以一种平等的合作伙伴身份，重视在发展领域内的互助与合作，致力于实现共同发展。在给予受援国援助的同时，

① 中华人民共和国国务院新闻办公室:《中国的对外援助》，2011年4月，第5页。

也与受援国开展各种形式的经济合作，在合作中加强受援国的经济发展能力，为受援国经济发展带来机遇和创造条件。长期以来，传统捐助国习惯以“捐助者—受捐者”的关系模式来审视对外援助，而中国则始终视对外援助为发展中国家间平等的相互帮助，强调中非合作过程中的互助与共同发展。20世纪80年代初，中国就提出了“平等互利、形式多样、讲求实效、共同发展”的援助四原则，开始尝试多种形式的援助项目合作。根据非洲国家的实际需要，使有限的援外资金发挥更大的效益，有效地帮助非洲受援国实现民族经济发展。中国在拟定对非援助的重点、领域和具体项目时，紧密结合非洲国家的历史发展任务，注重尊重非洲国家的发展需要和意愿。中国也关注非洲国家的治理与发展，认为外界的帮助应当尊重非洲国家的意愿和能力，应有利于促进非洲国家通过自身努力实现国家的稳定和发展。

20世纪90年代中期以来，中国继续推进对非援助方式的改革，大力推行政府贴息优惠贷款、援外项目合资合作，鼓励中国企业到非洲开拓市场，努力把对非援助与对非贸易与投资相结合。2000年以来，中国对非援助逐步纳入中非合作论坛机制，注重通过援助来推动非洲发展和中非经贸合作的全面开展。2006年中非合作论坛北京峰会上提出的支持非洲发展的“八项措施”，2009年第四届论坛会议上提出的“八项新举措”，以及2012年第五届论坛会议在五个重点领域作出的新承诺，均体现了中国在实现自身发展的同时，开始更多、更好地帮助非洲国家实现共同发展。此种方式直接体现了中国一贯坚持的援助理念，即中国的对外援助是发展中国家之间的相互帮助，而非单向的赐予，因此援助要能够带动中非间的互利合作与共同发展。胡锦涛主席在2006年中非合作论坛北京峰会上强调指出的，中非关系之所以历久弥坚的一个关键因素是“平等相待”，“这是中非互信日益增进的重要保证”。中国能始终坚持对非援助的平等、尊重与合作的理念，在中非关系中践行互帮互助与共同发展的传统，向世界展示一个崛起的东方大国的政治风度和全球责任。

中国对非援助促进了中非贸易和投资的发展。中国对非洲投资获得显著发展。据统计，2003年年底中国对非直接投资存量为4.9亿美元，而截至2009年底，中国对非直接投资存量已大幅增长到93.3亿美元。伴随中国对非援助与投资的发展，中非贸易也获得快速发展。从2000—2011年，中非贸易实现了从106 亿美元到1663亿美元的飞跃。从2009年开始，中国已经超过美国成为非洲第一大贸易伙伴。据《2011年非洲经济展望》统计，在过去十年里，非洲与新兴伙伴国的贸易额翻了一番，其份额占到非洲对外贸易总额的36.5%。其中，中国的作用最为突出，中非经贸额占到非洲与新兴国家贸易总额的1/3以上。《2011年非洲经济展望》声称，新兴伙伴国家为非洲国家提供了交换商品、技术和发展模式的新机会。它们提供了非洲新兴中产阶级支付得起的消费品，提供了适合发展中国家生产条件的产品和技术，从而有助于帮助非洲企业增强它们的生产能力并提升其在全球产业链中的位置。虽然中非经贸关系中也存在诸如贸易不平衡和部分中国企业社会责任意识不强等问题，但中国加大对非洲的援助以及不断发展的中非合作关系，无疑给非洲经济带来了新的发展机遇，推动非洲大陆以更为有利的方式融入全球经济。

四、中国对外援助的贡献与影响

当前，国际体系正处于调整和变革的时期。新兴国家的群体崛起，无论从总量规模上，还是从制度结构上对世界经济格局都产生了非常大的影响，尤其是中国的崛起正受到越来越多的关注。这也对中国的对外援助提出了新的要求。2011年4月，中国政府发布对外援助政策白皮书，全面总结了中国在发展援助领域内的政策和贡献。这一举措所具有的重大意义在于，中国作为一个重要的援助国，在国际发展援助领域已经成为一个重要的角色。全球金融危机爆发以来，随着中国成为世界银行第三大股东，可以看出在未来很长一段时期内，中国在国际发展援助领域中的角色将进入一个重要时期。

（一）中国对外援助与西方发展援助的差异

1. 遵循不同的援助原则

自20世纪90年代以来，西方国家越来越关注受援国的人权、民主等问题，越来越重视援助能否给受援国带来政治的进步和社会经济的发展。西方国家在对外援助中往往附加政治、人权、环境保护等条件。在援助提供的政策限制性方面，西方援助国往往将民主、良政和人权等作为向发展中国家提供援助的先决条件，它们希望向受援国输出改革、发展经济的思想和先进的技术，并培养这些国家的民主意识，从而将本国的价值观扩展到海外。中国对发展中国家的外交原则是以万隆原则为基础的，主要体现为和平共处五项原则。在对外援助中，平等互利、互不干涉他国内政是中国特别强调的原则，所以中国的对外援助几乎不附加任何政治条件。这种不干涉他国内政的原则得到了受援国的广泛认可。

遵循不同的原则使得中国与西方国家在对外援助方面产生了一个根本性的分歧。在中国看来，发展的最终动力来自内生力量，非洲国家对其发展应该享有独立的主导权。但是，在主要西方援助大国看来，良好的制度基础，也就是在西方指导之下的所谓"良治"是发展的前提。而中国不附加任何政治条件的援助破坏了这一前提。这导致了一些西方媒体和政客妖魔化中国的对外援助，指责中国援助具有能源导向，是为获取资源和市场的"新殖民主义"。西方这些负面舆论对中国对外援助提出了新的要求，如何加强与包括西方在内的各国交流发展援助的经验和模式，成为越来越紧迫的课题。

2. 援助的重点不同

由于所遵循的原则存在差异，这就决定了它们在对外援助中与受援国之间的关系，以及提供援助的重点有很大不同。从援助部门来看，西方援助国主要对医疗、教育等社会部门进行援助，而中国最关注的是基础设施部门和生产部门。中国被认为是给予基础设施部门权重最大的国家。中国的对外援助属于南南合作的范畴，援助国和受援国之间建立起的是一种平等伙伴关系。它们试图根据自身发展经验，通过提供援助给受援国，从而促进受援国经济发展，最终带动双方贸易、投资的增长。这说明这些国家的对外援助更加注重经济发展，强调的是发展有效性。

3. 对外援助管理体系不同

从对外援助管理体系方面来看，西方国家对外援助管理体系虽然自身存在着诸多缺陷，但在这些国家已经基本形成了相对完善、系统的对外援助决策机制，并且制定了对外援助法和相关法案，以规范政府的对外援助行为，避免对外援助的随意性。各国援助管理组织机构的设置虽然不同，但是都是随着各国政府根据实际情况的变化不断进行改革。为保证援助计划得到有效实施，越来越多的西方国家使用计算机系统监测和评估它们全球范围的发展援助活动，以使援助工作得到有效监督，援助效果得到有效评估。

随着经济的发展，中国在发展援助领域必将承担更多的责任，然而中国国内的相关制度机制、公众民意基础、物质资源保障等都有待进一步建立和完善。中国的对外援助缺乏完整的理论指导，这导致对外援助管理体系缺乏统一的行政监督管理，政策制定和援助计划的执行很分散，导致透明度问题成为中国对外援助最受国际关注的问题之一。美国曾公开批评中国对非洲的援助缺乏透明度："我们担心中国在非洲的外援和投资并不总是与大家都接受的透明和良好政府行为的国际准则相一致，而中国追求自己的商业利益，并不总是利用非洲人民的才智。"[①] 在如何增加透明度方面，近年来中国已经做了不少工作，比如对外援助白皮书的发布，以及通过国际对非多边援助合作，尤其是通过加强与世界银行的合作，以及加强与经济合作与发展组织发展援助委员会的交流和研讨，主动加强国际社会对中国对外援助的了解。但仍然和西方国家的期待之间存在较大差距。除了中国财政部所公开的年度援助预算和决算总额外，系统性的地区和国别年度数据汇总相对缺失。国外学者最为关注的包括援助数额上的地区分配、国家分配、项目分配等具体数据没有统计。实际上，由于统计的多口径，以及援助项目的多部门参与，很难对中国援助的总额及地区国别分配进行清晰的统计。

（二）中国对国际援助体系的影响

1. 中国的对外援助是国际援助体系的重要组成部分

进入新世纪以来，随着经济的快速发展，中国加大了对发展中国家的援助。截至2009年底，中国累计向161个国家以及30多个国际和区域组织提供了援助，经常性接受中国援助的发展中国家有123个，其中亚洲30个、非洲51个、拉丁美洲和加勒比18个、大洋洲12个、东欧12个。随着对外援助数额增长迅速，中国在国际援助体系中成为西方国家之外的重要一极，成为国际发展援助体系的一个重要组成部分。虽然中国对外援助的发展壮大客观上削弱了发达国家在国际援助体系中的主导地位，但并没有改变国际援助体系仍然是由发达国家主导的现实。随着中国对外援助的数额不断增加，受援国获取援助的渠道更加多样化。发展中受援国不再像以前一样在援助类型和援助国方面仅限于在西方援助范围内进行选择，并且在有效使用资金方面具有

① [美]希拉里·克林顿:《中国对非援助缺少透明度》,《联合早报》, 2011年6月10日。

更大的自由。更重要的是，中国也曾面临过与受援国当前面临的相类似的发展问题，在减贫和发展经验方面，它们有许多可以与受援国分享的经验。曾经作为受援国的经历，中国可能更加了解受援国的需求，并且对特殊文化和政治条件更加熟悉，从而可以提供更加具有针对性的援助。

在国际发展援助体系中，中国所践行的平等互助、共同发展的援助模式带来多重积极影响。在国际体系调整的过程中，各种矛盾、危机和不确定性因素层出不穷，要应对和解决这些问题，唯有通过平等协商与合作的途径，这才是符合所有国家利益的选择。中国所倡导的平等互助、共同发展模式，有利于建立公正、平等的国际体系。在发展的道路上，虽然各国面临的问题不同，发展阶段不同，但是都应该享有平等发展的机会。在发展道路的探索上，并不存在优劣之分，也不存在一方必须依从和听命于另一方的要求。中国在发展问题上，以不干涉为原则，从不附加任何政治条件，强调“平等互助、共同发展”的共同价值理念充分彰显中国对外援助政策的核心内涵，也有利于强化中国对外援助模式的特色。中国一向认为，对发展中国家来说发展权是首要的，每个民族国家都有权决定自己的发展道路和治理方式。

2. 引导国际援助体系规范的构建

随着经济的发展，中国不断完善现有对外援助机制，形成一套具有中国特色的对外援助规范体系。随着对外援助规范的日益成熟，在中国在对外援助尤其是对非援助中取得了明显的效果。中国所践行的自主发展、平等互助等价值理念在国际援助体系中的影响力日益上升，从而推动西方国家对其援助规范的反思。以经济合作与发展组织发展援助委员会成员为代表的发达国家，随着以结构调整计划为核心的援助战略的失败，开始相继调整对外发展援助政策，以保持其在发展援助领域的主导地位。

针对长期以来发展中国家对发达国家借援助干涉内政的指责，西方发达国家逐步转变了强硬的“援助与民主化进程挂钩”的原则，开始更多强调通过平等合作关系来实现受援国的经济发展和民主化进程。虽然西方发展援助推广西方民主价值理念的基本战略没有改变，但是方式方法更加灵活。提出以“良治”代替民主，意图达到淡化民主政治的统一标准即西方模式，以更加灵活和全面的方式推广西方一整套的治国理政理念和模式。西方援助国开始承认受援国可以根据本国国情自行确定其民主化进程的方式和节奏。一些主要西方援助大国开始调整其援助政策，比如欧盟开始推行以“一般预算援助”代替“项目援助”。在援助的具体实施上刻意淡化援助的直接附加条件，开始强调受援国的“自主性”，以示西方援助国家对受援国自主权的尊重。在欧盟的推动下，2005年90多个国家一致通过了《关于援助有效性的巴黎宣言》，改变了重视援助规模的做法，援助有效性成为国际发展援助关注的焦点。宣言同时规定了援助国和受援国的义务，强调了受援国的自主性，并设立了12个指标监控具体的援助效果。从援助区域看，西方援助重点地区从亚洲转向非洲，尤其是撒哈拉以南的贫困地区。加大了对非洲援助的总额，《蒙特雷共识》重新强调了援助占国民收入的比重0.7%作为一个共同目标。从对非援助渠道看，新的对非捐助机构和专门基金不断涌现，全球援助体系的结构变得越来越复杂。

全球性问题兴起所带来的现实性挑战，使得西方援助大国越来越清醒地意识到，发展援助领域已并非西方能够完全独揽的国际事务，而是涉及广泛联系的政策领域，不一揽子考虑就很难有比较彻底的解决方案。以欧盟为代表的国际发展援助力量，近年来对于援助多边合作和援助分工的关注度正在上升。强调援助国不仅要就援助政策加强协调，而且强调共同的援助行动，以及注重以援助优势和效果为导向的援助分工。针对中国等新兴援助国家在非洲的影响力日益上升的情况，西方国家尤其是欧盟开始倡导援助的国际多边合作和援助分工。二十国集团首尔峰会正式将发展议题纳人全球经济治理的主要议题，并且在这一议题框架下提出了包含基础设施、就业、私人投资等九个支柱领域的政策构想。

五、结语

国际发展援助是一个相当复杂的问题。面对变化中的国际格局，以及各受援国的不同情况，笼统地强调某种援助模式的优势显然是草率的。从对外援助的政策和实践中表现出来的，实际上是各国对发展规律的不同理解。中国对外援助建立在中国独特的援助理念、原则和实践基础上。理论上中国的对外援助与西方发展援助的基本目标是相同的，都是促进发展中国家的经济社会发展。彼此的差异并非那么鲜明，在具体的援助形式上甚至是共同的。

它们对发展中国家提供援助主要是为了帮助这些国家加强基础设施建设、完善投资环境，解决经济建设中的物资不足、技术落后等问题，从而刺激受援国国内经济增长和经济结构改善，减轻并最终消除受援国的贫困状况。但是，即便援助目标相同，在援助实施的过程中，所秉持的援助理念和手段也不尽相同。援助国的历史文化传统等因素在对外援助上也打上深深烙印。只有承认存在差异和分歧，才有可能进一步探讨互补性和趋同性，认识到中国的对外援助与传统援助国的众多相似之处，将有助于各援助国间建立合作伙伴关系。人们应该跳出意识形态和原则争论，去寻找中国援助模式与其他国家援助模式之间的互补性。援助国之间、新兴援助国与传统援助国之间并不仅仅是相互排斥的竞争关系，它们在援助的方式、方法上也存在着能够共享的经验。西方国家应加强与中国的协调与合作，反思现行对外援助规范，兼容中国的对外援助规范，以塑造国际发展援助领域全球治理的共同价值理念。这不仅有助于打破中国与西方在价值观方面的怀疑与误解，而且也是探索新时期全球治理模式的有益尝试。双方的合作伙伴关系有利于创造一种更全面的发展援助与合作方式，对于那些正努力实现可持续的社会、经济和政治发展目标的国家来说，这样的一种方式无疑会让它们受益良多。

目前国际援助体系的现实是在援助主体、援助资金和援助行动缺乏全球性的协调。从主体看，以国家为主体的国际双边援助为主，多边援助为辅的国际援助格局自第二次世界大战结束以来从未发生实质性的改善。同时，随着全球性问题的增多，新的全球多边援助机构不断涌现，国际援助主体的多元化局面仍将持续下去。从援助资金看，超过60%的援助资金是通过双边渠道给予的，而且其中很大一部分并非用于发展目的。各主要援助国在援助资金使用上的偏好存在差异，导致了国际援助资金使用效率不高。从援助行动看，各种援助倡议和行动计划层出不穷，针对发展援助的计划也在不断地变更着主题，但是效果却差强人意。这反映了全球治理在援助议题上的领导力缺失，国际援助体系全球治理的领导力缺失，为世界各国发展合作、共同参与和塑造国际援助体系提供了一个重要机遇，为全球性议题的参与和塑造上留下了空间。

第十六章　非法移民问题的全球治理与中国的参与

当今科技进步与全球化进程使得人口的跨境迁移不断加速。据国际移民组织（IOM）的不完全统计，在全球近2亿移民当中，有1/4即5000万左右的移民为非法移民，而且每年新增非法移民数量达到200万左右。移民目的地国家也会因为大量的非法移民涌入而产生诸多社会经济等问题，例如犯罪率上升、社区安全指数下降、城市交通拥挤等。面对这种情形，各国政府大都选择采取阻止进入或强制遣返等严厉措施来遏制和惩罚非法移民群体。对于众多非法移民者而言，他们既是违法者，同时也是受害者。从人权保护角度来说，不能因为是违法者而肆意侵犯其人权。近半世纪以来，国际社会相继颁行了一系列保护移民（非法移民）的国际条约，要求缔约国遵守，例如《保护所有移徙工人及其家庭成员权利国际公约》,《有关偷渡者的国际公约》,《打击跨国有组织犯罪公约》,《关于打击陆、海、空偷运移民的补充议定书》以及《关于预防、禁止和惩治贩运人口特别是妇女和儿童行为的补充议定书》。这些国际公约都需要缔约国的严格遵守和主动实施，但有些国家认为非法移民保护政策属于一国内政，不应横加干涉，也有些国家认为只需要给予非法移民者最低限度的人权保障。对于非法移民者来说，由于知识信息的匮乏，或者自身认知等原因，在面对自身权益受损时选择了默默承受。因此即使国际社会上有许多的相关公约，但是各国对非法移民者的人权保护实践始终是收效甚微。

一、非法移民问题概览

（一）非法移民的概念

移民是一个相当宽泛的概念，学界尚未形成一致的理论界定。《辞海》定义移民为“一国人民因宗教、政治和经济上等种种原因而移居远省异邦者”。《现代汉语词典》中把移民定义为“迁移到外地或外国去落户的人”。联合国定义的移民为定居在某一外国至少一年的个人，而通常的用语包括一定种类的短期移民。可以认为，移民既可以被看成是动词，也可以被看成名词：个人、家庭成员，为了改善其物质或社会条件并提升其发展前景而迁徙至另一个国家或地区居住。

对于非法移民的概念，国际移民组织的定义：“通过非法入境、非法滞留、虚假结婚等欺骗手段在一个国家生活、工作的外国人，从而逃避目的国移民机构的普查和移民法的规定。同时还包括诸如企图利用假签证入境，通过伪造假身份获得签证，超过签证期限后仍滞留目的国等违法行为的人”[①]。经合组织（OECD）的定义：“在目的国进行非法停留、就业等行为并且违反该国移民条例和国际条约的外国人”。国内的学者给出的定义又分为三类：其一是指行为主体；其二将其定义为一种行为；其三采用混合定义，既指行为又指行为主体。第一种定义认为：“非法移民可分为非法偷渡和非法滞留两种形式。非法滞留移民是指合法入境，但滞留时间超过当地政府所准予逗留期限的人，即签证延长被拒绝、或签证过期三个月以上，合法身份丧失而沦为非法移民。其中也包括一些由蛇头策划，以考察、旅游和探亲为幌子，带有明显的目的性的出国出境。非法偷渡移民是指未经外国政府同意而入境（且）未经本国政府同意而出境的人”。第二种定义认为：“非法移民，它属于人口迁移的一种形式，历来是国际移民中的重要组成部分。它既包括非法移民流出，也包括非法移民流入。非法移民可分为非法偷越国（边）境和非法滞留两种形式。前者指未经外国政府同意而入国（边）境或未经本国政府同意而

① IOM: *Key Migration Terms*, http://www.iom.int/cms/en/sites/iom/home/about-migration/key-migration-terms-1.html.

出国（边）境的一种犯罪活动”。还有学者认为，非法移民包括非法出入境、非法居留、合法入境非法居留以及非法入境后因大赦等原因转为合法移民的种类。第三种定义则认为：“非法移民，是未经政府批准而迁徙的人口，是一种跨国人口非法流动的现象，是国际间普遍存在的问题”。

本文认为，非法移民可被理解为一种行为——从事非法移民活动；也可被理解为一类人——非法（出）入境或非法滞留的个人或群体。非法移民还同时包含了主动和被动两种关系。其一是非法移徙到一国境内（外）的主动移徙，其一是非法将其他人移徙至一国境内（外）。非法移民的概念界定可以分为两种，一种是动态的非法移民（irregular migration），而另一种是静态的非法移民（irregular migrant）。根据国际移民组织的定义，非法移民（irregular migration）是指在违反原籍国、中转国和目的国法规的移民。目前没有普遍公认的定义。非法移民（irregular migrant）则是指无证入境或签证过期，但仍停留在中转国或移入国的缺少合法身份的个人。这一概念可以适用于侵犯了一国的入境法规或无权留在移入国国内的任何人。也可以被称为是秘密移民（clandestine migrant）、非法移民（illegal migrant）、无证移民（undocumented migrant）或身份不正常（migrant in an irregular situation）。

（二）非法移民产生的原因

非法移民产生的原因是错综复杂的，涉及到经济、政策、制度和个人观念等多方面，起主要作用的有以下几点：

首先，造成非法移民涌入的直接原因是发达国家每年都严控移民人数，并附加很多苛刻条件，而有移民意愿的人远远大于准入人数，供需严重不平衡，大部分人无法按照正常手续办理移民，只能孤注一掷，通过非法入境来实现“移民”。而异常丰厚的利益驱使促成了大量非法移民机构和跨国偷渡组织的存在，这也是使得非法移民屡禁不止的原因。

其次，导致非法移民猖獗的根源是经济因素。从流向来看，非法移民以由发展中国家往发达国家输入为主，不对称的经济全球化扩大了发达国家与发展中国家的发展差距。对于自己国家政治格局、经济发展的反感，以及意识形态的不认同等多方面原因，都造成了人们千方百计向发达国家迁移。

第三，由于发展中国家低廉的劳动力对发达国家的制造型企业存在很大的吸引力，为降低其生产成本，那些发达国家的移民部门对此也没有充分干涉，在控制移民数量的同时又以“政治庇护”等名目使部分非法移民可以在这些国家生存下来，这使非法移民有了可乘之机。

另外，各国相关移民法律制度的不完善和边境管理上的漏洞，还有个人主观层面上的原因和家庭团聚的需要等等都是造成非法移民不断增多的原因。

（三）分类及特征

非法移民的特征主要包括：入境方式违反移入国移民管理法律；没有合法的居留身份，不享有居留国赋予合法移民的各项权利；对主动非法移民而言，其非法入境或非法居留行为本身即为违法行为。

非法移民按停留时间分为长期移民、中期移民和短期移民；按照移民的原因分为经济移民、气候移民和环境移民等。按各国通行的移民法律规定模式，移民主要可以分为家庭团聚移民、经济移民（投资、商业及技术分类）和人道主义移民。总体上来讲，主要分为以下两种情况：

1. 违反所在国的法律关于入境的规定而进入该国国境的人。常见的偷渡客和被贩运的人口即属此类。这类非法移民通常不具备合法入境的证件或手续，不按法定的方式或途径进入一国境内。并且在非法入境后一般都会非法居留。

2. 获准合法入境的人在所在国居留已超过了合法的期间，丧失了合法身份，成为非法居留者。比较常见的情形有持旅游或留学签证合法进入一国境内，在签证到期后或申请延长签证时间被拒后继续留在居留国。

有学者将非法入境概括为以下七种情形：（1）持伪造或涂改证件，以弄虚作假的手段逃避入境检查。这样的人，不论是入境时被查获，还是在其入境后被查出，均属非法入境者。（2）冒用他人证件或用他人转让的入境证件而入境者属非法入境者。因为各国都要求入境证件只能由其合法持有人本人使用，禁止转让他人使用或冒用他人证件。（3）未经允许而进入一国，如没有办理旅行证件和入境手续，即没有护照或类似旅行证件，也没有办理入境签证，偷越国境进入一国。（4）被所在国宣布驱逐出境者在被送上离境的交通工具后再登陆而不离境。（5）不按规定的期间、地点（即入境口岸）入境。各国签发给入境者的入境签证都规定入境的有效期间、指定的入境口岸。不按这些规定入境者属非法入境。（6）逃避入境检查而入境，每个国家的法律都规定入境检查或审查程序并且对入境者的人身、行李、证件进行查验。逃避这种检查而入境者属非法入境。（7）隐瞒重要事实，或提供虚假情况而获得入境许可的人亦是非法入境者[①]。

（四）现状及其由来

近年来，全球性非法移民问题日趋严重，它已经与艾滋病、毒品贩卖、国际恐怖主义并列，成为挑战国际社会的四大难题之一。自20世纪80年代以来，全球移民数量迅猛增长，基于对入境人口管理失去控制和影响社会安全稳定的普遍担心，各国政府都对移民采取更为严厉的对策。但这些单方面采取的措施非但没有减少移民压力，反而使地下非法移民活动有所扩大，非法移民在全球范围内呈现出扩大趋势。出于多种原因，许多国家不愿公布入境的非法移民人数，导致统计全球非法移民总量的精确度大打折扣。据国际劳工组织统计，1970年全球移民人数为8200万人，2010年约有2.14亿人[②]。当前非法移民的流向基本呈单向，主要由发展中国家流向发达国家，具体而言是由亚、非、拉等地流向北美、欧洲、澳洲。伴随大批移民而来的非法移民一直是美国政府无法彻底解决的难题[③]。根据联合国经济社会理事会的数据，2005年的国际移民总数为1.95亿，2010年约为2.14亿，五年间，每年平均年增长1.8%。从国际移民占世界人口总数比例的变化来看，国际移民占世界人口比例从2005年的3.0%增长到2010年的3.1%，5年间增长了0.1个百分点。2000年世界总人口是61.15亿，2010年世界总人口数为69.09亿。10年间世界人口净增长7.94亿，而同期欧洲、北美和大洋洲的人口总数仅仅增长了0.44亿，世界人口净增长数量有近95%来自亚洲、非洲和拉丁美洲等发展中国家。世界人口发展的不平衡性进一步加剧，客观上蕴含着国际移民的巨大需求潜力。

---

① 梁淑英：《国际难民法》，知识产权出版社，2009年版，第61页。

② ILO: *Working Reports*, http://www.ilo.org/global/publications/books/lang--en/index.htm.

③ 据美国非政府研究机构“皮尤西裔研究中心”（Pew Hispanic Center）2005年9月28日公布的一份调查报告披露，美国境内没有合法身份的移民人口正以每年50万人以上的速度在增加，非法进入美国的外国人正不断增多，已超过了合法移民美国的人数。截至2004年3月，美国境内在外国出生的移民人数已经占美国人口的12%，达到了3500万，其中没有合法身份的移民人数多达1035万人，占29%。

《2010年世界移民报告》中指出，全球移民的数量飞速增长，截至2010年已经达到2.14亿人，而且未来还将继续增加。如果能够保持过去20年中的增长速度，到2050年，国际移民的总数将会达到4.05亿人①。美国的移民政策研究协会公布的人口报告表明：美国是世界上最大的移民输入国家，输入移民人总数超过4200万，俄罗斯和德国紧随其后，分别是1227万和1076万。排名第四的沙特阿拉伯也输入了729万移民；随后是法国669万；英国645万；西班牙638万；印度544万；乌克兰526万。全球最大的10个移民输入国的移民人口占全球移民人口的52%。面对如此庞大的移民数量，国际移民组织呼吁世界各国都要加强对于国际移民的立法和管理。在保护国际移民合法权益的同时，也加强对非法移民的监管。国际移民的发展已经成为世界性议题，各国在调整各自移民政策和健全法律法规的同时，必须加强国际协商与合作。具体数据参考下图②：

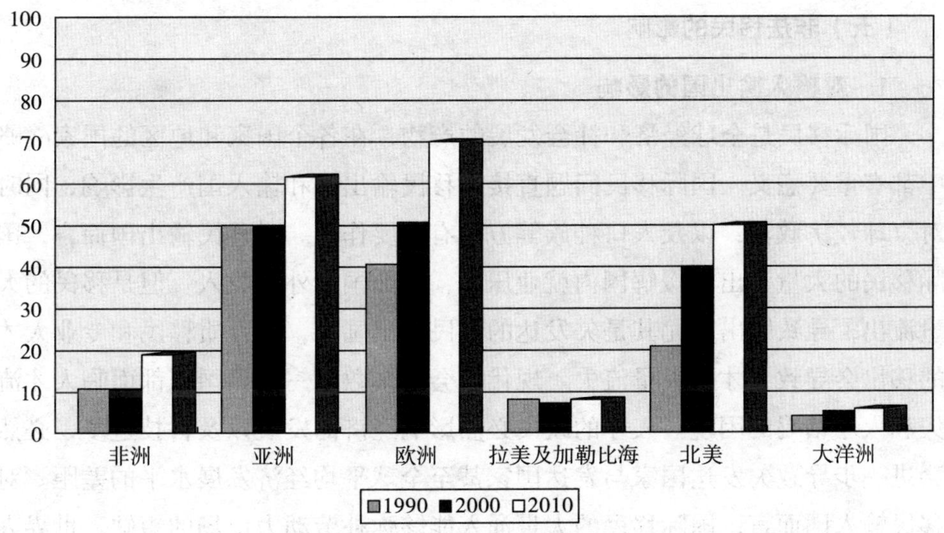

2010年各主要地区移民数量统计估数（百万人）

参考数字来源于UN:POP/DB/MIG/Stock/Rev.2008

① IOM: *World Migration Report of 2010*, http://www.unmultimedia.org/radio/chinese/detail/144005.htinl.

② http://www.iom.int/jahia/jsp/index.jsp.

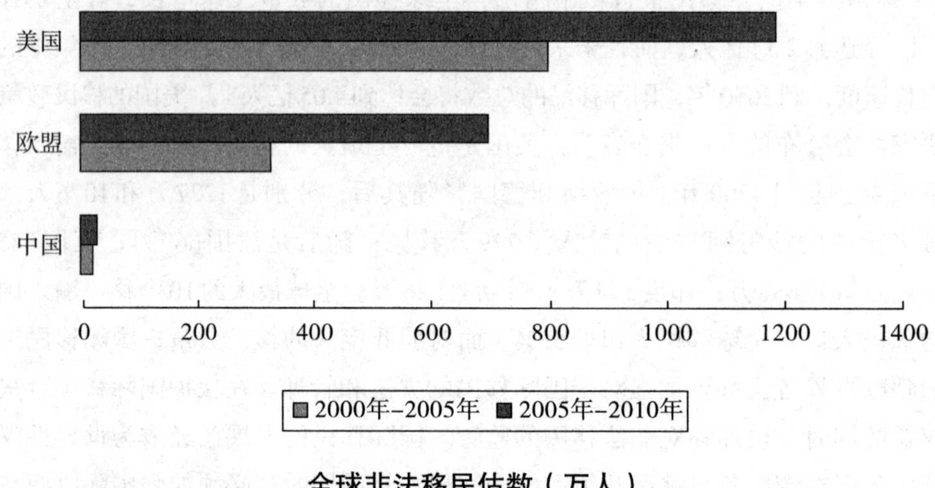

全球非法移民估数（万人）

参考数字来源于UN:POP/DB/MIG/Stock/Rev.2008

（五）非法移民的影响

1. 对输入输出国的影响

国际移民是全球经济和社会发展的产物，在各个国家和地区的国家战略中都有重要意义。国际移民问题直接对移民输出国和输入国产生影响，同时对全球经济政治，以及人口种族等方面有重要作用。对移民输出国而言，国际移民的大量流出能缓解国内就业压力，增加国家外汇收入。但是移民的大量流出，导致输出国尤其是欠发达的移民输出国家，高素质移民和专业人才的移出会导致人才的大量流失。现代社会的多数第三世界国家都面临人才流失和人才枯竭的困境。人才的缺失必然影响经济的发展以及科技进步，必然会进一步导致欠发达国家与发达国家甚至全球平均经济发展水平的差距。对移民输入国而言，国际移民的大量涌入能够弥补劳动力市场的短缺。世界人口的跨境迁移可以推动生产在全球化的发展，加快资金和技术的国际间移动，推动全球经济进一步发展。伴随大量移民的流入，迁入国在文化、宗教等意识形态领域和社会秩序以及国家安全方面面临极大的挑战，由于人力资源市场在全球范围内的竞争的逐渐加剧，并且由于资源的有限性，很多移入国本国国民的排外情绪难以消除，在很多单一民族国家，这种问题更为严重。很多国家对移民的强制同化政策和传统观念导致移民的权利难以得到有效的保障。宗教和文化的冲突甚至导致局部地区出现动荡，破坏国家安全与稳定。非法移民带来的各种问题值得关注。

2. 对非法移民者的影响

对于非法移民者本身来讲，在偷渡的过程以及到达目的国后的生活往往都是非常痛苦的，在偷渡的过程中历经艰辛与困苦，有些甚至要冒失去生命的危险。即使到达了自己向往已久的国家也难以过上正常的生活，为了还清高昂的偷渡债务，他们要忍受蛇头们的监禁，被强迫做苦力，从事一些危险而又艰苦的工作，通常还要加班加点，倍受盘剥，有些甚至因为没有住宿的地方而需要在工作的仓库中轮流睡觉。在很多发达国家，很多行业愿意雇佣临时工和非法移民，就是因为他们十分廉价，而且不用纳税，且一般不受该国劳动法的保护。一些女青年的经历更是悲惨，她们千辛万苦偷渡到境外，因为找不到工作而走投无路时，很多人被迫以卖淫谋生，在受尽非人的折磨后身患疾病被四处驱赶，只能在痛不欲生中煎熬。而那些不幸者的家庭，不仅会因失去亲人而无尽悲痛，而且还会因偿还偷渡费用致使他们债台高筑、家破人亡①。非法移民有着双重身份，他们既是违法者，也是受害者。对于被动非法移民来讲，他们付出了以牺牲人身权利、财产权利、民主权利甚至是生命的惨重代价。世界各地几乎每年都要发生几起偷渡惨案，每起案件死亡的人数从几十人到几百人不等。

二、对非法移民的法律规制

（一）非法移民的国内法律规制

在国内层面，各国通过制定或修订与非法移民相关的法律来控制非法移民。鉴于各国所面临的具体情形不同，发达国家与发展中国家、英美法系和大陆法系等不同法系国家的做法不尽相同。在发达国家和英美法系国家中，以美国为例，美国通过制定和修订移民法的方式来规范和控制非法移民。其具体立法内容包括了加重对伪造证件的法律制裁、对非法运输外国人入境美国的制裁、对雇主雇佣非法移民的法律制裁、执行与服务的改进、加强边境

① 徐军华：《非法移民的国际法思考》，《法学评论》，2007年第1期，第19页。

控制、加强边境安全、改变及取消某些听证程序以快速遣返非法移民、削减非法移民的社会福利、立法使用高新技术以控制非法移民的进入等。这些立法举措侧重于从外部控制非法移民的进入，重在边界控制；对已经进入美国的非法移民则是通过削减社会福利、控制和打击雇主雇佣非法移民的行为以及加快对非法移民的遣返来实现。这种立法的侧重点体现出美国作为最大的非法移民输入国的特殊情形。

中国作为发展中国家，立法模式完全不同于美国。中国没有制定移民法，而是以出入境管理法为主要内容，以刑法、行政法、行政法规和部门规章的多层次形式来预防和打击非法移民。其中，刑法对非法移民相关犯罪行为的刑事制裁是控制非法移民的重要手段。当然，中国控制非法移民的立法中也同样涵盖了组织他人偷越国境、运送他人偷越国境、骗取出入境证件、提供伪造或变造的出入境能够证件、出售出入境证件等违法行为以及规范船舶的使用和出入境中介组织等内容。与美国不同的是，中国的立法侧重于对本国人非法移民他国的法律控制，这是中国目前的非法移民状况所决定的。但是，不论是作为非法移民主要目的国的发达国家，还是作为非法移民主要原籍国的发展中国家或最不发达国家，其立法所能涵盖的范围最多只是其主权管辖范围内的事宜，即控制非法移民过程中的两端：入境和出境，无法对入境和出境的中间环节进行法律控制。

（二）非法移民的国际法律机制

非法移民作为一种无序的人口流动状态已经早已冲破了国界，其发生和危害后果涉及的不是某一个国家。因此，非法移民的原国籍国、目的国和过境国必须进行合作。非法移民的法律规制从国内发展到国际是必然的对策选择。在国际层面，国际法是各国协调意志的体现，各国单边法律控制非法移民的弊端以及非法移民跨国性的特点促使各国通过协调达成一致意见，并进而制定控制非法移民的相关国际法律文件。非法移民的国际危害作为一种负面的推动力不断地促进国际社会的合作。从广义上看国际法律的具体形式包括双边条约、区域性多边条约以及国际性多边条约等三种范围由小到大的形式。控制非法移民的国际法也因适用范围的不同而有所区别。

1. 双边合作机制

在双边合作机制中，理论上看，两个国家之间或国家与地区之间容易就控制非法移民的相关问题达成一致的意见，并且对非法移民中的具体问题可以拟定具有针对性的法律条款。然而，在双边合作机制的实践中，真正以具有法律力约束力的双边条约形式确定国家之间合作成果的很少，绝大多数合作成果还停留在宣言、倡议或声明的阶段，还有待进一步发展为具有法律约束力的法律文件。双边条约中的内容主要是对非法移民实施遣返和接受的协助、警务合作、信息交流、边界合作等。

以中美合作为例来看非法移民国际法律规制中的双边合作机制：自1998年中美双方达成协议，开展共同打击跨国犯罪的执法、司法合作，2000年签署的《中美刑事司法协助协定》推动了双方在刑事司法领域的合作，中美执法合作联络组2003年以来的几次会晤已经涉及到合作打击偷渡和非法移民的领域。

2. 区域性合作机制

区域性公约主要是在区域性国际组织的推动下制定的，作为这一方面的典范，欧盟的区域性合作提供了成功的范例。通过对国家主权的让渡实现移民事务在欧盟范围内的一体化，并形成了以《申根协定》、《都柏林公约》和《边界公约》为基石的移民法律框架。虽然，欧盟的合作成果还存在着诸多的不足和障碍，但其就非法移民所制定的这些规范可以作为更进一步和更加广泛领域内的合作提供了可资借鉴的经验。此外，亚太地区也进行着积极的探索，寻求解决非法移民现象的有效途径。

以欧盟的实践来看打击非法移民的区域合作机制：进入21世纪，欧洲一体化进程在深度和广度更加进一步深化和延伸。伴随着经济全球化速度的加快以及欧盟内部统一大市场的建立，商品、资本、劳务以及人员的流动日趋加快，与此同时，欧洲一体化也面临着前所未有的挑战，其中，人员自由流动所引发的移民与非法移民问题已经成为困扰欧盟各国以及阻碍欧洲一体化进程的一大难题[①]。欧盟《边界公约》旨在控制第三国公民跨越欧盟的外部边界，尤其是非法入境。第三国公民在符合所有下列条件的情况下方可进入欧盟领土作短暂停留：持有有效护照；持有有效证件；对国家安全及公共秩序不构成威胁；持有工作证明；有足够的资金支付逗留期间的生活费和返程机票。外部边界由国家授权的机关管辖（包括边界检查站、陆地边界、海岸线、机场及港口），检查站设于由缔约国认定的越过外部边界的穿越地点。[②]

3. 国际多边合作机制

以联合国为核心的国际组织制定了控制非法移民的国际性多边条约，就比如说前文提到的几项国际公约，不仅规定了在目的国和原籍国打击犯罪和保护非法移民者基本人权的规定，也规定了在中转国以及通过国际间合作来保护受害人，打击主动违法犯罪人员。

（三）非法移民多边法律规制机制

非法移民问题被正式纳入到国际法调整的范围应该追溯到1957年10月通过的《有关偷渡者的国际公约》（又称《国际偷渡公约》），该公约于1991年8

---

① 1990年代以来，欧盟的非法移民大幅增加，除了全球化的大背景外，还有其自身的原因。欧洲一体化的深入发展特别是欧盟内部共同大市场启动后，人员流动受到法律保护，尤其是《申根协定》的生效大大地促进了欧盟内部人员的流动。欧盟各国政府针对非法移民问题进行了大量的协调工作，但由于各国具体情况的不同，仍存在着宽严不一的移民政策。据欧盟和国际移民组织估计，1990年欧洲有非法移民200万，2001年上升到300万，而且还在以每年50万的速度增长着。国际移民政策发展中心（IOMPD）也估计，1993年非法进入西欧的移民约为35万。这些非法移民通过种种途径入境后，往往想通过申请难民资格获得居留权。因此，从上述各国申请难民的人数变化上可以看出非法移民的动态变化。需要指出的是，有些非法移民因担心被遣返等各种原因未申请难民身份，一般估计有数百万之多。可见，非法移民也成为近年来欧盟国家国际移民的一个重要组成部分。导致非法移民增多的原因很多，主要有：一是欧盟国家因为普遍实行高福利政策，许多低层次工作即使在高失业率的情况下也找不到人，因此存在着巨大的雇佣外来移民非法劳务市场；二是欧盟国家之间已基本打破国界，使得人口迁移流动非常方便；三是从事中介的偷渡组织通过输送非法移民能够赚得高额利润，据英国移民当局估计，俗称“蛇头”的偷渡集团每年可从中获利45亿美元；四是欧盟国家对非法移民，尤其是对操纵非法移民的犯罪集团打击不力，很少强制遣返超期滞留者，有的国家还有以“人权”为标榜的政治避难政策，实际上是在鼓励非法移民。在欧盟国家中，意大利、西班牙是非法移民最高的国家，非法移民占其移民总数的2/3和1/2强。大多数非法移民主要来自亚非发展中国家，人数较多的有阿富汗人、伊拉克人、土耳其人、南亚人、中国人等，他们的处境十分艰难，给欧盟各国带来了很多问题，成为困扰欧盟的一大难题。

② 郝鲁怡：《欧盟移民法律制度》，人民出版社，2011年版，第122页。

月生效。鉴于目前各国政府加强了对公民的出入境管理，传统意义上的个人偷渡行为很难成功，现今的非法移民与跨国有组织犯罪（主要是国际偷渡集团）存在着紧密的联系，因此，联合国在治理非法移民问题上选择了重点打击跨国有组织犯罪的国际合作，同时加强保护在这些跨国有组织犯罪中的受害者权利的思路和解决办法。1996年12月，联合国大会第51届会议第82次全体会议通过了《防止偷运外国人的措施》的决议。1998年4月，在维也纳召开的联合国预防犯罪和刑事司法委员会第七届会议将“开展国际合作打击跨国犯罪”作为会议的主题，将跨国偷运移民的犯罪活动纳入到《打击跨国有组织犯罪公约》的框架中，会议通过了5项决议草案，其中包括“采取行动禁止非法贩运包括从海上非法贩运迁徙者”的决议草案。2000年12月在意大利的巴勒莫市，100多个国家签署了《打击跨国有组织犯罪公约》及所附的《关于打击陆、海、空偷运移民的补充议定书》（简称《偷运移民议定书》）和《关于预防、禁止和惩治贩运人口特别是妇女和儿童行为的补充议定书》（简称《贩运人口议定书》）两项议定书（又称为《巴勒莫议定书》）。该公约是首个在控制该犯罪领域具有法律约束力的文件。

作为在国际移民领域唯一的专门性国际组织，国际移民组织对国际移民相关领域的问题进行了深入的研究。它在各种区域会议、区域进程、研究计划以及国际会议的基础上，探讨了国际移民管理等方面的理论问题，尤其是它于2003年发起的“移民管理国际议程”，已经得到了很多国家以及联合国等国际组织的支持，并在区域磋商会议中就这一议程展开了讨论。它在移民管理方面的专业知识以及研究成果引导并推动着国际移民领域的国际合作。通过国际移民组织、国际移民问题全球委员会（GCIM）与联合国的合作关系，将这些倡议、意见（尤其是最近几年关于非法移民方面的倡议和意见）传递给联合国秘书长，以便在联合国内就这些问题展开讨论，从而促进了与国际移民有关的决议的形成，并为控制非法移民的进一步国际立法铺平了道路。

1. 专门的人权公约

作为对国际移民者人权和劳动权利保护范围最广泛的国际文件，《保护所有移徙工人及其家人权利国际公约》第三部分详尽阐述了所有移徙工人（包括非法移民）及其家人所享有的权利。移徙工人除享有在《世界人权宪章》等人权文件所规定的一切普遍性人权之外，还享有基于其移徙工人身份的某些特殊权利。这些权利包括：当某一移民劳工或是其家人犯罪后对其进行判决时，要根据其移民劳工这一身份以及其工作居住的基本权益给予其合适的量刑；不能因为合同失效而随意取消其工作居住的权利或是将其驱逐出境；在没有得到相关部门正式授权的情况下，任何人无权没收或注销移民劳工及其家人的各类证件，并允许其正常出入境及停留、工作、生活，禁止随意拘禁移民劳工及其家人；寻求本国外交保护；在工作报酬、工作条件、雇佣、社会保障、子女接受教育和紧急医疗情形等各方面都能享有国民待遇；保障其民族特性，不得禁止其在就业国宣传其原国家、民族文化；当合同到期回国时可带走其私人合法财物的权利；获得与其身份有关的资料的权利。

2. 其他国际公约中的人权保护条款

《国际偷渡公约》（1957）第三条明确了目的国逮捕偷渡者后对其进行驱逐遣返或者接受安置的相关法律制度。《打击跨国有组织犯罪公约》（2002）及所附议定书，其中关于偷运移民的议定书中就将保护被偷运移民的基本人权作为核心内容。该议定书第14条明确规定了应该给非法移民提供的保护方式细则，即目的国必须通过立法途径来保障非法移民其应享有的最基本的权利，特别是生存权、禁止使用酷刑以及不受到残酷或侮辱性不正当待遇的权利，同时应当对一些生命或安全受到威胁的移民给予相应的保障措施，以避免此类移民由于偷渡行为而成为某些个人或组织实施侵害的对象。关于迁徙劳工应该享有的基本权利可以在世界劳工组织中找到相关依据。《迁徙劳工公约》（1975）第二条规定“一旦签署此公约的缔约国，承诺尊重所有迁徙劳工的基本人权”。第九条规定“如果发生该立法未被遵守和迁徙劳工无法获得正常地位的情况，该迁徙劳工及其家属应当享受原先的工作所给予他们的包括薪水、医疗、社保等各项福利待遇”。所有世界劳工组织成员国都有义务保证迁徙劳工在工作中个人的基本人权和权利：言论、信仰、集会自由以及允许其拥有集体谈判权，严禁包括奴役、逼迫等任何形式高负荷工作，保证任何职业、种族、性别等差别不受到歧视，即使他们尚未批准加入这些公约。这些是政府职能内必须保障的迁徙劳工最基本权利，并且应该涵盖全世界任何国家和地区的全人类，尤其是这些身处异地，生活水平普遍不高的迁徙劳工或是非法移民。不管他们所从事的工作是短期的还是长期的，其身份是否合法，都应一视同仁。

3. 外交关系法中的有关领事保护条款

《维也纳领事关系公约》（1963）关于领事职务部分规定在相关国际公约允许的情况下，一国的驻外使领馆有义务和责任向其在目的国的国民提供各种保障，包括保证派遣国国民在目的国的基本权利，保护派遣国国民安全等。这一部分的规定可视为非法移民在大多数情况下可拥有使馆保护权等相关权利和法律保护。公约还规定：外交人员可以不受限制地同派遣国国内进行联系或在目的国会见派遣国人员，派遣国人员也同样在目的国境内随意会见本国人员；假使有派遣国人员在本国使领馆范围内被目的国政府拘捕或其他形式的囚禁，通过其本人的申请，目的国相关部门应当马上通知派遣国的使领馆，并允许领馆外交人员对被羁押、囚禁的派遣国人员行驶正常的探望权，同时还要保证其双方能进行交谈或通讯，必要时可为其代为聘请律师。此外，在《打击跨国有组织犯罪公约》附属关于打击偷运移民的补充议定书规定，抓捕、扣留正在进行非法偷渡或越界人员时，所在国必须遵守《维也纳领事关系公约》的相关规定，让犯罪者知晓其所拥有的相关权利，其中就包括与其国家使领馆人员进行联系的权利。《保护所有移徙工人及其家人权利国际公约》中规定，假使该公约中所涉及的有关权利遭受侵害时，作为对劳工权利行使的一项保障，迁徙劳工可以随时寻求其原籍国使领馆或驻外办事机构以及其他外交机关的帮助和庇护。

（1）遣返接受制度。遣返制度指的是目的国移民机构有权将非法进入或签证到期仍滞留该国的非法移民强制性驱逐出境并令其返回原籍国的一种制度。这是各国处置非法移民最常用、最直接的一种措施。对非法移民的遣返和接受是国际合作控制非法移民的一项基本制度。接受制度主要是指目的国政府通过相关的政策或法令给予非法移民以永久居留的许可，并最终使其成为该国公民的一种制度，即非法移民的合法化，也称为大赦。该制度是目的国政府从维护本国社会秩序和人口结构的合理发展的角度出发，使非法移民成为合法移民的变通措施，同时也体现了基本人权保护的理念。目前，这项制度主要通过各国之间签订双边条约的形式确定下来，例如，美国和墨西哥于2001年签署的《美墨边境联盟协议》以及2004年签署的《以安全的、有序的、人道的方式遣返墨西哥非法移民谅解备忘录》。《国际偷渡公约》第2条也详细规定了对偷渡者被发现后的遣返和接受的法律义务，只不过这项义务被赋予给了船长，船长拥有较大的自由裁量权。对非法移民的接受往往需要移民输出国的协助才能完成，《国际偷渡公约》第3条只规定了移民输出国的“应当”接受义务，并没有使用强制性的措词。通常，对非法移民的遣返和接受还需要国家间的政治协调来完成，尤其对于那些没有签订双边合作条约的国家来说更是如此。

（2）非法移民刑事追究制度。非法移民刑事追究制度是指对进行组织、劝诱、蒙骗他人进行非法移民交易的人或组织，通过一系列刑事诉讼程序最后能够将其进行刑事审判的制度。这是目前国际合作控制非法移民的最重要的一项制度。鉴于跨国偷运移民的犯罪集团在非法移民过程中所扮演的重要角色，国际社会在打击跨国偷运移民犯罪活动的问题上已经取得共识，并形成了具有法律约束力的国际公约，即《打击跨国有组织犯罪公约》以及《偷运移民议定书》。《偷运移民议定书》重点选择了具有典型意义的海上偷运移民的犯罪行为，进而作出了详细的规定，并将这些措施中的通行做法推及到陆路和空路偷运移民的犯罪情形中。打击跨国偷运移民的行为明确规定为缔约国的一项国际义务，强制性地要求各缔约国予以遵守，从而使得打击跨国偷运移民犯罪的共识变得具体并具有可操作性。正是这种国际义务的约束和国内立法和司法的结合，促进了在打击跨国偷运移民的犯罪行为上的国际合作，从根本上取到了控制非法移民的作用。

（3）预防与合作机制。《偷运移民议定书》规定了缔约国在预防和打击偷运移民上多方面的合作措施，这些措施涉及信息的交换、边界措施、证件的安全与管制、证件的合法性和有效性、培训和技术合作以及其他预防措施等领域。在信息的交换方面，欧盟制定的《申根协定》在缔约国之间建立起一个信息系统，即“申根信息系统”（SIS），这一系统的建立为方便查询移民资料并截获非法移民发挥了重要的作用。

（4）对非法移民基本人权的保护。对非法移民的控制应在合法的范围内进行，不能侵犯其基本人权，正如联合国经济社会理事会提及的“强调有必要适当考虑众所公认的人权”，然而，各国在司法实践中往往会忽视对非法移民本身基本人权的保护，它们对非法移民随意扣留、关押、私自用刑等。有鉴于此，《偷运移民议定书》专门规定了对被偷运移民的保护、帮助以及返还制度。

（四）建构非法移民全球治理机制的几点思考

1. 完善相关国际法律机制

完善相关国际法律机制，首先是要增强国际条约的效力和执行力，其次是对每个相关条约和机构都设立监督部门来督促各缔约国按照自己根据条约产生的义务来实施。最后是发现已有关于非法移民条约中的不足之处修改或增添之。

2. 扩大相关国际条约缔约国范围

有些关于非法移民人权保护的国际条约因为批准接受的国家非常少因此在此问题上并没有起到重大的影响作用。在非法移民全球治理的过程中既要保护好非法移民的基本人权，又要积极地扩大相关国际条约在该方面的影响力从而在国际层面上积极形成双边或多边合作治理机制，执行统一合理的规则。

3. 发挥联合国及相关国际组织的作用

联合国在国际社会上的影响力是毋庸质疑的，因此在非法移民全球治理过程中也不能忘记联合国能够起到的重大作用，积极动员并展开多边谈判以此来推动国际间合作治理非法移民的展开。同时在联合国之外，还应该积极发挥各政府间国际组织以及非政府间国际组织的职能，只有这样才能在全球范围内治理好非法移民现象。

4. 各国政府加强对非法移民基本人权的保护

各国政府应着力加强基本人权保护。首先，应在源头上杜绝非法移民的产生，要致力于提高本国国民的生活水平和幸福感指数，只有在本国内生活水平提高了，想要非法移民出去的国民才会变少。其次，还需要严厉打击偷运人民非法出入境的蛇头，非法移民目的国还要从严惩处本国内一些不遵纪守法的非法雇主。最后，还应该为保护非法移民者的人权作出应有的贡献，例如为他们创造在本地工作生活的条件，为他们提供合法工作，即使需要遣返非法移民人员也应当制定一系列的遣返评价监督制度，将遣返的过程交由被遣返人和大众去评价监督，并加大透明度。

三、中国与国际移民的全球治理

（一）我国移民现状及管理措施

中国历史上存在一些非法移民（移出）现象，但随着其经济社会发展，中国非法移民（移入）现象已引起政府与社会的高度关注。在预防和管理非法移民问题上，中国参与并主导全球治理责无旁贷。中国目前亟需健全相关立法，夯实工作基础，加强移民管理，深化国际合作。既管控好本国的非法移民移出，也管控好外国的非法移民移入，在相关国际事务方面塑造负责任大国形象。

中国是人口大国。2010年第六次全国人口普查结果显示，我国总人口为13.39亿人，但中国目前还不是传统意义上的移民国家，历史上出现的大规模移民浪潮发生在清朝，多为契约劳工，主要流向东南亚各国，但现在分布在各国的很多华侨都是清朝海外移民的后裔。建国以后的大规模移民浪潮出现在20世纪70年代，移民的人员构成中出现了高素质的技术人员，以及大量的留学人员、商业技术移民，移民的目的国家也不局限于东南亚等国，而是逐渐扩展到世界经济的中心地带——欧美、澳洲等发达国家。在近代以前，中国往往是作为迁入国居多，但是近现代中国人走出国门移居海外的情况越来越多。而近几年来，随着中国改革开放和国民收入的提高，投资移民和跨国婚姻移民等移民模式也在不断增加。目前涉及移民工作的法律法规主要包括1958年施行的《户口登记条例》；1980年《国籍法》。改革开放以后，国家逐渐放宽了出入境限制，1986年施行《中国公民出境入境管理法》和《外国人入境出境管理法》（2013年7月1日，施行新的《中华人民共和国出境入境管理法》，原两法废止），2003年12月《外国人在中国永久居留审批管理办法》，2007年1月施行的《中华人民共和国护照法》，2000年《归侨侨眷权益保护法》等。

此外，中国在近年来也在不断加大工作力度，融入到非法移民的全球治理进程当中。例如2012年6月30日通过的《中华人民共和国出境入境管理法》，对外国人“非法就业”做出明确规定，加大对非法入境、非法居留、非法工作的“三非”外国人的处罚力度[①]。该法自2013年7月1日起施行。该法规定，外国人在中国境内工作，必须取得工作许可和工作类居留证件。外国人非法就业包括：未按照规定取得工作许可和工作类居留证件、超出工作许可限定范围、外国留学生违反勤工助学管理规定以及超出规定的岗位范围或时限在中国境内工作。同时外国人从事与停留居留事由不符的活动，可能被驱逐出境，且10年内不得入境。外国人非工作类居留证件的有效期最短为180天，最长为5年；工作类居留证件的有效期最短为90天。我国警方在新《出入境法》实施前还展开了一项集中清理“三非”外国人的专项行动，由此可见中国在致力于减少非法移民数量上所作出的努力。

然而中国如今在法律制度上仍有一些缺陷，目前我国在移民方面只制定了一些单行法规，但是却没有人民代表大会专门制定的一项移民法，这些单行法规首先在效力不够、可操作性不强等缺陷，因此经常会导致我国在处理非法移民问题上出现无法可依的状态。同时为了在出现移民现象之时有制度规范可依，我国出台了大量的政策性文件，这些文件对当时的移民工作和事务起到指导作用，但是却因为不具备法律规范的强制性和稳定性，而且存在需要用此笼统模糊的情况，不利于有关部门的操作和实施。

（二）对策建议

依据世界各国移民管理制度的成功经验，总结我国过去在移民管理工作过程中的教训，同时结合如今日新月异的国际环境和我国国际移民的发展趋势，专门针对以上我国在国际移民问题上存在的漏洞和缺陷，我国立法机关应当尽快通过并完善相关的法律制度。

1. 制定较为开放的移民政策

我国现在正处于经济高速发展的时期，社会福利、投资环境种种条件都在逐渐变好，因此前往我国的国际移民也逐渐增多，我们首先应当基于国家安全的角度不完全放开移民制度，同时也为了经济发展、吸引高素质人才的角度适当地将移民政策放宽。归根结底，我们的目的在于在这个纷繁复杂的

① 《中国通过出境入境管理法将加大处罚三非外国人》，http://news.cn.yahoo.com/ypen/20120701/1147913.htm。

国际外部环境和自身因素不断变化的情况下，抓住为国家本身和国民利益着想这一根本点来发展我国的移民制度。同时在文化融合领域上我们也需要做出相关安排。国际移民不仅会对我国的传统文化有着极大的冲击同时还能够吸引更多的优秀文化从而实现文化的融合，我们在制定移民制度的时候，在文化融合方面也需要制定相关政策来消除外来移民人员以及本地居民之间的文化冲突问题，抵制恶俗文化，吸收优秀文化，积极促进多元文化的发展以及移民融合。

2. 完善符合国情的移民法律法规体系

我们目前移民领域的法律法规多属于非移民类型中的劳务输出型移民法律。这些法律多为出境、入境等方面的管理规范，欠缺对移民的居留、定居等方面的规定。特别是在吸引高素质人才方面存在较大的缺口，不利于我们吸引人才和国际竞争力的提高。同时，还缺乏难民相关的法律规定，不利于我国在国际上树立保护保障人权的国际形象和我国国家安全的维护。我国应当尽快建立一套系统的符合国情的移民法律体系，尽快与国际通行的国际移民法律制度接轨和统一。美国、欧盟以及日本、澳大利亚等国都有专门的移民法律，已经形成了较完整的移民法律体系。我国目前在移民领域的法律法规调整范围过小，内容缺失，不利于维护国家利益和保障移民权利。我国应尽快建立和完善移民立法，以法律形式确立公民的“自由迁徙权”等基础权利，构建以实现国家利益需求为导向、以公民权利为核心的移民法律体系。

3. 加强对非法移民的管理

随着中国作为移民目的国的情形逐渐增多，中国不仅要在引进高素质外国人才方面调整政策，还要加强对非法移民的控制和监管，以保障国家安全和秩序。目前我国在打击非法移民领域的法律规范还不健全，量刑不适宜。我国《刑法》第322条偷越国（边）境罪，情节严重的，处一年以下有期徒刑、拘役或者管制，并处罚金。可见对于“偷渡”行为处罚力度畸轻，难以起到惩戒作用。非法移民带来诸多问题，如毒品交易、恐怖活动等，尤其是在东南沿海和西北、西南边境的偷渡行为，严重危害我国的国家安全和国家利益。面对日益严重的非法移民问题，我国应该建立专门的机构进行调研，提出立法建议，在立法上加强边境控制，我国幅员辽阔，接壤国家较多，海岸线漫长，非法移民入境监管工作难度高，所以完善非法移民的法律规制尤为重要，要以法律形式明确非法移民的概念和认定，通过法律手段加强非法移民的遣返管理，保障非法移民的基本人权。

另一方面要加强同非法移民迁出国的合作，非法移民多来自于周围国家以及第三世界国家。非法移民管理涉及政治、外交、国家安全多方面，必须以双边关系为基础，和相关国家积极配合，加强同周边非法移民来源国的合作与沟通，积推动双边或多边遣返协议，建立非法移民对话和遣返机制，将非法移民纳入双边或多边法律框架。经济差距是造成非法移民的主要原因，只有解决经济落后问题才能根治非法移民问题。我国政府应当在遵守国际法的前提下，和周边国家协商，建立其符合法律和各国利益的劳务输出制度。同时，还可以采取措施，通过对非法移民的主要来源国进行援助、提供贷款或贸易合作来减少非法移民入境的数量；加强宣传教育，促进各方进一步的信息共享和技术合作，从根源上减少非法移民的出境和入境。

4. 完善国际移民法律体系，强化国家责任

国际移民法律体系的完善不仅要在吸引高素质人才回流方面不断努力，更要注重如何为在海外的中国移民提供保护和援助。不断发生的惨案警示我国海外移民的安全问题急需得到重视，也给我国的外交保护工作提出了新的挑战。随着全球化进程的深入发展，保护本国公民安全已经成为各个国家在移民领域的工作重心，也是各个国家的共同利益需求。

5. 加强国际合作与外交保护

外交保护通常是国家对于居留在外国的本国公民和在外国从事业务活动的法人的合法权益遭到所在国的非法侵害，向该国提出的救济或赔偿要求。完善我国的领事保护制度要从国际合作的角度出发，只要各国加强合作和协商，走国际合作之路才能解决跨越国界的海外华人安全问题。国籍国的外交保护是保障海外华侨利益的重要举措。海外移民安全问题不能等到发生惨剧之后再重视解决，应建立预防机制和突发事件应急机制，及时向海外移民发出预警提示，在事发之后第一时间提供援助。

6. 建立有效机制拉拢人才回流

我国近年来海外留学人数剧增。数据显示，2011年中国留学生人数达33万，2012年这个数字升至41万，增长率20%以上。据中国教育在线网预计，2013年全国留学人数将达到49万人，足迹遍布世界100多个国家。另据报道，

2012年我国海外留学回国人数超过27万。可以看出，中国海外留学生人数量极其庞大，这显然是我国宝贵的人力资源，然而部分移出人才极有可能已经获得海外国家的永久居留权或已经加入外国国籍，这意味着中国人才的严重流失。长此以往，会对中国经济的持久稳定发展产生不利的影响，削弱我国在未来世界市场的竞争力。可以说，“人才流失”是现代国际移民活动所带来的必然结果之一，无法完全避免，但如何由“人才外流”转向“人才回流”是我国移民政策必须要关注的重点，吸引更多人才的回归是我国移民管理的重要任务，为此我国应采取符合国情的有效措施，分析高素质人才移出的深层次原因，加快体制改革，吸引海外高素质人才的回归。习近平总书记在欧美同学会成立100周年大会的讲话中提到当今世界国家综合国力的竞争其核心是人才的竞争。那么，靠什么吸引和留住人才呢？除了市场和机会，还要有安全、法治与公平。笔者认为对策主要有以下几点：第一，优化回国人才工作环境，落实人才引进各项承诺。第二，努力提高本国的就业环境、生存条件以及发展机会。第三，引进优秀人才的相关政策法规制度保障。

第十七章　全球人权治理与中国的应对

进入21世纪以来，随着经济全球化的拓展，全球治理的理论思潮与实践活动不断兴起发展，日益受到国际社会的广泛关注。人们逐渐认识到，只有依靠全球治理，才能有效解决人类面临的诸多全球性难题，确立真正的全球秩序。全球治理是治理在全球范围内的延伸和应用。大体来说，所谓全球治理，是指通过具有约束力的国际规制和有效的国际合作解决全球性的冲突、生态、人权、移民、毒品、走私、传染病等问题，以维持正常的国际政治经济秩序。[①]

人权问题则是当代国际关系中一个非常深刻、敏感而又极富争议性的话题。不同的国家、不同的利益诉求以及不同的政治、经济和文化背景，往往在人权问题上使用不同的语言，并且在对外行动中以不同的态度来审视和对待人权。二战结束以后，人权开始成为国际关系中的一个引人注目的“关键词”。人权的全球治理，实际上已经在联合国的主导下开展了多年的实践与建设发展。联合国是当今世界人权建设与人权全球治理的最重要机构，和平、安全、发展，一定意义上都是服务于人权保护，人权价值助推了全球治理理论的形成发展，人权保护与全球治理存在价值关联。在全球化时代，人权问题越来越成为一个全球性的问题[②]，特别是在全球治理目标实现过程中，充分

---

① 参见俞可平:《全球化：全球治理》，社会科学文献出版社，2003年版，第13页；俞可平:《全球治理的趋势及我国的战略选择》，《国外理论动态》，2012年第10期，第28页。

② 1945年《联合国宪章》、1948年《世界人权宣言》、1966年通过并于1976年生效的《公民权利和政治权利公约》、《经济社会文化权利公约》、1968年德黑兰人权大会、1993年维也纳人权大会以及2006年组建运转的联合国人权理事会，不仅揭示国际关系领域发生了重大变迁，也表明国际人权法体系已经成型，国际人权事业在不断发展壮大，并成为当代国际关系与国际法中一个须臾不可分离的重要组成部分。

促进保障人权是其重要的组成部分。

联合国全球治理委员会在1995年的报告中，对全球治理的概念做了相应界定："治理是各种各样的个人、团体——公共的或个人的——处理其共同事务的方式的总和。这是一个持续的过程，通过这一过程，各种相互冲突和不同的利益可望得以调和，并采取合作行动"；"从全球角度来说，治理事务过去主要被视为政府之间的关系，而现在必须做如下的理解：它还涉及非政府组织、公民的迁移、各种跨国公司和全球性资本市场。"从上述全球治理的基本内涵可以看出，全球治理的主体是多元化的，并显示出对国家领土、主权、公民的非政府要求。因此，全球治理对民族国家原有的统治权威造成了一定的冲击，对国家主权也将会产生影响。从人权保障与发展的角度来看，全球治理与人权保障及发展有着内在的逻辑联系，全球治理的推行对于人权事业的发展具有强大的推动作用。同时，由于全球治理作为国际社会层面的治理，其与人权的保障与发展又存在一定的差异，在人权的保护及其实现中存在着一定的制约作用。

一、全球治理与人权保护：价值一致与潜在紧张

全球治理的核心要素主要包括五个方面：价值、规制、主体、客体、效果。其中，全球治理的价值尤为重要，即在全球范围内所要达到的理想目标，应当是超越国家、种族、宗教、意识形态、经济发展水平之上的全人类的共同价值观念。全球治理的领域非常宽广，既有全球性的政治与经济议题，也有生态和安全议题；既有安全议题（包括传统的安全与非传统安全），也有发展（包括气候变化、减少贫困等）议题。保障和促进人权，既是全球治理的价值所系，也是衡量全球治理效果的重要尺度。

（一）人权价值与制度促成全球治理理论的形成

长期以来在人们的观念中，通过对世界历史尤其是20世纪的国际关系史的了解，大多认识到和平与发展对世界秩序的重要性不言而喻。但对"人权"价值的认识，并未达到应有的层次与高度。当然，随着联合国、有关区域组织、非政府组织以及各主权国家（地区政府）的人权建设努力，人权的理念

得到越来越广泛的普及，人权保护与发展的制度得到建立健全。

众所周知，德、意、日法西斯国家所挑起的第二次世界大战是人类历史上的一场空前浩劫，这三个国家对内实行法西斯主义、军国主义专制统治，对外大肆侵略扩张，实行种族灭绝、大规模屠杀平民。也正是二战时期法西斯暴行唤起了全世界人民的良知，在全世界范围内激发了尊重和保障人权的新高潮，促成了国际关系的"人权觉醒"。

因为二战的暴行就是对人权和人的尊严的大规模的、有组织的、系统的侵害和践踏。法国代表在第一届联大会议上指出，"人权和人的尊严是法西斯政府的第一个牺牲品"[①]。联合国宪章的起草人和旧金山会议的代表在为战后新的国际组织制定总则时，他们已经不可能再重新回到二战前的国际法原则来寻求战后世界政治的基础，而只能求助于二战，而二战则证明了这么一个事实：蔑视人权的国家就一定会轻易诉诸战争，残暴践踏人权的政府与对他国侵略密切相关，尊重和保障人权成为了世界和平的基础。所以，这一切自然而然地就导致了对人权的尊重和保障成为了国际关系战后发展的新的旗帜。"世界对纳粹德国在二战期间大屠杀的反应，为人权进入联合国宪章准备了坚实基础。它给争取人权的斗争一个全球内涵"[②]。

1944年8—10月，战时四大盟国——美、英、中、苏的代表在美国华盛顿州的敦巴顿橡树园会议上，通过了《关于建立普遍性国际组织的建议案》，这是四大国拟订的建立联合国的基础性文件。在敦巴顿橡树园建议案中，并没有将尊重基本人权提高到作为联合国基本宗旨的高度，也没有规定在联合国下属的经济与社会理事会设置人权委员会，而只是在有关"国际经济及社会合作"的第九章A节第1项中，规定"促进和尊重人权和基本自由"是联合国这个新的国际组织的基本任务。而敦巴顿橡树园方案对人权的处理方式，很快遭到了众多国家和民间组织团体的批评，在旧金山会议上，印度、巴拿马、澳大利亚、法国、智利等18个国家就人权问题对敦巴顿橡树园建议案提出了修正案，主张在宪章中更加明确和详细地规定促进尊重人权和基本自由的条款。美国的许多民间团体对联合国宪章中的人权条款也起到了重要推动

① *Journal of the General Assembly 53*, December 8,1946, p.287.

② Mose Moskowitz, *International Concern for Human Right*, New York: Oceana Publication, 1976, p.160.

作用。这些都反映了世界舆论对反思二战爆发后的国际行为、强烈呼吁尊重人权的进步呼声。[①] 在这些压力之下，美国代表团在之前没有准备提出修正案的情况下，提出了建立联合国人权委员会的提案。苏联也在旧金山会议上改变了在敦巴顿橡树园会上反对将人权列入宪章的原有立场，转而和不少中小国家一起支持扩大宪章的人权条款。最后，旧金山会议在人权问题上通过了美国和苏联提出的两个提案，宪章的7个地方提到了人权。

1945年6月25日，50个国家的代表签署了《联合国宪章》，标志联合国正式成立。虽然宪章没有对人权做出具体说明，也没有规定附加人权法案，但对人权问题的强调贯穿了宪章的始终。宪章序言重申对人权与基本自由的信念，开宗明义地宣布，“我等联合国家人民同兹决心，欲免后世再遭今代人类两度身历惨不堪言之战祸，重申基本人权、人格尊严与价值，以及男女与大小各国平等权利之信念”[②]。宪章第1条则把尊重人权与维护世界和平和安全以及发展国家之间的友好合作关系并列为联合国的三大目标。宪章第1条第3款庄严宣告，联合国的基本宗旨是“促成国际合作，以解决国际间属于经济、社会、文化以及人类福利性质之国际问题，且不分种族、性别、语言或宗教，增进并激励对于全体人类之人权及基本自由之尊重”。

宪章第55条再度声明联合国推进对人权与基本自由的尊重，且不因种族、性、语言和宗教而有所区别。这一条应该与第56条联系起来，第56条规定各会员国承担义务，与联合国合作，来完成第55条所列各项目的。宪章第9章是关于“国际经济及社会合作”，其中第55条规定，“为造成国际间以尊重人民平等权利及自觉原则为根据之和平友好关系所必要之安定及福利条件起见，联合国应促进……全体人类之人权及基本自由之普遍尊重与遵守，不分种族、性别、语言或宗教”。为此，宪章第56条进一步规定，“各会员国担允采取共同行动及个别行动与本组织合作，以达成第55条所载之宗旨”。

《联合国宪章》的通过和联合国的成立，世界因此拥有了以联合国为主体的人权促进和保障为宗旨的国际机构。在联合国的努力之下，国际人权运动

---

① John P.Humphrey, “*The U.N. Charter and the Universal Declaration of Human Right*”, in Luard, ed., The International Protection of Human Right, London, 1967, p.40.

② 本文所引《联合国宪章》的具体条文，请参见http://www.un.org/zh/documents/charter/preamble.shtml。

有了迅速的发展。国际人权保障，成为了当代世界政治的基本内容。

《联合国宪章》与随后的《世界人权宣言》是人权与当代国际关系开始紧密结合的强劲黏合剂，也是人权进入国际关系的里程碑。在联合国宪章问世之前，人权在国际关系中虽然也被提到，但是零星的、偶发式的和非系统性的。人权问题基本上被视为是一国主权范围内的事务，是国内法的管辖范围，国家间关系没有理由也没有依据对各国政府如何对待它本国的人民发表意见或行使任何国际管辖。而其最大的原因就在于，在国际关系中并没有一个普遍的、一般性的人权概念，也没有具体的、综合的人权保障公约和国际人权保障机制。所以，在《联合国宪章》、《世界人权宣言》以及后来的一系列公约和人权组织出现后，"主权"的桎梏被打破了，人权再也不是一国的国内事务，而成为了一个国际性的话题。同时，人权价值的实践中的一些方法，比如挑战传统国家主权以及国际合作等，也为全球治理理论的形成提供了借鉴和帮助。

（二）全球治理与人权建设价值追求一致

人权的普遍性与全球治理的价值追求是一致的。人权的普遍性是指人作为人应当享受的基本权利,如人人都应当享有的生命权、生存权、安全权、自由权、尊严权等与生俱来的基本权利。全球治理的倡导者认为全球治理的价值在于追求超越国家、种族、宗教、意识形态、经济发展水平之上的全人类的共同价值观。他们将这种全球共同价值观的内涵界定为自由、平等、民主、公平和正义的价值。为了在全球范围内实现这些共同价值,全球治理委员会为全世界公民规定了相应的权利和义务。这些权利包括:安全的生活，公平的待遇，为自己谋生和谋取福利的机会，通过和平手段解决人们之间的争端，参与各级治理，为摆脱不公正而进行自由、公平申诉的权利，平等的知情权，平等地分享全球共同利益的权利。相应的义务是:考虑自己的行为对他人安全和福利的影响，促进平等（包括性别平等），追求可持续发展保护人类共同资源，维护子孙后代的利益，保护人类的文化和知识遗产，积极参与治理，努力消除腐败。[①] 由此可见，全球治理的价值追求对人权的基本规定性与人权的

① 俞可平:《全球化：全球治理》，社会科学文献出版社，2003年版，第14页。

普遍性具有内在的统一性。全球治理的这些价值的实现将有力推动人权的保障与发展，同时为实现人的生命权、生存权、安全权、自由权、尊严权、平等权、发展权等人的基本权利奠定理论与实践基础。

全球治理对人权事业的保障与发展有着积极的推动作用。全球治理与人权保护及发展有着密切的相关性。在全球化时代，政府不再是政治的唯一主体，国际社会开始通过政府与非政府组织、国家与公民社会之间的协调来运作和进行公共事务的管理。全球治理日益成为人类管理公共事务的活动方式。全球治理的核心内容是健全和发展维护全人类安全、和平、发展、福利、平等和人权的新的国际政治经济秩序。因此，这种承载着全球治理价值理念的新国际政治经济秩序将有助于促进和推动人权事业的实现与发展。具体表现为：

首先，全球治理将通过促进公共部门改革来改善人权保护状况。在全球治理的过程中,诸如世界银行、世界贸易组织等国际组织利用全球治理来促进发展中国家的公共部门改革,以此提高该国政府公共服务的水平。公共服务的提供关系到每一个人的基本人权。事实证明,政府公共部门的科学决策、正当行政程序、禁止滥用权力、合理的自由裁量都为保障普通民众的基本人权提供条件。公共部门只有提高自己的管理效果,提高服务质量与水平,人权的保护才能维持在较高的水平上。全球治理通过推进公共部门改革,重新塑造政府与公民、政府与市场、政府与社会的新型互动合作关系,提高政府的公信力与社会公众对政府的认同感,从而提高政府的服务能力,使所有公民都平等地获得公共服务,共享改革的成果。因此,通过全球治理成功推动公共部门改革将会改善一个国家的人权保护状况。

其次，全球治理有助于促进人权的国际保护。在全球化时代,人权需要一定程度的国际保护。人权国际保护是指国际根据其主权并依据公认的国际法基本原则,确立各国一般接受的国际人权规则和原则,并承担予以尊重和履行的国际义务,由有关人权公约所规定的国际机构或法律机制对这些国际义务的履行实行监督,加以保证。在全球治理进程中,由联合国及其它国际组织主持下制定的一系列有关人权问题的国际人权文书,被视为各国所应遵守的国际行为准则。因此,在客观上,国际人权法作为国际法的一个分支已经成为事实,而且它在国际法中的地位也日渐提高,这也为人权的国际保护提供了法律依据。

例如各国都尊重和遵守《世界人权宣言》、《公民权利和政治权利公约》和《经济、社会、文化权利国际公约》等有关规定,旨在促进和保障人权。可见,全球治理有助于促进人权的国际保护。

再次，人权的实现亦能加快全球治理的进程。人权，作为全球治理的理想目标之一，是一种超越国家、种族、宗教、意识形态、经济发展水平之上的全人类的普世价值。如果人权这一价值目标能够实现或为世界上大部分国家认定为自己的根本利益，那么主权国家即可以在自己关注的领域内，出于人权这一共同的利益的考虑，通过协商、谈判而相互合作，并共同处理问题。无疑，一旦有了共同的价值目标，各主权国家、全球公民社会和国际组织在一些重大的全球性问题上能更容易地达成共识，而不会想以往的国际社会那般各自为战，乱作一团，最后诉诸武力来解决问题。可见，人权的实现亦可以反作用于全球治理，从而加快这一进程。

（三）全球治理可能对人权保护的负面制约作用

全球治理对以国家为主要行为体的国际关系模式提出了挑战。“在当前的世界政治中，迄今为止以主权国家为主体的国家之间关系构成的国际体系发生了巨大的变化，正在形成一个由包含主权国家在内的多元性主体构成并具有世界规模的复合性政治框架，即全球体系。”也就是说，在这种全球治理体系中，全球政治由多元主体参与，不仅包括对国际事务有重大影响的大国，而且包括了世界所有的国家；不仅有国家行为主体，而且有非国家行为主体；不仅有政府间国际组织，而且有非政府间国际组织、跨国公司等。由于各个行为主体之间的社会发展程度与经济发展实力不同，以及各个行为主体之间的价值追求不同，因此，对于全球治理的影响与价值要求也不尽相同，致使在全球治理中的人权保护与发展问题上存在着一定的制约作用。

首先，全球治理拒绝和排斥了人权的特殊性。如前所述，全球治理的基本价值诉求体现在自由、平等、民主、公平和正义等方面。这些价值固然是人类文明的共同财富，但社会制度、发展水平不同的国家和民族，价值标准各不相同。同时，这些价值的内涵将随着时间的发展而发展，随着地域的不同而体现为不同的内容要求。抽象的自由、平等、民主等不能成为世界各国人民共同接受的价值标准，而且在现存国际政治体系中，西方发达国家和大国集团在全球事务管理中拥有更大的发言权，使得国际秩序的形成总是为强国所操控。从全球治理倡导者对人权、自由、民主的论述来看，则完全是西方的价值标准，是西方文化自身演变的结果，并非全球各种文化冲突、对话、融合而取得的共识。这就是说，全球治理的倡导者主要把西方式的民主、自由和人权价值观作为“全球共同价值观”，而漠视了世界上不同国家和民族有关人权的特殊性所在。人权的特殊性在于人权的实现和发展要受到经济、政治、文化、历史传统的制约。而当今的全球治理拒绝和排斥了人权的这种特殊性，从而致使全球治理缺乏全球共同接受的价值认同。所以，这种对人权特殊性的拒绝和排斥以及由此引发的共同价值体系的缺失成为当前制约全球治理的一个关键性问题。在全球治理过程中，发达国家往往比较重视和强调人权的普遍性，而发展中国家则比较重视和强调人权的特殊性。正因为二者对待人权的侧重点不同，造成了世界各国在人权问题上的无谓的争端和冲突，从而影响人权领域的国际合作。事实上，人权是普遍性与特殊性的统一，只有既承认人权的普遍性，又承认人权的特殊性，才能更好地推动人权事业的发展和各国之间的友好合作，减少麻烦和对抗。

其次，全球治理隐含着“人权高于主权”的导向。全球治理理论的提出，对民族国家原有的统治权威造成了冲击，对民族国家的主权产生了影响。全球治理一方面要求各个国家改革原有的政治经济制度，适应跨国资本的需要；另一方面要求将各个国家国内问题国际化，这两方面必然会削弱民族国家的主权。基于全球治理的主张，“人权高于主权”成为全球治理的导向。首先，“人权高于主权”看起来是为了更好地保护人权，但是，在一些全球治理的倡导者那里实质上是认为西方国家的人权观、人权标准高于发展中国家的主权。特别是在全球治理中发挥主导作用的国家和国际组织，将“人权高于主权”作为推行霸权主义、侵犯他国主权的理论基础，将“人权高于主权”意识形态化，从而把真正的国际人权保护变成控制和奴役发展中国家的手段。其次，全球治理的基础是新自由主义经济理论，依赖市场与私有化来获得高效率，而人权的保障与发展反对完全依赖市场的做法，因为市场首先考虑的是利润，而不是贫困群体的生存状况及其基本权利。“尽管自由主义已成为权利的先驱，自由主义哲学并不能够成功地解释权利的自然属性”。第三，“人权高于主权”的主张扭曲了人权与主权的关系，否定国际法公认的主权原则和不干涉内政的原则，为一些国家与国际组织打着人权的旗号干涉别国内政，推行霸权主义和强权政治提供理论依据。可见，“人权高于主权”在本质上是违背了联合国宪章和国际人权法基本精神的，是少数西方发达国家为了控制发展中国家主权、推行全球霸权而推行“新干涉主义”的新殖民政策的理论根据。就全球治理而言，民族国家仍是全球治理的主体，民族国家的主权在全球治理中不得削弱。国家主权是人权的保障，人权是国家主权的目的。维护国家主权和保护人权是统一的，二者之间并不矛盾。对一个国家来说，只有主权独立，才能在全球治理中趋利避害，伸张本国的人权，如果国家主权丧失，人权保护难免成为空中楼阁。

二、人权问题的全球治理状况

评估当下全球人权治理状况，必须着眼目前的国际人权体系。评价总带有主观色彩，不同国家地区、不同语言文化、不同生活经历的人看法或结论自然不同。

全球治理是绕不开联合国的，评估国际人权体系的成败得失，也需要首先聚焦联合国。联合国是世界重要的人权保护机构，是实施国际人权法的核心机关[①]。联合国负责人权事务的机构主要有：联合国大会第三委员会、经社理事会、人权理事会、人权事务高专。从更广义上说，联合国安理会、国际法院、秘书处也可算是国际人权保护机关，负有相关职责。大多数核心国际人权条约还设有专门的人权条约监督机构，由不同的专家担任委员，负责对人权条约的实施监督。

联合国体系起草制定了诸多人权保护国际公约，明确了一系列人权种类及标准，逐步建立起包括专题程序、来文审查程序、制裁程序、缔约国报告、国际调查与访问制度等一系列工作机制程序，要求各缔约国遵守承诺并鼓励实行更高的保障水平。多年来，联合国体系在公民权利与政治权利保护、人权与民主法治、人权与和平发展、教育权、食物权、健康权、工作权、居住权、通讯权、新闻自由、见解与言论自由、宗教信仰自由、儿童权利、妇女

① 肖君拥：《国际人权法讲义》，知识产权出版社，2013年版，第255页。

与两性平等、老年人权利、打击人口贩卖、残疾人权利、土著权利、少数群体权利、反种族主义歧视、保护国内流离失所者、生殖权利与健康、移徙者人权、人权与艾滋病、人权与贫困、人权与环境、人权与冲突、人权与恐怖主义、人权与贸易投资、人权与生命伦理等方面进行了认真讨论并通过相关文件[①]，在相关领域产生了积极影响。

2000年前后，联合国有关国际人权机制的改革，主要有以下发展：一是人权理事会负责实行的普遍定期审查机制（UPR）,以四年为周期，定期审议192个联合国成员国履行人权义务和承诺的情况。二是设立预防人权侵犯的国际机制，譬如针对伊拉克、索马里、前南斯拉夫、海地、塞拉利昂、塞浦路斯、利比亚、东帝汶、阿富汗等地的制裁或人道主义干预，组织维和部队。三是设立国际刑事法院，建立个人严重侵犯人权的刑事责任追究机制。

国际人权法的良好有效实施，离不开各缔约国的积极贯彻。各缔约方通过立法、行政措施、国际合作等途径来履行国际义务。国家根据国际人权公约所承担的义务是多方面、多层次的，有可能因所涉人权条约一般义务、核心义务等具体规定的不同而异。

人权的全球治理，是指国际社会根据联合国宪章和国际人权文书的精神和原则，通过国际协调和合作，采取适当措施，促使各国维护和保障人权，防止和纠正对人权的侵犯，以便在国际范围内实现基本人权目标的国际活动。全球人权治理机制通常可划分为积极和消极保护两类。积极保护又称预防性保护，消极保护又称补救性保护。有关人权组织通过一定的法律和政治程序，以惩治侵犯人权者和实施人权保护。国家参与全球人权治理带有一定自主（随意）性，一般不将它们包括在该机制之内。

目前，联合国宪章机构和人权条约机构分别建立了监督有关国家履行其人权义务的程序，在此基础上初步形成了一套复杂的国际监督和保护机制。作为人权全球治理主体的联合国人权保护体系，所涉及的人权保护内容主要有三方面:（1）有法律约束力和监督机制的公约，如《消除一切形式种族歧视的国际公约》、《经济、社会和文化权利国际公约》、《公民权利和政治权利国际公约》、《消除对妇女一切形式歧视的公约》、《禁止酷刑公约》、《儿童权利

① 参见联合国网站www.un.org。

公约》等。（2）有法律约束力而无法律监督机制的公约，如《防止及惩治种族灭绝公约》、《禁奴公约》等。（3）单一人权保护机制，如联合国国际刑事法院、前南斯拉夫和卢旺达特设法庭等。

区域性人权机制也是人权全球治理体系的重要组成部分，如欧洲人权法院、美洲人权委员会和美洲人权法院以及非洲人权和民族权委员会（非洲人权和民族权法院）等。亚洲地区尚无区域性人权保障机制，但伊斯兰会议组织、阿拉伯国家联盟和东南亚国家联盟已有探索形成次区域人权保护机制。

国际性非政府人权组织和无数的国内非政府组织在人权全球治理体系中发挥了重要的作用。前者如国际红十字会（ICRC）、大赦国际（AI），人权观察（HRW）等。它们主要参与公民权利和政治权利的保护以及参与实施有关的人道主义法等。后者在人权知识普及、进行社会监督、开展人权合作等方面做出了显着的成绩。

联合国的人权全球治理已经初步形成体系，如前所述，联合国人权保障机制由宪章机构和条约机构两大板块构成，在实践中发挥了重要作用。但是，还有诸多需加强和改进之处，其实际效果与理想目标尚有着相当的距离，相当一部分人权国际公约陷于“措辞强硬，实施软弱”[①] 的尴尬境地。特别是在冷战期间，它基本上处于一种有名无实的状况，国际人权保护由于两大阵营之争只在局部地区形成相当有限的区域性人权保护机制。冷战结束之后，国际社会才开始把人权问题放到国际关系中的重要位置，人权全球治理效力的发挥开始有了可能性。

从人权机制实效方面考察，欧洲的区域人权保护机制相对富有成效。诚如有的学者所说：“目前的《欧洲人权公约》及其机制，已发展成为一套相当完备的法律体制，在保护个人权利方面甚至可以与当代法制国家的国内司法体制相媲美”。欧洲人权保护体制的建立和实施程序的日趋完善得益于这些欧洲国家在文化上的相似性以及在意识形态方面无重大分歧。另外，它没有受到冷战的影响而不间断地成长。该体制现已覆盖欧洲及欧洲以外的40余个国

① See Ramesh Thakur, *Human Rights: Amnesty International and United Nations*, Journal of Peace Research, vol. 31, no. 2 ,1994, p.143.

家中的8亿多人口[①]。

非政府人权组织处于发展阶段，其影响力日渐增大。虽然它们尚不能在哪一人权公约实施过程中起决定性的作用，但它们通过人权舆论，在全球范围内发起大规模的人权倡议运动，在国际人权公约的实施和制止一些紧急发生的侵犯人权事件方面起到了其它人权组织不能替代的作用。如大赦国际等几个人权非政府组织是联合国人权委员会人权信息的主要来源，特别是联合国反酷刑委员会，"没有这些人权非政府组织所提供的信息、资料，联合国人权保护机制和联合国人权特别会议的报告起草工作将无法进行"。[②] 然而，有能力涉足别国人权问题的国际人权非政府组织基本上是从西方国家发起或得到西方组织的物质支持，它们的关注和参与主要侧重于公民权利和政治权利的保护以及人道主义干预。

推动人权全球治理，归根结底需要主权国家落实保护和促进人权的基本责任，通过完善的国内立法和实施措施，最大限度地实现对人权的尊重、保障。但是，完全只依靠各国自觉履行人权保护义务，显然过于理想化。因此，在国际层面提倡人权全球治理、建立人权的国际保护机制是很有必要的。通过国际机构和程序监督各国履行其承担的国际人权义务，是国际人权得以普遍和充分实现的另一必不可少的重要途径。

三、人权的全球治理：中国的贡献、成绩与不足

中国是联合国体系的重要成员，既是人权建设的领导者和生力军，也在联合国各项全球治理事业领域发挥了举足轻重的作用。近年来，中国在参与人权全球化的过程中取得了诸多进展[③]。自然，作为一个新兴大国，也招致不少国际敌意以及恶毒攻击。随着中国的力量崛起，必将在人权全球治理方面

---

① See Richard Bilder, Overview of International Human Rights Law, in Hannum Hurst, *Guide to International Human Rights Practice*, Philadelphia; University of Pennsylvania Press, 3rd edition, 1999, p.5.

② Claude E. Welch, Jr., *NGOs and Human Rights Promise and Performance*, University of Pennsylvania Press, Philadelphia, 2001, p.5.

③ 中国国务院新闻办公室:《中国的人权：关于人权的白皮书汇编》，红旗出版社，2005年版，第2页。

担负更为艰巨的使命。在这种国际国内环境中，我国需要冷静应对旧历史与新形势，科学统筹国内与国际人权建设大局，深化政治经济社会等领域改革，各方面多方联动全面加强对人权的综合保障，积极担当人权全球治理的国际义务，以真诚和自信树立负责任的人权大国形象。

（一）中国在国际人权领域的贡献

中国自1979年起派观察员参加联合国人权委员会届会，1981年正式担任人权委员会委员国。中国一直致力于与世界各国开展人权交流与合作，推动国际社会以公正、客观和非选择性方式处理人权问题，在理论方面和实践方面均做出了积极贡献。包括：

1. 理论贡献。中国主张，人权概念不是抽象和绝对的，而是发展的，整体的，三代人权乃有机整体不可分割；生存权是首要的人权，应确认生存权和发展权乃最基本的人权；反对人权高于主权，不可利用人权问题干涉别国的内政，而是认为必须始终坚持国家主权，否则人权不保。

2. 奉行《联合国宪章》的人权条款并积极参与国际人权立法。1945年4月，中共代表董必武曾作为政府代表之一，赴旧金山制宪会议签字，表明中国共产党及其领导下的人民政府赞同《联合国宪章》，自然也包括其相关的人权条款。中华人民共和国历届人民政府均尊重基本人权、尊重联合国宪章、恪守国际义务。1981年以来，中国还委派专家参加了《发展权利宣言》、《儿童权利公约》、《保护移徙工人及其家属权利公约》、《反酷刑公约》、《残疾人权利公约》、《禁止强迫失踪公约》等核心国际人权公约的起草。

3. 倡导国际人权合作，反对霸权主义的双重标准。针对一些西方国家长期以来以人权为借口粗暴干涉别国内政，中国秉持国际正义，旗帜鲜明反对将人权问题与经济援助、国际贸易挂钩，反对人权问题政治化，为一些被攻击的发展中国家主持公道。针对多年来一些污蔑中国侵犯人权的提案，中国顶住压力，在一些正义国家代表的支持下，一次又一次挫败反华提案，既维护中国主权与尊严，也捍卫了国际正义。

4. 为制止大规模侵犯人权现象付出重大努力。中国历来反对种族隔离和一切形式的种族歧视，支持南非反种族主义的斗争，支持各国反对外国侵略和占领的斗争。

5. 加入了26项重要国际人权条约并积极履行。2009年初，中国政府首次向联合国人权理事会提交国家人权建设报告并接受国际审议，展现了一个发展中负责任大国人权建设的成就，同时也不避讳自身因为历史、文化以及具体国情所限而存在的诸种困难与不足。此后的最近几年，中国政府不仅颁行了第二个《人权行动计划》，还积极参加了消除种族歧视委员会对中国履行《消除一切形式种族歧视国际公约》第十至十三次合并报告的审议，向联合国提交了《儿童权利公约》第三、四次合并履约报告、《〈儿童权利公约〉关于儿童卷入武装冲突问题的任择议定书》首次履约报告、《消除对妇女一切形式歧视公约》第七、八次合并履约报告及《禁止酷刑和其它残忍、不人道或有辱人格的待遇或处罚公约》第六次履约报告。2010年按期向联合国残疾人权利委员会提交了中国履行《残疾人权利公约》首份报告，2012年顺利通过审议。2013年，我国向联合国人权理事会第二次提交国家人权建设报告并接受第二轮国际审议，获得了国际社会的肯定。中国政府本着真诚合作和负责任的态度，与各人权条约机构保持沟通与建设性对话。中国政府重视并充分考虑条约机构提出的意见和建议，尽可能结合中国国情加以采纳和落实。

（二）中国人权建设的成绩与不足

古代中国，作为中国传统文化核心与基础的儒家思想倡导重民，爱民，养民。近代中国，由孙中山等人倡导的“三民主义”，明确制定约法，保障人权。1978年改革开放以来，中国人民享受各项人权的水平大幅提高。人民生活水平从温饱不足发展到总体小康，教育、文化、医疗卫生等社会事业不断取得进步。民主法治建设逐渐完善，政治体制改革稳步推进，公民更加广泛地参与国家政治生活。当前，各级政府正认真贯彻以人为本、全面协调可持续的科学发展观，努力构建以“民主法治、公平正义”为基本特征的和谐社会，深化政治体制改革，重点解决教育、医疗、就业等民生问题，保证全体社会成员平等参与、平等发展的权利。在2000年之后，中国共产党倡导“立党为公，执政为民”，“权为民所赋、权为民所用、情为民所系、利为民所谋”等执政理念，并不断通过改革完善政治经济体制来帮助人民更好地实现人权，保护人权。尤其是近年来，中国在重视人权保护人权方面更是做出了巨大的努力。国内方面，党和国家领导人在每一次自然灾难降临之时，第一时间赶赴灾区，与干部群众齐心协力，共度难关，并倾尽所能帮助灾区重建。新世纪以来我国实行了一系列的制度改革，包括免除农业税、真正的义务教育、医疗保障建设、环境治理与保护、食品安全建设、反腐倡廉，等等。都回应了社会民众的关切，有力拓展了社会保障与民生建设。国际方面，中国政府保护每一个在国外的中国人：2010年夏发生在菲律宾的香港游客遭劫持事件；2010年秋日本巡逻船冲撞中国渔船并扣押中国渔民时，中国政府外交部都在第一时间出面交涉谈判；2011年春中央政府各部门合作联动，有序开展三万余人的利比亚大撤侨行动；等等。

不可否认，中国政府在人权保护方面曾走过弯路，也犯过错误。总体来说，新中国成立至改革开放30年期间，新中国经历了一个由忽视人权到积极保护人权的过程。上世纪五六十年代，党和国家领导人受到"左"倾错误思想的影响，以阶级斗争扩大化的所谓"无产阶级专政理论"和"大民主"为指导思想，进行"反右"斗争、开展"文化大革命"等政治运动，忽视人权，损害人权，造成了中国人权理论研究的停滞甚至倒退。党的十一届三中全会进行了思想上的拨乱反正，重新恢复了马克思主义的正确思想路线和政治路线，并且以政府为主导对人权问题进行了深入的研究与学习，重新认识、了解和学习西方一些值得借鉴的政治文明，对人权价值与理念予以肯认。这样，中国的人权事业开始朝着积极的方向不断取得新发展。

中国的人权建设在很多地方仍存在着一些不足，具体表现在：

第一，"官僚主义"和"权力本位"的意识还很浓厚。权力的集中以及滥用使得部分人权受到忽视甚至损害，同时也导致了社会民众对"权力"的盲目崇拜或者其它不正确的理解。"官本位"思想在很多领域和行业中根深蒂固，执政不为民、公权力消极懈怠、社会性贪贿腐化盛行，进一步助长了官僚主义等不正之风。而这恰恰对人权建设造成了严重阻碍。

第二，民主法治制度还有待完善。众所周知，主权的理想状态是权力能够代表人民的利益，政府的理想状态是服务于人民。一个有效的政府，是一个高度民主、透明、负责任的法治政府。我国虽已宣布建成了中国特色社会主义法律体系，但实际上很多方面，尤其是涉及到民生保障与社会建设方面的立法仍然空白，很多法律的施行也没有贯彻落实。法律对政治、政府、司法的控制缺乏应有的刚性，各级政府的透明化、廉洁度、法治化工作还做得很不够，人民对于政府等公权力的运作机制的了解和监督不够，这进而影响到人民参与政治等公共生活的热情与信心。

第三，人权宣传与教育力度不够。中国政府已经在人权方面做出了很多努力，如发表了一系列人权白皮书，更多地参与到国际人权全球化的进程中。但是我们的宣传与教育力度还很不够。这一缺陷带来了国内外的双重损失。在国内，许多国民不完全了解甚至不认可人权理念与相关制度，尤其是在偏远山区，妇女、残疾人的人权没有得到保障。诸如“家丑不能外扬”的陈旧观念和对家庭暴力等忍气吞声、听之任之的现象还很严重；在国际上，由于宣传不到位，给国际上一些别有用心的势力捏造中国人权状况不良提供了机会，一些关于中国人权的不实报道流传于世，认为中国是“人权问题国家”。这给我们在国际上争取人权保护与支持出了难题，也必然带来政治、经济与文化等多方面的损失。在全民的人权意识培育方面，我国也有欠缺。这与党和政府的人权教育机制有关，长期以来，对人权的片面认识，导致国家公职人员以及普通社会大众等各阶层大都缺乏正确全面的人权意识。今后需要针对不同人群开展人权教育。

四、人权的全球治理：中国对策建议

第一，积极参与国际人权事务。在联合国平台内，发挥中国作为大国的人权影响力，维护联合国体系的人权全球治理权威，为促进联合国人权价值功能的发挥贡献智能与力量。这要求我们在努力建设国内更好的人权保障水平的同时，也需要虚怀若谷、见贤思齐，积极关注了解包括发达国家与发展中国家在内的其它国家的人权状况。学习经验，吸取教训，在人权外交的战场上，要转被动挨打为知己知彼、主动出击。对于国际上的借人权问题干涉他国内政的行为，我们要坚决予以抵制与批判。不管是否借中国问题来干涉我国内政，我们都要以自信和实力来维护国际人权的健康有序发展，对推进人权全球治理的进一步发展做出应有的努力。[1] 近年来，中国在这一方面已取

① 何志鹏：《人权全球化基本理论研究》，科学出版社，2008年版，第305—308页。

得重大成就，[①] 在平等和相互尊重的基础上，积极开展双边或多边人权对话与交流，并且注意在人权领域维护国家利益，始终坚持与以人权为借口的反华势力和行为作斗争。

第二，加强与发展中国家的人权对话。广大发展中国家在借鉴国际先进人权保障机制的同时，也要与世界上破坏人权、否定人权的现象作斗争，更好地在世界范围内承认和保护人权。在人权保护的领域，广大发展中国家历来声音较弱，是西方发达国家人权外交的主要攻击对象，共同面对着来自西方国家的人权外交的压力与挑战，在集体人权方面，利益得不到保障。发展中国家只有携起手来，加强合作与对话，在重大国际问题上用同一个声音说话，才能在国际舞台上声音更大，更好地维护好自己的利益。

第三，积极主动与西方发达国家在人权领域展开合作，加强对话。各国历史和国情的差异，使得国与国之间在人权问题上有分歧是正常的，但是对话比对抗好，各国之间也应本着平等与相互尊重的原则，通过对话和合作来增进相互理解，解决矛盾。过去常常在人权外交领域提到“国际人权斗争”，在新的人权全球治理话语中，要逐步转换战略思想，以坚持社会主义的理论、道路、制度“三个自信”为依托，充分适应国际人权建设形势，积极开展富有诚意与成果的对话、合作。新世纪以来，中国与欧盟、中国与美国、中国与澳大利亚等国已成功开展50余次人权对话或人权研讨会，中国与世界不同地区富有建设性的关于人权问题的坦诚对话，对进一步增进了解、减少分歧、扩大共识、求同存异具有重要意义。

综上所述，随着全球化的发展，在人权领域，求同存异，对话合作，增加理解，减少对抗，已经成为大势所趋。国际社会只有在国际人权法律制度的框架下，各国之间依靠充分的对话、交流与务实合作，人权才可能在国际社会中得到更多的尊重和保护，才会真正实现人权的全球治理。

---

① 中国连任联合国人权委员会成员国，派出代表团出席该委员会每年的例会，中国推荐的专家连续当选为防止歧视和保护少数小组委员会委员……中国还连续当选为联合国妇女地位委员会成员国……中国多次派出代表团或官员参加联合国主办的各种人权会议。”中国1997年签署并于2001年批准加入了《经济社会和文化权利公约》。1998年10月，我国正式签署了《公民权利和政治权利公约》。

第十八章
国际网络空间安全治理与中国的应对

互联网的出现对于人类社会的进步与发展产生了难以估量的作用。然而，当人们享受互联网带来的便利时，日益严重的网络空间治理问题也伴随而生，网络间谍、网络恐怖主义、网络战这些新名词也开始变得为广大民众所熟知。为了应对网络空间发展带来的挑战，当今国际社会并存着两种不同的应对方式：一种是国家行为体以增强自身网络作战能力与防御能力，提高网络威慑能力为手段，以抵御来自其他行为体的网络威胁，其本质是一种国家自助行为，属于传统安全范畴；[①] 另一种则是依照“全球问题需要全球治理”的理念，通过相关行为体的合作来制定规则、建立机制，对互联网这一公共领域进行有效治理，以期解决日益严重的网络安全问题，属于非传统安全范畴。

目前全球最具影响力的网络空间治理机制主要包括国际电信联盟（ITU）、信息社会世界峰会和互联网治理论坛。对于目前的国际体系而言，要在世界范围内做好全球治理工作，都离不开新兴大国的参与，网络空间治理机制也是如此。基于此，中国如果能在其中扮演日益重要的角色，将对全球网络空间治理起到更加积极的作用。

---

① 蒋力啸：《试析互联网治理的概念、机制与困境》，《江南社会主义学院学报》，2011年第3期，第34页。

一、网络空间治理问题的提出

首先关于网络空间的定义，国际电信联盟（ITU）给出的界定是，“由以下所有或部分要素创建或组成的物理或非物理的领域，这些要素包括计算机、计算机系统、网络及其软件支持、计算机数据、内容数据、流量数据以及用户。”①

相对而言，国际电信联盟对网络空间的界定是比较全面的，它涵盖了用户、逻辑和物理三个层面的构成要素，更具技术性和科学性。其他国家的定义则更多地侧重其中的某些方面，例如美国同时强调了硬件和软件数据两个层面的安全威胁，英国侧重逻辑层面的应用软件和数据交换、管理。

而对于网络空间治理这一概念，2005年，信息社会世界高峰会议②在突尼斯召开，此次会议将“互联网治理”具体定义为：“有关互联网治理的工作定义是由政府、私营部门和民间团体通过发挥各自的作用制定和应用的，它们秉承统一的原则、规范、规则、决策程序和计划，为互联网确定了演进和使用形式。”③

除此之外，网络空间治理领域的学者米尔顿·穆勒和汉斯·克莱因也给互联网治理提出了自己的定义，他们在《全球治理》杂志中撰文指出：“互联网治理指的是由互联网协议联系在一起的网络拥有者、运营商、开发商以及网民，通过集体决策的方式，就网络技术标准、网络资源分配、网络用户的行为规范，制定政策、规则以及争端解决程序。”④

虽然相关国际组织以及专家学者都对网络空间治理的概念给出了明确的定义，但是对于什么是网络空间治理的争论仍然没有停止。其焦点主要集中在：第一，网络空间治理的权威应由什么构成？换言之，网络空间治理的参与

---

① “ITU Tool kit for Cyber crime Legislation,” p.12, http://www.itu.int/cybersecurity.

② World Summit on the Information Society, WSIS.

③ 信息社会世界高峰会议.突尼斯阶段会议[Z/OL]. http:/ /www.itu.int/wsis/docs2/tunis/off/6rev1-zh.pdf.

④ Milton Mueller, John Mathiason,Hans Klein. *The Internet and Global Governance: Principles and Norms for a New Regime* [J]. Global Governance, Vol.13, 2007.

主体应该包括哪些行为主体？第二，网络空间治理的目的是什么？它究竟应当解决哪些具体问题？[①] 可以说一时间众说纷纭，各执一词，而更确切地来说，国际社会之所以无法就网络空间治理的主体及目标达成一致的共识，其实很大程度上是由于互联网的发展日新月异，可以说一日千里。目前研究的对象时刻发生着变化，因此，我们要摒弃传统的观点去研究变化万千的新鲜事物，用动态的和发展的眼光来研究网络空间治理问题，将网络空间治理的概念同网络空间治理的实践经验与发展方向紧密联系。通过以上分析，我个人比较倾向于网络空间治理的这一定义方式：即政府部门、国际组织以及相关技术专家，通过制定政策、规则以及争端解决机制，来解决互联网技术标准的确定、资源利益的分配以及网络空间安全事件的应对等方式的统称。

由于互联网的全球互联互通，决定了它的根本属性必然是国际性，因此互联网空间治理需要全球范围的共同努力。由于任何互联网治理行为都可能产生跨越国境的效果，所以互联网治理问题绝不仅仅是单纯的体现国家的意志，而是更需要全世界各国意志在国际层面上的统一协调，唯有如此才能有效地维护互联网的整体秩序和促进国际互联网的有序健康发展。

综合来看，互联网空间的全球治理问题主要包括以下这些方面的内容，首先是互联网关键资源的分配和管理，特别是涉及到国家信息安全的互联网公共事务需要各国的平等参与。第二，互联网领域的管辖权和内容治理措施的冲突，不同国家间的治理行为有可能相互冲突，引发争议，因此这类冲突的解决和避免需要国家之间的合作与协商。第三，包括网络间谍、网络恐怖主义、网络战的全球问题，需要依赖于各国之间步调一致的联合治理，才能从根本上控制它们的蔓延趋势。所以我们说互联网全球治理不可能是割裂的和片面的，而必然是处处体现国际协商与合作的治理。

毫无疑问互联网治理首先应该强调的是政府治理，要做到有效的政府治理必然需要各国的协商合作。只有规范、协调好互联网治理中的国家行为，明确各国在互联网治理领域的权利和义务，才能使互联网在良好的国际合作氛围中维持稳定并长久发展。

---

① 蒋力啸：《试析互联网治理的概念、机制与困境》，《江南社会主义学院学报》，2011年第3期，第35页。

二、全球网络空间治理的国家对策与机制建设

（一）国家对策

由于网络空间治理涉及到政治、经济、军事、文化等多个维度，因此对于网络空间的治理必须站在战略的高度通盘考虑，就更需要有较为完备的网络空间战略体系建设以及制定全方位的网络安全政策，在这一方面，全球各个国家的努力结果不尽相同，但大多都在加大投入和研发力度。

1. 美国

美国是迄今为止发布网络空间安全战略最多的国家。早在克林顿总统任职期间，就认识到信息基础设施的重要性，克林顿政府于1998年5月颁布了第63号总统令（PDD63）——《克林顿政府对关键基础设施保护的政策》，该总统令虽然并非严格意义上的战略文件，但直到现在依然对美国网络空间安全建设具有重要的指导意义。布什政府更加重视网络空间安全，"9·11"事件后，美国政府先后成立了"总统关键基础设施保护办公室""总统网络安全顾问""国家网络安全局"等机构。同时在"网络安全和通信办公室"下设国家网络安全处，负责制定国家的整体网络安全战略及其总体规划。[①]

2003年2月美国发布了《保护网络空间安全国家战略》，正式将网络空间安全提升到国家安全的战略高度加以谋划。[②]2008年1月8日，又发布了第54号国家安全总统令——《国家网络安全综合计划》，由于是密令，该计划一直对外保密，直到2010年3月才解密其部分内容。[③]奥巴马政府上台后，网络安全更是受到空前重视，先是开展网络空间政策评估行动，出台了相关报告，针对五角大楼、国家安全局、国土安全部等网络安全部门存在职能冲突，许多新成立的机构严重缺员，在应对网络突发事件时各自为战的局面。奥巴马

① 《美国政府及军方对网络安全采取的政策措施》，2008-6-2，http://jxic.jiangxi.gov.cn/Html/200862105032-1.html。

② The National Strategy to Secure Cyberspace[EB/OL].http://georgewbush-whitehouse.archives.gov/pcipb/physical.html

③ The Comprehensive National Cybersecurity Initiative[EB/OL].http://www.whitehouse.gov/sites/default/files/cybersecurity.pdf.

政府2009年2月专设“国家网络安全顾问”一职，负责协调联邦机构力量并直接向总统报告工作。[①]2009年5月又发布《网络安全评估报告》，宣布设立美国政府“网络安全协调员”一职，统管美国网络安全事务。同时增设“白宫网络安全办公室”，直接对国家安全委员会和美国总统负责，凌驾于军队和政府情报部门之上，负责统筹全国网络安全事务。

奥巴马总统对网络空间政策给予了强有力的支持，相继发布了《网络空间可信身份国家战略》、《网络空间国际战略报告》以及《网络空间行动战略报告》。随后，美国国防部、国土安全部、商务部也先后推出本部门的网络安全战略。2012年5月2日《华盛顿邮报》报道，军队高级领导人正建议将网络司令部提升到一个完全作战司令部的地位，以向敌人发出信号，美国军队对保护美国网络空间的作战能力是认真的。退役的空军中将坎贝尔说:“它无疑强调了网络作为战略优先事项的重要性。它缩短了总统和国防部长的指挥链。”美国由原来的政府部长层级，提高到总统层级的网络安全领导体制调整主要是为提高网络安全的工作领导和协调的层级形成综合性国家网络安全领导和协调体制。[②]

2. **欧盟国家**

目前，已有10多个欧盟成员国先后发布了本国的网络安全战略。2007年，爱沙尼亚遭受网络攻击，成为第一个发布网络安全战略的欧盟国家，爱沙尼亚的措施建议主要针对管理、教育和合作等民用领域。2008年，芬兰和斯洛伐克分别出台了各自的战略，芬兰战略主要包含数据安全问题和经济重要性问题，而斯洛伐克则主要侧重于预防、准备和可持续发展等方面。2011年是欧盟成员国网络空间安全战略的“发布年”，捷克、法国、德国、荷兰、英国等国纷纷推出各国保护网络空间安全的战略和政策，其中，英国曾于2009年发布首份国家网络安全战略，2011年11月，英国政府公布了新的《网络安全

① 程群:《奥巴马政府的网络安全战略分析》,《现代国际关系》，2010年第1期，第10页。

② 《美有意大幅提升“网军”地位》,2012年5月3日，http://news.xinhuanet.com/mil/2012-05/03/c_123069596.htm。

战略》，在高度重视网络安全基础上进一步提出了切实可行的计划和方案。[①]英国在国际合作方面将美国放在了首要地位，视其为最亲密的盟友，配合美国的网络信息安全战略。近年来，英美两国多次举行高级别的网路安全演练，涉及两国核心的政府信息系统，表明两国依然保持着深层次信息互通的密切关系。

在网络空间治理上，德国将网络空间分解为三个独立的子空间，即重要信息基础设施、公众和小型企业信息系统、公共领域信息系统。德国政府对第一空间有较强的控制和调控能力；对于第二空间，德国政府将通过国家认证和专项资金等激励机制为绝大多数公众和中小企业使用信息系统提供安全支持；对于第三空间，德国政府将通过建立联邦网络、预算支持、与CERT[②]合作三项措施加强公共领域系统安全。德国网络战略报告明确提出，网络信息安全方面首先考虑与欧盟网络与信息安全局合作，其次与欧盟合作，然后与北约及其他伙伴合作。作为北约成员国，德国更关注在欧盟框架下的自身利益和领导地位，不像英国与美国互动密切。在2011年第47届慕尼黑安全政策会议上德国总理默克尔呼吁国际间加强协作共同应对网络攻击威胁，建立国际网络空间协定。

法国在网络空间治理上，侧重的是信息系统，体现出其在战略考虑上的独立性。法国既主张通过互联网向意识形态不同的国家推广民主、自由的西方价值，又提出文明网络防范美国通过《网络可信身份国家战略》导致同化。法国战略的独立性是基于其技术上的先进性和对网络全球治理主导权的期待，体现出其对美国战略的警惕。法国网络安全战略的目标是成为与美、英等并肩的网络安全强国，掌握核心信息安全技术，特别是以密码技术为代表的基础性技术，保证地方政府及基础设施运营单位对密码产品的需求。法国力主向全球推广自己的互联管理理念，期待带领欧盟摆脱对美国技术的依赖，打破美国互联网企业的垄断地位，独立性战略透露出法国对全球网络治理主导

① "The UK Cyber Security Strategy: Protecting and Promoting the UK in a Digital World,"November 2011, http://www.cabinetoffice.gov.uk/sites/default/files/resources/The%20UK%20Cyber%20Security%20Strategy-%20web%20ver.pdf.

② 计算机安全应急响应组（Computer Emergency Response Team）是专门处理计算机网络安全问题的组织。

地位的觊觎。[①]

整体来说，欧盟国家虽在网络防御领域与美国合作密切，却未保持整体上一致。其合作的一面体现在2010年创建的“欧美网络安全与网络犯罪工作组”，欧盟、美国联手打击网络犯罪，借助北约平台与美国共同维护网络安全，形成对俄罗斯的防范性遏制。不一致体现在欧盟倾向于选择包容性广的全球治理模式，多次建议美国让出对互联网域名管理权的独揽，所以欧盟国家与美国在网络空间全球治理方面依然存在许多的博弈。

3. 其他发达国家

日本对网络空间安全问题的重视程度仅次于美国，日本政府于2006年制定了《第一份国家网络空间安全战略》，对2006财年至2008财年的网络空间安全做了中长期战略规划；2009年2月，又根据社会环境的变化，在第一份战略的基础上制定了《第二份国家网络空间安全战略》，这份战略也为期三年，涵盖了2009财年到2011财年日本保护网络空间安全的相关措施；2010年5月，政府又出台了《保护国民网络空间安全战略》。此外，还推出许多补充性的网络空间安全政策文件。日本在《日本保护国民信息安全战略（2011—2013）》中同样体现以“信息”为基点的技术发展优势。与此同时，澳大利亚、加拿大也分别于2009年、2010年出台了各自的网络安全战略。对于美国的传统盟友而言，澳大利亚、加拿大的战略中体现了与美国密切合作的主体思路，将网络空间安全防御内容添加到本国与美国传统的军事合作协议中，如《澳新美安全条约》。

4. 新兴市场国家

新兴国家对网络空间安全重要性的认识程度不如西方国家，但是近年来也有不少国家或已经出台或正在制定相关战略。2010年10月，俄罗斯联邦国家第1815-p号政府令批准《俄罗斯联邦国家“信息社会”纲要（2011—2020年）》，该纲要确立了俄罗斯联邦国家信息社会领域政策的优先发展方向、基本目标和任务，阐述了主要纲要措施清单及其实施期限和预期效果，同时还介绍了一系列配套措施。[②]俄罗斯为战略定名为《俄罗斯联邦国家“信息社会”

① 周亮:《各国网络安全战略之争议》,《电力信息化》2013年第1期，第10页。

② 来源于中国经济网[EB/OL].http://intl.ce.cn/specials/zxgjzh/201203/01/t20120301_23118608.shtml。

纲要》。俄罗斯强调，信息包括经过加工和未经加工资料；网络是由人类加工而成的，这一本质特征也决定了存在于网络中的数据同人脑、以及书籍、文献中的资料一样，都是信息，应当在“信息安全”的框架内加以讨论。印度2011年5月也出台了《印度国家网络安全政策（草稿）》，从管理、技术、教育、责任四个角度详细论述了印度保障网络安全的战略举措。[①]

（二）全球网络空间治理的国际机制构建

在网络空间全球治理上，除了国家行为体在网络空间治理方面的努力之外，要在全球网络空间治理领域取得突破性进展，更多还需要在构建国际机制上下功夫，需要下大力气打造国际行为规范、共同信任机制以及多边协调领域。

1. 构建国际行为规范

作为一个新兴的领域，网络空间治理目前还没有一项专门适用的国际法，只有国际人道主义法和布达佩斯网络犯罪公约可以援引。国际人道主义法是指出于人道原因设法将武装冲突所带来的影响限制在一定范围内的一系列规则的总称，它保护没有参与或不再参与敌对行动的人，并对作战的手段和方法加以限制，因此也被称作战争法或武装冲突法。虽然网络战也可以看作是另一种类型的武装冲突，但二者还是有很大的差别，因此，国际人道主义法对网络战的约束有相当的局限性。

而布达佩斯《网络犯罪公约》是2001年由欧洲理事会的欧盟成员国以及美国、加拿大、日本和南非等30个国家的政府官员在布达佩斯所共同签署的国际公约，也是全世界第一部、也是迄今为止唯一的一部针对网络犯罪行为所制订的国际公约。但是，由于它的管辖范围主要针对网络犯罪方面国家间法律与合作的协调，因而也不足以应对网络空间的诸多威胁和挑战。[②]

联合国框架下的国际电信联盟一直在积极推动达成一项网络空间治理的国际条约。2010年2月，国际电信联盟主席呼吁加紧推动网络空间安全国际条约的谈判。同年7月，联合国制定了一项旨在削减计算机网络风险的条约草

---

① 张莉：工信部赛迪智库研究报告:《世界主要国家网络空间安全战略》简析。

② 郎平:《网络空间安全：一项新的全球议题》,《国际安全研究》，2013年第1期，第139页。

案，包括美国、中国和俄罗斯等在内的15个成员国签署了该项协议。协议建议由联合国起草一份网络空间的行为准则；成员国间交换彼此网络空间立法和安全战略的信息；强化不发达国家计算机系统保护的能力。[①]

目前，国际社会普遍认为，互联网已经成为了“全球性公共设施”[②]，是“全人类共同的财富”，因此“对于与互联网有关的国际公共政策问题，各国拥有权利并负有责任”[③]。但是我们也应看到，互联网与国际法上其他的“人类共同财产”相比存在很大差别。其一，与公海、外层空间、无线电频谱这些人类共有的自然资源不同，互联网是完完全全的人造物品，开发使用不会令其消耗，反而使它更为繁荣；其二，公海制度可以规定“任何国家不得有效地声称将公海的任何部分置于其主权之下”，互联网却恰恰相反，其价值在于作为整体的使用，而不是瓜分，构成互联网的设备本来就各具所有权人。因此，互联网的共有共用制度必然要比自然资源的共有共用更为复杂，互联网治理权的平等分配和共同行使也就显得更为重要。

治理权是互联网治理领域国际法的最基本制度，其他制度均需建立在治理权平等的基础之上。这一观点已经得到国际社会的普遍认同。信息社会《日内瓦宣言》第49条A款明文指出：“与互联网有关的公共政策问题的决策权是各国的主权。对于与互联网有关的国际公共政策问题，各国拥有权利并负有责任。”前一句话明确了各国对互联网在其国内的部分拥有排他的主权，后一句话则宣告了互联网由全人类拥有和管理，应当共同利用、协商治理。各国的实践也在逐渐与这一制度取得一致。确立了各国平等享有互联网治理权的制度，互联网国际合作治理的开展才真正成为了有源之水，有本之木，互联网治理领域的其他国际法制度才有了存在的可能。[④]

由于世界主要几个大国在网络空间治理国际条约的性质和实施上存有不同意见，使得网络空间国际法制建设的进展目前仍然十分缓慢。由于在网络空间治理方面法律和制度规范的缺失，使得目前在网络空间领域，各大国之

---

① Ellen Nakashima, “15 Nations Agree to Start Working Together to Reduce Cyberwarfare Threat,” Washington Post, July 17, 2010.

② 信息社会世界首脑会议《原则宣言》第48条。

③ 信息社会世界首脑会议《原则宣言》第49条A款。

④ 朱博夫:《互联网治理的国际法研究》，中国政法大学2009年博士论文，第17页。

间存在着较多的分歧，因此寻找共同利益，构建更为有效并且具有制约力的国际机制，尤其是出台具有约束力的互联网国际法已经成为当务之急。唯有如此，网络空间的全球治理才能真正走到一条可持续发展的道路之上。

2. **塑造共同信任机制**

由于缺乏有效的国际法制约，所以互联网并不是建立在合法权威之上。网络目前仅仅是多个组织互相依赖的结构，组织之间没有上下级的隶属关系。不同的国家和国际组织，如何在缺少国际法的约束和限制的条件下，联合起来共同解决面临的问题，并最终达成一致意见，这就迫切要求构建一种共同信任机制。

在组织行为学的角度看来，信任的程度影响着组织的运转，信任可以降低交易成本，促进组织的有效运转。信任是合作关系的粘合剂，信任的缺乏会破坏联盟关系。德国社会学家卢曼在1979年出版的《信任与权力》一书中提出，信任是简化复杂性的机制之一；因此我们说，网络中的信任是一种具有风险的行为。信任是不确定的、易逝的、有风险的。信任不仅需要共同的信仰，也需要共同的义务和预期。[①]

正是基于这一点，在网络空间找寻到各个国家行为体之间能够达成合作的共同义务和预期，是目前最迫切的任务。网络发达国家以及网络发展中国家都亟需在日益凸显网络空间犯罪、网络空间冲突中找到有效的解决机制。如果在网络空间全球治理问题上不能达成有效的信任机制，很容易陷入网络空间的“安全困境”中。

在传统安全研究领域，一旦国家安全受到威胁的时候，各国政府首先关心的是如何消除安全威胁，因此在国际社会中缓解安全困境的最重要方法是增强国家之间的沟通和信任。国与国之间可以通过合作，来避免出现安全困境，换而言之，国家之间可以达成一个共识，即双方都不增强国防力量，这样对于双方都是有益的。殊途同归，在互联网世界也是这样的道理，必须通过在网络世界有影响力的国家之间积极展开合作，成立各种沟通机制，尝试通过对话和合作来增强相互之间的信任，通过减少他国疑虑，来减弱网络空间的安全困境。

① 鄞益奋:《网络治理：公共管理的新框架》,《公共管理学报》，2007年第1期，第93页。

世界上与网络有关的主要国际组织有十几个，所涉及的领域主要包括：互联网治理、网络犯罪、网络恐怖主义以及网络战。其中，在互联网治理领域国际社会达成的合作最多；在打击网络犯罪和网络恐怖主义领域达成的合作次之；在网络战领域国际社会的合作最少，只有作为军事同盟的北约和具有战争授权功能的联合国才在这一领域有所涉及。[①] 换言之，由于缺乏更深层次的共同信任机制，网络空间的国际合作还停留在较低层次的标准制定和共同打击犯罪上面，而对网络安全威胁最大的网络战却难以达成合作，因此网络空间治理最重要的还是在于构建共同信任机制，这样才有可能达成高层次的合作。

3. 强化多边协调机制

在国际关系领域，为了解决共同关心的国际和地区事务问题，外交部门往往通过多边协调机制来实现。传统安全领域如此，在非传统安全领域也同样可以借鉴。在网络空间治理领域，国际社会也可以采用“搭便车”的模式，在目前已有的多边协调机构联合国、欧盟、北约、八国集团、经合组织、上海合作组织等组织中，逐步地加强了成员国间有关网络安全问题的合作，并通过这些多边协调机制设立相关的网络空间治理机构以推动共同行为准则的制定。

为了有效地构建网络空间领域协调的多边机制，各主要互联网大国之间必须扩大共同网络利益。在维护全球网络安全的领域中各个主要大国之间其实有很多共同利益。网络空间不仅是实体空间的全面映射，而且也是人类社会全新的“命运共同体”，尤其是世界第一、第二大经济体美国和中国，已成为网络经济的最大受益者，同时双方也都对网络依赖很深。中美网民相加占全球网民总数的三分之一，这些事实都将使得中美网络空间利益关切点将越来越重合，而其余网络大国德国、英国、法国、俄罗斯、日本、韩国等也将在网络空间全球治理领域发挥重要的作用。

所以我们说，在各国家行为体协调传统安全问题的同时，要逐步提升新兴的网络空间安全问题作为其中的重要内容进行协调和磋商，并形成定期化会晤机制，解决目前网络空间治理面临的问题，并设计合理的制度规范极有

① 李莽:《网络空间的安全困境》,《亚非纵横》2013年第3期，第57页。

可能出现的网络空间大范围冲突，避免由此带来的灾难性后果。只有通过积极打造基于网络空间治理的多边协调机制，才能更好地避免各国之间在网络领域的战略误判，做到在网络空间和平相处、有效治理。

三、中国面临的挑战

根据上文中提到的网络空间治理的定义我们可以看出，网络空间治理主体的不断发展变化，可以说涉及到多维度的研究领域。而归结起来最重要的还是研究互联网技术手段的变迁对传统安全模式产生的影响，这无外乎集中在政治、经济、军事、文化领域等范畴内。

（一）网络空间治理的政治议题

在传统安全观的视角下，政治安全是国家安全最核心的领域，是主权国家存续的根本因素，主要以主权独立、领土完整、政权稳固、社会稳定等形式表现出来。政治安全随着信息网络技术的发展和广泛应用，也发生了很大变化，出现了信息网络时代的政治安全。我们所讲的网络空间治理中的政治安全，主要指的是在信息网络迅猛发展的新环境下，一个主权国家有效防范来自外部的政治干预、压力和颠覆以及内部敌对势力的破坏活动，确保国家政治制度的安全、稳定，维护国家主权和领土完整，增强国际地位的正常运行模式。

相对于传统的政治安全来说，信息网络时代的政治安全呈现出许多新的特点。第一，安全的内涵发生了变化。这里讲的国家安全不再是传统意义上的政治安全，而是基于信息网络的安全，信息网络安全成为政治安全中最核心的因素和重中之重。第二，安全的外延发生了扩展。国家安全不仅包括传统的领土疆界安全、领空疆界安全、领海疆界安全，还包括网络空间这一虚拟的疆界安全。第三，安全防范的难度加大。由于网络空间的特殊性，使得许多涉及政治安全的信息变得容易泄露，并且对政治安全构成威胁的因素也逐渐增多，政治安全面临威胁的可能性随之增大。第四，安全的复杂性加大。信息网络把纵横交错的不同层次的社会各部门联接起来，形成错综复杂的社会网络，这种关系越复杂越易受攻击，并且破坏性后果越严重。由此可见，在信息网络技术广泛应用的时代，一个国家的网络空间安全如果得不到保障，必然会损害它的政治安全。

1. 网络空间政治动员事件频出挑战政府权威

在网络时代，任何组织和个人都有可能利用以互联网为主的信息网络，危害国家政治稳定。他们一般通过在SNS、微博、微信等渠道进行发布号召、施加舆论影响和组织动员政治活动等工作来达到他们的政治目的。正是有了Web2.0时代的全新网络传播模式，这使得在现实世界中很难实现的政治目的或无法进行的政治活动，可以通过Web2.0的网络轻易地实现。这也给一些非法组织进行其政治活动提供了可乘之机。网络上的政治活动虽然无形，但其产生的影响和传播速度却是相当惊人的；由于Web2.0时代的网络便捷性，成千上万的分布在各地的小群体有可能瞬间组合，达到以往前只有政党、社会团体和工会之类大规模组织才有的那种广泛的联系网络，从而出现了一种新型的社会现象，我们称之为虚拟社群。这种社群虽然没有严密的组织体系，却能使素未谋面的人紧密团结。当需要举行政治活动时，它更是起到了快速召集的作用，其影响力很难简单估量，伴随着信息技术的发达和信息网络的普及，这种影响可能会变得越来越深远。①

2. 网络空间和平演变宣传威胁政权稳定

美国为首的西方资本主义国家依靠其优越的综合国力，加紧对外输出意识形态，不断对不同社会制度的国家政府，特别是对弱小国家的政府进行颠覆性活动，迫使他们成为美国的利益代言人，这已经成为美国外交战略的重要组成部分。他们所常用的和平演变的手段，包括军事援助、经济援助、代理人政变、情报战和直接军事干预等。

进入21世纪以来，随着卫星通讯技术和计算机互联网络技术的应用和发展，美国等国家获得了干涉别国内政、进行颠覆活动的一项新手段。那就是通过Web2.0时代覆盖全球的信息网络进行和平演变。美国著名国际战略专家约瑟夫·奈就曾提醒美国政府："信息优势将和美国外交、美国的软实力——美国民主和自由市场的吸引力一样，成为美国重要的力量放大器。信息机

---

① 王强:《论网络空间安全在国家安全中的战略地位》，山东师范大学硕士论文2006年，第10页。

构……应作为比以前更强大、更高效、更灵活的工具来发挥作用。”[①] 这句话的所表现出来的深层含义就是为了推行其政治制度、价值观念、民主思想、意识形态等，美国和某些国家会运用互联网手段，通过互联网空间，在目标国家组织煽动性、颠覆性宣传。这种颠覆性宣传，轻则造成人民对政府的不满，重则导致国家政权的崩溃，2011年底爆发的“阿拉伯之春”运动，互联网媒体就在其中发挥了很大的促进作用，由此可见，网络空间的和平演变也应该引起我们的高度重视。

（二）网络空间治理的经济议题

在传统安全领域，经济安全在国家安全中占有极为重要的地位。从经济安全的内涵来分析，经济安全主要是指维护国家经济的持续、稳定、健康发展和国家经济利益，不受内外界的干扰、侵犯和破坏。从外延看，经济安全是指经济全球化时代一国保持其经济存在和发展所需资源有效供给、经济体系独立稳定运行、整体经济福利不受恶意侵害和非可抗力损害的状态和能力。

随着信息网络技术的发展，利用信息网络进行的经济活动日益频繁，范围也日益广泛。经过多年的努力，我国已经基本建立起了经济、科技、银行、铁路、民航、海关等众多系统的信息网络基础设施。但是，由于很多无法克服的技术漏洞和安全缺陷，再加上许多人为的破坏，在短短十几年的发展中，网络信息系统暴露出极大的安全隐患，很大程度上增加了社会经济的不安全因素。如果这个信息网络系统中的任何一个环节发生问题，都将影响我国的经济安全。

1. 我国信息产业核心技术发展堪忧

信息技术的飞速发展，不仅为经济持续稳定增长提供了强大的物质技术基础和手段，而且造就了经济发展的新增长点——信息产业。只有信息产业发展安全，信息才能安全，我国的国民经济才能安全运行，国家安全才有保障。但是，我国信息产业的发展状况引人担忧。目前，我国信息产业的自主开发能力还很低，许多核心部件仍为原始设备制造商所垄断，核心技术的开发仍然受制于人，在互联网领域尤其如此。互联网流量监测机构Net

① 张新华:《网络空间安全：威胁与战略》，上海人民出版社，2003年版，第405页。

Applications在2013年12月发布的数据显示Windows操作系统市场占有率为90.83%，国产中文操作系统发展严重滞后，根本无法与微软公司相抗衡。这一情况意味着目前我国绝大多数的电脑用户在日常工作、生产及生活中都将离不开微软公司的Windows操作系统，一旦失去这一操作平台，国产的大部分软件都将无法正常运行。近些年来流行的Iphone手机、IPAD电脑都是美国苹果公司开发设计，几乎占据了中国智能移动客户端市场1/3，一旦这些手机里带有后门或者间谍软件，后果将不堪设想，与此同时，全球共有13台根域名服务器。这13台根域名服务器其中10台设置在美国，另外各有一台设置于英国、瑞典和日本，而我国没有一个。

国外大型跨国公司为抢占和控制我国的信息产业市场，采取各种手段，高薪雇用我国有关人员，充当他们打开市场之门的先锋，在激烈的竞争中抢占有利地位。更为可怕的是，我们对发达国家或跨国公司提供的关键装备中可能事先做的手脚无从检测和排除，这将造成既花费了大量资金又买来了经济运行中的不安全因素。可见，在目前我国信息产业发展水平较低且受制于人的情况下，信息产业自身的安全无法保障，网络空间安全岌岌可危，整个国家的经济安全也存在巨大隐患。

2. **网络经济犯罪日益威胁国家经济安全**

信息技术的发展，促进了全球电子商务的突飞猛进，企业、银行，甚至国家的经济业务大体都实现了网络化，世界经济正在飞速进入网络经济时代。人们在享受互联网带来的便捷的同时，往往忽略了它带来的危害。正因为如此，信息网络在为人类带来巨大经济效益的同时，也使违法犯罪分子谋取巨大非法经济利益有机可乘。网络经济犯罪应运而生。

目前不管是组织还是个人使用电子商务的频率都日益频繁，网络经济犯罪组织者为了达到目的，花样频出，有的以非法复制、出版、传播等形式，侵犯他人知识产权牟取暴利；有的通过网络电子商务活动进行洗钱活动，将其非法收入合法化；有的通过互联网组织赌博活动；有的通过网络将非法程序，如间谍软件、木马病毒安装到他人的计算机系统中，收集和获取商业秘密；犯罪手段的专业化、智能化，犯罪空间的虚拟化、扩散化，犯罪行为的隐蔽化等特点让网络经济犯罪的危害大大增强。

日益猖獗的网络经济犯罪，扰乱了我国市场经济秩序，破坏了国民经济健康运行的外部环境，给银行、企业、个人的财产造成了重大损失，最终严重威胁着国家的经济安全。

（三）网络空间治理的军事议题

传统意义上的军事安全，主要是指国家运用军事力量捍卫国家安全，维护国家主权完整和长治久安，保卫人民生命财产，为国家发展和人民生活提供一个相对稳定的内部和外部环境。信息技术革命的迅猛发展引起了军事领域的巨大变革，军事安全面临着许多新的问题和挑战。

一般而言，先进的科学技术往往率先运用于军事领域。因此军事领域是信息需求较为广泛、应用最为集中的领域。随着信息技术在军事领域的广泛应用，战争形态发生了全新的变化。不管是军事理论还是作战样式都在发生深刻变革。在信息时代，军事领域的各种信息攻防手段快速发展，信息系统与网络成为新的作战要素，网络空间正在成为攸关国家安全的重要战场。①

美国著名军事学家詹姆斯·亚当斯在其所著的《下一场世界战争》中预言："在未来战争中，计算机本身就是武器，前线无处不在，夺取作战空间控制权的不是炮弹和子弹，而是计算机网络流动的比特和字节。"② 冷战后世界上爆发的几场局部战争均显露出信息化战争的明显特征。在阿富汗战争和伊拉克战争中，进攻一方都是首先通过控制战场的制电磁权而对防御一方实施信息压制。而其中最具代表性的当属2011年1月16日，美国《纽约时报》的报道称美国和以色列联合研制的名为"震网"的电脑蠕虫病毒，成功袭击了伊朗的纳坦兹铀浓缩工厂等核设施。报道中指出美国和以色列在一场看不见硝烟的"网战"中延迟了伊朗的核计划。③

随着信息技术未来在军事领域的更为广泛地运用，各国在维护国家军事安全方面将会面临更严峻的挑战。如何在新时期更好地维护我国的国家主权和领土完整，对于我国而言已经箭在弦上，只有不断推进中国网络空间安全建设的战略决策，充分提高信息化条件下的防卫作战能力，才能更好地维护

---

① 李仲良：《信息时代的国家安全与网络空间安全研究》，《现代情报》，2008年第12期，第81页。

② 熊光楷：信息时代的国家安全 http://military.people.com.cn/GB/42967/5705064.html。

③ 伊朗"震网"病毒。http://mil.gmw.cn/2011-01/24/content_1567896.htm。

国家利益。

1. 变幻莫测的网络战威胁国家军事安全

网络战正在成为高技术战争的一种日益重要的作战样式，网络战一般分为两大类：一类是战略网络战；另一类是战场网络战。战略网络战又有平时和战时两种。平时战略网络战是，在双方不发生有火力杀伤破坏的战争情况下，一方对另一方的金融网络信息系统、交通网络信息系统、电力网络信息系统等民用网络信息设施及战略级军事网络信息系统，以计算机病毒、逻辑炸弹、黑客等手段实施的攻击。而战时战略网络战则是，在战争状态下，一方对另一方战略级军用和民用网络信息系统的攻击。[①]

网络战可以兵不血刃地破坏敌方的指挥控制、情报信息和防空等军用网络系统，甚至可以悄无声息地破坏、瘫痪、控制敌方的商务、政务等民用网络系统，不战而屈人之兵。

目前实现网络战主要通过以下手段实现：窃取国家最高决策层或军事要害部门的机密文件、敏感数据、网络口令等，获取可靠情报；直接侵入保密信息的存放地址，销毁或修改网络上的机密信息资源，达到破坏信息资源和扰乱指挥系统的目的；阻塞敌方信息流，使敌方指挥系统无法收集信息，无法下达军令，中枢控制系统耳目闭塞；集中攻击敌方信息系统关键结点，撕裂、肢解敌方统一的信息网络，破坏敌方的信息集成系统；深入敌方网络内部，安置木马、病毒、逻辑炸弹，或通过电子间谍源源不断地向一方提供对方的信息情报，或在战机成熟时引爆病毒，使敌方指挥控制中心瘫痪。

2. 网络间谍攻击设施危及军事安全

随着信息网络深入到社会生活的方方面面，军用网络和民用网络的界限越来越模糊，且相互依赖，这给了“黑客”领域里的网络间谍以更大的发挥作用的空间。在平时，网络间谍不仅攻击、瘫痪民用系统，破坏国民经济，而且还通过民用系统对军事系统进行致命的打击。美国国防部国防信息系统局认为，目前美军95%的军用通信要依赖民用通信系统。[②] 这表明，破坏其军

---

① 美国开始制定网络战战略。http://www.pladaily.com.cn/big5/pladaily/2003/02/17/20030217001150_todaynews.html

② 来源于解放军报。http://www.chinamil.com.cn/pladaily/jsgc/20001117/gb/20001117008001_rdts.html。

队的数字化通信网络，既可通过军用通信网络直接实施，也可借助民用通信网络间接实施。打击力量会来自敌对国家的武装力量、有组织的非武装力量、非政府组织和个人。要在技术上完全拦截网络间谍的攻击，几乎没有可能，谁也不能保证自己的网络系统不存在任何安全漏洞。

在网络战爆发时，网络间谍出于自己的政治信仰、良心、爱国主义情感或其他原因，往往会对战争中的某方发动比平时更为猛烈的攻击。他们虽然不能决定战争的胜负，但足可以在一定的时空范围内给敌方造成很大的损失，其作用不容低估。

3. 制网权之争成为军事安全的重要因素

古往今来，战争各方总是希望在占有充分、完备信息的情况下进行决策，“知己知彼，百战不殆”是对这种思想的经典概括。可见，信息对战争进程和结局具有重大影响，谁具有信息优势，谁就能在军事对抗中占据有利地位。在信息技术广泛应用于军事领域的情况下，制网权的重要性更加凸显，制网权对于军队就像大脑对于人体一样重要。[①]

在信息技术时代，战争的结果已不再主要取决于战争各方投入的资源、人力的多少，而是主要取决于谁在整个战争中对信息掌握得更多、更准确，谁对信息利用的更好，即取决于“制网权”在谁手里。所谓“制网权”，就是能够收集、处理和分发不间断的信息流，同时剥夺对方精确获取、处理、传递信息的能力。夺取“制网权”，就是夺取信息的获取权、控制权和使用权。能否夺取“制网权”，将成为战争胜败的关键。“制网权”在战争中的作用表现在：一是通过夺取并保持网络空间优势，能为指挥员提供准确、实时的战场信息，使指挥控制与战场实际相融合；能使己方的信息在战场上大量和及时流通，极大地促进各方作战力量的纵向和横向联系；能使战场各种物质和能量在信息的支配下，得到合理配置和有效利用，以释放出最大的作战效能。二是通过对敌方进行网络空间压制，使敌方丧失战场主动权，加速敌方失败。

① 王强:《论网络空间安全在国家安全中的战略地位》，山东师范大学硕士论文2006年，第24页。

（四）网络空间治理的文化议题

Web2.0时代，博客、微博、微信等网络交流工具的相继涌现并日益普及，带来了信息传播模式的重大变化，这一变化使信息流动更加便捷和畅通，加速了各国文化的传播与交流；同时信息传播广度和深度的变化也使一些国家面临维护本国文化安全的问题。

一些信息强国借助自身的便利条件，利用自己掌握的信息技术优势操纵文化传播媒介，试图将其价值观强加于目标国，对目标国倾销其文化产品。这最终导致目标国文化产业遭受严重冲击，本土传统文化有的甚至面临被“空心化”和“边缘化”的危险。

因此，网络空间安全在一定程度上能改变一个国家的命运，不能不引发我们更深层次的思考，尤其是如何在信息化时代充分运用本国信息手段的优势，传承和发展各种优秀文化传统，在保持文化独立性的基础上，维护和促进世界文明的多样性，有效地维护本国的网络空间安全，应成为众多主权国家共同关注和解决的重大问题。

文化安全是国家安全的一个重要领域，是指国家防止异质文化对本民族文化生活的渗透和侵蚀，保护本国人民的民族传统文化、意识形态、价值观念、行为方式、风俗习惯等不被重塑和同化的安全。文化安全是相对于“文化渗透”“文化控制”而言，是一种相应的“反渗透”“反控制”“反同化”的文化战略。信息网络技术的高速发展及其在文化领域的广泛应用，对一个国家的文化安全产生了重大影响。网络对我国文化安全的影响主要表现在以下领域：

1. 社会主义意识形态受到社交媒体冲击

网络空间的最大特点在于它的极度自由，而这种自由是超越国界的。西方发达国家凭借其雄厚的技术和经济优势，利用网络空间带来的一切便利条件大肆散布各种不同政治偏见，利用计算机技术制造、歪曲事实，而由于互联网络的结构及其技术的特殊性，国家和政府很难控制这种行为。与此同时，由于网络信息的跨国传递不受任何传统控制形式的约束，对意识形态的影响将超过至今为止任何一种传统媒体。在不平衡的信息流动中，信息输出大国通过在网上推行新的政治、文化的“殖民扩张”政策，加强对我国社会主义意识形态的渗透。

由于我国政府长久以来对意识形态的控制力主要集中于传统媒体领域，对互联网这种意识形态斗争的新领域还缺乏足够的经验，使得我们在国际意识形态斗争中处于非常不利的地位，尤其是在微博、微信等web2.0平台的出现之后，信息传播的速度变得更快，政治动员效果变得更为明显，于是西方敌对势力通过积极培植意见领袖，加紧对华输出价值观，通过网络民意来进行渗透以及颠覆活动，因此加强在网络空间的意识形态建设已经变得至关重要。

2. 社会主义核心价值观和道德准则遭遇挑战

近几年来我们开始加强在社会主义核心价值观上的建设，打造社会主义自己的核心价值理念，抵御来自外部的文化渗透。一般意义来讲，社会主义价值观念是一种与资本主义价值取向相对立的、以实现共产主义为最高价值目标、以最广大人民群众的最大利益为价值标准、由一整套以集体主义为核心的价值规范体系构成、为社会主义国家广大群众身体力行的价值观念。这是我国屹立于世界民族之林和进行社会主义现代化建设的精神支柱。

但是，由于西方发达国家在信息网络世界占据着十分明显的优势，它们借助电影、电视节目、音乐、书籍、电脑游戏软件等通过互联网大肆传播本国的价值观念，自由主义、个人主义、实用主义等不良思想泛滥成灾，种族主义、民族歧视、宗教仇恨、色情信息、侮辱性言论等不良信息在网上畅通无阻，从而会自觉或不自觉地渗透到我国每一个网民的思想意识中，影响他们的价值取向，势必对社会主义核心价值观和思想道德观造成不容忽视的冲击。

四、中国的参与及应对

对于网络空间治理而言，国际机制的构建至关重要，而国内机制的配套也是重要的一环，归根结底网络空间治理必须结合本国实践来进行。2014年1月16日，中国互联网络信息中心（CNNIC）在京发布第33次《中国互联网络发展状况统计报告》（以下简称《报告》）。《报告》显示，截至2013年12月，我国网民规模达6.18亿，全年共计新增网民5358万人。互联网普及率为

45.8%，较2012年底提升了3.7个百分点，普及率增长幅度与2012年情况基本一致，整体网民规模增速持续放缓。与此同时，手机网民继续保持良好的增长态势，规模达到5亿，年增长率为19.1%，手机网民规模的持续增长促进了手机端各类应用的发展，成为2013年中国互联网发展的一大亮点。[①] 从网民发展速度与规模来看，中国已经是全球最大的网络国家，但总体来看，还算不上是“网络强国”，在前文中我们也描述了我国在政治、经济、军事、文化等诸多领域受到互联网的侵蚀。而在2013年6月的“斯诺登事件”也越发凸显了网络空间安全的重要性，在美国的网络空间安全攻击与防范对象中，中国往往都是首当其冲。

作为全球网络第一大国，网络空间的治理要上一个新的台阶，亟需站在战略的高度，依法进行综合治理，科学规范和调控发展，因此我们今后必须始终保持清醒头脑，立足社会主义初级阶段这个最大的实际，科学分析我国全面参与经济全球化的新机遇新挑战，全面认识信息化深入发展的新形势新任务，进一步强化信息化建设。

针对中国网络空间治理的现状和内外部环境，以及网络空间战略的整体需要，我们不仅是为了满足网络信息自身发展的需求，更重要的是为了在全球信息竞争博弈中获得更多利益，为了满足社会经济发展和提高国家综合实力的需要。[②] 所以我们在制定我国网络空间治理应对策略适应该遵循客观规律，学习借鉴国外的成功经验。结合我国的国情，制定既符合国际通行规则，又具备中国特色的网络空间安全战略，构建有中国特色的网络空间安全保障新体系。[③] 这样才能切实有效地处理好网络空间给中国国家安全带来的挑战。

（一）国际层面：积极参与建立互联网国际法治理的机制

互联网治理论坛成立于2006年11月，是联合国根据2005年11月在突尼斯举行的信息社会世界峰会的决定而设立的，是与互联网治理问题有关的开放式论坛，秘书处设在瑞士日内瓦。自 2006年设立以来，先后在希腊雅典、巴西里约热内卢和印度的海德拉巴召开了三次年会。尽管会议规模逐年增大，

① 中国互联网络信息中心：《中国互联网络发展状况统计报告》，2014年1月，第5页。

② 蔡翠红：《美国国家网络空间安全战略》，学林出版社，2009年第253页。

③ 卢新德：《构建网络空间安全保障新体系》，中国经济出版社，2007年第240页。

但迄今并未能促成任何实质性的成果出现。关于起草签署《互联网框架公约》的议题第一年便被提出和激烈讨论，此后两年也不断有国家重提此事，但由于美国的强硬态度和论坛的不具实权，每年都是讨论归讨论，现实归现实。[①]

所以在国际层面要建立以国际法调整互联网治理的长期机制，已经是当下的一个重要任务。虽然任务艰巨，但也不能操之过急，不能脱离了当前互联网治理的实际情况，不能寄希望于一夜之间便建立起全新的一套国际治理机制，而是应该正视美国在这一领域占据绝对优势、其他国家立场观点也不尽相同的现实，分阶段实现网络空间共同治理的目标。

必须借鉴目前联合国在其他领域治理中的先进经验，积极参考借鉴现有的国际法上类似问题的处理方法，认真比较该问题与互联网治理问题的异同点后取其精华去其糟粕加以利用，以求尽早形成较完善的能被普遍接受的方案。参考借鉴中必须注意参考对象的选择，如参照1982年《联合国海洋法公约》的模式就是不可取的，因为《联合国海洋法公约》的形成是对海洋法领域已经大量存在的习惯法的法典化，而且还综合了之前四项日内瓦海洋法公约的内容，互联网治理领域完全不具备这个条件。相比之下，1992年《联合国气候变化框架公约》产生的背景则与互联网治理的情况有些相似，例如两者同样涉及全球性共同利益的实现，同样包含非政府组织等多种利益主体的参与，需要规定的原则和规则都不是十分细致具体，以及需要为未来可能出现的新问题设计好讨论和解决机制等等，在构建以国际法调整互联网治理的实践中可以从该公约中汲取不少有益的经验。[②]

在构建互联网国际法治理的过程中，应该积极发挥国际会议以及国际组织在其中的作用，努力推进网络空间国际法的建设。作为全球互联网第一大国，中国的作用不容忽视，缺少了中国的参与，网络空间的国际法建设可谓是无源之水无本之木，因此中国应该在网络空间国际法建设中积极参与，献计献策争取更多的话语权。

---

① 龙真:《群雄不服美国独揽控制权，国际互联网面临分裂危险》,《IT时代周刊》, 2007年第23期，第44页。

② 朱博夫:《互联网治理的国际法研究》, 2009年中国政法大学硕士论文，第26页。

（二）国内层面：妥善构建多维度立体式网络治理机制

网络空间的全球治理问题是一个综合的、复杂的过程，除了国际层面的努力之外，各国国内层面的治理也是非常关键的。对于中国而言，目前的网络空间安全形势不可谓不复杂，要妥善解决中国网络中间所面临的问题，必须积极面对，妥善去构建适合中国国情的互联网治理机制，而不是照搬照用西方的模式，因此如何构建多维度立体式的中国网络治理模式是我们目前需要认真思考的问题。

1. 必须加快制定并实施网络空间安全战略

无论是出于自愿还是迫于形势，参与全球网络共治已经成为各国政府的必经之路，在全球互动活动密集的大环境下，即使最强大的国家也必须依赖与他国的合作，能成功实现自己的目的。全球化的未来必将是全球价值形成并发挥主导作用的局面。尽管目前全球互联网共治主导权仍将被少数发达国家所掌握，但并未排斥大多数发展中国家参与规则制订；尽管可能出现国家主权被消弱的情况，但不能因此而拒之于国门之外。当一个国家没有足够自信的时候，通常视全球化为洪水猛兽；而另一个有足够自信的国家则不惜以武力谋求另一方的全球化。所以在相当长的一段时间内，全球共治被解读为多方利益的博弈，意味着某一方得利，而其他方必然受损。面对全球共治，我们应该有勇气、有策略地取应对全球共治所带来的挑战，参与到全球共治体系的建设中去。[①]

从目前国际形势以及网络空间发展的特点来看，目前国际互联网界的竞争也同样呈现“一超多强”的格局；由于长期历史因素和综合实力对比使然，国际互联网在较长的一段时间内仍可能处入美国政府的单边控制之下。因此，我们必须加紧制定符合中国国情的网络空间安全战略，以应对目前网络空间面临的挑战。

2014年2月27日中央网络安全和信息化领导小组宣告成立，中共中央总书记、国家主席、中央军委主席习近平亲自担任组长，李克强、刘云山任副组长，再次体现了中国最高层全面深化改革、加强顶层设计的意志，显示出

① 何跃鹰：《互联网规制研究》，北京邮电大学2012年博士论文，第92页。

在保障网络安全、维护国家利益、推动信息化发展的决心。有了高层领导的坚强领导，在接下来的一段时期内，我们更应该把构建有中国特色的网络空间安全战略落到实处。对于全球第一网络大国的中国而言，网络空间安全战略至关重要。打造网络空间安全战略，目标既不能过高，又不能过低，应该是积极可靠的，通过努力可以达到的，我们应该积极把网络基础设施列为战略资产，实施保护才能真正的将网络空间安全战略建设落到实处。

2. 必须加快信息法制建设，依法保障网络空间安全

全球信息化条件下，网络空间安全涉及到政治、经济、军事、文化等方方面面，而信息网络发展在地域上又极不平衡，信息强国对于信息弱国已经形成了战略上的“信息位势差”，居于信息低位势的国家，其政治安全、经济安全、军事安全乃至民族和文化传统都面临着前所未有的冲击和威胁。而以军事安全为中心的传统安全观，已经被包括政治安全、经济安全、文化安全、社会安全、军事安全以及网络空间安全在内的新的综合安全观所取代，世界各国普遍面临着网络空间安全威胁的严重挑战。特别是信息网络已经成为超级大国谋求战略优势的工具，“信息疆域”已经不再是以传统的地缘、领土、领空、领海和领天来划分，而是以带有政治、经济、文化和军事影响力的信息辐射空间来划分。“信息疆域”的大小、“信息边界”的安全都直接关系到国家和民族的兴衰存亡。①

由此可见，保障网络空间安全已经变得至关重要，而其中关键的一环则来自信息安全法制体系建设，我们应该借鉴西方发达国家的经验，对中国信息法律体系进行全面规划、设计与实施、监督与协调，加快具有中国特点的信息安全法律体系的建设，并按信息安全的要求增加或修订已经颁布的各项法律法规，其中信息安全法、数字签名法、电子信息犯罪法、电子信息出版法、电子信息知识产权保护法等都应该加以考虑。② 此外应该尽快出台电子交易、信用管理、安全认证、在线支付、隐私权保护等相关法律法规的出台。

3. 必须重视网络空间安全人才的梯队建设，发展网络空间安全技术

随着网络空间安全对国家安全影响的日益加剧。作为目前的全球互联网

---

① 杨绍兰:《信息犯罪、网络空间安全与信息防范的路径分析》,《河南图书馆学刊》，2008年第5期，第45页。

② 蔡翠红:《美国国家信息安全战略》，学林出版社，2009年版，第256页。

用户最多的国家，我们应该做好筹建网络信息专门组织的准备，提高我国网络攻防能力。进行网络信息专门组织建设的主要任务，一是机密资料的防与窃，二是进行舆论战，三是直接的网络对抗。要形成这样的专门机构，并在网络空间安全领域发挥出重要作用，人才梯队建设至关重要。人才是信息化产生和发展之本，也是信息战和网络空间安全之本。除了要培养信息网络安全专家外，还要培养网络空间安全的法律和管理专家。要重视优秀高科技人才的使用和领导干部队伍的年轻化、知识化建设。

因此我们应当把网络空间安全人才梯队的建设，作为网络空间安全保障工作的重中之重，只有切实做好网络空间安全人才的培养建设工作，才能依靠高素质的人才不断开发和完善我国的网络空间安全技术，没有人才就没有技术，没有技术保证，网络空间安全只能是纸上谈兵。关键技术、特别是核心技术起着决定性的作用。构建网络空间安全保障新体系，从根本上把握网络空间安全的主动权，就必须拥有掌握自主知识产权的网络空间安全核心技术。此外，我国政府还应当努力提高技术的自主能力，在技术开发上加大投入，大力开发加密技术和中间件技术，加快维护资讯、通讯安全技术的开发和研究，迎接全球网络战的挑战，保障我国的网络空间安全。

4. 必须坚持把全方位保障网络空间安全提升到战略高度

进入信息化时代，信息技术的基础性、全局性和普遍性作用不断凸显，网络空间安全作为“非传统安全”的核心内容之一，与政治安全、军事安全、经济安全等并列成为国家安全体系中的关键组成部分。[①]

实践证明，信息全球化条件下，保障网络空间安全已经成为新形势下对敌斗争的重要领域，成为反分裂斗争的重要战场之一，并且对维护稳定与团结工作提出了新挑战。[②]信息全球化条件下，中国在“非传统安全”领域里构筑起维护国家安全的战略屏障，必须坚持从国情出发、从全球区域安全的战略高度上把保障网络空间安全视作维护国家安全的重要环节，切实做到使“网络空间安全”成为国家安全战略的关键环节，纳入国家安全战略的框架体系

① 蔡岩红:《完善网络空间安全保障体系迫在眉睫》,《法制日报》, 2009-12-03。

② 顾华详:《中国信息安全面临的挑战及法治策略探讨》,《中国浦东干部学院学报》, 2010年第4期，第101页。

之中。[①]

在国内网络空间管理方面，尽快解决“九龙治网”问题，实现网络空间管理在中央网络安全与信息化领导小组的带领下，坚持依法保障和加强网络空间安全的法治建设，坚持把网络空间安全法治建设放在事关国家安全的战略位置来保障其实现优先发展。

综上所述，互联网已经无所不在地影响着一个国家的政治、经济、文化、军事等各个方面。网络空间安全治理问题已经成为世界各国当今共同关注的焦点。在2012年党的十八大报告中，我国将网络空间安全问题作为其中极为重要的环节着重强调。网络空间安全作为国家安全的重要组成部分，与国家安全存在着密切的联系，对国家安全的其他方面产生了深刻的影响。如果网络空间安全不能得到保障，则国家其它领域的安全也无法保障，进而影响到国家整体安全；如果对网络空间安全的地位重视程度不到位，应对措施不得当，国家的发展前途必将会受到严重威胁。因此，在中国崛起的大背景下，我们更应该高度重视，认真研究，妥善应对网络空间治理问题，唯有如此才能牢牢把握网络空间的主动权，消除安全隐患，确保人民的安全和国家的长治久安。

① 顾华详等:《中国网络信息安全形势及法治对策》,《当代传播》，2010年，第4期，第45页。

第十九章　全球公共卫生治理与中国的参与

在全球化时代，任何一个国家都无法逃避全球性问题。全球治理所要解决的问题，就是应对由全球化这一进程所造成的各种外部性问题：保护积极外部性得以持续且合理的分配，消除各种消极外部性对人类共同体的损害。[①]换句话说，就是对国际公害物品（public bads）进行管理，同时提供国际公共物品（public goods）。中国在崛起的过程中，无疑要承担崛起大国的责任，也就不可避免地要参与国际公害物品的管理，向国际社会提供国际公共物品。而全球公共卫生治理是中国参与全球治理的一个非常重要的领域。

一、问题的提出与发展

近年来，随着全球公共卫生事件的频繁发生，全球公共卫生治理问题开始引起各国普遍关注。

（一）全球公共卫生问题的产生和分类

1. 全球化与全球公共卫生问题

全球公共卫生问题在全球化的过程中越来越凸显出来。全球化负面影响之一就是传染病、核放射以及有毒物质的快速蔓延以及由此带来的全球公共卫生问题。由于世界相互依赖程度的加深以及全球范围内人员与物品的快速

① 蔡拓、杨昊：《国际公共物品的供给：中国的选择与实践》，《世界经济与政治》，2012年第12期，第96页。

流动，导致传染病比历史任何时候传播的速度都要快。全球航空公司每年运载的乘客高达20亿人次，世界上任何一个地方一旦发生疾病暴发或流行，仅仅几小时后就会传播到其它国家和地区。“传染病不仅传播速度快，而且新病种出现的速度似乎也超过了过去的任何时期。自20世纪70年代开始，新出现的传染病即以空前的、每年新增一种或多种的速度被发现。现今约有40种疾病在一代人以前是不为人所知的。另外，在过去5年里，世卫组织还在全世界范围内核实了超过1100起疾病流行事件。”① 2002—2003年爆发的SARS疫情揭示了传染病在全球化背景下的巨大威力。这场危机已经过去10年，但是艾滋病、高致病性禽流感、甲型H1N1流感等各类新发传染病依旧在不断地威胁着人类的健康与安全。与此同时，全球化还导致一些原本已濒临灭绝或已被控制住的传染病死灰复燃，如肺结核、疟疾、梅毒等。其中，结核病是全世界传染病中的最大杀手，每年夺去约200—300万人的生命。

由此可见，全球化对公共卫生的影响非常复杂。“绝大多数公共卫生专家都认为，由于全球化使得病原菌以史无前例的速度将疾病和死亡带到全球的每个角落，国家公共卫生与国际公共卫生之间的区别已不再有什么意义。与此同时，全球化过程削弱了主权国家保护公众免受传染病侵袭的能力。由传染病滋生所带来的威胁的视角观之，公共卫生全球化所带来的挑战是非常巨大的。”② 由于一个国家内部的个人和公共卫生问题越来越成为全球性的问题，各国需要通过合作来共同应对公共卫生领域的问题，全球公共卫生治理由此产生。

2. 全球公共卫生问题的分类

按照《2007年世界卫生报告》，全球公共卫生问题分为以下几类：（1）易流行的疾病，如严重急性呼吸道综合征（SARS）、人禽流感、埃博拉病、马尔堡出血热和尼帕病毒等等；（2）食源性疾病，指的是由食物安全引发以及因微生物污染、化学物质和有毒物质造成的疾病，如与牛海绵状脑病相关的新变异型克雅氏病；（3）意外的和蓄意制造的疾病暴发，指的是由违反生物安全

① 世界卫生组织：《2007年世界卫生报告——构建安全未来：21世纪全球公共卫生安全》，人民卫生出版社，2007年版，第10页。

② 王立峰：《全球化与公共卫生：西方观点之贡献及局限》，http://www.comment-cn.net/politics/manage/2006/0624/article_3700.html。

措施导致的与传染因子意外释放有关的疾病，如2001年在美国出现的炭疽邮件；(4) 有毒化学物质的意外事件；(5) 核放射意外事件，1986年切尔诺贝利核电站灾难被认为是核动力历史上最严重的一次意外事故；(6) 环境灾难。[①]从这个分类看，如今的全球公共卫生问题不仅仅是传染病引发的疾病蔓延，而是包括传染病、有毒物质以及核扩散所造成的所有公共卫生问题。

(二) 概念界定

随着全球公共卫生治理问题的提出与发展，出现了许多与之相关的概念，与本文有关的大致有以下几个：

1. 公共卫生

公共卫生是关系到一国或一个地区人民大众健康的公共事业。公共卫生的具体内容包括对重大疾病尤其是传染病（如结核、艾滋病、SARS等）的预防、监控和医治；对食品、药品、公共环境卫生的监督管制，以及相关的卫生宣传、健康教育、免疫接种等。例如对SARS的控制预防治疗属于典型的公共卫生职能范畴。

2. 全球公共卫生安全

公共卫生安全的定义是通过采取预见性和反应性行动，最大程度地确保人群免受突发公共卫生事件的威胁。全球公共卫生安全的定义进一步扩大了人群的范围，是指为尽可能减少突发公共卫生事件对全球范围内人群健康的威胁而采取的行动。[②]

3. 全球公共卫生治理

欧美等国学者对全球公共卫生治理给予不同的概念界定。简单说，全球公共卫生治理就是指“通过在全球公共卫生的决定因素领域制定并实施具有约束力的国际机制，从而达到降低全球公共卫生安全领域脆弱性之目的的进程”。[③]

---

① 参见世界卫生组织：《2007年世界卫生报告——构建安全未来：21世纪全球公共卫生安全》，人民卫生出版社，2007年版，第21页。

② 同上，第1页。

③ 晋继勇：《全球公共卫生治理中的国际人权机制分析——以〈经济、社会和文化权利国际公约〉为例》，《浙江大学学报（人文社会科学版）》，2010年5月，第15页。

4. 全球卫生外交

近年来，还出现了全球卫生外交这个概念。它指的是“国家、政府间组织和非国家行为体磋商针对卫生挑战的反应，或者在政策制定和谈判策略中利用卫生的概念或机制以达到其他的政治、经济或社会目标的决策过程”。[①]

二、全球公共卫生治理的现状

1851年首次国际卫生会议召开，国际卫生机制初露端倪，这被很多学者视为全球卫生治理的开端。如今，全球卫生治理的三种战略，或者说三方面的内容包括：第一，增强传染病的监测能力，传播关于传染病影响的知识；第二，为应急干预和长期的健康促进项目提供经济和物质帮助；第三，通过相关规则来规定和禁止特定行为。[②] 而全球公共卫生治理的参与主体是多元的，包括主权国家、国际政府组织、非政府组织、个人、跨国公司等等。

（一）国际组织的职能和作用——以世界卫生组织为例

当前，大量的国际组织参与或涉及到全球公共卫生治理中，如联合国人权理事会、联合国开发署、世界银行、世界贸易组织等。其中，世界卫生组织已经逐渐成为公共卫生全球治理的国际协调中心和主导力量。另外，国际海事组织（IMO）和国际民航组织（ICAO）也参与到传染病跨国控制的过程中，但作用相对微弱。国际组织之所以能在全球公共卫生治理中发挥重要作用，原因在于它们具有稳定性、权威性以及专业性，特别是国际组织为各国参与全球公共卫生治理提供了合作与交流的平台，这是与全球治理其他主体所不同的。

世界卫生组织是联合国属下的专门机构。作为国际最大的公共卫生组织，世界卫生组织的宗旨是使全世界人民获得尽可能高水平的健康。世界卫生组

① Kelley Leo, *Global Health Diplomacy: A Conceptual Review, “Trade, Foreign Policy, Diplomacy and Health” Draft Working Paper Series*, May 2009. 转引自罗艳华:《试论“全球卫生外交”对中国的影响与挑战》,《国际政治研究》2011年第2期，第47页。

② 参见[加拿大]马克·扎克、塔尼亚·科菲著:《因病相连：卫生治理与全球政治》，晋继勇译，浙江大学出版社2011年版，第22页。

织的主要职能包括：促进流行病和地方病的防治，提供和改进公共卫生、疾病医疗和有关事项的教学与训练，推动确定生物制品的国际标准。它负责对全球卫生事务提供领导，拟定卫生研究议程，制定规范和标准，阐明以证据为基础的政策方案，向各国提供技术支持，以及监测和评估卫生趋势。

世界卫生组织在全球公共卫生治理中的首要作用在于它建立了全球范围的监测和预警机制。1996年，世界卫生组织启用了一个高效的全球流行病疫情警报和反应系统。该系统以许多其它机构和技术机构进行国际合作的概念为根本出发点。全世界大约300个研究机构加入到这一合作机制中。世卫组织建立了可汇集流行病信息以及确定疾病是否暴发的系统性机制，以此提高了风险评估、信息传播和快速现场反应。同时还针对出血热、流感、脑膜炎、天花和黄热病导致的公共卫生事件建立了疫苗、药物和专门调查及保护设备储存和快速分发的区域性和全球性机制。

其次，在传染病爆发时，世界卫生组织是国际行动指挥中心。疫情爆发的当事国会在第一时间向世界卫生组织请求支援。世界卫生组织有超越主权国家的能力、情报和权力调动最适合的人员来支援疾病爆发的当事国，发挥后援作用。特别是在紧急情况下，它可以调动传染病专家，为疫区提供医学知识和技能，并向当事国提供相关建议。同时，世界卫生组织的代表和世卫组织区域办公室的代表在为媒体提供信息方面发挥着核心作用。通过媒体和官方网站，世界卫生组织及时、有效地通报全球有关疾病爆发的信息，协调各国专家参与到疾病治理工作中。[①]

第三，世界卫生组织还通过制定规则来协调与规范各国的公共卫生治理行为，例如《国际卫生条例》的制定、修订与实施。《国际卫生条例》是帮助各国共同挽救遭受疾病和其它卫生风险国际传播之害的生命和生活的一部国际法，由世界卫生组织的194个成员国所遵守。它最早是1969年经第22次世界卫生大会修订并通过的一部世界卫生工作法律文件。经过1973年第26次和1981年的第34次世界卫生大会两次修订形成今天各成员国的执行文本。随着世界形势的发展变化，世界卫生大会在1995年要求对《国际卫生条例》进行

① [加拿大]马克·扎克、塔尼亚·科菲著:《因病相连：卫生治理与全球政治》，晋继勇译，浙江大学出版社2011年版，第65页。

进一步修订，在各成员国近十年的共同努力下，世界卫生组织于2003年12月向各成员国提供了修订后的《国际卫生条例（草案）》，再次征求各成员国的意见。修订后的《国际卫生条例（草案）》于2005年世界卫生大会讨论通过，2007年6月15日起施行。

作为当代全球卫生规则，《国际卫生条例（2005）》要求各缔约国向世卫组织通报有可能构成国际关注的突发公共卫生事件的所有事件、并对有关这类事件的信息进行核实。这就使世卫组织能确保为有效预防此类突发事件或控制暴发提供适宜的技术合作，并在某些确定的情况下将公共卫生风险通知需要采取行动的其它国家。《国际卫生条例》过去要求各成员国通报范围只适用于霍乱、黄热病和鼠疫等，但2007年6月15日生效的新修订，已要求扩大通报范围至任何新发现的传染病及辐射、化学引发的事件。这一具有法律约束力的协议为协调管理有可能构成国际关注的突发公共卫生事件的事件提供新的法律框架，从而将显著增强国际公共卫生安全，并提高所有国家发现、评估、通报和应对公共卫生风险的能力。

考察世界卫生组织对2003年全球SARS疫情的治理[①]，可以看出国际组织在全球公共卫生治理领域突出而特殊的作用。

疫情爆发后，世界卫生组织成立了“非典”紧急事态小组，24小时监控全球疫情状况，同时采取了以下措施进行治理：世界卫生组织建立了各国疫情信息通报制度和旅游警告制度。发生疫情的成员国按照世界卫生组织制定的详细申报表通报数据，世界卫生组织将“非典”病例公布在网站上，并对疫情严重的地区发出旅游警告。2003年3月12日，世界卫生组织针对SARS发出了全球预警，内容包括：马上隔离感染者，对感染者实施严格感染控制，对感染者实施密切追踪以确定感染源。15日，世界卫生组织发布了首个旅游警告。它不仅呼吁旅行者和卫生专家采取一定措施防止感染和疾病传播，还呼吁所有国家上报可疑的疫情爆发事件。27日，世界卫生组织发出第二个旅游警告，呼吁机场工作人员检查来自疫区的乘客，还为航空公司提供了检验乘客是否已被感染的方法。4月2日，世界卫生组织又发出第三个旅游警告，明确建议个人推迟不必要的前往疫区的旅行。

① 参见WHO, *Severe Acute Respiratory Syndrome*, http://apps.who.int/iris/handle/10665/26108。

世界卫生组织建立了各国科学研究合作机制。世界卫生组织创建了一个来自10个国家13个实验室的流行病专家组成网络，负责研究致病源；组织14个国家的50位临床医生组成网络，负责给予SARS明确的定义，并提出防控建议；还组建了一个由11个国家的32位流行病专家组成的网络系统，负责收集数据和研究SARS的特点，其中包括研究影响SARS传播和防治的特点。

世界卫生组织派出卫生专家对各国治理SARS进行指导和监督。世卫组织成功地动员了来自17个国家的26个机构的115位专家，以此来帮助控制SARS的传播。在这些专家中，约2/3来自美国疾病预防控制中心。①

通过以上有效措施，世界卫生组织在全球治理SARS中起到了不可替代的作用，其能力和重要性都大大提升。各成员国也在SARS危机中认可了世界卫生组织所发挥的广泛而重要的影响。

（二）主权国家的作用——以美国为例

尽管随着全球化的发展，国际组织和非政府组织在全球治理中的作用日益加强，在某些领域甚至对国家主权起到限制的作用，但是主权国家在全球治理中仍旧担当着任何组织或个人都不可替代的角色。作为现代国际关系中的最重要的主体，国家也依然是全球公共卫生治理各个层次中最为重要的角色。

其原因在于：第一，国际组织在全球治理中要发挥作用很大程度上要依靠成员国。国际组织所制定和实施的任何规章或决议都必须经过主权国家的同意，主权原则仍然是国际关系的最基本的原则。国际组织权力来源是主权国家，其重大决策也离不开成员国。国际组织发挥作用的大小、方向和范围，归根结底决定于主权国家的协商一致。第二，非政府组织虽然在全球公共卫生治理的许多领域都发挥着重要作用，但是任何非政府组织都必须受到有关国家法律的约束，从登记、注册到开展活动都要受到国家法律的管制。

在全球公共卫生治理机制中，主权国家是疾病监测体系中的重要一环，也是开展卫生援助的重要行为体，还是治理突发公共卫生事件最直接、最有

① [加拿大]马克·扎克、塔尼亚·科菲著:《因病相连：卫生治理与全球政治》，晋继勇译，浙江大学出版社2011年版，第80页。

效的实施者。作为国际社会中实力最强的国家行为体，美国在全球卫生治理中发挥了举足轻重的作用。

首先，美国的疾病防控能力居世界领先水平，为全球公共卫生治理提供了有力的技术支持。美国有许多拥有先进研究设施和高水平医学专家的疾病预防控制中心和实验，在全球疾病监测方面发挥着重要作用。如位于美国佐治亚州亚特兰大市的疾病预防控制中心就是以“全球疾病爆发事件调查的领导者”而著称。这些先进的研究机构都已加入世界卫生组织的合作中心，并在发生公共卫生危机时，向世界卫生组织提供特别帮助。另外，美国军方是疾病预防与控制研究的另一个重要单位。美国国防部“在全球疾病监测，尤其是在加强国外实验室的流行病监测能力建设方面发挥着重要作用”。美国军方还于1996年在总统的指示下建立了“全球新发疾病监测和反应系统”（GIES）。该系统是美国国内外各军事调查单位的联合网络，被授权支持传染病的监测、调查和适当的应对。[①]

其次，美国是对外卫生援助的主要捐赠国。隶属于经济合作与发展组织的发展援助委员会（DAC）是世界上最大的卫生救援资金提供者，其成员包括20多个发达国家政府。美国是其中大约24个发达捐赠国中捐助最多的国家，在2005年的捐赠总价值达到270亿美元。[②]

2003年，小布什总统在国情咨文中宣布了“总统防治艾滋病紧急救援计划”（President's Emergency Plan for AIDS Relief, PEPFAR）。美国承诺在接下来的五年中，划拨150亿美元资金用来抗击艾滋病和向被感染者提供抗逆转录病毒药品。该计划主要针对15个需求最迫切的国家，其中包括12个非洲国家、2个加勒比国家和1个亚洲国家。[③] 该计划是迄今为止“最大的由单个国家发起的对抗单一疾病的国际卫生倡议”。2013年医学研究所（Institute of Medicine）的一份报告指出：“总统防治艾滋病紧急救援计划通过对全球应对艾滋病行动所作的贡献发挥了改变状况的作用。”到2012年9月，总统防治艾

---

① [加拿大]马克·扎克、塔尼亚·科菲著：《因病相连：卫生治理与全球政治》，晋继勇译，浙江大学出版社2011年版，第62页。

② 同上，第106页。

③ 详见“总统防治艾滋病紧急救援计划”官方网站，http://www.pepfar.gov/ about/。

滋病紧急救援计划直接提供抗逆转录病毒疗法支持了510万人。[①] 2013年6月18日，美国国务卿约翰·克里在纪念“总统防治艾滋病紧急救援计划”实施10周年的国务院庆祝活动上表示，总统防治艾滋病紧急救援计划已提供了逾370亿美元的援助，是有史以来规模最大、最成功的对外援助计划。美国借助该计划为艾滋病病毒感染者及艾滋病患者的治疗和护理提供了大规模援助，让100万名婴儿健康成长。调拨资金用于大量提供抗艾滋病药品仅仅是“总统防治艾滋病紧急救援计划”的各项工作之一。该项目还致力于建立诊所、医护人员团队、实验室以及其他设施，不仅提供艾滋病的治疗护理，还提供与过去相比覆盖面更广的整体医疗服务。[②]

2009年5月5日，奥巴马总统向国会提出了数额高达630亿美元的“全球健康行动计划”（Global Health Initiative），以期在6年内建立一个新的、全面的全球性健康发展战略。该计划的提出表明美国将在全球公共卫生治理领域担当领导者的角色。作为美国外交政策的重要组成部分，它将通过对外医疗援助的方式进一步改善美国与发展中国家的关系。此外，美国还是“全球抗艾、结核和疟疾基金”和“全球疫苗和免疫联盟”两个组织的最大捐助国。[③] 当然，我们也要看到，美国的对外医疗援助政策也是为美国国家利益服务的，是美国全球战略的组成部分。

再次，美国突发公共卫生事件预警与应急管理能力在全球也是首屈一指的。美国建立了横向与纵向相结合的全方位、立体化、多层次和综合性的公共卫生应急管理网络。其横向系统包括政府各职能部门，纵向系统则涵盖“国家—州—地方”三级公共卫生部门。

这个体系自上而下地纵向包括：（联邦）疾病控制与预防系统（CDC）—地区（州）医院应急准备系统（卫生资源和服务局，HRSA）—城市医疗应急系统（MMRS）三个子系统。美国的疾病预防控制中心（CDC）成立于1946年，是卫生与福利部（DHHS）的一个部门，其主要职能包括：制定全国性

① Eric Goosby and Dr. Anthony Fauci, *PEPFAR: A Decade of Saving Lives,* http://iipdigital.usembassy.gov/st/english/pamphlet/2013/09/20130917283048.html#axzz2igSBvODK.

② Charlene Porter: *PEPFAR Marks 10 Years, 1 Million Healthy Babies,*http://iipdigital.usembassy.gov/st/english/article/2013/06/20130618276640.html#ixzz2X6kT82w3.

③ 晋继勇：《美国全球卫生治理的战略、实质及问题》，《美国研究》，2011年第1期，第98页。

的疾病控制和预防战略、公共卫生监测和预警、突发事件应对、资源整合、公共卫生领域管理者和工作人员的培养。CDC是整个公共卫生突发事件应对系统的核心和协调中心。卫生资源和服务局（Health Resources and Services Administration）是与CDC平行的部门，同属于美国卫生与福利部，旨在为所有人提供卫生保健服务。HRSA医院应急准备系统主要通过提高医院、门诊中心和其他卫生保健合作部门的应急能力，来发展区域应对公共卫生突发事件的能力。城市医疗应对系统（Metropolitan Medical Response System）是地方层面应对公共卫生突发事件的运作系统。该系统通过地方的执法部门、消防部门、自然灾害处理部门、医院、公共卫生机构和其他“第一现场应对人员”之间的协作与互动，确保城市在一起公共卫生危机中最初 34 小时的有效应对，从而使得城市在全国应急资源被动员起来之前能以自身力量控制危机事态。美国的公共卫生应急管理体系在2001年的炭疽病毒事件中成功地避免了病毒的扩散。

（三）非政府组织（NGO）的职能与作用

随着全球治理的深入发展，非政府组织的作用也在不断扩大。非政府组织在全球公共卫生治理中能够发挥重要作用的原因是：它与主权国家不同，它不受主权让渡的约束，因而能更加灵活地参与国际合作。非政府组织的民间性和自治性特征使得它不受国界、疆域的束缚，可以接触到最广泛的人群。另外，非政府组织有大量专业的医疗人员，他们在疫情监测、传染病早期控制等方面比政府部门行动更迅速，更有专业优势。

当前，很多非政府组织积极参与到国际卫生援助中。非政府组织通过筹集大量资金，支持志愿者在全球范围内参与公共卫生治理。有广泛世界影响的非政府组织包括红十字会、无国界医生组织等。其中，红十字会是全世界组织最庞大、也是最有影响力的慈善救援组织。随着会员国的发展，红十字会的任务已经由单一战伤救护发展到对自然灾害的援助、意外伤害的急救、自愿输血、社会福利以及开展世界各国红十字会、红新月会之间的友好合作，壮大和平力量，促进人类进步事业的发展等。

此外，一些著名基金会也在全球公共卫生治理中发挥重要作用。作为全球最大的慈善基金会，比尔和梅琳达·盖茨基金会在目前的国际卫生领域中最具影响力。该基金会旨在促进全球卫生和教育领域的平等。它的最主要的资助项目关注全球人的健康，即致力于缩小富国和穷国在卫生保健方面的差距，确保卫生保健领域取得能挽救生命的技术进展，并将这些技术提供给最需要的人。重点领域为传染病、HIV/艾滋病及肺结核、生育保健及儿童保健、全球性卫生保健活动。虽然成立时间不长，但它已为国际卫生水平的提高捐助了230亿美元。2008年，该基金会设立了总金额达1亿美元的“探索大挑战”（Grand Challenges Exploration）项目，面向全球征集并资助突破性的创新方案，以帮助应对那些给发展中国家人民带来最大伤害、却得不到应有关注和研究投入的重大疾病（如疟疾、结核病、脊髓灰质炎等）和发展问题。

三、中国参与全球公共卫生治理的途径与作用

在全球公共卫生治理领域，中国是一个新兴国家。但随着中国的崛起，中国在其中发挥着越来越重要的作用。

（一）中国崛起与所面临的全球公共卫生问题的挑战

随着中国更加深入地融入国际体系，中国与国际交往不断增多，全球公共卫生问题对中国的影响越来越大。交通、通讯设施的高科技化发展和全世界人员交往的日益频繁，使得我们的社会和生存环境更为复杂。据公安部出入境管理局统计，2012年，全国出入境边防检查机关共检查出入境人员4.31亿人次，同比增长4.76%；其中内地居民1.66亿人次，港澳台居民2.10亿人次，外国人5435.15万人次；检查出入境交通运输工具2504.88万辆（架、列、艘）次，同比增长0.82%。[①] 此外，中国出境旅游人数在2012年超越德国和美国，成为第一大出境旅游市场。这就使传统的疾病预防控制的地域及空间发生了变化，发生各种重大突发公共卫生事件的几率明显增加，处理的难度及复杂程度也进一步加大。近20年世界上发现的32种新传染病，其中半数左右已经在我国出现。据统计，目前已登记的化学物总数达4100万种，我国农药

---

① 新华网:《2012年我国出入境人员总数达4.31亿》, http://news.hexun.com/2013-01-15/150196208.html。

产品有1.4万个，年产量100万吨，这些都隐含着化学中毒事件比以往更为频发的危险。[①] 2003年SARS疫情在中国爆发后，迅速在全球传播。29个国家报告临床诊断病例8422例，死亡916例。报告病例的平均死亡率为9.3%。它不仅对人类健康和生命安全构成巨大威胁，而且对我国以及其它国家、地区的经济和社会安定都造成了巨大的冲击。近年来，禽流感、甲型H1N1等传染病的蔓延造成了同样的危害。可以说，随着中国的崛起，我们面临的全球公共卫生问题的挑战将越来越严峻。

另一方面，全球化时代也赋予中国参与全球公共卫生治理的机遇。随着国家实力的增强和国际地位的提高，中国在国际社会中肩负的责任也在加强。作为全球治理中的新兴国家，积极参与全球公共卫生的治理不仅仅是中国政府保证国民生命安全和健康的义务与责任，也是中国提升国家形象、增强软实力的有效途径。2003年中国面临SARS疫情时的表现以及前后不同的世界反应就是最好的例证。

（二）中国参与全球公共卫生治理的历史回顾

虽然中国进入现存的全球治理体系一般是从1971年联合国恢复中国合法席位算起，但是新中国成立后，中国通过对外医疗援助就已经参与到全球公共卫生治理中。因此，可以将中国参与全球公共卫生治理分为三个阶段：

第一阶段，从1949年到1971年。这一时期，中国通过向亚、非、拉国家派遣援外医疗队，开展了与第三世界国家的卫生合作与交流，为发展中国家的公共卫生事业作出了一定的贡献。

第二阶段，从1972年到2002年。这一阶段以1972年5月10日中国恢复世界卫生组织合法席位为标志，是中国逐步融入国际体系的时期，也是中国开始通过多边合作参与全球公共卫生治理的时期。但是在很长一段时期内，中国参与全球治理的积极性并不高。在冷战时期两极对抗的国际格局中，中国游离于国际体系，对全球治理无论是理念上还是实践上都是欠缺的。

第三个阶段，从2003年至今，是中国广泛参与全球公共卫生治理时期。

---

① 清华大学危机管理研究中心SARS危机应急课题组：《突发公共卫生事件的应急管理——美国与中国的案例》，《世界知识》，2003年第10期，第12页。

经过30多年的改革开放，中国的国家实力已经大幅度提升，对全球治理的理解与接受也不同以往。随着农村县乡村三级医疗网和新型农村合作医疗制度的建立，中国已经建立了覆盖城乡、结构良好的卫生系统。中国在改善人民健康方面取得了巨大成绩，也在主要疾病控制方面成绩显著。中国人口众多，因此在卫生方面取得的任何重大进步，都是中国对于全球公共卫生治理的贡献。同时，中国吸取了2003年SARS疫情治理的惨痛教训，加强了与国外各层次的卫生合作，更加积极主动地参与到全球公共卫生治理中，并发挥着越来越重要的作用。

（三）中国开展全球公共卫生治理的国内机制

SARS危机以来，中国政府在公共卫生治理方面取得重大进展。不仅出台了相应的重要法律法规，而且还建立了相应的体制机制与应急预案，中国疾控系统特别是国家流感监测报告网络和实验室能力也日臻完善，具备了快速应对、防控新病毒的能力。

中国国家卫生和计划生育委员会是主管卫生工作的国务院组成部门，负责监督管理公共卫生和医疗服务，并开展与之相关的国际卫生合作。其下设的卫生应急办公室（突发公共卫生事件应急指挥中心）和疾病预防控制局（全国爱国卫生运动委员会办公室）具体负责中国国内的疾病防控和公共卫生事件治理工作。

2002年1月，中国成立了国家疾病预防控制机构，即中国疾病控制与预防中心。该中心系中国国家卫生和计划生育委员会直属单位。作为由政府举办的实施国家级疾病预防控制与公共卫生技术管理和服务的公益事业单位，其使命是通过对疾病、残疾和伤害的预防控制，创造健康环境，维护社会稳定，保障国家安全，促进人民健康。具体职责包括：拟订并实施全国重大疾病预防控制和重点公共卫生服务工作计划和实施方案，并对全国实施情况进行质量检查和效果评价；指导建立国家公共卫生监测系统，对影响人群生活、学习、工作等生存环境质量及生命质量的危险因素，进行公共卫生学监测；对传染病等重大疾病发生、发展和分布的规律进行流行病学监测，并提出预防控制对策；参与和指导地方处理重大疫情、突发公共卫生事件，建立国家重大疾病、中毒、卫生污染、救灾防病等重大公共卫生问题的应急反应系统；配合并参与国际组织对重大国际突发公共卫生事件的调查处理；建立和完善国家级疾病预防控制和公共卫生信息网络，负责国内外疾病预防控制及相关信息搜集、分析和预测预报，为疾病预防控制决策提供科学依据……这些职能使中国疾病控制与预防中心成为中国参与全球公共卫生治理的核心部门之一。

中国疾病控制与预防中心在原中国预防医学科学院基础上组建，下设传染病、病毒病、性病、艾滋病预防控制等12个专业所（中心），并特别设立了疾病预防控制与应急处理办公室（其主要职能之一就是组织实施公共卫生突发事件应急处理及救灾防病工作），构建了囊括各个公共卫生专业、覆盖31个省份的专家库。专家库随时听候调用的1248名经验丰富的专家，分布于全国63家机构。上下级疾病控制与预防机构之间通过例会制度、项目管理、科研合作、教育培训、考核评估等机制，建立了“中央—省—地市—县”四级疾病控制与预防工作网络，保证了在重大突发公共卫生事件发生时，可以使相距最近、处理经验最为丰富的专家赶赴现场。①

中国已建立了全国传染病及突发公共卫生事件网络直报系统。截至2011年底，100%的疾病预防控制中心、98%的县级以上医院、94%的乡镇卫生院实现了传染病疫情与突发公共卫生事件网络直报。该系统提高了对疫情和突发公共卫生事件的发现及应对能力，也有助于国内主要传染病的管理和监测。截至2011年6月，中国已制定卫生信息化发展框架，旨在建设国家、省、地市县三级卫生信息平台，其中包括公共卫生、医疗服务、医疗保障、药物管理和综合管理五项业务应用，以及居民电子健康档案和医院电子病历两个数据库。②

（四）中国参与全球公共卫生治理的途径

中国已经基本建成全方位、多层次的参与全球公共卫生治理的体系。具体来说，包括多边合作、双边合作以及中国单边对外医疗援助。

---

① 清华大学危机管理研究中心SARS危机应急课题组:《突发公共卫生事件的应急管理——美国与中国的案例》,《世界知识》，2003年第10期，第14页。

② 中国卫生部、世界卫生组织西太平洋区域:《中国—世界卫生组织国家合作战略（2013—2015）》，第12页。

1. 中国与世界卫生组织等国际组织的合作

中国作为最大的发展中国家，在国际卫生机构中发挥着重要作用。世界卫生组织驻华代表处成立于1981年。多年来，中国与世卫组织开展了互惠互利的合作。中国多次成为世界卫生组织执行委员会成员，并自“全球抗击艾滋病、结核和疟疾基金”创建伊始，就是其成员。中国同时还是联合国艾滋病规划署项目协调委员会的成员。中国积极参加世界卫生大会中重大全球卫生事项的讨论和相关政策的制定。中国香港特别行政区的陈冯富珍博士是世界卫生大会选举出的首位来自中国的世卫总干事。2012年，中国缴纳的世卫组织核定会费为1481 万美元，成为世卫组织核定会费的第8大缴费国。2006—2012年，中国政府向世界卫生组织的自愿捐款达1466万美元。此外，中国每年向联合国艾滋病规划署捐款10万美元（2012年增至15万美元）；向全球抗击艾滋病、结核和疟疾基金共计捐款2500万美元。[①] 例如，2007年5月，在日内瓦第 60届世界卫生大会上，中国代表团团长、卫生部长高强在发言中宣布，中国政府决定向世界卫生组织捐款 800 万美元，主要用于帮助非洲等地区的发展中国家建立、健全疾病监测网络，提高疾病防治能力和应对突发公共卫生事件的能力，为构建国际卫生安全网络贡献一份力量。

中国通过认真履行国际承诺支持全球公共卫生治理。2005年5月，第58届世界卫生大会讨论并通过了修订后的《国际卫生条例（2005）》。中国积极推动该条例在中国的实施。中国还积极响应国际组织行动，政府高层承诺要实现千年发展目标；目前，部分目标已经实现，其余目标将按计划于2015年实现。中国于2005年签署了世卫组织《烟草控制框架公约》，并致力于公约的实施。

合作战略是一定时期内世卫组织与特定国家合作的战略框架，反映出该时期内双方合作的重点领域，并配合相应的国家卫生战略。自1999年以来，在设有世界卫生组织国家办事处的145个国家中，有133个国家制定了国家合作战略。2004年，中国卫生部和世卫组织签署了加强卫生合作与交流的谅解备忘录，确定了重点合作领域。在这个谅解备忘录的基础上，世卫组织制定

① 中国卫生部、世界卫生组织西太平洋区域:《中国—世界卫生组织国家合作战略（2013—2015）》，第14—15页。

了《世界卫生组织—中国国家合作战略（2004—2008）》。2008年，卫生部和世卫组织签署了《世界卫生组织—中国国家合作战略（2008—2013）》，以适应中国国情的迅速变化，应对新发问题。2013年2月，中国与世卫组织公布了《中国—世界卫生组织国家合作战略：继往开来，迈向合作新时代（2013—2015）》。这一过渡时期的国家合作战略，旨在根据中国社会经济快速发展形势和世卫组织改革，调整并保持与中国卫生事业发展和改革"十二五"规划协调一致。新的《国家合作战略》确定了2013—2015年世卫组织在华合作的四个战略重点，包括：（1）加强卫生系统，推进全民健康覆盖；（2）降低影响公众健康的主要疾病以及卫生安全危险因素引起的发病和死亡；（3）通过开展省级公共卫生行动，减少中国西部地区的卫生不公平；（4）通过支持中国参与全球卫生合作，为加强全球卫生工作作出贡献。①

截至2007年，中国已有71个机构被任命为世界卫生组织合作中心，业务范围覆盖12个学科、30多个专业，其数目之多位居世界卫生组织西太平洋地区国家之首，为深入开展卫生技术交流发挥了重要作用。世界卫生组织合作中心作为我国与世界卫生组织开展卫生技术合作的窗口，在促进国际、国内卫生技术交流、人员培训等方面发挥了积极的辐射和示范作用，已成为促进我国医学科学现代化，早日实现人人享有卫生保健目标的一支重要力量。同时，在华世卫组织合作中心也通过各项合作活动以及中国专家参与世卫组织会议，为全球公共卫生治理作出了贡献。

中国利用世界卫生组织正规预算资金，派遣2000多名高级医学人才赴国外进修。世界卫生组织向中国派遣了数千名各类技术专家，对中国卫生事业的发展提供技术支持。特别是在近几年抗击非典和禽流感的过程中，中国得到了世界卫生组织多批专家和工作人员的积极支持。中国对世界卫生组织的工作也给予大力支持。作为一个人口众多的发展中国家，中国率先实现了消灭天花和脊髓灰质炎的目标，在传染病防治、传统医学、计划免疫、妇幼卫生、初级卫生保健等领域取得了显著成绩，为世界卫生组织提供了有益的

① 中国卫生部、世界卫生组织西太平洋区域：《中国—世界卫生组织国家合作战略（2013—2015）》，第21页。

经验。[①]

除了与世界卫生组织的合作，中国在多边合作领域的努力还表现：2003年首次在联大发起了“加强全球公共卫生能力建设”的倡议，此后连续3年推动联大通过同名提案。[②]

2. 中国参与区域性的公共卫生合作

近年来，中国与周边国家在传染病防控、传统医药、突发事件、口腔医学等领域开展了卓有成效的合作，跨境卫生合作机制初步建立。据卫生部国际合作司资料显示，近5年来，中国边境卫生合作项目地区服务能力不断提升，项目地区逐渐扩大，已累计投入800多万元，培训当地卫生技术人员300多人次。目前，中国建立的跨境卫生合作机制有：中国—东盟（10+1）、东盟—中日韩（10+3）卫生部长会议机制，中日韩卫生部长会议机制，大湄公河次区域（GMS）卫生论坛，GMS卫生工作组。[③] 通过这些卫生合作机制，中国积极参与东亚地区的公共卫生合作。

SARS疫情爆发后，2003年4月29日，中国与东盟国家领导人在泰国曼谷召开了非典型肺炎问题特别会议。温家宝总理出席了中国—东盟国家首脑防治“非典”的特别高峰会议，并提出由中国出资1000万元人民币，设立东亚防治“非典”的地区基金，敦促设立“10 + 1”卫生合作机制，启动卫生部长会议。[④] 会议期间，中国与东盟发表了《中国与东盟防治非典联合声明》，对双方的非传统安全领域合作宣言进行了有效、及时的补充。2003年10月，中国和东盟启动了“10 +1”卫生部长会议机制。2004年3月在北京举行的中国和东盟防治禽流感特别会议上，又建立了中国与东盟公共卫生基金，发表了《中国—东盟防治禽流感会议联合声明》。2013年10月，李克强总理在第16次中国－东盟（10+1）领导人会议上的讲话中表示，中国将继续支持中国－东

---

① 《世卫组织已为中国提供价值1.9亿美元援助》，http://news.xinhuanet.com/newscenter/2008-04/07/content_7934539.htm。

② 罗艳华：《试论“全球卫生外交”对中国的影响与挑战》，《国际政治研究》，2011年第2期，第51页。

③ 《我国跨境卫生工作机制初步建立》，http://www.jkb.com.cn/htmlpage/16/168477.htm?docid=168477&cat=09C&sKeyWord=null。

④ 《中国与东盟国家领导人非典特别会议联合声明（全文）》，http://www.china.com.cn/international/txt/2003-04/30/content_5323180.htm。

盟公共卫生合作基金等平台建设。

2007年，在中日韩第七次三国领导人会晤时，将卫生等6个领域列入重点合作领域。同年，首届中日韩卫生部长会议在韩国首尔召开，三国卫生部签署了《中日韩三国卫生部关于共同应对流感大流行的合作备忘录》，建立了三国卫生部长年度会晤机制和卫生部高官不定期会晤机制。目前，三国卫生部长会议已召开五次。

2004年起，东盟与中、日、韩三国卫生部长每两年召开一次会议，商讨地区合作议题。2007年，中国卫生部提交了加强中日韩—东盟传染病疫情信息沟通的项目书，得到各国的积极响应，并获得东盟秘书处批准。同年11月，中国卫生部和东盟秘书处联合在北京召开了传染病疫情信息沟通机制研讨会，起草了《中日韩—东盟传染病疫情信息交流与沟通方案》，并获得东盟各国卫生部和中日韩—东盟高官会议通过。按照项目方案，中日韩—东盟各国需要按照世界卫生组织《国际卫生条例》的要求通过网站交换信息。此外，还需要每月报告一次登革疫情信息、每季度报告一次疟疾疫情信息，每年报告一次艾滋病、结核病和狂犬病疫情信息。如发生有国际影响的突发公共卫生事件，则需要在48小时内通报。[①] 2008年6月17日，中日韩—东盟传染病信息通报网站（www.aseanplus3-eid.info）在印度尼西亚雅加达正式开通。该网站建设是中日韩–东盟新发传染病项目第二期合作的重要内容。2009年5月7日，以甲型流感（H1N1）疫情防控为主题的东盟与中日韩卫生部长特别会议在泰国首都曼谷召开，来自东盟10国、中日韩三国的卫生部长或代表，以及世界卫生组织、联合国粮农组织等国际组织官员约100人出席了会议，会议就防控甲型H1N1流感达成多项共识。

2008年9月，中国政府宣布了为促进实现千年发展目标拟采取的六项对外援助举措，涉及农业、粮援、教育培训、卫生、清洁能源、免债、零关税待遇等领域，引起了国际社会热烈反响。其中在卫生领域，中国计划2009—2013年每年专门为非洲国家培训1000名医生、护士和管理人员。中国在中非合作论坛北京峰会上宣布的援非30所医院项目于2011年前后全部竣工。中国

---

① 卫生部国际合作司：《中日韩—东盟传染病信息通报网站开通》，http://www.moh.gov.cn/sofpro/cms/previewjspfile/mohgjhzs/cms_0000000000000000177_tpl.jsp? requestCode = 36968 & CategoryID = 5704。

政府根据受援国需求，为各医院配备适当数量的医疗设备、器械等物资。

2013年8月16日，来自非洲48个国家和8个国际组织以及中国国内各有关部门，共约400名代表出席了中国—非洲部长级卫生合作发展会议。会议公布了《中国—非洲部长级卫生合作发展会议北京宣言》。与会各国决定采取一系列措施推动中非卫生领域合作深化发展，具体包括：共同开发卫生人力资源、推动中非职业技术培训合作，推动建立中非医疗卫生联合研究实验室，支持非洲国家卫生政策和项目，支持传染病和非传染病防控合作、支持免疫体系建设，开展血吸虫、疟疾、艾滋病领域的公共卫生合作项目，捐赠全科模块化箱房诊所，支持中非医药企业合作、鼓励技术转让，加强全球卫生事务中的协调和合作。此次会议和《北京宣言》的发布标志着中非合作的新篇章，也是中国参与地区性公共卫生合作的新举措。

此外，中国在金砖国家合作中也建立了卫生部长会晤机制。2011年7月11日，首次金砖国家卫生部长会议在北京召开，并发表《首次金砖国家卫生部长会议北京宣言》。会议提议建立五国卫生部长及常驻日内瓦代表之间的长期对话机制，并确定了优先合作领域：以更好获得可负担的高质、有效、安全的艾滋病、结核病、病毒性肝炎、疟疾以及其他传染性疾病和非传染性疾病的药物、疫苗和其他卫生技术的可及性；探索促进技术转让，提高创新能力，满足公共卫生需求。2013年1月11日在新德里召开了金砖国家卫生部长第二次会议。会议发布了《金砖国家卫生部长第二次会议德里公报》。会议形成了关于疾病监测、针对传染病及非传染病的医疗技术、慢病防治与健康覆盖、药品研发、医疗技术五个领域的行动计划。

3. 中国参与双边卫生合作

近年来，中国在双边卫生合作领域也有新的进展。下文以中美双边卫生合作为例对此进行说明。中美两国政府间卫生合作协议与合作机制奠基于上世纪70年代。根据1979年1月两国政府签订的科学技术合作协定，两国卫生部首次签署了中美卫生科技合作议定书，目前已七次续签。从2002年起，双方在议定书框架内先后签署《关于艾滋病合作项目谅解备忘录》《关于建立新发和再发传染病合作项目的谅解备忘录》《卫生健康医药科学合作谅解备忘录》以及《关于加强传统医药领域的科技合作意向书》。

另外，在两国最重要的对话机制——中美战略与经济对话中，“全球卫生”

及“卫生合作”被纳入讨论议题。在2009年首届战略与经济对话中，中美双方表示，愿在大流行性及传染性疾病的爆发，包括抗药性肺结核带来的挑战方面继续进行合作。双方还愿进一步在应对公共卫生挑战等至关重要的全球性问题上加强对话与合作。

2003年SARS疫情爆发后，中国疾病预防控制中心和美国疾病预防与控制中心就防治“非典”开展了合作研究。2005年，两国建立了双年度部长级会晤机制，启动了新发和再发传染病合作项目，针对非典型肺炎、流感、登革热以及虫媒及人畜共患病，加强传染病流行病学、预防、控制、诊断和治疗方面的研究与能力建设，提高了发现、应对和处理新发及再发传染病的能力。此外，双方还签署了食品药品监督管理年度工作计划，开展以法规交流、人员培训为主的合作活动，围绕药品临床质量管理规范、医疗器械生产质量管理规范、体外诊断试剂法规和非处方药监管等内容举办了培训班；2006年双方达成补充替代与传统医药（中医药）研究合作意向，将38个病种的临床研究列为优先项目。2010年6月，中美卫生政策论坛在北京举行。2010年发生甲型H1N1流感期间，中美互向对方疾病控制中心派出人员，每天都进行信息交流。

中美两国在艾滋病防治领域开展的全方位、多层次和多学科研究取得了实质性成果。其中由美国克林顿基金会、比尔及美琳达·盖茨基金会和美国默克公司等非政府组织开展的艾滋病防治项目，在实施地区有效降低了艾滋病流行、降低了高危人群的新发感染。

此外，SARS事件后，中国与意大利、法国、加拿大等国也都签署了双边合作协议且进展顺利。2013年3月11日，首届中英全球卫生对话在英国伦敦举行。中英双方就全民健康覆盖、全球疟疾防控、消灭脊髓灰质炎、后千年发展目标以及全球卫生治理等议题进行了交流，并讨论了未来中英双方在全球卫生领域的合作。

4. 中国对外医疗援助

中国对外医疗援助始自1963年。当时，阿尔及利亚在独立后，由于外籍医务人员的撤出，面临着缺医少药的困难境地，便向世界发出紧急医疗援助的呼吁。1963年1月，根据周恩来总理的指示，中国第一个对外宣布派医疗队赴阿尔及利亚，从此开创了中国对非卫生援助的历史。20世纪60年代至70

年代初，中国先后向桑给巴尔、老挝、索马里、也门、刚果（布）、马里、坦噶尼喀、毛里塔尼亚、越南、几内亚、苏丹、赤道几内亚等国派遣了援外医疗队。[①] 1978年中国改革开放后，随着对外交往的不断扩大，中国向其它发展中国家派遣援外医疗队数量逐渐增加。2000年，中非合作论坛成立后，中国政府继续向非洲国家派遣医疗队成为中非合作论坛框架下中国对非援助的重要举措之一。

截至2012年12月，中国先后向亚洲、非洲、拉丁美洲、欧洲和大洋洲的66个国家和地区派遣过援外医疗队，累计派出2.3万人次，诊治患者约2.7亿人次。目前，中国向49个国家派有医疗队，其中42个国家在非洲，1171名医疗队员分布在113个医疗点上。全国有27个省（区、市）承担着派遣援外医疗队的任务。援外医疗队的专业组成多样，以内、外、妇、儿等临床科室为主，既有西医，也有中医，既有普通专科，也有脑外科等高端专业。除住房一般由受援国提供外，医疗队费用主要由中国财政承担。随着医疗队的派出，中国每年还向受援国赠送部分药品和医疗器械。[②]

中国援外医疗队已成为中国参与全球卫生治理，特别是中外医疗合作的重要途径。2006年4月，胡锦涛总书记在摩洛哥接见我援外医疗队员时指出，向非洲国家和地区派遣医疗队是中非合作时间最长、涉及国家和地区最多、成效也最为显著的合作项目。2013年，习近平总书记在刚果（布）接见援外医疗队时，总结提炼出“不畏艰苦、甘于奉献、救死扶伤、大爱无疆”的中国医疗队精神。迄今有1000余名援外医疗队员获得受援国颁发的总统勋章等各种荣誉，医疗队被誉为“白衣使者”“南南合作的典范”和“最受欢迎的人”，成为中国与第三世界国家长期合作的典范。历史证明，中国援外医疗队是一种花钱少、见效快、影响大的对外援助方式。这种援助不仅改善了受援国人民特别是患者的生活，而且使许多发展中国家的民众进一步了解中国，以一

① 李安山:《中国援外医疗队的历史、规模及其影响》,《外交评论》，2009年第1期，第26—27页。

② 参见央视网:《中国援外医疗队工作概述》，http://news.cntv.cn/2013/08/07/ARTI1375842648827277.shtml.

种特有的方式展现了中国的软实力，成为中国外交的重要组成部分。[①]

（五）近年来中国对流行性疾病的治理

2013年H7N9新型禽流感病毒在中国出现后，中国政府第一时间向世界卫生组织通报病毒感染者情况，世界卫生组织也即时发布相关信息，表示会提供一切可能的帮助。4月5日，国家卫生和计划生育委员会开始在官方网站上公布每日疫情信息，每天更新的感染人数和死亡人数。由于为公众提供了明确的数据而在一定程度上缓解了公众的恐慌。与十年前非典危机相比，这次在疫情的突然袭击面前，中国的应对显然从容多了，彰显出中国政府应对非传统安全问题的成熟。在此次H7N9危机公关中，政府更加注重与公众进行互动，加强了对公众进行防疫知识的普及，并且主动澄清H7N9疫情与病死猪之间不存在关联，防止可能发生的大规模谣言流行。同时，在应对H7N9危机时，政府已经开始大量通过网络新媒体（如微博、微信等）来开展风险沟通，效果更加细微。2013年10月，我国成功研发用于生产疫苗的人感染H7N9禽流感病毒疫苗株，首次打破和改变了我国流感疫苗株需由国外提供的历史。

（六）案例分析：中国政府对SARS的治理

2003年SARS疫情的爆发对于中国在全球公共卫生治理方面是个里程碑式的事件。在全球开放、信息多元化的时代背景下，SARS作为一种全球性恶性传染病，使中国成为全球公众关注的焦点，无意之中成为21世纪第一次全球公共卫生危机的主角，也构成了对政府危机处理能力的一个严峻挑战和综合考验。

1. SARS的出现与传播

严重急性呼吸综合征（Severe Acute Respiratory Syndromes），又称传染性非典型肺炎，简称SARS，是一种因感染SARS冠状病毒引起的新的呼吸系统传染性疾病。主要通过近距离空气飞沫传播，以发热、头痛、肌肉酸痛、乏力、干咳少痰等为主要临床表现，严重者可出现呼吸窘迫。全球首发病例于

① 参见李安山：《中国援外医疗队的历史、规模及其影响》，《外交评论》，2009年第1期，第37页。

2002年11月出现在广东佛山，并迅速形成流行态势。在短短几个月的时间里，SARS遍布了中国24个省市，并以香港为中转站，传播到越南、新加坡、加拿大、爱尔兰及世界各地。2002年11月－2003年8月5日，29个国家报告临床诊断病例8422例，死亡916例。报告病例的平均死亡率为9.3%。中国是感染SARS病例最多，死亡病例最多的国家。

SARS在中国的流行大致经历三个阶段：第一阶段，SARS疫情局部爆发流行。2003年1月到3月，疫情主要集中在广东省。第二阶段，SARS在中国的全面流行阶段。4月份，疫情开始向中国北部省份扩散，并逐步向北京、山西、内蒙古、河北和天津市集中。4月底，全国累计报告确诊病例3460例，其中华北五省、自治区、直辖市和广东省共有3368例，占97.3%。第三阶段，SARS疫情开始得到控制。2003年5月份，全国疫情出现稳中有降的态势。5月上旬，全国每天平均新增病例151人，5月中旬全国每天平均新增病例45例，5月下旬，全国每天平均新增病例14例，并出现下降的趋势，疫情开始得到有效的控制。①

2. 中国政府对SARS疫情的治理

（1）中国政府最初的反应

在SARS爆发早期，由于对这种新型传染病不了解，广东省没有采取隔离措施。由于疫情尚未充分展现，中国政府在2003年2月之前并没有每日向世界卫生组织通报广东地区的疫情，这被世界卫生组织认为是导致SARS在全球蔓延的原因。2月10日，中国政府将该病情况通知了世界卫生组织，在最初提供的数据中，只列出广东省的发病状况。4月3日，中国卫生部在北京召开新闻发布会。卫生部部长张文康表示，疫情已经得到有效控制，在中国工作、旅游是安全的。但很快公众就了解到疫情远比官方公布的严重。中国政府因此遭到世界卫生组织的批评和国际社会的指责。

在疫情被揭露后，中国政府立即正视问题，采取了积极有效的措施。坚决撤掉了当时的卫生部部长张文康和北京市市长孟学农，并提名王岐山担任北京市代理市长，高强任卫生部党组书记，国务院副总理吴仪兼任卫生部部长。2003年5月20日，吴仪副总理在世界卫生大会上发言时也坦陈：由于

① 《国务院新闻办公室举行新闻发布会》，2003年5月31日，《人民日报》，第6版。

SARS是一种尚未被人类完全认识的新型传染病，在疫情发生的初期，中国政府对这场疫情的严重性认识不足，公共卫生系统存在缺陷，组织指挥不统一，信息渠道不畅通，加之一些地方和部门工作不力，导致防治工作在一段时间内有些被动。

（2）中国政府的有效措施

中国政府在认清SARS疫情的严重性后，采取了及时有效的措施。

首先，将防治非典作为政府工作的重中之重，建立了强有力的领导指挥体系和部门协调工作机制。成立全国防治非典指挥部，由党中央、国务院、军队系统和北京市等30多个部门和单位的人员组成，下设10个工作组和办公室，负责防治非典的10个方面的重要工作。整合了部门、地方和军队资源，集中力量，及时采取相应的应急措施，有效地应对突发事件。各级地方党委、政府成立了相应的领导指挥机构。4月23日，北京市4000多名施工人员进驻小汤山医院施工现场。一周后，工程即通过验收交付使用。5月1日，北京市第一家专门治疗非典的临时性传染病医院小汤山医院开始接收病人。此时军队支援北京的医护人员1200余人陆续到位。

其次，及时将非典防控工作纳入法制化管理轨道。4月8日，卫生部将非典列入法定管理传染病，依照《中华人民共和国传染病防治法》进行管理。5月9日，国务院根据《中华人民共和国传染病防治法》和有关法律的规定，在总结前阶段防治非典工作经验教训的基础上，借鉴国外的有益做法，制定并颁布《突发公共卫生事件应急条例》。5月12日，卫生部以卫生部令的形式发布了《传染性非典型肺炎防治管理办法》，完善了疫情信息报告制度和预防控制措施。

第三，有效地动员了全国人民，做到了群防群控，形成了全国抗击非典的强大合力。

第四，信息及时、公开和透明。卫生部坚持每天向社会公布全国疫情，先后召开9次新闻发布会、24场新闻通报会、吹风会和媒体见面会、非典疫情每日通报和专家分析会在中央电视台连续80次现场直播。以上这些措施，大大增强了疫情信息与防控工作的透明度，起到良好效果，挽回了不良影响。

第五，加强了与世界卫生组织的合作。4月22日，中国提交给世界卫生组织的诊断报告，对世界卫生组织掌握疫情提供了很大的帮助。世界卫生组织进入广东地区了解疫情，并向中国政府提出防治建议。世界卫生组织还获得很多关于疾病的临床的、流行病学的和实验室的数据，以及关于病毒标本的数据。

3. 中国在对SARS治理中的改变与进步

SARS危机对我国传统的突发公共卫生事件应急管理体系提出了严峻挑战。通过对SARS的治理，中国认识到了自身在突发公共卫生事件治理中存在的严重不足，并开始采取措施加以弥补。

首先，中国政府出台了一系列的法律，解决了突发医疗卫生应急体系的立法问题。2003年5月12日出台的《突发公共卫生应急条例》是依照《中华人民共和国传染病防治法》的规定，特别是针对2003年防治非典型肺炎工作中暴露出的突出问题制定的，为抗击非典型肺炎提供了有力的法律武器。《突发公共卫生事件应急条例》着重解决突发公共卫生事件应急处理工作中存在的信息渠道不畅、信息统计不准、应急反应不快、应急准备不足等问题，旨在建立统一、高效、有权威的突发公共卫生事件应急处理机制。《突发公共卫生事件应急条例》的颁布与实施是中国公共卫生事业发展史上的一个里程碑，标志着中国将突发公共卫生事件应急处理纳入了法制轨道。

2003年11月7日，卫生部公布了《突发公共卫生事件与传染病疫情监测信息报告管理办法》。它规范了突发公共卫生事件与传染病疫情监测的信息系统，规定了各级疾病预防控制机构承担突发公共卫生事件与传染病疫情监测信息报告的职责。

2006年2月26日，中国政府通过了《国家突发公共卫生事件应急预案》，将突发公共卫生事件划分为特别重大（I级）、重大（II级）、较大（III级）和一般（IV级）四级，并分别对这四级突发事件做出了具体的规定。

中国政府还认识到1989年制定的《传染病防治法》有缺陷。2004年8月28日，中华人民共和国第十届全国人民代表大会常务委员会第十一次会议修订通过了《中华人民共和国传染病防治法》，并自2004年12月1日起施行。新修订的传染病防治法将非典、人感染高致病性禽流感列为乙类传染病，使列入法律的法定传染病达37种。

其次，中国政府充分认识到了建设一个完善的突发公共卫生应急处理机制的必要性和紧迫性，并在实践操作层面进行了卓有成效的探索。SARS危机后，中国建立了突发公共卫生事件应急指挥体系。卫生部设立了突发公共卫生事件应急办公室，建设应急指挥中心。各级卫生行政部门普遍设立了应急指挥机制，遇有重大疫情等突发公共卫生事件，立即组织力量进行调查处理和医疗救治，并及时向地方党委、政府报告，提出应对措施建议。全面制订了突发公共卫生事件应急预案。完善了突发公共卫生事件监测信息网络。卫生部制订了严格的疫情信息报告制度，要求各级卫生行政部门、疾病控制机构和医疗机构，在发现可能造成突发公共卫生事件的情况后，必须在规定时间内及时报告。加强了疾病预防控制体系建设。国家建立了统一的疾病预防控制体系。各省、市（地）、县（市）都建立了疾病预防控制机构。加强了应急医疗救治体系建设。①

第三，在对SARS的治理中，中国加深了对“全球化”的认识。全球化不再是一些人以为的只是“经济全球化”，它的双刃剑效应也不仅仅体现在经济层面。病毒无国界。当SARS疫情在全世界蔓延时，中国认识到对世界负有的责任以及中国在全球公共卫生治理中的义务与责任。同时，中国也认识到世界卫生组织在全球公共卫生治理中的权威地位以及与之加强卫生合作的重要性。

（七）中国参与全球公共卫生治理的困境及对策

积极参与全球公共卫生治理是中国外交的主要组成部分，也是中国在崛起过程中，作为一个负责任大国所必须承担的义务。

1. 中国参与全球公共卫生治理的挑战与困境

在全球公共卫生治理平台上，中国还是一个“新手”。中国在参与全球公共卫生治理中面临的挑战既有全球化带来的挑战，也有中国在崛起过程中面临的困境。

第一，如何承担与己实力和地位相一致的责任。随着中国国家实力的增强，中国在全球公共卫生治理中的使命感和责任感也在加强。虽然中国在2010年GDP总量达到世界第二，但人均GDP为4433美元，中国依然是一个

① 参见高强：《关于健全突发公共卫生事件应急机制工作的报告》，http://health.sohu.com/2004/04/15/22/article219842254.shtml。

拥有13亿人口的发展中国家。事实上，中国目前在公共卫生管理领域的水平与国外发达国家还是有一定的差距，各方面的条件还不够完善，中国的公共卫生水平需要与国际接轨。中国在城乡之间、东西部之间仍存在卫生水平的较大差异。在一些地区，传染病仍是一个问题。另外，中国人口正迅速老龄化，与此同时，社会保险仍存在巨大的资金缺口，导致人们在尚未获得足够养老资金之前就已经变老，从而出现了所谓的“未富先老”现象。应对快速老龄化的社会保障体系、医疗保险和社会福利体制尚需进一步完善。因此，中国在进行公共卫生领域的国际合作中，要找准自己国家的定位，根据自己的国情量力而行。

第二，如何处理台湾问题。台湾问题是中国的核心国家利益。多年来，台独势力一直把加入国际组织作为实现其渐进式台独的重要步骤。自1997年开始，在每年召开的年度世界卫生大会上，台湾都会上演一出挤进世界卫生组织，成为其“观察员”的闹剧。中国一贯反对台湾加入任何只有主权国家才能加入的国际组织，因此中国政府在世界卫生组织内坚决开展了与台独势力的斗争，挫败了台独分子的阴谋。但是，在全球化时代，如何让台湾也加入到全球公共卫生治理的领域中，是对中国政府智慧的考验。2009年，经中国政府与世卫组织秘书处的协商，就《国际卫生条例》适用于台湾地区做出了相关安排。世界卫生组织同意接纳台湾参与国际卫生条例，并邀请台湾以“中华台北”名义成为2009年度世界卫生大会观察员。2009年5月，中华台北卫生署首次派员以观察员身份出席了第62届世界卫生大会。在未来，中国仍面临着在全球公共卫生治理领域与台独势力的斗争。

第三，如何处理公共卫生领域的外交摩擦问题。2009年3月，墨西哥爆发“甲流”疫情后，中国是第一个提供援助的国家。4月30日，一名乘坐墨西哥飞往中国的AM098直航航班来华的墨西哥公民在香港被确诊感染甲型H1N1流感病毒。为了防控甲型H1N1流感疫情，维护人民群众健康和卫生安全，中方对该航班旅客采取了必要的医学隔离措施。这一问题本是纯粹的卫生检疫问题，并非针对墨西哥公民，没有歧视性。但是，墨西哥外长表示，中方将没有感染病毒的墨公民进行隔离是歧视做法，缺乏科学根据，墨方难以接受。墨外交部提醒墨公民在中方纠正有关歧视和不公正措施之前，不要去中国旅行。这次中墨外交摩擦凸现了两国价值观的差异。在处理个人与社会关系问题上，中国强调优先保障公共利益，而墨西哥则更加重视个人权利和自由。这种因价值观差异导致的外交摩擦问题需要中国在参与全球公共卫生治理时加以重视。

2. **中国应对全球公共卫生治理困境的政策**

针对在全球公共卫生治理中面临的挑战，中国首先应更新观念，给予全球公共卫生治理应有的重视。必须认识到积极参与全球公共卫生治理不仅是对本国公民的责任和义务，也直接影响到中国的国家形象。其次，中国应加大对全球公共卫生治理的投入。除了资金上的投入，还应加大人才的培养，深化对全球化和全球治理以及全球公共卫生治理的研究。第三，中国还应在全球公共卫生治理中处理好担当责任与量力而为的关系，既要有效履行大国责任，也要维护好国家利益。第四，继续加大对外开放，主动参与国际合作，在全球公共卫生治理中承担更多的责任。

总而言之，全球化的发展使全球公共卫生治理越来越重要。崛起中的中国应该积极主动地迎接各种挑战，抓住机遇，在全球公共卫生治理中发挥更大的作用，为世界公共卫生事业作出应有的贡献。

第二十章　跨国犯罪全球治理与中国的参与

当今的时代是一个全球化时代。在全球化时代，资本、技术、资源、物资和人员在各国之间实现了前所未有的自由流通，各国之间的联系不断加强。与此相伴的是，原有的一些国内问题也日益国际化，跨国性的社会问题日益突出。跨国犯罪即是其中的一个重要表现。为维护本国利益，国际社会建立了并正在完善着打击跨国犯罪的合作机制。随着中国国际化程度的日益加深，侵犯中国国家利益的跨国犯罪也日趋严重，为此，中国也参与了打击跨国犯罪的国际合作。为了更好地维护国家利益，中国需要不断增强自身在跨国犯罪全球治理机制中的地位。

20世纪80年代以后，随着涉及中国的跨国犯罪的日益增多，对跨国犯罪的研究逐渐成为我国学界和司法界的一个重要论题。自1987年到2013年上半年为止，中国知网期刊中标题中含有“跨国犯罪”一词的论文有56篇，标题中同时含有“跨国”与“犯罪”两个词汇的论文有132篇，关键词中包含“跨国犯罪”的论文有264篇。与对“跨国犯罪”的研究相比，对“跨国犯罪全球治理”和“跨国犯罪与中国”的研究少得多。在“跨国犯罪全球治理”方面，标题中包含“跨国犯罪全球治理”（或“跨国犯罪治理”）一词或“跨国犯罪”和“全球治理”（或“治理”）两个词汇的期刊论文都是0篇；标题中包含与“跨国犯罪治理”相近词汇“打击跨国犯罪”或“整治跨国犯罪”一词的期刊论文只有9篇；标题中包含“跨国犯罪”与“打击”（或“整治”）一词的只有14篇；关键词中包含“跨国犯罪全球治理”（或“跨国犯罪治理”）一词的期刊论文是0篇，包含“跨国犯罪”和“全球治理”（或“治理”）两个词汇的期刊论文是1篇。在“跨国犯罪与中国”方面，标题中同时具有“跨国犯罪”

和“中国”（或“我国”）两个词汇的期刊论文只有8篇，同时具有“跨国”“犯罪”和“中国”（或“我国”）三个词汇的期刊论文只有16篇；关键词中同时具有“跨国犯罪”和“中国”两个词汇的期刊论文只有12篇。由此可见，关于跨国犯罪的全球治理尤其是中国与跨国犯罪的全球治理的研究比较薄弱。本文关于中国与跨国犯罪全球治理的研究只是一个开始，尚有一些不足之处，但希望能起到一个抛砖引玉的作用。

一、跨国犯罪与跨国犯罪全球治理

在当今世界，跨国犯罪问题不断增多，对各国的国家利益都构成了危害。为了打击跨国犯罪，各国之间展开了国际合作，跨国犯罪的全球治理机制逐渐形成，并不断发展与完善。

（一）跨国犯罪

学界对跨国犯罪进行了多方位研究，包括跨国犯罪的含义、特征、种类、内容、形式、背景、原因、危害、影响等各个方面。由于本文的主题不是跨国犯罪本身，所以对于以上方面不再一一赘述，只对与本文论题密切相关的跨国犯罪的含义与种类两个方面进行论述。

1. 跨国犯罪的含义

《联合国打击跨国有组织犯罪公约》对跨国犯罪的概念进行了界定：“有下列情形之一的犯罪属跨国犯罪：在一个以上国家实施的犯罪；虽在一国实施，但其准备、筹划、指挥或控制的实质性部分发生在另一国的犯罪；犯罪在一国实施，但涉及在一个以上国家从事犯罪活动的有组织犯罪集团；犯罪在一国实施，但对于另一国有重大影响。”① 本文认为，联合国对跨国犯罪概念的界定不太准确，有很多不合理之处。

首先，第四条明显不合理，因为它不是用事物本身而是用事物的结果对概念进行界定。如果用最后一条来界定跨国犯罪，在实践中可能会得出荒谬的结果。比如，加拿大居民的某项生活必需品都来源于美国的一家大企业，

① 《联合国打击跨国有组织犯罪公约》第三条第二款，2000-11-15。

这家大企业的老板属于黑社会成员，因为争夺地盘与别的黑社会组织发生冲突，而被别的黑社会组织将其工厂全部炸毁。从结果看，这确实给加拿大居民的生活造成了重大影响，但显而易见的是，它只是美国人在美国实施的犯罪，因而并不属于跨国犯罪。

其次，第三条也不尽合理。第三条的含义是，虽然犯罪在一国实施，但如果实施者是曾在多个国家实施犯罪的有组织犯罪集团，那就是跨国犯罪。实际上，有些犯罪符合这一定义，但并不是跨国犯罪。比如，印度尼西亚的一个毒品犯罪组织曾在马来西亚和菲律宾实施过多次毒品交易，某一天，这个组织在印度尼西亚将10公斤海洛因出售给印尼本国人，那么这个犯罪活动就不是跨国犯罪活动，而是国内犯罪活动，尽管这一组织是跨国犯罪组织。本条的失误在于将跨国犯罪组织与跨国犯罪活动这两个概念混为一谈。尽管正是因为有了跨国犯罪活动，犯罪组织才成为跨国犯罪组织，但反过来讲，跨国犯罪组织所进行的犯罪活动未必都是跨国犯罪活动。

最后，《联合国打击跨国有组织犯罪公约》对跨国犯罪概念的界定还有未尽之处。有些犯罪属于跨国犯罪，但不在其列举的四条之内。比如，某个日本留美学生因生活困顿，在美国闹市公然持枪抢劫。这种行为是明显的跨国犯罪行为，但它不属于上面四条中的任何一条。其一，它不是“在一个以上国家实施的犯罪”，它只在美国一个国家实施。其二，它不是“在别国筹划和准备”，从开始产生犯罪动机一直到实施犯罪行为，他一直都在美国。其三，他的犯罪行为只是他个人的行为，没有涉及到“在一个以上国家从事犯罪活动的有组织犯罪集团”。其四，他的这一犯罪行为也并没有对别的国家产生重大影响。

国内研究跨国犯罪的多数学者将跨国犯罪理解为犯罪过程或行为跨越了两个或两个以上的国家：“犯罪行为人在两国或两国以上所实施的犯罪。”[①]“是指以跨国形式出现的犯罪，或者说犯罪过程跨越了两个或两个以上国度的犯罪。”[②]“犯罪过程跨越了两个或者两个以上国家的国境。”[③] 有的学者不同意上

① 赵永琛:《国际刑法与司法协助》，法律出版社1994年版，第38页。

② 甘雨沛:《国际刑法学新体系》北京大学出版社2000年版，第108页。

③ 吕岩峰:“国际犯罪与涉外犯罪、跨国犯罪关系辨析”,《当代法学》,2008年第4期，第94页。

述观点，将跨国犯罪定义为“犯罪行为违反两个以上国家的刑事法律”。[①]

笔者认为，将跨国犯罪理解为犯罪过程或行为跨越了两个或两个以上的国家的观点虽然有其合理性，但也有很明显的不足。实际上，很多跨国犯罪行为并不是在两国或两国以上实施的犯罪，而是在一个国家所实施的犯罪。比如A国某公民在B国杀死B国某公民，或B国某公民在B国杀死A国某公民，其犯罪过程都是在一个国家，并没有跨越两个或两个以上的国家。

相对于前一种解释，后一种解释有更大的合理性。不过，这一定义仍有一点瑕疵。这是因为，有些跨国犯罪并没有违反两个或两个以上国家的刑法：其一，各国刑法在犯罪的界定上未必尽同，尽管绝大多数行为都会被各国刑法一致认定为有罪或无罪，但有些行为，可能在一些国家有罪，在另外一些国家无罪。比如，通奸行为在大多数国家中都不属于犯罪行为，但在某些中东国家中却属于犯罪而且是非常严重的犯罪。那么一些外国人在这些国家如果进行通奸行为，那么并没有违反其所在国的法律，只是违背了当地国家的法律。其二，在各国间刑事管辖权不同设定的情况下，跨国犯罪有时只触犯一个国家的法律而没有触犯另一个国家的法律。刑事管辖包括属地管辖、属人管辖、保护管辖、普遍管辖等方式，如果两个国家之间采取不同的管辖形式，很可能犯罪只是触犯一国的法律。比如甲国公民汤姆在乙国将乙国公民约翰故意杀死，假如甲国的管辖形式只有属地管辖和保护管辖，而无属人管辖，也就是说，甲国的刑法所打击的对象只是在甲国领土上的犯罪以及在甲国之外别的国家的机构、组织或公民针对甲国公民的犯罪，而不包括甲国公民在别的国家实施的犯罪。那么，汤姆的犯罪行为就只触犯了乙国的法律，而没有触犯甲国的法律。然而，汤姆的犯罪行为仍然属于跨国犯罪。

本文认为，要想界定跨国犯罪的含义，首先要厘清它的构成。包括跨国犯罪在内的任何一种犯罪行为都是由犯罪主体、犯罪客体、犯罪环体和犯罪介体四部分构成。犯罪主体是指犯罪的实施者，它可以是公民、也可以是社会组织，也可以是国家机构。犯罪客体是指犯罪行为侵害的对象，它包括多个方面。为行文方便，在这一部分，本文将犯罪主体与犯罪客体都简单地概括为公民与国家两个方面：在犯罪主体部分中，社会组织纳入公民群体的范

① 王湘林："论全球化背景下的跨国犯罪"，《国际关系学院学报》，2007年第1期，第35页。

畴；在犯罪客体部分中，凡是侵犯公民之外的其他犯罪，包括侵犯国家利益、社会秩序、自然环境等各方面的犯罪都视之为侵犯国家的犯罪。犯罪环体是指犯罪发生的环境或地点。犯罪介体是指犯罪主体侵害犯罪客体的手段。在上述四种构成因素中，犯罪主体、犯罪客体及犯罪环体的关系是界定跨国犯罪的基石。只要犯罪主体与客体分属不同的国家或者犯罪主体与客体属于同一国家但犯罪环体却是另外一个国家的犯罪都属于跨国犯罪。

因此，跨国犯罪包含以下几种情形：其一，犯罪主体与犯罪客体、犯罪环体分属不同的国家。比如，A国国家或公民在B国进行的针对C国国家或公民的犯罪。其二，犯罪客体与犯罪环体属于同一个国家，犯罪主体属于其他国家。比如，A国国家或公民在B国进行的针对B国国家或公民的犯罪。其三，犯罪主体与犯罪环体属于同一个国家，犯罪客体属于其他国家。比如，A国国家或公民在A国进行的针对B国国家或公民的犯罪。其四，犯罪主体与犯罪客体属于同一个国家，但犯罪环体是别的国家。比如，A国国家或公民在B国进行的针对A国国家或公民的犯罪。

综上所述，跨国犯罪的含义应当是：跨国犯罪是指是行为构成直接涉及到两个或两个以上的国家的犯罪。

正是由于行为构成直接涉及到两个或两个以上的国家，所以，跨国犯罪不同于国内犯罪。因为国内犯罪的主体、客体与环体都属于同一个国家，即某国国家或公民在本国进行的针对本国国家或公民的犯罪。在跨国犯罪与国内犯罪的关系中，有一种特殊情形：某国公民或政府组织在本国进行了针对本国国家或公民的犯罪活动，犯罪后却逃往国外。这种情形仍然属于国内犯罪而非跨国犯罪。原因在于，该犯罪主体的整个犯罪过程都是发生在本国，当其逃往别的国家时，其犯罪过程已经结束，别的国家只是其犯罪后妄图逃避惩罚的可能避难所而已。

跨国犯罪也不同于国际犯罪。国际犯罪是指触犯国际法的犯罪活动，跨国犯罪则是指触犯一个或多个国家国内法律的犯罪活动。比如，西班牙的佛朗哥、印度尼西亚的苏哈托、智利的切诺皮特、柬埔寨的波尔布特、伊拉克的萨达姆这些独裁者针对本国公民的屠杀行为就触犯了国际法，因而在属于国内犯罪的同时也是国际犯罪，但不属于跨国犯罪。当然，两者之间并不是完全不同的，有些犯罪行为既触犯了国际法，又触犯了一些国家的国内法，那么这种犯罪就即是国际犯罪，又是跨国犯罪。二战时倭寇在别国的屠杀行为既触犯了国际法又触犯了别的国家的法律，因而既是国际犯罪又是跨国犯罪。

尽管一个国家对其他国家的侵略战争或分裂、颠覆活动在本质上也是一种跨国犯罪行为，但在全球治理的语境下，暂不把它视为跨国犯罪行为。因为跨国犯罪全球治理的主要主体是主权国家，如果也把它视为跨国犯罪行为主体，就很难实现各国之间的国际合作。战争的发动国及其支持国与被侵略国及其支持国或同情国之间在这个问题上是很难达成共识的，因而很难实现全球治理。只有当跨国犯罪专指那些由政府以外的组织或个人进行的犯罪时，其全球治理才具有更大的现实性。职是之故，本文讨论的跨国犯罪不把国家也就是一个国家的主权者作为跨国犯罪的主体。

但主权者之外的其他国家机构进行的某些犯罪行为被包含在本文要讨论的跨国犯罪之内。因为其他国家机构或国家机构中的人员的行为并不都是执行主权者的命令，他们有独立于主权者的意志，因而有一些违背或不是来自主权者命令的行为。比如，一个国家的士兵或警察，出于掠夺财产或取乐等目的，枪杀或抢劫别的国家的公民，就在本文要讨论的跨国犯罪之列。

还有一种状况需要说明。犯罪有故意犯罪和过失犯罪之别。比如，《中华人民共和国刑法典》规定，“明知自己的行为会发生危害社会的结果，并且希望或者放任这种结果发生，因而构成犯罪的，是故意犯罪。”“应当预见自己的行为可能发生危害社会的结果，因为疏忽大意而没有预见，或者已经预见而轻信能够避免，以致发生这种结果的，是过失犯罪。”[①] 跨国犯罪虽然与国内犯罪有所不同，但在理论上，跨国犯罪也应当包含过失犯罪。当然，跨国犯罪的主要形式还是故意犯罪。

2. 跨国犯罪的种类

具体的跨国犯罪究竟有多少种，这个问题很难说清。联合国将跨国犯罪活动的种类归纳为17种：洗钱、恐怖活动、盗窃艺术文化财产、侵犯知识产权、非法贩卖武器、海盗、劫持飞机、劫持地面交通工具、保险业欺诈、计算机犯罪、破坏生态环境、贩卖人口、买卖人体器官、贩毒、假破产、侵蚀

① 《中华人民共和国刑法》(1997)，第14、15条。

合法行业、行贿和官员贪污。[①] 本文将其归结为五种类型：第一，侵犯公共安全的犯罪活动，它包括恐怖活动、海盗、劫持飞机、劫持地面交通工具、非法贩卖武器、贩毒；第二，侵犯人身和财产权利的犯罪活动，它包括贩卖人口、买卖人体器官和盗窃艺术文化财产；第三，破坏经济秩序的犯罪活动，它包括洗钱、侵犯知识产权、保险业欺诈、假破产、侵蚀合法行业；第四，妨碍社会管理秩序的犯罪活动，它包括计算机犯罪、行贿和官员贪污。第五，破坏自然环境的犯罪活动，破坏生态环境正属于此类。

其实，跨国犯罪活动远不止这17种，在上面的五种类型中都还有其他形式的犯罪。比如，侵犯公共安全的犯罪活动还有放火、决水、爆炸、投毒等各种形式，其中有些虽然属于恐怖活动，但并非都属于恐怖活动。侵犯人身与财产权利的跨国犯罪活动还包括故意杀人、故意伤害、强奸、绑架、抢劫等形式。破坏经济秩序的跨国犯罪活动还包括伪造货币、各种金融诈骗等形式。妨碍社会管理秩序的跨国犯罪活动还包括入境发展黑社会等形式。破坏自然环境的跨国犯罪活动还包括非法捕杀、买卖珍贵濒危野生动物等各种形式。

随着世界各国全球化程度的日益加深，跨国犯罪日益增多，跨国犯罪的种类也将不断增加，将会出现现在尚无法预知的其他形式的犯罪。当前，最常见的跨国犯罪形式主要包括：恐怖犯罪、绑架勒索犯罪、抢劫犯罪、拐卖妇女儿童犯罪、毒品犯罪、诈骗犯罪、色情犯罪等。

（二）跨国犯罪的全球治理

“治理”一词引入到跨国犯罪中是晚近的事情，之前的提法往往是“打击跨国犯罪”或“跨国犯罪整治”等。同跨国犯罪相似，跨国犯罪的全球治理也包含许多方面，虽然相关的研究相对薄弱，但由于本文的重心是中国与跨国犯罪全球治理，所以，对于跨国犯罪全球治理本身只选择几个重要方面进行阐述。

1. 跨国犯罪全球治理的含义

跨国犯罪全球治理是全球治理的一个方面，它是指世界各国和国际组织

① 张宇编译:《跨国犯罪的17种面孔》,《国际展望》，1997年第12期，第36页。

为打击跨国犯罪而进行的各种国际合作。

首先，跨国犯罪全球治理的主体主要是主权国家。跨国犯罪因其构成涉及两个或两个以上的国家，所以，就需要不同国家、不同主权者之间的合作。特别是在本国之外发生的针对本国国家或公民的犯罪，如果没有其他国家的合作，要想对其加以打击是非常困难的。因为一个国家在没有得到另外一个国家允许的情况下就直接去这个国家去抓捕或惩办犯罪者，只能采取秘密方式或强制方式。采取不想被他国发现的秘密方式只能委派少数特工，特工由于得不到所在国的协助，只能自己秘密调查，费时费力之后还不一定有所发现。即使调查成功摸到犯罪分子的藏身之所，将其抓捕回国接受审判会面临很多困难——如何在抓捕的时候不被发现以及如何躲过检查顺利回国。比较可行的方式是将犯罪分子直接秘密法办，但它使犯罪分子逃脱了审判，同时还对国家形象产生一定的不良影响。采取强制的方式更为困难，在对方国家不合作又知道该国将派人去抓捕或法办犯罪分子的情况下，要想成功将犯罪分子抓捕回国，必然引起两国的武力冲突，甚至可能引发一定规模的战争。所以，跨国犯罪全球治理的前提就是各主权国家的合作。

除了主权国家外，国际组织也是跨国犯罪全球治理的重要主体。世界上有那么多国家，几个国家之间建立司法合作关系不很困难，但要想在大多数或绝大多数国家之间建立一个统一而有效的合作关系，没有一个机构居中联络、组织、协调，没有一个统一个机构去执行，则是很难实现的。所以，某些国际组织也是跨国犯罪全球治理的重要主体而且是不可缺少、不可替代的主体。此外，各国内部的一些相关民间组织对于促进跨国犯罪的全球治理也会起到一定的积极作用。

其次，跨国犯罪全球治理的客体是跨国犯罪，而非国内犯罪或无涉跨国的国际犯罪。一国公民在本国针对本国国家或其他公民的犯罪之后，逃往别的国家，后来在两国的合作下被引渡回国，或者一个独裁者对本国人民犯下严重暴行被国际法庭审判，它们都属于犯罪的全球治理，但不属于跨国犯罪的全球治理。

最后，跨国犯罪全球治理包含狭义与广义两层内涵。狭义的“全球治理”与“国际治理”的内涵是不相同的：“国际治理”指的是国际社会在某些问题上的合作，这种合作既可以是全球范围的，也可以是地区范围的，还可以仅仅局限于两个国家之间；狭义的“全球治理”应当是全球层面的国际合作。广义的“全球治理”则等同于“国际治理”。本文是在广义的意义上使用“全球治理”的。因此，只要有两个国家或国际组织之间建立了打击跨国犯罪的合作关系，就属于跨国犯罪全球治理的范畴。更多的国家或国际组织之间建立打击跨国犯罪的合作，则表明跨国犯罪全球治理机制的更加完善。

2. 跨国犯罪全球治理的特点

跨国犯罪全球治理有两个对应物，一是其他领域的全球治理，二是国内犯罪的治理。与其他诸多领域的全球治理相比，跨国犯罪全球治理相对易行；与国内犯罪的治理相比，跨国犯罪全球治理相对难行。

与其他领域的全球治理相比，跨国犯罪全球治理相对容易达成共识。与能源、环境等问题相比，各国在犯罪的问题上更容易达成共识。能源是各国争夺的对象，要想让它们在能源分配的问题上达成共识比较困难，各国都想争夺更多的能源。所以，在能源问题上，更多的是能源争夺而不是能源治理。在环境问题上，虽然一国的环境容易受到别国的影响，但各国出于自私的动机，总想让别国少排放一些二氧化碳而自己多排放一些，所以，这也为环境的全球治理增添了困难。在金融、经贸领域，由于各国之间经济上发展的不平衡以及在国际经济体系中地位的差别，实行金融、贸易的全球共治也有很多障碍。在人权问题上实行全球治理问题更大，面临的一个最基本问题就是各国对人权的理解就不相同。而犯罪问题则不同，因为犯罪对于各国都是危害，各国在这个问题上不存在利益争夺和利益计较等问题，所以更容易达成共识，因而也更容易建立和维持合作关系。

与国内犯罪的治理相比，跨国犯罪全球治理最大的特点是缺少一个最高的主权者，缺少一部统一的刑法。在任何一个主权国家中，都存在一个至高无上的主权者和由主权者制定的包括刑法在内的法律体系。这样，对犯罪的惩罚便有了统一的尺度及坚实的后盾。而在国际社会中，由于多个主权者并存，除非依赖于主权者的合作，否则很多跨国犯罪就会逃避法律惩罚。而各个主权者之间能否合作，在很大程度上依赖于他们之间的关系，如果某些主权者之间处于敌对的关系，那么在他们之间打击跨国犯罪的合作就很难进行或者是虽然能够进行但存在诸多障碍。即使某些主权者之间在政治上的关系比较密切，但如果他们对犯罪和刑罚的看法存有不同，就会导致刑法规定上的差别，这种差别有时会妨碍他们之间的合作，从而使一些跨国犯罪者得以逃避惩罚。

3. 跨国犯罪全球治理中的两大国际组织

在跨国犯罪的全球治理中，有两个国际组织发挥着至关重要的作用，它们分别是联合国和国际刑警组织。联合国的主要作用是设立专门的机构和组织以及通过法律性文件来指导、组织和规范跨国犯罪治理；国际刑警组织则负责和实施具体的打击跨国犯罪活动。

联合国对跨国犯罪的治理一方面体现在设立专门机构和组织。它主要包括联合国预防犯罪和罪犯待遇大会（联合国预防犯罪和刑事司法大会）、联合国预防犯罪和刑事司法委员会、联合国打击跨国有组织犯罪公约缔约方会议等。联合国预防犯罪和罪犯待遇大会是联合国打击跨国犯罪的主要机构。虽然联合国在成立时就设置了国际法院，但国际法院并不是针对跨国犯罪设立的，而是为了以和平方式解决主权国家之间的争端。联合国针对跨国犯罪问题的首次治理活动是1955年在瑞士日内瓦举行的首届联合国预防犯罪和罪犯待遇大会。此后，联合国预防犯罪和罪犯待遇大会每5年举行一次会议。2005年，联合国预防犯罪和罪犯待遇大会正式更名为联合国预防犯罪和刑事司法大会。[①] 联合国跨国犯罪全球治理的另一个重要机构是联合国预防犯罪和刑事司法委员会。它成立于1992年，每年举行一次会议。预防犯罪和刑事司法委员会闭会期间，日常业务由设在维也纳的预防犯罪和刑事司法处负责处理。联合国打击跨国有组织犯罪公约缔约方会议也是联合国跨国犯罪全球治理的重要组织，它成立于2004年，2006年之前每年召开一次会议，从2008年第四次缔约方会议开始，每两年召开一次会议。成立于1997年的联合国毒品控制和犯罪预防办公室也是一个重要机构。

联合国对跨国犯罪的治理另一方面体现在出台一系列打击跨国犯罪的法律性文件。它既包括打击专门犯罪的法律性文件，又包括针对整个跨国犯罪的法律性文件。自上个世纪中期以来，联合国针对毒品犯罪、恐怖犯罪、拐卖犯罪、腐败犯罪等跨国犯罪出台了一系列文件。在打击毒品犯罪方面，联

① 《联合国预防犯罪和刑事司法大会呼吁加强国际合作》，http://news.xinhuanet.com/world/2005-04/25/content_2877387.htm。

合国成立之前已存在一些国际公约，比如1912年通过的《国际鸦片公约》、1936年通过的《禁止非法贩运麻醉药品和精神药物公约》。联合国成立后，又出台了一系列打击毒品犯罪的公约。1961年，联合国通过《麻醉品单一公约》；1971年，联合国通过《精神药物公约》；1988年联合国通过了《联合国禁止非法贩运麻醉药品和精神药物公约》。在打击跨国恐怖主义犯罪方面,1963年，联合国通过了《关于在航空器内的犯罪和犯有某些其他行为的公约》；1970年，联合国通过了《关于制止非法劫持航空器的公约》；1979年，联合国通过了《反对劫持人质国际公约》；1988年，联合国通过了《航空服务机场上的非法暴力行为的议定书》和《制止危及海上航行安全非法行为公约》；1997年，联合国通过了《制止恐怖主义爆炸事件的国际公约》；1999年，联合国通过《制止向恐怖主义提供资助的国际公约》；2005年，联合国通过了《制止核恐怖主义行为国际公约》。在打击拐卖犯罪方面，2000年，联合各国通过了《打击贩运人口议定书》。在打击腐败犯罪方面，2003年，联合国通过了《联合国反腐败公约》。如果说上述公约都是针对专门犯罪的，那么，联合国通2000年过的《联合国打击跨国有组织犯罪公约》则是第一个全面打击跨国犯罪的全球性公约。这部公约阐述了跨国犯罪的多种形式，并提出了针对这些犯罪的治理原则。它为全球合作打击跨国犯罪提供了法律基础。

国际刑警组织成立于1923年，它是全球最大的警察组织，有180多个成员国，它的宗旨是保证和促进各成员国刑事警察部门在预防和打击刑事犯罪方面的合作，主要任务是调查恐怖活动、有组织犯罪、毒品、走私军火、偷渡、洗钱、儿童色情、高科技罪案及贪污等犯罪活动。由于它是一个中立性组织，所以，国际刑警组织不介入任何政治、军事、宗教或种族犯罪。尽管国际刑警组织存在很多问题，但确实抓捕了一大批跨国犯罪分子，严厉打击了跨国犯罪，维护了各国和国际社会的利益。

二、中国参与跨国犯罪全球治理的活动及影响因素

打击包括跨国犯罪在内的各种犯罪是中华人民共和国的一贯主张，积极参加国际社会的跨国犯罪全球治理活动也是中国政府一直以来的立场。但在20世纪50—60年代，由于社会主义与资本主义两大阵营的对立以及美国对中

国的敌视立场和阻挠行为，中华人民共和国在联合国一直没有得到它应当拥有的合法席位，因而它长期被排除在国际社会外，包括跨国犯罪全球治理在内的很多全球治理活动无法参与。在社会主义阵营内部，中国与苏联等其他社会主义国家一开始在打击跨国犯罪方面存在一些合作，但后来随着中苏交恶以及中国与多数东欧国家关系的恶化，中国参与的有限的跨国犯罪全球治理活动也不得不终止。由于各种原因，中国与其他第三世界国家在打击跨国犯罪方面的国际合作也不多。总之，这段时期，中国政府参与的跨国犯罪全球治理活动比较有限。

（一）中国参与跨国犯罪全球治理的有利因素

20世纪70年代后，中国的国际环境得到重大改善。1971年中国政府重新获得了在联合国的席位，极大地增强了自己的国际地位。1972年，中国与美国关系正常化，1979年与美国建交，这一时期还与很多西方国家建立了外交关系，并与东欧多个国家恢复了外交关系。这样，中国就开始融入到国际社会中，这为中国参与全球治理提供了一个良好的国际环境。同时，20世纪70年代以后尤其是冷战结束以后，和平逐渐成为世界的潮流，这为国际合作以及中国参与国际合作奠定了良好的基础。

随着世界各国联系的日益加深，跨国犯罪日益增多，世界各国都面临着跨国犯罪问题的困扰，没有任何一个国家能够保证跨国犯罪不会发生在自己身上，也没有任何一个国家能够凭借一己之力就可以有效打击针对本国的跨国犯罪。而且，仅限于少数几个国家的合作也远远不能满足打击跨国犯罪的需要。所以，实行国际合作、建立更大规模、包括更多国家的国际合作治理机制是各国的必然选择。这为中国参与跨国犯罪全球治理提供了一个国际平台。

自身的良好条件也为中国参与跨国犯罪全球治理奠定了坚实基础。中国是一个政治与社会稳定以及法令和政令统一的国家。自中华人民共和国建立以来，除去“文化大革命”这一时期外，中国政治与社会一直非常稳定。尤其是改革开放以来，中国逐渐实现了最高领导集体的有序交接，从而为政治稳定提供了坚实的保障，并进而为社会稳定奠定了良好基础。稳定的政治与社会环境不但保障了中国公民的安全与自由，促进了中国经济的发展，还为中国参与国际事务免除了后顾之忧。同时，中国中央政府是一个强而有力的政府，能够保证在全国范围内（暂时处于地方割据状态的台湾除外）法令与政令的畅通。这样，在打击犯罪时国家就有统一的部署和行动，在惩罚罪犯时就有了统一的规制。这为中国参与跨国犯罪全球治理奠定了坚实的基础。

（二）中国参与跨国犯罪全球治理的活动

在参与跨国犯罪全球治理方面，中国政府做了以下几个方面的活动。

首先，积极参与制定、签署打击跨国犯罪的国际公约。1974年中国加入《国际民用航空公约》。1975年，中国加入《国际海上人命安全公约》。1978年中国加入《关于在航空器内的犯罪和犯有某些其他行为公约》。1980年，中国加入《关于制止非法劫持航空器的公约》。1981年，中国加入《濒危野生动植物种国际贸易公约》。1985年，中国加入《1971年精神药物公约》和《保护世界文化和自然遗产公约》。1988年，中国加入《制止在为国际民用航空服务的机场上的非法暴力行为的议定书》《制止危及海上航行安全非法行为公约》和《联合国禁止非法贩运麻醉品和精神药物公约》。1991年，中国加入《关于在可塑炸药中加添识别剂以便侦测的公约》。1992年，中国加入《反对劫持人质国际公约》。1994年，中国加入《1974年国际海上人命安全公约1988年议定书》。1997年，中国加入《制止恐怖主义爆炸事件的国际公约》。2000年，中国加入《联合国打击跨国有组织犯罪公约》。2001年，中国加入《打击恐怖主义、分裂主义和极端主义上海公约》《制止恐怖主义爆炸的国际公约》。2002年，中国加入《〈联合国打击跨国有组织犯罪公约〉所附的〈关于打击非法制造和贩运枪支及其零部件和弹药的补充议定书〉》《上海合作组织成员国关于地区反恐怖机构的协定》和《〈儿童权利公约〉关于买卖儿童、儿童卖淫和儿童色情制品问题的任择议定书》。2003年，中国加入《联合国反腐败公约》。2005年，中国加入《制止核恐怖主义行为国际公约》。2009年，中国加入《〈联合国打击跨国有组织犯罪公约〉关于预防、禁止和惩治贩运人口特别是妇女和儿童行为的补充议定书》。[①]

其次，完善国内相关法律。一方面，中国刑法写入与打击跨国犯罪有关

① 《中国参加国际公约情况一览表（1875—2003）》，http://www.fmprc.gov.cn/xws/xgfg/t4985.html。

的条文。《中华人民共和国刑法》总则中第9条规定了对犯罪普遍管辖的原则，“对于中华人民共和国缔结或者参加的国际条约所规定的罪行，中华人民共和国在所承担条约义务的范围内行使刑事管辖权的，适用本法。”《中华人民共和国刑法》分则中“组织、领导和参加恐怖组织罪”“入境发展黑社会组织罪”“劫持航空器罪”“劫持船只、汽车罪”“暴力危及飞行安全罪”“非法买卖、运输核材料罪”“洗钱罪”“走私、贩卖、运输、制造毒品罪”“组织、强迫、引诱、容留、介绍卖淫罪”“制作、贩卖、传播淫秽物品罪”“偷越国（边）境罪”“组织他人偷越国（边）境罪”“运送他人偷越国（边）境罪”“非法侵入计算机信息系统罪”等罪名都与打击跨国犯罪密切相关。

另一方面，制定专门针对跨国犯罪的法律和建立相应的机构。2006年通过的《中华人民共和国反洗钱法》和2009年颁布的《关于审理洗钱等刑事案件具体应用法律若干问题的解释》在很大程度上就是针对跨国洗钱而进行的立法。2004年建立的北京跨国犯罪预防研究中心就是专门针对跨国犯罪建立的机构。

再次，积极参与打击跨国犯罪的国际交流与合作。

其一，积极倡导或参加打击跨国犯罪的国际会议机制。2001年启动的上海合作组织会议机制、2002启动的东盟与中日韩打击跨国犯罪部长级会议机制、2004年启动的中国与东盟成员国总检察长会议机制、2005年启动的东盟与中国打击跨国犯罪部长级会议机制和亚欧会议总检察长会议机制等一系列会议机制，中国都是其中的积极活动者。

其二，倡导或参与打击跨国犯罪的警务合作机制。上海合作组织警务合作机制、总检察院合作机制、中国与东盟边境检察机关直接司法协助机制、亚欧总检察院合作机制等一系列国际合作机制，中国都是创建者之一。此外，为加强国际警务合作、更好地打击跨国犯罪，中国从2001年起先后向美国、加拿大、澳大利亚等十几个国家分别派驻警务联络官。[①] 自2000年以来，中国公安部门在广西、云南等六个边境地区地建立了打击跨国拐卖执法合作联

① 李树恒：《中国打击跨国有组织犯罪的实践和做法》，http://www.doc88.com/p-492333572723.html。

络官办公室。[①]

其三，与别的国家签订合作协议。据统计，截止到2013年5月，中国政府已与49个国家签署了刑事、民事司法协助条约，与36个国家签订了引渡条约。[②] 此外还有各种其他形式的合作协议。比如，2011年，中国签署了《中泰移管被判刑人条约》，完成了《中国阿联酋刑事司法协助条约》《中国爱沙尼亚刑事司法协助条约》《中国马耳他刑事司法协助条约》《中国阿根廷民商事司法协助条约》《中国澳大利亚移管被判刑人条约》的生效程序，完成了《中国阿尔及利亚民商事司法协助条约》的批准程序。全国人大常委会审议批准了《中俄打击"三股势力"合作协定》、《中意刑事司法协助条约》和《中意引渡条约》。[③]

其四，侦查、抓捕跨国犯罪分子上的合作。中国警方与其他国家警方密切合作，侦查、抓捕、移交跨国犯罪分子。比如，2010年，在中国与越南的合作中，中国警方向越南警方发函请求协查和抓捕毒品犯罪嫌疑人2名；越南警方先后向中国警方发函请求协查和抓捕毒品犯罪嫌疑人25人。[④]

（三）影响中国参与跨国犯罪全球治理绩效的不利因素

中国参与跨国犯罪全球治理主要面临两个不利因素：一是政治方面的问题，二是法律方面的问题。政治方面的主要问题是，某些国家对中国抱有敌对或猜疑心理，在打击某些跨国犯罪特别是与政治有关的跨国犯罪时持不合作态度乃至抵制态度。法律方面的主要问题是，某些国家的法律与中国不对接，因而在进行合作时会产生一些麻烦。

1. 中国参与跨国犯罪全球治理面临的政治问题

在政治方面，中国打击某些跨国犯罪的活动受到某些国家的抵制。美国包庇和支持新疆分裂恐怖势力头子热比娅就是一个典型的例子。东突分子热

---

① 《中老警方联合成立联络官办公室打击跨国拐卖犯罪》，http://www.chinanews.com/gn/news/2009/10-17/1915719.shtml。

② 《研究实施〈联合国反腐败公约〉工作协调小组召开第六次全体会议》，http://www.mos.gov.cn/mos/cms/html/3/21/201307/34564.html。

③ 《中国反洗钱报告》（2011）。

④ 《中国、越南警方继续密切配合携手打击跨国毒品犯罪》，http://www.gx.xinhuanet.com/newscenter/2011-09/22/content_23754300.htm。

比娅因危害国家安全于1999年被中国司法机关依法逮捕并判刑，2005年赴美保外就医。到美国以后，热比娅勾结境外的东突恐怖势力，恶意攻击中国政府，并策划恐怖活动。对于热比娅的跨国恐怖犯罪行为，美国不但没有打击，反而予以包庇和支持。《环球时报》一篇名为“美国民主基金会扶植热比娅 出力张罗反华团队”的文章具体描绘了美国对热比娅分裂恐怖活动的扶持。

这篇文章写道，热比娅在美国首先得到美国国家民主基金会的大力支持。热比娅对此非常感激：“当时我身无分文，在美国国家民主基金会的慷慨资助下，才得以在华盛顿设立了一个办事处，并在全球范围内开展活动。对民主基金会的支持，我极其感激。”在美国国家民主基金会的支持下，热比娅2006年在美国成立“国际维吾尔人权与民主基金会”；同年9月，热比娅成为诺贝尔和平奖的候选人之一。美国国家民主基金会还为东突组织提供了大量的活动经费。截至到2009年6月，民主基金会累计向上述境外“东突”组织提供经费近224万美元。而且，这些钱的具体用处基本都与“疆独”分裂活动有关。比如，2006年、2007年和2008年，“东突”下面的“世维会”分别获得的基金都是用于举办“维吾尔骨干培训班”。对于美国民主基金会对热比娅暴力恐怖组织的作用，这篇文章引用了新疆一官员的说法，“仔细观察美国民主基金会赞助热比娅的费用与新疆不稳定情况的发生频率就会发现，民主基金会给的钱越多，热比娅的窜访活动就越多，而她对新疆的图谋也就随之增加。”①

这篇文章还写道，热比娅还得到了美国部分国会议员的支持。乌鲁木齐“7·5”事件发生后，有部分美国议员公开出面为热比娅站台。国会人权小组委员会的民主党议员威廉姆·达拉汉和共和党议员唐纳·罗拉鲍彻尔当天与热比娅、国际组织和观察团体举行了一系列的“新疆局势听证会”。达拉汉公开指责北京对热比娅的指控是“中国当局错误抹黑热比娅是恐怖分子的系列活动”。②

不仅如此，美国前总统小布什对热比娅也持支持态度。布什不仅公开赞

---

① 《美国民主基金会扶植热比娅　出力张罗反华团队》，《环球时报》，2009-08-12。

② 《美国民主基金会扶植热比娅　出力张罗反华团队》，《环球时报》，2009-08-12。

扬热比娅是维吾尔族最优秀的代表，还在此后不久接见了她。[①]

除了支持热比娅外，美国还支持达赖十四世进行分裂中国的跨国犯罪活动。从1959年开始，达赖十四世公开进行分裂中国的活动。20世纪60年代初期，达赖集团在印度达兰萨拉召开“西藏人民代表大会”，颁布所谓“宪法”，成立了所谓“西藏流亡政府”。达赖集团还在尼泊尔组建军事力量，整个60年代在中国边境进行了长达十年之久的军事袭扰活动。达赖在国外，还不断制造谣言，攻击中国。达赖还策划武装叛乱，20世纪80年代末拉萨发生的多起暴乱事件，就是在达赖集团的煽动和派遣回藏的叛乱分子策划下挑起的。

对于在海外侵犯中国国家利益和人民安全的达赖集团，美国就给予庇护和支持。1987年，美国纵容达赖在美国国会人权小组委员会发表了鼓吹西藏独立的所谓西藏地位问题的“五点计划”。美国总统克林顿、布什和奥巴马先后同达赖会晤。美国还给予达赖集团大量的财政支持。20世纪80年代之前，由中央情报局出面资助达赖集团。80年代以后，美国开始由美国国家民主基金会对达赖集团进行经济支持。根据民主基金会自身公布的数据，2002—2006年，共向达赖集团提供了135.77万美元的专项资金援助。除了民主基金会外，美国国务院还公开通过“西藏人人道主义援助基金”，为“西藏流亡政府”提供健康和教育资金，2005 ~ 2006财政年度给予其295.8810万美元的拨款。[②]

正是由于美国的包庇和支持，中国迟迟不能将热比娅和达赖等流窜在海外进行分裂国家的犯罪分子绳之以法。

2. 中国参与跨国犯罪全球治理面临的法律问题

在法律方面，中国在进行打击跨国犯罪全球治理的国际合作时，面临着与一些国家法律不对接的情况。比如，中国的刑法中有死刑的设置，而有些国家的法律中没有死刑的设置。这样，中国在这些国家引渡跨国犯罪嫌疑人时，很可能会受到阻挠，对方国家认为嫌疑犯被引渡到中国后就会判死刑，因而不愿意将其引渡到中国；或者，他们迫使中国答应不对犯罪嫌疑人判处死刑，这样可能把犯罪嫌疑人引渡回来，但无法使犯罪嫌疑人受到应有的

① 《布什会见东突分子热比娅　中方强烈不满》，http://bt.xinhuanet.com/2007-06/08/content_10244362.htm。

② 《揭秘达赖集团资金来源》，http://www.chinadaily.com.cn/hqzg/2008-04/12/content_6611905.htm。

惩罚。

国内有学者建议，为了方便引渡犯罪嫌疑人，中国应废除死刑，和国际对接。这种观点是非常荒谬的：

首先，当今世界并非中国一个国家实行死刑，世界上实行死刑的国家还很多。以资本主义国家中最发达的美国和日本为例，日本仍然实行死刑，美国每个州的法律不同，但50个州中38个州实行死刑。如果中国废除了死刑，那么方便了与那些废除死刑的国家之间的法律合作，但与美国与日本等国家的法律合作又会受到阻挠。

其次，那些废除死刑的国家废除死刑的行为是不正当性的。刑罚的主要作用有两点，一是预防犯罪，二是维护社会公正。前者的立基点是为了保护更多的公民免受犯罪的侵害，后者的立基点是给予受害者以救济。主张废除死刑的根本观点是，死刑是不人道的，因而，它的立基点是犯罪者本位，是站在犯罪者的立场上考虑问题，而把保护更多的人免受犯罪侵犯和还受害者以公道放到一个较低的位置甚至对其无动于衷。这种立场偏离了人类的基本情感，因而是不正当的。

再次，那些废除死刑的国家废除死刑的行为也是缺乏合法性的。别的犯罪暂且不论，像故意剥夺他人生命的犯罪是否应当废除死刑这么重大的问题，少数人是无权决定的，应当交由全体公民来决定。在这个问题上，每个公民的意志都是不能被代表的，必须给每位公民发出自己独立声音的机会。因而，只有以全民公决的方式，当同意废除死刑的票数过半时，废除死刑才具有合法性。而那些废除死刑的国家都是在违背大多数公民意志的情况下通过的，因而根本上就缺乏合法性。中国是人民当家作主的社会主义国家，在这个重大问题上必须要遵循大多数公民的意志。当前绝大多数中国公民是反对废除死刑的，只有极少数人主张彻底废除死刑。所以，中国不能以那些废除死刑的国家为榜样而效仿之。

最后，为了引渡的方便而置打击国内犯罪的效能而不顾是一种舍本逐末的行为。正如英国思想家霍布斯所言，对死亡的恐惧是人类最强烈的激情。[①] 死刑正是威慑犯罪最强有力的刑罚，那种认为几十年自由刑的威慑程度超过

① ［英］霍布斯：《利维坦》，黎思复、黎廷弼译，商务印书馆，1985年版，第96页。

死刑的说法不过是一厢情愿的说辞而已，不是自欺欺人，就是对人性的误读。因此，只有保留死刑才能有效遏制那些罪大恶极的犯罪，才能有效保护公民的生命与自由，才能维护社会秩序。有学者认为，中国实行死刑，可犯罪还是那么多，所以死刑的作用是有限的。这种观点是错误的，如果中国不实行死刑，犯罪会更多。所以，为了引渡的方便就置打击犯罪的效能于不顾，是一种不理智的行为。

既然为了引渡方便而废除死刑是一种舍本逐末的选择，那么中国就不能为了方便引渡犯罪嫌疑人而废除死刑。但是，这样一来，在引渡犯罪嫌疑人时就可能会面临一些障碍，从而妨碍中国对跨国犯罪的打击，这是坚持正义的法律制度而要付出的必要代价。为了在坚持保留死刑的同时能够顺利引渡逃往国外的犯罪嫌疑人，中国政府向西方国家许诺将嫌犯引渡回国后不实行死刑，这是一种明智的选择，虽然不能使犯罪嫌疑人得到应有的惩罚，但毕竟还是使其受到相当程度的惩罚，同时又坚持了中国的死刑制度。

2006年，中国与西班牙签订引渡条约，这是中国首次与欧美发达国家签署的引渡条约，条约中首次出现涉及死刑问题的条款。条约规定，“根据请求方法律，被请求引渡人可能因引渡请求所针对的犯罪被判处死刑，除非请求方作出被请求方认为足够的保证不判处死刑，或者在判处死刑的情况下不执行死刑，”否则被请求方“应当拒绝引渡”。[①] 根据这一条约，保留死刑的中国与废除死刑的西班牙之间就可以在引渡重大犯罪嫌疑人的问题上达成更多的合作。

三、中国在参与跨国犯罪全球治理方面取得的成就

尽管面临着一些问题，但中国还是在跨国犯罪全球治理方面取得重大成就。中国在参与跨国犯罪全球治理中取得的成就包括两个方面：一方面，中国政府对跨国犯罪以沉重打击，捍卫了国家利益和维护了公民安全。另一方面，中国也从跨国犯罪全球治理这一国际合作中把一些侵犯中国国家利益和

① 《引渡外逃贪官引发死刑判决争议》，http://www.stnn.cc/global/global_feature/t20060524_220192.html。

公民权益的跨国犯罪分子引渡到中国。这两个方面并不是完全孤立的，在很多案件中，两者是密切结合在一起的。所以，本文在行文中，将这两个方面放在一起论述。

由于跨国犯罪种类的繁多以及打击跨国犯罪的复杂性，中国每年打掉多少个跨国犯罪团伙缺乏一个精准的数据，甚至连打掉某一类的跨国犯罪组织也没有一个明确的公布数据。[①] 因此，本文只能采取例证的方式，列举了近年来中国打击几类最突出的跨国犯罪的一些案例。这几类最突出的跨国犯罪包括：跨国恐怖犯罪、跨国暴力犯罪、毒品犯罪、跨国诈骗犯罪等。[②]

（一）在打击跨国恐怖犯罪方面取得的成就

对中国危害最大的恐怖犯罪势力主要集中在新疆。1990年以后，新疆跨国恐怖势力开始猖獗起来，制造了很多恐怖事件。近年以来的恐怖事件主要有：2008年喀什市边防支队遇袭案，2009年乌鲁木齐“七五”事件和针刺事件，2011年“7·18”和田袭击暴力恐怖事件和“12·28”新疆恐怖团伙劫持人质事件，2012年“2·28”达叶城恐怖袭击事件和“6·29”新疆和田劫机事件，2013年“4·23”新疆巴楚暴力恐怖事件、“6·26”新疆鄯善县暴力恐怖袭击案和“10·28”天安门金水桥恐怖袭击案，2014年“03·01”昆明火车站暴力恐怖袭击案。就造成的人数死亡看，最严重的是2009年7月5日乌鲁木齐的恐怖事件。此次事件中共造成197人死亡，1700人受伤，被毁车辆达260部，

① 笔者在公安部网站、人民网、新华网、百度搜索、学术期刊和相关著作中都没有搜集到相关方面的数据。以公安部网站这个重要的信息来源为例，在公安部网站的“政务公开”专栏中，有一名为“公安统计”的分栏，在公布的数百条统计资料中，有破获刑事案件的统计，有打击某一类犯罪（比如毒品犯罪、拐卖犯罪、商业贿赂犯罪等），但没有一条是关于破获跨国犯罪总量或某一类跨国犯罪数量的统计。由于对打击国内犯罪与打击跨国犯罪的统计合在一起，所以，很难确定其中有多少属于跨国犯罪。（参阅公安部网站中的“公安统计”：http://www.mps.gov.cn/n16/n1282/n3553/index.html）再比如，由于临近金三角地区，云南省和广西在打击跨国毒品犯罪方面取得的成绩更大，但无论是在云南省公安厅网站还是在广西公安厅网站，都搜集不到相关的数据。

② 暴力犯罪与恐怖犯罪不同：暴力犯罪往往针对特定具体的对象，它侵犯的客体主要是具体公民的人身和财产权利；恐怖犯罪则往往没有特定具体的对象，它侵犯的客体主要是公共安全。比如，故意杀人犯罪、故意伤害犯罪、强奸犯罪等犯罪是暴力犯罪的主要形式；而故意爆炸、故意放火、故意决水、劫机或持枪、持刀杀人见人就杀等行为则是恐怖犯罪的主要形式。

受损门面房203间，民房14间，有两栋楼房被烧毁。[①] 就恐怖实施范围看，天安门金水桥恐怖袭击案和昆明火车站暴力恐怖袭击案标志着东突恐怖分子已把手伸向内地，反恐形势更加严峻。

为了维护人民安全与社会稳定，中国政府对恐怖势力进行了严厉打击。对据不完全统计，从1990年至2003年，新疆公安机关共打掉民族分裂和暴力恐怖组织、团伙591个，收缴了大批枪支弹药和制枪制爆原料、装置，基本遏制住了“东突”三股势力在新疆境内的暴力恐怖活动。[②] 2005年8月，新疆公安机关捣毁一个经常制造暴力案件、在新疆为害数年的一个暴力恐怖团伙，击毙团伙头目，抓获10名成员。[③] 2007年1月，新疆公安机关捣毁了东突伊斯兰运动组织潜入新疆建立的一处恐怖训练营，击毙恐怖分子18名，捕获17名，缴获自制手雷22枚、半成品手雷1500多枚。[④] 2008年上半年，新疆喀什公安机关打掉“东伊运”“伊扎布特”“伊吉拉特”等12个跨国暴力恐怖组织。[⑤] 1月，乌鲁木齐警方捣毁了一个暴力恐怖团伙，击毙恐怖分子2名，逮捕15名恐怖分子。[⑥] 3月至4月，新疆公安机关在乌鲁木齐打掉了一个针对北京奥运会实施恐怖破坏的暴力恐怖团伙，抓获包括头目在内的犯罪嫌疑人35名，缴获胺锑炸药9.51公斤，雷管8枚、爆炸装置2枚以及部分“圣战”宣传品。[⑦] 8月，新疆警喀什方锁定“8·12”和“8·27”恐怖袭击案疑犯，在抓捕疑犯时，歹徒暴力拒捕，被当场击毙6人、击伤捕获3人，其中恐怖团伙1号头目被击毙,2号头目被抓获。[⑧] 1月到8月，新疆伊犁警方共打掉“3·26”“4·13”等6个暴力恐怖团伙，抓获各类涉奥涉恐危安人员数百人，打掉“圣战培训班”3处，抓获涉案人员43人，查处非法宗教活动点11处，审查参与人员106

① 《新疆暴力恐怖事件》，http://baike.so.com/doc/6777563.html。

② 《新疆重拳痛击“三股势力”打掉600暴力恐怖团伙》，http://news.xinhuanet.com/legal/2009-06/09/content_11512109.htm。

③ 《新疆捣毁一暴力恐怖团伙》，《江南时报》，2005-08-26。

④ 《新疆捣毁一东突恐怖训练营》，《人民日报》，2007-01-09。

⑤ 《喀什摧毁12恐怖分裂团伙》，《新京报》，2008-07-16 。

⑥ 《新疆警方捣毁一暴力恐怖团伙》，《环球时报》，2008-02-18。

⑦ 《警方在乌鲁木齐打掉暴力恐怖团伙　抓获嫌犯35名》，http://www.chinanews.com/gn/news/2008/04-10/1217513.shtml。

⑧ 《新疆喀什袭警案恐怖团伙1号头目被击毙》，http://news.ifeng.com/mainland/200808/0830_17_754977.shtml

人，抓获危安在逃人员11名。[①]

2009年的“七五”暴乱中，新疆公安机关击毙暴徒12人。在随后10月的审判中，乌鲁木齐市中级人民法院分别就“七五事件”中六起重大犯罪案件公开开庭审理并作出一审判决，共21名暴力犯罪分子被绳之以法，其中9名犯罪分子被处以死刑。[②] 12月，乌鲁木齐市中级人民法院又将另外5名暴徒判处死刑。[③] 2011年12月，新疆和田地区公安机关在解救被一个跨国恐怖团伙劫持的两名人质时，击毙7名恐怖分子。[④] 2012年，新疆疏勒公安机关打掉跨国恐怖团伙5个，其中最大的一个团伙涉及69人。[⑤] 2013年4月，新疆公安机关侦破巴楚县“4·23”严重暴力恐怖犯罪，包括集团头目在内的25名暴恐团伙成员全部归案。其中6名暴徒被击毙，当场抓获8人，逃往喀什、巴音郭楞蒙古自治州和乌鲁木齐等地的11名犯罪嫌疑人先后落网，查获20枚爆炸装置。[⑥] 6月，新疆公安机关侦破鄯善县严重暴力恐怖袭击案，击毙和抓获全部暴徒17人。[⑦] 2014年“3·1”暴恐案中，4名恐怖分子当场被击毙，1名被抓捕，其余3名也在几天后被抓捕。

（二）在打击跨国暴力犯罪方面取得的成就

所谓暴力犯罪，是指用直接的暴力方式侵犯公民人身权、自由权和财产权的犯罪。在一个国家内部，故意杀人犯罪、故意伤害犯罪、强奸猥亵犯罪、绑架犯罪、拐卖犯罪、抢劫犯罪、非法拘禁犯罪、强迫卖淫犯罪等犯罪是其主要的表现形式。在跨国形式中，跨国绑架犯罪、跨国抢劫犯罪、跨国拐卖犯罪和跨国强迫卖淫犯罪是四种突出的跨国暴力犯罪方式，同时，在上述犯罪的过程中，往往同时伴随着故意杀人、故意伤害、强奸猥亵和非法拘禁等

---

① 《新疆伊犁今年以来打掉6暴力恐怖团伙》，http://china.huanqiu.com/roll/2008-09/233332.html。

② 《中国警方在新疆骚乱中击毙12人》《7·5事件又有3人被判死刑》，《华尔街日报》，2009-07-20、2009-10-16。

③ 《乌鲁木齐中院判决5名七五事件犯罪分子死刑》，http://www.yzcn.net/news/hot/2009/1203/39814.shtml。

④ 《新疆7名暴徒被击毙》，《环球时报》，2011-12-30。

⑤ 《一年打掉骨干恐怖团伙5个》，http://www.ts.cn/xj/2013-05/10/content_8148659.htm。

⑥ 《新疆巴楚暴力恐怖案告破》，《京华时报》，2013-04-30。

⑦ 《新疆鄯善暴力恐怖袭击案告破》，《东方早报》，2013-07-01。

犯罪行为。暴力犯罪与恐怖犯罪一样，也是社会危害性最大的犯罪之一，必须给予最严厉的打击和惩处。近年来，中国政府在打击跨国暴力犯罪方面取得了重大成就。

在打击跨国绑架和抢劫犯罪方面，2004年，中国警方在柬埔寨警方的协作下，打掉了横行柬埔寨8年，多次绑架杀害在柬华人的跨国犯罪团伙，先后抓获犯罪嫌疑人42名，后来有7名主犯被判处死刑。这是建国以来中国打掉的最大的跨国绑架犯罪团伙。[①] 2008年，中国公安机关摧毁一个在中越边境实施绑架和抢劫的跨国犯罪团伙，陆续抓获犯罪分子30多名。[②] 2009年，满洲里公安机关与俄罗斯后贝加尔警方联手侦破一起跨国绑架案，抓获两名绑匪，一人中国籍，一人俄罗斯籍，成功营救四名受害人。[③] 2011年，内蒙古呼和浩特公安机关摧毁一跨国绑架团伙，将19名犯罪嫌疑人全部抓获，成功解救出被绑架的人质。[④]2012年5月，中缅警方合作进行跨国抓捕行动，成功抓获一缅甸抢劫犯罪团伙，共逮捕缅籍犯罪嫌疑人12名。[⑤] 8月，中国公安机关与安哥拉警方联合行动，成功摧毁绑架、抢劫、拐骗妇女强迫卖淫犯罪团伙12个，破获各类重刑事案件48起，解救中国籍受害人14名，并将37名犯罪分子押解回国。[⑥] 2013年1月，中国公安机关通过与阿根廷警方密切合作，成功打掉一批在阿根廷绑架和抢劫中国公民权益的犯罪团伙，抓获一批潜回国内的犯罪分子。[⑦]2月，中国公安机关在委内瑞拉境内，将最近三年来制造多起针对中国公民的抢劫、绑架、敲诈勒索等严重犯罪的跨国犯罪团伙首犯抓获并引渡回国。[⑧] 4月，中国和俄罗斯两国警方紧密配合，联手摧毁一个跨

① 《江苏特大跨国系列绑架杀人案7主犯被执行死刑》，http://news.xinhuanet.com/legal/2006-07/03/content_4786676.htm。

② 《广西摧毁特大跨国一日游涉黑犯罪团伙》，http://news.eastday.com/c/20090514/u1a4371881.html。

③ 《满洲里警务机构与俄罗斯后贝加尔警方联手侦破一起跨国绑架案》，http://www.cnr.cn/gundong/200906/t20090612_505365431.html。

④ 《速决战法击碎绑匪索财美梦》，http://finance.china.com.cn/roll/20111125/333351.shtml。

⑤ 《中缅警方跨国合作打击抢劫团伙》，http://www.chinanews.com/fz/2012/05-25/3917181.shtml。

⑥ 《跨国大抓捕37名嫌犯押解回国》，《长江日报》，2012年8月26日。

⑦ 《阿根廷华人黑帮祸害同胞 公安部跨国执法打击犯罪》，《新快报》，2013年3月1日。

⑧ 《中委两国警方联合行动摧毁特大跨国绑架勒索犯罪团伙》，http://www.mps.gov.cn/n16/n1237/n1342/n803715/3693209.html。

国绑架杀人犯罪团伙，成功破获中国两公民在俄罗斯被绑架杀害案，4名主要犯罪嫌疑人分别在中国和俄罗斯被抓获。①

在打击跨国拐卖和强迫卖淫犯罪方面，2005年7月，广西东兴公安机关破获拐卖强迫越南妇女卖淫案件3起，解救被拐卖越南妇女10名，抓获犯罪嫌疑人4名，其中越南籍犯罪嫌疑人2名。②2006年，广西崇左公安机关摧毁了4个拐卖越南妇女的犯罪团伙，抓获境内外涉案疑犯19名，解救被拐卖的越南妇女40名。③2009年4月，福建公安机关摧毁了一跨国拐卖儿童和妇女的犯罪集团，先后抓获了团伙成员26名，解救被拐婴儿14名、被拐妇女3名，破获系列拐卖儿童案件35起。④ 5月，山西大同公安机关打掉了一个跨国拐卖妇女儿童的犯罪集团，抓获涉案犯罪嫌疑人8名，解救云南籍被拐卖妇女9名、缅甸籍妇女6名和一名婴儿。⑤ 2010年9月，福建公安机关成功破获一起跨国拐卖妇女儿童案，抓获涉案人员22名，成功解救被拐卖的男婴3名，妇女5名，其中外籍3名，云南籍2名。⑥ 11月，中国警方远赴刚果（金），侦破一起拐骗中国妇女到刚果（金）强迫卖淫案，抓获2名犯罪嫌疑人，解救被拐骗到刚果（金）强迫卖淫的中国妇女15名。⑦2011年7月，在公安部统一指挥下，广东、河北等14省区公安机关进行合作，连续破获一起跨国和一起跨省拐卖儿童犯罪团伙案，摧毁两个拐卖儿童犯罪团伙网络，目前共抓获犯罪嫌

① 《中俄警方联手摧毁一特大跨国绑架杀人犯罪团伙》，http://www.legaldaily.com.cn/index_article/content/2013-04/28/content_4423923.htm?node=5955。

② 《东兴市打击跨国拐卖妇女儿童犯罪初战告捷》，http://gx.people.com.cn/GB/channel2/200508/04/299127.html。

③ 《崇左“国际刑警”打击边境犯罪》，http://gx.people.com.cn/GB/channel6/200703/05/1327871.html。

④ 《福建抓获特大跨国跨省拐卖儿童、妇女案潜逃要犯》，http://politics.caijing.com.cn/2011-09-19/110865063.html。

⑤ 《山西大同破获特大跨国拐卖妇女案》，http://news.xinhuanet.com/legal/2009-08/18/content_11902655.htm。

⑥ 《一跨国拐卖妇女儿童团伙被福安警方摧毁》，http://news.66163.com/2010-09-29/452921.shtml。

⑦ 《公安部工作组破获一起跨国拐骗中国妇女强迫卖淫案》，http://news.xinhuanet.com/legal/2010-12/02/c_12841988.htm。

疑人369名，成功解救被拐儿童89名。[①] 10月，中国公安机关联合安哥拉警方成功摧毁一拐骗中国妇女至安哥拉强迫卖淫的犯罪团伙，19名受害妇女被成功解救回国，11名犯罪嫌疑人被押解回国，该团伙在国内的5名犯罪嫌疑人也悉数落网。[②] 2012年3月，在公安部的部署下，14个省份公安机关统一行动，7000余名民警参战，彻底摧毁了一个横跨14省份的特大拐卖儿童犯罪团伙，解救儿童77名，抓获犯罪嫌疑人310名。[③] 同年，甘肃公安机关打掉一跨国拐卖犯罪集团，成功解救被拐越南妇女17名和云南妇女1名，抓获犯罪嫌疑人近50名。[④] 2013年5月，广西公安机关在打拐行动中，成功解救10名儿童和3名妇女，并将他们移交给越南警方。[⑤]

（三）在打击跨国毒品犯罪方面取得的成就

在打击跨国贩毒犯罪方面，中国取得的成就尤其明显。

2003年5月，中国、美国、印度和中国香港警方通力合作，一举摧毁"125"跨国毒品犯罪团伙，共抓获犯罪嫌疑人28名，缴获海洛因40.2公斤、冰毒524.08公斤、麻黄素35公斤。[⑥] 2004年2月，西安公安机关摧毁了一个跨国走私贩毒集团，境内外的9名犯罪集团成员全部落网，缴获海洛因11公斤，毒资数十万元。[⑦] 4月，中国公安机关与马来西亚禁毒局密切合作，成功侦破"5·12"跨国制贩冰毒案件。两国警方共抓获分别来自马来西亚、荷兰、菲律宾、中国大陆、香港和台湾的犯罪嫌疑人34名，查获成品冰毒22.91千

---

① 《14省联合作战摧毁特大跨国拐卖婴儿犯罪组织》，http://pic.people.com.cn/GB/31655/15259798.html。

② 《跨国拐骗强迫妇女卖淫犯罪团伙被摧毁》，http://www.chinalawedu.com/new/21605a11700aa2011/20111116yishua111016.shtml。

③ 《14省公安机关联合破获特大拐卖儿童案》，http://gb.cri.cn/27824/2012/03/09/2625s3591826.htm。

④ 《甘肃破获特大跨国拐卖妇女案》，http://www.chinacourt.org/index.php/article/detail/id/811092.shtml。

⑤ 《中国解救多名被拐卖越南妇女儿童》，http://news.china.com.cn/live/2013-05/10/content_19886817.htm。

⑥ 《打击跨国毒品犯罪经典案例回放》，http://www.js.chinanews.com/2004-06-25/1/2272.html。

⑦ 《陕西破获特大跨国走私贩毒案》，http://news.xinhuanet.com/legal/2004-02/07/content_1303222.htm。

克、冰毒半成品1970千克。[①]2005年4月，中俄警方联合破获一起跨国走私毒品、枪支、弹药，非法买卖走私制毒物品团伙案件，摧毁了一条跨国毒品通道。中国公安机关共缴获制毒物品麻黄素935公斤、毒品摇头丸25粒、冰毒3克、大麻45克，俄罗斯警方缴获麻黄素33万片，计35公斤。[②]9月，中国、缅甸、老挝、泰国警方合作，摧毁一跨国贩毒集团，铲除了涉及中缅老三国多个地区的贩毒网络，共抓获中缅老三国犯罪嫌疑人70名，缴获海洛因726.8千克、毒资人民币60余万元、港币2.22万元、泰铢410余万元、房产8处、地产3块1115平方米、汽车12辆。另缴获枪支36支、火箭筒6具、手榴弹33枚、子弹1586发。[③]

2006年11月，沈阳警方成功破获列为公安部毒品目标案件的703跨国走私贩卖冰毒案，抓获28名贩毒嫌疑人，缴获冰毒3.4千克，收缴运输毒品汽车八辆、自制手枪一支、钢珠枪一支、子弹15发。[④]12月，中国公安机关和菲律宾肃毒局联合侦破一跨国制贩冰毒案，在中国境内抓获犯罪嫌疑人15名；在菲律宾捣毁一面积约3000平方米的冰毒加工厂，抓获犯罪嫌疑人5名。[⑤]2006年，公安部在广东开展了7次大规模的打击行动，先后打掉17个外籍人员贩毒团伙，抓获30多名外籍贩毒人员。[⑥]2007年1月，中国、加拿大和美国警方联合侦破了一起跨国走私可卡因案，在加拿大抓获5名犯罪嫌疑人，在广东抓获6名犯罪嫌疑人，在美国缴获可卡因25公斤。同月，齐齐哈尔警方全面破获一起特大跨国走私贩毒案件，12名毒犯全部落网，缴获冰毒片10.24公斤，

① 《5·12特大跨国制贩冰毒案件》，http://www.people.com.cn/GB/shehui/8217/8817/34849/2603368.html。

② 《中俄警方合作摧毁特大跨国走私毒品枪支团伙》，http://www.cnr.cn/shehui/200504190190.html。

③ 《中缅老泰四国联合破获“11·02”特大跨国贩毒案》，http://www.gov.cn/yjgl/2005-10/19/content_79586.htm。

④ 《沈阳破获特大跨国走私贩毒案》，http://www.mps.gov.cn/n16/n1237/n1447/n37395/n43656/n44745/134519.html。

⑤ 《中国菲律宾联手夹击 跨国毒枭落网》，http://henan.people.com.cn/news/2006/12/27/146175.htm。

⑥ 《中国菲律宾联手夹击 跨国毒枭落网》，http://henan.people.com.cn/news/2006/12/27/146175.htm。

贩毒车辆2台。[①]5月，甘肃省公安机关在云南、贵州两省公安机关配合下，成功破获一跨国走私毒品案，抓获贩毒犯罪嫌疑人7名，缴获海洛因18千克。[②]2008年，中国公安机关成功破获了“3·07”跨国贩卖冰毒案、“70614”走私毒品案等一系列跨国、跨境大要案件，抓获毒枭、重要毒贩44名。[③]

2009年5月，上海、浙江省公安机关在广东、福建、北京等地公安机关以及香港警方的密切配合下，成功破获“2009.3.10”跨国走私贩卖冰毒案件，抓获犯罪嫌疑人7名，缴获冰毒9.7千克，查获运毒渔船一艘。[④] 这年夏季，昆明警方成功破获“4·5”特大跨国贩毒案件，抓获毒贩100多人，缴获毒品27.49千克、毒资261.4万余元、军用制式手枪两支、子弹27发。[⑤]11月，云南省公安机关在四川省公安机关的支持下，成功破获“2009.09.09”系列贩毒案件，抓获犯罪嫌疑人 26 名，缴获冰毒165.1千克，摧毁了一个从缅甸经云南向四川、广东等地走私贩运毒品的跨国贩毒网络。[⑥] 2010年上半年，广西公安机关展开多次大规模的扫毒行动，收缴毒品805公斤，其中海洛因84公斤，抓获2081名犯罪嫌疑人。[⑦] 2010年12月，云南公安机关成功破获一起跨境、跨地区走私、贩卖、运输毒品案，抓获包括贩毒头目在内的贩毒团伙成员21名，缴获毒品18.06千克。[⑧] 2011年4月，深圳警方侦破一起跨国走私、贩运毒品案，抓获3名犯罪嫌疑人，缴获高纯度海洛因等毒品共约9.6千克。[⑨]5月，浙江舟山警方成功侦破一起由缅甸入境，再由云南辗转广西，最终进入

① 《齐齐哈尔警方破获一起特大跨国贩毒案件》，http://gb.cri.cn/14714/2007/03/06/1945@1482556.htm。

② 《今年破获三起特大跨国毒品犯罪案》，《人民日报》，2007年6月26日。

③ 《中国去年破获毒品案件6.2万起 抓获嫌犯7.3万人》，http://www.chinanews.com/gn/news/2009/02-25/1577533.shtml。

④ 《2010年中国禁毒报告》，第五章（《打击毒品犯罪》）。

⑤ 《昆明铁警破获一起特大跨国贩毒案》，http://yn.yunnan.cn/km/htm/2009-08/13/content_869102.htm。

⑥ 《2010年中国禁毒报告》，第五章（《打击毒品犯罪》）。

⑦ 《广西：半年查毒805公斤 重点打击跨国贩毒》，http://news.cntv.cn/china/20100626/101988.shtml。

⑧ 《昆明铁警侦破特大跨国走私贩毒案》，http://society.yunnan.cn/html。/2011-06/16/content_1666374.htm。

⑨ 《特大跨国走私贩毒案告破》，《南方日报》，2011-04-27。

舟山的跨国贩毒案件。抓获吸贩毒人员32名，缴获冰毒200余克、麻古6000余粒。[①] 2011年，中国共破获外籍人员毒品犯罪案件1399起，抓获犯罪嫌疑人1723名，缴获毒品3.9吨。[②]

2012年初，广西边防摧毁了一个跨国贩毒团伙，抓获涉毒嫌疑人12名，缴获毒品海洛因44块、重达16.62公斤。[③] 同时，广东公安机关也摧毁一个跨国贩毒团伙，抓获犯罪嫌疑人24名，缴获毒品海洛因3300多克、掺毒底粉100多公斤、枪支4支、子弹268发，查扣制贩毒工具一大批。[④] 4月，广西梧州公安机关成功侦破一起跨国团伙贩毒案，抓获贩毒嫌疑人5名，缴获毒品海洛因13.46公斤，冰毒0.23公斤。[⑤] 4月，甘肃公安机关侦破一起跨国走私贩卖毒品案件，缴获毒品海洛因10.15公斤，抓获犯罪嫌疑人5名。[⑥] 9月，云南临沧公安机关破获一起跨国贩毒案，缴获毒品海洛因12千克，抓获犯罪嫌疑人2名。[⑦] 2012年下半年到2013年上半年，江苏南通公安机关摧毁了一个跨国走私、运输毒品的犯罪团伙，先后抓获涉案犯罪嫌疑人9名，共缴获毒品冰毒35公斤、制毒原料700公斤。[⑧] 2013年上半年，广东公安机关破获一起由加拿大、美国等国毒贩操纵，马来西亚、墨西哥、中国香港和内地等涉案人员参与的特大跨国走私制贩毒品案，共抓获犯罪嫌疑人17名，捣毁了2个制毒工厂，缴获冰毒、大麻等毒品160多公斤。[⑨] 5月，中国与老挝两国警方在湄公河水域成功破获一起特大跨国贩毒案件，缴获毒品冰毒片剂579.7千克，抓

① 《浙江舟山警方破获特大跨国贩毒案》，http://news.xinhuanet.com/society/2011-05/28/c_121468774.htm。

② 《24国联手打击跨国毒品犯罪》，http://www.gov.cn/jrzg/2012-07/06/content_2178238.htm。

③ 《广西破获特大跨国贩毒案》，《北京日报》，2012-03-15。

④ 《广东破获特大跨国贩毒案》，http://www.takungpao.com/society/content/2012-06/19/content_513620.htm。

⑤ 《破获特大跨国贩毒案》，《西江都市报》，2012-04-29。

⑥ 《临夏州破获10公斤级跨国走私贩卖毒品案件》，《甘肃日报》，2012-05-10。

⑦ 《云南临沧边防破获特大跨国贩毒案》，http://news.southcn.com/dishi/shantou/content/2012-09/18/content_55006996.htm。

⑧ 《南通破获跨国走私贩毒案》，http://www.tznews.cn/2013/news/jiangsu/2013/06/2013-06-26285285.html。

⑨ 《粤破获特大跨国制贩毒案》，《深圳特区报》，2013-06-05。

获犯罪嫌疑人5名，扣押涉案船只1艘。[①] 5月，湖南衡阳公安机关成功破获一起贩毒案，缴获麻古160余公斤、毒资300余万元、仿制式手枪2支、运输毒品车辆10辆；抓获涉案嫌疑人77名，其中刑事拘留46人、治安拘留28人、强制戒毒3人。[②] 6月，云南德宏公安机关侦破一起跨国贩毒案，缴获毒品海洛因174.74千克，抓获贩毒嫌疑人7名，摧毁一个长期活动在中缅边境的国际贩毒网络团伙。[③] 6月，广西、广东公安机关联合破获一个跨国贩毒团伙，抓获犯罪嫌疑人8名，缴获毒品海洛因280块103.6千克、毒资815万元、贩毒车辆6台。[④] 同月，福建公安机关成功破获公安部督办"4·27"特大跨国走私贩毒案，抓获8名犯罪嫌疑人，缴获冰毒40千克、毒资人民币250余万元。[⑤]

（四）在打击跨国诈骗犯罪方面所取得的成就

电信诈骗是一种最常见的跨国诈骗方式。近年来中国摧毁了许多电信诈骗集团。2007年下半年到2008年上半年，哈尔滨公安机关查获一个跨国电信诈骗集团，抓获7名犯罪嫌疑人，彻底捣毁了该集团在广东省珠海市的多处窝点。[⑥] 2010年12月，湖北公安机关在广东、福建、江西、湖北4省5地开展统一抓捕行动，抓获犯罪嫌疑人36名，摧毁一个跨国跨境电信诈骗犯罪集团。[⑦] 2011年1月，黑龙江省公安机关侦破了一起从国内向韩国拨打诈骗电话、以对方信用卡被盗为名、骗取被害人将卡内现金转往其他账户的跨国电

---

① 《中老联合破获特大跨国贩毒案》，中国新闻网，http://www.chinanews.com/fz/2013/05-21/4840303.shtml。

② 《湖南衡阳破获一特大贩毒案 缴获麻古160余公斤》，http://www.chinadaily.com.cn/hqgj/jryw/2013-05-30/content_9184119.html。

③ 《云南德宏破获特大跨国贩毒案》，《人民日报海外版》，2013-06-19。

④ 《广西破特大跨国贩毒案 缴一批毒品及815万元毒资》，http://www.gxnews.com.cn/staticpages/20130712/newgx51e00722-8022015.shtml。

⑤ 《泉州破获特大跨国走私贩毒案件》，http://626.cpd.com.cn/n2004582/c17454563/content.html。

⑥ 《哈尔滨市公安局破获千万元跨国诈骗案》，http://heilongjiang.dbw.cn/system/2008/06/13/051316561.shtml。

⑦ 《湖北摧毁跨国跨境电信诈骗集团抓获36名嫌犯》，http://news.eastday.com/c/20101228/u1a5636149.html。

信诈骗案件，抓获犯罪嫌疑人23人。[①]9月，中国大陆警方、中国台湾警方和印尼、柬埔寨、菲律宾、越南、泰国、老挝、马来西亚、新加坡8个国家的警方合作，成功摧毁跨国跨两岸电信诈骗集团，抓获犯罪嫌疑人828名，捣毁拨打诈骗电话、转账洗钱、开卡取款和诈骗网络平台等犯罪窝点162处，缴获银行卡、电脑、手机、网络平台服务器等一大批作案工具和赃款，破获电信诈骗案件1800余起。[②]2012年5月，中国大陆和台湾两岸警方联手泰国、马来西亚、印尼、柬埔寨、斯里兰卡、斐济等6国采取集中统一行动，成功摧毁了一跨国跨两岸电信诈骗犯罪集团，抓获犯罪嫌疑人482名，其中大陆地区犯罪嫌疑人177名，台湾地区犯罪嫌疑人286名，泰国、缅甸籍犯罪嫌疑人19名。[③] 6月，在公安部的直接指挥下，辽宁、吉林、福建、山东、广东5省公安机关集中统一行动，成功摧毁一个专门针对韩国民众实施诈骗的跨国电信诈骗犯罪团伙，抓获犯罪嫌疑人235名，其中中国大陆籍犯罪嫌疑人184名、韩国籍犯罪嫌疑人51名。[④] 这年下半年，上海公安机关先后摧毁两个外国籍电信诈骗犯罪团伙，抓获9名外国籍犯罪嫌疑人，成功侦破公安部挂牌督办的“11·24”跨国网络诈骗案件。[⑤] 2013年1月，中国公安机关赴柬埔寨，打掉跨国跨地区电信诈骗团伙，将9个诈骗窝点端掉，抓获涉嫌电信诈骗犯罪嫌疑人94人，并成功抓获诈骗集团首犯。[⑥] 2013年9月，中国和柬埔寨两国警方联手行动摧毁一特大跨国电信诈骗犯罪集团，抓获犯罪嫌疑人64名（其中大陆51名、台湾11名、越南2名），破获案件100余起，涉案金额1亿多元人民币。[⑦]

在打击其他跨国诈骗方面，2008年8月，广西北海公安机关打掉3个跨国旅游诈骗犯罪团伙，破获案件14宗，9名涉案的出租车司机、境内外“野马

① 《黑龙江省警方破获一起特大跨国电信诈骗案》，http://legal.people.com.cn/GB/203936/13897820.html。

② 《广东破获惊天电信诈骗》，http://www.china.com.cn/economic/txt/2011-10/09/content_23577842.htm。

③ 《中国警方成功摧毁特大跨国跨两岸电信诈骗犯罪集团》，http://news.xinhuanet.com/legal/2012-05/24/c_112031157.htm。

④ 《中国警方摧毁跨国电信诈骗犯罪团伙235人被抓》，http://news.ifeng.com/society/1/detail_2012 11/09/18995499_0.shtml。

⑤ 《上海警方侦破跨国网络诈骗案》，http://www.chinanews.com/fz/2012/11-30/4373739.shtml。

⑥ 《重庆警方跨国抓捕94电信诈骗嫌犯》，《重庆商报》，2013年1月24日。

⑦ 《中柬摧毁特大跨国电信诈骗集团》，http://www.chinanews.com/fz/2013/09-12/5279499.shtml。

导游”及旅行社工作人员被警方拘留或逮捕。[①] 2009年7月，中国公安部警官调查小组在中国司法部、外交部等有关部门的支持下，与韩国检察部门密切配合，成功侦破一起跨国劳务诈骗案，抓捕两名犯罪嫌疑人，并追回近350万元的经济损失。[②] 12月，北京公安机关破获一跨国非法炒汇案——北京盈富汇投资咨询有限公司利用网络途径，进行非法炒汇交易，并收取高额保证金，涉案金额达400余万美元。[③] 2010年9月，湖南公安机关成功破获一起总部在深圳，服务器在美国，传销网络遍布中国十余省市及日本、泰国等地的跨国网络传销案，将13名犯罪嫌疑人全部抓捕归案。[④] 2011年6月，杭州公安机关破获阿里巴巴B2B平台系列跨国网络诈骗案，捣毁诈骗团伙7个，抓获涉嫌从事跨国网络欺诈违法犯罪嫌疑人36名。[⑤] 7月，江苏泗洪县公安机关破获了一起涉案金额高达4000多万的跨国集资诈骗案，摧毁了一个由在非洲乌干达注册的所谓世华达菲国际投资集团为组织，以董事长、总经理，以及业务骨干组成的，以高额利息为诱饵，大肆非法吸收公众存款的非法集资网络，抓捕5名主要涉案人员。[⑥] 2012年6月，浙江绍兴公安机关与国内多地公安机关联合破获一起特大跨国、跨境银行卡犯罪案，在全国8省、市抓获各类涉案人员146人，捣毁窝点24个，缴获银行卡1955张、手枪1支等。[⑦] 2013年4月，中国公安机关和马来西亚警方联手打掉一个总部设在吉隆坡的实施跨国网络交友、婚姻诈骗的犯罪团伙（中国大陆、台湾和澳大利亚多名女性被该团伙所骗），抓获尼日利亚籍犯罪嫌疑人14名。[⑧]

---

① 《北海警方破14宗跨国游诈骗案》，http://www.chinanews.com/sh/news/2008/09-02/1368902.shtml。

② 《中韩联手首破跨国劳务诈骗案》，http://www.legaldaily.com.cn/bm/content/2009-07/28/content_1129176.htm。

③ 《警方破获网络非法炒汇案》，http://epaper.jinghua.cn/html。/2009-12/23/content_497592.htm。

④ 《湖南警方破获特大跨国网络传销案》，http://www.chinanews.com/fz/2010/09-28/2559289.shtml。

⑤ 《杭州警方破获一跨国诈骗案》，http://www.chinanews.com/fz/2011/06-29/3146145.shtml。

⑥ 《江苏泗洪全民放高利贷 跨国集资骗百姓血汗钱》，http://js.people.com.cn/html。/2011/08/05/13315.html。

⑦ 《绍兴破获10亿元跨国诈骗案》，《东方日报》，2012-06-18。

⑧ 《女子网交“英国男友”被骗900万》，《京华时报》，2013-06-04。

（五）在打击其他跨国犯罪方面取得的成就

除了上述几种跨国犯罪外，偷渡犯罪、走私武器犯罪、色情犯罪、洗钱犯罪、网络敲诈犯罪等也是当前跨国犯罪的几种常见形式。

在打击偷渡犯罪方面，2007年，黑龙江公安机关侦破一起跨国偷渡案，共抓获8名蛇头、7名偷渡者，缴获赃款30万余元。[①] 2008年1月，深圳公安机关在深圳湾海域破获偷渡香港案，抓获涉嫌偷渡人员15名，其中4人为中国籍女子，11人为外国籍男子。[②] 9月，山东威海警方成功破获一起组织他人偷越国（边）境案，共抓获涉案人员26人，查证偷渡人员106人。[③] 2010年，中国公安边防部队共查获偷渡案件821起，抓获偷渡人员1492人；抓获组织者、运送者476人；接收境外遣返偷渡人员931批4046人。[④] 2011年6月，广东公安机关与香港警方联合破获一个跨境有组织偷渡与卖淫犯罪团伙，抓获犯罪嫌疑人11人，遣返偷渡卖淫60人。[⑤] 2012年7月，山东青岛公安边防支队破获了一起乘船偷渡韩国案件，共抓获涉案人员33名。[⑥] 2013年7月，广东珠海边防支队破获一起特大外国人偷渡案，抓获涉嫌偷越国境越南籍人员59名和偷渡运送者4名。[⑦]

在打击武器走私犯罪方面，2012年5月，广西南宁公安机关破获一起跨国走私贩卖枪支弹药案，追缴手枪、冲锋枪、猎枪、马枪等各种枪支37支、子弹1686发、火药一批，抓获犯罪嫌疑人14名，其中主要疑犯是被中国几省区警察赴泰国抓获。[⑧] 6月，中美警方携手破获了一起由美国向中国走私武器弹药的案件，先后在全国14个省区市抓获犯罪嫌疑人23人，缴获各类枪支93

① 《黑龙江破获特大跨国偷渡案》，http://society.people.com.cn/GB/42735/5894479.html。

② 《抓中外15偷渡客》，《广州日报》，2008年1月24日。

③ 《威海打掉一跨国偷渡犯罪团伙》，http://news.xinhuanet.com/legal/2008-09/25/content_10108206.htm。

④ 《边防部队2010年查获偷渡案件821起》，http://news.jcrb.com/jxsw/201102/t20110211_496383.html。

⑤ 《深港警方破获特大跨境卖淫团伙》，《深圳特区报》，2011年7月16日。

⑥ 《青岛破获偷渡韩国案抓获涉案人员33名》，《钱江晚报》，2012年8月1日。

⑦ 《珠海边防破获特大偷渡案》，http://news.xinhuanet.com/local/2013-08/10/c_116887224.htm。

⑧ 《中国警方赴泰国抓捕特大跨国贩枪案主犯》，http://www.chinanews.com/fz/2012/05-25/3915939.shtml。

把、子弹5万余发以及枪支配件若干。[①]2013年1月，云南公安部门查获一起跨国走私武器案，共查获枪支6支，子弹924发，抓获犯罪嫌疑人7名。[②]

在打击色情犯罪方面，2007年，中国湖北公安机关接连捣毁会员总数超过百万的4个跨国淫秽色情网站。抓获境内外犯罪嫌疑人4名，缴获赃款10多万元。[③] 2010年11月，北京公安机关成功破获一起跨国组织卖淫团伙案件，包括犯罪团伙的外籍组织者、外籍卖淫女，以及协助组织卖淫的中国籍团伙成员等31名犯罪嫌疑人落网。[④] 2011年6月，中美两国警方合作，摧毁了全球最大中文淫秽色情网站联盟"阳光娱乐联盟"，该联盟建设者及核心成员相继落网，联盟旗下数个淫秽色情网站陆续关闭。[⑤] 2012年6月，广西公安机关成功打掉一个由越南和中国两国人员组成的跨国组织卖淫团伙，抓获违法犯罪嫌疑人21人，刑事拘留8人，行政拘留8人。[⑥] 2013年4月，广西公安机关破获一起跨国组织卖淫案，捣毁一卖淫窝点，打掉卖淫团伙1个，抓获违法人员7名。[⑦]

在打击跨国洗钱犯罪方面，一个典型的案例就是，2007年8月，上海市第一中级人民法院对上海罗某地下钱庄案一审宣判，认定罗某等4名被告人通过中国境内数家银行的23个私人储蓄账户，跨国非法买卖外汇，金额高达53亿余元人民币，以非法经营罪分别判处包括3名新加坡籍的4名罪犯有期徒刑14年至9年不等。这是改革开放以来中国法院认定洗钱金额最大的地下钱

① 《上海破获一起特大跨国走私武器弹药案》，http://native.cnr.cn/city/201206/t20120612_509887595.html。

② 《云南勐海批捕四名特大走私武器弹药犯罪嫌疑人》，http://www.chinacourt.org/article/detail/2013/03/id/932271.shtml。

③ 《湖北捣毁4个跨国色情网站 会员总数达百万》，http://www.qingdaonews.com/content/2007-08/10/content_14408.htm。

④ 《北京警方破获跨国组织卖淫团伙案》，http://news.xinhuanet.com/legal/2010-12/09/c_12864651.htm。

⑤ 《中美警方联合摧毁全球最大中文淫秽色情网站联盟》，http://news.xinhuanet.com/world/2011-08/25/c_121906287.htm。

⑥ 《东兴警方打掉一跨国组织卖淫团伙》，http://news.gxnews.com.cn/staticpages/20120710/newgx4ffb5abb-5621667.shtml。

⑦ 《我局破获一起跨国组织卖淫案》，http://yjfj.bsga.gov.cn/News/NewsView/p=1021928-BSJS。

庄案。[①]

在打击网络敲诈犯罪方面，2012年6月，在公安部的统一协调指挥下，湖南公安机关与香港警方密切协作配合，成功摧毁一个针对香港金银及证券投资网站进行黑客攻击实施敲诈的犯罪团伙，将6名犯罪嫌疑人全部抓获。[②]

近年来，中国打击跨国犯罪最有影响的抓捕和宣判湄公河惨案主凶糯康一案。2011年10月5日上午，"华平号"和"玉兴8号"两艘搭载13名中国船员的商船在湄公河金三角水域遭遇劫持枪击事件，致使13名船员全部遇难，这就是湄公河惨案。案件发生后，中国政府高度重视，成立了由公安部、云南省公安厅、西双版纳州公安局和国内其他执法部门组成的联合专案组，迅即开展案侦工作。在中老缅泰四国组织了多次围捕行动，先后抓获了伞康、依莱等一批糯康武装贩毒集团及"10·5"案件主犯，并于2012年4月将该集团首犯糯康抓获。[③] 12月，云南省高级人民法院终审宣判糯康死刑。2013年3月，糯康被执行死刑。

在打击跨国跨境犯罪的过程中，中国内部的大陆、台湾、香港和澳门四方面警方进行着密切的合作。以大陆警方与香港、澳门警方合作的雷霆行动为例，近几年来，三方合作的"雷霆"行动取得明显成效，给跨国跨境有组织犯罪给予沉重打击。2011年开展的"雷霆11"行动，破获跨国跨境犯罪案件33起，打掉跨国跨境犯罪团伙26个，抓获犯罪嫌疑人293名，缴获各类枪支399支、子弹4450发、各类毒品200多公斤。[④] 2012年开展的"雷霆12"行动，共打掉黑社会组织跨境犯罪团伙39个，破获黑社会组织跨境犯罪案件311起，抓获有组织跨境犯罪嫌疑人529名，缴获各类枪支68支、子弹2806发、爆炸物6个、车辆289辆、各类毒品730多公斤、赃款1257万多元。[⑤]

---

① 《中国洗钱犯罪调查报告》，http://www.fscinda.com/cgi/publicarticle/PublicArticle?function=FindArticleContent&articleId=6379544。

② 《摧毁敲诈香港金融网站犯罪团伙》，《经济日报》，2012-07-03。

③ 《金三角特大武装贩毒集团首犯糯康被依法移交中方》，http://society.people.com.cn/GB/17858253.html。

④ 《粤港澳警方开展"雷霆11"联合打黑行动》，http://www.gdzf.org.cn/zfyw/gzdt/201108/t20110804_181911.htm。

⑤ 《粤港澳三地警方在"雷霆12"中联合打掉39个有组织跨境犯罪团伙》，http://news.xinhuanet.com/gangao/2012-08/16/c_112750870.htm。

2013年开展的“雷霆13”行动破获有组织跨境犯罪案件347起，共打掉有组织跨境犯罪团伙14个（其中，黑社会性质组织罪团伙1个、毒品犯罪团伙8个、盗窃团伙1个、经营地下钱庄和洗钱犯罪团伙1个、诈骗犯罪团伙2个、制售假信用卡犯罪团伙1个），抓获有组织跨境犯罪嫌疑人526名（其中包括港澳台通缉犯6名，外国籍犯罪嫌疑人103名）。[①]

综上所述，中国在打击跨国犯罪方面取得了重大成就，对国际社会作出了重要贡献。随着中国国力的不断增强，随着中国国际地位的不断提高，随着中国参与度的日益加深，中国在跨国犯罪全球治理方面必然起着越来越大的作用。

① 《粤港澳“雷霆13”行动 打掉14个跨境犯罪团伙》，《南方日报》，2013-08-24。

第二十一章
国际恐怖主义治理与中国的应对

全球治理是全球共同应对全球性挑战的重要举措，非传统安全的全球化及其带来的问题要求进一步完善全球治理，而单靠一国或数国的努力无法应对这种挑战。同时当代中国同世界的关系发生了历史性变化，中国的前途命运日益紧密地同世界的前途命运联系在一起，国际社会对中国在应对全球化挑战过程中所应发挥作用的期待不断增加。作为发展中新兴崛起的大国，中国在全球问题治理上的作用日益成为国际社会关注的焦点。恐怖主义是全人类的公敌，中国也是积极探索治理国际恐怖主义的国家之一。中国政府坚决反对一切形式的恐怖主义，主张加强国际合作，努力消除恐怖主义的根源。伴随着中国崛起的历史过程，中国对国际恐怖主义的全球治理经历了边缘角色到重要角色的转变过程，履行着中国责任，贡献着中国力量，对国际体系的变革产生了重要作用。

一、国际恐怖主义的全球治理历程

至少在18世纪的法国大革命期间，世界出现了近代形式的恐怖主义。但恐怖主义越出国界、呈现国际化状态，却是在20世纪。相应地，关于国际恐怖主义的全球治理历程也开始于20世纪。

（一）20世纪60年代之前的国际恐怖主义及其治理

1934年10月9日，南斯拉夫国王亚历山大在法国马赛进行国事访问时，遭到暗杀。与其同乘一辆车的法国政要路易·巴尔都也在爆炸中受伤而死亡。以此为导火索，国际社会开始进行对恐怖主义治理的相关合作。暗杀者（马其顿人）逃到了意大利，意大利认为这次暗杀具有明显的政治动机，根据普遍承认的国际法庇护原则，政治犯罪属于不能引渡的犯罪，于是意大利拒绝交出暗杀者。南斯拉夫则要求国际联盟对此应该采取相应行动，法国政府也给国际联盟秘书长致送信函和备忘录，要求认定恐怖主义是一项国际罪行，建议由国际联盟主持起草一部国际刑法典，并建立国际刑事法院审判恐怖主义分子。

在这样的背景下，当年12月，国际联盟理事会任命了一个委员会研究恐怖主义问题，目的是起草相关打击恐怖主义的国际公约。最终，国际联盟于1937年11月16日通过了这个反恐怖主义委员会起草的《防止和惩治恐怖主义公约》和《建立国际刑事法院公约》两个独立的国际公约。[①]《防止和惩治恐怖主义公约》共29条，缔约国有27个，但对于该公约，只有印度在1941年1月1日进行了批准书交存，在其他各签字国均未获批准，因此并没有生效。但这一公约普遍被认为具有里程碑式的意义，因为它是第一个国际性反恐怖主义公约。《建立国际刑事法院公约》共56条，缔约国有13个，但该公约的所有缔约国均未交存批准书，以致该公约也未能生效。不过值得提及的是，它是各国第一次为审判和惩治国际恐怖主义分子缔结的国际公约，意义重大。

（二）20世纪60年代至80年代的国际恐怖主义及其治理

20世纪60年代之后，伴随着国际政治力量剧烈的分化和重组，世界范围内掀起了一股恐怖主义高潮。恐怖主义日益显著的跨国跨区域流动性和联动性使各国认识到，一国对恐怖主义打击难以取得实质性的效果。于是，主权国家纷纷开始在国际、地区和双边等各个层面开展初步的反恐合作及治理。20世纪60到80年代的国际反恐治理大致在三个层面上展开。第一，以联合国为舞台，营造国际反恐合作的氛围。比如，1972年第27届联合国大会首次把反对恐怖主义的合作问题列入大会的议程，并同时成立了国际恐怖主义问题特设委员会，以研究恐怖主义的危害，推动国际社会的合作。1973年，1979年，

① 《国际条约集（1934—1944）》，世界知识出版社，1961年版，第155页。

1982年的联大均通过专项的反恐公约和大会决议。第二，把恐怖主义治理列入重要国际会议的议程，制订一系列法律文件。20世纪70年代后，国际上召开了一系列反恐会议，先后签订一系列国际公约，制定了如1963年《东京公约》、1970年《海牙公约》、1971年《蒙特利尔公约》反对空中劫持的三个国际公约，以及1973年签订的《关于防止和惩处侵害应受国际保护人员包括外交代表的罪行的公约》和1979年的《反对劫持人质国际公约》。国际法学界将上述公约称为“反恐怖公约系列”。这些公约所确立的惩治国际恐怖活动的两项原则，即普遍性原则和引渡或起诉原则。这些公约有助于打消恐怖分子期待某些国家宽容对待他们的念头，为国际社会同国际恐怖主义作斗争，维持国际社会的正常秩序提供了法律武器。国际刑警组织也在1988年9月的克鲁特（法国）会议时，将对付恐怖主义活动的措施列为会议的正式研究内容，出席该会议的一百多个国家的代表强烈要求国际刑警组织在国际反恐中发挥重要作用。第三、开展双边和多边的国际反恐合作。如，1971年美洲国家组织签署《防止和惩罚恐怖活动公约》，为首个专门针对恐怖主义的地区性安排。[①] 1981年美洲国家组织再次召开反恐会议，达成了《美洲国家组织国家间引渡公约》。西欧是现代恐怖主义发源地和活跃场所，恐怖活动跨国性突出。西欧国家不仅较早出台反恐法律、组建特种部队以加强反恐，而且相互间还签订一系列反恐双边协作与支援协议，并寻求在欧共体层面上确立多边反恐合作机制。从1984年开始，西方七国首脑会议几乎每年都要发表关于针对国际恐怖主义活动的声明。

（三）后冷战时代的国际恐怖主义及其治理

在后冷战时代，国际恐怖主义从行为动机到行为特征的深刻转变促使更多国家认识到进一步加强反恐合作的必要性和迫切性，国际社会开始超越意识形态和社会制度的差异，努力在全球、地区和双边层面的反恐斗争中消除分歧、形成共识、协调行动，从而推动了国际反恐合作体系的深化和强化。联合国在1994年12月和1996年12月相继通过《消除国际恐怖主义措施宣言》和《消除国际恐怖主义的措施》两个文件，具有重要意义。第一，对反恐的

① 张家栋:《全球化时代的恐怖主义及其治理》，三联书店，2007年版，第194页。

对象作了明确的界定。1994年12月的宣言中，第一次明确提出了“消灭一切形式和面貌的恐怖主义”，宣告恐怖主义“不论引用何种政治、哲学、意识形态、种族、人种、宗教或任何其他性质的考虑作为借口，在任何情况下都是不可辩护的”。1996年《消除国际恐怖主义的措施》继续重申这一思想，并更为明确地指出，“强烈谴责一切恐怖主义行为、方法和做法，不论是任何人所为和在任何处发生均为无可辩护的犯罪。”第二，提出了反恐的措施与手段，文件明确提出“各国按照国际法包括国际人权标准的有关规定”，采取了1996年7月30日西方七大工业国家集团（G7）和俄罗斯以及1996年4月23日美洲国家通过的相关反恐措施，作为联合国的反恐措施。第三，提出了实施步骤。包括敦促成员国加入国际反恐的一系列公约和议定书，组织反恐特设委员会起草有关公约等。特别是1996年12月联合国大会的51/210号决议充分反映了世界各国人民的共同愿望。

2001年的“9·11”恐怖袭击是恐怖主义发展的顶峰，也是恐怖与反恐怖斗争的转折点。联合国安理会在“9·11”事件后的第二天和9月18日，以罕见的速度一致通过1368号和1373号决议，强调根据《联合国宪章》，以一切手段打击恐怖主义行为。其后，当年参加10月19至20日上海APEC组织会议的领导人也通过了反恐声明，将反恐定位为“正义与邪恶、文明与愚昧的较量，并不是民族宗教和文化的冲突”。特别是中、俄与美国在反恐斗争中的紧密合作使国际反恐联盟基本形成“联合国领导、美国主导、中俄积极合作、世界各国共同参与”的格局。

（四）冷战结束后国际恐怖主义的全球治理特点

总的来看，冷战结束后的国际恐怖主义的全球治理大致有三个特点。第一，联合国安理会加大了反恐介入力度。联合国框架下的国际反恐法律体系在内容、组织机构、执行手段和法律效力等方面进一步充实和完善。第二，区域国际反恐合作以从实践到协议、由区内到区外的双边与多边各种形式顽强推进。如1999年独联体成员国在明斯克达成了《在独联体成员国之间开展合作以打击恐怖主义的公约》，1998年阿拉伯国家联盟在开罗会议上通过了《打击恐怖主义的阿拉伯公约》，1999年非洲统一组织在阿尔及尔通过了《防止与打击恐怖主义公约》，1999年伊斯兰大会组织通过了《打击国际恐怖主义公约》，2001年9月21日欧盟批准的有关反恐怖主义法案中，包含的反恐怖主义措施就达37项之多。第三，以上海合作组织为代表的新型区域组织在中亚地区探索与实践“互信、互利、平等、协作”的新安全观进程中，逐步形成了一套维护地区安全与推进地区发展并重的反恐战略，从而为推进区域多边的恐怖主义治理提供了一条平等互助、多管齐下、标本兼治的新思路。

二、中国参与国际恐怖主义的全球治理

中国参与全球恐怖主义治理的历程是逐步的，经历了从边缘角色到重要角色的转变。在全球恐怖主义的治理历程中，中国形成了以下六个方面的主要治理内容并发挥独特作用：中国努力推动构建国际反恐法律体系，在国际恐怖主义治理问题上立场一贯、逐步提出反恐的基本政策，注重恐怖主义治理的刑事立法、压制国际恐怖主义的国内存在空间，建立和发展双边反恐合作进行国际恐怖主义治理，通过建立多边、特别是加强周边反恐机制来进行国际恐怖主义治理，重视和支持联合国在国际反恐中的主导作用。

（一）努力推动构建国际反恐法律体系

中国积极参与联合国的相关行动，努力推动构建国际反恐法律体系。“9·11”事件前，中国就已参加了绝大多数的国际反恐公约。“9·11”事件后，中国支持联合国及安理会通过一系列反恐决议，认真执行有关决议，并与有关国家进行反恐磋商和对话。

国际民航组织于1963年9月14日在东京国际航空法会议上签订了《关于在航空器内犯罪和其他某些行为的公约》（Convention on Offences and Certain Other Acts Committed on Board Aircraft，简称《东京公约》）。同年12月4日生效。签订这个公约的目的，是为了统一国际飞行中在飞机上发生劫持等非法暴力行为的处理原则。为此，公约对航空器内的犯罪行动，包括对航空器内违反刑法的罪行以及危害航空器及其所载人员或财产的安全、危害良好秩序和纪律的行为管辖问题作了规定。中国于1978年11月14日交存加入书，1979年2月12日该公约对中国生效。以后，国际民航组织在该公约的基础上于1970年和1971年先后签订了另外两个公约，一是《关于制止非法劫持航

空器的公约》(Convention for the Suppression of Unlawful Seizure of Aircraft，简称《海牙公约》)，另一是《关于制止危害民用航空安全的非法行为的公约》(Convention for the Suppression of Unlawful Acts Against the Safety of Civil Aviation，简称《蒙特利尔公约》)，中国于1980年9月10加入以上2个公约。《东京公约》《海牙公约》和《蒙特利尔公约》这3个公约即是通常所说的关于防止劫持飞机的3个国际公约。

1973年国际社会通过了《关于防止和惩处侵害应受国际保护人员包括外交代表的罪行的公约》(Convention on the Prevention and Punishment of Crimes Against Internationally Protected Persons, Including Diplomatic Agents)，中国于1987年8月5日加入。1987年6月18日在第六届全国人民代表大会常务委员会第二十一次会议上，时任国务院法制局局长的孙琬钟做了《关于提请作出〈中华人民共和国对于其缔结或者参加的国际条约所规定的罪行行使刑事管辖权的决定〉的说明》的报告，对中国加入该公约做了说明，"国际恐怖主义已遭到国际社会的一致谴责，联合国大会曾多次通过决议，呼吁各国加入各有关反恐怖主义的国际条约。我国是联合国安理会常任理事国，一贯反对各种形式的恐怖主义活动，对缔结和加入有关反恐怖主义的国际条约持积极、慎重的态度。"表明中国加入国际恐怖主义治理的条约出发点。

一些跨国跨地区劫持人质的犯罪分子极易走向极端，惨无人道地虐待甚至杀害人质，从而触发国际争端，引起各国政府和人民的不安，影响国际间的正常交往。由于劫持人质在国际上被视为恐怖主义的一种表现形式，国际社会所签订的关于惩治恐怖主义的公约中大都包括有惩治劫持人质罪的内容。1937年11月16日国际社会曾在日内瓦通过了由24国签字的《防止和惩罚恐怖主义公约》，但由于各国认识分歧较大，该公约只获得一个国家批准而未能生效；1971年2月2日，美洲国家通过了《美洲国家组织关于防止和惩治恐怖主义行为的公约》；1976年11月10日，欧洲国家通过了《欧洲制止恐怖主义公约》。在这些国际公约的基础上，考虑到劫持人质是引起国际社会严重关切的罪行，国际社会认识到对任何犯劫持人质罪行者必须予以起诉或引渡，迫切需要在各国之间发展国际合作，制订和采取有效措施，以防止作为国际恐怖主义的表现的一切劫持人质行为。1979年12月18日《反对劫持人质国际公约》(International Convention Against the Taking of Hostages)于纽约签订，

1983年6月3日生效，该公约宣布劫持人质是一种国际罪行，要求各国采取严厉措施予以惩治和防范。1992年12月28日中华人民共和国第七届全国人民代表大会常务委员会第二十九次会议决定加入本公约，同时声明对公约第十六条第1款予以保留。1993年1月26日本公约对中国生效。

为保护核材料在国际运输中的安全，防止未经政府批准或者授权的集团或个人获取、使用或扩散核材料，并在追回和保护丢失或被窃的核材料，惩处或引渡被控罪犯方面加强国际合作，对相应条约范围内的犯罪建立普遍管辖权，防止核武器扩散。《核材料实物保护公约》（Convention on the Physical Protection of Nuclear Material）于1980年3月3日在维也纳国际原子能机构总部和纽约联合国总部开放签字，于1987年2月8日生效。1988年12月2日中华人民共和国政府向国际原子能机构总干事交存加入书，同时声明不受公约第十七条第二款所规定的两种争端解决程序的约束。该公约于1989年1月2日对中国生效。《核材料实物保护公约》是国际核不扩散与核安保领域的重要公约，其宗旨是保护核材料在国际运输中的安全。20世纪90年代以来，恐怖主义活动逐渐成为地区安全和稳定的重要威胁，加强国际核安保体制，保护核材料和核设施在生产、使用、存储和运输过程中的安全，防范核恐怖主义活动成为世界各国的共识。为了对用于和平目的的核材料和核设施进行有效保护，并在全球范围内预防和打击涉及核材料和核设施的犯罪，国际原子能机构于1999年启动了《公约》的修订工作。在《公约》修订过程中，原国防科工委会同外交部、公安部等部门积极参加了《公约》修订案的起草和谈判工作。《公约》修订案于2005年7月8日在维也纳通过，中国常驻联合国维也纳办事处及其他国际组织代表、特命全权大使吴海龙代表中国政府签署了外交大会“最后文件”。2009年9月14日，中国向国际原子能机构递交《核材料实物保护公约》修订案批准书，从而成为继俄罗斯之后，第二个递交该公约修订案批准书的核武器国家。

考虑到海盗、武装抢劫船舶财产等非法行为危及人身和财产安全，严重影响海上业务的经营并有损于世界人民对海上航行安全的信心。根据联合国大会第40/61号决议和国际海事组织第A.584（14）号决议，国际海事组织于1988年3月在意大利罗马召开外交大会，审议并通过了《制止危及海上航行安全非法行为公约》（Convention for the Suppression of Unlawful Acts Against the Safety of Maritime Navigation）。这项国际条约于1992年3月1日生效，我国于1991年8月20日加入，成为缔约国。截至2005年底，共有115个缔约国。《制止危及海上航行安全非法行为公约》的缔约国认识到制订该公约的理由同样也适用于大陆架固定平台，1988年又通过《制止危害大陆架固定平台安全的非法行为议定书（Protocol for the Suppression of Unlawful Acts Against the Safety of Fixed Platforms on the Continental Shelf）国际公约，中国于1988年10月25日签署，1991年8月20日批准。

在国际民航组织正在草拟《海牙公约》时，1970年2月21日同一天，就发生了两起犯罪分子向飞机秘密放置炸弹引起空中爆炸事件。这使得国际社会进一步意识到只有一个《海牙公约》还不足以有效地惩治各种危害民用航空安全的犯罪行为，还需要制定一个内容更广的国际公约。因此，1970年9月，在伦敦召开了国际民航组织法律委员会第18次会议，拟出了公约草案。1971年9月，在蒙特利尔外交会议上，产生了《关于制止危害民用航空安全的非法行为的公约》。《蒙特利尔公约》较之《海牙公约》扩大了罪行范围，其既包括“在飞行中”的航空器内所犯罪行，也包括“在使用中”的航空器内所犯罪行；既包括直接针对航空器本身的罪行，也包括针对航空设备的罪行。但该公约没能将犯罪分子危害机场安全的犯罪行为包括进去。如1973年8月，在希腊雅典机场，正当旅客排队经过安检而登机过程中，两名恐怖分子投掷手榴弹，当场炸死5人，炸伤55人。为了弥补这个缺陷，1988年2月24日，国际社会又在蒙特利尔签订了《蒙特利尔公约补充议定书》，又称《制止在国际民用航空机场进行非法暴力行为的议定书》（Protocol for the Suppression of Unlawful Acts of Violence at Airports Serving International Aviation, Complementary to the Convention for the Suppression of Unlawful Acts Against the Safety of Aviation），将危害国际民用航空机场安全的暴力行为宣布为一种国际犯罪。中国于1988年2月24日签署，于1998年11月4日批准。

1997年纽约《制止恐怖主义爆炸国际公约》（Convention for the Suppression of Terrorist Bombings），这是人类历史上第一个专门打击恐怖主义爆炸活动的国际法律文书，中国于2001年11月13日加入。2001年第九届全国人民代表大会常务委员会第二十四次会议10月27日决定，中华人民共和国加入《制止恐怖主义爆炸的国际公约》。中国国务院经审核后认为：加入这项公约，有利于中国打击民族分裂分子和国内外敌对势力破坏中国公共安全和秩序的行为，有利于树立中国良好的国际形象，有利于更好地维护中国的国家利益；从中国国内法角度看，中国刑法关于爆炸罪和恐怖活动组织罪等规定与公约的内容完全一致，具备了实施公约的条件。

国际恐怖主义行为的次数和严重性在很大程度上依赖恐怖主义份子可以获得多少资助而定，因而向恐怖主义提供资助是整个国际社会严重关注的问题。在此以前多边法律文书并没有专门处理这种资助，所以迫切需要增强各国之间的国际合作，制定和采取有效的措施以防止向恐怖主义提供资助和通过起诉及惩罚实施恐怖主义行为者来加以制止。在1999年12月9日第五十四届联合国大会上，通过了《制止向恐怖主义提供资助的国际公约》，补充了现有的国际相关文书在此方面的不足。该公约于2002年生效。中国已于2001年11月14日签署了该公约。该公约的核心是通过切断恐怖主义的经费来源，动摇其赖以生存的经济基础。 该公约由28条正文和1个附件组成，规定了“资助恐怖主义罪”的定义，并要求缔约国采取相应的立法、司法、执法及金融监管措施，对资恐罪予以预防、打击；规定了缔约国对资恐罪行使管辖权的法律依据；规定了缔约国应当就惩治资恐罪开展引渡和刑事司法协助方面的国际合作；规定了缔约国发生争议时的解决途径；规定了公约的批准、生效和退约程序。该公约是打击以资金形式资助恐怖主义犯罪活动的国际法律文件。

2004年，中国在第59届联合国大会中方立场文件中表示，中国支持并积极参与制订《关于国际恐怖主义的全面公约》和《关于制止核恐怖主义行为的国际公约》，在之前的8月5日，中国外交部在其网站公布有关中国立场的文件。文件重申，“中国支持打击一切形式的恐怖主义。国际社会应在联合国安理会的统一协调下，根据《联合国宪章》和国际法准则，从维护地区及世界和平与安全的长远利益出发，制定长期、全面的反恐战略。中国支持联合国安理会反恐委员会发挥更大作用”，认为“贫穷落后、社会不公、极端思潮以及冲突战争，是恐怖主义滋生的温床。反恐必须致力于消除其根源。中国欢迎不同文明之间的对话，反对将恐怖主义与特定的国家、民族或宗教挂钩，或采取双重标准”，文件强调，“中国也是恐怖主义的受害者。打击“东突”恐怖势力是国际反恐斗争的重要组成部分。中国政府珍惜每一个同胞的生命，决不允许恐怖主义威胁中国公民的安全。”①

2007年9月14日，中国外交部长李肇星在纽约联合国总部举行的联合国“条约活动”上代表中国签署了《制止核恐怖主义行为国际公约》。该公约也是头一个旨在打击核恐怖主义罪行的国际公约，首次对核恐怖主义行为进行定义，其内容涉及引渡和起诉恐怖分子等。该公约进一步完善了国际反恐法律框架，填补了原有反恐公约体系的空白，为预防和惩治核恐怖犯罪提供了法律依据。时任中国常驻联合国代表的王光亚指出，中国在公约开放的头一天即予以签署，具有特别意义，而且至少有三层含义：一是表明了中国政府反对一切形式恐怖主义、支持完善国际反恐法律框架的一贯立场，昭示了中国政府致力于通过依法采取实际步骤打击恐怖主义的决心；二是表明中国政府支持在反恐问题上充分发挥联合国主导作用的一贯立场，是对加强联合国作用、维护联合国权威的有力支持；三是表明了中国是一个负责任的国家，愿意为维护世界和平尽自己应尽之责。

在海洋活动方面，中国是1982年制定的《联合国海洋法公约》的缔约国。海洋法公约中涉及的犯罪处治问题包括了海盗罪、破坏海底电缆罪、公海上非法广播罪等。中国还参加了有关危害海上航行安全的两个公约和议定书，即《制止危及海上航行安全非法行为的公约》和《制止危及大陆架固定平台非法行为的议定书》。另外，依据《中英关于香港问题联合声明》和《香港特别行政区基本法》中的有关规定，中国政府声明对于香港特别行政区参加的《关于为检测目的而标记塑胶炸弹的公约》承担相应的权利义务，该公约将继续在香港特别行政区得到执行。

作为联合国安全理事会的常任理事国，中国还参与制定了一系列的为了反对恐怖主义的联合国安理会决议。包括：第1373号决议（2001）关于开展国际合作以对付恐怖活动对国际和平与安全的威胁，第1368号决议（2001）就2001年9月11日发生在美国纽约、华盛顿和宾夕法尼亚的恐怖活动进行谴责，第1269号决议（1999）关于在打击恐怖主义方面的国际合作问题等。

---

① 《中国吁各方协商尽快通过两项国际反恐怖主义公约》，http://www.chinanews.com/news/2004year/2004-08-05/26/468577.shtml。

（二）坚持一贯反恐立场，逐步提出反恐基本政策。

中国对恐怖主义一贯持反对态度，反对将恐怖活动作为实现政治目标的方式和手段，反对任何国家、组织、团体或个人采取违反公认的国际法准则的恐怖主义暴力活动。1972年，我国出席联合国大会代表毕季龙在同年11月20日第六次委员会上的关于“国际恐怖主义”问题的发言中曾严肃地指出：“中国政府反对以暗示和绑架的手段来进行政治斗争，也反对个人的或少数人脱离群众的冒险恐怖行为”①。1990年8月，我国代表在哈瓦那举行的第八届国际预防犯罪大会上，也明确谴责了一切形式的恐怖主义行为，反对将恐怖主义活动作为政治斗争的方式和手段，并建议各国恪守国际公约，履行义务，协调措施。唐家璇外长在第56届联大的发言则代表了中国的全面立场，他说：“中国一贯反对一切形式的恐怖主义，无论恐怖主义发生在何时、何地、针对何人、以何种方式出现，国际社会都应当采取一致立场，坚决予以谴责和打击。”“中国主张，联合国和安理会应在反恐问题上发挥主导作用。中国支持联合国和安理会通过的有关决议，支持各国加强国际合作与协调。中国坚持，针对恐怖主义的军事行动应目标明确，要避免伤及无辜。一切行动应符合《联合国宪章》的宗旨和原则及其他公认的国际法准则，有利于维护地区及世界和平的长远利益。”②

“9·11”事件以后，国家主席江泽民在致电美国总统布什对美国遭受恐怖主义袭击表示慰问的同时，重申了中国政府对于恐怖主义的原则立场，即中国一贯谴责和反对一切恐怖主义的暴力活动。国务院总理朱镕基也强调指出，反对恐怖主义是长期复杂的任务，是国际社会面临的共同挑战，愿与世界各国，尤其是友好的德国在反对恐怖主义问题上加强合作，认为打击恐怖主义行为应该符合《联合国宪章》的宗旨和原则以及公认的国际法准则，有利于世界和平与发展的长远利益。2002年10月，江泽民主席在亚太经合组织第十次领导人非正式会议上就反恐问题的我国原则立场作了与先前一致的阐述。在2003年曼谷亚太经合组织第十一次领导人非正式会议结束时发表的

① 马德才：《反恐怖主义的法律对策》，《荆州师范学院学报》，2003年第1期，第102页。

② 《唐家璇在联大就反恐、南亚、台湾等问题发言（全文）》，http://www.people.com.cn/GB/shizheng/3586/20011112/602809.html。

《领导人宣言》中，中国表示愿加强反恐合作的协调，支持亚太经合组织反恐工作小组加强与八国集团反恐行动小组和联合国安理会反恐委员会等国际机构开展合作。[①] 同时，中国还认真执行联合国安理会有关决议，加入了绝大多数国际反恐条约。中国还同许多国家开展了双边反恐合作，成效显著。中国已经决定加入"集装箱安全倡议"。同时，在亚太经合组织合作框架内，中国欢迎"区域贸易安全"等倡议，将继续坚决支持并积极参与国际反恐合作。

中国政府在各种场合均一贯主张，在预防和制止国际恐怖主义的同时，国际社会必须深入探讨国际恐怖主义产生、发展的根源和社会基础，不应忽视消除国际恐怖主义根源的重要性。帝国主义、殖民主义、霸权主义和种族主义，侵犯别国主权、入侵别国领土的非法行为是更为严重的国际恐怖主义行为，而且往往是引发其他国际恐怖主义活动的直接原因。同时，中国政府反对任何国家假借反国际恐怖主义的名义侵犯他国主权、领土完整和国家统一，干涉别国内部事务。中国政府同时也主张，不能将国际恐怖主义和民族解放运动相提并论，二者的性质完全不同，被奴役和被压迫民族和人民为了争取独立、自由和生存权利而进行的正义斗争，理应得到世界各国的支持与援助。中国政府希望通过国际社会的共同努力，使得制止和最终消除一切形式的恐怖主义活动取得实际效果，这包括在法律上确立一个各国普遍接受的恐怖主义的定义，将打击国际恐怖主义的行动真正纳入国际法的轨道。

中国的反恐政策，总的看来基本点有四个：一是强调不搞双重标准，主张从各国人民的共同利益和国际社会的共同安全出发，无论恐怖主义以何种方式出现在何时、何地、针对何人，国际社会都应采取一致立场，坚决打击，而不能以区别对待。二是打击恐怖主义需要充分发挥联合国及安理会的主导作用，一切行动应符合《联合国宪章》的宗旨和原则及其他公认的国际法准则。应证据确凿，目标明确，避免伤及无辜，不能任意扩大打击范围。三是打击恐怖主义需要标本兼治。既考虑解决当前的问题，也着眼长远的根治方法。解决发展问题，缩小南北差距是一个重要的条件。在当前国际金融危机冲击的新形势下，国际社会应以更大的紧迫感重视发展问题。四是打击恐怖

① 《亚太经合组织领导人非正式会议闭幕并发表〈领导人宣言〉》，http://www.people.com.cn/GB/shizheng/1024/2145348.html。

主义是和平与暴力的较量，不是民族、宗教或文明的冲突。恐怖主义属于极少数极端邪恶势力，不能把恐怖主义与特定的民族或宗教相联系。中国主张各种社会制度和文明长期共存，在竞争比较中取长补短，在求同存异中共同发展。中国的反恐主张，得到了世界上大多数发展中国家的认可和支持。

（三）注重国内反恐刑事立法，压制国际恐怖主义的国内存在空间

中国国内各部门逐步加大对国际恐怖主义的打击，在立法、航空、金融、海关等领域采取了一系列措施，特别是注重打击恐怖主义的刑事立法，压制了国际恐怖主义的国内存在空间。中国1997年颁布的新刑法中虽然并未单独规定恐怖活动罪，但是根据国际上与其他国家之间的条约及国际公约中对恐怖活动的规定，如果行为人实施了恐怖行为，可以依据中国刑法中相关条文的规定予以处罚。中国刑法针对恐怖行为和参加恐怖活动组织有规范性作用。

恐怖活动通常表现为暴力或暴力相威胁，它的实施方式和手段可包括我国刑法中的下列行为：刑法第114条、115条第1款规定的放火、决水、爆炸、投毒及以其他危险方法危害公共安全罪，刑法第116条至119条第1款规定的破坏交通工具、破坏交通设施、破坏易燃易爆设备罪，刑法第121条规定的劫持航空器罪，刑法第122条规定的劫持船只、汽车罪，刑法第123条规定的危害航空安全罪，刑法第124条第1款规定的破坏通讯设施罪，刑法第125条第2款规定的非法买卖、运输核材料罪，刑法第232条、第234条规定的故意杀人、故意伤害罪，刑法第239条规定的绑架勒索、绑架人质罪等。

需要提出的是，刑法第120条规定的“组织、领导、参加恐怖活动组织罪”是专门针对恐怖主义的立法规定。通常，恐怖活动组织是由三人以上为了长期、有计划地进行恐怖活动而建立起来。所谓组织恐怖组织，是指行为人首倡、发起和建立恐怖活动团体的行为。所谓领导恐怖组织，是指在恐怖组织中处于领导地位的人，制定恐怖活动的纲领、计划、指挥恐怖组织的成员实施恐怖活动的行为。所谓积极参加或参加恐怖组织，是指自愿加入恐怖组织，并积极参与谋划和实施，或者参加实施恐怖活动的行为。只要实施组织、领导、积极参加或者参加恐怖组织行为之一的，即可构成本罪；同时实施两项以上行为的，仅构成一罪，不实行数罪并罚。只要组织、领导、和积极参加或者参加恐怖活动组织，不论是否进行恐怖活动入杀人、爆炸、绑架

等等恐怖主义行为，都构成本罪。依照刑法第120条第1款的规定，组织、领导和积极参加恐怖活动组织的，处3年以上10年以下有期徒刑；其他参加的，处3年以下有期徒刑、拘役或者管制。从此条的规定以及其他条款的规定可以看出，我国的刑事立法对恐怖主义的处罚比较严厉，因为无论行为人是否有具体的恐怖行为，只要他参与了恐怖活动组织就要受到刑事处罚。这也从另外一个侧面反映出中国打击恐怖活动犯罪的决心。因为从刑法学的原理来看，组织、领导、积极参加和参加恐怖组织的行为是为实施恐怖活动犯罪做准备，处于犯罪的预备阶段，但刑法鉴于恐怖活动的严重危害性，为将有关恐怖活动犯罪消灭于萌芽之中，明文规定组织、领导、参加恐怖活动组织即构成既遂。如果行为人在组织、领导、参加恐怖活动组织后又实施杀人、爆炸、绑架等犯罪的，即要实行数罪并罚。

到2001年12月29日公布的《中华人民共和国刑法修正案（三）》，对以下各种恐怖犯罪在法律上的打击又更严厉：放火、决水、爆炸以及投放毒害性、放射性、传染病病原体等物质或者以其他危险方法危害公共安全，或致人重伤、死亡或者使公私财产遭受重大损失的；组织、领导、参加恐怖活动组织的；资助恐怖活动组织或者实施恐怖活动个人的；非法制造、买卖、运输、储存毒害性、放射性、传染病病原体等物质，危害公共安全的；盗窃、抢夺枪支、弹药、爆炸物的，或者盗窃、抢夺毒害性、放射性、传染病病原体等物质，危害公共安全的；或者抢劫枪支、弹药、爆炸物的，或者抢劫毒害性，放射性、传染病病原体等物质，危害公共安全的；或者盗窃、抢夺国家机关、军警人员、民兵的枪支、弹药、爆炸物的；明知是毒品犯罪、黑社会性质的组织犯罪、恐怖活动犯罪、走私犯罪的违法所得及其产生的收益，为掩饰、隐瞒其来源和性质，实施了提供资金帐户、协助将财产转换为现金或者金融票据、通过转帐或者其他结算方式协助资金转移、协助将资金汇往境外、以其他方法掩饰隐瞒犯罪的违法所得及其收益的来源和性质的行为；投放虚假的爆炸性、毒害性、放射性、传染病病原体等物质，或者编造爆炸威胁、生化威胁、放射威胁等恐怖信息，或者明知是编造的恐怖信息而故意传播，严重扰乱社会秩序的；单位犯资助恐怖活动罪和洗钱罪的。对上述各种恐怖犯罪，刑法修正案（三）分别规定了死刑、无期徒刑、有期徒刑、判处罚金、没收财产、拘役、管制，剥夺政治权利等打击措施。

（四）建立和发展双边反恐合作，积极参与国际恐怖主义全球治理

目前，中国已与美国、俄罗斯、印度、巴基斯坦、英国、法国、德国等国家建立了双边反恐合作机制或就反恐问题进行了磋商，并与其他许多国家进行着富有成果的反恐合作关系。

中美反恐合作不断深入。“9·11”之后起初集中在情报交换，切断恐怖组织财源，共同支持巴基斯坦反恐，协力防止印巴冲突升级干扰反恐等方面。2001年10月，应美方要求，中国及时封锁了90多公里长的中阿边界，对美国在阿富汗的军事行动给予了重要支持。美军在阿富汗抓获了一些中国籍的“东突”恐怖分子，也邀请中方派人参与共同审讯。通过2001年10月，2002年2月和10月江泽民主席与布什总统的三次会晤，以及2003年6月胡锦涛主席与布什总统的会晤和2003年12月温家宝总理与布什总统的会晤，这一合作得到进一步发展。中美现在已建立了中长期反恐交流与合作机制和金融反恐工作组，并多次举行会议，在协调双方反恐合作方面发挥了重要作用。2002年8月，美国正式将“东突伊斯兰运动”列入其恐怖主义组织名单，此后在双方及阿富汗、吉尔吉斯斯坦的共同努力下，联合国安理会也将该组织列入了国际恐怖主义组织名单。2003年“东伊运”的头目艾山·买合苏木在巴基斯坦境内美巴军队的联合行动中被当场打死。2002年10月22日，美国联邦调查局（FBI）在北京正式建立了办事处，使双方能进一步加强在打击贩毒、武器走私、非法移民等跨国犯罪方面的合作。中国派遣高级外交官前往伊斯兰堡帮助美国说服巴基斯坦同美国合作。在军事上，中国对美国的阿富汗战争更是作出了努力，关闭中阿边境以防止塔利班和基地分子进入中国，允许美国航母在去阿参战途中在香港停留。自FBI一年前在美国驻华使馆增设办公室之后，中国公安部也在中国驻美使馆设立了特别的办公室，FBI的培训机构——FBI国家学院定期招收外国学员，其中就有中国学员。在中国于2008年举办奥运会之际，美国还派专门负责大型体育活动的反恐专家和中国共同制订保安计划。还有，中美还就集装箱运输安全问题达成了合作协议，“集装箱安全倡议”是美国全球反恐战略部署的重要组成部分，即在集装箱运往美国之前，锁定高风险货物集装箱，并由出口国海关进行查验，经过查验的集装箱在抵达美国时可享受快速放行的待遇。“集装箱安全倡议”旨在建立一个

保护全球海运集装箱贸易的机制，以提高作为全球贸易链连结点和国际贸易重要组成部分的海运集装箱的安全性。中美海关“集装箱安全倡议”合作地点目前定为上海港及深圳港。

中俄反恐合作方面。2001年10月，亚太经合组织领导人非正式会议在上海召开，中国国家主席江泽民与俄罗斯总统普京借此之机会晤，商定成立“中俄反恐工作组”。2001年11月28日至29日，中俄反恐工作组第一次会议在北京正式举行。2004年1月15日在莫斯科举行了中俄反恐工作的第四次会议。会议各方主要围绕阿富汗、伊拉克、中亚和东南亚恐怖主义不断升级以及来自各方的威胁全球和地区的恐怖问题广泛地交换了意见。中俄双方重申车臣和“东突”恐怖分裂势力是国际恐怖主义，而且是造成这一地区长期动荡不安的主要因素之一。另外，中俄还主要通过在上合组织的框架下开展双边的反恐合作的声明。

中印反恐合作。中印安全对话会议2000年首次召开，为司局级，原则上每年轮流在双方首都举行，就国际和地区安全形势、双方国防政策交换看法。“9·11”以后，两国安全合作增加了非传统安全对话的新内容。2002年1月，中印设立了反恐对话渠道，并于当年4月在新德里举行了首轮对话，该机制为司局级，是双方就打击“三股势力”和防止走私、贩毒、洗钱等国际犯罪以及其他非传统安全问题交流经验、交换看法、商讨合作的机构。中印于2003年在上海附近的东海海域进行了代号为“海豚0311”的联合搜救演习，其后在中国昆明举行了“携手-2007”中印联合军事演习，中方军事组成员田一效大校特别指出，此次中印陆军联合反恐演习具有反恐主题鲜明的特点，由于中印两国都面临着来自国内外的恐怖主义威胁，双方需要从战略领域加强合作，因此双方很快就确定了联合反恐主题。此次联合演练密切了中印两国、两军的友好合作关系，增进了军事了解和互信，加强了两国在反恐领域的交流，给恐怖主义、分离主义、极端主义“三股势力”以极大震慑。2002年1月，朱镕基对印度的访问是在国际反恐的特殊形势下进行的，双方及时就反恐和阿富汗重建等问题交换了意见。此后双方进一步表示：“双方谴责任何表现形式的恐怖主义，同意继续深化和扩大中印反恐对话机制。双方将加强双边和国际合作，共同打击恐怖主义、分裂主义和极端主义，切断恐怖主义与有组织犯罪、非法武器和毒品走私之间的联系。”2005年1月，中印首次举行双边战略对话，就恐怖主义、防扩散、能源安全等一系列问题进行了讨论，沟通认识、互换信息，并达成了广泛共识。中印数轮战略对话均涉及到恐怖主义和在反恐领域展开合作的问题。在此之前两国政府已有过多次反恐磋商，反恐合作问题也是中印安全对话机制的话题。鉴于“藏独”势力与南亚的极端组织过往甚密，中国希望印方能够在消除或限制“藏独”活动方面给予积极配合，打击流散到印巴边境的“东突”武装。“双方注意到两国双边反恐机制迄今取得的积极成果，同意进一步加强和巩固双方的探讨和合作。”印度国防部长慕克吉2006年5月访华期间，中印双方签署了反恐与防务合作理解备忘录，内容包括：在两国的国防部门、军队领导人和高级官员之间开展互访；根据商定的级别在每年轮换举行双边防务对话；联合开展在搜救、反海盗、反恐等领域的联合演练，促进交换军事观察员观摩所指定军演等共同感兴趣的交流活动；为双方军官及相关文职官员建立一种包括进修、研讨、在军事训练机构从事长期学习的交流机制。尼赫鲁大学的战略分析家斯瓦兰·辛格认为，打击塔利班和追捕本·拉丹的战争，使印中两国有了新的合作基础，在讨论安全和恐怖主义的论坛上站到了一起。[①] 印度还认为，对中国而言，中印两国海军在反恐、反海盗方面的协同行动比陆军的合作具有更重要的意义。例如，中国从西亚、非洲的能源进口必须经过马六甲海峡，如发生海盗或恐怖分子切断途经印度洋的能源供应线的危机，印度海军能为中国海军提供巨大帮助。

其他如中巴之间也建立了双边反恐合作机制，开展着卓有成效的反恐合作，2013年5月，中国与巴基斯坦共同确认“东伊运”是双方共同威胁。[②] 中英、中法、中德之间也进行了反恐问题对话和磋商，达成了一系列共识。

（五）积极建立多边特别是加强周边的反恐机制，推动国际恐怖主义治理

中国通过上海合作组织、亚太经合组织（APEC）、亚欧会议、东盟地区论坛等多边机制积极推动国际反恐合作。中国是上海合作组织的重要发起国，上海合作组织已经成为国际反恐多边合作的典范。自1996年以来，从“上海五国”到上海合作组织都一直高举打击“三股势力”的大旗，在地区反恐斗

① 卫灵：《冷战后中印关系研究》，中国政法大学出版社，2008年版，第190页。

② 《中国巴基斯坦确认“东伊运”是双方共同威胁》，http://news.ifeng.com/mainland/special/likeqiangchufang/content-3/detail_2013_05/24/25649475_0.shtml。

争中发挥了中流砥柱的作用。2001年6月14日，中国、俄罗斯、哈萨克斯坦、吉尔吉斯斯坦和塔吉克斯坦五国元首在上海举行第六次会晤，乌兹别克斯坦以完全平等的身份加入。次日6国元首举行了首次会晤，并签署了《上海合作组织成立宣言》，宣告上海合作组织正式成立。上海合作组织自成立之日起，成员国在安全等方面特别是国际反恐合作方面的工作相继展开，并不断得到加强。自2001年成立时签署《打击恐怖主义、分裂主义和极端主义上海公约》至2009年，相继又签署了数十个打击恐怖主义行动的官方文件。

表1　上海合作组织打击恐怖主义行动官方文件（2001—2011年）

序号	文件名称	签署时间
1	《上海合作组织成立宣言》	2001年6月15日
2	《打击恐怖主义、分裂主义和极端主义上海公约》	2001年6月15日
3	《上海合作组织宪章》	2002年6月7日
4	《上海合作组织成员国关于地区反恐怖机构的协定》	2002年6月7日
5	《上海合作组织成员国关于合作打击非法贩运麻醉药品、精神药物及其前体的协定》	2004年6月17日
6	《上海合作组织地区反恐怖机构资料库协定》	2004年6月17日
7	《上海合作组织成员国合作打击恐怖主义、分裂主义和极端主义构想》	2005年7月5日
8	《上海合作组织成员国元首阿斯塔纳宣言》	2005年7月5日
9	《上海合作组织成员国打击恐怖主义、分裂主义和极端主义2007年至2009年合作纲要》	2006年6月15日
10	《上海合作组织成员国举行联合军事演习的协定》	2007年6月27日
11	《上海合作组织成员国组织和举行联合反恐演习的程序协定》	2008年8月28日
12	《上海合作组织成员国政府间合作打击非法贩运武器、弹药和爆炸物品的协定》	2008年8月28日
13	《上海合作组织阿富汗问题特别会议宣言》	2009年3月27日
14	《上海合作组织成员国和阿富汗伊斯兰共和国打击恐怖主义、毒品走私和有组织犯罪行动计划》	2009年3月27日
15	《上海合作组织成员国反恐专业人员培训协定》	2009年6月16日
16	《上海合作组织成员国打击恐怖主义、分裂主义和极端主义2010年至2012年合作纲要》	2009年6月16日
17	《上海合作组织反恐怖主义公约》	2009年6月16日

"9·11"事件发生后三天，正在阿拉木图举行首次上海合作组织总理级会晤的6位领导人于9月14日发表了联合声明，对恐怖攻击行动表示极其愤慨，表示上海合作组织准备同所有国家和国际组织密切联合，为根除恐怖主义带来的全球性危险而进行毫不妥协的斗争。中国总理朱镕基在会上提出应抓紧建立上海合作组织反恐怖中心。此后，上海合作组织各成员国都积极参加了国际反恐合作。2002年6月，上海合作组织圣彼得堡峰会签署了《关于地区反恐怖机构协定》，为最终建立该组织反恐机制奠定了基础。2004年6月，上海合作组织地区反恐怖机构在塔什干正式挂牌运作，它的主要任务和职能包括:就打击恐怖主义、分裂主义、极端主义与本组织成员国主管机关及国际组织保持工作联系，加强协调；参与准备打击恐怖主义、分裂主义和极端主义问题的国际法律文件草案，与联合国安理会及其反恐委员会、国际和地区组织共同致力于建立应对全球性挑战与威胁的有效反应机制；收集和分析成员国提供的有关打击恐怖主义、分裂主义和极端主义的信息等。

从2002年开始，上合组织成员国之间又分别进行了多次双边或多边的联合军事演习，表明上海合作组织成员国军队共同打击恐怖主义的意志、决心和能力、体现成员国高水平的互信和务实合作，表达成员国维护地区和平稳定、促进共同发展与繁荣的真诚愿望。2002年10月10日至11日，中国与吉尔吉斯斯坦在两国边境地区举行联合反恐军事演习。这是上海合作组织框架内两国首次举行的双边联合军事演习，也是中国军队第一次与外国军队联合举行实兵演习。2003年8月6日至12日，上海合作组织成员国5国的武装力量在哈萨克斯坦和中国境内，举行代号为"联合-2003"的联合反恐军事演习，这是上合组织框架内首次举行的多边联合反恐军事演习。2005年8月18日至25日，"和平使命-2005"军演在俄罗斯符拉迪沃斯托克和中国山东半岛及附近海域举行，中俄两军动用了常规武装力量的主要军兵种参加，演练项目包括战略磋商、战役指挥到战术行动。这是中俄两国军队举行的首次演习。2006年8月24日至26日，中哈联合反恐演习"天山-1号"在哈萨克斯坦阿拉木图州和中国新疆伊宁举行。这是上海合作组织框架内中哈执法安全部门首次举行的联合反恐演习。2006年9月22日至23日，中国和塔吉克斯坦举行代号为"协作-2006"的首次联合反恐军事演习。演习内容是在山地条件下组织、实施对恐怖组织进行联合围歼作战的行动。2007年8月9日至17日，上海合作组织成员国在俄罗斯车里雅宾斯克，举行“和平使命-2007”联合反恐军事演习。这是上合组织成立以来规模最大的一次联合反恐实兵演练，6个成员国分别派出精锐部队参加。中国军队首次成建制、大规模、多军种、远距离跨境参加多国联合军演。2009年7月22日至26日，“和平使命-2009”中俄联合反恐军演在俄罗斯哈巴罗夫斯克和中国东北的洮南合同战术训练基地举行。中俄双方派出了包括机械化步兵，空降兵特种部队，装甲部队，武装直升机和空军在内的多兵种参加演习。2010年9月10日至25日，“和平使命-2010”上海合作组织联合反恐军事演习，在哈萨克斯坦阿拉木图市奥塔尔市的马特布拉克诸兵种合成训练基地举行，行动划分：战略磋商、联合反恐战役准备、联合反恐战役实施三个阶段。2012年6月8日至14日在塔吉克斯坦共和国举行“和平使命-2012”联合反恐军事演习。参演总兵力约2000余人，其中中国军队官兵为369人。此次演习以应对恐怖主义引发的地区危机为背景，重点演练山地条件下联合反恐行动的准备与实施等内容。不同于以往联演是由参与方各自指挥所属部队，在这次演习中，导演部和受训指挥机关采取统一混合编组，各方派人参与，所有环节都由一个指挥员下达口令。上海合作组织卡兹古尔特2013联合反恐演习于6月13日在哈萨克斯坦的南哈萨克斯州举行，这次演习由哈萨克斯坦承办，吉尔吉斯斯坦、塔吉克斯坦协助举行，其余三个上合组织成员国，即中国、俄罗斯和乌兹别克斯坦的代表观摩演习，重点演练人员密集场所消灭恐怖团伙、制止恐怖行为以及解救人质等科目。2014年上海合作组织成员国武装力量联合反恐军事演习将在中国举行。

另外，在亚太经合组织框架内的恐怖主义治理方面，在2001年10月上海APEC会议前短短两周内，中国作为东道主作了大量艰苦细致的协调工作，使意见分歧的各方达成一致，促成了APEC上海会议《领导人反恐声明》的发表。在2002年9月举行的亚欧首脑哥本哈根会议上，朱镕基总理就反恐问题阐述了中国的原则立场，亚欧各国在反恐问题上达成了广泛的共识，会议通过了反恐合作宣言和合作计划。2003年9月，在北京召开了亚欧反恐会议。中国与东盟在禁毒等领域的合作早已展开，中国、老挝、泰国、缅甸于2001年建立了打击贩毒的多边合作机制。2002年11月举行的第六次中国与东盟领导人会议发表了《中国与东盟关于非传统安全领域合作联合宣言》，启动了中国与东盟在非传统安全领域，包括反恐领域的全面合作。朱镕基总理在会上指出，中国将继续支持东盟国家严厉打击恐怖主义的活动。

（六）重视和支持联合国在国际反恐中的主导作用

20世纪90年代以来，中国领导人和常驻联合国代表，多次强调了重视、支持联合国和安理会在国际反恐斗争中发挥主导作用的立场。江泽民在“9·11”事件后的20天内，曾广泛地与联合国常任理事国（美、英、法、俄）和巴基斯坦、埃及等许多国家领导人通电话，阐明中国反对一切形式的恐怖主义的重要观点，认为开展国际反恐合作非常必要，安理会5个常任理事国应加强磋商。强调对恐怖主义采取行动应该有确凿证据和具体目标，千万要避免伤及无辜百姓，应该符合《联合国宪章》的宗旨和原则以及公认的国际法准则，需要充分发挥联合国安理会的作用，一切行动要有利于维护世界和平与发展的长远利益。2001年9月30日，中国外交部向全国发出了《关于执行联合国安理会第1373号决议的通知》，通知指出：为严格履行我国政府所承担的国际义务，请各有关部门严格履行决议的有关规定。该决议规定的主要内容包括：对以任何手段，直接或间接为恐怖活动提供或筹集资金的人或事，各国应将其定为犯罪；立即冻结协助、资助和参与恐怖行为的个人和实体的各类资产；禁止为协助、资助和参与恐怖行为的个人和实体提供任何资金和金融资产及有关服务；各国不得向参与恐怖行为的实体或个人提供任何支持和帮助；应将恐怖行为定为重罪，并确保将恐怖分子绳之以法；各国应为调查和起诉恐怖主义行为相互给予最大程度的协助；有效加强边界管制和证件签发等，防止和控制恐怖分子的跨国移动等。①

三、中国参与国际恐怖主义全球治理的成果与贡献

恐怖主义是当今世界和平与安全面临的重要威胁，自“9·11”事件以来，恐怖主义和国际反恐斗争成为国际社会面临的主要矛盾，并在国际安全议题中占据了重要位置。中国作为联合国安理会常任理事国和致力于和平发展的

① 《关于执行联合国安理会第1373号决议的通知》，《中华人民共和国国务院公报》，2001年34期。

世界大国，为国际恐怖主义治理作出了相当重要的贡献。

（一）理论贡献

中国作为安理会常任理事国和发展中的新兴大国，为国际反恐做出了重要的理论贡献。从20世纪90年代末以来，中国政府及时、敏锐地注意到恐怖主义这一当今世界的共同威胁，江泽民主席和胡锦涛主席在领导中国开展国际反恐斗争的实践中，在对世界形势的观察与历史经验的总结中，相继提出了一系列重要的恐怖主义治理思想和观点。

早在1996年，中国在东盟地区论坛对话上就提出摒弃冷战思维，顺应时代潮流，共同培育和推广新的合作安全观。20世纪90年代中后期，中国领导人明确提出国际社会应树立以互信、互利、平等、协作为核心的新安全观。1999年3月26日，江泽民在日内瓦裁军谈判会议上讲话时第一次明确阐述了新安全观的基本思想。他指出："历史告诉我们，以军事联盟为基础、以加强军备为手段的旧安全观，无助于保障国际安全，更不能营造世界的持久和平。这就要求必须建立适应时代需要的新安全观.并积极探索维护和平与安全的新途径。我们认为，新安全观的核心，应该是互信，互利、平等、合作。"后来他又把"合作"改为"协作"。[①] 中国倡导的新安全观，成为中国的多边反恐安全合作的重要指导原则。

这一新安全观有三个主要特点：首先，从传统的军事安全扩大到综合安全。长久以来，传统的安全与军事安全几乎相等，因而军事实力是国家最主要的安全手段和前提。然而新安全观则强调，随着以跨国经济、技术、资金、人才的交流与融通为基本特征的全球化时代的到来，安全不再是单纯的政治对抗和军事攻守关系，而是由政治、经济、军事、文化等多层关系构筑成的相互依存网络。因此，我们今天所说的安全已是包括政治安全、军事安全、经济安全、信息安全、环境安全等等在内的综合安全。其次，单个国家的安全与国际乃至全球安全紧密相连。传统安全观坚持，安全是相对且可以分割的，否认共同安全、绝对安全，认为国家间的安全关系是一种"零和关系"

① 江泽民：《推动裁军进 维护国际安全——在日内瓦裁军谈判会议上的讲话 》，《人民日报》，1999年3月27日，第1版。

（即一方所失必为一方所得），因此认为国家安全可以通过单边军事力量或少数几个国家的军事联盟加以解决。而新安全观认为，随着全球化的发展，随着高度依存的世界体系的逐步形成，国家的安全已日益带有国际乃至全球安全的色彩。因此，谈及安全就不可能把“国家安全”“国际安全”和“世界安全”截然分开，即安全是相互依赖的，安全是共同安全。同时，人类面临的诸多非军事威胁（如国际恐怖主义、环境污染等）具有跨国性和溢散性，往往是一国或几个国家难以解决的，唯有国际社会通过合作而不是对抗、多边而不是单边的手段来共同解决，即一国的安全要以相关国家的安全为条件。这就是“共同安全”与“合作安全”。第三，安全主体的多元化。在传统安全观中，安全的主体是国家，至于其他安全主体则较少被提及，起码不占主导地位。新安全观也承认，在当今世界中，民族国家仍然构成国际社会的主干部分，也是最有力量、最有影响的部分，但是，新安全观又强调，目前安全主体已不再局限于国家，而是扩大到了个人、群体、集团、社会乃至全球，它们都已成为安全的主体，而且它们受到的威胁也越来越明显，一个重要原因便是国际恐怖主义的猖獗。①

新安全观还指出非传统安全问题、特别是国际恐怖主义对国际和平构成现实威胁，其产生既是政治、经济、民族、宗教等各种矛盾的综合产物，同时又有历史、文化方面的深刻背景，贫困、发展鸿沟、各种不公正不合理的社会现象也是滋生恐怖主义的温床。中国提出的反恐模式是国际合作反恐，强调综合运用政治、经济、外交、军事、法律等手段应对国际恐怖主义威胁，而不单纯依靠武力，并在国际反恐中倡导对话和合作，标本兼治，重视铲除恐怖主义的根源和土壤。应该说，“9·11”后中国全力参与国际反恐，包括加强在反恐问题上的磋商，开展反恐情报交换，加强在冻结恐怖组织资产等金融方面合作等，是新形势下通过相互合作维护共同安全的成功尝试，具有重要意义。

新安全观对中国反恐战略和政策具有重要影响。主要表现在三方面，其一，以综合安全观为理论基础，中国反恐战略从主要对付传统安全威胁逐步

---

① 潘光：《国际反恐统一战线和中国的国际反恐合作》，《上海市社会主义学院学报》，2003年第2期，第53—54页。

向应对传统与非传统两种威胁交织的态势转变；其二，以共同安全观与合作安全观为理论基础，国际合作在中国反恐战略中的地位日趋重要，中国全面参与国际反恐合作，在全球反恐斗争中发挥着举足轻重的作用；其三，以安全主体多元化的观念为理论基础，中国反恐战略和政策日趋显示出“以人为本”的鲜明特征，大大加强了在中央领导下的地方、社区、全民反恐体系和机制，并努力保护遭受恐怖主义威胁的境外中国人，必要时也帮助救援遭受恐怖暴力攻击的其他国家人民。同时，中国关于和平发展和建立和谐世界的主张，也是对国际恐怖主义治理的重要理论贡献。

（二）在恐怖主义的全球治理实践上，中国积极参与并日益发挥重要作用

首先，作为联合国安理会常任理事会，中国推动并促进联合国通过了一系列联合国安理会反恐的决议，以及促进联合国成立了一些相关的反恐机构，包括联合国安理会反恐委员会，这个反恐委员会监督并要求世界各国每年要提交针对执行一系列的联合国安理会决议的情况报告，从这个角度来说，中国在全球反恐上发挥了重要的作用，也就是说，在促进并推动联合国国际反恐方面发挥主导性的作用和地位。中国以国际安全和人类安全为重，不仅积极重视和支持联合国在国际反恐中的主导作用，也采取具体措施推动国际反恐进程。2001年10月，中国以东道主国家身份将反恐问题列入APEC会议议程，推动会议发表《亚太经合组织领导人反恐声明》，对美国当时正在阿富汗进行的反恐战争是一个很大的道义支持，对国际长远的反恐斗争也具有理论意义。阿富汗反恐战争后，中国又同情和支持阿富汗重建，努力维护地区安全和稳定。在积极参与国际反恐合作的同时，中国也不断加强国内反恐工作，修改了有关惩处恐怖犯罪的法律，建立健全了反恐工作协调机制，组建了反恐专业力量，完善了各项反恐预案，强化了反恐措施，取得了明显成效。中国积极支持并参加了国际反恐统一战线反对塔里班政权和基地组织的斗争，在反恐情报交换，切断恐怖组织财源，支持巴基斯坦反恐，防止印巴冲突升级干扰反恐大局，打击与恐怖组织相关的跨国犯罪活动等方面发挥了至关重要的作用。在中国境内从事恐怖活动的“东突”分子长期受到国际恐怖组织尤其是“基地”组织的训练、武装和资助，如发现的证据表明本·拉登曾积极支持“东突”恐怖势力在新疆进行“圣战”，中国打击“东突”恐怖团伙

的斗争也是这一斗争的重要组成部分。中国还积极参与国际社会反恐怖融资的治理进程，包括联合国与G20框架内的反恐怖融资行动，要对恐怖势力釜底抽薪，还须斩断其资金来源。中国人民银行已经建立了专门的反洗钱机构，专门打击恐怖犯罪活动的融资。

其次，中国是开展多边和双边反恐合作较好的国家，早在“上海五国”时代的首脑会晤中中国就提出了联合打击国际恐怖主义的主张。2001年6月，中、俄、哈、吉、塔、乌六国签署《打击恐怖主义、分裂主义和极端主义上海公约》，从而在法律意义上揭开了六国联合反恐的新篇章。上海合作组织在“9·11”事件前最早旗帜鲜明提出《反恐公约》，具有重要的国际意义，不仅认定“三股势力”是国际公害，并且提出了联合打击的主张，“在任何情况下不得仅由于政治、思想、意识形态、人种、民族、宗教及其他相似性质的原因而开脱罪责。”“9·11”事件后，中国与美、俄、巴基斯坦、印度等很多国家建立反恐对话和协调机制，定期举行反恐磋商和合作，共同打击恐怖主义。中国为上合组织的发展作出了独特的贡献，在机制建设、资金投入等方面都承担了很多的责任和义务。中国倡导加强区域反恐合作，除积极参与上海合作组织、亚太经合组织等多边反恐交流与合作，还推动上海合作组织建立地区反恐常设机构。同时，上海合作组织还建立了切实可行的各级执法、情报、军事等机构的合作机制，这将只停留在国家领导人层面的反恐合作深入到具体执行部门，使联合反恐具有可操作性并能够真正落在实处。中国政府与周边国家举行联合军事演习，以威慑恐怖主义分子。从2003年8月，中国和上海合作组织成员国共同举行了代号为“联合-2003”的反恐演习起，中国相继与吉尔吉斯斯坦、巴基斯坦、印度等很多国举行联合反恐演习，为维护地区安全稳定作出了重要努力。中国、泰国、缅甸、老挝在打击湄公河跨国犯罪集团方面的合作也取得了显著成果。中国在恐怖主义全球治理的多边合作上也颇有成效。如前文所述中美现在已建立了中长期反恐交流与合作机制，就集装箱运输安全和民航安全等达成了合作协议，最近还举行了联合搜救和反海盗演习。其他如中俄、中巴（巴基斯坦）、中英、中法、中德、中澳、中印（印度）、中日等均已进行了安全、反恐问题对话和合作。

再次，作为一个负责任的新兴大国，中国加强国内的反恐怖主义建设，对国际恐怖主义治理作出应有的贡献。中国在国内的反洗钱、反恐怖融资治理也取得了显著的进步，这表现在立法建设、机构调整、能力建设等多方面。“东突”恐怖组织是国际恐怖势力的组成部分，中国打击“东突”，也为国际反恐斗争作出了重要贡献。“东突”恐怖组织在中国境内外制造了大量恐怖事件，造成严重的人员、财产损失，不仅对中国的安全构成威胁，也危及地区和国际的和平与发展。根据联合国有关反恐决议和中国有关法律法规，中国不断加强对“东突”恐怖势力的打击力度，相继正式认定并对外公布“东突”恐怖组织和“东突”恐怖分子的名单，并得到包括美国在内的国家认可和支持。为了揭露“东突”恐怖势力本质，联合世界人民共同打击“东突”恐怖势力，中国领导人曾多次出访有关国家。1999年4月，李鹏委员长访问土耳其时，就“东突”问题有针对性地表明我立场，强调我坚决反对针对新疆的民族分裂特别是暴力恐怖活动，建议两国交流信息，加强在打击恐怖活动方面的协调与合作。土方领导人对我在“东突”问题上的立场有了进一步的了解，并就此做出了积极、明确的表态，重申土尊重我主权、领土完整和不干涉我内政的立场，不使“东突”问题成为影响土中友好合作关系发展的障碍。2000年4月，江泽民主席应邀到土耳其访问时，双方确认，坚决反对各种形式的恐怖主义，而无论其形式、缘由和目的。“9·11”事件和阿富汗塔利班政权垮台后，一些在阿富汗进行反华恐怖暴力活动的“东突”恐怖势力又在寻找新的基地，土耳其成为其重要的转移方向，针对这一新情况，2002年4月朱镕基总理访问土耳其时，向土方通报了这一信息，希望中土双方更密切地合作，共同防止“东突”恐怖分子给中土关系造成损害。土方表示，对于在土耳其部分“东突”分子的活动，土方将加强限制，土耳其政府不会支持“东突”的恐怖主义活动。2002年9月1日，联合国安理会正式认定了“东突”为恐怖主义组织，美国政府也于2002年8月26日宣布将“东突伊斯兰运动”列人恐怖组织名单。

四、中国在国际恐怖主义全球治理上面临的挑战及路径选择

中国在国际恐怖主义的全球治理方面面临诸多挑战，为有效深入打击恐怖主义，中国的恐怖主义治理路径包括在中国崛起的背景下，努力推动国际

社会朝摈弃双重标准，制定一个全面的、统一的、广为接受的国际恐怖主义治理公约；努力推动国际社会抛弃单边主义，尊重各国主权，充分注重发挥联合国在国际反恐斗争中的主导作用；进一步推动和促进国际反恐合作的机制；在新安全观指导下，在预防和惩治恐怖主义犯罪上坚持标本兼治的观念，根除恐怖主义存在的土壤，把中国哲学思想带入国际恐怖主义的全球治理之中；创设控制恐怖主义犯罪的刑事、行政、金融多重合作的综合法律机制，以及一些具体的实践等等。

（一）面临的挑战

第一，国际政治的无政府状态造成各国在政治上难以对恐怖主义形成统一认识，影响对国际恐怖主义有效的全球治理。按照美国学者海伦·米尔纳的观点，无政府状态的实质就是国际政治中的制度、法律以及由此产生的行为的合法性没有获得普遍认同甚至是受到质疑的局面。在关于什么是恐怖主义的问题上，早在1987年12月7日，联合国第24届大会的一项决议指出："只有确定得到普遍承认的国际恐怖主义定义，才能有效地同恐怖主义作斗争"。国际社会一直未能就国际恐怖主义一词的含义达成普遍一致，也未能就预防恐怖主义暴力行为所必需采取的措施达成充分的一般意见。这使得在如何认识恐怖主义、打击恐怖主义上存在分歧，由于缺乏一个关于恐怖主义的统一标准，国际社会在打击恐怖主义上还处于一种无法可依的状态。甚至有的国家此一时彼一时的做法，在恐怖主义上搞双重标准，不仅无助于达成共识，还伤害了那些对反恐持合作态度的国家，正成为国际恐怖主义治理的障碍。

第二，国际恐怖主义治理上相关法制的不足，制约着中国对国际恐怖主义的全面治理。国际社会在"9·11事件"后进一步认识到控制恐怖主义犯罪的紧迫性，但在控制恐怖主义犯罪方面，已有的公约还不足以解决有效控制恐怖主义犯罪的各类法律问题。在现行的各个反恐怖主义条约的基础上，进一步确立打击恐怖主义犯罪的原则和措施。尽快制定控制恐怖主义犯罪的全面的国际公约已是势在必行。新的全面、统一的反恐怖主义公约应明确规范恐怖主义的定义、犯罪者的责任、缔约国以及有关国际组织在打击恐怖主义方面的权利和责任，在这一领域的预防、查明和惩治恐怖主义的国际合作、在联合国框架内设立全球性的反恐怖机构以协调全球的反恐怖主义活动等。

这样，以一个单一公约的形式使控制恐怖主义犯罪的法律规则系统化，力图改变仅针对某一类恐怖主义犯罪所拟订的规则带来的局限性，并使国际社会在控制恐怖主义方面采取协调一致的行动。同时，国际社会应该创设控制恐怖主义犯罪的刑事、行政、金融多重合作的综合法律机制。

第三，当代国际体系中的全球化和区域化趋势及其带来的主权国家的权力流散，使主权国家与国际和区域组织等非国家行为体之间在反恐合作上构成合作与竞争并存的微妙关系，这也影响作为主权国家的中国的全球恐怖主义治理。面对恐怖主义带来的全球性挑战，主权国家维护国家安全的传统手段捉襟见肘，其职能和权威也随着全球化而不断地向国际和区域组织等非国家行为体扩散和转移。全球层次主要是将恐怖主义视为全球性问题，强调在联合国框架下确立起国际反恐合作的普遍性原则；区域层次则是注重具体的恐怖组织和恐怖活动的区域性特征，以区域组织为平台开展多边反恐合作。这两个层次的反恐合作尽管弥补了单个主权国家在打击恐怖主义上手段与力量的不足，但也对国家主权原则提出了挑战，与不干涉内政的国际关系准则相冲突。同时，不同国际和区域组织之间在反恐合作上也有竞争。众多反恐行为主体在职能、权限、手段和范围上既有相互重叠和交叉，又有相互排斥和竞争，从而使投入到国际反恐合作中的政治、经济、法律和军事等资源难以实现最优的配置与组合，极大地制约了国际反恐行动的协调性与有效性。

第四，现代世界体系的结构性失衡为恐怖主义提供了持久而广泛的活动空间，加剧中国国际恐怖主义全球治理的长期性和艰巨性。现代世界体系是一个由经济为各部分之间基本联系，由文化联系、政治安排甚至联盟结构而加强的体系。不平等交换是现代世界体系运行的动力，它在经济上将世界各国日益分化为富裕的发达国家和贫困的发展中国家，在政治上分化出处于中心区的强国和边缘区的弱国，造成南北间权力分配的结构性失衡，使现存的国际政治经济秩序中存在着很多问题。“不公正的世界是恐怖主义产生的结构性根源”，正是由于恐怖主义是现代世界体系本身内在的结构性矛盾必然产物，确立并维护这一体系的西方国家尤其是处于霸权地位的美国在应对恐怖主义威胁时，更多地是倾向于采取加强军事打击、经济制裁和法律惩治等强力手段，并一味地将恐怖主义归咎于发展中国家自身的失败，而不愿正视这些被边缘化和弱势化的社会群体在国际体系中争取平等地位与合理权益的正当要求。同时对于许多发展中国家而言，有些国家和地区连基本的教育和卫生条件都得不到保障，所以根本谈不上也不会全力以赴地进行反恐斗争。

第五，中国国内至今没有一部专门反恐怖主义的法律，影响了中国打击国际恐怖主义的国内土壤的力度。2006年9月，联合国大会通过了《联合国全球反恐战略》，其中指出“（各国应）尽一切努力发展和维持基于法治的有效的国家刑事司法制度，以便能够遵照我们依照国际法承担的义务，在适当尊重人权和基本自由的情况下，确保根据引渡或起诉原则，将任何参与资助、策划、筹备、实施或支持恐怖主义行为的人绳之以法，并确保国内的法律法规将这类恐怖主义行为定为严重刑事罪行。”世界上的许多国家都已经出台了相关的打击恐怖主义的专门法，如美国于1996年通过了《反恐怖活动法》，英国于1998年通过了反恐怖法案，2001年英国通过了新的反恐怖主义法，意大利早在1993年就通过了《反纳粹法令》，并于2001年5月通过了一项由政府提交的反恐怖主义法案，还有许多国家都通过了专门的反恐怖主义法。此外，还有不少的国家在相关的法律中对反恐怖主义作了较为细致、完备的规定。比较而言，我国落后很多，没有一部统一的反恐怖主义法。我国宪法和引渡法关于反恐怖主义的立法都是原则性的，刑法虽然对组织、领导、参加恐怖活动组织罪作了规定，但过于原则和抽象，以至造成对组织、领导、参加恐怖活动组织罪的认定和处罚存在不同认识。如参加的含义是什么，什么样的组织可以认定为恐怖活动组织，数罪并罚怎样执行，对不同的恐怖犯罪分子是否加重、减轻或免予刑事处罚等操作性较强的问题，不论在理论界还是在实践中都存在不同看法，这不利于实际操作，给打击恐怖主义犯罪造成了障碍。[①]

（二）路径选择

第一，在中国崛起的背景下，努力推动国际社会朝摈弃双重标准，制定一个全面的、统一的、广为接受的国际恐怖主义治理公约。例如，按照1997年《制止恐怖主义爆炸的国际公约》和1999年《制止向恐怖主义提供资助的国际公约》的规定，缔约国有义务对打击恐怖主义进行国际法律合作，但

① 李希慧、徐立:《恐怖主义的概念、特征及反恐立法完善》,《人民检察》,2006年第2期，第7页。

不合作的法律后果是什么？上述公约并未明确。又例如，受到恐怖主义袭击的国家有权对实施恐怖主义犯罪的组织和个人采取行动，但采取行动时应遵循何种规则，如何保护合法第三方的利益？上述问题也并没有明确的法律规则。因此，在现行的各个反恐怖主义条约的基础上，进一步确立打击恐怖主义犯罪的原则和措施。尽快制定控制恐怖主义犯罪的全面的国际公约已是势在必行。新的全面、统一的反恐怖主义公约应明确规范恐怖主义的定义、犯罪者的责任、缔约国以及有关国际组织在打击恐怖主义方面的权利和责任，在这一领域的预防、查明和惩治恐怖主义的国际合作、在联合国框架内设立全球性的反恐怖机构以协调全球的反恐怖主义活动等。这样，以一个单一公约的形式使控制恐怖主义犯罪的法律规则系统化，力图改变仅针对某一类恐怖主义犯罪所拟订的规则带来的局限性，并使国际社会在控制恐怖主义方面采取协调一致的行动。

第二，努力推动国际社会抛弃单边主义，尊重各国主权的同时，充分注重发挥联合国在国际反恐斗争中的主导作用。反恐怖主义活动是国际社会的共同利益所在，而国际社会正是由各个主权国家组成的，因此反恐怖主义与尊重和维护国家主权应该是没有矛盾的。但是，近年来，一些国家打击恐怖主义活动的行为却构成了对他国主权的侵犯，使国家主权面临着严重的挑战。因而，不能借打击恐怖主义侵犯他国主权，干涉他国内政，相反，只有按照《联合国宪章》的宗旨和原则，相互尊重主权，平等协商，求同存异，加强合作，才能够有效地打击恐怖主义。联合国是当今最大、最具有权威性的国际组织，它在维护国际和平与安全方面发挥着主导作用，而恐怖主义又是世界和平与安全的天敌，反恐怖主义是一场长期而艰巨的斗争，国际社会必须联合起来，这就需要联合国发挥独特优势，在政治、经济、外交、法律和社会等诸多领域起到协调和主导作用。国际社会也普遍希望联合国在反恐怖主义领域发挥主导作用。根据《联合国宪章》和国际法，只有通过联合国，才能使在世界范围内打击恐怖主义的行动具有合法性。

第三，进一步推动和促进国际反恐合作的机制。恐怖主义分子往往是在不同国家之间组织、策划和完成犯罪，或者通过跨国境活动逃避特定国家的追诉，所以，在国际社会尚未形成一个超国家的统一的国际刑事司法系统情况下，单靠一国的刑事司法系统，很难进行追诉，这就需要国家间相互合作。因而，进一步加强国家间的合作仍然是制止恐怖主义的重要措施。国家间的合作包括国家间有关文书的送达、调查取证、情报交换、搜查扣押、引渡、外国刑事判决的执行、刑事诉讼移转管辖等内容。此方面，中国应该在区域恐怖主义治理中发挥领导作用，并带动区域改革。一是要最广泛地扩大国际反恐统一战线，在国际反恐合作上，要加强双边、多边磋商，在互信、互利、平等合作的基础上共同应对恐怖主义，同时还要争取各种有影响力的非政府组织（包括宗教机构），甚至各国民众支持打击恐怖主义的斗争，使其成为国际反恐战线的可靠盟友；二是最大限度地取得有关国家对中国反恐执法工作开展的支持，特别是在引渡恐怖分子方面应加强与有关国家的磋商，取得有关国家的支持和配合，引渡恐怖分子，挤压恐怖分子的活动空间；三是最具体地加强与有关国家的反恐技术合作，要与有关国家交流反恐经验，共享反恐情报，建立有效的国际反恐网络系统，加强在冻结恐怖组织资产等方面的合作；四是强化上海合作组织在地区反恐斗争中的重要作用，通过建立情报交流长效机制、创建恐怖组织和分子公用数据库、举办外警反恐培训班、举行联合反恐演习等各种方式，有效开展国际警务执法合作；五是最及时地把握国际反恐合作契机，要以国际上发生的重大恐怖事件为契机，强化、密切反恐国际合作。六是加强反恐领域的国际刑事司法合作，大力拓展刑事司法合作的范围，积极探索刑事司法合作的不同形式。

第四，在新安全观指导下，在预防和惩治恐怖主义犯罪上坚持标本兼治的观念，从根本上根除恐怖主义存在的土壤，并把中国的哲学思想带入国际恐怖主义的全球治理之中。时至今日，恐怖主义之所以如此盛行，是因为世界贫富不均，富国愈富，穷国愈穷，各种矛盾，特别是南北经济差距拉大，以及国际政治经济新秩序仍然没能建立起来，霸权主义和强权政治仍然横行于世等，因此，各国只有努力建立国际政治经济新秩序，缩小南北差距和贫富悬殊，根除恐怖主义产生的土壤，才能有效地预防恐怖主义的滋长蔓延。

第五，创设控制恐怖主义犯罪的刑事、行政、金融多重合作的综合法律机制。传统的控制恐怖主义犯罪的国际合作机制往往只是针对某种恐怖主义行为的程序法领域的合作，这已远远不能满足打击经济全球化和网络国际化新形势下恐怖主义犯罪的需要。“9・11”恐怖主义袭击的成功便是有力的铁证。因而，新形势要求反恐怖主义国际合作应从传统的程序法方面的合作扩大到实体法方面的合作，从区域化、分散化和单一化向全球化、组织化和多元化方向发展。[①]

第六，其他具体操作方面。一是更加积极地推动和参与在全球、地区和双边领域的多层次反恐合作，尤其要在国际和地区安全机制建设，如议题设置、资金投入等方面体现中国的主体性。二是以我周边地区为重点，加强与俄罗斯、中亚、南亚、东南亚等国家的反恐合作，在加强地区安全机制建设的同时，增强发展援助和发展合作，以根除恐怖主义的土壤。三是在继续加强自身预警防范能力、快速反应能力等反恐能力建设的同时，应重点加强对国民的反恐教育，增强全民族的反恐意识。四是国内反恐立法可在相关法律中做出照应性修改或补充立法，也可拟具专门的反恐怖法案。[②]

五、结语

步入20世纪之后，国际恐怖主义逐步成为困扰世界各国的突出问题。恐怖主义不仅是"20世纪的政治瘟疫"，更是21世纪的全球性难题。恐怖主义对人类社会的和平与安全构成严重威胁，制止恐怖主义是世界各国及其人民的共同要求。为了预防和打击国际恐怖主义，许多国家投入了大量的人力、物力，联合国和区域性国际组织也为此作了很多努力。中国同样面临着恐怖主义的现实威胁。中国面临的威胁主要表现为："东突"和"藏独"分子的恐怖暴力活动直接影响中国西部地区的社会稳定和安全；中国的海外利益不断受到恐怖主义威胁，海外的中国公民和财产遭受恐怖袭击，国际恐怖主义活动对中国的能源运输安全构成潜在威胁；国际恐怖势力在中亚、南亚和东南亚等地区频繁活动，并出现向中国境内渗透的趋势。除这些面临的现实威胁之外，中国作为一个新兴的成长中的负责任大国，同时也作为联合国常任理事国，伴随着自身的崛起，尽管在恐怖主义的全球治理问题上面临很多困难和挑战，也应该并且必须贡献中国力量，遏制并打击国际恐怖主义，推动全球治理的进程，努力推进国际体系的新变革。

---

① 马德才：《反恐怖主义的法律对策》，《荆州师范学院学报》，2003年第1期，第103页。

② 《反恐合作中国作用日益重要》，http://news.xinmin.cn/domestic/2012/12/28/17884049.html。

后　记

2012年我们完成了一项中央高校基本科研业务费资助课题——《中国崛起与国际体系》，初步回答了中国崛起与国际体系之间的内在关系问题，并概略评估了中国崛起对国际体系的影响。该课题成果已经由世界知识出版社正式出版，收到了较好的学术反响。在此基础上，我们想进一步梳理一下中国崛起与全球化背景下国际社会的互动关系问题。而全球治理问题可谓全球化背景下国际社会面临的最重要问题，也是近年来我国学界研究的热点方向，为此，2013年我们继续申请了本课题，尝试把上述这两个热点研究领域有机整合在一起，从中探讨全球治理与中国崛起之间的内在关联和相互影响，并在此基础上提出我们的政策建议，意在为我们国家未来的战略发展与和平崛起提供学理与现实的参考路径。

本书就是该课题的最终成果。本课题组成员主要由我校国政系、国经系、公管系、法律系中青年教师组成。课题组经过一年多共同的努力，较圆满地完成了预定的科研目标和任务。

课题组分工如下：

第一、二章：于游

第三章：余晔

第四章：林宏宇、张帅

第五章：储殷

第六章：金波

第七章：孟凯、陶坚

第八、十二章：刘中伟

第九、十章：羌建新

第十一章：陈卫国

第十三章：郑晓明

第十四章：罗英杰

第十五章：王辉

第十六、十七章：肖君拥

第十八章：黄日涵

第十九章：吴雪

第二十章：申林

第二十一章：孟晓旭

此外，陈胤楠、丛培影也参加了本课题的部分研究工作。本书的顺利出版也得到了世界知识出版社的大力支持和配合，在此一并表示感谢。

2014年3月

图书在版编目(CIP)数据

中国崛起与全球治理 / 陶坚，林宏宇主编.
—北京：世界知识出版社，2014.6
ISBN 978-7-5012-4664-9

Ⅰ.①中… Ⅱ.①陶… ②林… Ⅲ.①国际关系—研究—中国 Ⅳ.①D82

中国版本图书馆CIP数据核字（2014）第087148号

责任编辑	胡孝文
文字编辑	贾丽红　胡孝文
责任出版	刘　喆
责任校对	丁洁琼
书　　名	**中国崛起与全球治理** Zhongguo Jueqi yu Quanqiu Zhili
主　　编	陶　坚　林宏宇
出版发行	世界知识出版社
地址邮编	北京市东城区干面胡同51号（100010）
网　　址	www.wap1934.com
电　　话	010-65265923（发行）　010-85119023（邮购）
经　　销	新华书店
印　　刷	北京京科印刷有限公司
开本印张	720×1020毫米　1/16　39¼印张
字　　数	642千字
版次印次	2014年6月第一版　2014年6月第一次印刷
标准书号	ISBN 978-7-5012-4664-9
定　　价	88.00元